Delogiert und ghettoisiert

Delogiert
und
ghettoisiert

Jüdinnen und Juden
vor der Deportation

Jahrbuch des DÖW 2022

Hrsg. v. Christine Schindler
und
Wolfgang Schellenbacher
im Auftrag des Dokumentationsarchivs
des österreichischen Widerstandes

Dieses Buch wurde mit Unterstützung der
Kulturabteilung der Stadt Wien (MA 7 – Wissenschaft) und der
Kammer für Arbeiter und Angestellte Wien gedruckt.

Bibliographische Informationen der Deutschen Nationalbibliothek
Die Deutsche Nationalbibliothek verzeichnet diese Publikation in der Deutschen Nationalbibliografie; detaillierte bibliographische Daten sind im Internet über https://portal.d-nb.de abrufbar.

ISBN 978-3-901142-80-2

Redaktion und Lektorat: Christine Schindler

Übersetzung der Beiträge von Benjamin Frommer, Dina Feldman, Renée Wagener sowie Dorien Styven und Veerle Vanden Daelen: Lilian Dombrowski

Layout: Christa Mehany-Mitterrutzner

Umschlagfoto: Fotodokumentation der Wohnung von Louise und Gustav Stern (Palais Kranz), Liechtensteinstraße 53–55, kleine Halle, 8. Juni 1938
© Robert Haas, Wien Museum. Foto: Birgit und Peter Kainz, Wien Museum

Herstellung: Plöchl Druck GmbH, A-4240 Freistadt

Auslieferung: Dokumentationsarchiv des österreichischen Widerstandes
Wipplingerstraße 6–8 (Altes Rathaus)
A-1010 Wien
Tel. +43-1-22 89 469-319
E-Mail: office@doew.at
https://www.doew.at

Bundesminister a. D. Rudolf Edlinger (20. Februar 1940 – 21. August 2021). Von 2008 bis zu seinem Tod wirkte Rudolf Edlinger unermüdlich als Präsident des DÖW.

Inhalt

Varia

Wolfgang Schellenbacher
Christine Schindler

Editorische Vorbemerkung

Auf vielfältige Art und Weise ist die Vergangenheit mit der Gegenwart verbunden und verknüpft, werden Erinnerungen und Erzählungen tradiert, Geschehnisse bewusst und unbewusst weitergegeben, Verbrechen aufgearbeitet, Unrecht ignoriert, bagatellisiert oder gesühnt – auch die schon fern scheinenden Jahre der NS-Diktatur wirken bis ins Heute nach. Die Auswirkungen und Kontinuitäten aufzudecken und zu analysieren ist eine der Kernaufgaben des DÖW. Das Jahrbuch ist ein Forum für Beiträge der Erinnerung und Erforschung von DÖW-MitarbeiterInnen, aber auch von KollegInnen aus dem In- und Ausland.

Der Beitrag des DÖW-Mitarbeiters Stephan Roth „‚… nur bitte ich um Freigabe von drei Gegenständen, von denen ich mich aus familiären Gründen schwer trennen kann…‘. Jüdisches Leben im Mostviertel am Beispiel der Familien Schmitz und Holzer in Oed bei Amstetten“ zeigt an konkreten Familien und kleinen Ortsgemeinden, dass vor allem auch Leerstellen Nachwirkungen und Indizien zurückliegender Verbrechen sein können: In Oed bei Amstetten gibt es keine Juden und Jüdinnen mehr und nur mehr wenige Alte können sich an jüdische NachbarInnen erinnern, die das Ortsleben über viele Jahrzehnte so aktiv und produktiv mitgestaltet hatten. Nach Regional- und Lokalstudien zu Markersdorf bei St. Pölten, Himberg, Baden, Maria Lanzendorf, Amstetten und Hollenstein geht Roth in seiner aktuellen Untersuchung der Geschichte jüdischer BewohnerInnen im westlichen Mostviertel ab dem 19. Jahrhundert nach. Akribisch arbeitet er das Schicksal der beraubten, vertriebenen und ermordeten Mitglieder der Familien Schmitz und Holzer auf.

In derselben Region ist der Artikel des Linzer Historikers Thomas Buchner „Friedrich Simhandl (1901–1958). Arzt – Heimatdichter – Nationalsozialist“ angesiedelt. Buchner legt Simhandls Karriere als NS-Funktionsträger dar, die bereits mit seinem Beitritt in die 1934 illegale NSDP begann – was nach 1945 als Hochverrat geahndet wurde, da die Nationalsozialisten die Existenz Österreichs auf allen Ebenen bekämpften, die Institutionen unterwanderten und auch vor tödlichen Sprengstoffanschlägen nicht zurückschreckten. Schon in dieser frühen Zeit bekleidete Simhandl Leitungsfunktionen in der Partei und stieg nach dem „Anschluss“ Österreichs 1938 schnell in der Hierarchie auf. Der Autor beschreibt die Tätigkeit des NS-Arztes und Parteifunktionärs und unterlegt sie mit Originalzitaten. Nach der Befreiung galt Simhandl zu Recht als „belastet“, wurde rasch aber wiedereingegliedert und verbrachte seine letzten Jahre hoch geehrt in seiner Heimat. Die gesellschaftliche Verklärung von Simhandls Biografie und Verdrängung seiner Taten und Verantwortungen ist in und um Amstetten erstaunlich: Dem Mann, der nachweislich sehr effektiv und überzeugt für das NS-Regime gewirkt hatte, wurde zuletzt 2008 eine ehrende Gedenktafel in Ardagger gewidmet. In Amstetten ist eine Straße nach Simhandl benannt und eine Gedenktafel würdigt bis heute seine Tätigkeit ab 1939 (sic!).

Das DÖW hat stets einen Gegenwartbezug im Blickfeld, ohne den Erinnerung und Aufarbeitung leer und fruchtlos wären. Der österreichische Politikwissenschafter und Sozial- und Kulturanthropologe Thomas Schmidinger versucht gemeinsam mit dem DÖW-Mitarbeiter und Antisemitismus-Experten Andreas Peham ausgehend von der klassischen Rechtsextremismus-Definition auch andere Formen des Extremismus definitorisch zu erfassen. Der Beitrag „Was ist Extremismus? Versuch einer phänomenübergreifenden Definition“ ist eines der Ergebnisse des Forschungsprojekts „StratEx – Strategien extremistischer Organisationen im Bildungsbereich“, bei dem das DÖW unter anderen Institutionen unter der Projektleitung von Veronika Hofinger (Verein für Rechts- und Kriminalsoziologie – IRKS) mitwirken durfte. Das Projekt wurde im Sicherheitsforschungs-Förderprogramm KIRAS vom Bundesministerium für Landwirtschaft, Regionen und Tourismus finanziert und untersuchte die Aktivitäten extremistischer Organisationen im Bildungsbereich, sowohl deren Einflussnahme auf das formale Bildungswesen als auch eigene Bildungsangebote von nationalistisch-rechtsextremen, religiös-fundamentalistischen und staatsfeindlichen Gruppierungen.

Peham und Schmidinger listen Elemente einer allgemeinen Extremismus-Definition auf: Verwandlung sozialer in „natürliche“ oder „gottgewollte“ Ungleichheit, Gemeinschaftsdünkel, Rassismus, Feindbildkonstruktionen, (oft antisemitische) Verschwörungstheorien, Autoritarismus und etliche Merkmale mehr. Der Extremismusbegriff wird im Beitrag auch von den Termini des Radikalismus und des Fundamentalismus abgegrenzt.

Der Tätigkeitsbericht der Projektmanagerin und Redakteurin des DÖW Christine Schindler über das abgelaufene Jahr 2021 im DÖW beschließt zusammen mit ihren Überlegungen zur dringend notwendigen Neugestaltung der Dauerausstellung und Neuaufstellung der Vermittlung des Instituts das vorliegende Jahrbuch.

Der Schwerpunkt des Jahrbuchs liegt auf der Delogierung und Zwangsumsiedlung von Juden und Jüdinnen in West- und Mitteleuropa vor ihrer Deportation. Im Zuge der Entrechtung, Enteignung und Vertreibung der jüdischen Bevölkerung nach dem „Anschluss" Österreichs an NS-Deutschland im März 1938 begannen jüdische Alltagsräume in Wien rapide zu schwinden. So wurde Jüdinnen und Juden etwa verboten, Parkanlagen zu betreten oder Theater, Kinos, Konzerte und Ausstellungen zu besuchen. Dies drängte die jüdische Bevölkerung in den privaten Raum. Der Verlust der eigenen Wohnung durch Delogierungen und die Zwangsumsiedlung wurden für Jüdinnen und Juden umso mehr zu einschneidenden Erlebnissen in der Verfolgung. Ein DÖW-Interview mit Ephraim Lahav (Erich Feier)[1] verdeutlicht die Geschwindigkeit, mit der die Delogierungen und die zwangsweisen Umsiedlungen in beengtere Unterkünfte durchgeführt wurden:

> „Auch unsere Wohnung in der Sonnenfelsgasse mussten wir bald räumen. Zwar stand sie unter Mieterschutz, und das Haus gehörte der Gemeinde Wien, aber unser Einspruch brachte uns nur einen Aufschub von zwei Monaten. [...] Die Behörden haben uns dann für fünf Personen – Eltern, Großmutter, Bruder und mich – ein Zimmer mit Küchenbenutzung in einer Wohnung im 2. Bezirk, in der Krummbaumgasse, zugewiesen."[2]

In Wien, wo vor dem „Anschluss" mit etwa 9 % der Gesamtbevölkerung eine große jüdische Minderheit lebte,[3] setzten Delogierungen und Zwangsumsiedlungen in andere Stadtteile besonders rasch ein: Im Sommer 1938 kündigte die Stadt Wien jüdischen MieterInnen Gemeinde- und Sozialwohnungen.[4] Ein halbes Jahr früher als im übrigen Deutschen Reich wurden jüdische HauptmieterInnen in Wien bereits nach dem Novemberpogrom 1938 verpflichtet, delogierte Jüdinnen und Juden in Untermiete zu beherbergen.[5]

1 1923 als Erich Feier geboren, gelang ihm über Bratislava und Kladovo die Flucht nach Palästina.

2 Jüdische Schicksale. Berichte von Verfolgten, hrsg. v. Dokumentationsarchiv des österreichischen Widerstandes, Wien 1992, S. 121.

3 Statistisches Jahrbuch der Stadt Wien, Wien 1937, S. 11.

4 Siehe dazu ausführlich: Herbert Exenberger / Johann Koss / Brigitte Ungar-Klein, Kündigungsgrund Nichtarier. Die Vertreibung jüdischer Mieter aus den Wiener Gemeindebauten in den Jahren 1938–1939, Wien 1996.

5 Michaela Raggam-Blesch, „Sammelwohnungen" für Jüdinnen und Juden als Zwischenstation vor der Deportation, Wien 1938–1942, in: Dokumentationsarchiv des österreichischen Widerstandes (Hrsg.), Forschungen zu Vertreibung und Holocaust (= Jahrbuch 2018), Wien 2018, S. 81–100, hier 83.

Im Frühjahr 1939 forderte das Wiener Wohnungsamt 13.600 „arische“ HausbesitzerInnen auf, die Mietverträge ihrer jüdischen MieterInnen zu kündigen, was zu einer weiteren Kündigungswelle führte. Am 10. Mai 1939 trat die „Verordnung zur Einführung des Gesetzes über Mietverhältnisse mit Juden in der Ostmark“ in Kraft, die nun offiziell so genannten „arischen“ VermieterInnen erlaubte, Mietverträge mit jüdischen MieterInnen fristlos zu kündigen, was die Delogierungen endgültig legalisierte.[6] Das Wiener Wohnungsamt siedelte tausende jüdische WienerInnen in bereits von Jüdinnen und Juden bewohnte Häuser und Wohnungen um, was zu einer starken Konzentration der jüdischen Bevölkerung in den Bezirken entlang des Donaukanals – Innere Stadt, Leopoldstadt und Alsergrund – führte: Während die Anzahl der jüdischen EinwohnerInnen durch die Zwangsemigration in allen anderen Bezirken rapide abnahm, nahm sie dort stark zu. Diese „Ghettoisierung“ betraf einen Großteil der jüdischen Bevölkerung in Wien. Nur etwa ein Fünftel jener Wiener Jüdinnen und Juden, die ab 1941 deportiert wurden, lebte zum Zeitpunkt der Deportation noch an der gleichen Wohnadresse wie 1938.[7] Dies führte auch zu einer räumlichen Separierung von der „arischen“ Bevölkerung. Von hier wurden die Jüdinnen und Juden später in die nahegelegenen Sammellager gebracht und deportiert.

Die Konzentration in einzelnen Straßen und Häusern führte zur Entstehung sogenannter „Judenhäuser“. Durch die Massendeportationen aus diesen „Judenhäusern“ und die erneute Einquartierung von Delogierten kam es ab 1941 zu einer hohen Fluktuation von jüdischen BewohnerInnen, wodurch einzelne Hausadressen für über 100 Jüdinnen und Juden zum letzten Wohnort in der Stadt wurden, weshalb diese oftmals als „Sammelwohnungen“ bezeichnet werden.

Die im Zuge des Projektes Memento Wien[8] – das von der Firma Braintrust technisch umgesetzt wurde – vorgenommenen Georeferenzierungen der letzten Wohnadressen von Shoah-Opfern zeigen die Standorte von „Judenhäusern“, die Räume der „Ghettoisierung“ und können genauere Aufschlüsse über einzelne Stadtteile geben.[9] Dieses Mapping durch historisches GIS verdeutlicht angesichts der massenhaften Zwangsumsiedlung in Stadtteile, die bereits vor

6 Gerhard Botz, Wohnungspolitik und Judendeportation. Zur Funktion des Antisemitismus als Ersatz nationalsozialistischer Sozialpolitik, Wien–Salzburg 1975, S. 78.

7 Opferdatenbanken des DÖW. Abgleich der Adressen aus der Auswandererkartei der IKG Wien und später deportierten Personen.

8 https://www.memento.wien/. [17. 5. 2022].

9 Wolfgang Schellenbacher, Memento Vienna. How an Online Tool Presenting Digitized Holocaust-related Data and Archival Material is Offering New Insights into the Holocaust in Vienna, in: Holocaust Research and Archives in the Digital Age, hrsg. v. Laura Brazzo, Reto Speck, Quest. Issues in Contemporary Jewish History. Journal of Fondazione CDEC, Nr. 13, August 2018 (DOI : 10.48248/issn.2037-741X/828).

1938 einen hohen jüdischen Bevölkerungsanteil aufwiesen, dass die jüdische Bevölkerung Wiens weniger „ghettoisiert“, sondern die „Ghettoisierung“ zur jüdischen Bevölkerung gebracht wurde – eine Analyse, zu der Tim Cole auch für das Budapester Ghetto kam.[10]

Heatmaps der letzten Wohnadressen von Holocaustopfern und ihren Wohnadressen zum Zeitpunkt des „Anschlusses“ illustrieren die „Ghettoisierung“ in Wien zwischen „Anschluss“ und Massendeportationen: 1938 war die jüdische Bevölkerung über ganz Wien verteilt; 1941 hatten die Zwangsumsiedlungen bereits zur „Ghettoisierung“ entlang des Donaukanals geführt.

10 Tim Cole / Alberto Giordano, Bringing the Ghetto to the Jew: Spatialities of Ghettoization in Budapest, in: Ann Kelly Knowles / Tim Cole / Alberto Giordano (Hrsg.), Geographies of the Holocaust, Bloomington–Indianapolis 2014, S. 120–157.

Der zeitliche Ablauf und die Verortung der „Ghettoisierung“ der jüdischen Bevölkerung innerhalb der Stadt samt der Entstehung neuer sozialer Räume können zu einer genaueren Analyse der Verfolgung in Wien beitragen. Die räumliche Separierung in „Judenhäusern“ und die dadurch erfolgte „Ghettoisierung“ ist jedoch kein lokales, spezifisches Phänomen für Wien, sondern findet sich in weiten Teilen des Machtbereichs des Deutschen Reiches West- und Mitteleuropas wieder.

Auch die Erlebnisse von Jüdinnen und Juden in anderen Ländern und Städten beschreiben ähnliche Delogierungen und Zwangsumsiedlungen wie Erich Feier im eingangs zitierten Interviewausschnitt: so etwa in Briefen, die Marie Bader aus Prag an ihren Verlobten nach Griechenland schickte. Sie beschreibt die Unterbringung ihres sozialen Umfelds in „Sammelwohnungen“ und übermittelt Witze, die in der jüdischen Bevölkerung Prags über die „Ghettoisierung“ in Straßen wie der Pařížská erzählt wurden: „Do you know what they call Pařížská? The Milky Way! Because that is where most of the Jews with stars live, and there are plenty more such jokes now.“[11]

Die „Ghettoisierung“ der jüdischen Bevölkerung innerhalb Wiens wurde von HistorikerInnen ab den 1970er Jahren beschrieben. Gerhard Botz verwies 1975 auf den Zusammenhang zwischen der Zwangsumsiedlung der jüdischen Bevölkerung und den Massendeportationen.[12] Weitere Arbeiten entstanden zu den Kündigungen aus den Wiener Gemeindebauten[13] und dem System der „Sammelwohnungen“ in Wien.[14]

Obschon die Bedeutung von Delogierungen und Zwangsumsiedlungen von Jüdinnen und Juden innerhalb der Städte des Deutschen Reiches und seinen besetzten Gebieten für den Holocaust immer wieder zum Gegenstand der Forschung wurde, beschränkten sich bisherige Arbeiten in Deutschland meist auf lokale Analysen.[15] Eine transnationale Erforschung des Themas blieb jedoch bislang aus.

11 Kate Ottevanger / Jan Láníček (Hrsg.), Life and Love in Nazi Prague. Letters from an Occupied City by Marie Bader, London 2019, S. 110.

12 Botz, Wohnungspolitik und Judendeportation.

13 Exenberger / Koss / Ungar-Klein, Kündigungsgrund Nichtarier.

14 Siehe etwa: Raggam-Blesch, „Sammelwohnungen“ für Jüdinnen und Juden; Philipp Mettauer, Die „Judenumsiedlung“ in Wiener Sammelwohnungen 1939–1942, in: Verein für Geschichte der Stadt Wien (Hrsg.), Wiener Geschichtsblätter, H. 1/2018 (73. Jg.), Wien 2018, S. 1–22; ders., „Das ist gewöhnlich die letzte Station“. Die „Judenumsiedlung“. Wien 1938–1942, in: ÖGL – Österreich – Geschichte, Literatur, Geographie 2017, H. 2 (391), S. 167–180.

15 Siehe etwa: Marlis Buchholz, Die hannoverschen Judenhäuser: zur Situation der Juden in der Zeit der Ghettoisierung und Verfolgung 1941 bis 1945, Hildesheim 1987; Hubert Schneider, Die „Entjudung“ des Wohnraums – „Judenhäuser“ in Bochum: Die Geschichte der Gebäude

Als Anstoß für eine derartige komparative und transnationale Erforschung der Delogierung und „Ghettoisierung" der jüdischen Bevölkerung in ihren Heimatstädten vor der Deportation organisierte das DÖW den internationalen Workshop „Persecution at Home: Eviction and Resettlement of Jews Within the City Space, 1938–1942".[16] Diese Konferenz, die im Herbst 2020 am DÖW und am Renner-Institut Wien stattfand, richtete sich an WissenschafterInnen aus unterschiedlichen Forschungsgebieten (Holocaustforschung, Spatial Studies, Digital Humanities), die zu diesem Phänomen in den Ländern Mittel- und Westeuropas forschen.

Acht Beiträge, die aus diesem Workshop hervorgingen, bilden den Schwerpunkt des vorliegenden DÖW-Jahrbuchs mit dem Titel „Delogiert und ghettoisiert. Jüdinnen und Juden vor der Deportation". Vier Beiträge wurden für das Jahrbuch aus dem Englischen ins Deutsche übersetzt. Der Vergleich mehrerer Länder und Städte zeigt die Unterschiede und Gemeinsamkeiten in verschiedenen Gebieten sowie die verschiedenen Stadien der Zwangsumsiedlung auf:

Benjamin Frommer (Northwestern University, Evanston, Illinois, USA), der die Keynote Speech auf dem Workshop gehalten hatte, gibt in seinem Artikel „Zurück ins Ghetto (und ins Dorf): Ausweisung und Umsiedlung der jüdischen Bevölkerung im nationalsozialistischen Protektorat Böhmen und Mähren" einen umfassenden Überblick über die Zwangsumsiedlung und „Ghettoisierung" der jüdischen Bevölkerung im Protektorat Böhmen und Mähren. Der Artikel geht sowohl auf die unterschiedlichen Abläufe der Delogierung und Vertreibungen in den tschechischen Kleinstädten als auch auf die Zwangsumsiedlungen in Prag ein. Frommer zeigt anhand Analysen von Opferdatenbanken, dass mindestens zwei Drittel der jüdischen EinwohnerInnen Prags wenigstens einmal vor der Deportation umgesiedelt wurden. Diese Reduktion des Wohnraumes und die Isolation der jüdischen Bevölkerung vor der Deportation stehen exemplarisch für viele Regionen im Machtbereich des Deutschen Reiches.

Christoph Lind (Injoest, St. Pölten, Österreich) geht in seinem Artikel „‚Als alle weg waren, wurde die weiße Fahne gehisst' – Österreichs ‚Provinzjuden'

und ihrer Bewohner, Berlin–Münster 2010; Angela Schwarz, Von den Wohnstiften zu den ‚Judenhäusern', in: Angelika Ebbinghaus / Linne Karsten (Hrsg.), Kein abgeschlossenes Kapitel: Hamburg im 3. Reich, Stuttgart 1997, S. 232–247.

16 Der auf Englisch abgehaltene Workshop wurde zu gleichen Teilen durch den Nationalfonds der Republik Österreich für Opfer des Nationalsozialismus und den Zukunftsfonds der Republik Österreich finanziell unterstützt.

nach dem „Anschluss“ auf die Erfassung und Verfolgung der jüdischen Bevölkerung in den österreichischen Bundesländern ein. Er zeigt die unterschiedlichen Geschwindigkeiten in der Delogierung, Zwangsumsiedlung und Vertreibung von Jüdinnen und Juden aus der „Provinz“ nach Wien zwischen Sommer 1938 und Ende Frühling 1940. Der Artikel stellt dies auch in den Kontext des Antisemitismus in Österreich vor dem „Anschluss“, der – so die These Linds – zur rascheren Erfassung der jüdischen Bevölkerung nach 1938 beitrug.

Maria Luft (Bundesinstitut für Kultur und Geschichte der Deutschen im östlichen Europa, Oldenburg, Deutschland) widmet sich dem Thema anhand einer regionalen Studie über die schlesische Stadt Breslau (Wrocław). Auch hier werden die Dezimierung des jüdischen Alltagsraumes und der beschränkte Bewegungsradius durch die „Ghettoisierung“ in Judenhäusern und „jüdischen Wohngemeinschaften“ deutlich. Der Artikel thematisiert den Verlust der Wohnung als geschützten Raum als einschneidendes Erlebnis und die Judenhäuser als Zwischenstationen auf dem Weg zur Deportation und Ermordung.

Der Ghettoisierung der jüdischen Bevölkerung abseits der Vorstufe zur Deportation zwischen 1938 und 1942 widmet sich Maximilian Strnad (Stadtarchiv München, Deutschland) in seinem Artikel „Ein vergessenes Kapitel: Die Ghettoisierung der Mischehen 1942–1945 im ‚Altreich‘“. Der Artikel geht auf die „Ghettoisierung“ von Mischehen im „Altreich“ ab dem Frühjahr 1942 ein. Strnad zeigt, dass es auch nach Abschluss der Massendeportationen – verstärkt angesichts der Raumnot durch den Luftkrieg – in allen Regionen des Deutschen Reichs weiterhin sogenannte Judenhäuser gab, in denen vor allem „nichtprivilegierte“ Mischehepaare lebten.

Dem Thema der „Ghettoisierung“ von sogenannten „Mischehefamilien“ widmet sich auch Michaela Raggam-Blesch (Institut für Zeitgeschichte der Universität Wien, Österreich) in ihrem Beitrag „Wohnungsdelogierungen und ‚Mischehehäuser‘. Verfolgungsmaßnahmen gegen ‚Mischehefamilien‘ in Wien“. Anhand mehrerer Beispiele zeichnet der Artikel die Situation von Mischehefamilien in Wien nach und beschreibt die Einrichtung von „Mischehehäusern” in der Leopoldstadt. Darüber hinaus analysiert der Artikel nachbarschaftliche Kontakte als entscheidend für die Lebensumstände von „Mischehefamilien“ und den „gemeinsamen Haushalt“ als Schutz vor der Deportation.

Renée Wagener (Historikerin, Luxemburg) gibt in ihrem Artikel „„Um den Bedürfnissen nachkommen zu können, erbitten wir die Zuweisung nachbenannter

Häuser als Altersheime an die Israelitische Kultusgemeinde'. ‚Jüdische Altersheime' im Rahmen der nationalsozialistischen Enteignungspolitik in Luxemburg" einen Überblick über die Delogierungen und Zwangsumsiedlungen in Luxemburg. Der Artikel lässt sowohl Ähnlichkeiten im Ablauf der Zwangsumsiedlungen zu Wien erkennen, zeigt aber auch die luxemburgischen Besonderheiten der Zwangsumsiedlungen in Judenhäuser: Vertreibungen aus Wohnhäusern nach Frankreich und vor allem die Rolle der Altersheime – allen voran Fünfbrunnen – bei der „Ghettoisierung" der jüdischen Bevölkerung Luxemburgs.

Dina Feldman (Historikerin, Jerusalem, Israel) befasst sich in ihrem Artikel „Die Straßen des Ghettos Piotrków Trybunalski 1939–1943: Sozial-räumliche Aspekte der deutschen Verfolgung" mit der Verfolgung der Juden und Jüdinnen im Ghetto Piotrków Trybunalski im Bezirk Radom. Der Beitrag umfasst sowohl die „Ghettoisierung" wie auch das spätere Ghetto. Der Artikel betrachtet die „Ghettoisierung" als Dezimierung der jüdischen Räume und geht dem Thema von der Umwandlung von jüdischen Orten hin zum geschlossenen Ghetto 1941 bis zur endgültigen Liquidierung des Ghettos nach.

Dorien Styven und Veerle Vanden Daelen (Kazerne Dossin, Mecheln, Belgien) befassen sich in ihrem Artikel „Zurückgelassen: Auswirkungen der Zwangsarbeit bei der Organisation Todt in Nordfrankreich auf die Verfolgung der Juden und Jüdinnen in Antwerpen" mit dem Schicksal von etwa 2.250 jüdischen Männern aus Antwerpen, die im Zuge der Organisation Todt zur Zwangsarbeit nach Frankreich abkommandiert wurden. Der Artikel zeigt anhand einer Analyse von Opferdatenbanken, dass sowohl die Männer als auch ihre in Antwerpen zurückgebliebenen Familienangehörigen weitaus häufiger deportiert wurden als die durchschnittliche jüdische Bevölkerung Belgiens. Geo-räumliche Analysen der Wohnadressen der Familienangehörigen aus den Opferdatenbanken zeigen, dass viele der zurückgelassenen Familien nach wie vor in jenen Gebieten lebten, die von Razzien betroffen waren.

Philipp Mettauer (Injoest, St. Pölten, Österreich), der auf dem Workshop in seinem Vortrag „Deregistered. Jewish Tenants in Vienna from Eviction to Deportation" auf den Zusammenhang zwischen der „Ghettoisierung" in Wien und den Massendeportationen verwies, geht in seinem Jahrbuchartikel „Vom ‚Arisieren', Inventarisieren und Emigrieren der Dinge. Mobilien im Reichsgau ‚Niederdonau'" auf einen Teilaspekt der Delogierungen ein: Anhand von geraubten Wohnungsmobiliar und Alltagsgegenständen beschreibt er den Ablauf der „Arisierung“ von Mobiliar aus jüdischen Wohnungen. Durch die Betrachtung von ins Exil mitgenommenen Gegenständen analysiert er auch den Bedeutungs- und Zweckwandel der Objekte für die Verfolgten.

Benjamin Frommer

Zurück ins Ghetto (und ins Dorf): Ausweisung und Umsiedlung der jüdischen Bevölkerung im nationalsozialistischen Protektorat Böhmen und Mähren

Als die Deportationszüge in Richtung Ghetto Theresienstadt abfuhren, bemerkte der tschechische Rabbiner Richard Feder: „Nur wenige Juden waren noch in ihren ursprünglichen Wohnungen verblieben.“[1] Viele, wenn nicht die meisten Juden und Jüdinnen im Protektorat Böhmen und Mähren mussten während der deutschen Besatzung nicht nur einmal, sondern mehrmals übersiedeln. Die Familie der 1930 in der schlesischen Stadt Opava (Troppau) geborenen Věra Kreinová zog dreimal um, bevor sie die Aufforderung erhielt, sich für den Transport nach Theresienstadt zu melden. Im Herbst 1938, als Hitler das tschechoslowakische Grenzgebiet nach dem Münchner Abkommen annektierte, floh die Familie zunächst ins nahegelegene Ostrava (Ostrau). Nachdem deutsche Streitkräfte Ostrava besetzt und Schlägertrupps sieben örtliche Synagogen in Brand gesetzt hatten, floh die Familie nochmals, diesmal nach Prag, wo sie im Bezirk Holešovice Unterkunft fand. Die Nationalsozialisten waren jedoch bestrebt, diesen Bezirk am linken Moldauufer „judenrein“ zu machen, und so mussten die Kreiners in den Bezirk Josefov, das ehemalige Ghetto der Stadt, übersiedeln, wo fünf Familien in einer Wohnung zusammengedrängt lebten.[2] Der aus der ostböhmischen Stadt Holice stammende Jaroslav Taussig ist während der ersten drei Besatzungsjahre mindesten fünfmal umgezogen: im März 1939 von seiner Heimatstadt nach Prag und dann zu vier weiteren Adressen in der Stadt. Als er zum Transport nach Theresienstadt aufgefordert wurde,

1 Feder (1875–1970) war Rabbiner der Gemeinden Kojetín, Louny und Roudnice, bevor er für drei Jahrzehnte Rabbiner in Kolín wurde (abgesehen von den drei Jahren, die er im Ghetto Theresienstadt verbrachte). 1953 wurde er Oberrabbiner von Mähren und Schlesien und danach, 1960, von Böhmen. Richard Feder, Židovská tragédie: dějství poslední, Kolín 1947, S. 19–20.
Die Übersetzung des Beitrags ins Deutsche erfolgte durch Lilian Dombrowski.

2 Pavel Kohn, Kolik naděje má smrt: Židovksé děti z poválečné akce „zámky“ vzpomínají, Brno 2000, S. 157–158.

ging er in den Untergrund, aber die Polizei fasste ihn und schickte ihn in den Tod nach Auschwitz.[3] Die Familie von Max Mannheimer floh 1938 von Nový Jičín (Neutitschein) im Sudetenland nach Uherský Brod an der slowakischen Grenze, wo sie eine Unterkunft am bald so umbenannten Adolf-Hitler-Platz fand. Später musste Mannheimer, wie auch die meisten anderen Juden und Jüdinnen der Stadt und umgebenden Region, in die Wohnung eines anderen Juden im ehemaligen und nunmehr neuerlichen Ghetto im Zentrum der Altstadt ziehen, bis auch er einen Transport nach Theresienstadt bestieg.[4]

Trotz der Bedeutung der Zwangsräumung im Leben der jüdischen Bevölkerung im nationalsozialistischen Protektorat Böhmen und Mähren hat die Holocaust-Geschichtsschreibung die omnipräsente Vertreibung und Konzentrierung der Jüdinnen und Juden in dieser Region übersehen. In ihren bedeutenden Büchern über das Protektorat haben weder Miroslav Kárný noch Livia Rothkirchen den Prozess, in welchem die Nationalsozialisten und lokalen Behörden die Juden und Jüdinnen gezwungen haben von ihren Wohnstätten in bestimmte Wohnhäuser, Viertel und Städte zu übersiedeln, untersucht; auch die schwerwiegenden Folgen für die Opfer wurden nicht behandelt.[5] Die beiden HistorikerInnen haben die Schritte, die in den ersten Jahren der Besatzung in Prag und zahlreichen anderen Städten zur Ghettoisierung geführt haben, nicht näher beleuchtet. Diese „Leerstelle" in der Geschichte der Region wird in der „Encyclopedia of Camps and Ghettos" des United States Holocaust Memorial Museum veranschaulicht, in welcher kategorisch behauptet wird, dass Theresienstadt das einzige Ghetto war, das im Protektorat Böhmen und Mähren eingerichtet wurde.[6] Unter den VerfasserInnen von Werken zur allgemeinen Geschichte des Holocaust in der Region hat nur Wolf Gruner vor Kurzem aus Berichten vor allem der Jüdischen Gemeinde Prag zitiert, um damit zu argu-

3 Hana Faltysová / Lenka Šindelářová, Hrst vzpomínek... židovské rodiny z Holicka, Praha 2009, S. 156–159.

4 Max Mannheimer, Spätes Tagebuch: Theresienstadt – Auschwitz – Warschau – Dachau, München–Zürich 2009, S. 30–31; polizeiliche Anmeldungen: Arnošt, Edgar, Jakub, Max Mannheimer, Státní okresní archiv (SOkA), Uherské Hradiště, fond (f.) Policejní přihlášky pro okr. Uh. Hradiště.

5 Miroslav Kárný, „Konečné řešení": genocida českých židů v německé protektorátní politice, Praha 1991; Livia Rothkirchen, The Jews of Bohemia and Moravia: Facing the Holocaust, Lincoln–Jerusalem 2005.

6 Martin Dean (Hrsg.), The United States Holocaust Memorial Museum Encyclopedia of Camps and Ghettos, 1933–1945, Bd. II, „Ghettos in German-Occupied Eastern Europe", Bloomington 2012, S. 177–184. Zur Visualisierung siehe die Karte von Facing History & Ourselves „Jewish Ghettos in Eastern Europe": https://www.facinghistory.org/resource-library/image/jewish-ghettos-eastern-europe [30. 4. 2022].

mentieren, dass Ghettoisierung tatsächlich in bestimmten böhmischen und mährischen Städten und Gemeinden stattgefunden hat.[7] Ein umfassendes Projekt des Autors dieses Beitrages erforscht eingehend die örtlich Beteiligten an und Nutznießer der Massenausweisung, Umsiedlung und Konzentrierung der Jüdinnen und Juden des Protektorats. Die hier folgende kürzere Darstellung hingegen zeigt, aufbauend auf Gruners Argumentation, das umfassende wie uneinheitliche Wesen der Zwangsumsiedlung der jüdischen EinwohnerInnen innerhalb des Protektorats Böhmen und Mähren auf.

Der tschechische Historiker Vojtěch Blodig hat Gruners Verwendung des Begriffs Ghetto als „sehr problematisch“ bezeichnet: Böhmische und mährische Juden und Jüdinnen, die räumlich konzentriert wurden, waren laut Blodig nicht vollkommen von der sie umgebenden Gesellschaft getrennt und auch den gleichen Restriktionen wie die übrigen jüdischen BewohnerInnen der Region unterworfen.[8] Man kann Gruners Behauptung, dass „Umfang und Radikalität des Vorgehens erinnern allerdings mehr an die Verhältnisse im besetzten Polen“ als an „Judenhäuser“ in Deutschland, durchaus infrage stellen.[9] Schließlich litten Juden und Jüdinnen, die im Protektorat in beengte Wohnverhältnisse ziehen mussten, weder unter schrecklicher Gewalt oder absichtlich herbeigeführter Hungersnot noch stand das Verlassen dieser eingegrenzten Gebiete unter Todesstrafe. Dennoch deckt sich laut Gruner die Erfahrung der Umgesiedelten in bestimmten Gemeinden im Protektorat mit dem vorherrschenden wissenschaftlichen Verständnis von „offenen Ghettos“, die zu Kriegszeiten in Osteuropa wesentlich weiter verbreitet waren als die berüchtigten, von Mauern umgebenen Ghettos von Łódź und Warschau.[10] Wie dieser Beitrag zeigt, verstanden überdies führende Nationalsozialisten im Protektorat ihre Aktionen als erneute Ghettoisierung, um die jüdische Bevölkerung in verschiedenen Städten – wie auch Prag – in genau die gleichen Quartiere zu zwingen, aus denen ihre Vorfahren vor gar nicht allzu langer Zeit befreit worden waren. Überlebende verwendeten ihrerseits den Begriff „Ghetto“, um zu beschreiben, was sie und andere in ihrem Heimatland erlebt hatten. Im Protektorat war die Ghettoisierung

7 Wolf Gruner, Die Judenverfolgung im Protektorat Böhmen und Mähren: Lokale Initiativen, zentrale Entscheidungen, jüdische Antworten, 1939–1945, Göttingen 2016, S. 19, 115–116, 298–300.

8 Blodig war der Mitverfasser des Abschnitts über das Protektorat in: USHMM Encyclopedia of Camps and Ghettos. Vojtěch Blodig, Rezension von Wolf Gruner, Die Judenverfolgung im Protektorat Böhmen und Mähren: Lokale Initiativen, zentrale Entscheidungen, jüdische Antworten, 1939–1945, Göttingen 2016, in: Terezínské listy 46 (2018), S. 92.

9 Gruner, Die Judenverfolgung im Protektorat Böhmen und Mähren, S. 116.

10 Martin Dean, Typology of Ghettos. Lessons and Legacies of the Holocaust IX (2010), S. 86.

jedoch nur eine Facette der Zwangsumsiedlung und nicht notwendigerweise die verbreitetste. In manchen Regionen wurden jüdische EinwohnerInnen in benachbarte Gemeinden umgesiedelt oder auf Dörfer im Land verteilt, während gerade in Prag die Opfer mit größerer Wahrscheinlichkeit in andere Bezirke als in das ehemalige Ghetto der Stadt, Josefov, übersiedelt wurden.

Von Beginn der deutschen Besetzung Böhmens und Mährens an waren einzelne jüdische Familien von Zwangsräumungen durch nationalsozialistische Beamte betroffen, die deren Wohnungen für sich selbst oder zum Zwecke öffentlicher Nutzung haben wollten. Der erste koordinierte Schritt, Juden und Jüdinnen massenweise umzusiedeln, ereignete sich aber nicht vor dem Sommer 1939. Ende Juli forderte die neu eingerichtete SS-Dienststelle „Zentralstelle für jüdische Auswanderung" in Prag von der Jüdischen Gemeinde Prag die Organisation der Massenumsiedlung aller böhmischen Jüdinnen und Juden in die Hauptstadt und die der mährischen jüdischen Bevölkerung nach Brno (Brünn). Innerhalb von zwei Wochen wurde Brünn vom Plan gestrichen und die Zentralstelle forderte stattdessen, dass „alle Juden in Prag zu konzentrieren seien" – in Vorbereitung zur bevorstehenden Abreise aus dem Protektorat. Am 13. August informierte der stellvertretende Vorsitzende der Jüdischen Gemeinde Prag, František Weidmann, in einer Zusammenkunft 121 jüdische Repräsentanten großer und kleiner Städte in ganz Böhmen und Mähren darüber, dass die Umsiedlung „in Etappen stattfinden" würde, angefangen mit der Ankunft der Familienoberhäupter in der Hauptstadt, die sich um die nötigen Formalitäten kümmern, Rechnungen bezahlen und ausländische Visa beschaffen könnten. Die Zentralstelle hatte angeordnet, dass 200 Personen pro Tag in ihrem Büro zu erscheinen hatten. Weidmann beendete seine Ansprache mit dem Aufruf an die Juden und Jüdinnen, „nicht den Kopf zu verlieren" und sich nicht durch Angst lähmen zu lassen.[11]

Während die Jüdische Gemeinde Prag hektisch versuchte den Forderungen der Zentralstelle nachzukommen, verstanden deutsche Beamte anderweitig im Protektorat dies als grünes Licht, ihre Gebiete komplett „judenfrei" zu machen. Bereits am Morgen des 5. August 1939 zitierte die Gestapo in der südböhmischen Stadt České Budějovice (Budweis) Rabbiner Josef Ferda zu sich und befahl ihm, die Umsiedlung der 1.200 – 1.500 jüdischen BewohnerInnen der

11 Národní archiv České republiky (NA), f. Presidium ministerská rada (PMR), karton (k.) 3417, fol. 227-29; Wochenbericht der Jüdischen Kultusgemeinde (JKG) 4/1939 (13.–19. 8. 1939), S. 1; NA, f. Presidium ministerstva vnitra – Archiv ministerstva vnitra (PMV-AMV), signatura (sign.) 225-1323-1, fol. 3.

Stadt nach Prag „innerhalb von 24 Stunden" zu organisieren. Der Rabbiner entgegnete, dass die Frist wegen „mangels geeigneter Unterkünfte in Prag und aufgrund der finanziellen Belastung durch arme und kranke Juden" nicht eingehalten werden könne, aber die Gestapo bestand darauf, dass alle Juden und Jüdinnen sofort zu registrieren seien und danach České Budějovice zu verlassen hätten. In seinem Bericht nach Prag bemerkte der Polizeichef der Stadt: „Die Juden sind von diesem Befehl vollkommen schockiert und derzeit völlig ratlos."[12] Am 22. August 1939 erließ die Gestapo von Deutsch Brod (heute Halvíčkův Brod) einen ähnlichen Befehl für die Juden und Jüdinnen dieser Region, gab ihnen aber vierzehn Tage, um all ihr Hab und Gut zu veräußern und in die Hauptstadt umzusiedeln.[13] Ende August berichtete die Jüdische Gemeinde Prag, dass Gestapo-Offiziere den jüdischen BewohnerInnen u. a. in Deutsch Brod, Příbram, Kamenice nad Lípou, Humpolec und Ledeč nad Sázavou befohlen hatten, in die Hauptstadt zu ziehen.[14]

Die Zentralstelle wies die regionalen NS-Funktionäre an, ihre Pläne, die lokale jüdische Bevölkerung en bloc auszuweisen, zu stoppen. In der Besatzungszeit sollte sich jedoch ein Muster herausbilden, dass nämlich aus Prag an die Provinzen gerichtete Befehle eine verzögerte und begrenzte Wirkung zeigten. Die Jüdische Gemeinde Prag berichtete im September, dass die Migration aus den Provinzen „nachgelassen", sie aber noch weiterhin Berichte über „Umsiedlungen" aus České Budějovice, Ostrava und Jihlava erhalten hatte.[15] Die Gestapo von Jihlava hatte auf den Kriegsausbruch am 1. September 1939 mit dem Befehl reagiert, die jüdischen BewohnerInnen aus der Stadt zu treiben. Der nationalsozialistische Oberlandrat der Region bezeichnete die Vertreibungspläne als „willkommen", führte aber auch gleich die Kosten für die örtliche Wirtschaft an und verkündete innerhalb eines Monats die Aussetzung des Plans. Nur die Juden und Jüdinnen, welche bereits eine Unterkunft in Prag gemietet hatten, sollten umgesiedelt werden. In einer abschließenden Bemerkung zur Welle der erzwungenen Umsiedlung im Sommer 1939 merkte der Oberlandrat Anfang Oktober, offensichtlich mit etwas Bedauern, an: „Die Juden müssen noch in Iglau bleiben."[16]

12 NA, f. Presidium zemského úřadu – Archiv ministerstva vnitra (PZÚ-AMV), sign. 207-938-4, fol. 154-155.

13 NA, f. PMV-AMV, sign. 225-1323-2, fol. 104; NA, f. PMR, k. 3801, fol. 37-40.

14 Wochenbericht der Jüdischen Kultusgemeinde 5/1939 (20.–25. 8. 1939), S. 4.

15 Wochenbericht der Jüdischen Kultusgemeinde 8/1939 (9.–15. 9. 1939), S. 2.

16 NA, f. Úřad říšského protektora (ÚŘP), k. 280, sign. I-1a 1803 (Jihlava), Verwaltungsbericht über den Monat September 1939 (2. 10. 1939), S. 17–18; Verwaltungsbericht über den Monat Oktober 1939 (2. 11. 1939), S. 20.

Obwohl die Vertreibungen in dieser Zeit abnahmen, veranlasste der nationalsozialistische Oberlandrat von Jičín, Adolf Möller, am 10. Juni 1940 eine neuerliche Welle der Massenvertreibung, als er Bezirksamtsträgern befahl, die jüdische Bevölkerung in seiner Region in leerstehende Gebäude, einschließlich Fabriken, Scheunen und Lagerräume, umzusiedeln.[17] Außerdem ordnete Möller an, die Juden und Jüdinnen in bestimmten Straßen oder Häusern zu konzentrieren und nicht über alle Gemeinden oder das umgebende Land zu verstreuen. Bezirksbeamte wurden dazu angehalten, mit dem jeweiligen Leiter der örtlichen jüdischen Gemeinde zusammenzuarbeiten, um die für Beschlagnahmungszwecke attraktivsten Häuser zu identifizieren. Laut Möller hatten, nach Genehmigung durch die örtliche nationalsozialistische Parteistelle, Deutsche oberste Priorität bei der Wahl der besten Wohnungen – alle anderen von ihnen nicht gewünschten Wohnungen konnten an die tschechischen InteressentInnen gehen.[18] Die tschechische faschistische Boulevardzeitung „Vlajka“ [die Fahne] begrüßte ihrerseits die Ghettoisierung der Jüdinnen und Juden des Bezirks und ging davon aus, dass ansässige TschechInnen davon profitieren würden: „Wir erwarten nunmehr, dass das Bezirksamt die von den Juden verlassenen Wohnungen auf faire Weise den wirklich armen Familien mit vielen Kindern zuteilen wird, allerdings nach gründlicher Desinfektion.“[19]

In Benátky nad Jizerou musste die jüdische Bevölkerung in eine leerstehende Fabrik ziehen, aber in der größten Gemeinde der Region, Mladá Boleslav (Jungbunzlau), wählten die Behörden einen wesentlich ominöseren Ort: das Schloss, das den südlichen Rand der Altstadt beherrschte.[20] Die Jüdische Gemeinde Prag berichtete später, dass 256 Personen in die verfallene Festung eingezogen waren. Diese Zahl schloss Juden und Jüdinnen aus den Nachbarstädten Mnichovo Hradiště und Bělá pod Bezdězem mit ein. Diese mussten für die Übersiedlung ins Schloss und die Lagerung der Möbel, die sie nicht mitbringen durften, zahlen.[21] Als Norbert Frýd, ein Vertreter der Prager Jüdi-

17 Im Rheinland geboren, wurde Adolf Möller im Mai 1933 Mitglied der NSDAP und im darauffolgenden Oktober Mitglied der SS. Nach dem Münchner Abkommen diente er in Karlsbad und wurde sofort am 16. März 1939 zum Oberlandrat der Region Jičín ernannt. Diesen Posten hatte er bis Juni 1942 inne. Zdeňka Kokošková / Jaroslav Pažout / Monika Sedláková (Hrsg.), Úřady oberlandrátů a jejich představitelé v systému okupační správy Protektorátu Čechy a Morava, Dolní Břežany 2020, S. 112–113.

18 NA, f. ÚŘP-AMV-114, k. 182, sign. 114-184-5, fol. 44-45.

19 Židé v Mladé Boleslavi, Vlajka (13. 7. 1940), NA, f. Ministerstvo zahraničních věcí – výstřižkový archiv I (MZV-VA-I), k. 2322, sign. n7.

20 NA, f. ÚŘP-AMV-114, k. 182, sign. 114-184-5, fol. 72.

21 Blanka Rozkošná, Židé v Mnichově Hradišti a okolí, Praha 2011, S. 36.

schen Gemeinde, Mladá Boleslav besuchte, beschrieb er „den Tiefpunkt einer Protektoratsunterkunft [...], wo sie ganz einfach alle Juden herausgejagt haben, [...] Männer, Frauen und Kinder, aus ihren ursprünglichen Wohnhäusern, und ihnen die kahlen Hallen eines Schlosses über der Stadt zugewiesen haben. Innerhalb dreier Tage mussten sich die Unglücklichen in Räumen niederlassen, in denen sämtliche Fenster zerbrochen, die Böden aufgerissen waren, Schutthaufen in den Ecken, keine Heizöfen, kein Strom, nicht einmal Wasser oder Spültoiletten."[22]

Otto Seidler, der mehr als zweieinhalb Jahre mit seiner Familie im Schloss verbracht hat, erinnerte sich: „Auf jedem Stockwerk war nur eine Toilette und eine Wasserleitung, es gab keinen Strom."[23] Obwohl Frýd auf einer späteren Fahrt nach Mladá Boleslav befand, dass die Jüdische Gemeinde die Zustände im Schloss wesentlich verbessert hatte, nannte er es in seinen Memoiren noch „Ghetto" – obwohl eines, das im Gegensatz zu dem, was noch kommen sollte, „überlebbar" war.[24]

Als im Büro des Reichsprotektors bekannt wurde, was sich im nur 65 Kilometer von Prag entfernten Mladá Boleslav zugetragen hatte, waren die Nazifunktionäre nicht erfreut. Verschlagen beschwerten sie sich, dass die Renovierungskosten für eine adäquate Wohnbarmachung des Schlosses den Staat der für Fürsorge und Förderung der jüdischen Auswanderung nötigen Gelder berauben würde. Das Amt des Reichsprotektors merkte auch an, dass die geplante Aktion (die tatsächlich schon stattgefunden hatte) nicht nur Mladá Boleslav betraf und mit der Sicherheitspolizei hätte koordiniert werden müssen. In der Zwischenzeit sollte nichts weiter unternommen werden.[25] Im Bemühen, seine vorschnelle Aktion zu rechtfertigen, antwortete Möller, dass die örtliche Gestapo und nationalsozialistische Parteistelle ihm berichtet hatten, dass bei den Volksdeutschen starke Unzufriedenheit über ihre schlechten Wohnverhältnisse herrsche. Außerdem argumentierte der Oberlandrat, dass Juden und Jüdinnen aus dem Sudetenland bessere und größere Wohnungen übernommen und damit die zuvor „judenfreien" Bezirke „verunreinigt" hätten. Zusätzlich bemühte er sich die Schuld von sich zu weisen und behauptete, dass er die Idee zur Umsiedlung der jüdischen Bevölkerung seiner Region aus einem Gespräch

22 Norbert Frýd, Lahvová pošta, aneb konec posledních sto let, Praha 1971, S. 119.

23 Interview mit Otto Seidler: http://www.pametnaroda.cz/story/seidler-otto-1930-4424 [28. 10. 2017].

24 Frýd, Lahvová pošta, S. 155.

25 NA, f. ÚŘP-AMV-114, k. 182, sign. 114-184-5, fol. 40.

mit seinem Amtskollegen in Kolín einen Monat zuvor erhalten hatte. Dieser Oberlandrat jedoch erließ einen ähnlichen Befehl erst später in diesem Sommer. Schließlich versicherte der Oberlandrat von Jičín dem Amt des Reichsprotektors, dass die Ghettoisierung nur eine begrenzte Aktion gewesen war, die Jüdinnen und Juden in „Mischehen" oder aus dem Ausland nicht betraf. Jedenfalls waren, wie er triumphierend anmerkte, Ausweisung und Konzentrierung der Juden und Jüdinnen ein großer Erfolg gewesen.[26]

Trotz des Aufrufs aus dem Amt des Reichsprotektors zu Zurückhaltung folgten andere nationalsozialistische Oberlandräte bald dem Beispiel. Im Juni befahl der Oberlandrat in Hradec Králové (Königgrätz), gemeinsam mit der Gestapo der Stadt, den Juden und Jüdinnen im nahegelegenen Hořice (Horschitz) in eine verlassene Weberei zu ziehen. Als sich das Gebäude für die Unterbringung der gesamten Gemeinde als zu klein erwies, mussten sich einige Familien in einer ehemaligen jüdischen Schule und einem stillgelegten Geschäft zusammendrängen.[27] Am 4. Juli 1940 berief dann der Oberlandrat von Hradec Králové ein Treffen mit anderen Bezirksamtsträgern und der örtlichen Polizei ein, zwecks dringlicher Nachfrage bezüglich der von ihnen vorgenommenen Maßnahmen zur Konzentrierung der Juden und Jüdinnen und Freimachung von Wohnungen für sogenannte „Arier".[28] Unter dem Eindruck seines vorangegangenen Gesprächs mit seinem Amtskollegen in Jičín wies der Oberlandrat in Kolín, der bereits Juden und Jüdinnen aus der kleinen Gemeinde von Jevany komplett verbannt hatte (nach Versuchen dort ein Heim für blinde Juden einzurichten), fünf Tage später die Bezirksbehörde in Čáslav an, den „großen Wohnungsmangel" durch die Zwangsräumung größerer Wohnungen zu lösen.[29] Als Antwort darauf meldete die Bezirksbehörde nach Prag, dass es die Ausweisung von 22 jüdischen Familien (50 Personen) aus ihren „unverhältnismäßig großen Wohnungen" angeordnet hatte. Aufgrund nicht näher beschriebener Schwierigkeiten waren von diesem Einsatz schließlich „nur" zwölf Familien betroffen. Gleichwohl haben diese Räumungen anscheinend Platz für neunzehn „arische" Familien geschaffen und es damit „ermöglicht, zumindest teilweise, den großen Wohnungsmangel

26 Freimachung von Judenwohnungen, Oberlandrat Jitschin (4. 7. 1940), Gesch. Nr. 5-8-0, NA, f. ÚŘP-AMV-114, k. 182, sign. 114-184-5, fol. 43.

27 Antonín Knížek, Národní odboj na Jičínsku 1939–1945/II. (Jičín: OV ČSPB, Okresní muzeum, 1980), S. 147–148.

28 Die Verwendung des Begriffs „Arier" im Polizeibericht weist darauf hin, dass sie zumindest erwarteten, dass auch TschechInnen NutznießerInnen der Räumungen werden würden. NA, f. Ministerstvo vnitra – nová registratura (MV-NR), k. 12041, sign. E-3443, fol. 239.

29 SOkA Kolín, f. Okresní úřad (OÚ) Český Brod, inventorní číslo (inv.č.) 827, sign. pres. 160/1940, k. 64, fol. 40.

in Čáslav zu beheben".[30] In Kolín unterdessen leitete das Büro des Oberlandrats die Ausweisung der örtlichen Juden und Jüdinnen, die in „großen Häusern, Villen und Wohnungen" wohnten, direkt und nahm diese Liegenschaften für das Reich in Anspruch. Tschechische Lokalbehörden wurden für die Auffindung anderer, „kleinerer" Unterkünfte für die nunmehr obdachlosen Juden und Jüdinnen verantwortlich gemacht. Insgesamt traf die Aktion acht bis zehn der 135 in Kolín lebenden Familien.[31] Im August 1940 verfasste der Oberlandrat in Tábor seinerseits einen eingehenden Bericht über die umfassende Vertreibung der jüdischen EinwohnerInnen seiner Region aus ihren Wohnungen und ihre Konzentrierung in den Wohnstätten anderer Juden und Jüdinnen. Zusätzlich zur Stadt Tábor fanden solche „Unterbringungsaktionen" in dreizehn Gemeinden statt und etwa achtzig Wohnstätten wurden beschafft.[32] Gleichzeitig verkündete der Oberlandrat in Olomouc (Olmütz) seine Absicht, Juden und Jüdinnen aus dem westlichen Teil der Stadt zu entfernen, sie gänzlich aus dem zentralen ersten Bezirk zu verbannen und daran zu hindern, sich neu im zweiten Bezirk niederzulassen.[33]

In seinem Bericht über die Delogierungen der Juden und Jüdinnen seiner Region merkte der nationalsozialistische Oberlandrat in Tabor zufrieden an: „Die Massnahmen sind bisher reibungslos abgelaufen."[34] Die Adressaten seines Berichts teilten dieses Erfolgsgefühl jedoch nicht. Am 17. August 1940 informierte der zweitmächtigste NS-Funktionär im Protektorat, der aus Böhmen gebürtige Karl Hermann Frank, die nationalsozialistischen Amtsträger im gesamten Protektorat, „die Einrichtung von Ghettos oder die sonstige Zusammenfassung in bestimmten Wohnungen oder Wohnvierteln kann derzeit nicht in Erwägung gezogen werden". Frank rechtfertigte die (vorläufige) Zurückhaltung aus den gleichen Gründen, die das Amt des Protektors zu Sommeranfang in seiner Rüge des Oberlandrats in Jičín vorgebracht hatte: Unkoordinierte Maßnahmen gegen die Juden und Jüdinnen würden diese verarmen lassen und Bemühungen, ihre Auswanderung zu fördern, untergraben.[35] Jenen, die

30 Diejenigen Möbelstücke der Juden und Jüdinnen, welche nicht in ihren neuen Unterkünften Platz hatten, wurden vorläufig eingelagert. NA, f. MV-NR, k. 5169, fol. 138; SOkA Kutná Hora, f. OÚ Čáslav pres., k. 50, č. 989/1940, fol. 1.

31 SOkA, f. OÚ-Kolín Pres. spisy, č. 780/1940.

32 NA, f. ÚŘP, k. 289, Der Oberlandrat Tabor (27. 8. 1940), fol. 4.

33 Wohnverhältnisse der jüdischen Bevölkerung in Olmütz (23. 8. 1940), Moravský zemský archiv (MZA), f. Říšský protektor v Čechách a na Moravě, služebna pro zemi Moravu, Brno, k. 46, sign. 4082, inv.č. 523.

34 Deutschtumsarbeit im Oberlandratsbezirk Tabor, NA, f. ÚŘP, k. 289, S. 4.

35 Andrea Löw (Hrsg.), Die Verfolgung und Ermordung der europäischen Juden durch das nationalsozialistische Deutschland. Bd. 3: Deutsches Reich und Protektorat Böhmen und Mähren, September 1939–September 1941, Berlin 2012, Dok. 286, S. 689–690.

bereits aus ihren Wohnungen geworfen worden waren, wurde trotzdem keine Rückkehrmöglichkeit angeboten. Die Jüdinnen und Juden von Mladá Boleslav litten im Schloss der Stadt bis zu dem Augenblick, da sie im Jänner 1943 die Deportationszüge nach Theresienstadt besteigen mussten. Dennoch kamen gegen Sommerende 1940 die koordinierten Bemühungen, eine große Zahl an Juden und Jüdinnen in Provinzstädten und Gemeinden zu delogieren und zu konzentrieren, zu einem vorläufigen Stillstand. Vielleicht war dies die Reaktion auf Franks Befehl oder die Konsequenz daraus, dass sich nunmehr die Aufmerksamkeit der führenden Nationalsozialisten dem größten und wertvollsten Bestand an jüdischen Unterkünften im Protektorat zuwandte.

In der Hauptstadt verlief der Prozess der Zwangsräumungen und Konzentrierung von Anfang an in einem anderen Tempo und auf andere Weise. Die schiere Zahl der jüdischen BewohnerInnen in Prag (1941: 46.801)[36] machte deren Umsiedlung zu einem gewaltigen Vorhaben, das das Potenzial hatte, tausende von Wohnungen verfügbar zu machen, aber auch zu einer großen Belästigung der nichtjüdischen Bevölkerung der Stadt zu führen. Sowohl aufgrund der Qualität der von Juden und Jüdinnen bewohnten Wohnungen als auch der großen Zahl und des hohen Rangs der deutschen Funktionsträger in der Stadt räumten die Besatzer dieser Operation oberste Priorität ein – in einer Weise, wie dies kaum anderswo der Fall war.[37] Zudem schuf die unmittelbare Anwesenheit des Amts des Reichsprotektors und der Zentralstelle eine andere Machtstruktur und Koordinierung der Befugnisse als in den Provinzen, wo sowohl die Oberlandräte als auch die Gestapo unabhängiger waren. Die Transporte aus Prag erfolgten mit Verzögerungen und Unterbrechungen – im Gegensatz zur vollständigen und gleichzeitigen Entfernung der jüdischen EinwohnerInnen aus den Provinzen. Die Umsiedlung der Juden und Jüdinnen aus Prag und die Umverteilung ihrer ehemaligen Wohnungen in der Hauptstadt ab Herbst 1941 wurden zu einem langwierigen Prozess, der fast den ganzen Krieg andauerte.

Wenngleich ein koordinierter Umsiedlungsplan für Prag 1939 und fast das ganze Jahr 1940 fehlte, waren Jüdinnen und Juden mit individuellen Delogierungen und verzweifelter Suche nach neuen Wohnungen konfrontiert. Von Beginn der Besetzung an zwang die durch die antisemitische Verfolgung verursachte allgemeine Verarmung immer mehr jüdische Familien dazu, billigere

36 Tomáš Pěkný, Historie Židů v Čechách a na Moravě, Praha 2001, S. 654.

37 Bis Ende 1940 hatten die Besatzungsbehörden 5.000 deutsche AntragstellerInnen für sogenannte jüdische Wohnungen in Prag vermerkt. Monika Sedláková, Burza' s židovkými byty – součást protektorátní bytové politiky, Documenta Pragensia XXVI (2007), S. 207.

Unterkünfte in der Stadt zu suchen. Der Zuzug von Juden und Jüdinnen aus anderen Regionen erhöhte den Druck auf den ohnehin schon überlasteten Wohnungsmarkt. Im Januar 1940 berichtete die Jüdische Kultusgemeinde über eine besorgniserregende Entwicklung: „Die große Wohnungsnot und der Umstand, dass immer mehr arische Hausbesitzer Juden nicht mehr aufnehmen wollen, zwingt die Interessenten, von der selbstständigen Wohnungssuche abzusehen" und sich stattdessen an die Gemeinde um Hilfe zu wenden.[38] Ob die HausbesitzerInnen Juden und Jüdinnen aus antisemitischen Gründen oder aufgrund der Annahme rauswarfen, „arische" MieterInnen wären ein kleineres Risiko – auf jeden Fall bedeuteten die Kündigungen eine noch größere Belastung für die Jüdische Gemeinde. Im Frühjahr 1940 klagte das Wohnungsamt: „Die Lage am Prager Wohnungsmarkt wird von Tag zu Tag kritischer und nimmt bereite katastrophale Formen an."[39] Noch im gleichen Monat verschärfte die Stadt Prag per Anordnung die Lage weiter, als sie plötzlich die Mietverhältnisse aller jüdischen MieterInnen in Gemeindebauten aufkündigte.[40] Im Juli wies die Jüdische Kultusgemeinde alle jüdischen ImmobilienbesitzerInnen in Prag an, den Leiter des Wohnungsamts der Gemeinde über jegliche leerstehende Wohnungen zu informieren, die an jüdische Familien, „die derzeit obdachlos sind oder bald aus einer arischen Wohnung ausziehen müssen", vermietet werden könnten.[41] Gleichzeitig rief das Wohnungsamt alle Wohnungssuchenden auf: „Aufgrund des Mangels an Wohnungen, insbesondere kleinerer, empfehlen wir, dass sich jede Person möglichst schnell für die ihr angebotene Unterkunft entscheide."[42]

Im Herbst 1940 machten sich schließlich die deutschen Besatzungsbehörden in Prag in drei Schritten daran, das, was gemeinhin als „jüdische Wohnstätten" (als hätten Immobilien selbst eine Religion oder Rasse) bezeichnet wurde, ausfindig zu machen und zu enteignen. Am 10. September 1940 befahl zunächst die Zentralstelle der Jüdischen Kultusgemeinde, einen vollständigen Bericht über alle von Juden und Jüdinnen bewohnten Immobilien in der Stadt bereitzustellen. Die SS-Behörde verlangte nicht nur eine Liste der Liegenschaften, die in jüdischem Eigentum waren, sondern aller von Jüdinnen und Juden bewohnten Unterkünfte, unabhängig vom Rechtstitel.[43] Drei Tage später, am

38 Wochenbericht der Jüdischen Kultusgemeinde 2/1940 (7.–12. 1. 1940), S. 9.

39 Wochenbericht der Jüdischen Kultusgemeinde 14/1940 (30. 3.–5. 4. 1940), S. 9–10.

40 Wochenbericht der Jüdischen Kultusgemeinde 17/1940 (20.–26. 4. 1940), S. 5; Wochenbericht der Jüdischen Kultusgemeinde 19/1940 (4.–10. 5. 1940), S. 4.

41 NA, f. PZÚ-AMV, sign. 207-938-2, fol. 98.

42 Z bytového referátu, Židovksé listy / Jüdisches Nachrichtenblatt II:29 (19. 7. 1940), S. 7; II:30 (26. 7. 1940), S. 11.

43 JKG Vierteljahresbericht, III. Vierteljahr 1940, S. 26, Yad Vashem Archive (YVA) 07 CZ/56.

Freitag, den 13. September, konnten LeserInnen des „Jüdischen Nachrichtenblatts“ die auf der Titelseite fett gedruckte Ankündigung nicht übersehen. Die „Neue Regelung für jüdische Mieter in Prag“ stellte lapidar fest, dass die Zentralstelle für Jüdische Auswanderung verfügt hatte, „daß Juden in Prag freie Wohnungen nicht mehr mieten dürfen“. Jüdinnen und Juden in der Hauptstadt konnten nur in bereits von anderen Juden und Jüdinnen bewohnte Wohnungen ziehen.[44] Am 7. Oktober 1940 verkündete das Amt des Reichsprotektors, dass die Zentralstelle zuerst ihre Zustimmung geben müsse, bevor ImmobilienbesitzerInnen eine zuvor von Juden und Jüdinnen bewohnte Unterkunft vermieten. Mit anderen Worten: Eine Immobilie mit derzeit jüdischen BewohnerInnen hatte als „jüdische Wohnstätte“ betrachtet zu werden, unabhängig davon, in wessen Eigentum sie sich tatsächlich befand. Eine etablierte tschechische Zeitung erklärte konsternierten „arischen“ ImmobilienbesitzerInnen: „Die Anordnung spricht von Wohnstätten, die an Juden vermietet sind und unterscheidet daher nicht, ob der Eigentümer ein Jude oder Arier ist. Entscheidend ist nur die Rasse des Mieters, der zuletzt in der Wohnung gelebt hat.“[45] Tatsächlich rassifizierten die Nationalsozialisten Mauern, welche Wohnräume umgaben, und schränkten kurzerhand die Macht von (sowohl tschechischen als auch deutschen) Nichtjuden und Nichtjüdinnen ein, frei über ihr Eigentum zu verfügen. Damit schuf diese Verordnung de facto „jüdische Wohnstätten.“

Gemeinsam bildeten diese drei Maßnahmen einen entscheidenden Schritt in Richtung totaler Enteignung und Entwurzelung der Juden und Jüdinnen dieser Region. Ironischerweise gab jedoch die Rassifizierung des Wohnraums den Opfern skrupelloser VermieterInnen für kurze Zeit ein Mittel in die Hand, um darauf zu reagieren. In Form passiven Widerstands griffen überall im Protektorat Amtsträger der Jüdischen Gemeinde das Konzept einer „jüdischen Wohnstätte“ auf, um ihre Mitglieder zu schützen. Als die Vermieterin Marie Bader zwingen wollte, ihre Wohnung in Prag aufzugeben, wandte sich Bader verzweifelt an eine Kontaktperson im Büro der Jüdischen Gemeinde, die ihr versicherte, dass sie nicht ausziehen müsse. Bader erklärte in einem Brief: „Seit gestern weiß ich bestimmt, dass ich meine Wohnung behalten kann, resp. behalten muss, resp. dass die Hausfrau meine Übersiedlung nicht verlangen kann, weil sie überhaupt kein Recht hat, über die Wohnung zu verfügen.“[46]

44 Jüdisches Nachrichtenblatt / Židovské listy II:37 (13. 9. 1940), S. 1.
45 Pronajímání bytů Židům, Lidové noviny (30. 10. 1940), MZA, f. B26, k. 2366, inv.č. 2132, Předpisy o židech, fol. 1048.
46 Marie Bader, Life and Love in Nazi Prague: Letters from an Occupied City, hrsg. v. Kate Ottevanger u. Jan Láníček, London 2019, S. 51–52.

Außerhalb Prags wandten die lokalen jüdischen Funktionäre die gleiche Taktik an, um aggressive VermieterInnen abzuwehren. Im Bezirk Slaný schrieb eine ältere, vom Rauswurf bedrohte Frau dem Vertreter der Jüdischen Gemeinde: „In einem Zustand der Hoffnungslosigkeit wende ich mich wieder an Sie und bitte um Rat [...] ich habe große Angst [...] ich fühle mich verlassen.“ Der Amtsträger antwortete: „Seien Sie so gut und informieren Sie Ihre Hausfrau, dass es gemäß der Anordnung des Reichsprotektors für Böhmen und Mähren vom 7. Oktober 1940 notwendig ist, bezüglich der Verfügung über von Juden geräumte Wohnungen die Genehmigung der Zentralstelle für Jüdische Auswanderung in Prag einzuholen.“[47] Ähnlich erklärte die Jüdische Gemeinde in Holešov einem jüdischen Repräsentanten aus dem nahegelegenen Bystřice pod Hostýnem, dass, obwohl Juden und Jüdinnen keine Mieterrechte mehr hätten, er den Vermieter informieren sollte, „dass ihm aus dem Rauswurf dieser Familie kein Vorteil erwachsen würde, da die Wohnung nicht [...] wiedervermietet werden kann, und so wäre es für ihn vorteilhafter, die Familie im Haus zu belassen“.[48]

Zwar konnte diese „Waffe der Schwachen“ Jüdinnen und Juden vor privaten HausbesitzerInnen schützen, nicht jedoch vor den deutschen Besatzern. Die drei Maßnahmen im Herbst 1940 waren der Anstoß zu massenhaften Delogierungen der jüdischen BewohnerInnen in ganz Prag. Augenscheinliches Ziel der Massenumsiedlung war, attraktive Wohnungen für Deutsche freizumachen, aber sie zielte auch darauf ab, jüdische BewohnerInnen der Stadt in bestimmten Bezirken und Wohnungen zu konzentrieren.[49] Mehrere Monate lang blieb der Plan nicht nur den meisten Juden und Jüdinnen, sondern auch den meisten Gemeindebeamten und sogar einigen führenden Nationalsozialisten unbekannt. Im Jänner 1941 sprach der Wochenbericht der Jüdischen Kultusgemeinde an die Zentralstelle für Jüdische Auswanderung zum ersten Mal von einem spezifischen „Einsiedlungsgebiet“ in Prag.[50] Spätestens im darauffolgenden Monat merkten auch die tschechischen Beamten des Verkehrs- und Innenministeriums, dass Jüdinnen und Juden in den zentralen Bezirken der Stadt „konzentriert“ wurden.[51] Dennoch drückte noch im April 1941 Kurt von Burgsdorff, Unterstaatssekretär beim Reichsprotektor (später Gouverneur des Distrikts

47 Archiv Židovského muzea v Praze (AŽMP), f. Židovská náboženská obec (ŽNO) Slaný, inv.č. 66, sign. 102903: Bytové záležitosti (1940–41).
48 AŽMP, f. ŽNO-Holešov, poř.č. 34, sign. 62696, Změny bytů (1942), fol. 1534.
49 NA, f. ÚŘP-AMV-114, k. 182, sign. 114-184-5, fol. 51.
50 Wochenbericht der Jüdischen Kultusgemeinde 3/1941 (11.–17. 1. 1941), S. 8.
51 NA, f. Ministerstvo vnitra – stará registratura (MV-SR), k. 6580, sign. 9-49-1a, fol. 16.

Krakau), seine Überraschung darüber aus, dass Juden und Jüdinnen gezwungen wurden, in bestimmten Vierteln zu leben. Die Antwort der Abteilung I des Amts des Reichsprotektors auf seine Nachfrage ergab, dass Umsiedlung und Konzentrierung der Prager Juden und Jüdinnen im vorangegangenen Herbst begonnen hatten. Zuerst „werden Judenwohnungen in den Außenbezirken [Prag] geräumt“. Jüdinnen und Juden, die am Stadtrand wohnten, wurden danach in die im Stadtzentrum gelegenen Wohnungen anderer Juden und Jüdinnen verlegt, insbesondere in die Altstadt (Prag I) und den kleinen Bezirk, den sie umfasste, das ehemalige (und nunmehrige) Ghetto von Josefov (damals Prag V, heute nicht mehr getrennt).[52]

Der Plan, die Prager Jüdinnen und Juden wieder „zurück“ ins alte Ghetto (Prag V) zu schicken, erschien den führenden Nationalsozialisten wahrscheinlich gerecht, stellte sich aber schnell als undurchführbar heraus. Schon vor der Stadterneuerung (tschechisch *asanace*) um die Jahrhundertwende, die den Bezirk mit modernen Gebäuden versah und die desolaten Bedingungen, die das Ghetto charakterisierten, beendete, waren die jüdischen BewohnerInnen in Josefov zu einer Minderheit geworden.[53] Obwohl der größere 1. Bezirk einen Bestand an jahrhundertealten Häusern hatte, so wies er auch einen starken Geschäfts- und Verwaltungscharakter auf. Bereits im März 1941 berichtete die Jüdische Gemeinde, dass der 1. und 5. Bezirk „beinahe erschöpft“ seien und keine weiteren Familien aufnehmen können.[54] Auch die Deutschen erkannten spätestens im April, dass die beiden Bezirke nicht annähernd genug geeigneten (d. h.: schlechten) Wohnraum zur Verfügung hatten. Darauf reagierte die Zentralstelle mit dem Befehl, dass Jüdinnen und Juden auch im 2. und 12. Bezirk (Neue Stadt und Vinohrady) zu konzentrieren seien. Jedoch handelte es sich bei Vinohrady („Weinberge“), dem 12. Bezirk, um ein gutbürgerliches Viertel voller vornehmer Wohnhäuser, viele davon in den vorangegangenen Jahrzehnten erbaut. In dem Bewusstsein, dass Vinohrady einen gehobenen Ruf hatte, betonte die Beschreibung der Ausweisungsaktion im April 1941, dass man besondere Aufmerksamkeit darauf richten würde, sicherzustellen, dass Jüdinnen und Juden nur in Gebäuden untergebracht werden würden, die in Seitenstraßen lagen und keine Zentralheizung hatten.[55] Das eigene Unbehagen der Nationalsozialisten bezüglich der Verwendung der Wohnungen in Vinohhrady

52 NA, f. ÚŘP-AMV-114, k. 182, sign. 114-184-5, fol. 51-52.

53 Cathleen Giustino, Tearing Down Prague's Jewish Town: Ghetto Clearance and the Legacy of Middle Class Ethnic Politics around 1900, Boulder, Colorado, 2003.

54 Wochenbericht der Jüdischen Kultusgemeinde 5/1941 (25.–31. 1. 1941), S. 8.

55 NA, f. ÚŘP-AMV-114, k. 182, sign. 114-184-5, fol. 51-52.

zeigte sich deutlich in dem Umstand, dass die Jüdische Gemeinde in ihrem Jahresbericht von 1943 an die Zentralstelle in ihrer Beschreibung des „Einsiedlungsgebiets“ für die Ausgewiesenen nur Prag I, II und V erwähnte und Prag XII sorgsam ausließ.[56]

In welchem Ausmaß gelang es den Nationalsozialisten tatsächlich, die Prager Jüdinnen und Juden zu konzentrieren? Lebenserinnerungen und mündliche Zeugnisse weisen darauf hin, dass viele die Erfahrung der Umsiedlung innerhalb der Stadt machen mussten. Eine eingehende Studie (die der Autor gemeinsam mit dem Institut Theresienstädter Initiative durchgeführt hat) mit neuen – Polizeiberichten, Registrierungslisten und Deportationsunterlagen entnommenen – Daten zeigt, dass zumindest zwei Drittel der jüdischen EinwohnerInnen der Stadt, und mit aller Wahrscheinlichkeit wesentlich mehr, wenigstens einmal vor der Deportation übersiedelt sind.[57] Aber der ursprünglichen Absicht der Nationalsozialisten entgegengesetzt, zogen die Jüdinnen und Juden mehrheitlich nicht in die Altstadt oder das ehemalige Ghetto (Prag I und V), auch wenn diese zwei Bezirke in den ersten Jahren der Besatzung einen Nettozuwachs erlebten. Den größten absoluten Zuwachs an jüdischen BewohnerInnen verzeichnete vielmehr Prag XII (Vinohrady). Erst mit Beginn der Massentransporte im Herbst 1941 begannen Prag I und V den größten Nettozuwachs aufzuweisen, aber selbst dann erlebte Vinohrady noch eine deutliche Zunahme seiner jüdischen Bevölkerung. Insgesamt war Vinohrady der häufigste letzte Wohnort der Prager Jüdinnen und Juden: 22,8 % lebten hier, bevor sie einen Deportationszug bestiegen. Im Gegensatz dazu hatten bloß 5,9 % der Jüdinnen und Juden der Stadt ihre letzte Wohnstätte im alten Ghetto. Alles in allem war das ursprünglich geplante „Einsiedlungsgebiet“ Prag I und V der letzte Wohnort von weniger als einem Viertel der jüdischen Bevölkerung der Stadt. Obwohl die Nationalsozialisten es schafften, eine bedeutende Anzahl an Jüdinnen und Juden vom linken Ufer der Vltava (Moldau) zu verlegen, erreichten sie vor Beginn der Massentransporte nicht ihr Ziel, dieses „judenfrei“ zu machen.[58] Holešovice (Prag VII) hatte zwar die größte Anzahl an Personen, die innerhalb der Stadt übersiedeln mussten, aber für 3,3 % der Prager Jüdinnen und Ju-

56 Židovská rada starších-zpráva za rok 1943, AŽMP, f. Židovská náboženská obec za okupace 1939–1947, inv. č. 8, k. 1, S. 34.

57 Der Autor dankt dem Institut Theresienstädter Initiative, insbesondere Aneta Plzáková und Tereza Štěpková, für die wertvolle Unterstützung bei diesem Projekt. Informationsquelle bildeten die Strafregisterauszüge der Prager Juden und Jüdinnen in: NA, f. Policejní ředitelství v Praze (PP) (1931–1940) und PP (1941–1950).

58 ARJ Prag: Bericht über das erste Halbjahr 1944, United States Holocaust Memorial Museum, DS135.C96 P748 1944, no. 2000.3.

den befand sich hier dennoch die letzte Wohnstätte. Es war bittere Ironie, dass letztendlich fast alle Juden und Jüdinnen der Stadt ihre letzten Tage in Prag in dem Bezirk verbrachten, der unpassenderweise Ort des Sammellagers für die Deportationen war.

Bald kopierten andere Gemeinden den Prager Plan, das ehemalige Ghetto in ihrer Stadt wiederherzustellen. Die tschechische Mainstreampresse berichtete zum Beispiel im Jänner 1941, dass die bevorstehende Zählung der jüdischen BewohnerInnen der Stadt Louny „mit dem Ziel stattfindet, alle jüdischen Familien in einem Viertel der Stadt zu versammeln, wo sie in zugewiesenen Unterkünften wohnen werden".[59] Im darauffolgenden Monat mussten die Jüdinnen und Juden von Uherský Brod aus ihren Wohnungen ausziehen und sich im ehemaligen Ghetto dieser Stadt zusammendrängen.[60] Nach einigen Monaten ordnete der Oberlandrat in Zlín an, dass Juden und Jüdinnen aus anderen Teilen der Region nach Uherský Brod zu übersiedeln hätten, wo die Ankunft der Auswärtigen in „unserem Judenviertel", wie der tschechische Chronist anmerkte, bedeutete, dass „das jüdische Viertel wirklich aus allen Nähten platzt".[61] Im Herbst 1941 mussten auch die Juden und Jüdinnen des Bezirks Boskovice in das ehemalige Ghetto dieser Stadt übersiedeln.[62] An eine Kleinstadt bei Brünn erinnerte sich Antonie P.: „Und so haben sie uns aus dem umliegenden Gebiet zuerst in Jevíčko versammelt. [...] Wir waren quasi schon wirklich, nein nicht quasi, sondern tasächlich in einem Ghetto. [...] Sie pferchten uns in Jevíčko ein. Im alten jüdischen Ghetto."[63] Die Wohnsitzkonzentrierung der jüdischen Bevölkerung des Protektorats an bestimmten Orten bedeutete jedoch nicht, dass sie gleichartigen Maßnahmen unterworfen waren wie im besetzten Polen. Antonie P. merkte an: „Wir konnten uns frei bewegen. Sie haben uns nicht bewacht."[64]

Obwohl weit verbreitet, stellte die Konzentrierung in den ehemaligen Ghettos ebensowenig einen gemeinsamen, zentral organisierten Plan dar wie die Zwangsunterbringung der Juden und Jüdinnen im Schloss von Mladá Boleslav.

59 Lounští Židé budou bydlet ve samostatné čtvrti, Národní politika (26. 1. 1941), NA, f. MZV-VA I, k. 2322, s. n7.

60 Vilibad Růžička, Z doby okupace Uh. Brodu: Hrst vzpomínek (1962), Muzeum Jana Amose Komenského, Uherský Brod, sign. Bu 443/597, S. 14.

61 Kronika „B" Uherský Brod, SOkA UH, f. Archiv Města – Uherský Brod, inv.č. 203.

62 Jaroslav Bránský, Osud Židů z Boskovic a bývalého okresu boskovického, 1939–1945, Boskovice 1995, S. 23–24.

63 Interview mit Antonie P., am 3. Jänner 1995 von Anna Hyndráková geführt, AŽMP, Oral History Collection, Oral History about the Shoah, Interview Nr. 395, S. 7–8.

64 Ebenda.

Im Gegenteil, der Zwangsumsiedlung der jüdischen Bevölkerung innerhalb des Protektorats Böhmen und Mähren schien jegliche Kohärenz zu fehlen. Manche Oberlandräte, wie jener in Jičín, befahlen Juden und Jüdinnen sich in einer begrenzten Zahl von verlassenen Gebäuden in bestimmten Städten zusammenzudrängen und untersagten deren Zerstreuung im ländlichen Bereich. Die Oberlandräte in Kladno und Tábor hingegen hatten einen entgegengesetzten Zugang und zwangen die Jüdinnen und Juden, sich aus Städten auf das Land zu begeben. Während der Besatzung wurden mindestens 72 Juden und Jüdinnen aus ihren Häusern in Beroun vertrieben und gezwungen, in nahegelegenen Dörfern zu leben.[65] Andernorts in der Kladno-Region mussten die Juden und Jüdinnen von Kralupy nad Vltavou „innerhalb kurzer Zeit in Scheunen und Schuppen [im umliegenden Land] übersiedeln".[66] Der Oberlandrat von Jihlava seinerseits vertrieb fast alle jüdischen EinwohnerInnen aus seiner Stadt, schien sich jedoch nicht die Mühe gemacht zu haben, ihnen bestimmte Gebäude oder wenigstens Gemeinden zuzuweisen. Dutzende flohen in die nahe kleinere Stadt Třešť, deren jüdische Bevölkerung über Nacht von 60 auf 100 anstieg. 25 Kilometer weiter verdoppelte sich in Dačice die Zahl der Juden und Jüdinnen von 30 auf 60, als die Vertriebenen in den Häusern der einheimischen Juden und Jüdinnen Zuflucht fanden.[67] Während die jüdischen BewohnerInnen in Jihlava aus der größten Gemeinde der Region in kleinere Orte übersiedeln mussten, zwangen die Nationalsozialisten in der Olmützer Region auf dem Land lebende Juden und Jüdinnen, in die Städte Prostějov und Přerov zu ziehen.[68] Der Oberlandrat von Zlín ging noch einen Schritt weiter und befahl die Konzentrierung der meisten Juden und Jüdinnen der Gegend in einem Viertel einer einzigen Stadt: im ehemaligen und nunmehrigen Ghetto von Uherský Brod. Selbst innerhalb der Regionen waren inkonsistente Regelungen und Implementierungen üblich. Juden und Jüdinnen in der Stadt Hradec Králové mussten aufs Land ziehen, während solche aus anderen Gemeinden der Region gezwungen wurden, innerhalb ihrer Heimatgemeinden in bestimmte Häuser zu übersiedeln.[69] Selbst der

65 Die Daten wurden vom Institut Theresienstädter Initiative als Teil eines gemeinsamen Datenprojekts zusammengestellt. Kartotéka berounských Židů, SOkA Beroun.

66 AŽMP, f.ŽNO-Slaný, poř.č. 77, č.102894, venkovské důvěrníky.

67 Jens Hampel, Das Schicksal der jüdischen Bevölkerung der Stadt Iglau 1938–1942, Theresienstädter Studien und Dokumente 1998, S. 89–90; Volkstumspolitische Lage in Triesch (24. 4. 1941), NA, f. ÚŘP, k. 288; „Volkspolitische Lage und Judenzentrum in Triesch" (17. 4. 1941), NA, f. ÚŘP, k. 288; Wochenbericht der Jüdischen Kultusgemeinde 10/1941 (1.–7. 3. 1941), S. 10–11.

68 AŽMP, f. ŽNO-Prostějov, inv.č. 722, sign. 85476, Nařízení, příkazy, atd. (1941), 12707.

69 NA, f. MV-NR, k. 12041, sign. E-3443, fol. 234; Tagesbericht des Sicherheitsdienstes, SD-Leitabschnitt Prag (17. 9. 1941), NA, f. ÚŘP-AMV, sign. 114-302-5, k. 300, S. 2.

Oberlandrat in Jičín, der als Erster die Unterbringung der Juden und Jüdinnen von Mladá Boleslav im Schloss der Stadt befohlen hatte, hat die Jüdinnen und Juden von Jičín nie ghettoisiert.[70]

Der Mangel an Koordination schützte die meisten Juden und Jüdinnen des Protektorats jedoch nicht. Im Prozess der Vertreibung, Wiederansiedlung und Umsiedlung verloren sie mehr als nur ihre Häuser und Wohnungen. In Zeugenaussagen und Erinnerungen erzählen jüdische Überlebende von ihrer Desorientierung durch den Verlust des eigenen Heimes und von den Erniedrigungen, in kleinere, schlechtere Wohnräume zusammen mit wildfremden Menschen gepfercht zu werden. Die Konzentrierung in immer weniger Häusern belastete sowohl diejenigen, die übersiedeln, als auch diejenigen, die UntermieterInnen aufnehmen mussten. Sie mussten mit immer weniger Raum und Privatsphäre auskommen. In vielen Fällen fanden sie sich um Jahrzehnte, in die Zeit vor Zentralheizungen und Spültoiletten, zurückgeworfen. Für Jüdinnen und Juden, die gezwungen waren ihre Nachbarschaft und Heimatorte zu verlassen, zerriss die Umsiedlung die Verbindungen zu ihren bisherigen NachbarInnen. Diese hätten das Leiden ihrer jüdischen Bekannten, die soziale Isolation und den Mangel an grundlegender Versorgung mildern können. Ausgebürgerte Juden und Jüdinnen hörten schließlich auch auf, BewohnerInnen eines bestimmten Ortes zu sein. Aufgrund all dessen trennten sie sich auch von fast allem, was einmal ihre Wohnungen gefüllt hatte: Möbel, Teppiche, Klaviere und Gemälde, die sie von ihren Eltern geerbt, als Hochzeitsgeschenke erhalten oder mit ihrem schwer verdienten Geld erstanden hatten. Die Einrichtungsgegenstände, die sie sorgfältig ausgesucht und mit denen sie gelebt hatten, waren mit ihrem Selbstverständnis als Individuen und Familien untrennbar verbunden. In ihrem Buch „Elemente und Ursprünge totaler Herrschaft“ schrieb Hannah Arendt: „Der erste Verlust, den die Rechtlosen erlitten, war der Verlust der Heimat, in die man hineingeboren ist und innerhalb deren man sich einen Platz geschaffen hat, der einem sowohl Stand und Raum gibt.“[71] Obwohl sich Arendt in dieser Textstelle auf die Erfahrung der Staatenlosigkeit bezieht, passt ihre Beobachtung auf die Juden und Jüdinnen des Protektorats, die lange vor der Deportation ihr Heimatrecht verloren hatten, de jure und de facto.

70 Knížek, Národní odboj na Jičínsku, S. 148.
71 Hannah Arendt, Elemente und Ursprünge totaler Herrschaft, Frankfurt/M. 1958, S. 44.

Christoph Lind

„Als alle weg waren, wurde die weiße Fahne gehisst“ – Österreichs „Provinzjuden“ nach dem „Anschluss“

Einleitung

Im Juni 1918 trug Arthur Schnitzler in sein Tagebuch die Worte „Groteske Verwirrung. Der Antisemitismus. Pogromdenkbarkeiten“ ein.[1] Wenige Wochen später, am 2. August, titelte „Dr. Blochs Österreichische Wochenschrift“ mit der Zeile „Auf zum Pogrom“.[2] Beide, der Text in dem privaten Tagebuch als auch die Schlagzeile in der jüdischen Zeitung, befürchteten die Eskalation der judenfeindlichen Stimmung der letzten Kriegsjahre hin zu schweren tätlichen Übergriffen. Nach dem Zusammenbruch der Monarchie im Herbst 1918 blieben Wien und den anderen 32 Israelitischen Kultusgemeinden der neuen Republik die befürchteten Gewaltexzesse zwar erspart, in Teilen der ehemaligen Kronländer wurden sie aber blutige Realität. In Lemberg kam es noch im November 1918 zu einem Pogrom und in den folgenden Jahren fanden allein auf dem Gebiet der heutigen Ukraine ungefähr 100.000 Juden und Jüdinnen den Tod.[3] Die Bedrohung war alles andere als abstrakt und die „Pogromdenkbarkeiten“, von denen Schnitzler sprach, überdauerten das Kriegsende.

Die „Judenfrage“, eine eingebildete jüdische Verschwörung und damit einhergehend ernsthaft diskutierte Überlegungen, die Bevölkerung nach Abstammung und Rasse zu kategorisieren und zu erfassen, beschäftigten weite Teile der Öffentlichkeit. Der schon in der Zwischenkriegszeit von manchen Politi-

1 Zit. nach Alfred Pfoser/Andreas Weigl, Die erste Stunde Null. Gründungsjahre der österreichischen Republik 1918–1922, Salzburg 2017, S. 265.

2 Dr. Blochs Österreichische Wochenschrift, 2. 8. 1918, S. 473. Gleich im Anschluss an diesen Artikel berichtete man über die „Kundgebung der Wiener israel. Kultusgemeinde und der österreichischen Kultusgemeinden gegen die antisemitische Verhetzung der Bevölkerung“, die am 26. Juli 1918 im Sitzungssaal der IKG Wien in der Seitenstettengasse stattgefunden hatte.

3 Vgl. beispielsweise Stephan Lehnstaedt, Der vergessene Sieg. Der Polnisch-Sowjetische Krieg 1919–1921 und die Entstehung des modernen Osteuropa, München 2019, S. 98–114.

kern erträumte Rassenstaat erlebte nach dem „Anschluss“ 1938 seine Verwirklichung. Die Sortierung der gesamten Bevölkerung nach rassentheoretischen Überlegungen entschied nun darüber, wer in der Heimat bleiben durfte. Für die österreichischen „Provinzjuden“ bedeutete dies die Vertreibung, die sie ins Ausland, zumeist aber (vorerst) nach Wien führte, wo die Nationalsozialisten sie „konzentriert“ sehen wollten.[4] Dieser Vertreibungsprozess, der mit den Deportationen in die Konzentrations- und Vernichtungslager endete, dauerte mehr als zwei Jahre und machte die Städte und Landschaften der „Provinz“ schneller „judenrein“ als die ehemalige Hauptstadt.

„Auf zum Pogrom“

Der Zerfall der Habsburgermonarchie im Herbst 1918 verlangte den österreichischen Jüdinnen und Juden eine grundlegende Neuorientierung ab. Lebten sie vor 1914 in einem multiethnischen und multikonfessionellen Staat, war die neue Republik ethnisch und religiös großteils homogen. Zu den kleinen Minderheiten, die innerhalb ihrer Grenzen lebten, gehörten SlowenInnen (Kärnten), KroatInnen (Burgenland), TschechInnen (z. B. in Wien) oder Roma und Romnja sowie Sinti und Sintezze. Die jüdische Bevölkerung des Landes, sei es in Wien oder in der „Provinz“, verstand sich wie der Großteil der nichtjüdischen Bevölkerung zwar zumeist als Deutsche – aber dieses Selbstverständnis wurde von den AntisemitInnen massiv in Frage gestellt. Es war das alte Lied, das sie schon in der Monarchie sangen – Juden und Jüdinnen durften keine Deutschen sein. Angesichts eines Antisemitismus, der sich ab 1918 immer radikaler – verbal und tätlich – artikulierte, waren sie nun besonders exponiert. Konnten sich im Vielvölkerstaat Ressentiments und der vieldiskutierte, gegenseitige „Nationalitätenhass“ auf viele oder mehrere Gruppen richten, konzentrierten sich nun (fast) alle derartigen politischen Energien auf die jüdische Bevölkerung. Der Katalog an Vorwürfen war umfangreich und so flexibel, dass er jeden Geschmack bedienen konnte. Die Juden hätten sich dem Kriegsdienst entzogen und wären Kriegsgewinnler, sie hätten die Monarchie gestürzt und die Republik eingeführt, sie seien Agenten des Kommunismus oder des Kapitalismus, sie würden die Sittlichkeit untergraben und die Weltherrschaft anstreben – er

4 Der Autor dieses Beitrags hat sich mit dem Thema bereits vor einigen Jahren beschäftigt: Christoph Lind, „Wo sie bleiben – interessiert nicht“. Österreichs „Provinzjuden“ nach dem „Anschluss“, in: nurinst 2018. Jahrbuch des Nürnberger Instituts für NS-Forschung und jüdische Geschichte des 20. Jahrhunderts, Bd. 9, S. 29–43.

ließe sich mit mehr oder weniger großen Abstrusitäten noch lange fortsetzen, kann aber kurz mit den vier Worten „Der Jud ist schuld“ auf den Punkt gebracht werden.[5]

Die „Judenfrage“ beherrschte in den ersten Nachkriegsjahren weite Teile der öffentlichen Auseinandersetzung. Der Journalist Josef Eberle brachte die Stimmung 1919 in seiner weit rechts stehenden katholischen Zeitschrift „Das neue Reich“ mit einer Reihe von Unterstellungen auf den Punkt: „Die Judenfrage ist in gewisser Hinsicht heute die Frage der Fragen. Es lässt sich kaum ein Problem lösen, ohne Stellung zu ihr zu nehmen, ohne sie zu lösen. Man redet jetzt von Demokratie, von Selbstbestimmung des Volkes und auch die Christen reden davon. Aber was will das heißen, wenn die Juden wie eine kleine Aristokratie unter uns leben, die das Bankenwesen und den Großhandel fast ganz, die Industrie, namentlich die auf Aktien aufgebaute, zu zwei Dritteln besitzt, die ein Viertel des Großgrundbesitzes und ein zweites Viertel als Pächter beherrscht.“[6] Der Schriftsteller Richard Kralik schlug sogar einen neuen Text für die alte kaiserliche Volkshymne vor, der mit den Worten: „Gott erhalte, Gott beschütze vor den Juden unser Land!“ beginnen sollte.[7]

Die aus solchen haltlosen Behauptungen, wie sie beispielsweise Eberle formulierte, abgeleiteten Ideen, Juden und Jüdinnen des Landes zu verweisen und dadurch „judenreine“ Städte und Regionen zu schaffen, waren schon zu Kaisers Zeiten ventiliert worden. Josef Scheicher (1842–1924), von Beruf Professor für Moraltheologie am St. Pöltner Priesterseminar und einer der engsten Mitarbeiter Karl Luegers – er hatte seine Wahlkämpfe organisiert und die von ihm ausgebildeten Kapläne trugen den Antisemitismus auf das flache Land –, veröffentlichte im Jahr 1900 ein schmales, 89 Seiten starkes Büchlein, in dem er für 1920 die Utopie ethnisch bereinigter „Vereinigter Oststaaten“ mit einem Kaiser an der Spitze und eines „judenfreien“ Wien entwarf.[8] Als 1920 dann tatsächlich in das Land zog, waren diese Vertreibungsphantasien nicht mehr nur als „Traum“ – so auch der Titel von Scheichers Publikation – denkbar

5 Vgl. beispielsweise: Pfoser/ Weigl, Die erste Stunde Null, S. 264–265; Herbert Rütgen, Antisemitismus in allen Lagern. Publizistische Dokumente zur Ersten Republik Österreich 1918–1938. Phil. Diss., Graz 1989, S. 136.

6 Zit. nach Peter Melichar, Juden zählen. Über die Bedeutung der Zahl im Antisemitismus, in: Gertrude Enderle-Burcel / Ilse Reiter-Zatloukal (Hrsg.), Antisemitismus in Österreich 1933–1938, Wien 2018, S. 111–133, hier 112.

7 Zit. nach Jonny Moser, Die Katastrophe der Juden in Österreich, in: Der gelbe Stern in Österreich. Katalog und Einführung zu einer Dokumentation, Eisenstadt 1977, S. 67–134, hier 83. Der Text erschien am 30. 1. 1919 ebenfalls in „Das neue Reich“.

8 Joseph Scheicher, Aus dem Jahre 1920. Ein Traum vom Landtags- und Reichsratsabgeordneten Dr. Joseph Scheicher, St. Pölten 1900, S. 61 f.

und Hugo Bettauer sah sich dazu veranlasst, seinen Roman „Die Stadt ohne Juden“ (1922, verfilmt 1924) zu schreiben. Er entwarf darin seinerseits die Utopie eines judenfreien Wien und zeichnete die negativen Folgen, die eine solche Ausweisung nach sich ziehen würde.[9]

Bettauer bezog sich mit gutem Grund nur auf Wien, das alte und neue politische Zentrum des Landes. Die dortige jüdische Gemeinde war schon vor dem Krieg eine der größten der Welt – und die größte im deutschen Sprachraum – gewesen, und das hatte sich nach 1918 auch nicht geändert. Die neuen Grenzen bewirkten allerdings, dass der Großteil der jüdischen Bevölkerung der Republik, mehr als 90 %, nun in der einzigen Großstadt, die es in Österreich noch gab, in Wien, lebte. Die Ergebnisse der Volkszählung von 1934, der letzten vor dem „Anschluss“ und ersten vollwertigen seit 1910,[10] zeigen dies sehr anschaulich in absoluten Zahlen.

Verteilung der jüdischen Bevölkerung nach und Anzahl der IKG in den Bundesländern

Bundesland	Anzahl Personen	Anzahl IKG
Wien	176.034	1
Niederösterreich	7.716	15
Burgenland	3.632	10
Steiermark	2.195	1
Oberösterreich	966	2
Tirol	365	1
Kärnten	269	1
Salzburg	239	1
Vorarlberg	42	1
Gesamt	191.481	33

Quelle: Bundesamt für Statistik (Hrsg.), Die Ergebnisse der österreichischen Volkszählung vom 22. 3. 1934, Wien 1935.

9 Ein weiterer Schriftsteller, Bruno Frei, versuchte wiederum den Phantasien über den jüdischen Reichtum und die jüdische Macht entgegenzutreten, wie sie beispielsweise Josef Eberle beschworen hatte, und veröffentlichte 1920 das Buch „Jüdisches Elend in Wien“.

10 Die Zählung von 1920 war auf Grund der Kriegsfolgen (noch nicht zurückgekehrte Kriegsgefangene, unklare Staatsbürgerschaften, etc.) mangelhaft, jene von 1923 hatte mit Finanzierungsschwierigkeiten zu kämpfen. Vgl. Johannes Ladstätter, Die Volkszählungen seit 1869, in: Heimold Helczmanovszki (Hrsg.), Beiträge zur Bevölkerungs- und Sozialgeschichte Österreichs, Wien 1973, S. 267–294, hier 273–275.

Den rund 176.000 Personen, die sich in Wien zum Judentum bekannten, standen in allen anderen acht Ländern zusammengenommen nur rund 15.500 gegenüber, also eine im Vergleich dazu geradezu winzige Zahl. Der Schwerpunkt der jüdischen Bevölkerung lag zudem, auch dann, wenn Wien unberücksichtigt bleibt, im Osten des Landes. Auf Niederösterreich folgten mit großem Abstand das Burgenland und die Steiermark, dann, wieder mit großem Abstand, Oberösterreich, und schließlich (erneut mit Abstand) Tirol, Kärnten und Salzburg. In Vorarlberg wiederum hatte die alte und traditionsreiche Hohenemser Gemeinde seit dem 19. Jahrhundert massiv an Mitgliedern verloren und die Zahl der Jüdinnen und Juden im Land war bis 1934 verschwindend gering geworden. Die jüdische Bevölkerung lebte zumeist in der jeweiligen Landeshauptstadt – mit zwei Ausnahmen: Niederösterreich und Burgenland. In beiden Ländern wohnte man wesentlich mehr in der „Fläche“, also verteilt über Dörfer, Marktgemeinden und, vor allem dann, wenn diese auch Sitz einer Israelitischen Kultusgemeinde (IKG) waren, in den Bezirkshauptstädten. In Niederösterreich lag der Grund dafür in der Trennung von Wien, mit der das Land 1922 seine Hauptstadt verloren hatte, und das Burgenland war überhaupt erst im Jahr zuvor aus drei Komitaten Deutsch-Westungarns entstanden und Teil der Republik Österreich geworden. Das urbane Zentrum der Region, Ödenburg/Sopron, verblieb dabei bei Ungarn.[11] Entsprechend dieser Bevölkerungsverteilung finden wir auch den Großteil der Israelitischen Kultusgemeinden des Landes in Niederösterreich (15) und dem Burgenland (10). In Oberösterreich bestanden zwei und in allen übrigen Ländern jeweils nur eine einzige Kultusgemeinde. Die in untenstehender Tabelle ausgewiesenen Mitgliedszahlen der 33 österreichischen IKG orientieren sich ebenfalls an der Volkszählung von 1934 und wurden vom Autor dieser Zeilen an Hand ihrer Sprengelgrenzen, die sich nach den Landes-, Bezirks- und Gerichtsbezirksgrenzen richteten, zusammengestellt.[12] Die Sprengelgrenzen für das Burgenland konnten trotz redlichen Bemühens nicht festgestellt werden, weshalb wir uns hier auf einen Zeitungsartikel über die „Entjudung“ des Burgenlandes vom Dezember 1938, der angeblich auf die „Statistik des Jahres 1934“ zurückgreift, stützen müssen.[13] Die in dem Artikel genannte Ge-

11 1925 wurde das kleinstädtisch-ländlich geprägte Eisenstadt Sitz der Landesregierung und damit de facto Hauptstadt des Burgenlandes. Niederösterreich erhielt erst 1986 mit der Erhebung St. Pöltens wieder eine eigene Landeshauptstadt.

12 Zu den Sprengelgrenzen in Niederösterreich siehe: Christoph Lind, Der letzte Jude hat den Tempel verlassen. Juden in Niederösterreich 1938–1945, Wien 2004, S. 56, 74, 87, 105, 116, 126, 137, 151, 168, 179, 192, 208, 219, 232. Zu Oberösterreich: Harry Slapnicka, Oberösterreich – als es „Oberdonau“ hieß (1938–1945), Linz 1978, S. 179.

13 Grenzland-Zeitung, 4. 12. 1938. Zit. nach DÖW (Hrsg.), Widerstand und Verfolgung im Burgenland 1934–1945, Wien 1983, S. 319. Da das in dem Artikel genannte Sauerbrunn

samtsumme von 2.793 Personen weist zum Ergebnis der Volkszählung (3.632) aber eine Differenz von 839 Personen aus. Obwohl damit nicht valide – und deswegen in untenstehender Tabelle *kursiv* ausgewiesen – ermöglichen diese Angaben eine vorläufige Einordnung auch der burgenländischen Gemeinden in eine Größentabelle der österreichischen Kultusgemeinden.

Österreichische Kultusgemeinden, nach Mitgliederzahl geordnet

IKG	Zahl	IKG	Zahl	IKG	Zahl
Wien	176.034	*Deutschkreutz*	*433*	Krems	238
Graz	2.195	Neunkirchen	402	Stockerau	208
Baden	1.388	*Frauenkirchen*	*386*	Großenzersdorf	204
Mödling	1.315	Innsbruck	365	*Kobersdorf*	*172*
Wr. Neustadt	886	Amstetten	349	*Rechnitz*	*170*
Linz	876	*Lackenbach*	*346*	*Oberwart*	*138*
St. Pölten	809	Gänserndorf	296	Horn	135
Mattersburg	*550*	Klagenfurt	269	Steyr	90
Mistelbach	515	Waidhofen/Thaya	256	*Güssing*	*74*
Tulln	464	Hollabrunn	251	*Kittsee*	*62*
Unterberg-Eisenstadt	*462*	Salzburg	239	Hohenems	42
				Differenz im Burgenland zur Volkszählung von 1934: 839	

Quelle: Bundesamt für Statistik (Hrsg.), Die Ergebnisse der österreichischen Volkszählung vom 22. 3. 1934, Wien 1935; DÖW (Hrsg.), Widerstand und Verfolgung im Burgenland 1934–1945, Wien 1983, S. 319.

Das Kriterium für die 1934 erfolgte statistische Erfassung der Jüdinnen und Juden war, wie schon zu Zeiten der Monarchie, die Religion, was für die Protagonisten eines konsequenten Rassenantisemitismus untragbar war. Schon bei der Volkszählung von 1923 gab es deshalb Bestrebungen, die Kategorie der „Rasse" anzuwenden, einen Begriff, den die österreichische Rechtsordnung nicht kannte und der nur im Vertrag von St. Germain im Zusammenhang mit dem Schutz von Minderheiten vorkam.[14] Im Vorfeld dieser Zählung kommentierte die in Wien erscheinende jüdische Zeitung „Die Wahrheit" dann auch: „In

keine IKG bildete, habe ich die für den Ort ausgewiesenen 39 Personen zu Mattersburg gezählt, da im gleichnamigen Bezirk gelegen.

14 Melichar, Juden zählen, S. 118–119.

Österreich findet demnächst eine Volkszählung statt. Das ist für die Antisemiten jeglicher Couleur selbstverständlich ein Anlass, um wieder einmal die Rassenfrage aufzurollen. [...] Bei den bisherigen Volkszählungen wurde lediglich nach der Umgangssprache gefragt. Das war in Altösterreich, wo 17 Nationen durcheinander wohnten, vollkommen berechtigt. Im neuen Österreich, welches einheitlich deutsch ist, hatte diese Frage keinen Sinn. Aber noch unsinniger wäre eine Frage nach der ‚Rasse‘. Die österreichischen Gesetze kennen den Begriff der Rasse nicht [...].“ Zudem gäbe es „unter den Juden ebensoviele Langschädel, Blauaugen und Blondbärte [...] wie unter den Christen Rundschädel, Krummnasen und Schwarzbärte. Die Adlernasen des Feudaladels unterscheiden sich in keiner Weise von den Hakennasen mancher Juden und in unseren Alpenländern findet sich massenhaft derselbe brünette Typus wie unter den ‚Semiten‘“.[15]

Die gewünschte Zählung nach Rassekriterien sollte nicht zuletzt einem Sonderrecht für Juden und Jüdinnen gelten.[16] Dem stand allerdings der Grundrechtskatalog von 1867 entgegen, der in die Verfassung der Republik übernommen worden war, wodurch sich am rechtlichen Status der jüdischen Bürgerinnen und Bürger des Landes bis 1938 nichts änderte. Als beispielsweise der Salzburger Landtag 1922 den „Arierparagraphen“ für Gemeindeärzte beschloss, wurde dieser von der Bundesregierung zu Fall gebracht.[17] Da „Judenreinheit“ auf legislativem Weg also nicht erreicht werden konnte, wurde sie von den Antisemiten informell vorangetrieben und propagiert. Besonders ist hier die regionale und lokale Ebene hervorzuheben, auf der der Rassenantisemitismus informell und ohne jegliche rechtliche Grundlage praktische Anwendung fand. Dazu zählen Aufenthaltsverbote für jüdische Gäste in manchen Fremdenverkehrsorten („Sommerfrischeantisemitismus“), die vermehrte Einführung von „Arierparagraphen“ in vielen Vereinen, Listen jüdischer Geschäfte, Ärzte oder Professoren sowie die Anlage von sogenannten „Judenkatastern“.[18] Die

15 Die Wahrheit, 1. 2. 1923, S. 10.

16 So legte beispielsweise der christlich-soziale Politiker Leopold Kunschak im Herbst 1919 einen Gesetzesentwurf vor, der einen Ausschluss von Juden aus Politik, öffentlichem Dienst und Presse vorsah. Aus außenpolitischen Gründen wurde er nicht in die Nationalversammlung eingebracht. Vgl. Rütgen, Antisemitismus in allen Lagern, S. 93, 120–121. Vgl. auch die Forderungen des Tiroler Antisemitenbundes vom November 1919: Sabine Albrich-Falch, Jüdisches Leben in Nord- und Südtirol von Herbst 1918 bis Frühjahr 1938, in: Thomas Albrich (Hrsg.), Jüdisches Leben im historischen Tirol. Bd. 3: Von der Teilung Tirols 1918 bis in die Gegenwart, Innsbruck 2013, S. 11–186, hier 31–34.

17 Gert Kerschbaumer, Die Erste Republik und der Ständestaat, in: Marko M. Feingold (Hrsg.), Ein ewiges dennoch. 125 Jahre Juden in Salzburg, Wien 1993, S. 131–170, hier 140.

18 Melichar, Juden zählen, S. 117.

antisemitische Satirezeitschrift „Kikeriki“ schrieb beispielsweise 1921: „Der Judenkataster. Legt an einen Judenkataster/Ihr Arier in jedem Haus/Dann weiß man den Wohnsitz der Laster/Und weicht ihnen rechtzeitig aus“.[19] An solchen „Judenkatastern“ wurde 1923 beispielsweise in Innsbruck[20] oder Salzburg[21] gearbeitet. Ein weiteres Beispiel findet sich in Vorarlberg, wo das „Vorarlberger Tagblatt“ am 18. März 1936 – passenderweise gleich unter einer Wiener Rede des notorisch antisemitischen christlich-sozialen Politikers Leopold Kunschak – eine Liste mit Name, Geburtsdatum und -ort sowie Adresse jener Bregenzer, die es für Juden hielt, abdruckte.[22]

In den Jahren vor dem „Anschluss“ arbeiteten auch die Nationalsozialisten – seit dem Verbot der NSDAP am 19. Juni 1933 im Untergrund – daran, solche Verzeichnisse zu erstellen. Im steirischen Leoben bastelte beispielsweise die Ortsgruppe der NSDAP an einem „Entwurf eines jüdischen Katasters für den Gerichtsbezirk Leoben“.[23] Im Burgenland wiederum ordnete die dortige illegale Gauleitung 1936 an, das „Judenvorkommen“ im Land mit Bevölkerungsanzahl sowie Namen (wenn möglich mit Foto) und Adressen der Gemeindefunktionäre zu erfassen.[24] Im oberösterreichischen Bezirk Wels wurde im November 1937 ein illegaler SA-Sturm ausgehoben und dabei eine interne Weisung vom 15. September entdeckt, in der es hieß: „Sie haben sofort alle in Ihrem Sprengel geschäftstreibenden Juden namentlich festzustellen und in die beiliegende Liste einzutragen.“[25] Ebenfalls im November 1937 rief der in Linz erscheinende „Österreichische Beobachter“, das Organ der illegalen NSDAP, zu einem Boykott jüdischer Geschäfte auf, wozu Listen der jüdischen Geschäftsleute in Oberösterreich angelegt wurden.[26]

19 Kikeriki. Wiener humoristisches Volksblatt, 22. 5. 1921, S. 2.

20 Albrich-Falch, Jüdisches Leben in Nord- und Südtirol, S. 52–53.

21 Deutscher Volksruf, 22. 9. 1923, S. 4; 9. 8. 1924, S. 7. Vgl. dazu auch den „Judenkataster“ des vom Salzburger Antisemitenbundes hrsg. Blattes „Der eiserne Besen“: Kerschbaumer, Erste Republik und der Ständestaat, S. 159, 161, 164.

22 Vorarlberger Tagblatt, 18. 3. 1936, S. 1.

23 Gerald Lamprecht, Studien zur österreichisch-jüdischen Geschichte unter besonderer Berücksichtigung der Steiermark: Beraubung, Verfolgung, Vernichtung, Erinnerung. Habil., Graz 2013, S. 198–199.

24 Gerhard Baumgartner, Antisemitismus im Burgenland vor 1938, in: Enderle-Burcel / Reiter-Zatloukal (Hrsg.), Antisemitismus in Österreich 1933–1938, S. 869–884, hier 878.

25 Günter Kalliauer, Die jüdische Bevölkerung in Wels zur Zeit des Nationalsozialismus, in: Stadt Wels (Hrsg.), Nationalsozialismus in Wels, Bd. 1, Linz 2008, S. 49–99, hier 61.

26 Michael John, „Bereits heute schon ganz judenfrei…“. Die jüdische Bevölkerung von Linz und der Nationalsozialismus, in: Fritz Mayrhofer / Walter Schuster (Hrsg.), Nationalsozialismus in Linz, Bd. 2, Linz 2001, S. 1311–1406, hier 1327. Bereits im Dezember 1936 verteilten illegale Nationalsozialisten in Linz Flugblätter mit den Adressen jüdischer Geschäfte

„Judenkataster“, Adressverzeichnisse und Namenslisten waren der schriftliche Niederschlag eines Antisemitismus, der sich – ab den 1930er Jahren vor allem mit dem Aufstieg der Nationalsozialisten – mehr und mehr radikalisierte und in tätlicher Gewalt mündete. Im niederösterreichischen Fremdenverkehrsort Schönberg am Kamp wurden jüdische Sommergäste im September 1925 von „Hakenkreuzlern“ mit Steinen beworfen und durch den Ort gejagt.[27] Im April 1927 wurden in Mödling die Fenster der Synagoge eingeschlagen, wobei sich die ausgeforschten Täter mit einem „unglücklichen Zufall“ rechtfertigten.[28] Im Juli 1932 beschmierten nationalsozialistische Parteigänger die Synagoge in Baden mit Hakenkreuzen und malten auf den Gehsteig die Worte: „Achtung! Ihr Volk der Mazzesfresser – wir kommen heut' Nacht mit dem langen Messer!“ In der Karwoche 1933 wurde auch das Gotteshaus in St. Pölten mit der Parole „Heil Hitler! Das Ende Judas“ beschmiert. In Krems musste die IKG im Sommer 1935 die Toten am alten jüdischen Friedhof exhumieren, da dieser immer wieder geschändet wurde, unter anderem dadurch, dass man Schweineblut über die Gräber goss. Dazu kamen auch Attacken auf Einzelpersonen und Geschäfte, die beispielsweise mit Tränengas angegriffen wurden.[29] Manche dieser Täter sollten sich, wie Josef und Wilhelm Hlawatschek sowie Alexander Misziak in Groß-Enzersdorf, wenige Jahre später auch beim Novemberpogrom hervortun.[30]

Mit der Ernennung Hitlers zum deutschen Reichskanzler 1933 wurde die nationalsozialistische Bedrohung mehr als manifest. Eine zutiefst antisemitische Bewegung hatte sich einen ganzen Staat, mit dem man sich in Österreich noch dazu aus historischen und kulturellen Gründen verbunden fühlte, unterworfen und förderte und organisierte Übergriffe gegen Jüdinnen und Juden. „Dachau“ wurde vom Namen einer unbekannten Stadt in Bayern zu einer Chiffre für den Nazi-Terror. Über diesen stand in den jüdischen Zeitungen Wiens, die auch in den Bundesländern Lektüre waren, zu lesen. Die zionistische „Stimme“ führte im Blattinneren sogar eine eigene Rubrik mit dem Titel „Aus dem Dritten Reich“.[31] In diesem „Dritten Reich“ fand sich die jüdische

und dem Aufruf, dort keine Weihnachtseinkäufe zu tätigen. Vgl. Verena Wagner, Jüdisches Leben in Linz 1849–1943. Bd. I – Institutionen, Linz 2008, S. 770.

27 Christoph Lind, „...das rasche Anwachsen des Hakenkreuzlertums“. Antisemitismus in Niederösterreich 1918 bis 1938, in: Enderle-Burcel / Reiter-Zatloukal (Hrsg.), Antisemitismus in Österreich 1933–1938, S. 897–911, hier 900.

28 Lind, Der letzte Jude, S. 152.

29 Lind, Hakenkreuzlertum, S. 903, 906.

30 Lind, Der letzte Jude, S. 95–96, 101–102.

31 Die Stimme, 10. 4. 1934, S. 4.

Bevölkerung Österreichs in Wien und der „Provinz“ zu ihrem großen Entsetzen nach dem „Anschluss“ 1938 selbst wieder.

Verfolgen und Erfassen in der „Provinz“

In den Jahren vor dem „Anschluss“ hatten die Nationalsozialisten vielfach Gelegenheit gehabt, Übergriffe zu „proben“ und mit Anschlägen und Schmieraktionen Erfahrungen für den Tag der „Machtergreifung“ auch in Österreich zu sammeln. Sie wussten anhand ihrer in der „Verbotszeit“ angelegten Listen, wer zu einer „Reibpartie“ zu holen, wessen Schaufenster einzuschlagen oder wessen Geschäft zu kennzeichnen war. Dazu kamen jene Personen, die nicht in Verzeichnissen standen, aber von denen die Nationalsozialisten auf Grund ihrer Prominenz oder lokalen Bekanntheit wussten oder annahmen, dass sie Juden und Jüdinnen waren oder in ihren Augen als solche zu gelten hatten. Nun, nach der nationalsozialistischen Machtergreifung, gingen sie und ihre SympathisantInnen in der gesamten „Provinz“ massiv gegen die jüdische Bevölkerung vor, die der Wucht der Angriffe völlig unvorbereitet gegenüberstand – wie beispielsweise im steirischen Leoben (wo ein „Judenkataster“ angelegt worden war), wo der Nichtjude Otmar Behr (geb. 1925) Augenzeuge eines der „Anschlusspogrome“ wurde:

> „Mit Holzprügeln in den Händen, mit Hundepeitschen trieben sie aus den Häusern rund um den Waasenplatz die jüdischen Familien ins Freie, schlugen Kinder, Frauen und Männer nieder, rissen die armen Geschöpfe an den Haaren wieder hoch, zwangen sie, mit bloßen Händen die Straße vom Pferdemist zu säubern [...] johlend fielen Männer und Frauen mit Rufen wie ‚Nieder mit den Juden‘ und ‚Juda verrecke‘ über jene Menschen her, die ihnen in den vergangenen Jahren der Arbeitslosigkeit immer wieder Kredit ohne Zinsen beim Einkauf von verschiedenen Waren gewährt hatten – das Zeitalter der Nazi-Gewalt war angebrochen, Blut und Tränen flossen...“.[32]

Die gewalttätigen Ausschreitungen wurden von Verhaftungen begleitet, die ebenfalls anhand vorgefertigter Listen durchgeführt wurden. In Linz verfügte eine – bezeichnenderweise – gut vorbereitete Gruppe junger Nationalsozialisten beispielsweise über Personendossiers, mit deren Hilfe sie am 13. März 1938

32 Otmar Behr, „Als ich noch ein Arbeiterbub war...“. G'schichten aus Leoben, Donawitz und Graz, Graz 1980, S. 41.

die Innenstadt nach bekannten Juden durchsuchten und dabei 14 Geschäftsleute, einen Rechtsanwalt, einen Arzt (und ehemaligen Schutzbundfunktionär), einen Handelsagenten und einen Spengler festnahmen. Die Verhafteten wurden ins KZ Dachau deportiert.[33] Auch Funktionäre der IKG und jüdischer Vereine zählten zu den Festgenommenen, da sie entweder prominent oder aber in Registern als Juden identifizierbar waren, wie uns der Grazer Rechtsanwalt Ludwig Biró überliefert:

> „[...] in Ermangelung besserer Informationen sperrte man alle Juden ein, die im polizeilichen Vereinsregister als Funktionäre aufschienen. Neben dem Präsidenten und dem Kassier der B'nai B'rith Loge wanderten so auch die Funktionäre der Chevra Kadischa (der Beerdigungsgesellschaft), der zionistischen Organisationen, der Wohltätigkeitsvereine, aber auch des Sportklubs und des Schachklubs ins Polizeigefängnis, wo sie zusammen in einem adaptierten Keller des alten Gemäuers [...] untergebracht waren.“[34]

Ähnlich verfuhren die neuen Machthaber in Linz: „Viele von diesen armseligen ‚Würdenträgern‘ harmloser Bürgerklubs blieben wochen- und monatelang grundlos in Haft“, wie Rudolfine Menzel 1940 im amerikanischen Exil notierte.[35]

Die „Judenkataster“, Namenslisten und Verhaftungsaktionen waren allerdings nicht immer „treffsicher“. So wurden in Linz im März 1938 auch Menschen verhaftet, die „einfach im Verdacht standen, jüdisch zu sein“. In den Akten zur „Judenstatistik“ des Bezirks Linz-Land finden sich zudem die bezeichnenden Formulierungen „Jüdische Abstammung zweifelhaft“, „soll jüdischer Abstammung sein“ oder „ist vermutlich Jude“. Menschen denunzierten sich zudem gegenseitig als Juden bzw. Jüdinnen oder schalteten in den Zeitungen Anzeigen, in denen sie ihre erwiesene „arische“ Abstammung betonten.[36] Denunziationen, Vermutungen und Zuschreibungen reichten neben den Listen aus der „Verbotszeit“ und dem informellen Wissen darüber, wer als „Jude“ oder „Jüdin“ zu gelten hatte, aber bei weitem nicht aus, um den von den Nationalsozialisten erträumten Rassenstaat zu verwirklichen. Diese Informationen waren auch nicht tragfähig und aussagekräftig genug, um alle Jüdinnen und Juden

33 John, Jüdische Bevölkerung von Linz, S. 1329, 1331–1333.

34 Ludwig Biró, Die erste Hälfte meines Lebens. Erinnerungen eines Grazer jüdischen Rechtsanwalts von 1900–1940, Graz 1998, S. 140, 141–142, 165.

35 Wagner, Jüdisches Leben in Linz, S. 755.

36 John, Jüdische Bevölkerung von Linz, S. 1342–1343; Kerschbaumer, Von der Vertreibung zum Neubeginn, S. 216; Wagner, Jüdisches Leben in Linz, S. 761.

einer Region namhaft machen, sie dadurch antisemitischen Maßnahmen unterwerfen und letztendlich vertreiben zu können. Dazu bedurfte es mehr validen, amtlichen Materials und dieses stand den Nationalsozialisten nun, nach der Machtübernahme in Österreich, auch zur Verfügung. Sie begannen damit, ihre Listen zu vervollständigen beziehungsweise, dort, wo es noch keine gab, welche anzulegen.

Für die Erstellung dieser Listen boten sich die amtlichen Melderegister an, in denen der aktuelle ordentliche Wohnsitz, die An- und Abmeldedaten und weitere persönliche Angaben, darunter das Religionsbekenntnis, vermerkt waren. Weiteres Wissen darüber, wer – ebenfalls „nur" der Religion nach – jüdisch war, lag in den Administrationen der IKG. Diese verfügten über Verzeichnisse ihrer Mitglieder und, noch wichtiger, die Matrikelbücher. In Letzteren waren die Geburten, Heiraten und Sterbefälle eingetragen. Seit 1874 mussten zudem Zweitschriften dieser Bücher an die Bezirksbehörden oder Statutarstädte übermittelt werden.[37] Sie standen den NS-Behörden also unmittelbar zur Verfügung, die diese und weitere Informationen aus verschiedenen Quellen aggregierten. In Innsbruck verfügte die Polizeidirektion beispielsweise bereits am 24. März 1938 über eine Liste von 353 Personen mit den Namen der Mitglieder der IKG und den Namen von Menschen, die aus dem Judentum ausgetreten waren. Dazu kam eine Auflistung sogenannter „Judenstämmlinge". Zwei weitere Personen waren an eine unbekannte Adresse verzogen, was auf die Verwendung von Daten des Meldeamtes für die Erstellung der Liste verweist.[38] In Salzburg stellte die Gestapo den „Stand der Juden in Stadt und Land" ebenfalls aus „Berichten" des Meldeamtes, sowie der IKG, der Polizeidirektion und der Gendarmerie zusammen.[39] Bei dieser Datensammlung kam den Bezirkshauptmannschaften und Statutarstädten (nach 1938 in „Landräte" umbenannt; die Bezirke hießen fortan „Landkreise"; in den Statutarstädten wurden „Oberbürgermeister" installiert) als unterste staatliche Verwaltungsbehörden auf dem flachen Land eine zentrale Bedeutung zu. So hat die Gestapo in Linz am 31. März 1938 die Bezirkshauptmannschaften (BH) in Oberösterreich damit beauftragt, die in ihren Sprengeln lebenden Jüdinnen und Juden mit Namen, Alter und Beruf zu erfassen.[40] Die Bezirkshauptmannschaft Ried meldete beispielsweise vier Juden im Alter von

37 Julius Rosenfeld, Die Matrikelführung der Israeliten in Oesterreich nach den bestehenden Vorschriften, Wien o. J. [nach 1911], S. 28, 37.

38 Albrich, Jahre der Verfolgung, S. 189–190.

39 DÖW (Hrsg.), Widerstand und Verfolgung in Salzburg. Eine Dokumentation. Bd. 2, Wien 1991, S. 456.

40 Wie beispielsweise in Steyr: Waltraud Neuhauser-Pfeifer / Karl Ramsmaier, Vergessene Spuren. Die Geschichte der Juden in Steyr, Grünbach 1998, S. 116.

65, 47 und zwei im Alter von 42 Jahren. Sie scheint dabei auch weitere Informationen eingeholt zu haben, da man zudem wusste, dass einer der Genannten seit 42 Jahren getauft und zudem mehrfach ausgezeichneter Frontoffizier des Ersten Weltkriegs war. Drei waren mit „Arierinnen“ verheiratet und, ebenfalls eine wichtige Information, niemand wolle auswandern.[41] In Vorarlberg waren es ebenfalls die Bezirkshauptmannschaften, die Listen der jüdischen BürgerInnen und auch der „jüdischen Mischlinge“ anlegten.[42] Im Burgenland wurden die Betroffenen sogar selbst miteinbezogen. Dort veranlasste die BH Oberwart am 26. März 1938 die „Erfassung aller Juden“. Dazu verschickte die Behörde Fragebögen an die Gemeinden, die „sofort in dreifacher Ausfertigung von jedem in der dortigen Ortsgemeinde wohnenden Juden“ auszufüllen waren. In alphabetischer Ordnung mussten sie dann der örtlichen Gendarmerie übergeben werden.[43]

In Ermangelung einer anderen praktikablen und im bürokratischen Alltag rasch und einfach umsetzbaren Definition, mit der sich einigermaßen schnell Informationen über die Zahl der jüdischen Bevölkerung in einer Region beschaffen ließen, griffen die Nationalsozialisten zunächst wieder einmal auf die Religion als leitende Kategorie zurück. Bei der Erstellung obiger Listen wurde zwar bereits auf die Abstammung Rücksicht genommen („Judenstämmlinge“, „Mischlinge“), für eine systematische Erfassung und Kategorisierung bedurfte es aber noch einer Reihe gesetzlicher Maßnahmen sowie der direkten und indirekten Mithilfe der gesamten jüdischen und nichtjüdischen Bevölkerung.

Die erste Möglichkeit, ein systematisches „Rassenraster“ über die Bevölkerung zu legen, bot wenige Wochen nach dem „Anschluss“ die Volksabstimmung vom 10. April, die selbigen legitimieren sollte. Jüdinnen und Juden waren ebenso wie bekannte NS-GegnerInnen dabei nicht stimmberechtigt. Allerdings musste im Vorfeld der Abstimmung „Aufklärung“ darüber getroffen werden, wer denn nun nach den Rassekriterien der Nationalsozialisten als Jude bzw. Jüdin zu gelten hatte. In Oberösterreich hat deshalb die Bezirkshauptmannschaft Linz-Land am 24. März 1938 ein Schreiben an alle Gemeindeämter verschickt, in dem es hieß: „Besitzt jemand mehrere Großelternteile, die jüdischen Bluteinschlag aufweisen, aber nicht volljüdisch sind, so wird das Blut dieser Groß-

41 Slapnicka, Oberdonau, S. 183–184.

42 Werner Dreier, Vom Bürger zum Objekt der Verwaltung. Antisemitismus und Nationalsozialismus in Vorarlberg, in: Eva Grabherr (Hrsg.), „...eine ganz kleine jüdische Gemeinde, die nur von den Erinnerungen lebt!“, Hohenems 1996, S. 98–117, hier 108.

43 DÖW (Hrsg.), Widerstand und Verfolgung im Burgenland 1934–1945, S. 300.

elternteile nicht zusammengerechnet."[44] Wahlberechtigte konnten zudem Einspruch gegen die Aufnahme von Personen in die Stimmlisten erheben, die sie für Juden oder Jüdinnen hielten oder die tatsächlich als Juden bzw. Jüdinnen galten. Auch Juden und Jüdinnen selbst beantragten ihre Streichung aus den Listen.[45] In Linz erstellte das Meldeamt im Vorfeld der Volksabstimmung gemeinsam mit der Polizei den Wahlkataster:

> „Unter den schwierigsten Verhältnissen musste eine Liste der Rassejuden angelegt werden. Die Bevölkerung in Österreich war ja nicht der Rasse nach erfasst, sondern nach den Konfessionen. Die konfessionellen Juden waren ja bekannt. Aber jene Juden, die sich beizeiten noch taufen ließen, waren eben Christen. Aber hier halfen die Juden selber eifrig mit, denn sie [...] verrieten die ‚getäuften' und die Judenstämmlinge."[46]

Auf dem „Wahlausweis", der zur Stimmabgabe mitzubringen war, stand zudem folgende Warnung abgedruckt:

> „Wer das Stimmrecht ausübt, trotzdem er vom Stimmrecht ausgeschlossen oder Jude ist oder ihm bekannt ist, dass er von mindestens drei volljüdischen Großeltern abstammt oder aber als Mischling (mindestens zwei jüdische Großeltern) mit einer jüdischen Person verheiratet ist, hat diesen Wahlausweis sofort an das Gemeindeamt zurückzusenden und hat von der Wahl fernzubleiben. Andernfalls setzt er sich schwerer Bestrafung aus."[47]

Die „Verordnung über die Anmeldung des Vermögens von Juden vom 26. April 1938" zwang weitere Menschen dazu, sich mit ihrer „Rasse" auseinanderzusetzen. Sie schloss auch bewusst die nichtjüdischen Ehepartner mit ein.[48] In den folgenden Monaten füllten 47.767 „Familienvorsteher" die entsprechenden Formulare aus, davon 3.281 in der „Provinz".[49] Das Verbot der Eheschließung

44 Wagner, Jüdisches Leben in Linz, S. 758.

45 Christoph Lind, „...es gab so nette Leute dort". Die zerstörte jüdische Gemeinde St. Pölten, St. Pölten 1998, S. 112–113.

46 Wagner, Jüdisches Leben in Linz, S. 791. Das Zitat stammt aus einem Bericht des Linzer Wahl- und Einwohneramts vom 15. 12. 1939.

47 https://www.doew.at/erinnern/fotos-und-dokumente/1938-1945/ns-volksabstimmung-10-april-1938/ja [16. 8. 2021].

48 Reichsgesetzblatt I 1938, S. 414.

49 Herbert Rosenkranz, Verfolgung und Selbstbehauptung. Die Juden in Österreich 1938–1945, Wien 1978, S. 68.

zwischen jüdischen und nichtjüdischen BürgerInnen vom 28. April 1938 unterwarf auch diesen persönlichen Lebensbereich der „rassischen“ Ahnenforschung.[50] Die Erzbischöfe von Wien und Salzburg wiesen ihre Pfarrer an, „in jenen Trauungsfällen, in denen ihnen bekannt ist oder nachgewiesen wird, dass der eine Beteiligte ein Vollarier, der andere Volljude ist, das Aufgebot oder die Eheschließung bis auf weiteres zurückzuweisen“.[51]

All diese Maßnahmen zwangen Menschen, sich im Zweifelsfall über ihre Abstammung zu informieren. Sie boten eine Gelegenheit zur „Filterung“ der Bevölkerung nach den Kriterien der „Nürnberger Gesetze“, schon bevor diese am 20. Mai 1938 in Kraft traten. Die „rassische“ Ahnenforschung, die in Deutschland schon seit 1933 boomte,[52] gelangte jetzt auch im angeschlossenen Österreich zu einer unrühmlichen Blüte. So hieß es 1938 in der Pfarrchronik von Steyr:

> „Der Hass gegen alles jüdische brachte es mit sich, dass jeder Beamte und Angestellte seinen arischen Nachweis erbringen und mit Scheinen erhärten musste. Das war viel Arbeit mit der Ausstellung von Scheinen.“[53]

Die „Nationalsozialistische Volkswohlfahrt“ (NSV) inserierte in Pfarrblättern und informierte darüber, wie man zu seinem „Ariernachweis“ kam.[54] In St. Pölten wiederum gab der Stadtarchivar Ernst Klebel, der seine Stelle bezeichnenderweise durch die Vertreibung seines Vorgängers Karl Helleiner, der mit einer Jüdin verheiratet war, bekommen hatte, noch im Dezember 1939 in der Lokalpresse Tipps für die Erstellung von Ariernachweisen.[55] Es war auch Geld zu verdienen. Schon Ende April 1938 bewarb beispielsweise der „Verlag Dr. Hermann Welser“, der die „scharfe Konkurrenz aus Deutschland“ fürchtete, bei der Salzburger Landeshauptmannschaft einen „praktischen Behelf zur Erbringung des Ariernachweises“: „Derselbe ist genau nach den bestehenden

50 Lind, Der letzte Jude, S. 17.

51 Stefan Moritz, Grüß Gott und Heil Hitler. Katholische Kirche und Nationalsozialismus in Österreich, Wien 2002, S. 128.

52 Manfred Gailus, Kirchenbücher, Ariernachweise und kirchliche Beihilfen zur Judenverfolgung. Zur Einführung, in: Manfred Gailus (Hrsg.), Kirchliche Amtshilfe. Die Kirche und die Judenverfolgung im „Dritten Reich“, Göttingen 2008, S. 7–26, hier 8–9.

53 Zit. nach Neuhauser-Pfeiffer / Ramsmaier, Vergessene Spuren, S. 107.

54 Moritz, Grüß Gott und Heil Hitler, S. 104. Dieses Beispiel bezieht sich auf Wien-Grinzing. Auch das „Hernalser Pfarrblatt“ versuchte, Interesse für den eigenen Stammbaum zu erwecken, siehe ebenda, S. 106.

55 St. Pöltner Anzeiger, 9. 12. 1939. Zum Ehepaar Helleiner vgl. Lind, „…es gab so nette Leute dort“, S. 212.

reichsgesetzlichen Vorschriften zusammengestellt und zeichnet sich durch neuartige Anordnung der Ahnentafel und besondere Übersichtlichkeit aus.“[56]

All diese Informationen darüber, wer Jude/Jüdin war oder zum Juden bzw. zur Jüdin gemacht wurde, gesammelt durch Partei und Staat und die Betroffenen selbst, mussten allerdings bürokratisch handhabbar und vor allem alltagstauglich gemacht werden. Das einfachste und effizienteste Mittel dafür war ein Ausweis – die Kennkarte. Mit den „Nürnberger Gesetzen“, die am 20. Mai 1938 auch im angeschlossenen Österreich offiziell eingeführt wurden, gab es dann auch eine rechtsgültige Definition darüber, wer als Jüdin bzw. Jude zu gelten hatte (wobei diese Definition, es muss erneut betont werden, um ihre Absurdität klar zu machen, erst recht wieder auf die Religion als Kategorie zurückgriff).[57]

Die Einführung der Kennkarte im Sommer 1938 bedeutete nicht nur in der Ostmark, sondern auch im „Altreich“ den Beginn der systematischen Erfassung aller als jüdisch geltender Personen. Die entsprechende Bekanntmachung vom 23. Juli verpflichtete sie dazu, selbstständig „unter Hinweis auf ihre Eigenschaft als Juden“ bei der zuständigen Polizeibehörde eine Kennkarte (mit 2 Passbildern) zu beantragen. Als Frist wurde der 31. Dezember 1938 festgelegt (für Neugeborene war der Antrag innerhalb von drei Monaten nach der Geburt einzubringen). Wer über 15 Jahre alt war, musste jederzeit dazu in der Lage sein, sich per Kennkarte auszuweisen. Bei mündlichem oder schriftlichem Kontakt mit Dienststellen von Staat oder Partei musste zudem künftig unaufgefordert auf die „Eigenschaft als Jude“ hingewiesen werden.[58] Diese Kennzeichnung und Kontrolle wurde mit der Verstaatlichung des Matrikelwesens und der Einführung der Standesämter am 1. Jänner 1939 noch einmal verdichtet.[59] Verlobte mussten nun nicht mehr nur Angaben zur Person machen, sondern auch Ahnenforschung betreiben (es sei hier auf das dieser Regelung vorgreifende Verbot der Schließung von „Mischehen“ vom April 1938 und die Weisungen der Erzbischöfe verwiesen). Sie hatten „schriftlich oder zur Niederschrift des Standesbeamten anzugeben, was ihnen über die Rassenzugehörigkeit und die

56 Günter Fellner, Antisemitismus in Salzburg 1918–1938, Wien 1979, S. 227.

57 Rosenkranz, Verfolgung und Selbstbehauptung, S. 32. Nach Jonny Moser wurden in Österreich durch die „Nürnberger Gesetze“ weitere 24.118 Menschen zu Juden bzw. Jüdinnen gemacht. Vgl. Jonny Moser, Demographie der jüdischen Bevölkerung Österreichs 1938–1945, Wien 1999, S. 29.

58 Götz Aly / Karl Heinz Roth, Die restlose Erfassung. Volkszählen, Identifizieren, Aussondern im Nationalsozialismus, Frankfurt/M. 2000, S. 91–92.

59 Gudrun Exner / Peter Schimany, Die zentrale amtliche (Bevölkerungs-)Statistik in den Jahren 1938 bis 1945, in: Gudrun Exner / Peter Schimany, Bevölkerungsstatistik und Bevölkerungswissenschaft in Österreich 1938 bis 1945, Wien 2007, S. 47–109, hier 87.

Religion ihrer Großeltern bekannt ist, und zu versichern, dass sie die Angaben über ihre Abstammungsverhältnisse nach bestem Wissen gemacht haben.“ Die Standesbeamten durften zudem auf Verdacht zusätzliche Dokumente über die Abstammung einfordern.[60] Zur weiteren Kennzeichnung war es ab Jänner 1939 dann Vorschrift, dass Juden und Jüdinnen, ebenfalls bei den Standesämtern, die Eintragung der Zusatzvornamen Sara oder Israel beantragen mussten,[61] sofern sie nicht einen von den Nationalsozialisten gelisteten „jüdischen“ Vornamen trugen.[62] Die Standesämter waren bei den Bezirksverwaltungen angesiedelt, und dementsprechend langten bei den Landräten Tausende Meldungen über den Vollzug dieser erzwungenen Mithilfe ein. Die Menschen verfassten diese dabei noch in ihrer Heimat oder waren bereits nach Wien vertrieben.[63] Andere Meldungen kamen sogar aus den Lagern. Im KZ Buchenwald gaben beispielsweise die Linzer Siegmund Kluger, Chaim Emil Zimmermann und Ernst Samuely die Annahme des Zusatzvornamens beim Meldeamt ihrer Heimatstadt brieflich bekannt. Paul Neurath, ebenfalls in Buchenwald festgehalten, schickte sie an das evangelische Pfarramt von Gallneukirchen.[64] Diese Zusatzvornamen mussten im Falle des Umzugs – bei den „Provinzjuden“ also im Zuge der Vertreibung – auch bei den Meldeämtern angegeben werden. Bei den Standesämtern und den Meldeämtern der Gemeinden sammelte sich derart Wissen über Heirat, Geburt, Tod und aktuelle Wohnadressen an.[65] Der Zugriff auf dieses Wissen stand den übergeordneten Behörden von Partei und Staat, beginnend auf Bezirks- bzw. Kreisebene, offen.

Im Mai 1939 führten die Nationalsozialisten im gesamten Deutschen Reich eine Volkszählung durch, die die Erfassung komplettierte. Auf regionaler Ebene wurde die Zählung von den Bürgermeistern oder Gemeindevorstehern geleitet (in Gemeinden mit mehr als 20.000 EinwohnerInnen gab es einen „Zählungskommissar“), das heißt, sie kümmerten sich um das erforderliche Personal (die „Zähler“), verteilten die Erhebungsbögen und sorgten für ihre Ausfüllung und Weiterleitung an das Österreichische Statistische Landesamt.[66] Juden und Jü-

60 Aly / Roth, Die restlose Erfassung, S. 91.
61 Ebenda.
62 Zweite Verordnung zur Durchführung des Gesetzes über die Änderung von Familiennamen und Vornamen vom 17. 8. 1938, RGBl I, S. 1044.
63 Aus den Beständen des Landrats St. Pölten sind Dutzende solcher Meldungen erhalten: NöLa, BH St. Pölten, Karton V/47-48 Allg. 1939.
64 Wagner, Jüdisches Leben in Linz, S. 787.
65 Exner / Schimany, (Bevölkerungs-)Statistik 1938 bis 1945, S. 88.
66 Ebenda, S. 48, 72. Das österreichische Bundesamt für Statistik wurde nach dem „Anschluss“ in „Österreichisches Statistisches Landesamt“ umbenannt. Im Jahr 1939 wurde es eine Abteilung des Reichsgaues Wien. Es hieß zunächst „Statistisches Amt für die Reichsgaue der

dinnen hatten einen eigenen Fragebogen auszufüllen, der in einem verschlossenen Umschlag an das Zählorgan abzugeben war.[67] In Linz scheinen diese „Ergänzungskarten" auch für konkrete Abstammungsnachweise verwendet worden zu sein.[68] Auf Basis der erhobenen Informationen erstellte das Statistische Reichsamt dann die „Reichskartei der deutschen Juden".[69] Zusätzliche Informationen wurden über die „alljährliche Personenstands- und Betriebsaufnahme" gesammelt, die am 10. Oktober 1939 auch im angeschlossenen Österreich eingeführt wurde. Diese diente Steuerzwecken und wurde vom jeweiligen Landesfinanzamt und den Gemeinden durchgeführt. Jeder Betrieb hatte dazu ein Betriebsblatt und jeder Haushalt eine Haushaltsliste auszufüllen, in der einzutragen war, ob der Haushaltsvorstand und seine Angehörigen „Juden sind ja oder nein".[70] Bis Ende 1939 waren „alle als jüdisch klassifizierten Bürger erfasst und mehrfach registriert, desgleichen diejenigen, die teilweise jüdischer Abstammung und mit einem Juden verheiratet waren. Lebensalter, Beruf, Einkommen, Wohnsitz, weitere Familienmitglieder, Fruchtbarkeit, Bild, Fingerabdruck, Handschrift, waren [...]" dokumentiert. „Sie [die Opfer] wussten nicht, was schon gewusst wurde."[71]

Die Vertreibung aus der „Provinz"

Obwohl die Verfolgung der jüdischen Bevölkerung auch in der „Provinz" sofort mit dem „Anschluss" einsetzte, benötigten die Nationalsozialisten mehr als zwei Jahre, um sie vollständig aus ihrer Heimat zu vertreiben und diese weitgehend „judenrein" zu machen.[72] Die Geschwindigkeit, mit der die Vertreibung ablief, hing davon ab, welchen Verfolgungsdruck die lokal und regional Verantwortlichen der Partei – Zellen-, Ortsgruppen-, Kreis- und Gauleiter – vor Ort aufbauen konnten und auch wollten. Bezeichnend ist in die-

Ostmark", dann „Statistisches Amt für die Alpen- und Donaureichsgaue", unterstand dem Statistischen Reichsamt in Berlin und war für das gesamte ehemalige Österreich zuständig.

67 Exner / Schimany, (Bevölkerungs-)Statistik 1938 bis 1945, S. 55, 59–63.

68 Wagner, Jüdisches Leben in Linz, S. 791.

69 Aly / Roth, Die restlose Erfassung, S. 90–95.

70 Exner / Schimany, (Bevölkerungs-)Statistik 1938 bis 1945, S. 89.

71 Aly / Roth, Die restlose Erfassung, S. 90–91. Zur Diskussion darüber, ob die Daten für die Massendeportationen Verwendung fanden, siehe: Exner / Schimany, (Bevölkerungs-)Statistik 1938 bis 1945, S. 47–109; Jutta Wietog, Volkszählungen unter dem Nationalsozialismus. Eine Dokumentation zur Bevölkerungsstatistik im Dritten Reich, Berlin 2001.

72 Auf die Vertreibung von Jüdinnen und Juden ausländischer Staatsangehörigkeit, wie zum Beispiel während der „Polenaktion" im Herbst 1938, wird hier nicht gesondert eingegangen.

sem Zusammenhang eine Anweisung der Gauleitung Oberdonau (Oberösterreich) an ihre nachgeordneten Dienststellen: „[...] Es liegt ganz in der Macht der NSDAP, jedem Juden den Boden so heiß zu machen, wie es notwendig erscheint [...]."[73] Es waren diese vielen kleineren und größeren Nazis in den Dörfern und Städten der „Provinz", die, in Personalunion oftmals auch staatliche Amtsträger (z. B. Bürgermeister), den Verfolgungsdruck vor Ort entsprechend stark werden ließen. So hat Josef Bürckel, „Reichskommissar für die Wiedervereinigung Österreichs mit dem Deutschen Reich", am 21. Juli 1938 anordnen müssen, dass Verhaftungen und Beschlagnahmungen durch die „Zellenleiter und Ortsgruppenleiter" in Niederdonau (Niederösterreich) künftig nur noch in Absprache mit dem Gauleiter zu erfolgen hätten.[74] Die von diesen Parteifunktionären willkürlich vorgenommenen „Beschlagnahmungen" – nichts anderes als Raub und Diebstahl – erreichten ein derartiges Ausmaß, dass die Kontrolle über das Diebesgut verloren zu gehen drohte. So musste im Bereich der Bezirkshauptmannschaft Hietzing-Umgebung westlich von Wien die Gendarmerie Listen des „eingezogenen" Vermögens erstellen.[75]

Die Beraubungen demonstrierten der jüdischen Bevölkerung ihre faktische Rechtlosigkeit und sollten auch die Vertreibungen aus der „Provinz" forcieren. Dazu kamen bürokratische und polizeiliche Schikanen, die dasselbe Ziel verfolgten. So schickte die Grazer Gestapo am 15. Juni 1938 ein Schreiben an die „politischen Behörden" (gemeint sind die Bezirksverwaltungen) der Steiermark, in dem es hieß: „Um die Auswanderung der Juden zu fördern, empfiehlt es sich, strafbare Handlungen derselben oder sonstige Beanstandungen zum Anlass zu nehmen, um ihnen die Auswanderung, unter Setzung einer Frist von beiläufig 4 Monaten, nahezulegen."[76] Es lässt sich hier ohne weiteres Unterstellen, dass „strafbare Handlungen" oder „sonstige Beanstandungen" gegebenenfalls schnell bei der Hand sein konnten. Ein Mittel der Wahl zur Forcierung der Vertreibungen war auch, wie wir noch sehen werden, die erzwungene Obdachlosigkeit von Einzelpersonen und ganzer Familien. Das Signal war eindeutig: Es gab in der „Provinz" keine Zukunft für jüdisches Leben.

Mit besonderer Vehemenz und Rasanz lief die Vertreibung im Burgenland, das erst seit 1921 zu Österreich gehörte, ab.[77] Die Nationalsozialisten setzten

73 Slapnicka, Oberösterreich, als es Oberdonau hieß, S. 184.

74 NöLa, Bestand Reichsstatthalter Niederdonau, Karton 571, Akt 1036-I ex 1938, Runderlass des Präsidiums der Landeshauptmannschaft Niederdonau vom 25. 7. 1938.

75 WrStLa, BH Hietzing-Umgebung, Akt IX-504/1938.

76 Lamprecht, Studien Steiermark, S. 144.

77 Am 1. Juni 1938 wurde das Burgenland auf die Steiermark (südliche Bezirke) und Niederösterreich (nördliche Bezirke) aufgeteilt.

dabei vor allem auf nackte Gewalt. Die Gestapo begann bereits im März 1938 damit, jüdische BurgenländerInnen an die tschechoslowakische, ungarische oder jugoslawische Grenze zu deportieren.[78] Wenn diesen dort der Grenzübertritt verwehrt wurde, mussten sie nach Wien „übersiedeln", weshalb sich im Juli bereits fast die Hälfte der burgenländischen Jüdinnen und Juden in der ehemaligen Hauptstadt wiederfand.[79] Andere Transporte, wie einer aus Lackenbach, scheinen direkt nach Wien gegangen zu sein. Die Nationalsozialisten setzten dafür offene Lastwagen ein, und die deportierten Juden und Jüdinnen durften dabei nur die Kleider, die sie am Leib trugen, mitnehmen.[80] Die Gewaltexzesse, die im Frühling 1938 mit diesen Vertreibungen einhergingen, hat der (ehemalige) Präsident der Frauenkirchner IKG einige Jahre später, am 5. Mai 1942, in einer im Exil abgegeben eidesstattlichen Erklärung so beschrieben:

> „[...] Nach kurzer Zeit hat man alle Juden der Gemeinde versammelt, ihnen alles bewegliche Gut geraubt oder durch Schläge erpresst und sie zur Verpflichtung gezwungen, innerhalb 14 Tagen das Staatsgebiet zu verlassen. Da nach den damaligen Verhältnissen es undurchführbar war, so schnell die Ausreisegenehmigung zu erhalten [...] ist die Gestapo alle 14 Tage erschienen und hat den männlichen Mitgliedern der Gemeinde durch Faustschläge, Knüppelhiebe und Fußtritte eine derartige Furcht eingeflößt, dass sie in alle Wünsche einwilligten. [...] Die Drangsalierungen nahmen ein solches Ausmaß an, wie wir es uns nie vorgestellt hätten. [...] Durch die unbarmherzigen Hiebe auf den Kopf und Glieder war ich 3 Tage wie gelähmt und konnte mich nicht rühren. 3 Wochen war ich überhaupt gänzlich unfähig, überhaupt zu denken. Einen Juden W. haben die Bestien so zugerichtet, dass ihm infolge der Kopfschläge die Hirnflüssigkeit aus der Nase geflossen ist. Nachdem das Gesicht geschwollen und der Körper mit blutigen Striemen bedeckt war, haben sie ihn in die Schamteile gestoßen, sodass böse Verletzungen entstanden sind. So haben die Juden unsere Gemeinde, bis 30. 6. 1938 ihre burgenländische Heimat, Haus und Hof, bettelarm verlassen."[81]

78 DÖW (Hrsg.), Widerstand und Verfolgung im Burgenland, S. 307–310; Rosenkranz, Verfolgung und Selbstbehauptung, S. 47.

79 DÖW (Hrsg.), Widerstand und Verfolgung im Burgenland, S. 319; Rosenkranz, Verfolgung und Selbstbehauptung, S. 88–91.

80 Rosenkranz, Verfolgung und Selbstbehauptung, S. 46.

81 DÖW (Hrsg.), Widerstand und Verfolgung im Burgenland, S. 303. Ein Bericht der örtlichen Gendarmerie vom 13. August 1938 bestätigt die Geschwindigkeit der Vertreibung: „Gegenwärtig sind noch 3 Judenfamilien und eine Jüdin in Frauenkirchen." Vgl. DÖW (Hrsg.), Widerstand und Verfolgung im Burgenland, S. 317.

In den Gauen mit der größten (Niederdonau) und drittgrößten (Steiermark) jüdischen Bevölkerungszahl außerhalb Wiens wurden Vertreibungszahlen wie im Burgenland erst Ende Oktober/Anfang November 1938 erreicht.[82] Das gilt tendenziell auch für die übrigen ehemaligen Bundesländer wie Vorarlberg[83] oder Kärnten, wo die „größere Masse“ der Juden und Jüdinnen erst nach dem Novemberpogrom floh.[84] In diesen Gauen wurden die Vertreibungen „erst“ ab Juni/Juli 1938 forciert, wobei die Dienststellen von Partei und Staat einer Anordnung Heinrich Himmlers vom April oder Mai folgten, der zufolge die „Provinzjuden“ in Wien zu konzentrieren seien.[85] Eine direkte Vertreibung an und über die Grenzen in die Nachbarländer – wie im Burgenland geschehen – fand in den anderen Gauen nicht (oder zumindest nicht in diesem Ausmaß) statt. In Linz beauftragte die Gestapo Polizei und Gendarmerie im Sommer 1938 beispielsweise mehrmals damit, „Juden [...] die Abwanderung nach Wien nahezulegen“. Jüdische Familien wurden zudem angewiesen, sich in die ehemalige Hauptstadt zu begeben und dort „Judenwohnungen“ zu beziehen.[86] Mitte Juli 1938 ordnete die Gestapo dann an, dass die Linzer Juden und Jüdinnen die Stadt bis Ende September zu verlassen hätten.[87] Solche Fristsetzungen dienten allerdings mehr dazu, den Druck auf die jüdische Bevölkerung zu erhöhen, und wurden in der Praxis fast nie umgesetzt. Effektiver waren größere und kleinere Verhaftungsaktionen. Eine davon fand im Juni 1938 im niederösterreichischen Amstetten statt, wurde publizistisch begleitet und derart für Propagandazwecke inszeniert. Die Nationalsozialisten ließen zwölf Juden aus der Region, Hugo Lederer aus Loosdorf, Wilhelm Adler aus Kirnberg, Eduard Weiner aus Purgstall, Salomon Neuner aus Lunz am See, Robert Seidler aus Mank, Rudolf Bienenfeld aus Lainbach, Robert Antscherl aus Scheibbs, Leo Schlesinger aus Amstetten, Ernst Weiner aus Wieselburg, Wilhelm Hind und Ludwig Arnold aus Persenbeug sowie Franz Singer aus Neuda festnehmen und dem Amtsgericht (Bezirksgericht) Amstetten einliefern. Der „Amstettner Anzeiger“ titelte: „Abschied von Ägyptens Fleischtöpfen – Die kriminellen Juden müssen endlich sitzen“. Der Abtransport der Zwölf wurde von der Zeitung zudem fotografisch festgehalten und der entsprechende Artikel mit drei Bildern

82 Rosenkranz, Verfolgung und Selbstbehauptung, S. 88; Moser, Die Verfolgung der Juden, S. 337; Lamprecht, Studien Steiermark, S. 148–149.

83 Dreier, Vom Bürger zum Objekt der Verwaltung, S. 105, siehe auch 106, 110–113.

84 August Walzl, Die Juden in Kärnten und das Dritte Reich, Klagenfurt 2009, S. 223.

85 Wolf Gruner, Zwangsarbeit und Verfolgung. Österreichische Juden im NS-Staat, Innsbruck 2000, S. 41.

86 John, Jüdische Bevölkerung in Linz, S. 1346.

87 Rosenkranz, Verfolgung und Selbstbehauptung, S. 92.

„veranschaulicht“.[88] Auch in der kleinen, angrenzenden oberösterreichischen IKG Steyr sollten Verhaftungen im Sommer dazu beitragen, die jüdischen EinwohnerInnen „aus der alten Eisenstadt“ zu vertreiben.[89]

Abschied von Aegyptens Fleischtöpfen

Die kriminellen Juden müssen endlich sitzen

Die Juden haben es in der Systemzeit ganz hervorragend verstanden, dann, wenn sie durch ihre Betrügereien und sonstigen Verbrechen mit dem Gesetze in Konflikt gerieten, die Folgen einer etwaigen Verurteilung von sich abzuwenden oder doch hinauszuschieben. Solange hinauszuschieben, bis der bezügliche Akt eines Tages verschwand.

Es ist eine statistisch erwiesene Tatsache, daß das Judentum in allen Ländern der Erde den größten Prozentsatz Verbrecher stellt. Dies wird nur deshalb nicht so augenfällig, weil eben das jüdische Verbrechertum alle Schliche u. Drehs anwendete um den Rechtsfolgen zu entgehen.

Umso unangenehmer überrascht ist deshalb nun das „auserwählte“ Volk, weil jetzt alle Machlojkes nicht mehr ziehen, sondern die rechtskräftig gewordenen Strafen endlich angetreten werden müssen. Das Amstettner Bezirksgericht beherbergte vor einigen Tagen eine kleine Auswahl krimineller Juden, die von hier gemeinsam in die „Sommerfrische“ gebracht wurden. Aus den Bezirken Amstetten, Melk und Scheibbs mußten fürs erste gleich **zwölf** dieser „harmlosen“ Mitbürger ihr Gedächtnis dahin auffrischen, daß sie noch eine Schuldigkeit an den Staat abzutragen haben, nämlich: ihre verbrecherischen Handlungen endlich zu sühnen, genau so zu sühnen wie jene Volksgenossen, die aus Not Kartoffeln oder Brot stahlen. Warum sollten auch diese schlechter behandelt werden als jene, welche aus Profitgier oder verbrecherischer Veranlagung mit dem Gesetze in Konflikt gerieten?

Die zwölf, die nun von den Fleischtöpfen Aegyptens scheiden mußten waren folgende:

1. Lederer Hugo, Viehhändler aus Loosdorf, wegen Erpressung und Einschränkung der persönlichen Freiheit.
2. Adler Wilhelm, Kaufmann aus Kirnberg a. d. Mank, wegen Veruntreuung.
3. Weiner Eduard, Produktenhändler aus Purgstall, wegen Veruntreuung.
4. Neuner Salomon, Fellhändler aus Lunz am See, wegen fahrlässiger Krida.
5. Seidler Robert, Kaufmann aus Mank, wegen einer Rauschgift-Sache.
6. Bienenfeld Rudolf, Motorführer aus Lainbach, wegen Diebstahl.
7. Antscherl Robert, Kaufmann aus Scheibbs, wegen Preistreiberei.
8. Schlesinger Leo, Schuhhändler aus Amstetten, wegen fahrlässiger Krida.
9. Weiner Ernst, Kaufmann aus Wieselburg, wegen Betrug.
10. Hind Wilhelm, Kaufmann aus Persenbeug, wegen Veruntreuung.
11. Singer Franz, Kaufmann aus Neuda-Pöchlarn, wegen Notzucht.
12. Arnold Ludwig, Ledergalanterieerzeuger aus Persenbeug, wegen Betrug.

Es sind also ganz nette Paragraphe, welche auf diese Zeitgenossen angewendet werden mußten. Mit welcher Frechheit sie sich jetzt noch aus der Affaire ziehen wollten, beweist der Fall des Juden Singer, der behauptete, nicht haftfähig zu sein, weil er jetzt noch an einer Krankheit laboriere, derenthalben er in einem nied.-österr. Krankenhause in ambulatorischer Behandlung war. Zu seinem Unglück teilte aber dieses Krankenhaus auf eine Anfrage sofort mit, daß es eine ambulatorische Behandlung dort überhaupt nicht gäbe und überdies der Jude Singer unbekannt sei. Und der Jude war gesund.

Den „Auszug der zwölf Apostel“ haben wir auch in Bildern festgehalten, welche wir unseren Lesern nicht vorenthalten können. Die Krummnasen selbst begleiten unsere besten Wünsche in die Sommerfrische. Wir würden uns nur freuen, wenn es ihnen dort so gut gefiele, daß sie verzichten jemals wieder zurückzukehren.

Der Pranger

Vom Jude Fialla in Amstetten kauften

die Firma Rosenbauer, Feuerlöschgerätefabrik in Linz: Riemenscheiben. Ortner u. Stanger, Eisenhandlung, Innsbruck: Kreissägelager. Eisenhandlung Greinitz A. G. Graz: Weinpressen, Mostpressen. Johann Mühlberghuber, Kronsdorf bei Enns: eine große Mostpresse.

Vom Juden Samuel Kerpen in Amstetten kaufte

Johann Bechsteiner, Ybbs: 7 Kannen Essigessenz.

Vom Juden Mahler in Hausmening kaufte

Josef Wolkersdorfer, Waidhofen a. d. Y.

Verhaftungsaktionen wie in Amstetten sollten, auch in der Presse inszeniert, der „arischen“ Bevölkerung das „Durchgreifen“ der Nationalsozialisten demonstrieren und Jüdinnen und Juden signalisieren, dass sie in ihrer Heimat keine Zukunft mehr hatten. Zum Druck auch auf die „arische“ Bevölkerung diente der „Pranger“ rechts unten, der EinwohnerInnen denunzierte, die in „jüdischen“ Geschäften eingekauft hatten.

Österreichische Nationalbibliothek

Ein zentrales Instrument der Vertreibung war, wie bereits angesprochen, die Delogierung und die damit erzwungene Obdachlosigkeit. Der Kündigungsschutz für jüdische Wohnparteien wurde zwar erst über ein Jahr nach dem „An-

88 Amstettner Anzeiger, 30. 6. 1938.

89 Neuhauser-Pfeifer / Ramsmaier, Vergessene Spuren, S. 107, 150–154.

schluss“, am 10. Mai 1939, mit der „Verordnung zur Einführung des Gesetzes über Mietverhältnisse mit Juden in der Ostmark“ aufgehoben, was Parteidienststellen aber nicht daran hinderte, die „Nichtarier“ aus ihren Wohnungen werfen zu lassen.[90] Im niederösterreichischen Wiener Neustadt hat der NSDAP-Kreisleiter beispielsweise im Sommer 1938 angeordnet, dass alle „arischen“ HausbesitzerInnen jüdischen Familien ihre Wohnungen zu kündigen hätten: „Wo sie bleiben – interessiert nicht.“[91] Eine wie auch immer geartete Rechtsgrundlage dafür gab es nicht, weshalb die Kündigungen letztlich vom Willen oder Unwillen der HausbesitzerInnen abhängig waren. Im Falle der Weigerung standen diese unter entsprechendem Rechtfertigungsdruck, wie beispielsweise aus Linz überliefert ist.[92] Wer, wie Paul Lenk, als Jude seine Wohnung räumen musste, stand meist vor großen Schwierigkeiten, eine neue Unterkunft zu finden: „Ich war bereits Mitte September 1938 genötigt, meine Wohnung in Linz [...] zu räumen und mit meiner aus Gattin, meiner erwerbslosen minderjährigen Tochter bestehenden Familie teils in Gasthöfen, teils in möblierter Untermiete zu wohnen und mich und meine Familie zu verköstigen.“[93] In Linz entstand an der Adresse Altstadt Nr. 3 zudem eine Art „Judenhaus“, in dem 14 Familien lebten. Auch im Rabbinerhaus und in der Synagoge fanden die Delogierten ein vorläufiges Obdach.[94]

Die Ausschreitungen rund um das Novemberpogrom boten den Nationalsozialisten dann eine weitere günstige und selbst inszenierte Gelegenheit, um die Delogierungen zu verschärfen. Während viele Männer verhaftet und in KZ deportiert wurden, verloren die zurückgebliebenen Familienmitglieder ihr Zuhause, wie die Ehefrau und das Kind von Ludwig Löwy in Salzburg-Stadt. Er wurde am 10. November 1938 festgenommen und nach Dachau verbracht, während die beiden ihre Wohnung innerhalb von drei Tagen räumen und nach Wien übersiedeln mussten.[95] Insgesamt beschlagnahmte die NSDAP in Salzburg-Stadt bis Ende November 37 „jüdische“ Wohnungen.[96] In St. Pölten fand die Delogierungsaktion im Zuge des Pogroms am Abend des 11. November

90 Zu den Delogierungen in Wien vgl. Philipp Mettauer, Die „Judenumsiedlung“ in Wiener Sammelwohnungen 1939–1942, in: Wiener Geschichtsblätter 1/2018, S. 1–21, hier 1–4.

91 Zit. nach Rosenkranz, Verfolgung und Selbstbehauptung, S. 94.

92 Wagner, Jüdisches Leben in Linz, S. 780. Der Eigentümer sah sich in dem Fall genötigt, sich vor einer Privatperson zu rechtfertigen. Ob er dies auch vor Dienststellen von Partei oder Staat tun musste, ist aktuell nicht bekannt.

93 John, Jüdische Bevölkerung in Linz, S. 1346.

94 Wagner, Jüdisches Leben in Linz, S. 779.

95 Kerschbaumer, Von der Vertreibung zum Neubeginn, S. 232–233.

96 Fellner, Antisemitismus in Salzburg, S. 230.

statt. Von dieser „Aktion“ völlig unvorbereitet getroffen, mussten die jüdischen Familien ihre Schlüssel an SA-Leute in Zivil aushändigen, die sie wiederum bei der Kreisleitung hinterlegten.[97] Auch in Baden wurden die Pogrome genutzt, um Juden und Jüdinnen via Delogierung zur Abreise zu zwingen und gleichzeitig Wohnraum für „Volksgenossen“ zu schaffen. In die geräumten Wohnungen – die jüdischen BewohnerInnen mussten sämtliche Einrichtungsgegenstände zurücklassen – zogen 50 „arische“ Familien aus Badener Elendsquartieren ein, die allerdings, mittellos, wie sie waren, die erforderlichen Mieten nicht aufbringen konnten. Die NSDAP-Kreisleitung musste nun – pikanterweise – in den folgenden Wochen einen Sonderbeauftragten bestellen, der die jüdischen Wohnungen wieder räumen sollte.[98] In Graz wiederum konnte Oberbürgermeister Julius Kaspar seinen Ratsherren im Mai 1939 melden: „Die Judenwohnungen sind zum Teil bereits geräumt und die Juden in Sammelwohnungen untergebracht. Wir hoffen aber noch, auf diesem Wege 200 weitere Wohnungen erfassen zu können.“ Zuständig für die Vergabe der „Judenwohnungen“ in Graz waren die Zweigstelle der „Wohnwirtschaftsstelle in der Ostmark“ und ein neu geschaffenes städtisches Wohnungsamt.[99] „Judenwohnungen“ waren in der gesamten „Provinz“ beliebt und für die neuen MieterInnen oder EigentümerInnen stellten sich Fragen wie jene, die am 8. Juli 1939 im „Lilienfelder Kreisboten“ diskutiert wurde: „Dürfen die Juden völlig verwahrloste Wohnungen hinterlassen?“[100]

Trotz des seit Sommer 1938 zunehmenden Drucks, der Anfeindungen und der Delogierungen finden wir Regionen, in denen die Vertreibung nur schleppend – oder zumindest nicht in dem Tempo, das sich die Partei wünschte – vorankam. In einem nicht genau datierten Bericht aus dem Juli oder August 1938 klagte beispielsweise die NSDAP im Kreis Mistelbach: „Ein nur geringer Prozentsatz hat sich bisher dazu bewegen können, sein Eigentum zu verkaufen und das Kreisgebiet zu verlassen. Die Maßnahmen, die getroffen sind, um den Juden den Aufenthalt hier möglichst unangenehm zu machen, haben einerseits nicht die erwartete Wirkung ausgelöst und zum anderen eher geschadet. Die bisher angewendeten gesetzlichen Maßnahmen, die Juden zum Verkauf ihrer

97 Lind, „…es gab so nette Leute dort“, S. 132.

98 NöLa, Vermögensverkehrsstelle, Karton 1262, Akt 501 II/6 1939 – Verordnung zum Schutz des Volksvermögens, Schreiben der NSDAP-Kreisleitung Baden an den Gauwirtschaftsberater vom 12. 12. 1938. Da eine Rücksiedlung in die Elendsquartiere nicht in Frage kam, war auf Grund der Wohnungsnot die Räumung nicht sofort möglich. Die Stadt plante nun für Anfang 1939 den Bau eines Wohnhauses für 50 Parteien.

99 Lamprecht, Studien Steiermark, S. 135.

100 Lilienfelder Kreisbote, 8. 7. 1939.

Liegenschaften zu veranlassen, haben fast keine Wirkung erzielt. [...]."[101] Es ist sehr wahrscheinlich, dass ein brutaler Übergriff, der in der Stadt Mistelbach von örtlichen Nationalsozialisten verübt wurde, in Zusammenhang mit dem obigen Bericht steht. Hans Frischmann, ein indirekter Zeuge der Tat, schrieb:

> „An einem Sommerabend wurden jüdische Männer aus ihren Wohnungen geholt und zum Schnass Eiskeller gebracht. Darunter waren die Brüder Rudolf und Siegfried Sax, Fritz Eisinger und Fritz Feldsberg. Auch mich wollte man holen, doch ich befand mich zu dieser Zeit in Wien. Eingesperrt im finsteren Eiskeller empfanden sie bald die Kälte zu spüren. Um sich dagegen zu schützen, umarmten sie sich gegenseitig und bildeten so eine menschliche Kugel. Nach Stunden wurden sie ins Freie geführt und mit Laternen geblendet. Nun sagte man ihnen: ‚Los, ihr könnt gehen!' Aber nach wenigen Schritten fielen alle zu Boden, denn die Peiniger hatten Stricke über den Weg gespannt und nun fielen sie über die Gefangenen her, und schlugen mit Stöcken und Riemen auf sie ein. Eine Weile danach ließ man sie nach Hause gehen. Fritz Feldsberg kam am nächsten Tag nach Wien, wo wir uns trafen. Er erzählte mir den ganzen Hergang in allen Details und entblößte seinen Oberkörper, und so konnte ich die Wunden und Striemen sehen, die er erlitten hatte."[102]

Verantwortlich für diese Taten war die lokale SA, darunter mit Franz Palata wiederum mindestens ein „Illegaler".[103]

Auch in Tirol und Vorarlberg, am anderen Ende der Ostmark, erreichte die Vertreibung nicht das von den Nationalsozialisten gewünschte Tempo. Adolf Eichmann selbst war deswegen auf Einladung von Gestapo und SD (Sicherheitsdienst des Reichsführers SS) am 19. September 1938 zu Gast in Innsbruck, da man dort mit dem Vorankommen der „Auswanderung" nicht zufrieden war. Er sollte bei der Beschleunigung helfen, „da erstens beobachtet wurde, dass die Auswanderungslust unter der Judenschaft in zunehmendem Maße abgenommen hat und zweitens sich eine gewisse Überheblichkeit im Benehmen der Juden bemerkbar machte". In der Folge wurden die Repressionen gegen 24 Innsbrucker Haushaltsvorstände verschärft, sie wurden teilweise schwer misshandelt und mit der Verbringung in ein KZ bedroht. Sie erhielten Fristen

101 Zit. nach Rosenkranz, Verfolgung und Selbstbehauptung, S. 94.

102 Aktion Museum M (Hrsg.), Verdrängt und Vergessen. Die jüdische Gemeinde in Mistelbach, Mistelbach 2003, S. 195.

103 Wiener Kurier, 7. 8. 1946, S. 3.

zum Verlassen des Landes, da „ihre Anwesenheit in Tirol und darüber hinaus im Deutschen Reich unerwünscht ist und sie deshalb schleunigst alle Vorkehrungen zu treffen hätten, um raschest auszuwandern“.[104]

Der gesamte Herbst 1938 stand dann dort, wo noch Juden und Jüdinnen wohnten, im Zeichen schwerer Übergriffe, die im Novemberpogrom kulminierten. Niederösterreich ist hier besonders hervorzuheben. Im Landkreis Krems diente die „Sudetenkrise“ im September als Vorwand, die noch verbliebenen jüdischen Geschäfte auszuplündern, um angeblich sudetendeutsche Flüchtlinge zu unterstützen.[105] Sie bot zudem eine propagandistische Grundlage dafür, die Juden und Jüdinnen aus den an die Tschechoslowakei grenzenden Bezirken zu vertreiben und dort einen 50 Kilometer breiten, „judenfreien“ Streifen zu schaffen.[106] Diese Vertreibung war von schweren Pogromen begleitet, wobei hier die Ausschreitungen in der Stadt Krems hervorstechen. Am Wochenende des 17. und 18. September zwang die örtliche SA die Kremser Juden dazu, ihre Synagoge zu räumen. Sie mussten das bewegliche Inventar auf die Straße tragen und wurden dabei zum „Tempelhüpfen“ oder auch „Sackhüpfen“ gezwungen. Der Mesner Karl Wurz, Zeuge dieses Pogroms, berichtete: „Die Leute, die haben ein Spalier gemacht, die gehässigen Leute, da haben sie durchgehen müssen, da hat man ihnen Tritte versetzt, angespuckt, furchtbar.“ Am nächsten Tag, dem 18. September, einem Sonntag, wurde die Räumung fortgesetzt. Dabei kam es unter dem Gelächter der ZuseherInnen auch zu einer weiteren „Reibpartie“ in Krems.[107] Am selben Wochenende wurden die Horner Juden und Jüdinnen nach Wien deportiert. Der Transport, durchgeführt vom örtlichen Transportunternehmen „Zaruba“, ging von der Synagoge aus, die als Sammelpunkt diente.[108] Im Kreis Hollabrunn geschah die Vertreibung eine Woche später. Frau Schwarz erinnerte sich:

> „Die letzten 14 Tage in Hollabrunn hatten wir Ausgehverbot. Wir durften nur in der Früh, zwischen sechs und acht Uhr, auf die Straße. Und dann ist

104 Zitiert nach Albrich, Jahre der Verfolgung, S. 216–217, 251.

105 Lind, Der letzte Jude, S. 131.

106 Jonny Moser, Die Verfolgung der Juden, in: Dokumentationsarchiv des österreichischen Widerstands (Hrsg.), Widerstand und Verfolgung in Niederösterreich 1934–1945. Eine Dokumentation, Bd. 3, Wien 1987, S. 337; Lind, Der letzte Jude, S. 20–21.

107 Robert Streibel, Plötzlich waren sie alle weg. Die Juden der „Gauhauptstadt Krems“ und ihre Mitbürger, Wien 1992, S. 59, 60.

108 Erich Rabl, Die Juden in Horn, in: Friedrich Polleroß (Hrsg.), „Die Erinnerung tut zu weh“. Jüdisches Leben und Antisemitismus im Waldviertel, Horn–Waidhofen/Thaya 1996, S. 200, 205.

> der Befehl gekommen. Es war am 24. September 1938. Wir wurden mitten in der Nacht geweckt. Man sagte uns, dass wir um acht Uhr in der Früh auf der Kreisleitung sein müssten und unterschreiben, Hollabrunn binnen 48 Stunden zu verlassen. Als alle weg waren, wurde die weiße Fahne gehisst, was bedeutete: Hollabrunn ist judenrein."[109]

Am 28. September, gegen 19 Uhr abends, wurde die Mödlinger Synagoge überfallen. Die Täter warfen die Scheiben ein, zerstörten die Beleuchtungskörper und warfen das „Rednerpult" um.[110] Am Tag nach Yom Kippur (Versöhnungstag, höchster jüdischer Feiertag), dem 6. Oktober, wurden Juden und Jüdinnen in Mauer, Atzgersdorf, Liesing, Perchtoldsdorf und Mödling in den frühen Morgenstunden auf Lastkraftwagen verladen und nach Wien gebracht. Sie durften am Nachmittag mit Zustimmung der Gestapo heimkehren.[111]

Das große reichsweite Pogrom, das die Nationalsozialisten wenige Wochen später im November inszenierten, war für die jüdische Bevölkerung in vielen Regionen der „Provinz" dann keine neue Erfahrung mehr. Jüdische Männer wurden massenweise verhaftet, vor Ort eingesperrt oder nach Dachau und Buchenwald deportiert. In Innsbruck ermordeten die Nationalsozialisten brutal vier Juden.[112] In der kleinen niederösterreichischen Kultusgemeinde Groß-Enzersdorf wurden die verbliebenen jüdischen EinwohnerInnen auf Lastwagen verladen und in einer unorganisierten Irrfahrt zuerst ins Burgenland und dann nach Wien deportiert.[113] In Graz wurden 300 Männer verhaftet, in der restlichen Steiermark weitere 50.[114] Der Präsident der dortigen IKG, Elias Grünschlag, erreichte ihre teilweise Freilassung, indem er den Chef der Gestapo (Polizeirat Dr. Hillinger) darauf hinwies, dass „dessen Ziel, die Juden aus der Steiermark zu entfernen, so lange nicht zu verwirklichen sei, so lange der größte Teil der männlichen Juden in Dachau [...] festgehalten werde". Er bekam „schließlich die Zusage, Juden aus Dachau zurückkommen zu lassen, wenn er persönlich mit seinem Leben einstünde, dass die Entlassenen binnen 24 Stunden das Reichsgebiet verlassen würden. Herr Grünschlag erstellte nun [mit weiteren Helferinnen und Helfern] in mühevoller Arbeit Listen von Gemeindemitglie-

109 Zit. nach Ulrike Gollonitsch, „Als wär nichts geschehen." Die jüdische Gemeinde in Hollabrunn, Wien 1990, S. 24.
110 Lind, Der letzte Jude, S. 159.
111 Rosenkranz, Verfolgung und Selbstbehauptung, S. 157.
112 Zum Pogrom, den Tätern und der juristischen Aufarbeitung nach 1945 vgl. Thomas Albrich (Hrsg.), Die Täter des Judenpogroms 1938 in Innsbruck, Innsbruck 2016.
113 Lind, Der letzte Jude, S. 100–102.
114 Lamprecht, Studien Steiermark, S. 144–145.

dern, die teils bereits gültige Aus- resp. Einwanderungsdokumente besaßen, teils auf Grund ihrer Jugend für eine Teilnahme an einem [...] Transport in Frage kamen."[115]

Anfang 1939 zeugten in vielen Städten der „Provinz" nur noch die verwüsteten, verwaisten und „arisierten" Synagogen vom jüdischen Leben. Die Kultusgemeinden waren weitgehend zerstört. Dort, wo es überhaupt noch Jüdinnen und Juden gab, wurden die äußerst bescheidenen, noch vorhandenen finanziellen und personellen Ressourcen zur Unterstützung der verbliebenen Mitglieder eingesetzt, um ein minimales Gemeindeleben aufrechterhalten zu können. Neben der Auszahlung kleinerer Summen für den Lebensunterhalt bestand die Hilfe vor allem in der Organisation der „Auswanderung". Im Kantorhaus der St. Pöltner Synagoge hatte die IKG beispielsweise bald nach dem „Anschluss" ein „Referat für Fürsorge und Auswanderung" eingerichtet. Finanziert wurde

Im Kantorhaus der St. Pöltner Synagoge (links im Bild) war das „Referat für Fürsorge und Auswanderung" der örtlichen IKG untergebracht. Die Abbildung stammt aus der Nachkriegszeit.

Injoest

115 Ebenda.

es aus den Kultusbeiträgen und Spenden von Gemeindemitgliedern, deren wirtschaftliche Existenz noch nicht völlig ruiniert war beziehungsweise die noch über irgendwelche Geldmittel verfügten.[116] Im Jahr 1939 wurden die Kosten dafür – die Behörden erlaubten die Vorschreibung der Kultusbeiträge nicht mehr – durch allmonatliche Sammlungen von Haus zu Haus aufgebracht.[117] Solche Referate gab es auch in Baden und Stockerau,[118] in Linz[119] und Graz[120].

Im Oktober 1938 waren bei der Grazer Auswanderungsstelle 245 Familien für die Übersiedlung nach Palästina vorgemerkt und im Februar 1939 wurde eine „Aktion Judenauswanderung aus der Steiermark“ geschaffen. Diese erfasste letztlich aber nur 81 Personen, von denen nicht klar ist, ob sie tatsächlich nach Palästina gelangten.[121]

Trotz der kriminellen Energie, die von den Nationalsozialisten in die Vertreibung investiert worden war, trotz der Pogrome im Frühling und Herbst 1938, trotz des seit dem „Anschluss“ mehrfach erhöhten Drucks waren noch immer nicht alle Jüdinnen und Juden bereit, ihre Heimat zu verlassen. So erklärten Julius, Wilhelmine und Susanne Apfel aus dem Landkreis Schärding am 10. November 1938 – also unmittelbar unter dem Eindruck des Pogroms – beim zuständigen Landrat ausdrücklich und schriftlich, nicht an eine Auswanderung zu denken. Die Behörde selbst hielt fest, dass es, interessanterweise neben Handwerkern, vor allem die Älteren und die PensionistInnen waren, für die eine Auswanderung nicht in Frage kam.[122] Im Sprengel der Kultusgemeinde St. Pölten schickte beispielsweise der 81 Jahre alte Jacob Engel seinen Auswanderungsfragebogen an die IKG zurück und ließ wissen, dass er in seinem Alter nicht mehr an eine Auswanderung denken würde, andernfalls er schon weg wäre.[123] Gerade für die mittlere und ältere Generation war es sehr schwierig, Zufluchtsländer zu finden, da dort, wenn Juden und Jüdinnen überhaupt Aufnahme fanden, vor allem junge, arbeitsfähige Menschen gefragt waren. Viele Jüdinnen und Juden hofften zudem wohl immer noch, den Nationalso-

116 Lind, „…es gab so nette Leute dort“, S. 115.

117 Ebenda, S. 136.

118 Lind, Der letzte Jude, S. 22–23. Referate bestanden wahrscheinlich auch in Gänserndorf, Horn, Mistelbach, Waidhofen an der Thaya und Wiener Neustadt.

119 Wagner, Jüdisches Leben in Linz, S. 776, 784.

120 Lamprecht, Studien Steiermark, S. 142–143.

121 Ebenda, 147–148. Zur „Aktion Judenauswanderung aus der Steiermark“ siehe auch: Victoria Kumar, Land der Verheißung – Ort der Zuflucht. Jüdische Emigration und nationalsozialistische Vertreibung aus Österreich nach Palästina 1920 bis 1945, Innsbruck 2016, S. 122–128.

122 Slapnicka, Oberdonau, S. 186.

123 Lind, „…es gab so nette Leute dort“, S. 117.

zialismus und das Wüten seiner ParteigängerInnen irgendwie überdauern zu können. „Auschwitz" war 1939/40 noch nicht mehr als eine Stadt in Polen und allenfalls als Bahnknotenpunkt oder ehemalige Garnison der k. u. k. Armee ein Begriff. Auch die Trennung von der Heimat fiel schwer. So schrieb Otto Unger, der mit seiner Ehefrau und seiner Mutter immer noch in Linz lebte, am 30. Juni 1939 an den bereits nach Palästina geflohenen Ernst Töpfer: „Auf alle Fälle wollen wir so lange in Linz bleiben, solange es eben geht, denn das Leben in Linz ist uns bei weitem lieber wie in Wien. [...] Da wir so ziemlich vereinsamt leben, kann ich ihnen nicht viel Neues berichten."[124]

Der Kriegsbeginn am 1. September 1939 bot den Nationalsozialisten – wie schon die „Sudetenkrise" ein Jahr zuvor – einen weiteren formalen Grund, den Abwanderungsdruck auf die verbliebene jüdische Bevölkerung zu erhöhen. Ihre Zahl in der „Provinz" sank von 638 am 16. September auf 400 bis zum Jahresende 1939.[125] Dazu wurden erneut Verhaftungen vorgenommen, wie in St. Pölten, wo der Polizeidirektor am 3. und 5. September 1939 alle (männlichen) Juden über 15 festnehmen ließ.[126] Das „Provinzreferat" der Wiener IKG notierte in diesem Zusammenhang am 6. September: „Die Verhaftungen erfolgten vermutlich, da St. Pölten noch immer nicht judenrein gemacht wurde. Ich bitte um dsbzgl. Weisungen betreffs Durchführung der Übersiedlung von St. Pölten nach Wien. Gleichzeitig bitte ich bei den Behörden zu intervenieren, dass die 70–80jährigen wieder enthaftet werden."[127] Die Enthaftungen aller Festgenommenen, nicht nur der Alten, erfolgten dann tatsächlich noch am 6. September über Auftrag der Staatspolizeileitstelle Wien. Sie mussten allerdings eine „Loyalitätserklärung" abgeben.[128]

Für den Großteil der noch in ihrer Heimat verbliebenen „Provinzjuden" kam das Ende dann im Frühling 1940. Spätestens im Mai wurde die Kultusgemeinde Wien gezwungen, eine Gruppe ihrer verbliebenen Bediensteten für „Juden-Umsiedlungen" auch außerhalb der Stadt bereitzustellen. Diese Gruppe unterstand dem Befehl der Gestapo.[129] Auch das „Provinzreferat" der IKG, das die Verhältnisse auf dem Land gut kannte, wurde zur Kollaboration gezwun-

124 Wagner, Jüdisches Leben in Linz, S. 789. Ernst Töpfer war übrigens der jüdische Eigentümer des Hauses, in das die Ungers eingewiesen worden waren.

125 Moser, Demographie, S. 38–39.

126 Lind, Der letzte Jude, S. 199–200.

127 Felicitas Heimann-Jelinek / Lothar Hölbling / Ingo Zechner (Hrsg.), Ordnung muss sein. Das Archiv der Israelitischen Kultusgemeinde Wien, Wien 2007, S. 58.

128 Lind, Der letzte Jude, S. 199–200.

129 Doron Rabinovici, Instanzen der Ohnmacht. Wien 1938–1945. Der Weg zum Judenrat, Frankfurt/M. 2000, S. 177.

gen. Die „Juden-Umsiedlungen“ begannen noch im selben Monat. Die sechs in Vorarlberg verbliebenen Juden mussten auf Anweisung des Provinzreferats bis Ende Mai nach Wien umziehen, während in Tirol nur eine Person betroffen gewesen zu sein scheint. „Aller unnötige Ballast“ sollte dabei nicht mitgenommen werden, da es in Wien nur ein Zimmer pro Familie geben würde.[130] Aus St. Pölten wurden 38 jüdische EinwohnerInnen zwangsübersiedelt und in einem „Schlussbericht“ vom 27. Mai 1940 meldete Josef Löwenherz (der Amtsdirektor der IKG Wien) weitere Umsiedlungen aus „Amstetten und Umgebung“, „Wiener Neustadt und Umgebung“ und sogar noch aus dem Burgenland. Die „Provinz“ war aber immer noch nicht „judenfrei“ und laut einer Namensliste vom 28. Juni 1940 lebten (ohne „angeschlossene“ Sudetengebiete; für Oberdonau fehlen Angaben) in Niederdonau noch 95 (größtenteils in Baden), in Tirol noch 7, in der Steiermark 4, in Kärnten 3, in Vorarlberg und dem Burgenland 2 Juden bzw. Jüdinnen und in Salzburg noch 1 Jude.[131]

Diese knapp über 110 Personen waren im vorgerückten oder hohen Alter, oder aber in sogenannten „Mischehen“ mit „Ariern“ bzw. „Arierinnen“ verheiratet.[132] Während die MischehepartnerInnen einen höchst fragilen Schutz genossen, wurden die Alten nach und nach weggeschafft. In Hohenems setzte Bürgermeister Josef Wolfgang beispielsweise alles daran, die 60-jährige Frieda Nagelberg loszuwerden – im wahrsten Sinne des Wortes. Sie wurde am 24. Februar 1942 aus Hohenems abgemeldet und am 9. April 1942 nach Izbica deportiert und ermordet.[133] Andere hatten „Glück“ wie Sidonie Loewit in Innsbruck. Sie war schwer krank, weshalb die Gestapo auf ihre Zwangsübersiedlung verzichtete, „da in ihrem gelähmten Zustand ein Mitnehmen wohl zu viel Aufsehen erregt hätte, und ihr Tod augenscheinlich für bald zu erwarten war“. Frau Loewit verstarb am 30. September 1942 in Innsbruck.[134]

Die MischehepartnerInnen waren zwar vor der unmittelbaren Vertreibung geschützt, sahen sich aber sehr wohl diskriminierenden Maßnahmen gegenüber. Ehescheidungen bedeuteten zudem die Zwangsübersiedlung nach Wien und mit der Deportation den Tod, wie im Fall der Bregenzerin Elsa Bauer.[135]

130 Albrich, Jahre der Verfolgung, S. 294. Die Anweisung des Provinzreferats datiert vom 21. 5. 1940.

131 Rosenkranz, Verfolgung und Selbstbehauptung, S. 222.

132 Siehe zu dieser Thematik die Beiträge von Maximilian Strnad und Michaela Raggam-Blesch in diesem Band.

133 Werner Matt, „…lege ich größten Wert darauf, dass auch diese letzte Jüdin das Land Vorarlberg verlässt“ – Frieda Nagelberg, in: Thomas Albrich (Hrsg.), „Wir lebten wie sie…“. Jüdische Lebensgeschichten aus Tirol und Vorarlberg, Innsbruck 2015, S. 271–288.

134 Albrich, Jahre der Verfolgung, S. 314.

135 Ebenda, S. 312–313.

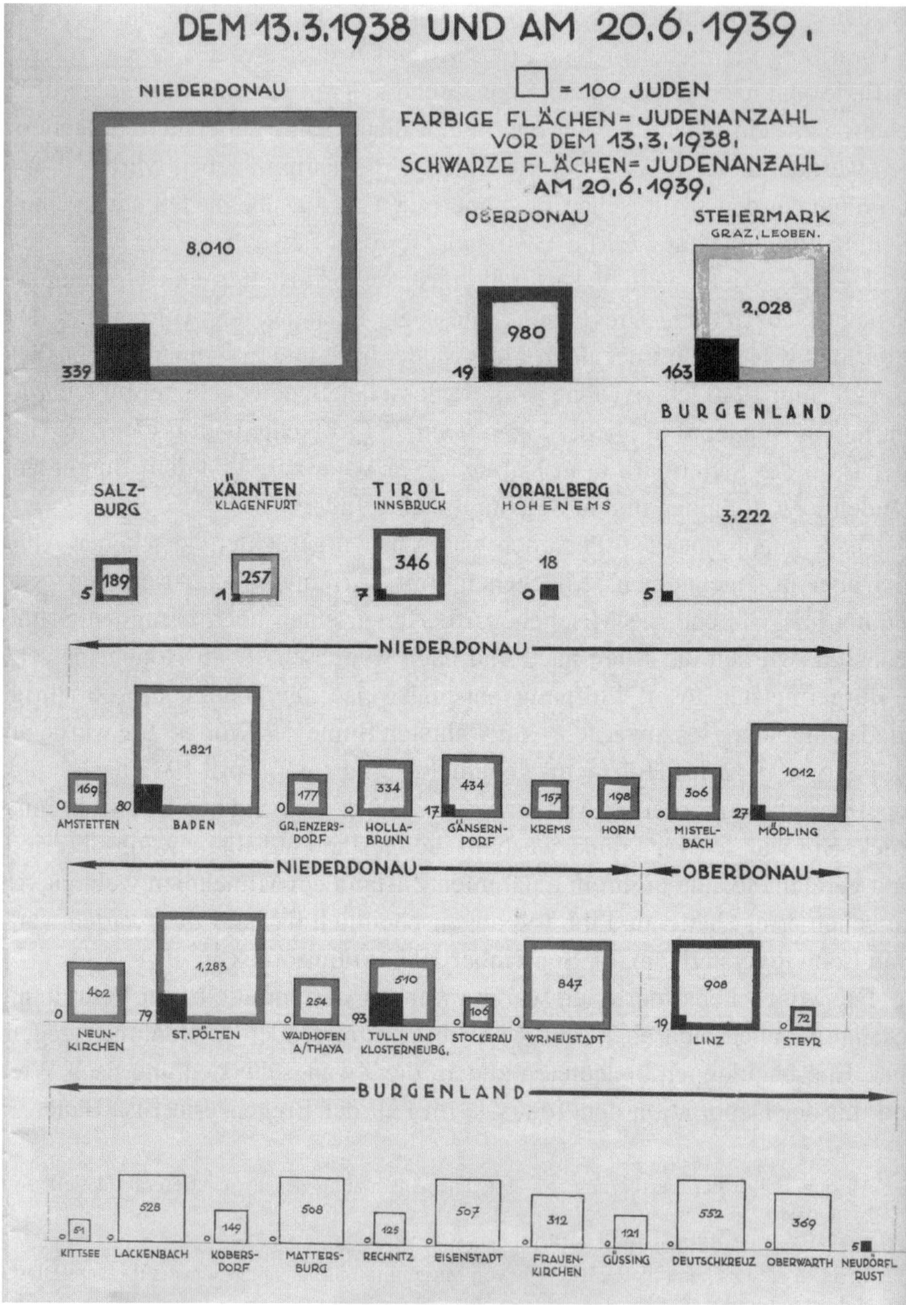

Die IKG Wien wurde von den Nationalsozialisten auch dazu gezwungen, Statistiken über die „Judenumsiedlung" zu führen. Obige Abbildung hat im Original die Größe einer Wandkarte.

Archiv der IKG Wien

Der Druck, der auf die Eheleute ausgeübt wurde, hing einmal mehr vom Willen der lokalen und regionalen Nationalsozialisten ab. So ließ die Gestapo im Gau Tirol-Vorarlberg zu Ostern 1943 alle jüdischen EhepartnerInnen verhaften und in das Lager Innsbruck-Reichenau bringen. Dies führte zu Unmut in der Bevölkerung und es kam zu Interventionen, auf die Freilassungen folgten. Gleichwohl sind aber auch Deportationen bekannt.[136] Das nackte Leben der MischehepartnerInnen stand bis Kriegsende buchstäblich unter Vorbehalt. In Bad Ischl wurde beispielsweise Olga Mühlbacher ab 1941 vor Gemeinde, Polizei und Gericht geladen. Im Jänner 1944 zitierte man sie nach Linz zur Gestapo und teilte ihr mit, dass sie „nach Theresienstadt“ müsse. Sie entkam der Situation, indem sie geistesgegenwärtig ihre Abstammung in Frage stellte, und durfte tatsächlich wieder nach Hause. Im Sommer 1944 forderte man sie auf, „freiwillig“ nach Wien zu übersiedeln. Noch im Februar 1945 wurde sie acht Tage im Linzer Gefängnis Kaplanhof inhaftiert, kam aber wieder frei – angeblich wegen ihrer Kinder – und konnte nach Ischl zurückkehren.[137]

Résumé

Die nach dem Zerfall der Donaumonarchie gegründete Republik Österreich war von einem virulenten Antisemitismus geprägt. Die jüdische Bevölkerung sah sich mit Forderungen konfrontiert, nach rassischen Kriterien kategorisiert und derart im öffentlichen Leben marginalisiert zu werden. Rufe nach einem Sonderrecht für Juden wurden laut. Ein solches wurde aber bis 1938 nicht umgesetzt und die Gleichberechtigung der Jüdinnen und Juden mit den anderen StaatsbürgerInnen blieb zumindest formal unangetastet. Informell fanden die Rassekategorien aber sehr wohl Eingang in das öffentliche Leben. Davon zeugen die Einführung von „Arierparagraphen“, der, teilweise auch mit tätlichen Übergriffen verbundene, „Sommerfrischeantisemitismus“ und das listenmäßige Erfassen von Jüdinnen und Juden. Diese Verzeichnisse bildeten eine der Grundlagen für Geschäftsboykotte, Übergriffe und Anschläge auf Einrichtungen, die weniger offensichtlich jüdisch waren als Synagogen oder Friedhöfe. Diese Attacken erreichten ab den frühen 1930er Jahren mit dem politischen

136 Ebenda, S. 321–335.

137 Nach dem Krieg hat Olga Mühlbacher ihre Erlebnisse während NS-Herrschaft und Haft aufgezeichnet. Diese wurden 2011 publiziert: Olga Mühlbacher, Man sperrte uns einfach ein. Überleben einer Ischler Jüdin im Dritten Reich, Linz 2011 [= Quellen zur Geschichte Oberösterreichs, Bd. 8].

Aufstieg der NSDAP einen ersten Höhepunkt. Die Nationalsozialisten machten bei diesen Angriffen – im wahrsten Sinne des Wortes – praktische Erfahrungen, die sie während der Pogrome im Frühjahr und Herbst 1938 sowie der alltäglichen Schikane von Jüdinnen und Juden nutzen konnten. Ehemals „Illegale“, die schon in der „Verbotszeit“ für die NSDAP aktiv gewesen waren, taten sich dabei oftmals besonders hervor.

Die in den Jahren vor dem Anschluss angelegten Namenslisten und „Judenkataster“ dienten zwar weiter als Informationsquelle für Übergriffe (z. B. Reibpartien, Schmierereien) und Verhaftungen, waren aber unvollständig, fehlerhaft und nicht flächendeckend. Dienststellen von Partei und Staat begannen deshalb damit, sie mit Informationen aus amtlichen Beständen zu ergänzen oder überhaupt erst anzulegen. Um die Erfassung der jüdischen Bevölkerung nach den in den „Nürnberger Gesetzen“ festgelegten Kriterien durchführen zu können und Fehler auszuschließen, war es aber notwendig, die gesamte Bevölkerung zur mehr oder weniger intensiven Auseinandersetzung mit ihrer Abstammung zu nötigen. Die Volksabstimmung vom 10. April 1938, die zwangsweise Anmeldung „jüdischen“ Vermögens vom 26. April 1938 und weitere judenfeindliche und rassepolitische Maßnahmen zwangen die gesamte Bevölkerung dazu, sich in größerem oder kleinerem Ausmaß Gedanken über die Religion ihrer Vorfahren zu machen. Intensive Nachforschungen mussten nun vor allem jene anstellen, die sich über ihre „arische“ Abkunft unsicher waren. Ein „Rassenraster“ wurde über praktisch alle Lebensbereiche gelegt, „Ariernachweise“, Ahnen- und Rasseforschung boomten. Die Einführung der „Kennkarte“ und der Zusatzvornamen Israel und Sara trieb nicht nur die Markierung der jüdischen Bevölkerung voran, sondern generierte eine Vielzahl an persönlichen Informationen über diese bei den Bezirksverwaltungsbehörden, auf die weitere Stellen von Partei und Staat Zugriff hatten. Parallel zu diesen Maßnahmen der Erfassung lief die Vertreibung aus der „Provinz“ ab, deren Ziel die Konzentration der Juden und Jüdinnen in Wien war. Während im Burgenland bereits im Sommer 1938 die Hälfte der jüdischen Bevölkerung vertrieben war, wurde dieser „Wert“ in den übrigen Gauen erst im Herbst desselben Jahres erreicht. Die Geschwindigkeit der Vertreibung hing dabei stark vom entsprechenden „Engagement“ der Nationalsozialisten vor Ort ab. Verhaftungen und Delogierungen, intensiviert rund um das Novemberpogrom, sollten auch die noch in der „Provinz“ verbliebenen Jüdinnen und Juden dazu zwingen, ihre Heimat zu verlassen. Die letzten größeren „Übersiedlungen“ nach Wien fanden im Mai 1940 statt, wobei die Nationalsozialisten dabei Teile der verbliebenen Administration der Wiener IKG zur Mitarbeit zwangen. In der „Provinz“ blieben nur die Alten und jene Jüdinnen und Juden zurück, die in einer „Mischehe“ mit einem

„arischen“ Ehepartner oder einer „arischen“ Ehepartnerin verheiratet waren. Während die Alten in den folgenden Monaten und Jahren ebenfalls (über Wien) deportiert und ermordet wurden, war das Überleben der MischehepartnerInnen zumeist vom Fortbestand der Ehe abhängig. Außer Lebensgefahr waren sie erst mit dem Ende des NS-Regimes.

Maria Luft

Verfolgungserfahrungen in Breslauer „Judenhäusern“ an der Schwelle zur Deportation

Nach 1933 wurden Juden und Jüdinnen schrittweise aus dem deutschen Wirtschafts- und Berufsleben ausgeschlossen und schließlich auch aus dem städtischen Raum gedrängt. Das „Gesetz über Mietverhältnisse mit Juden“ vom 30. April 1939 (RGBl I, S. 864) nahm jüdischen MieterInnen den Mieterschutz. Schon ab Herbst 1939 wurden sie mancherorts in sogenannte „Judenhäuser“ eingewiesen,[1] die von den Behörden als solche bestimmt wurden. In der Regel waren es ehemalige Häuser jüdischer BesitzerInnen oder Häuser jüdischer Einrichtungen. Jüdische MieterInnen mussten fortan aus „arischen“ Häusern ausziehen bzw. andere Juden und Jüdinnen als UntermieterInnen in ihrer Wohnung aufnehmen. Ihre Vertreibung begann durch Zwangsumsiedlung und Konzentration innerhalb der Städte. Obwohl damit automatisch eine gewisse Ghettoisierung[2] einherging, sollte eine Ghettobildung im städtischen Raum ausdrücklich vermieden werden. Daher wurden meist einzelne Häuser in verschiedenen Straßen und Vierteln als „Judenhäuser“ ausgewählt.

In diesem Beitrag[3] geht es um die Situation in den Breslauer „Judenhäusern“, die Bedeutung des Raumes „Judenhaus“ für die zwangseinquartierten

1 Zum Beispiel wurden 1939 jüdische MieterInnen in Dresden in 37 und in Leipzig in 47 „Judenhäuser“ zwangseingewiesen. Vgl.: Peter Kriedte, Vom verborgenen zum offenen Zwang – „Judenhäuser“ in Göttingen (1939–1942), in: Göttinger Jahrbuch 2016, Bd. 64, S. 141–164, hier 145. Im Rahmen der „Aktion Lauterbacher“ musste im September 1941 die jüdische Bevölkerung Hannovers in eines von 16 „Judenhäusern“ ziehen. Vgl.: Ebenda, S. 141.

2 So schreibt Tim Cole: „… ghettoization meant being trapped in a terribly overcrowded space. Ghettoization everywhere involved concentration, within an event that Elie Wiesel recalled as a progressive experience of a ‚shrinking‘ universe.“ Tim Cole, Holocaust Landscapes, London–Oxford–New York–New Delhi–Sydney 2016, S. 27.

3 Der Beitrag steht in Zusammenhang mit dem Forschungsprojekt „Topographie der Shoah in Breslau/Wrocław 1933–1949“ an der TU Dresden (2018–2021), ein Ergebnisband ist für 2022 geplant: Tim Buchen / Maria Luft (Hrsg.), Breslau/Wrocław 1933–1949. Studien zur Topographie der Shoah, Berlin 2022 (i. E.).

Jüdinnen und Juden und seine Rolle im Kontext der Shoah in der Stadt Breslau, damals Hauptstadt der deutschen Provinz Niederschlesien, heute Wrocław in Polen. Für die Untersuchung wurden Dokumente des Archivs der Breslauer Synagogengemeinde im Archiv des Jüdischen Historischen Instituts in Warschau (AŻIH), des Staatsarchivs (APW) sowie des Bauarchivs Breslau herangezogen, außerdem Zeugnisse von Überlebenden, die über Breslauer „Judenhäuser" in autobiografischen Aufzeichnungen, Zeitzeugengesprächen und im Dokumentarfilm „Wir sind Juden aus Breslau"[4] berichteten.[5]

Jüdische Wohngebiete in Breslau

Der Chronist Willy Cohn (1888–1941) schrieb über die jüdische Ansiedlung in Breslau in seinen Erinnerungen, dass „die Juden zuerst in ihrer Masse am Karlsplatz wohnten und dann allmählich in die neue Stadtgegend im Süden vordrangen. Zuerst war die Höfchenstraße besonders beliebt, vorher schon die Freiburger Straße, dann ging es nach der Körnerstraße und allmählich nach Kleinburg. Seit 1933 stehen die Möbelwagen, soweit es überhaupt noch Möbelwagen sind und nicht nur Handwagen, mit der Richtung entgegengesetzt."[6]

Auch wenn die so beschriebene Entwicklung die jüdischen BreslauerInnen ab den letzten Jahrzehnten des 19. Jahrhunderts in die Stadtteile südlich und südwestlich der Altstadt zog, wohnten in der Zwischenkriegszeit nichtsdestotrotz Jüdinnen und Juden in allen Breslauer Stadtteilen. In der Zeit des Nationalsozialismus mussten die Breslauer Juden und Jüdinnen immer wieder ihre Wohnorte wechseln: zunächst aufgrund der Verschlechterung ihrer wirtschaftlichen Lage, dann aufgrund des neuen „Gesetzes über Mietverhältnisse mit Juden" vom 30. April 1939. Nach Inkrafttreten des Gesetzes schrieb

4 Der Dokumentarfilm von Karin Kaper „Wir sind Juden aus Breslau" – „We are Jews from Breslau" – „Jesteśmy Żydami z Breslau" hatte am 6. November 2016 in Breslau/Wrocław Premiere, siehe auch: www.judenausbreslaufilm.de [9. 3. 2022].

5 Die Untersuchung baut auf der zum Thema vorhandenen Forschungsliteratur auf. Zuletzt befasste sich Katharina Friedla in „Juden in Breslau/Wrocław 1933–1949. Überlebensstrategien, Selbstbehauptungen und Verfolgungserfahrungen" (Köln–Weimar–Wien 2015) auch mit dem Thema der Breslauer „Judenhäuser". Vor allem ist es den Rechtshistorikern Alfred Konieczny, Karol Jonca und Franciszek Połomski (Uniwersytet Wrocławski) zu verdanken, dass das Thema „Judenhäuser" nicht vergessen wurde. In ihren Publikationen sind Quellen aus dem Staatsarchiv Breslau (Archiwum Państwowe we Wrocławiu, APW) dokumentiert, die im Original durch die Oderüberschwemmung von 1997 verloren gegangen sind.

6 Norbert Conrads (Hrsg.), Willy Cohn: Verwehte Spuren. Erinnerungen an das Breslauer Judentum vor seinem Untergang, Köln–Weimar–Wien 1995, S. 71.

die (gleichgeschaltete) Schlesische Tageszeitung am 10. Mai 1939, dass „Juden“ künftig in bestimmten Häusern zusammengefasst werden sollten, um das Ziel einer „möglichst vollständigen Trennung“ von „Juden“ und „Nicht-Juden“ zu erreichen. Zur konkreten Umsetzung des Gesetzes in Breslau erließ der Oberbürgermeister am 13. Juni 1939 die „Anordnung über die Anmeldung von Räumen nach Maßgabe des Reichsgesetzes über Mietverhältnisse mit Juden vom 30. April 1939“.[7] Danach mussten schriftlich die an Nicht-Juden bzw. Nicht-Jüdinnen und die an Juden bzw. Jüdinnen vermieteten Räume inkl. der dort wohnenden UntermieterInnen angezeigt werden.[8] Im Laufe des Jahres 1940 wurden die Folgen des „Gesetzes über Mietverhältnisse mit Juden“ und der Genehmigungspflicht von Untervermietungen immer deutlicher spürbar.[9] Das zuständige Wohnungsamt der Stadt Breslau überließ schon im Juni 1940 die Unterbringung jüdischer Wohnungssuchender grundsätzlich der Jüdischen Kultusvereinigung Breslau[10], die die vielen Menschen in Not unter sehr schwierigen Bedingungen in Häusern der Gemeinde oder von anderen jüdischen Trägern – etwa Stiftungen – unterbringen musste.

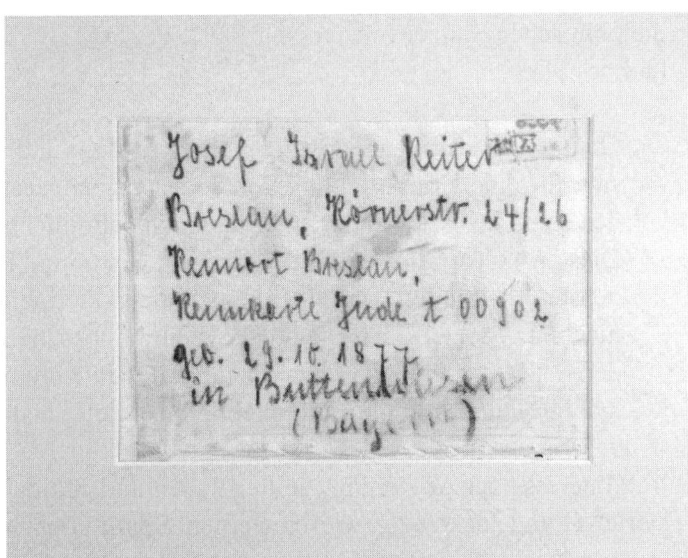

Kofferschild von Josef Reiter (geb. 29. 10. 1877 in Buttenwiesen/Bayern), der im April 1942 von Breslau nach Izbica deportiert wurde. Reiters letzte Adresse war das „Judenhaus“ in der Körnerstraße 24/26 in Breslau. Die Häuser in der Körnerstraße (heute ul. Trwała) wurden 1945 zerstört.

Sammlung des Staatlichen Museums Majdanek

7 Breslauer Gemeindeblatt 1, 17. 6. 1939.

8 Schlesische Tageszeitung, 18. 6. 1939: „Die Anzeigepflicht macht den Anfang. Auf dem Wege zur endgültigen Scheidung zwischen Juden und Ariern – Eine Anordnung des Oberbürgermeisters“.

9 Schreiben v. 25. 1. 1940, S. 2, Gesetz über Mietverhältnisse mit Juden 1940–1941 (Rejencja Wrocławska), APW 82/172/0/1.14/9976.

10 Ebenda, S. 32. Schreiben, 18. 6. 1940.

81 „Judenhäuser" in Breslau

Wie in anderen Städten des Deutschen Reichs wurden auch in Breslau „Judenhäuser" bestimmt. Der Prozess der Festlegung von 81 „Judenhäusern"[11] dauerte relativ lange, offensichtlich aufgrund widersprüchlicher Interessen der verschiedenen politischen Vertreter der Stadt, der DAF/NSDAP, der Stapoleitstelle und des SD. So wurde die seit September 1940 intensiv diskutierte Häuser-Liste erst ab März 1941 für verbindlich erklärt. Pläne, die Breslauer jüdische Bevölkerung an den Stadtrand zu drängen, wurden dabei verworfen, nachdem sich herausstellte, dass dort bessere, modernere Wohnungen zur Verfügung standen als im Zentrum. Andererseits sollten Juden und Jüdinnen nicht in der Altstadt präsent sein.

Hinzu kamen Ende der 1930er Jahre Überlegungen, auch für die „Gauhauptstadt Breslau" (wie für Berlin und andere Städte) Umbaupläne für nationalsozialistische Großveranstaltungen mit einem Gauforum, einer Versammlungshalle und einer monumentalen Nord-Südachse bis zum Hauptbahnhof zu entwickeln.[12] Dieser Hintergrund wirkte sich auch auf die Überlegungen zur Auswahl konkreter „Judenhäuser" aus. Am 17. September 1940 beschlossen die politischen Spitzenvertreter der Stadt, der DAF/NSDAP, der Stapoleitstelle und des SD:

> „In allen Stadtgegenden werden Häuser, die in jüdischem Besitz sind und sich für eine Unterbringung von Juden eignen, festgelegt. In diesen werden dann die in den anderen Wohnungen befindlichen Juden untergebracht. Diese Konzentration des Judentums auf bestimmte Häuser in den verschiedensten Stadtteilen vermeidet einmal eine Ghettobildung, ist zum anderen nicht nur vom Gesichtspunkt der Wohnraumbeschaffung für die Arier, sondern auch von dem der Überwachung des Judentums aus gesehen, zweckmäßig. (Hinsichtlich Rundfunkabhören, Telefonbenutzung usw.)."[13]

Im „Interesse der Arisierung" sollten Juden und Jüdinnen nicht mehr auf „arisierte" Grundstücke eingewiesen werden. Somit konnten sie an den „repräsen-

11 Vgl. Liste der „Judenhäuser" nach Alfred Konieczny, Gettoizacja Ludności Żydowskiej we Wrocławiu w Latach 1940–1941, in: Miasta i prawo miejskie w rozwoju historycznym. Materiały VI Konferencji historyków państwa i prawa, Lądek Zdrój 9–11 września 2002, Wrocław 2003, S. 151–159.

12 Vgl. Beate Störtkuhl, Moderne Architektur in Schlesien 1900 bis 1939. Baukultur und Politik, München 2013, S. 363–364.

13 Gesetz über Mietverhältnisse mit Juden 1940–1941 (Rejencja Wrocławska), S. 50–51, APW 82/172/0/1.14/9976.

tablen Straßen und Plätzen“ nicht mehr in Erscheinung treten. Dies galt beispielsweise für die Kaiser-Wilhelm-Straße (im April 1938 in „Straße der SA“ umbenannt), eine der zentralen Nord-Süd-Achsen, die von vielen Juden und Jüdinnen bewohnt wurde.

Die 81 festgelegten „Judenhäuser“ befanden sich verstreut in den gerne von Jüdinnen und Juden bewohnten Stadtvierteln, wozu auch einige wenige Adressen im Stadtzentrum gehörten (Junkernstraße 19, Häuser in der Antonien- und der Wallstraße). Dies verwundert nicht, da es sich bei den „Judenhäusern“ um Häuser in jüdischem Besitz und mit vorwiegend jüdischen BewohnerInnen handeln sollte, die sich dementsprechend vor allem in den bis dahin von Juden und Jüdinnen bevorzugten Wohngebieten befanden.[14] Ausgesucht wurden vor allem solche Häuser, die für nicht-jüdische BreslauerInnen als nicht zumutbar oder unattraktiv eingestuft wurden, darunter auch soziale Einrichtungen und etliche Wohnheim-Stiftungen.

Zu Beginn der Realisierung der geplanten Einweisungen in „Judenhäuser“ lebten nur noch 9.231 Jüdinnen und Juden in der Stadt.[15] Viele von ihnen verblieben weiterhin in ihren Wohnungen – Beispiele sind etwa die beiden Tagebuchschreiber Willy Cohn und Walter Tausk (1890–1941), die bis zu ihrer Deportation im November 1941 in ihren Wohnungen in der Opitz- bzw. Sadowastraße wohnten, oder Karla Grabowski (geb. Wolff, 1928) und ihre Familie, deren Haus der nicht-jüdischen Mutter und ihren Schwestern gehörte. Dennoch fanden eine massive Verdrängung der Breslauer Jüdinnen und Juden aus dem städtischen Raum sowie eine Ghettoisierung statt. Dies macht auch eine Postkarte eines älteren Breslauer Gemeindemitglieds vom 25. September 1941 deutlich:

> „Seit Juli wohne ich in einem Raum mit meinen Kindern. Das ist für sie und mich höchst unangenehm. Die Gemeinde, die die Wohnungslage zu erledigen hat, hat mich hintergangen. Sie hatte versprochen, eine Wand zu ziehen u. hinterher sich geweigert, die Kosten zu tragen. Alle Schwiegersöhne sind

14 Ähnlich war es in Wien, wo „die gekündigten MieterInnen in Wohnhäuser mit jüdischen EigentümerInnen eingewiesen [wurden], die sich vor allem im 1., 2., 9. und 20. Bezirk befanden – Stadtteile, die bereits vor dem ‚Anschluss‘ den höchsten jüdischen Bevölkerungsanteil aufgewiesen hatten. Dort entstanden daraufhin sukzessive so genannte ‚Judenhäuser‘.“ Michaela Raggam-Blesch, „Sammelwohnungen“ für Jüdinnen und Juden als Zwischenstation vor der Deportation, Wien 1938–1942, in: Dokumentationsarchiv des österreichischen Widerstandes (Hrsg.), Forschungen zu Vertreibung und Holocaust, Wien 2018 [= Jahrbuch 2018], S. 81–100, hier 84.

15 Konieczny, Gettoizacja, S. 151.

nicht so liebevoll, wie die Ihrigen, so werden Sie begreifen, dass ich mich nicht wohlfühle. Meine letzten Tage hätte ich mir anders gedacht.“[16]

„Jüdische Wohngemeinschaften“

Im Mai 1941 drängte Gauleiter Karl Hanke (1903–1945) darauf, Breslau schneller „judenfrei“ zu machen. Als im Sommer 1941 aufgrund einer Wehrmachtsanforderung das Beate-Guttmann-Heim in der Kirschallee 36a geräumt werden musste, wurden die fast 90 Bewohnerinnen und Bewohner auf Autos geladen und nach Tormersdorf (*Prędocice*) in der Lausitz gebracht. Dort richtete man eine „jüdische Wohngemeinschaft“ im ehemaligen Brüder- und Pflegehaus Zoar ein – tatsächlich handelte es sich um eine Art Internierungs- oder Sammellager. Möbel und persönliche Gegenstände, die die HeimbewohnerInnen nach Tormersdorf mitnehmen durften, konnten in den beengten Verhältnissen oft gar nicht verwendet werden. So berichtet der anonyme Postkartenschreiber:

> „Das Beate Guttmann Heim befindet sich seit der andersweitigen Besetzung seiner Räume in Tormersdorf b/Rothenburg, Ober-Lausitz. Wahrscheinlich werde ich dorthin übersiedeln. Zwar wohnen dort acht bis neun Herren in einem großen Zimmer, aber was bleibt mir übrig? […] Über kurz oder lang müssen wir alle unsere Stadt verlassen.“[17]

Im August 1941 fanden weitere Deportationen nach Tormersdorf statt, die beschönigend „Wohnungsaktionen“ genannt wurden. Sie betrafen BewohnerInnen aus zehn Breslauer „Judenhäusern“ bei der ersten, aus 31 Grundstücken bei der zweiten sowie aus 32 Grundstücken bei der dritten Aktion im September 1941. Zwei weitere „Wohngemeinschaften“ für mehrere Hundert Breslauer Jüdinnen und Juden wurden im Kloster Grüssau (*Krzeszów*) und im ehemaligen Lager des RAD in Riebnig (*Rybna*) bei Brieg eingerichtet. Von allen drei Orten aus wurden die BewohnerInnen nach Theresienstadt oder Auschwitz deportiert, manchmal über eine letzte Zwischenstation in Breslau. Ende November 1941 begannen in Breslau die großen Deportationsaktionen: Der erste Transport von Jüdinnen und Juden aus Breslau (1.005 Personen) verließ die Stadt

16 Anonyme Postkarte von „G. H.“, Postkarte als Dokument, in: Mitteilungen des Verbands ehemaliger Breslauer und Schlesier in Israel (MV) 45, 1979, S. 13. Orthografische Fehler im Original.

17 Ebenda.

nach Kaunas, wo alle Deportierten umgehend erschossen wurden. Weitere zehn Transporte in verschiedene Lager folgten bis April 1944. Insgesamt wurden mehr als 7.000 Breslauer und schlesische Jüdinnen und Juden deportiert und die Breslauer Gemeinde ausgelöscht.

Erzwungene Wohnungswechsel in Breslau am Beispiel der Familie Aufrichtig

Die einschneidenden Veränderungen der Wohnsituation für Jüdinnen und Juden in Breslau, ihre Zwangsumsiedlungen in „Judenhäuser" und die Übergriffe auf diese Häuser beschrieb Kenneth James Arkwright, geboren 1929 als Klaus Aufrichtig, anhand der Erfahrungen seiner Familie.[18] Seit 1916 wohnte sie mit den Großeltern Isidor und Emma Aufrichtig in der Charlottenstraße 8 (*ul. Krucza*), in einem „eleganten und luxuriösen Umfeld frei von finanziellen Sorgen"[19]. Die Wohnung hatte 15 Zimmer, die meisten Möbel waren extra angefertigt worden. Das Wohnviertel mit großbürgerlichen Gründerzeithäusern südlich des Zentrums im Stadtteil Kleinburg (*Borek*) war besonders bei den wohlhabenderen BreslauerInnen beliebt. Nachdem der Vater Rudolf Aufrichtig (1893–1978) als „Nicht-Arier" seine Position als leitender Mitarbeiter einer Schuhgroßhandelsfirma 1934 verloren hatte, musste die Familie ihren „Lebensstil an die neuen Umstände anpassen": Sie zog am 20. Juli 1937 in eine Vierzimmerwohnung in der Gabitzstraße 136 (*ul. Gajowicka*), davon musste sie zwei Zimmer untervermieten. Rudolf Aufrichtig arbeitete für verschiedene kleine Firmen, doch die letzte Anstellung endete – so schreibt Kenneth James Arkwright – „als das Geschäft im Zuge der Reichspogromnacht verwüstet wurde".[20] Mit anderen Breslauer Juden wurde er zum Autobahnbau nach Niedersachsen geschickt, arbeitete dann als Erzieher der älteren Jungen und als Hausmeister im jüdischen Waisenhaus in der Gräbschenerstraße 61–65 (*ul. Grabiszyńska*), das 1881 als „Israelitische Waisenverpflegungs-Anstalt" gegründet worden war. Am 5. Juli 1939 zog die Familie Aufrichtig ein:

> „Wir zogen in das Zimmer des Hausmeisters im Keller des Breslauer Kinderheims der ‚Reichsvereinigung der Juden in Deutschland'. Das kleine

18 Kenneth James Arkwright, Jenseits des Überlebens. Von Breslau nach Australien, hrsg. v. Katharina Friedla u. Uwe Neumärker, Berlin 2011.

19 Ebenda, S. 12.

20 Ebenda, S. 21.

> Zimmer lag im Souterrain neben dem Kesselraum und hatte kein Fenster, nur ein Oberlichtfenster, das etwas frische Luft und Tageslicht hereinließ. All unsere überflüssigen Sachen mussten wir verkaufen, um die Ausstattung von 15 Zimmern auf ein Zimmer zu reduzieren. […] Unter unserem Bett bewahrten wir einige Kartons mit unseren größten Schätzen auf, von denen zu trennen wir noch nicht bereit waren.“[21]

Die Räumung der großen Wohnung, in der die Familie mit drei Generationen 23 Jahre lang gewohnt hatte, war nicht einfach – diese Erfahrung machten viele und innerhalb „von ein bis zwei Tagen mussten manchmal ganze Lebenswerke […] geräumt, verkauft, untergestellt werden“.[22]

Die Mutter, Frieda Aufrichtig, geb. Schneider (1904–1989), die 1928 zum Judentum übergetreten war, arbeitete als Hauswartin, Küchenleiterin und Haushälterin ebenfalls im Waisenhaus. Klaus Aufrichtig konnte mit den jüdischen Heimkindern, die oft aus kleineren Orten Schlesiens stammten, spielen und behielt diese Zeit in guter Erinnerung:

> „Im Juli 1939 wurde das jüdische Waisenhaus in ein Kinderheim umgewandelt […]. Es war ein glückliches Zuhause für über hundert Jungen und Mädchen, mich eingeschlossen […]. Ich schlief in unserem kleinen Zimmer, doch den Rest der Zeit verbrachte ich mit den anderen Kindern. Wir waren wie eine große, glückliche Familie.“[23]

Das in der Pogromnacht 1938 von der Gestapo versiegelte Jüdische Museum im ersten Stock und die Synagoge im Haus wurden Ende 1939 geöffnet, alle wertvollen Gegenstände beschlagnahmt. Die kleine Synagoge durfte nun freitags wieder genutzt werden und bot Klaus Aufrichtig die Möglichkeit, seinen Glauben zu praktizieren: „Ich war an der Reihe, den Freitagsgottesdienst zu leiten. Es war eine besondere Erfahrung, eine wunderschöne Synagoge erneut einzuweihen – an einem Ort und zu einer Zeit, da die Schließung und Verwüstung von Synagogen alltäglich war.“[24] Eine weitere Erfahrung war hier noch möglich, als Klaus Aufrichtig 1940 zum 11. Geburtstag einen Goldfisch ge-

21 Arkwright, Jenseits des Überlebens, S. 37–38.

22 Karla Wolff, Ich blieb zurück. Erinnerungen aus Breslau und Israel, hrsg. u. mit einem Nachwort versehen v. Ingo Loose, mit einem Geleitwort v. Uwe Neumärker, Berlin 2012, S. 55.

23 Arkwright, Jenseits des Überlebens, S. 38.

24 Ebenda, S. 39.

schenkt bekam: „Er teilte mit uns das bereits überfüllte Zimmer, aber sich um ihn zu kümmern, bot mir die Möglichkeit, eine der einfachen Freuden des Lebens zu genießen.“[25]

Nachdem das Waisenhaus am 8. September 1940 von der Gestapo geräumt worden war,[26] brachte die Jüdische Gemeinde die Familie in der „Villa des jüdischen Architekten Paul Ehrlich[27] [...] unter. Das Haus [in der Kurfürstenstraße 25 (*ul. Racławicka*)] war prachtvoll, aber völlig ungeeignet für so viele Personen. Wir schliefen alle auf dem Boden [...].“[28] Ab März 1941 war dieses Haus auf der Liste der „Judenhäuser“ verzeichnet, ebenso wie das Gebäude der „Gesellschaft der Freunde“ in der Neuen Graupenstraße 3–4 (*ul. Sądowa*), in dem die Familie am nächsten Tag einquartiert wurde: „Dort schliefen wir im Tanzsaal in Doppelstockbetten, die mit Strohsäcken ausgelegt waren.“[29] Auch diese Unterbringung war nicht tragbar und so kam die Familie vom 4. Oktober bis zum 4. November 1940 in das „große Jüdische Altersheim in der Kirschallee“ [81] (*al. Wiśniowa).* Das Altersheim war zum 1. November 1940 geräumt worden, um darin die „Volksdeutsche Mittelstelle“[30] unterzubringen.[31] „Als dieses Gebäude auch enteignet wurde, mussten wir weiterziehen“, schrieb Arkwright in seinen Memoiren. Die nächste Station war „eine Zweizimmerwohnung in einem ‚Judenhaus‘ in der Kopischstraße 65 [*ul. Stalowa*]“[32]. Die kleine Wohnung teilte sich Familie Aufrichtig mit den Korngrüns und ihrem

25 Am 15. 5. 1942 wurde es Juden und Jüdinnen verboten, Haustiere zu halten.

26 Vgl.: MV 62, 1997, S. 8. Hier nennt Klaus Aufrichtig den 10. 9. 1940 als Tag der Räumung.

27 Das Haus wurde schon am 15. 3. 1941 vom Luftgaukommando requiriert. APW Sign. 82/172/0/1.14/9976.

28 Arkwright, Jenseits des Überlebens, S. 42.

29 Laut Angaben in MV 62, 1997, S. 9, wohnte die Familie dort von 11. 9. – 3. 10. 1940. Die „Gesellschaft der Freunde“ war 1821 als „Verein toleranter weltoffener liberaler Bürger“ zum Zweck der „Wohlfahrt für ihre Mitglieder und deren Hinterbliebene sowie zur sittlichen und kulturellen Erbauung“ gegründet worden. 1877 wurde ihr repräsentativer Sitz im Stil der Neorenaissance in der Neuen Graupenstraße eröffnet. Als Ort gepflegter Geselligkeit, von Bildungs- und Kulturprogrammen stand es allen BürgerInnen offen. 1930/31 hatte die Gesellschaft 532 aktive Mitglieder. In der nationalsozialistischen Zeit diente es als jüdisches Kulturzentrum, in dem der „Kulturbund deutscher Juden“ Veranstaltungen durchführte. Zunehmend übernahm das Haus Funktionen anderer Einrichtungen (als Schulraum, Waisenhaus, Altersheim, Wohnung, Betsaal, Sammelstelle).

30 Die Volksdeutsche Mittelstelle war für die außerhalb des Deutschen Reiches lebenden „Volksdeutschen“ zuständig, vor allem für ihre Umsiedlung in annektierte Gebiete im Osten.

31 Roland B. Müller, Auf den Spuren der Breslauer Synagogengemeinde bis zur Shoah. Fakten – Personen – Geschichten, Leipzig 2018, S. 77.

32 Unter den Stiftungen mit „billigen Wohnungen in Breslau“ wird die Kopischstraße 65 als Haus der Stahl-Stiftung genannt. Vgl.: MV 73, 2002, S. 20.

Sohn. Die Familien kannten sich schon lange, da sie zuvor bereits in der Nachbarschaft gewohnt hatten.[33] Familie Aufrichtig lebte hier bis zum Sommer 1942 in einem Zimmer. Das Haus war im Besitz der Jüdischen Gemeinde und wurde im März 1941 zum „Judenhaus" deklariert. Im November 1941 wurde die Familie Korngrün[34] frühmorgens von der Gestapo abgeholt, ihr Zimmer versiegelt: „Von Frau Korngrün wurde erwartet, dass sie sich im Beisein der Gestapomänner ankleidete, doch sie hatte noch den Mut, sie für einige Minuten aus dem Zimmer zu werfen."[35] Klaus Aufrichtig half der Familie und begleitete sie zum Schießwerder-Sammelplatz, wo sie mit dem ersten Transport von Breslauer Juden und Jüdinnen Breslau am 25. November verließ, nach Kaunas deportiert und dort am 29. November 1941 ermordet wurde.

Ehemaliges „Judenhaus" in der Kopischstraße 65 (heute *ul. Stalowa*), Aufnahme 2018. Das Haus wurde in dieser Funktion bis maximal 1943 genutzt.

Maria Luft

33 Arkwright, Jenseits des Überlebens, S. 44.

34 Leopold Korngrün, geb. 20. 8. 1885 Wien, Charlotte Fanny Korngrün, geb. Weinberg, geb. 12. 2. 1897 Breslau, und Heinz-Otto Korngrün, geb. 15. 9. 1930 Breslau.

35 Arkwright, Jenseits des Überlebens, S. 45.

„Unvergesslich" war für Aufrichtig auch der 19. September 1941, „der erste Tag, an dem wir den Stern getragen haben. Wir wohnten in der Kopischstrasse. Das war noch sehr elegant im Vergleich zu den meisten jüdischen Familien, die schon in der Sonnen-, Zimmer, Wall-, Alsen- und Antonienstrasse wohnten. Aber wir mussten bis zur Wallstrasse zum Gottesdienst laufen. Das war ein weiter Weg. Nicht zu weit zu laufen, aber sehr lang, um angepöbelt zu werden."[36]

Auf die Kennzeichnung der einzelnen Personen folgte im Frühjahr 1942 als nächster Schritt die Kennzeichnung der „Judenhäuser" mit einem weißen Stern aus Papier oder Pappe – so wurden auch die von Juden und Jüdinnen bewohnten Häuser und Wohnungen im städtischen Raum als nicht dazu gehörend und schutzlos markiert.

Am 10. Juni 1942 musste Familie Aufrichtig die Wohnung in der Kopischstraße „wie üblich" innerhalb von 48 Stunden räumen. Dies brachte eine „gewisse Erleichterung", schrieb Kenneth James Arkwright später –, denn „wir kamen nicht umhin, [...], andauernd auf die versiegelte Tür zu sehen und zu überlegen, was aus ihnen [den Korngrüns] geworden war. Die Kochtöpfe, Teller und Löffel, die sie in der Küche zurücklassen mussten, behandelten wir mit großem Respekt, als ob dies die Gewalt, die den Korngrüns zuteil wurde, wiedergutmachen konnte."[37]

Familie Aufrichtig wurde nun in eine Fünf-Zimmer-Wohnung in das „Judenhaus" in der Zimmerstraße 5/7 (*ul. Lelewela*) zwangsumgesiedelt. In jedem Zimmer war eine jüdische Familie untergebracht, „alle teilten sich die kleine Küche und das Bad". Trotz der noch größeren Enge bot die neue Wohnung eine Chance für Klaus Aufrichtig: Einer der Nachbarn, Herr Armer, durfte in einem der Zimmer eine kleine Schlosserwerkstatt betreiben, „um Metallarbeiten für die verbliebenen Juden zu erledigen". Er nahm Klaus mit in seine Werkstatt und lehrte ihn wie einen Lehrling, Schlösser und Schlüssel herzustellen und zu schweißen. Sein Vater dagegen unterrichtete ihn abends „in Latein, Griechisch, Geschichte, Französisch und vielem mehr". In seiner freien Zeit fand Klaus Aufrichtig „Zuflucht in der Musik. Ich hatte schon seit einigen Jahren Geigenunterricht bei dem einstmals zweiten Konzertmeister des Breslauer Opernhauses und der schlesischen Philharmonie, Siegfried Rosenthal, der in privilegierter Mischehe lebte. Er wohnte uns geradeueber in der Zimmerstrasse und wie gewöhnlich ging ich am Abend zu meiner Stunde."[38]

36 Klaus Aufrichtig, Das letzte Gebet, in: MV 32, 1972, S. 15.
37 Arkwright, Jenseits des Überlebens, S. 46.
38 Klaus Aufrichtig-Arkwright, Auf Nimmerwiedersehen, in: MV 64, 1998, S. 3.

Eine Musikstunde wurde durch den Besuch der ehemaligen zweiten Geigerin der schlesischen Philharmonie, Elfriede Breslauer, unterbrochen. Sie hatte eine Vorladung in den Freundesaal bekommen, wo sie sich am nächsten Morgen zur Deportation melden sollte – der Unterricht war beendet.

Im Sommer 1943 kam ein „Offizier der Breslauer Gestapo, Herr Marsch, [...] zu uns in die Zimmerstraße und nahm eine Inspektion der Räume aller fünf dort wohnenden Familien vor. Im Zimmer von Jacob Cohen entdeckte er einen wunderschönen Perserteppich, der als Erinnerung an bessere Zeiten diente."[39]

Herbert Marsch teilte daraufhin Jacob Cohen den Räumungsbefehl mit und bemerkte, der Perserteppich gefiele ihm. Als Cohen ihm den Teppich anbot, durfte die Familie einen Monat länger bleiben und der nächste Aufenthaltsort wurde als „ziemlich bequem" angekündigt. Tatsächlich durften die Familien noch einen Monat in der Zimmerstraße bleiben. Gemeinsam mit Familie Cohen zog die Familie Aufrichtig am 25. August 1943 in eine Dreizimmerwohnung in der Wallstraße 31 (*ul. Włodkowica*).[40] Familie Aufrichtig bekam das Zimmer zum kleinen, dunklen Hinterhof. Klaus Aufrichtig musste nun Zwangsarbeit in der Chemiefabrik Carl Boeger & Co in der Alsenstraße leisten, sein Vater war Zwangsarbeiter in der Papierfabrik in Sacrau (*Zakrzów*) und seine Mutter musste nachts die Breslauer Straßenbahnwaggons reinigen.[41]

Auch in dieser Zeit wurde – trotz Versammlungsverbots seit 1944 – der wöchentliche Sabbatgottesdienst heimlich im Zimmer des Schreiners Korotowski[42] im „Judenhaus" in der Fischergasse 14 (*ul. Rybacka*) fortgesetzt, „das zugleich Küche, Schlaf- und Wohnzimmer war. [...] Gebete wurden nicht gesungen, sondern geflüstert, damit keiner sie im Treppenhaus hören konnte. Einer hielt immer Wache im Flur."[43] Das jüdische religiöse Leben war legal nicht mehr möglich, wurde aber im „Judenhaus" trotzdem praktiziert. So wurde das „Judenhaus" hier nicht nur per Zwangseinweisung jüdischer Bewohnerinnen und Bewohner zu einem dezidiert jüdischen Raum, sondern auch durch das Aufrechterhalten jüdischer Traditionen im Alltag und durch das gemeinsame Gebet von verbliebenen Gemeindemitgliedern.

39 Arkwright, Jenseits des Überlebens, S. 61–62.

40 Vgl. APW Sign. 82/28/0/101/1063.

41 Klaus Aufrichtig-Arkwright, Unvergessene Junge Freunde, in: MV 62, 1997, S. 9.

42 Laut Breslauer Adressbuch von 1941 ist der Name „Korytowski". Vgl. auch: Aufrichtig, Das letzte Gebet, S. 15. Hier schreibt Klaus Aufrichtig auch über das weitere Schicksal des Tischlers, der dem Arbeitslager entkam, nach Breslau zurückging, aber außerhalb der Stadt mit einigen anderen zurückgekehrten Juden erschossen worden sein soll.

43 Arkwright, Jenseits des Überlebens, S. 63.

Im September 1944 wurde Klaus Aufrichtig zur Zwangsarbeit ins Lager Kurzbach-Grünthal gebracht, wo er auf seinen bereits zuvor deportierten Vater traf. Seine Mutter verblieb in der Wallstraße 31. Klaus Aufrichtig konnte während des Todesmarschs 1944 fliehen und gelangte nach Bayern. Er kehrte nach Breslau zurück und wohnte bis zum 9. September 1945 wieder in der Wallstraße 31. Er lebt heute in Australien.

Ehemaliges „Judenhaus“ in der Wallstraße 31 (heute *ul. Włodkowica*), Aufnahme 2018. Das Haus wurde in dieser Funktion bis Kriegsende genutzt. Frieda Aufrichtig wohnte dort noch, als ihr Sohn Klaus nach Kriegsende nach Breslau zurückkehrte.

Maria Luft

Zwischenresümee: Erzwungene Wohnungswechsel

Von Sommer 1939 bis Kriegsende lebte die dreiköpfige Familie Aufrichtig in nur einem Zimmer (kurzzeitig auch in Massenunterkünften) bei sich verschlechternden Bedingungen und einer immer höheren Anzahl von BewohnerInnen pro Wohnung. Der Weg führte die Familie von einer „besseren“ Wohngegend über verschiedene Zwischenstationen in Arbeitervierteln bis zu den Häusern in der direkten Umgebung der Synagogengemeinde in der Wallstraße. Er kann als typisch für die Verdrängung aus dem Breslauer Stadtraum gelten.

Die von Arkwright geschilderten Erfahrungen machen die Bedeutung des Verlusts der eigenen Wohnung als einem besonders geschützten Raum deutlich. Die zwangsweisen Wohnungswechsel bedeuteten Entwurzelung, Ortlosigkeit, Verunsicherung. Sie hatten Einschränkungen und Fremdheit zur Folge, den Verlust von vertrauter Umgebung, persönlichen Gegenständen, und damit verbunden auch von Identität. Zugleich aber verdichtete sich die Raumerfahrung („alles in einem Zimmer", „vollgestopft") immer mehr und auch fremde Personen mussten auf engem Raum zusammenleben. Um möglichst viel Normalität aufrechtzuerhalten, musste das Zimmer zunehmend multifunktional genutzt werden, nicht nur als Schlaf- und Wohnraum, sondern auch als Werkstatt oder Lernort, Schul- und Gebetsraum. Außergewöhnliche Ausstattungen von Räumen in manchen „Judenhäusern" – etwa mit einem Flügel oder als Werkstatt – wurden für Musikunterricht und eine berufliche Ausbildung genutzt. Auch wenn die „Judenhäuser" zwangsbestimmt waren, wurden sie dennoch von den Bewohnerinnen und Bewohnern als Orte des jüdischen Alltagslebens und religiöser jüdischer Praxis genutzt.

Mit der räumlichen Einengung verbunden war außerdem eine Einschränkung und Begrenzung des Bewegungsradius und ganz allgemein der Freiheit, da externe Räume so gut wie nicht mehr genutzt werden durften. Die Zwangssituation war zudem verbunden mit einer „Zwangskommunikation" mit den anderen BewohnerInnen der Wohnung, mit einem Verlust an Privatheit. Sie bedeutete den Verlust der Wohnung als Rückzugs- und Schutzort. Ganz im Gegenteil wurden Wohnungen auch zu Orten der Überwachung, der Gefahr, der Gewalt und Willkür oder der Verhaftung.

Deutlich wird hier auch, dass Arkwright sehr jung war, als er diese Erfahrungen machte und in seinen Erinnerungen die Perspektive eines Kindes bzw. Jugendlichen bestimmend ist. Ein (leider nicht vorhandener) Bericht aus dem Blickwinkel eines Erwachsenen hätte vermutlich andere und deutlich negativere Erfahrungen mit der Zwangssituation in den Vordergrund gestellt – etwa den Vergleich zum vorherigen selbstbestimmten Leben, Anpassungsschwierigkeiten, Konflikte, Verlusterlebnisse und Existenzängste.

Nicht zuletzt bleibt zu berücksichtigen, dass die Familie durch die „arische" Herkunft von Frieda Aufrichtig geschützt war. Die Aufrichtigs gehörten zu den letzten verbliebenen „Mischehen", die das Kriegsende in Breslau erlebten.

Stiftungshäuser als „Judenhäuser“

Im Folgenden sollen einzelne Beispiele der Breslauer „Judenhäuser“-Liste näher vorgestellt und die dortigen Lebensbedingungen näher betrachtet werden. In Breslau gab es eine Reihe von Stiftungshäusern, die günstigen Wohnraum für sozial schwache (nicht nur jüdische) MieterInnen zur Verfügung stellten. Zum Teil bekamen die BewohnerInnen Mietbeihilfen oder durften sogar mietfrei wohnen.

Zufluchtshaus Friedrich-Wilhelm-Straße 25 (ul. Legnicka)

Im Zufluchtshaus der Commerzienrat Fränkel'schen Stiftung in der Friedrich-Wilhelm-Straße 25 (später: Willmannstraße 1/3, *ul. Legnicka/ul. Szczepańska*) wurde noch 1904 die Synagoge mit einer Empore im ersten Stock erweitert. Die finanzielle Lage der Stiftung entwickelte sich nicht gut, dennoch wurde das Haus 1939 – vermutlich aufgrund der allgemeinen prekären Wohnungssituation – umgebaut. Dafür wurde die Synagoge aufgegeben, an ihrer Stelle bauten die Architekten-Brüder Paul und Richard Ehrlich acht Kleinwohnungen im Erd- und Obergeschoss ein. Ende 1939/Anfang 1940 waren die Stiftungswohnungen trotz Mangels an Brennmaterial soweit fertiggestellt, dass die Suche nach künftigen Bewohnerinnen und Bewohnern beginnen konnte. Vorgesehen waren je vier Parteien und ein Badezimmer im Erd- und im Obergeschoss sowie eine Hausmeisterwohnung im Dachgeschoss. Im ersten Stock hatte auch der Arzt des Zufluchtshauses, Dr. Hans Fraenkel, einen Raum. Jede Person sollte 1.500 Reichsmark einzahlen, um den Bau zu finanzieren, konnte dann aber „freie Wohnung, Beheizung, Beleuchtung, Bedienung und freie ärztliche Betreuung“ genießen.[44] Besonders berücksichtigt werden sollten Personen, deren bisherige Wohnung gekündigt worden war. Die zwischen 13 und 20 Quadratmeter großen Zimmer wurden zum Teil mit zwei Personen belegt. Die meisten BewohnerInnen waren ältere Menschen.

Die Schwestern Emma Roth (geb. 1879) und Flora Tichauer (geb. 1880), die ihre Wohnungen im Wohnheim der bereits „arisierten“ Hille'schen Stiftung zwangsweise verlassen mussten, gehörten am 28. Februar 1940 zu den ersten Bewohnerinnen des umgebauten Hauses.[45] Seit September 1939 hatte es langwierige Verhandlungen mit der Stiftung um ihren Einzug gegeben, da sie nicht

44 AŻIH 105/1160, S. 4.
45 Ebenda, S. 468.

in der Lage waren, die für zwei Personen geforderten 3.000 Reichsmark aufzubringen. Schließlich übernahm die Gemeinde – nach Zusicherung strengster Diskretion – für die Schwestern als entfernte Verwandte des verstorbenen Vorsitzenden des Gemeindevorstands und Wohltäters der Gemeinde, Lippmann Bloch, den Fehlbetrag. Die Schwestern bewohnten Zimmer 6 (12,8 qm) und 7 (13,8 qm) im Obergeschoss. Im Jahr 1941 kam das Haus auf der Liste der Breslauer „Judenhäuser". Der Aufenthalt der Schwestern endete im Oktober 1941, als beide Frauen im Rahmen der „Juden-Wohnaktion" ins Sammellager Grüssau gebracht wurden, ebenso wie ihre Nachbarin Minna Brill (geb. 1876) aus Zimmer Nr. 5 im Obergeschoss des Zufluchtshauses. In Grüssau trennten sich die Wege der drei Nachbarinnen, die – jeweils ein letztes Mal via Breslau – nach Izbica (Emma Roth), in den Distrikt Lublin (Flora Tichauer) und nach Theresienstadt (Minna Brill am 27. Juli 1942, am 23. September 1942 weiter in das Vernichtungslager Treblinka) deportiert wurden.

Bei der IV. Deportationsaktion nach Theresienstadt am 26. Juli 1942 gehörten zu den Opfern unter den Bewohnerinnen und Bewohnern der Friedrich-Wilhelm-Straße 25 bzw. Willmannstraße 1–3 auch die vier anderen Personen, die als Erste in die neu gebauten Kleinwohnungen eingezogen waren. Sie kamen entweder in Theresienstadt oder nach weiterer Deportation in Treblinka bzw. Auschwitz ums Leben (die achte Bewohnerin aus dem Kreis der „Neuen" verstarb im Januar 1942 in Breslau). Das Beispiel zeigt, dass die „Judenhäuser" gezielt zur Konzentration der jüdischen Bevölkerung und zur Vorbereitung der Deportationen eingesetzt wurden.

Sonnenstraße 19–21 (ul. Iwana Pawłowa)

Die Häuser in der Sonnenstraße 19–21 gehörten der Kommerzienrat Adolf und Mathilde Sternberg-Stiftung. Sie waren in den 1870er Jahren gebaut worden und bestanden jeweils aus Vorder- und Hinterhaus sowie einem Seitenhaus (Nr. 21). Zusammen mit dem Haus Nr. 17 bildeten sie eine große geschlossene Anlage mit Innenhof. Im März 1941 befanden sich die Häuser Sonnenstraße 19 und 21 auf der Liste der „Judenhäuser".

Die IX. Deportation vom Juni 1943 nach Theresienstadt bedeutete das Ende des sozialen Lebens der Gemeinde,[46] zurück blieben nur noch einige

46 Alfred Konieczny, Deportacje dolnośląskich Żydów do obozu-getta Theresienstadt w latach 1942–1944, in: Studia nad Faszyzmem i Zbrodniami Hitlerowskimi XXVIII, Wrocław 2005, S. 493–525, hier 515.

hundert Juden und Jüdinnen – vor allem in „Mischehen" und „Mischlinge". Für sie wurden die beiden Häuser in der Sonnenstraße bestimmt. Wolfgang Nossen (1931–2019) berichtete, dass seine Familie 1943 ihre Wohnung in der Bohrauer Straße 24 räumen musste und „in ein Stadtghetto" eingewiesen wurde[47] – er meinte damit das Hinterhaus der Sonnenstraße 21. Im 1. Stock hatte die siebenköpfige Familie zwei Zimmer mit Küche und Kabinett:

> „Die Hausnummern 19 und 21 waren jüdischer Besitz und umfassten jeweils Vorder-, Seiten- und Hinterhaus mit fünf Etagen, also eine Menge Unterkunftsmöglichkeiten. Über dem Eingangstor prangten zwei Reliefs in Form des Davidsterns, dazwischen der Name der jüdischen Stiftung. Für uns war das wie Ghetto, jeder wusste und sprach von den Judenhäusern."[48]

Die Bezeichnung „Ghetto", wie sie Wolfgang Nossen in Interviews immer wieder gebraucht hat, entspringt auch dieser räumlichen Erfahrung in der Sonnenstraße – die geschlossene Anlage der Gebäude verstärkte diese Empfindung, die beabsichtigte Konzentration und Isolierung der noch verbliebenen Jüdinnen und Juden in wenigen Häusern verstärkte vor allem für die Betroffenen selbst den Eindruck zunehmender Ghettoisierung. Über das Leben in der Sonnenstraße 21 berichtete Nossen, dass „Gestapobesuche [...] gang und gäbe [waren], sie verursachten reichlich Unbehagen bis Angst, denn es kam auch immer wieder zu Verhaftungen ohne Wiederkehr, d. h. Lagereinweisung, besonders 1944".[49] Nossen betonte auch: „Alle Bewohner dieser ‚Judenhäuser' waren sog. Mischehen."[50] Sein Vater war Jude, seine Mutter konvertierte vor der Hochzeit zum Judentum.[51] Der Vater war Metzger – wie alle Männer der Familie Nossen – und verlor bereits mit dem Schächtverbot vom 21. April 1933

47 Kerstin Möhring, Wolfgang Nossen im Interview, in: Der Mann, der Tacheles redet: Wolfgang Nossen, Leipzig 2014, S. 13. Vergleichbar ist dies mit der Situation in Wien: Michaela Raggam-Blesch beschreibt, dass hier der 2. Bezirk wegen der hohen Konzentration an „Sammelwohnungen" und der damit verbundenen Beschränkungen von jüdischen Überlebenden häufig als „Ghetto" bezeichnet wurde. Vgl.: Michaela Raggam-Blesch, Sammelwohnungen, S. 93–94.

48 E-Mail von Wolfgang Nossen an die Verfasserin, 27. 2. 2017.

49 Ebenda. Bei der X. Deportation am 8. 1. 1944 wurden sechs BewohnerInnen des Hauses Sonnenstraße 21 und eine Person aus Haus Nr. 19 deportiert (von 74 Personen des Transports).

50 E-Mail von Wolfgang Nossen an die Verfasserin, 27. 2. 2017.

51 Auf Anraten des evangelischen Pfarrers von St. Salvator in Breslau, Dr. Heinrich Benckert (1907–1968), Mitglied der Bekennenden Kirche, trat sie 1939 wieder in die evangelische Kirche ein, um ihre Kinder zu schützen. Nach dem Krieg wechselte sie wieder in die jüdische Gemeinde. Vgl. Möhring, Wolfgang Nossen im Interview, S. 39.

seine Arbeit. Er wurde bis 1938 u. a. zum Autobahnbau und in der Zuckerfabrik Klettendorf eingesetzt, am 9. November 1938 verhaftet und in das KZ Buchenwald gebracht (bis März 1939). Wolfgang Nossen erinnert sich, dass sein Vater „im Frühjahr 1944 aus dem Ghetto heraus wieder verhaftet“[52] wurde (gemeint ist wieder das „Judenhaus“ in der Sonnenstraße) und in das Außenlager Kurzbach-Grünthal des KZ Groß-Rosen kam. Nossen musste ab März 1944 Zwangsarbeit leisten und lebte mit seiner Mutter und vier Schwestern bis Februar 1945 in der Sonnenstraße 21. Die Familie konnte nach einem Bombenangriff russischer Bomber untertauchen und lebte bis zur Ausreise nach Erfurt am 12. September 1945 in verschiedenen Wohnungen im Stadtgebiet.

Endstation Wallstraße (ul. Włodkowica)

Die Wallstraße mit der Synagoge Zum Weißen Storch und dem Jüdisch-Theologischen Seminar war spätestens seit dem 19. Jahrhundert das Zentrum des jüdischen Breslau. Verschiedenste jüdische Einrichtungen und Häuser befanden sich in ihrer unmittelbaren Nähe. 1941 standen etliche dieser Häuser

Synagoge Zum Weißen Storch 2016

Maria Luft

52 Möhring, Wolfgang Nossen im Interview, S. 20.

der Gemeinde, des Jüdisch-Theologischen Seminars, der Fraenckel'schen und der Caro-Stiftung auf der Liste der „Judenhäuser“. Das Jüdisch-Theologische Seminar (Wallstraße 14) wurde umgebaut, um mehr Menschen Wohnraum bieten zu können – hier wohnten viele ältere Menschen, auch Rabbiner Dr. Reinhold Lewin (1888–März 1943 Auschwitz) und seine Familie, sowie am Schluss „Mischehen“, wie Karla Wolff berichtete.[53] Die Konzentration jüdischer Einrichtungen aus dem Stadtgebiet in der Wallstraße reduzierte den jüdischen Raum in Breslau auf einige wenige Grundstücke in einer Straße, die in der Folge noch stärker als zuvor multifunktional genutzt werden mussten. Die Wallstraße wurde 1945 zur Anlaufstelle der ersten zurückkehrenden deutschen und der zuziehenden polnischen Jüdinnen und Juden, die hier einen Neuanfang des jüdischen Lebens im nun polnischen *Wrocław* versuchten.

Fazit: Leben in den Breslauer Stiftungshäusern

In Stiftungshäusern fanden viele – vor allem ältere – Breslauer Juden und Jüdinnen Zuflucht, wenn ihre Wohnungen aufgrund des „Gesetzes über Mietverhältnisse mit Juden“ gekündigt worden waren. Die Situation war geprägt von finanziellen Schwierigkeiten, von physischer Schwäche und Überforderung durch häufige Umzüge[54], von allgemeiner Unsicherheit (und insbesondere ungewissen Aussichten auf Emigration), von großer räumlicher Enge und Zwangssituationen im Zusammenleben mit fremden Personen. Die Stiftungshäuser wurden auch genutzt, um zwischen „Volljuden“ und „Mischehen“ bzw. „Mischlingen“ zu unterscheiden. Nach den Deportationen aller „Volljuden“ blieben schließlich nur noch Familien der letzten Gruppe übrig, die in einigen wenigen „Judenhäusern“ in der Sonnen-, Zimmer- und Wallstraße lebten.

Zu den bereits erwähnten physischen und psychischen Belastungen kam für die Bewohnerinnen und Bewohner von „Judenhäusern“ die Angst vor erneuten Zwangsumzügen, vor Willkür und Gewalt seitens der Gestapo in den Häusern und auch vor Deportationen hinzu. Die „Judenhäuser“ dienten der Gestapo nicht nur zur Überwachung ihrer jüdischen Bewohnerinnen und Bewohner, sondern auch zu deren Konzentration an klar definierten Orten vor der

53 Wolff, Ich blieb zurück, S. 83.

54 Kenneth James Arkwright berichtete etwa von seiner Tante Meta Bernstein (1871–1942 Theresienstadt), dass sie eine Zeit lang „von einem Altersheim ins nächste ziehen“ musste und letztendlich „in einem der wenigen übriggebliebenen Räume der Jüdischen Gemeinde“ unterkam. Vgl. Arkwright, Jenseits des Überlebens, S. 52–53.

Deportation. Etliche Menschen sahen keinen Ausweg aus dieser Situation und wählten den Freitod, wenn sie eine Aufforderung erhalten hatten, sich an einer Sammelstelle einzufinden.[55] Arkwright erinnerte sich an ein solches Ereignis in einem jüdischen Wohnheim:

> „Jeden Tag besuchte ich den einstigen Chorleiter in der Neuen Synagoge, Herrn Benjamin Pulvermacher, und seine Frau, eine bekannte Konzertpianistin. Sie waren ein liebenswertes altes Paar. Ihr kleines Zimmer war voller Fotos, Auszeichnungen und Trophäen aus den Glanzzeiten ihrer Karrieren. [...] Als ich am nächsten Tag mit dem Essen kam, stand ihre Tür weit offen. Nachbarn räumten die wertvollen Andenken weg und warfen sie in den Müll. Als sie mich sahen, waren sie überrascht, dass niemand mir gesagt hatte, dass die Pulvermachers sich umgebracht hatten – am Abend zuvor hatten sie das Gas in ihrem Zimmer aufgedreht. All das geschah am 26. August 1942."[56]

Bei Arkwright findet sich aber auch der Hinweis auf eine positive Wirkung „der häufigen Umzüge und des engen Zusammenlebens während der Verfolgung", die viele Menschen zusammenschweißten und „besondere Freundschaften von Dauer" entstehen ließen.[57] „Die Frage des Tages war Mensch zu bleiben und Hoffnung zu geben in dieser Zeit", schrieb er 1972.[58]

An der Schwelle zur Deportation. Zur Bedeutung der „Judenhäuser" in der Shoah

Das Leben in den „Judenhäusern" war kein „normales" Wohnen, sondern Teil des Verfolgungsgeschehens. Für viele Breslauer Jüdinnen und Juden war die Zwangsunterkunft in einem der „Judenhäuser" ihre letzte Adresse in Breslau vor der Deportation. Auswege aus einem Leben im „Judenhaus" gab es nicht, abgesehen von (Frei-)Tod, riskantem Untertauchen oder (wenig Erfolg versprechender) Flucht.

55 Vgl. Daniel Bogacz, Samobójstwa Niemieckich Żydów we Wrocławiu. Ze Studiów nad Zagładą Żydów w Okresie „Ostatecznego Rozwiązania" Kwestii Żydowskiej (1941–1944), Studia nad Faszyzmem i Zbrodniami Hitlerowskimi XIII, Wrocław 1996, S. 235–264.

56 Arkwright, Jenseits des Überlebens, S. 55–56. Die V. Breslauer Deportation ging am 30. 8. 1942 nach Theresienstadt.

57 Ebenda, S. 51.

58 Aufrichtig, Das letzte Gebet, S. 15.

Im Gesamtzusammenhang der Shoah lässt sich diese Situation auch als „Schwellensituation“ im Sinne des Ethnologen und Kulturwissenschaftlers Victor W. Turner[59] beschreiben – das „Judenhaus“ als Ort „dazwischen“ („in between“), als liminale Situation, als Leben im Zwischenzustand: Breslauer Juden und Jüdinnen werden nicht mehr als BewohnerInnen der Stadt akzeptiert, werden in der Folge von den übrigen „Volksgenossen“ und „Volksgenossinnen“ getrennt, nach und nach aus allen Bereichen des öffentlichen Lebens ausgeschlossen und dürfen nicht mehr im öffentlichen Raum präsent sein. Sie werden – wenn auch noch innerhalb des städtischen Raums – gesondert untergebracht in „Judenhäusern“, eigens definierten und ab April 1942 auch äußerlich mit einem weißen Stern gekennzeichneten Räumen ohne (oder mit stark eingeschränkter) Privatsphäre, um von dort deportiert zu werden. Sie sind zwar physisch noch in Breslau, sind aber nicht mehr integraler, aktiver Bestandteil der Stadt. Der vorgezeichnete Weg aus der Stadt hinaus ist unabänderlich, die Deportation nur noch eine Frage der Zeit. Räumlich stehen sie an der Schwelle zur Deportation in einer Art „Niemandsland“, sie sind aus der Wahrnehmung der Stadt bereits „ausgeblendet“.

Das Leben im „Judenhaus“ stellt demnach eine Übergangssituation dar. Victor W. Turner teilt Übergangsrituale – aufbauend auf Arnold van Genneps Drei-Phasen-Modell – in „Loslösung“ (*separation*), „Übergangs- oder Transformationsphase“ (*margin*/lat. *limen*) und „Eingliederung in den neuen Status“ (*aggregation*) ein.[60] So stellt er etwa fest, dass Menschen im Übergangszustand „für die Gesellschaft regelrecht als tot“ gelten, sie „sind von ihr abgetrennt“, müssen Demütigungen erdulden, ihr früherer Status wird zerstört, der neue Status vorbereitet, in „ihrer Nacktheit verdichten sich Hierarchielosigkeit und Egalität“.[61] Trifft diese Beschreibung der Perspektive der Gesellschaft auch auf die Schwellensituation im „Judenhaus“ zu, so würde dies dafür sprechen, dass die Mehrheit der Breslauer Stadtbevölkerung die „Judenhäuser“ tatsächlich als Orte des Übergangs und Vorstufe zum Verschwinden der Juden und Jüdinnen, zur Deportation wahrgenommen hat und ihre BewohnerInnen „als tot“ für die Gesellschaft galten.

59 Der Terminus der Liminalität stammt aus der Feldforschung des Ethnologen Victor W. Turner auf der Suche nach einer humanwissenschaftlichen Synthese und geht zurück auf Anregungen durch Arnold van Genneps Studie zu „Übergangsriten“ (von 1909, erst 1960 ins Englische übersetzt und von Turner ca. 1963 rezipiert).

60 Victor Turner, Betwixt and Between: The Liminal Period in *Rites de Passage,* in: The Forest of Symbols. Aspects of Ndembu Ritual, Ithaca, New York, 1967, S. 93–111, hier 94.

61 Peter J. Bräunlein, In betwixt and between: „Liminalität“ und „Communitas“, in: Zur Aktualität von Victor W. Turner. Einleitung in sein Werk, Wiesbaden 2012, S. 53.

Die Gemeinschaft des Schwellenzustands nannte Turner „Communitas" und ordnete ihr ebenfalls Gegensatzpaare (Vergleich des Schwellenzustands zur Situation der bisherigen Struktur) zu, zum Beispiel: Homogenität vs. Heterogenität, Totalität vs. Partialität, Gleichheit vs. Ungleichheit, Nacktheit oder uniforme Kleidung vs. Kleidungsunterschiede, Selbstlosigkeit vs. Selbstsucht, Demut vs. gerechter Stolz auf Position, Schweigen vs. Sprechen. Im „Judenhaus" ergibt sich diese Gemeinschaft nicht aus einer natürlichen Übergangssituation, die nach ihrem Ende modellgemäß[62] in einen neuen (besseren) Statuszustand mündet, sondern aus einer gewaltsamen, erzwungenen und demütigenden Situation, die nach ihrem Ende zur Auslöschung der Menschen führen soll. Umso unwahrscheinlicher scheint es hier, Mitleid, Solidarität und gegenseitige Unterstützung zu erwarten. Dass diese trotzdem in „Judenhäusern" praktiziert wurden, kann als ein Zeichen von menschlicher Stärke und Selbstbehauptung der jüdischen Bewohnerinnen und Bewohner gesehen werden. Auch Marion A. Kaplan schreibt, dass es in verschiedenen Städten des Deutschen Reichs gelang, in den „Judenhäusern" eine Gemeinschaft herzustellen:

> „Jews living there created a community of connection and concern, some even finding a new ‚extended family'. Holding on to their bourgeois values and way of life was a matter of integrity and identity, of resistance against ‚Aryan' dehumanization. Jews shared and bartered food with each other, consoled each other after the arrests of friends and family members, gave gifts and services."[63]

Turners Kategorien der „Liminalität" und „Communitas" können hier – wie in anderen kulturwissenschaftlichen Forschungsfeldern – auch für das Beispiel der „Judenhäuser" in Breslau angewendet werden. Sie tragen dazu bei, sowohl den liminalen Charakter der „Judenhäuser" als auch ihre Rolle in der Shoah besser zu verstehen. Ihren Bewohnerinnen und Bewohnern wurde eine Existenzform aufgezwungen, die mit Verfolgungserfahrungen innerhalb der letzten Wohnungen in der Stadt einherging und eine direkte Vorstufe zu ihrer Vernichtung darstellte. Stärker als bisher können „Judenhäuser" auch als damals gesellschaftlich akzeptierte Orte der Ausgrenzung verstanden werden.

62 Kritik wird immer wieder an Turners Weigerung geübt, die „dunklen" Seiten von Liminalität und Communitas zur Kenntnis zu nehmen, wie dies hier beim Beispiel der „Judenhäuser" der Fall ist. Vgl.: Peter J. Bräunlein, Zur Aktualität Victor Turners: Anregungen und Kritik, in: Zur Aktualität von Victor W. Turner, S. 152, 162.

63 Marion A. Kaplan, Between Dignity and Despair. Jewish Life in Nazi Germany, New York 1998, S. 155.

Maximilian Strnad

Ein vergessenes Kapitel: Die Ghettoisierung der Mischehen 1942–1945 im „Altreich“

Einleitung

Die Ghettoisierung der Jüdinnen und Juden wird in der NS-Forschung vor allem im Kontext der „Arisierung“, des Zwangsarbeitseinsatzes oder als Vorstufe zur Deportation wahrgenommen. Die damit verbundene Fokussierung auf die Jahre 1938 bis 1942[1] und die Reduzierung auf wirtschaftliche und vertreibungstechnische Aspekte vernachlässigt jedoch ihre Bedeutung als Instrument zur sozialen Isolierung und verstärkt das Narrativ, die Judenverfolgung im Deutschen Reich sei mit Ende der Massendeportationen weitgehend abgeschlossen gewesen.[2] Dadurch wird die spezifische Situation der in Mischehen lebenden Jüdinnen und Juden sowie ihrer Familienangehörigen vernachlässigt.[3]

Die daraus resultierende Lücke in der Forschung hat auch weitere Ursachen. Oft werden zur Lokalisierung von Judenhäusern und -wohnungen die Transportlisten der deportierten Jüdinnen und Juden verwendet.[4] Die Häufung von einzelnen Adressen auf diesen Listen ist ein wichtiger Indikator, doch lassen sich auf diese Weise die Dynamiken bei der Ghettoisierung zwischen den einzelnen Deportationswellen nicht abbilden. Zudem geraten erneut die in

1 Vgl. exemplarisch den Titel des Workshops „Persecution at Home: Eviction and Resettlement of Jews Within the City Space, 1938–1942“, doew.at/neues/doew-workshop-in-vienna-persecution-at-home-eviction-and-resettlement-of-jews-within-the-city-space-1938-1942 [alle Internetquellen zuletzt aufgerufen am 31. 10. 2021].

2 Siehe Arnold Paucker (Hrsg.), Die Juden im nationalsozialistischen Deutschland. The Jews in Nazi Germany 1933–1943, Tübingen 1986.

3 Dieser Aufsatz basiert auf Teilen meiner Dissertation: Maximilian Strnad, Privileg Mischehe? Handlungsräume „jüdisch versippter“ Familien 1933–1949, Göttingen 2021, insb. Kapitel III-3 (Ghettohäuser und Sammelunterkünfte, S. 164–184) sowie Kapitel IV-3 (Verschärfung der Konzentration, S. 258–262). Die in diesem Text verwendeten Begriffe Jüdin bzw. Jude sowie Mischehe beziehen sich auf die rassistischen Kategorien der Nürnberger Gesetze.

4 Vgl. ex. auch das Projekt zu den Judenhäusern in Düsseldorf: steffiveenstra.de/judenhaeuser.html.

Mischehen lebenden Jüdinnen und Juden aus dem Blick, da sie zum größten Teil nicht oder erst sehr spät deportiert wurden.[5]

Aus diesen Gründen hat die Forschung bislang weitgehend übersehen, dass nach einer ersten Phase der „wilden Wohnraumarisierungen" bis Ende 1938, der ab 1939 mit Gesetzen und Verordnungen systematisierten „Entmietung" und Unterbringung in Sammelwohnungen und Judenhäusern, der Radikalisierung dieses Prozesses im Vorfeld der Deportationen ab Mitte 1941 und der zunehmenden Unterbringung der Jüdinnen und Juden in Sammellagern und anderen Massenunterkünften, eine weitere Phase folgte, in der ab dem Frühjahr 1942 die zurückgebliebenen Mischehen räumlich zusammengefasst wurden.[6]

Diesem wenig bekannten Kapitel der Ghettoisierung von 1942 bis Kriegsende widmet sich der vorliegende Aufsatz. Geografischer Rahmen ist das sogenannte Altreich.[7] Im Zentrum der Untersuchung stehen gleichermaßen strukturelle Fragestellungen nach der Intention des Regimes bei der Ghettoisierung der Mischehen sowie die Auswirkungen dieser Politik auf die betroffenen Familien. Dabei zeigt sich, dass diese vierte Phase keineswegs statisch verlief, sondern die Nationalsozialisten mit fortschreitendem Kriegsverlauf ihr Vorgehen radikalisierten.

Die Situation der Mischehen bis 1942

Bereits vor Beginn der systematischen „Entmietungen" hatten auch viele Mischehepaare ihr Zuhause verloren, sei es, weil sie sich auf Grund ihrer finanziell zunehmend prekären Situation gezwungen sahen, in kleinere und günstigere Unterkünfte zu ziehen, oder weil die Eigentümerinnen und Eigen-

5 Besonders im Bereich der Digital Memory entstehen Projekte, die verstärkt auch auf zusätzliche Quellen setzen und in denen sich auch die Ghettoisierung der Mischehen nachvollziehen lässt, vgl. ex. memento.wien.

6 Zu den vier Phasen der Ghettoisierung im „Altreich" vgl. Strnad, Privileg Mischehe?, S. 165. Für die Zeit nach den Deportationen vgl. ex. für Wien Michaela Raggam-Blesch, Überleben nach den großen Deportationen. „Mischehefamilien" in Wien, in: Dieter Hecht / Michaela Raggam-Blesch / Heidemarie Uhl (Hrsg.), Letzte Orte vor der Deportation. Die Wiener Sammellager und die Deportationen 1941/42, Wien–Berlin 2020, S. 151–170.

7 Die verschiedenen Phasen lassen sich auch in Österreich erkennen, die Entwicklung weist jedoch einige signifikante Unterschiede auf, nicht nur weil die Ghettoisierung erst 1938 nach dem „Anschluss" begann, sondern auch weil hier Mischehen bereits vor 1942 in speziell für sie vorgesehene „Mischehehäuser" zusammengelegt wurden. Vgl. dazu den Beitrag von Michaela Raggam-Blesch in diesem Band.

tümer keine jüdischen Mieterinnen und Mieter duldeten und ihnen kündigten.[8] Aus demselben Grund war es Jüdinnen und Juden auch nur schwer möglich, eine neue Bleibe zu finden, häufig blieb allein die Möglichkeit, bei anderen Jüdinnen und Juden zur Untermiete zu wohnen. Betroffen waren insbesondere Familien jüdischer Männer, da sie als Haushaltsvorstände in der Regel die Mietverträge unterzeichnet hatten. Einige wenige Familien, die noch über ausreichend finanzielle Mittel verfügten oder diese mit Hilfe von nichtjüdischen Verwandten und Freunden aufbringen konnten, kauften sich in weiser Voraussicht ein – oftmals etwas abseits gelegenes – Eigenheim.[9] Es ging ihnen dabei nicht nur darum, das Risiko zu verringern, ihre Wohnung zu verlieren, sondern auch um den Bespitzelungen und Anfeindungen der Nachbarinnen und Nachbarn zu entgehen.[10] So half die ältere Schwester ihrer nichtjüdischen Mutter mit einem Teil ihres Vermögens aus, damit die Familie von Irene Alenfeld ein Haus in Berlin-Zehlendorf kaufen konnte, als im Herbst 1938 die Gemeinnützige Aktien-Gesellschaft für Angestellten-Heimstätten (Gagfah) der Familie Alenfeld ihre Wohnung in Berlin kündigte. Als zusätzliche Sicherheit wurde neben der Mutter auch deren Schwester als Miteigentümerin eingetragen, so dass die Behörden keine Zugriffsmöglichkeit auf die „arische Doppelhaushälfte“ hatten, wie Irene Alenfeld ihr neues Heim von nun an bezeichnete.[11]

Nach der „Kristallnacht“ führte die NS-Führung Ende 1938 Richtlinien für die Mischehen ein, die ihren Status neu definierten.[12] Jene, in denen der Mann nichtjüdisch war, blieben von der Ghettoisierung ebenso ausgenommen wie

8 Zur rassistisch motivierten Verdrängung von Jüdinnen und Juden aus den deutschen Hausgemeinschaften vgl. grundlegend Hannes Ludyga, Der Beitrag des Mietrechts zur Ghettoisierung der deutschen Juden in der Zeit des Nationalsozialismus, in: Journal der Juristischen Zeitgeschichte 1 (2008), S. 7–11; siehe auch Ulrike Haerendel, Kommunale Wohnungspolitik im Dritten Reich. Siedlungsideologie, Kleinhausbau und „Wohnraumarisierung“ am Beispiel Münchens, München 1999, S. 398; Gerhard Botz, Wohnungspolitik und Judendeportation in Wien 1938–1945, Wien 1975, S. 57–61.

9 Vgl. ex. Christian Kercher, Ausgestoßen aus der Gemeinschaft der Deutschen. Das Schicksal der Korntaler Familie Jacobi, Neustadt a. d. Aisch 2015, S. 24 f.

10 So etwa die Familie Degginger in Berlin, vgl. Marianne Degginger / Erhard R. Wiehn, Schwieriges Überleben. Ein Familienschicksal in Darmstadt, Heppenheim, Frankfurt, Berlin und Eibenstock 1857–1957, Konstanz 2008, S. 58.

11 Irène Alenfeld, Warum seid Ihr nicht ausgewandert? Überleben in Berlin 1933–1945, Berlin 2008, S. 120, 129 f. Diesem Beispiel folgten auch andere in Mischehen lebende Paare, vgl. ex. Karla Wolff / Ingo Loose / Uwe Neumärker, Ich blieb zurück. Erinnerungen an Breslau und Israel, Berlin 2012, S. 63.

12 Hier und im Folgenden: Schnellbrief Göring vom 28. 12. 1938, abgedruckt in: Paul Sauer, Dokumente über die Verfolgung der jüdischen Bürger in Baden-Württemberg durch das nationalsozialistische Regime 1933–1945, Stuttgart 1966, Bd. 2, S. 83 f.

Mischehen jüdischer Männer, in denen es Kinder gab, die nichtjüdisch erzogen worden waren und die als „Mischlinge“ galten. Die nichtjüdischen Familienmitglieder dieser sogenannten „privilegierten“ Mischehen – von denen die Männer zu diesem Zeitpunkt noch wehr- und reichsarbeitsdienstpflichtig waren – sollten in den Judenhäusern und Sammelunterkünften nicht unter jüdischen Einfluss geraten.

Nichtjüdische Frauen aus kinderlosen Mischehen hingegen mussten ab 1939 zusammen mit ihren Männern in Judenhäuser und -wohnungen ziehen. Auf sie übte der NS-Staat in besonderem Maße Druck aus, damit sie sich scheiden ließen. Das heute bekannteste ghettoisierte Mischehepaar waren wohl Victor und Eva Klemperer, die im Mai 1940 in das Judenhaus in der Caspar-David-Friedrich-Straße 15 in Dresden eingewiesen wurden. Victor Klemperers vor 25 Jahren erschienenen Tagebücher sind eine bedeutende Quelle für die Abläufe in Judenhäusern und die Interaktionen zwischen den Bewohnerinnen und Bewohnern.[13]

Mit den in Mischehen lebenden Ehefrauen kamen auch nichtjüdische Personen in die ausschließlich den Jüdinnen und Juden vorbehaltenen Räume. Im Gegensatz zu ihren jüdischen Mitbewohnerinnen und -bewohnern hatten sie Zugriff auf Ressourcen, die diesen vorenthalten waren. Sie verfügten etwa über reguläre Lebensmittelmarken und hatten Zugang zu besseren Lebensmittel- und Kleiderrationen. Sie konnten Besorgungen in Geschäften machen, die Jüdinnen und Juden versperrt blieben und hatten Kontakte zur nichtjüdischen Gesellschaft, mit denen sie ihre eigenen Ressourcen aufbessern konnten.[14] Von dieser Situation profitierten beide Seiten. Eva Klemperer erledigte beispielsweise immer wieder kleinere Botendienste und Besorgungen für ihre jüdischen Mitbewohnerinnen und -bewohner. Sie saugte mit dem Staubsauger, den sie als „arische“ Ehefrau hatte behalten dürfen, deren Zimmer – verlieh ihn jedoch in der Angst nicht, das kostbare Gerät könne bei einer Hausdurchsuchung beschlagnahmt werden, wenn er in einem anderen Zimmer gefunden werden würde. Als Gegenleistung erhielt sie Essen oder andere lebensnotwendige Dinge.[15] Beim Kauf der Lebensmittel auf den mit einem „J“ gekennzeichneten Lebensmittelmarken wurden Jüdinnen und Juden oft nicht gekennzeichnete Mar-

13 Victor Klemperer, Ich will Zeugnis ablegen bis zum letzten. Tagebücher, Berlin 1998, hier bes. die Einträge vom 26. 5. 1940 sowie vom 8. 6. und 3. 7. 1942.

14 Zur Situation der Mischehen bei der Versorgung mit Lebensmitteln und Kleidung und zu den Handlungsräumen der nichtjüdischen Ehepartnern vgl. grundl. Strnad, Privileg Mischehe?, S. 190–213.

15 Klemperer, Ich will Zeugnis ablegen bis zum letzten, Eintrag vom 19. 11. 1942.

ken herausgegeben, falls das Geschäft nicht über ausreichend andere Marken verfügte. Jüdinnen und Juden durften diese Marken jedoch nicht besitzen. Eva Klemperer hingegen tauschte sie gerne gegen die gekennzeichneten Marken ihres Mannes ein, konnte sie als Nichtjüdin mit ihnen doch andere Läden aufsuchen als jene, die den Jüdinnen und Juden vorbehalten waren und in die diese nur zu bestimmten Zeiten bei stark beschränkter Auswahl einkaufen konnten.[16]

Gleichzeitig barg genau diese Überlappung von nichtjüdischen und jüdischen Räumen ernsthafte Gefahren. So besaßen die nichtjüdischen Frauen Gegenstände (wie den oben erwähnten Staubsauger) und Nahrungsmittel, deren Besitz Jüdinnen und Juden verboten war. Einige nichtjüdische Ehefrauen brachten daher an den Türen ihrer Zimmer Schilder an, auf denen sie neben ihrem Namen das Wort „Arier" schrieben. Trotzdem beschlagnahmten Gestapo- und Polizeibeamte bei den zahlreichen Hausdurchsuchungen immer wieder Gegenstände, die den nichtjüdischen Frauen gehörten, und machten dafür ihre Ehemänner verantwortlich. Viele Frauen verzichteten daher weitmöglichst ganz darauf oder trugen – wie Eva Klemperer – wertvolle Dinge, deren Besitz für ihre Männer gefährlich war, stets in ihrer Handtasche mit sich, damit sie eindeutig als ihr Eigentum erkennbar waren. Dazu zählten auch die nicht gekennzeichneten Lebensmittelmarken.[17]

Die Unterbringung der nichtjüdischen Ehefrauen in Judenhäusern widersprach dem Bestreben der Nationalsozialisten und Nationalsozialistinnen, die Räume von Jüdinnen und Juden sowie von Nichtjüdinnen und Nichtjuden strikt zu trennen. Wie im folgenden Beispiel dargelegt wird, ergaben sich dadurch bisweilen sogar Konflikte mit zentralen Elementen der NS-Rassenideologie, auf die sich das Regime gezwungen sah, zu reagieren. Das machte sich vor allem im Vorfeld der Deportationen bemerkbar, als immer mehr Jüdinnen und Juden in Judenhäuser und andere Massenunterkünfte eingewiesen wurden. Als im September 1941 in Hannover Gauleitung und Stadtverwaltung beschlossen, alle Jüdinnen und Juden der Stadt in 16 dafür geräumte Häuser zusammenzupferchen,[18] sollten zunächst auch die nichtjüdischen Frauen dort untergebracht werden. Nachdem sich 45 der betroffenen Frauen beim Reichsministerium des Inneren beschwerten und auch die Jüdische Gemeinde gegen eine gemeinsame Unterbringung jüdischer Männer und nichtjüdischer Frauen auf engstem Raum

16 Ebenda, Eintrag vom 28. 8. 1942.

17 Ebenda, Einträge vom 19. 4., 11. und 18. 5. 1942.

18 Bericht von Julius Jacoby vom 7. 9. 1941, abgedruckt in: VEJ, Bd. 2, Dok. 215, S. 527–529. Vgl. auch Marlis Buchholz, Die hannoverschen Judenhäuser. Zur Situation der Juden in der Zeit der Ghettoisierung und Verfolgung 1941–1945, Hildesheim 1987, S. 21–30.

intervenierte, stoppte die Gestapo dieses Vorgehen.[19] Die Frauen mussten sich anderweitig Quartiere suchen. Die bisherigen Wohnungen der Paare wurden entmietet.[20]

Als Reaktion auf diese Probleme begannen die Zuständigen verstärkt, die Mischehen an speziellen Orten zu ghettoisieren, die ihnen vorbehalten blieben. Da im Zuge der Deportationen die Judenhäuser schrittweise entleert wurden, war es für die Behörden leicht, nun Mischehen mit anderen Mischehen zusammen in einzelnen Wohnungen oder in ganzen Häusern unterzubringen. Solche „Mischehehäuser" entstanden im Laufe des Jahres 1942 etwa in Breslau,[21] Hamburg,[22] Frankfurt am Main[23] und Dresden[24] sowie in vielen anderen Städten. In kleineren Ortschaften – wie etwa in Kempten[25] im Allgäu –, wo schon mit den Transporten im Frühjahr 1942 alle anderen Jüdinnen und Juden verschleppt worden waren, setzte diese Entwicklung zum Teil bereits früher ein.

Oft handelte es sich um ehemalige Einrichtungen der Jüdischen Gemeinden. In München[26] und Hannover[27] zum Beispiel lebten bis Kriegsende Mischehen in den Gebäuden, in denen vorher die Kultusgemeinden ihren Sitz hatten.

19 Marlis Buchholz, Chronologie einer Ausweisung. Zur Rolle der jüdischen Gemeindevertretung bei der Ghettoisierung der hannoverschen Juden, in: Herbert Obenaus / Marlis Buchholz / Claus Füllberg-Stolberg / Hans-Dieter Schmid (Hrsg.), Nationalsozialismus und Region. Festschrift für Herbert Obenaus zum 65. Geburtstag, Bielefeld 1996, S. 63–78, hier 73.

20 Aktenvermerk der Besprechung zur Freimachung der Judenwohnungen vom 10. 8. 1941 sowie Eingabe von 45 nichtjüdischen Ehefrauen aus Mischehen an den Reichsarbeitsminister vom 15. 9. 1941, beide in: Archiv der Mahn- und Gedenkstätte Ahlem, Dokumentensammlung Haltenhoff.

21 Katharina Friedla, Juden in Breslau. Überlebensstrategien, Selbstbehauptung und Verfolgungserfahrungen, Köln 2015, S. 308.

22 Beate Meyer, Die Verfolgung der Mischehen während des Nationalsozialismus, in: Miriam Gillis-Carlebach / Barbara Vogel (Hrsg.), „... und so zogen sie aus: ein jeder bei seiner Familie und seinem Vaterhaus" (4. Moses 2, 34). Die Vierte Joseph Carlebach-Konferenz. Familie im Spannungsfeld zwischen Tradition und Moderne, Hamburg 2000, S. 135–153, hier 50.

23 Renate Hebauf, Frankfurt a. M., Gaußstraße 14. Ein Haus und seine jüdischen Bewohner zwischen 1911 und 1945, in: Monica Kingreen (Hrsg.), „Nach der Kristallnacht". Jüdisches Leben und antijüdische Politik in Frankfurt a. M. 1938–1945, Frankfurt/M. 1999, S. 289–317, hier 311.

24 Nora Goldenbogen, Nationalsozialistische Judenverfolgung in Dresden nach 1938 – ein Überblick, in: Dresdner Hefte 45 (1996), S. 76–84, hier 80.

25 Ralf Lienert, Die Geschichte der Juden in Kempten, Kempten 1998, S. 77–81.

26 Stefanie Hajak, Letzte Adresse Lindwurmstraße 145. Die Zerstörung der Israelitischen Kultusgemeinde Münchens, in: Stefanie Hajak / Jürgen Zarusky (Hrsg.), München und der Nationalsozialismus. Menschen. Orte. Strukturen, Berlin 2008, S. 134–150.

27 Buchholz, Die hannoverschen Judenhäuser, insb. S. 129–133, 155–160.

Im ehemaligen Verwaltungsgebäude der Jüdischen Gemeinde Leipzig in der Walter-Blümel-Straße 10 waren 30 Mischehepaare untergebracht, je acht im ersten und dritten, sieben im zweiten Stockwerk, fünf im Erdgeschoss und zwei im Speicher.[28] Mit den Mischehen zogen nun verstärkt Christinnen und Christen in die bislang von der jüdischen Religionsgemeinschaft genutzten Räume ein.

Radikalisierung ab 1942/43

Nach Abschluss der Massendeportationen im Sommer 1942, spätestens aber nach der Verhaftungsaktion gegen die verbliebenen Juden und Jüdinnen im Februar/März 1943 (der sogenannten Fabrikaktion), gerieten die Mischehen immer stärker in den Fokus der Verfolgungsbehörden.[29] In Frankfurt gingen Gestapo und Gauleitung besonders vehement gegen die jüdischen Mischehepartnerinnen und -partner vor, verhafteten Hunderte von ihnen bei kleinsten Vergehen gegen die zahlreichen Auflagen und unter vorgeschobenen Anschuldigungen und ließen sie nach Auschwitz deportieren, wo sie kurz nach ihrer Ankunft ermordet wurden.[30]

Das schärfere Vorgehen gegen die Mischehen ist auch im Bereich der Ghettoisierung zu beobachten. Hier ging der zunehmende Radikalisierungswunsch der NS-Akteure, nun auch noch die letzte verbliebene Gruppe von Jüdinnen und Juden im Deutschen Reich auszuschalten, Hand in Hand mit der zunehmenden Raumnot im Luftkrieg. Besonders starken Druck übten die Behörden weiterhin auf die Wohnräume der in „nichtprivilegierter“ Mischehe lebenden Familien aus. Die örtlichen Verfolgungsbehörden forcierten ihre Anstrengungen, diese Paare auf immer engerem Raum zu konzentrieren. Dabei griffen sie neben Wohnhäusern zunehmend auch auf andere Unterkünfte zurück. So musste in einem Ort nördlich von Bremen Georg Aaron in die Fremdarbeiterbaracke des Betriebs ziehen, bei dem er zur Zwangsarbeit eingesetzt war. Die kleine

28 Aufstellung der Mietzahlungen für das Anwesen Walter-Blümel-Straße 10 vom 7. 1. 1945, in: Israelitische Religionsgemeinschaft Leipzig (IRGL) 2/68.

29 Zur Fabrikaktion vgl. grundlegend Wolf Gruner, Widerstand in der Rosenstraße. Die Fabrik-Aktion und die Verfolgung der „Mischehen“ 1943, Frankfurt/M. 2005, S. 34–84.

30 Vgl. Monica Kingreen, „Die Aktion zur kalten Erledigung der Mischehen“. Die reichsweit singuläre systematische Verschleppung und Ermordung jüdischer Mischehepartner im NSDAP-Gau Hessen-Nassau 1942/1943, in: Alfred Gottwaldt (Hrsg.), NS-Gewaltherrschaft. Beiträge zur historischen Forschung und juristischen Aufarbeitung, Berlin 2005, S. 187–201.

Stube der Baracke teilte er sich mit seiner nichtjüdischen Frau Louise, der es die Gemeindeverwaltung aufgrund der geltenden Bestimmungen für „nichtprivilegierte“ Mischehen verboten hatte, sich im Ort eine Privatunterkunft zu suchen.[31]

In Augsburg hatte im März 1943 die Gestapo eine Gruppe jüdischer Zwangsarbeiterinnen aus Polen nach Auschwitz deportiert. Um auch die letzten Judenwohnungen in der Stadt frei zubekommen, wies sie nun die „nichtprivilegierten“ Mischehepaare in die freigewordene ehemalige Militärbaracke ein.[32] In Berlin wurden immer mehr Jüdinnen und Juden aus „nichtprivilegierten“ Mischehen in das jüdische Krankenhaus in der Iranischen Straße verlegt.[33]

Durch die Verknappung des Wohnraumes im Krieg reduzierten sich ideologische Einwände gegen die gemeinsame Unterbringung von „Arierinnen“ und „Ariern“ und „Fremdvölkischen“. Vor allem in den stark zerbombten Städten verschärfte sich die Situation und führte dazu, dass die Nationalsozialisten zunehmend auch „privilegierte“ Mischehen auf engerem Raum konzentrierten, obwohl die gültigen Bestimmungen nach wie vor eine Ghettoisierung nicht vorsahen. Vereinzelt waren bereits früher auch Jüdinnen und Juden, deren Ehe als „privilegiert“ galt, in Sammelunterkünften und Ghettohäusern untergebracht worden. In Kempten etwa hatte die Stadtverwaltung schon 1942 sämtliche noch in der Stadt verbliebenen Jüdinnen und Juden gezwungen, zusammen mit ihren nichtjüdischen Ehepartnern bzw. -partnerinnen und Kindern in das örtliche Judenhaus einzuziehen. Vier der fünf Parteien lebten in „privilegierter“ Mischehe.[34] Im selben Jahr internierte auch in München die Gestapo mindestens 76 in Mischehe lebende Jüdinnen und Juden in die zwei örtlichen Sammellager, unter ihnen auch mehrere jüdische Frauen aus „privilegierten“ Mischehen.[35] Und auch in Hamburg durfte die mit einem nichtjüdischen Mann verheiratete Adele Eismann auf Betreiben der NSDAP-Ortsgruppe die gemeinsame eheliche Wohnung nicht mehr betreten und musste im jüdischen Kranken-

31 Beschluss in der Haftentschädigungsakte der Louise Aaron vom 4. 12. 1952, in: Forschungsstelle für Zeitgeschichte Hamburg, 18-1 2.1, Bd. 4.

32 Antrag auf Schaden an Freiheit von Hildegard Weil vom 10. 9. 1957, in: Bayerisches Hauptstaatsarchiv, LEA 39009. Vgl. auch Gernot Römer, „Jüdisch versippt“. Schicksale von „Mischlingen“ und nichtarischen Christen in Schwaben, Augsburg 1996, S. 36 f.

33 Rivkah Elkin, Das Jüdische Krankenhaus in Berlin zwischen 1938 und 1945, Berlin 1993, S. 61.

34 Lienert, Die Geschichte der Juden in Kempten, S. 77–81.

35 Strnad, Privileg Mischehe?, S. 175. Zu den Münchner Lagern vgl. grundlegend Maximilian Strnad, Zwischenstation „Judensiedlung“. Verfolgung und Deportation der jüdischen Münchner 1941–1945, München 2009.

haus Quartier beziehen.[36] Lokale Akteure und Akteurinnen nutzten die Ghettoisierung also von Beginn an für Strafmaßnahmen auch gegen in „privilegierten" Mischehen lebende Jüdinnen und Juden und erhöhten damit den Druck auf diese Familien.

Mit Fortschreiten des Krieges lässt sich die systematische Ghettoisierung von „privilegierten" Mischehefamilien auch in vielen weiteren Orten nachweisen, obwohl sie den geltenden Bestimmungen nach eigentlich weiterhin von einer generellen Ghettoisierung ausgenommen blieben. Das zeigt sich etwa für Hamburg: Nach einem besonders schweren Luftangriff auf die Hansestadt im Juli 1943 forderte die Gestapo die Jüdische Gemeinde auf 1.000 Zimmer frei zu machen. Zur Erfüllung des Solls sah diese sich gezwungen, nun auch jene Familien aus „privilegierten" Mischehen in die Ghettohäuser und -wohnungen einzuweisen, in denen der Mann Jude war. Außerdem legte die Gestapo ausgebombte Familien aus „privilegierten" Mischehen nun grundsätzlich mit anderen Familien desselben Status zusammen. Um ihre Forderungen gegenüber den betroffenen Familien durchzusetzen, drohte die Hamburger Gestapo, sie sonst in Baracken außerhalb der Stadt zu kasernieren.[37] Ab 1944 wurden in Hamburg schließlich auch die Mischehefamilien mit jüdischen Frauen in die Judenhäuser und -wohnungen eingewiesen.[38] Ein ähnliches Vorgehen lässt sich z. B. auch für die von den alliierten Luftangriffen stark betroffenen Städte Düsseldorf,[39] Frankfurt am Main[40] und Hannover[41] beobachten.

Die eklatante Wohnungsnot führte dazu, dass sich Räume, in denen Jüdinnen und Juden sowie Nichtjüdinnen und Nichtjuden wohnten, wieder stärker vermischten. In den ghettoisierten Familien „privilegierter" Mischehen lebten nicht nur die nichtjüdischen Partnerinnen und Partner, sondern oft auch die als „Mischlinge" geltenden Kinder. Vereinzelt wies die Gestapo sogar alleinstehende „Mischlinge" in Judenhäuser ein, etwa wenn es keine andere Möglich-

36 Schreiben von Adele Eismann vom 13. 10. 1945, in: Forschungsstelle für Zeitgeschichte Hamburg, 18-1 2.1, Bd. 20.

37 Ina Lorenz, Das Leben der Hamburger Juden im Zeichen der „Endlösung" 1942–1945, in: Arno Herzig (Hrsg.), Verdrängung und Vernichtung der Juden unter dem Nationalsozialismus, Hamburg 1992, S. 207–247, hier 216.

38 Beate Meyer, „Jüdische Mischlinge". Rassenpolitik und Verfolgungserfahrung 1933–1945, Hamburg 1999, S. 55.

39 Herbert Schmidt, Der Elendsweg der Düsseldorfer Juden. Chronologie des Schreckens 1933–1945, Düsseldorf 2005, S. 211, 223.

40 Institut für Stadtgeschichte (IfS) Frankfurt a. M., Nachlass der Familie Mettenheimer (S1-273), Dauerbrief, Eintrag vom 10. 11. 1943.

41 Uta Schäfer-Richter, Im Niemandsland. Christen jüdischer Herkunft im Nationalsozialismus. Das Beispiel der hannoverschen Landeskirche, Göttingen 2009, S. 217.

keit der Unterbringung bei nichtjüdischen Verwandten gab.[42] Zudem gingen die Wohnungsämter nun verstärkt dazu über, auch Nichtjüdinnen und -juden, die ihr Heim durch die Kriegseinwirkungen verloren hatten, in den Wohnungen und Häusern von „privilegierten" Mischehen unterzubringen.[43]

Die betroffenen Familien hatten bis dahin möglichst zurückgezogen gelebt, nun transformierte sich ihr Lebensraum maßgeblich. Handelte es sich bei den Eingewiesenen um andere Mischehepaare, so konnten die Betroffenen trotz der damit einhergehenden Verdichtung des Wohnraumes hoffen, „daß es geht und wir den Frieden im Haus behalten. Wir sind ja alle unter der gleichen Gewalt, der gleichen Willkür. Alle gleich diffamiert, alle gezeichnet. Und gewillt, uns das Leben nicht noch schwerer zu machen." So formulierte es Cläre von Mettenheim aus Frankfurt am Main in ihrem Tagebuch.[44] Doch wurden auch andere Ausgebombte bei den Mischehen eingewiesen, darunter Soldaten und Parteiangehörige. Die eigenen vier Wände verloren dadurch ihre fundamentale Bedeutung als „private Festungen"[45], in denen die Familienmitglieder sich nun nicht einmal mehr offen miteinander unterhalten konnten. Fortan stand auch ihr Privatraum unter Beobachtung und sie mussten sogar in den eigenen vier Wänden penibel die antijüdischen Bestimmungen einhalten, um nicht Opfer von Denunziationen zu werden. Manche neuen Untermieterinnen und Untermieter nutzten die Hilflosigkeit der Betroffenen schamlos aus, erpressten sie, stahlen Wert- und Einrichtungsgegenstände oder versuchten – oftmals erfolgreich – sich weiterer Zimmer oder gar der gesamten Unterkunft zu bemächtigen.[46]

Kurz vor Kriegsende verschärfte sich der Zugriff auf den Wohnraum der Mischehen weiter. Da die Jüdinnen und Juden als Reichsfeinde galten, vertrieb und kasernierte die Gestapo die an der West- und auch an der Ostfront lebenden

42 Petra Busmann, Frankfurt a. M. – FrauenKZ Ravensbrück. Lebensspuren verfolgter Frauen, Bad Homburg 2009, S. 27 f.

43 Wie z. B. bei der Familie Reinach in Celle, vgl. Wolfgang Reinach, Zwischen allen Stühlen. Eine christlich-jüdische „Mischlingsfamilie" von 1937 bis 1945 in Celle, Celle 2010, S. 26, oder bei der Familie Mettenheim in Frankfurt, vgl. Annelis von Mettenheim, Die zwölf langen Jahre – Eine Familiengeschichte im Dritten Reich, in: Dieter Rebentisch (Hrsg.), Frankfurt a. M. in der Zeit der nationalsozialistischen Herrschaft, Frankfurt/M. 1999, S. 222–258, hier 250 f.

44 IfS, Nachlass der Familie Mettenheimer, Eintrag vom 10. 11. 1943.

45 Cornelia Essner, Antisemitische Bruchstücke. Zehn Geschichten aus dem Dritten Reich, Berlin–Tübingen 2014, S. 24.

46 So bei der Familie Grabowski in Breslau, vgl. Wolff / Loose / Neumärker, Ich blieb zurück, S. 63, und bei der Familie Meyer in Berlin, vgl. Christiane Kohl, Bilder eines Vaters. Die Kunst, die Nazis und das Geheimnis einer Familie, München 2008, S. 223, 233.

Mischehen im Zuge der Verteidigung der Reichsgrenzen vor den herannahenden alliierten Truppen.[47] So wies sie September 1944 im Rheinland und Westphalen die in Mischehen lebenden Jüdinnen und Juden in Zwangsarbeitslager der Organisation Todt im Landesinneren ein, die Nichtarbeitsfähigen wurden nach Berlin in ein Sammellager auf dem Gelände des jüdischen Krankenhauses in der Iranischen Straße verschleppt. Ihre Ehepartnerinnen und -partner mussten sich ebenfalls Quartiere im Landesinneren suchen.[48] Auch in Breslau verschleppte die Gestapo ab Juli 1944 Jüdinnen und Juden aus Mischehen in Arbeitslager der Organisation Todt. Einen Teil der Zurückgebliebenen wies sie ab Februar 1945 in das KZ Groß Rosen ein. Die übrigen Mischehen wurden in der Stadt selbst in einem Sammellager interniert.[49] Die Unterbringung in diesen Verfolgungsräumen brachte die jüdischen Mischehepartnerinnen und -partner in unmittelbare Lebensgefahr, gerieten sie dort doch in den direkten Machtbereich ihrer Peiniger und Peinigerinnen.

Die NS-Führung griff jetzt aber auch jenseits der bedrohten Außenregionen des Reiches nach dem Wohnraum der „privilegierten" Mischehen. Am 19. Januar 1945 erließ das RSHA in Berlin neue Richtlinien zur Deportation der Jüdinnen und Juden aus Mischehen nach dem Ghetto Theresienstadt.[50] Diese Aktion wird in der Holocaustforschung meist als Versuch des Regimes gewertet, kurz vor Kriegsende doch noch die bislang durch eine Mischehe geschützten Jüdinnen und Juden zu ermorden.[51] Für entsprechende Pläne der NS-Führung im Frühjahr 1945 existieren jedoch keine Belege. Ihre Deportation nach Theresienstadt ist vielmehr als weiterer Schritt der seit Sommer 1944 laufenden Internierung, Räumung und „Säuberung" des Reiches von Personen zu verstehen, die das Regime bei einem Kampf auf eigenem Boden als potentiell gefährlich

47 Zur Räumung der frontnahen Gebiete und ihrer Bedeutung für die Judenverfolgung vgl. grundlegend Maximilian Strnad, The Fortune of Survival. Intermarried German Jews in the Dying Breath of the „Thousand-Year Reich", in: Dapim. Studies on the Holocaust 29 (2015), S. 173–196.

48 Zur sogenannten Septemberaktion gibt es verschiedene Publikationen, für einen Überblick vgl. Strnad, Privileg Mischehe?, S. 285, bes. FN 156.

49 Friedla, Juden in Breslau, S. 314–321.

50 Fernschreiben des RSHA (gez. Kaltenbrunner) an nachgeordnete Dienststellen vom 19. 1. 1945 Betr. Geschlossener Arbeitseinsatz der jüdischen Teile aus Mischehen, in: Nationalarchiv Prag, AMV 110, Sign. 110-11/34, Fol. 4-5a, Karton Nr. 90. Vollständig abgedruckt in Strnad, Privileg Mischehe?, S. 328–331.

51 Vgl. ex. Ursula Büttner, The Persecution of Christian-Jewish Families in the Third Reich, in: Leo Baeck Institute Yearbook 34 (1989), S. 267–289, hier 289; Sigrid Lekebusch, Not und Verfolgung der Christen jüdischer Herkunft im Rheinland 1933–1945. Darstellung und Dokumentation, Köln 1995, S. 127.

einschätzte.[52] Gleichzeitig ordnete das RSHA an, dass die wenigen Mischehepartnerinnen und -partner, die von der Deportation zurückgestellt blieben, nun ebenfalls ghettoisiert werden sollten. So hieß es in den neuen Richtlinien: „Von der Wohnsitzverlegung nach Theresienstadt ausgenommene Juden sind [...] auf engerem Wohnraum zusammenzulegen“.[53] Während die Gestapo vor allem in den grenznahen Regionen die Ghettoisierung der Mischehen in der Endphase des Krieges noch vorantrieb, so ist zu beobachten, dass die neue Richtlinie zur Ghettoisierung der Mischehen im Februar 1945 – ähnlich wie die anberaumten Deportationen – in den meisten anderen Gegenden des „Altreichs“ auf Grund des bevorstehenden Kriegsendes nur noch teilweise umgesetzt wurde.[54]

Zusammenfassung

Im Frühjahr 1945 gab es im „Altreich“ noch etwa 11.000 Jüdinnen und Juden, die mit einem nichtjüdischen Partner bzw. einer nichtjüdischen Partnerin verheiratet waren. Etwa ein Viertel von ihnen – rund 3.000 – lebte in einer „nichtprivilegierten“ Mischehe und war deshalb schon früh gezwungen, gemeinsam mit ihrer nichtjüdischen Gattin in einem Judenhaus, einer Sammelwohnung oder in einer anderen Massenunterkunft zu leben. Auch nach Abschluss der Massendeportationen gab es in allen Regionen des Deutschen Reichs weiterhin sogenannte Judenhäuser, in denen nun die „nichtprivilegierten“ Mischehepaare zusammengelegt wurden. Die vorliegenden Forschungsergebnisse zeigen weiter: Auch wenn ein nicht unerheblicher Teil der übrigen rund 8.000 „privilegierten“ Mischehen bis Kriegsende in ihren Wohnungen und Häusern verbleiben konnte, führte die im Bombenkrieg zunehmende Wohnungsknappheit und die weitere Radikalisierung der Verfolgung in der Kriegsendphase dazu, dass bereits ab 1942 in mehreren Regionen Gestapo, Parteidienststellen und Kommunalverwaltungen begannen, auch diese Familien, zumindest aber die jüdischen Partnerinnen und Partner, ebenfalls zu ghettoisieren. Familien jüdischer Männer waren davon zuerst und am meisten betroffen. Gegen Ende des Krieges änderte die NS-Führung schließlich ihren Kurs und beendete auch formal die bisherige Ausnahmebestimmung für die „privilegierten“ Mischehen. Vor allem in den gefährdeten grenznahen Regionen begann die Gestapo, die verbliebenen

Zur Interpretation als „Räumungsaktion“ vgl. Strnad, Privileg Mischehe?, S. 284–296.

53 Fernschreiben des RSHA (gez. Kaltenbrunner) an nachgeordnete Dienststellen vom 19. 1. 1945, in: Strnad, Privileg Mischehe?, S. 328–331.

54 Vgl. Strnad, The Fortune of Survival, insbes. S. 189–193.

Jüdinnen und Juden aus Mischehen in Arbeits- und Sammellager einzuweisen, bevor das Reichssicherheitshauptamt im Frühjahr 1945 schließlich anordnete, alle Jüdinnen und Juden aus Mischehen nach Theresienstadt zu deportieren. Der Geschichte der Ghettoisierung der deutschen Jüdinnen und Juden ist somit ein weiteres Kapitel hinzuzufügen: die weitgehend vergessene Ghettoisierung von Mischehepaaren in den Jahren 1942 bis 1945.

Michaela Raggam-Blesch

Wohnungsdelogierungen und „Mischehehäuser“

Verfolgungsmaßnahmen gegen „Mischehefamilien“ in Wien

Unmittelbar nach dem „Anschluss“ an Nazi-Deutschland im März 1938 führte die Gier nach besseren Wohnungen zu spontanen „Arisierungen“ und Aneignungen jüdischer Wohnungen durch lokale Parteimitglieder sowie die Wiener Allgemeinbevölkerung. Gleichzeitig begann die Stadt Wien im Sommer 1938 – mehr als ein halbes Jahr vor der reichsweiten Abschaffung des jüdischen Mieterschutzes – jüdischen Mieter:innen in den Gemeindebauwohnungen zu kündigen. Dies war möglich, da der gesetzliche Mieterschutz in Wien nur für Gebäude galt, die vor 1917 errichtet worden waren. Mieter:innen in den kommunalen Wohnbauten, die in den 1920er Jahren von den Sozialdemokrat:innen errichtet worden waren, waren davon ausgeschlossen.[1] Darüber hinaus wurden Jüdinnen und Juden[2] von ihren Nachbar:innen denunziert, die sich Zugang zu besseren Wohnungen erhofften.[3] Obwohl jüdische Partner:innen aus „Mischehen“ nicht das hauptsächliche Ziel dieser Aktionen darstellten, wurden viele ebenfalls Opfer dieser „Arisierungen“.

1 Vgl. Herbert Exenberger / Johann Koß / Brigitte Ungar-Klein, Kündigungsgrund Nichtarier. Die Vertreibung der jüdischen Mieter aus den Wiener Gemeindebauten in den Jahren 1938–1939, Wien 1996, S. 12, 28–34; Dieter J. Hecht / Eleonore Lappin-Eppel / Michaela Raggam-Blesch, Topographie der Shoah. Gedächtnisorte des zerstörten jüdischen Wien, Wien 2018, S. 43–52.

2 Unter den als Jüdinnen und Juden Verfolgten waren auch Personen, die nur nach NS-Rassengesetzgebung als solche definiert wurden und anderen Religionsgemeinschaften angehörten oder konfessionslos waren.

3 An das Wiener Wohnungsamt gerichtete Denunzierungsschreiben, Dokumentationsarchiv des österreichischen Widerstandes (DÖW), Sammlung Exenberger, DÖW 51.945.

„Mischehefamilien“ nach dem „Anschluss“

Mit dem „Anschluss“ Österreichs an NS-Deutschland im März 1938 wurde das Leben der jüdischen Bevölkerung über Nacht in dramatischer Weise verändert. Während die antijüdischen Maßnahmen in Deutschland im Verlauf von fünf Jahren eingeführt worden waren, wurden sie in Österreich schlagartig umgesetzt. Zum Zeitpunkt, als weite Teile der österreichischen Bevölkerung die deutschen Truppen euphorisch begrüßten, waren Jüdinnen und Juden bereits pogromartigen Übergriffen, Demütigungen und Misshandlungen ausgesetzt.[4] Zu den als Jüdinnen und Juden verfolgten Menschen zählten auch Personen aus „Mischehefamilien“, die bislang zumeist wenig Bezug zur jüdischen Gemeinde gepflegt hatten.

Da die Nürnberger Gesetze rückwirkend ab September 1935 in Kraft traten, hatte ein Übertritt zu einer anderen Religion nach dem „Anschluss“ keine Auswirkungen auf den „rassischen Status“ einer Person. Diese Gesetze betrafen auch „Mischlingsfamilien“, die für das NS-Regime ein besonderes Ärgernis darstellten, da sie das Konzept einer klaren Trennung zwischen einer deutschen Volksgemeinschaft von „Ariern“ und der jüdischen Bevölkerung unterminierten. Bestehende „Mischehen“ wurden letztendlich nicht angetastet, obwohl es immer wieder Versuche in diese Richtung gab und nichtjüdische Ehepartner:innen behördlicherseits oder im privaten Umfeld unter Druck gesetzt wurden, sich von ihren jüdischen Partner:innen zu trennen.[5]

Viele „Mischehefamilien“ verloren innerhalb kurzer Zeit nach dem „Anschluss“ ihren Lebensunterhalt. Jüdische Geschäfte wurden enteignet und Jüdinnen und Juden aus ihren Berufen entlassen.[6] In „Mischehen“ mit jüdischen Ehemännern kam es dabei häufig zu einer Umkehr traditioneller Geschlechterrollen, da nun die „arischen“ Ehefrauen für den Lebensunterhalt aufkommen mussten.[7] Auch nichtjüdische Lehrer:innen oder Beamt:innen im Staatsdienst wurden gekündigt, wenn sie mit Jüdinnen oder Juden verheiratet waren. Der Gymnasiallehrer Oskar Baader wurde kurz nach der nationalsozialistischen

4 Vgl. Hecht / Lappin-Eppel / Raggam-Blesch, Topographie der Shoah, S. 16–41.

5 Vgl. Wolf Gruner, Widerstand in der Rosenstraße. Die Fabrik-Aktion und die Verfolgung der „Mischehen“ 1943, Frankfurt/M. 2005, S. 178–181; Evan Burr Bukey, Jews and Intermarriage in Nazi Austria, New York 2011, S. 88–94.

6 Vgl. Hecht / Lappin-Eppel / Raggam-Blesch, Topographie der Shoah, S. 53–67, 82–104.

7 Vgl. Marion Kaplan, Between Dignity and Despair: Jewish Life in Nazi Germany, New York 1998, S. 89; Michaela Raggam-Blesch, „Privileged“ under Nazi-rule. The Fate of Three Intermarried Families in Vienna, in: Journal of Genocide Research 21, 3 (2019), S. 378–397, hier 385.

Machtübernahme entlassen, da er sich weigerte, sich von seiner jüdischen Frau Cäcilia (geb. Adler) zu trennen. Als er auch dem Druck von Parteimitgliedern in seinem Bekanntenkreis standhielt, begann seine soziale Isolation. In den folgenden Jahren musste er die Familie mit einer spärlichen Pension und Nachhilfestunden erhalten.[8]

„Privilegierte Mischehen“ und „nicht-privilegierte Mischehen“

Da „Mischehen“ durch „arische“ Familienmitglieder auch im nichtjüdischen Umfeld vernetzt waren, beschlossen die NS-Behörden im Zuge der verschärften antijüdischen Bestimmungen nach dem Novemberpogrom 1938, bestimmte „Mischehen“ besser zu stellen als andere, um nicht den Widerwillen „arischer“ Kreise zu erregen. In diesem Zusammenhang wurde die Unterscheidung zwischen „privilegierten“ und „nichtprivilegierten Mischehen“ geschaffen. Ehepaare, bei denen der nichtjüdische Ehepartner männlich war (Haushaltsvorstand), wurden als „privilegierte Mischehe“ bezeichnet. Sie erhielten dieselben Lebensmittelrationen wie die nichtjüdische Bevölkerung und konnten zum Großteil in ihren Wohnungen verbleiben. War der Mann „jüdisch“ und die Frau „arisch“, galten die Familien nur dann als „privilegiert“, wenn „nichtjüdisch erzogene“ Kinder vorhanden waren, die als „Mischlinge“ galten.[9] Diese Differenzierung zwischen „Mischehen“ wurde erstmals im „Gesetz über die Mietverhältnisse mit Juden“ vom 30. April 1939 berücksichtigt, wobei „privilegierte Mischehen“ von der Aufhebung des Mietrechts ausgenommen waren.[10] Ziel des Gesetzes war die sukzessive Segregation zwischen der jüdischen und der „arischen“ Bevölkerung, wobei es auch darum ging, „Mischlingen“ nicht dem „jüdischen Einfluss“ in für Juden bestimmten Wohnungen auszusetzen.[11] Dabei gab es jedoch auch Ausnahmen. Der Gymnasiallehrer Oskar Baader wurde bei-

8 Gerhard Baader, Interview von Michaela Raggam-Blesch, 2. 7. 2012 in Wien.

9 Vgl. Jeremy Noakes, The Development of Nazi Policy towards the German-Jewish ‚Mischlinge‘ 1933–1945, in: Leo Baeck Institute Year Book 34 (1989), S. 291–354, hier 338; Ursula Büttner, Die Not der Juden teilen. Christlich-jüdische Familien im Dritten Reich. Beispiel und Zeugnis des Schriftstellers Robert Brendel, Hamburg 1988, S. 41–44.

10 Gesetz über Mietverhältnisse mit Juden vom 30. 4. 1939, RGBl I (1939), S. 864.

11 Durchführung des Gesetzes über Mietverhältnisse mit Juden, 4. 5. 1939, in: Ministerial-Blatt des Reichs und Preußischen Ministeriums des Innern, Bd. 1939/1, Berlin 1939, S. 998. Vgl. Max Strnad, Privileg Mischehe? Handlungsräume „jüdisch versippter“ Familien 1933–1945, Göttingen 2021, S. 170; Noakes, Nazi Policy, S. 338.

spielsweise zusammen mit seiner jüdischen Frau und seinem als „Mischling“ kategorisierten Sohn Gerhard im Dezember 1938 aus der gemeinsamen Gemeindebauwohnung vertrieben, obwohl er selbst Wohnungsbesitzer war und als „Arier“ galt.[12] Dies erfolgte noch vor dem Erlass des neuen Mietgesetzes, da die Gemeinde Wien bestrebt war, Wohnungen in den beliebten Gemeindebauten „frei“ zu machen. Bis Ende des Jahres 1938 waren so gut wie alle jüdischen Mieter:innen vertrieben, wobei es sich dabei um mehr als 2.000 Wohnungen handelte.[13]

Kinderlose „Mischehen“ mit jüdischen Ehemännern sowie alle „Mischehen“ mit Kindern, die als Mitglieder der Israelitischen Kultusgemeinde (IKG) aufschienen und damit als „Geltungsjuden“ kategorisiert wurden, galten als „nichtprivilegiert“ und wurden denselben diskriminierenden Bestimmungen wie die allgemeine jüdische Bevölkerung unterworfen. Jüdische Ehepartner:innen und ihre „geltungsjüdischen“ Kinder mussten ab Jänner 1939 sowohl eine jüdische Kennkarte bei sich führen als auch den Zusatznamen „Sara“ oder „Israel“ annehmen, sofern sie nicht bereits einen von den Nationalsozialisten gelisteten „jüdischen“ Vornamen trugen.[14] Darüber hinaus wurden „nichtprivilegierte Mischehen“ aus ihren Wohnungen delogiert. Die jüdischen Mitglieder dieser Familien wurden aus Parkanlagen, Kinos, Theatern und Lokalen ausgeschlossen und bekamen zunehmend geringere Lebensmittelrationen.[15] Mit der Kennzeichnungspflicht im September 1941 wurden Jüdinnen und Juden aus „nichtprivilegierten Mischehen“ gemeinsam mit ihren Kindern ab dem sechsten Lebensjahr zum sichtbaren Tragen eines gelben „Judensterns“ auf der Kleidung verpflichtet.[16] Durch diese öffentliche Stigmatisierung waren die Betroffenen Anpöbelungen durch die nichtjüdische Bevölkerung ausgesetzt. Angehörige „privilegierter“ sowie auch „nichtprivilegierter Mischehen“ waren allerdings zumeist vor der Deportation geschützt – solange die Ehe Bestand hatte.

Moritz und Mimi Freiberger, deren Ehe als „nichtprivilegiert“ galt, verloren im Dezember 1939 ihre Wohnung, da ihre Hausbesorgerin bei einem Wirts-

12 Schreiben der Wiener Magistrats, Magistratsabteilung 21/I an das Amtsgericht Hietzing betreffend die Kündigung von Prof. Oskar Baader für den 31. Dezember 1938, 10. 12. 1938, Privatsammlung Baader; Baader, Interview, 2. 7. 2012.

13 Vgl. Exenberger / Koß / Ungar-Klein, Kündigungsgrund Nichtarier, S. 12, 28–34

14 Zweite Verordnung zur Durchführung des Gesetzes über die Änderung von Familiennamen und Vornamen vom 17. 8. 1938, RGBl I, S. 1044.

15 Vgl. Joseph Walk (Hrsg.), Das Sonderrecht für die Juden im NS-Staat: Eine Sammlung der gesetzlichen Maßnahmen und Richtlinien – Inhalt und Bedeutung, Heidelberg–Karlsruhe 1981, S. 233, 237, 318–319, 346, 378, 380.

16 Vgl. Walk, Das Sonderrecht für die Juden, S. 347.

hausbesuch diese aus einer Laune heraus einer nichtjüdischen Familie in der Nachbarschaft versprochen hatte. Gemeinsam mit ihrer 16-jährigen Tochter Lotte zogen sie daraufhin zu Moritz Freibergers Schwester Helene, die zusammen mit ihrer Tochter Elise und weiteren jüdischen Untermieter:innen in einer Wohnung in der Grünentorgasse 8 lebte. Im Oktober 1941 wurden Helene und Elise Freyberger nach Litzmannstadt/Łódż deportiert.[17] Die Wohnung wurde aufgelöst und die Freibergers wurden in eine „Sammelwohnung“ in der Leopoldstadt eingewiesen, wo der Großteil der jüdischen Bevölkerung sukzessive konzentriert wurde.[18]

Mimi und Moritz Freiberger mit ihrer Tochter Lotte, Wien, Juni 1945

Kontakte von „Mischehefamilien“ im jüdischen und nichtjüdischen Umfeld

Ausgrenzungen gab es auch im eigenen familiären Umfeld, wobei „Mischehefamilien“ damit konfrontiert wurden, dass nichtjüdische Verwandte Parteimitglieder wurden oder aktiv in der Wehrmacht dienten, während jüdische Familienmitglieder nach und nach deportiert wurden. Der 12-jährige Walter Eckstein

17 Helene und Elise Freyberger wurden am 23. Oktober 1941 nach Litzmannstadt (Łódż) deportiert und schließlich ermordet. Lotte Freiberger, Interview von Michaela Raggam-Blesch, 30. April 2009 in Wien; Datenbank der Shoah-Opfer (DÖW): https://www.doew.at/erinnern/personendatenbanken/shoah-opfer [3. 10. 2021].

18 Vgl. Hecht / Lappin-Eppel / Raggam-Blesch, Topographie der Shoah, S. 395–409.

musste gemeinsam mit seiner Mutter zu seinen katholischen Großeltern in die Obere Viaduktgasse 6 ziehen, nachdem sein jüdischer Vater im September 1939 nach dem Verlust seiner polnischen Staatsbürgerschaft als „Staatenloser" nach Buchenwald deportiert und kurz darauf ermordet worden war. In der Oberen Viaduktgasse war Walter mit den Ressentiments seines Großvaters, eines Sudetendeutschen, konfrontiert, der ihn aufgrund seiner jüdischen Herkunft immer wieder herabwürdigte – vor allem, nachdem der jüngste Sohn der Familie, Walter Ecksteins Onkel, in Frankreich gefallen war.[19]

Auch Religion bot Anlass für Spannungen im Zusammenleben der Verfolgten in den „Sammelwohnungen". Stefanie Metschl musste gemeinsam mit ihrer siebenjährigen Tochter Susanne in eine „Sammelwohnung" in der Leopoldstadt übersiedeln, nachdem ihr katholischer Ehemann die Scheidung eingereicht hatte. Gemeinsam mit ihrer Mutter Jeanette Schulhof (1870–1945 Theresienstadt) und deren Schwester Rosa Lederer (1867–1942 Treblinka) wurde ihr ein Zimmer in der Wohnung einer orthodoxen Familie zugewiesen. Da keine der Frauen koscher hielt, untersagte der Wohnungseigentümer, Rubin Wolf Kramer, den neuen Untermieterinnen die Benutzung der Küche. Die drei Frauen mussten daher ihre Mahlzeiten auf einer Kochplatte in ihrem Zimmer zubereiten. Als Susanne Metschl einmal ahnungslos die Küche mit einer Wurstsemmel betrat, die noch dazu mit Butter bestrichen war, erregte sie das erklärte Missfallen von Rubin Kramer. Erst Jahre später verstand Susanne den Grund für die Aufregung, die sie als Kind verursacht hatte. Gleichzeitig wurde sie durch das Zusammenleben mit der orthodoxen Familie auch mit religiösen Festen vertraut gemacht und erlebte dort erstmals eine jüdische Hochzeit.[20]

Als entscheidend für die Lebensumstände von „Mischehefamilien" erwiesen sich die nachbarschaftlichen Kontakte: Nachdem der Familie von Oskar Baader bereits Ende des Jahres 1938 die Wohnung in Hietzing gekündigt worden war, zog die Familie in ein Wohnhaus im zweiten Bezirk. Dieses wurde in den Jahren 1941/42 zu einem „Judenhaus" umfunktioniert,

19 Walter Eckstein, Interview von Michaela Raggam-Blesch, 16. 4. 2013 und 17. 11. 2014 in Wien.

20 Die Wohngemeinschaft in der Haidgasse 12 wurde im Oktober 1941 aufgelöst und Rubin Wolf Kramer zusammen mit seiner Familie nach Litzmannstadt/Łódż deportiert, wo sie ermordet wurden. Stefanie Metschl und ihrer Familie wurde eine andere „Sammelwohnung" zugewiesen. Jeanette Schulhof und Rosa Lederer wurden schließlich nach Theresienstadt deportiert, wo Jeanette im Januar 1945 starb. Rosa Lederer wurde im September 1942 in Treblinka ermordet. Susanne Metschl, Interview von Michaela Raggam-Blesch und Eleonore Lappin-Eppel, 20. 2. 2013; Datenbank der Shoah-Opfer (DÖW): https://www.doew.at/erinnern/personendatenbanken/shoah-opfer [3. 10. 2021].

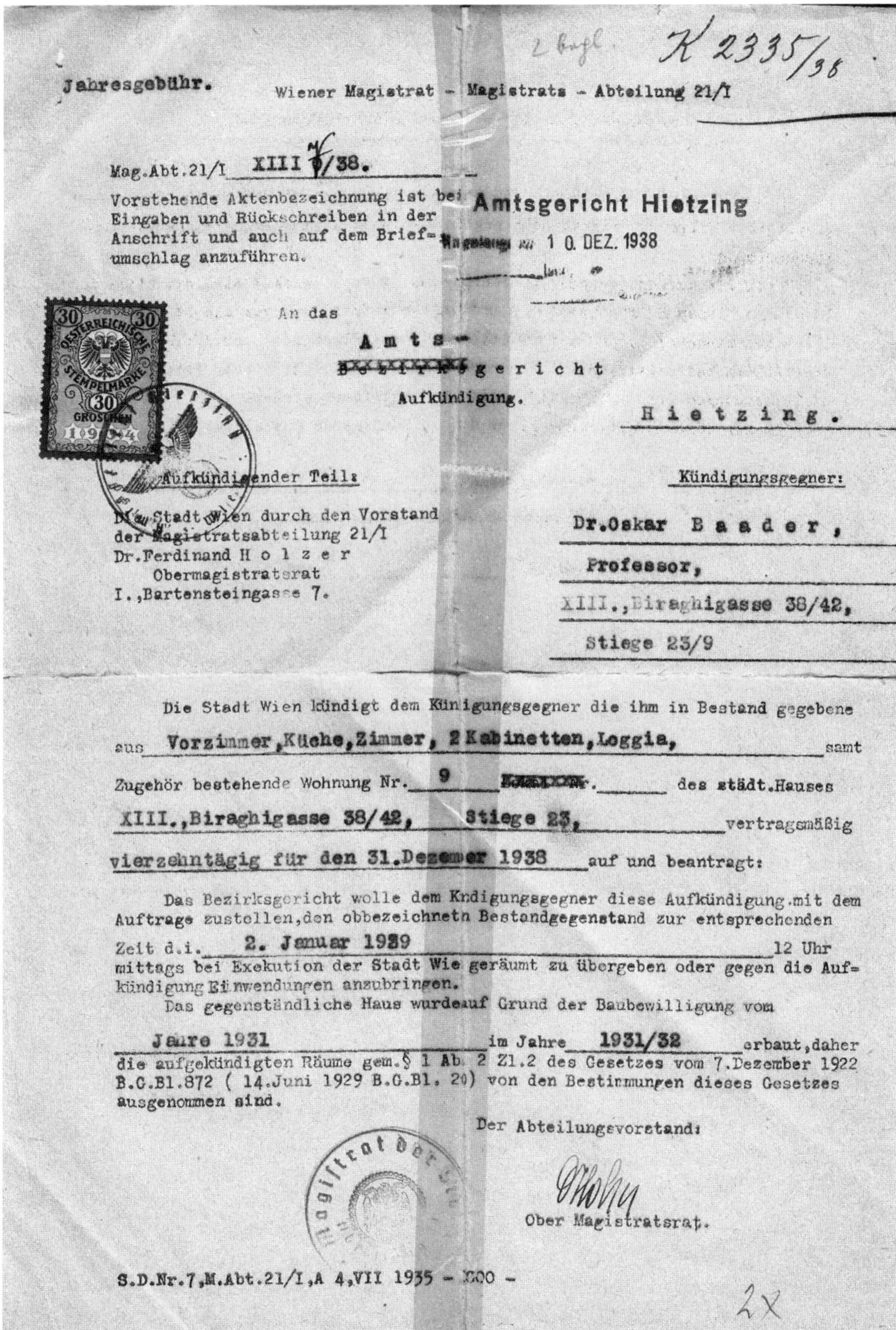

2 Begl. K 2335/38

Jahresgebühr. Wiener Magistrat - Magistrats - Abteilung 21/I

Mag.Abt.21/I XIII 4/38.

Vorstehende Aktenbezeichnung ist bei Eingaben und Rückschreiben in der Anschrift und auch auf dem Briefumschlag anzuführen.

Amtsgericht Hietzing
Eingelangt am 1 0. DEZ. 1938

An das

Amts-
~~Bezirks~~gericht
Aufkündigung.

Hietzing.

Aufkündigender Teil:

Die Stadt Wien durch den Vorstand
der Magistratsabteilung 21/I
Dr.Ferdinand H o l z e r
Obermagistratsrat
I.,Bartensteingasse 7.

Kündigungsgegner:

Dr.Oskar B a a d e r ,
Professor,
XIII.,Biraghigasse 38/42,
Stiege 23/9

Die Stadt Wien kündigt dem Künigungsgegner die ihm in Bestand gegebene aus Vorzimmer,Küche,Zimmer, 2 Kabinetten,Loggia, samt Zugehör bestehende Wohnung Nr. 9 [illegible]. des städt.Hauses XIII.,Biraghigasse 38/42, Stiege 23, vertragsmäßig vierzehntägig für den 31.Dezember 1938 auf und beantragt:

Das Bezirksgericht wolle dem Kndigungsgegner diese Aufkündigung mit dem Auftrage zustellen,den obbezeichneten Bestandgegenstand zur entsprechenden Zeit d.i. 2. Januar 1939 12 Uhr mittags bei Exekution der Stadt Wie geräumt zu übergeben oder gegen die Aufkündigung Einwendungen anzubringen.

Das gegenständliche Haus wurdeauf Grund der Baubewilligung vom Jahre 1931 im Jahre 1931/32 erbaut,daher die aufgekündigten Räume gem.§ 1 Ab. 2 Z1.2 des Gesetzes vom 7.Dezember 1922 B.G.Bl.872 (14.Juni 1929 B.G.Bl. 20) von den Bestimmungen dieses Gesetzes ausgenommen sind.

Der Abteilungsvorstand:

Holzer
Ober Magistratsrat.

S.D.Nr.7,M.Abt.21/I,A 4,VII 1935 - 3000 -

2x

Kündigungsschreiben der Wiener Magistratsabteilung 21 an das Amtsgericht Hietzing betreffend der Wohnungsaufkündigung von Oskar Baader

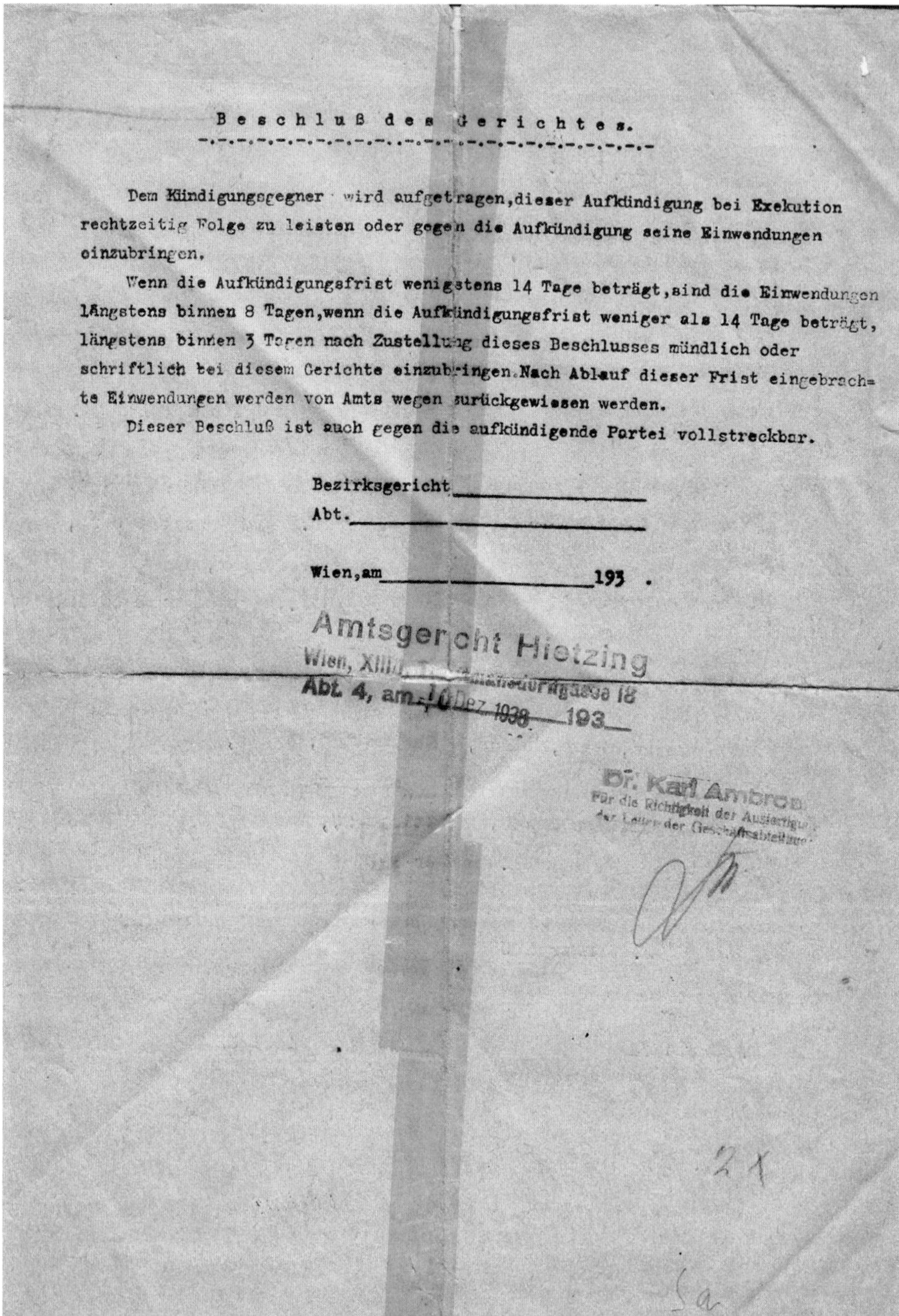

Beschluß des Gerichtes.

Dem Kündigungsgegner wird aufgetragen, dieser Aufkündigung bei Exekution rechtzeitig Folge zu leisten oder gegen die Aufkündigung seine Einwendungen einzubringen.

Wenn die Aufkündigungsfrist wenigstens 14 Tage beträgt, sind die Einwendungen längstens binnen 8 Tagen, wenn die Aufkündigungsfrist weniger als 14 Tage beträgt, längstens binnen 3 Tagen nach Zustellung dieses Beschlusses mündlich oder schriftlich bei diesem Gerichte einzubringen. Nach Ablauf dieser Frist eingebrachte Einwendungen werden von Amts wegen zurückgewiesen werden.

Dieser Beschluß ist auch gegen die aufkündigende Partei vollstreckbar.

Bezirksgericht ____________

Abt. ____________

Wien, am ____________ 193 .

Amtsgericht Hietzing
Wien, XIII/...
Abt. 4, am 10. Dez. 1938 193_

Dr. Karl Ambros
Für die Richtigkeit der Ausfertigung
der Leiter der Geschäftsabteilung

2 X

in welchem „Sammelwohnungen“ mit jüdischen Mieter:innen eingerichtet wurden. Gerhard Baader, der Sohn der Familie, wurde dadurch Zeuge nächtlicher „Aushebungen“, bei denen die jüdischen Nachbar:innen nach und nach deportiert wurden. Darüber hinaus wurden die jüdischen Hausparteien von Leopoldine Frassl, der Tochter der „arischen“ Hauswartin, schikaniert. Auch Oskar Baaders Mutter Cäcilia, die als jüdische Zwangsarbeiterin gefährliche Chemikalien abfüllen musste, stand unter ständiger Beobachtung. Ihre Chefin hatte ihr aus Rücksicht auf die damit verbundene Gesundheitsgefährdung gestattet, nur halbtags zu arbeiten. Da Cäcilia Baader jedoch befürchten musste, von der Tochter der Hauswartin entdeckt und wegen angeblicher Arbeitsverweigerung denunziert zu werden, musste sie sich heimlich zurück in die Wohnung schleichen. Außerdem war sie gezwungen, die Küche bis zum Abend zu meiden, weil diese von der Kellertreppe aus einsehbar war. Während Cäcilia Baader letztendlich einer Denunziation entging, hatte ein anderer jüdischer Nachbar, der durch seine katholische Frau geschützt war, weniger Glück. Otto Lauterbach wurde von Leopoldine Frassl wegen angeblichen Abhörens von „Feindsendern“ sowie wegen des „verbotenen Tragens eines Trachtenanzugs“ denunziert und Anfang 1944 nach Auschwitz deportiert. Lauterbach überlebte und zeigte Frassl nach seiner Rückkehr aus dem KZ an.[21]

Die Einrichtung von „Mischehehäusern“ in der Leopoldstadt

Mit den systematischen Vertreibungen durch die Stadt Wien wurde die jüdische Bevölkerung zunehmend in bestimmten Bezirken (1., 2., 9., 20.) konzentriert. Jüdische Familien wurden in „Sammelwohnungen“ eingewiesen, in denen sie mit Fremden auf engstem Raum zusammenleben mussten.[22] Zwischen 1939 und 1940 gab es mehrere sogenannte „Judenumsiedlungsaktionen“, die vom städtischen Wohnungsamt mit Sitz in der Bartensteingasse 7 durchgeführt wurden, das Hausbesitzer:innen und Hausverwaltungen schriftlich aufforderte,

21 Ein Verfahren gegen Leopoldine Frassl beim Volksgericht Linz wurde jedoch eingestellt. Baader, Interview, 2. 7. 2012; Geheime Staatspolizei, Tagesbericht 3 (7.–9. 12. 1943), 5, DÖW, AR 8479; Oberösterreichisches Landesarchiv, LG Linz, Vg 8 Vr 6477/47.

22 Während in den Dokumenten der NS-Behörden zumeist von „Judenwohnungen“ gesprochen wird, taucht in der Nachkriegszeit in Wien – vor allem in den ersten Interviews mit Überlebenden – immer wieder die Bezeichnung „Sammelwohnung“ auf. Siehe dazu: Dokumentationsarchiv des österreichischen Widerstandes (Hrsg.), Jüdische Schicksale. Berichte von Verfolgten. Erzählte Geschichte, Bd. 3, Wien 1992.

jüdischen Mieter:innen zu kündigen.[23] Die letzte „Judenumsiedlung" fand im Mai 1941 statt – wenige Monate nach den vorzeitig gestoppten ersten großen Deportationstransporten aus Wien.[24] Diese Umsiedlungsaktion wurde bereits von der von Adolf Eichmann gegründeten „Zentralstelle für jüdische Auswanderung" verantwortet, welche auch die Deportationen organisierte.[25] Ab diesem Zeitpunkt war die „Zentralstelle" für sämtliche Wohnangelegenheiten für Jüdinnen und Juden zuständig und jeder Umzug innerhalb der Stadt musste von ihr genehmigt werden. Das Ziel war, die jüdische Bevölkerung in den Bezirken entlang des Donaukanals und vor allem im zweiten Bezirk zu konzentrieren, womit in weiterer Folge auch die Organisation der im Herbst 1941 wieder aufgenommenen Deportationen erleichtert wurde.[26]

Obwohl „Mischlingsfamilien" nicht die erklärte Zielgruppe dieser Maßnahmen waren, wurden auch viele „nichtprivilegierte" Familien aus ihren Wohnungen vertrieben. Da die verfolgten Mitglieder „gemischter Familien" oft nicht der jüdischen Gemeinde, sondern anderen Religionsgemeinschaften angehörten, wandten sie sich in der Regel an die „Auswanderungs-Hilfsorganisation für nichtmosaische Juden in der Ostmark" (AHO), die für diese Gruppe zuständig war. Die AHO unterstützte sogenannte „Nichtglaubensjuden"[27] in ihren Ausreisebemühungen und half ihnen im Fall von Delogierungen bei der Wohnungssuche. Neben der AHO gab es weitere nichtjüdische Hilfsorganisationen: Während die Schwedische Mission in der Seegasse von schwedischen Diakonissinnen und Geistlichen betrieben wurde und sich Protestant:innen jüdischer

23 Vgl. Michaela Raggam-Blesch, „Sammelwohnungen" für Jüdinnen und Juden als Zwischenstation vor der Deportation, Wien 1938–1942, in: DÖW (Hrsg.), Forschungen zu Vertreibung und Holocaust, Wien 2018, S. 81–100; Hecht / Lappin-Eppel / Raggam-Blesch, Topographie der Shoah, S. 395–409.

24 Aktennotizen vom 21. und 29. 5. 1941, Joseph Löwenherz Collection, IKG Wien, Memos 1941–1945, Leo Baeck Institute, AR 25055; Vgl. Dieter J. Hecht / Michaela Raggam-Blesch, Der Weg in die Vernichtung begann mitten in der Stadt. Sammellager und Deportationen aus Wien 1941/42, in: Dieter J. Hecht / Michaela Raggam-Blesch / Heidemarie Uhl (Hrsg.), Letzte Orte. Die Wiener Sammellager und die Deportationen 1941/42, Wien 2019, S. 20–75, hier 24–27.

25 Ursprünglich eingerichtet, um den Prozess der Enteignung und Vertreibung zu beschleunigen, wurde die „Zentralstelle" die zentrale Behörde für die Durchführung und Koordinierung der antijüdischen Politik in Österreich und zur Schaltstelle für die Massendeportationen in den Jahren 1941–1942. Vgl. Doron Rabinovici, Instanzen der Ohnmacht. Wien 1938–1945. Der Weg zum Judenrat, Frankfurt/M. 2000, S. 60–92; Hans Safrian, Die Eichmann-Männer, Wien 1993; Hecht / Raggam-Blesch, Weg in die Vernichtung, S. 59–65.

26 Vgl. Hecht / Lappin-Eppel / Raggam-Blesch, Topographie der Shoah, S. 395–400.

27 Personen, die nicht als Mitglieder der Israelitischen Kultusgemeinde (IKG) aufschienen und nur nach nationalsozialistischer Gesetzgebung als Jüdinnen und Juden kategorisiert waren.

Herkunft widmete, setzte sich die „Erzbischöfliche Hilfsstelle für nichtarische Katholiken“ für verfolgte Katholik:innen ein. Die Quäker und die AHO waren überkonfessionelle Organisationen, welche den Verfolgten beistanden, wobei Letzterer die Zuständigkeit für „Nichtglaubensjuden“ im Umgang mit den Behörden übertragen wurde.[28]

Anfang des Jahres 1941 lebte die jüdische Bevölkerung – darunter auch viele „Mischehepaare“ – bereits in ärmlichen Verhältnissen, da ihnen kaum Einkommensmöglichkeiten zur Verfügung standen. Jüdinnen und Juden aus „nichtprivilegierten“ Familien waren darüber hinaus gemeinsam mit der gesamtjüdischen Bevölkerung von der Zuteilung von Kleidung und Schuhen ausgeschlossen und erhielten geringere Lebensmittelrationen, die zudem oft von minderer Qualität waren.[29] Im Zuge der Wohnungsdelogierungen verschärften sich die Lebensbedingen der jüdischen Bevölkerung, da Jüdinnen und Juden sukzessive ihr Mobiliar zurücklassen mussten und ihnen immer weniger Wohnraum zur Verfügung stand, den sie mit anderen teilen mussten. Zudem waren die zugewiesenen Wohnungen oft für Wohnzwecke ungeeignet. Dies zeigt sich auch am Beispiel von Alfred Kaufmann und seiner nichtjüdischen Frau Emma, die im Sommer 1941 aus ihrer Wohnung gekündigt wurden, worauf ihnen ehemalige Geschäftsräume im Parterre eines Wohnhauses zugewiesen wurden. Da sie in diesen Räumlichkeiten weder Licht noch Kochgelegenheit hatten, war Emma Kaufmann gezwungen, in der Wohnung eines Verwandten in der Nähe zu kochen. Mit Unterstützung der AHO konnte die Familie Kaufmann schließlich eine Wohnung für „Mischehepaare“ im zweiten Bezirk beziehen.[30]

Die ersten Bemühungen, eigene Wohnungen für „Mischehefamilien“ zu schaffen, lassen sich bereits im Sommer 1941 festmachen.[31] Dabei wird deutlich, dass dafür – wie allgemein bei Wohnungen für Jüdinnen und Juden – vor allem solche herangezogen wurden, die für die nichtjüdische Bevölkerung als unattraktiv galten. Dies kommt beispielsweise in einem Bericht der AHO über eine Wohnung in der Kleeblattgasse 11 zum Ausdruck, die im damaligen Rotlichtmilieu gelegen war: „Trotz des geringen Zinses von etwas über RM. 40 im Monat dürften arische Wohnungssuchende für die genannte Wohnung kaum

28 Mehr zur AHO und nichtjüdischen Hilfsorganisationen: Vgl. Hecht / Lappin-Eppel / Raggam-Blesch, Topographie der Shoah, S. 322–348.

29 Vgl. Dieter J. Hecht / Michaela Raggam-Blesch, Jüdisches Leben in Wien am Vorabend der großen Deportationen, in: Hecht / Raggam-Blesch / Uhl (Hrsg.), Letzte Orte, S. 13–19; Walk, Das Sonderrecht für die Juden, S. 312, 318–319, 346, 378, 380.

30 AHO: Wohnungsangelegenheiten, Zuweisungsanträge, August 1941, Central Archives for the History of the Jewish People (CAHJP), A/W 2725,1.

31 AHO: Wohnungsangelegenheiten, Zuweisungsanträge, Juli 1941, CAHJP, A/W 2725,2.

Interesse haben. Die Wohnung liegt unter Zugrundelegung des Mezzanins im 5. Stock ohne dass ein Aufzug vorhanden wäre. Es besteht in der Wohnung kein Badezimmer. Hiezu kommt, dass die Kleeblattgasse einen schlechten Ruf hat, da seit langer Zeit dort viele Prostituierte ihren Erwerb ausüben."[32] Dieser an die Behörden gerichtete Bericht betonte die Nachteile der Wohnung, um eine Bewilligung für die Einquartierung von „Mischehepaaren" zu erreichen.

Nach Beginn der reichsweiten Deportationen findet sich in den Akten der AHO im November 1941 erstmals der Hinweis auf die Einrichtung eines „Mischehehauses" in der Großen Schiffgasse 21 auf Anordnung von Alois Brunner, dem Leiter der „Zentralstelle für jüdische Auswanderung".[33] Um Wohnraum für „Mischehefamilien" zu schaffen, wurde der Großteil der jüdischen Bewohner:innen des Hauses daraufhin ausgehoben und mit dem nächsten Deportationstransport nach Kowno (heute: Kaunas) deportiert.[34] Eine der neuen Bewohnerinnen des Hauses war die Katholikin Therese Lindenberg, der gemeinsam mit ihrem jüdischen Mann Ignaz ein Durchgangszimmer zugewiesen wurde. Das Ehepaar war bereits im Oktober 1939 aus ihrer Wohnung in der Sandrockgasse gekündigt worden und verbrachte die Jahre bis Kriegsende in drei verschiedenen „Sammelwohnungen", die letzte davon in der Großen Schiffgasse. Dort bezogen die Lindenbergs am 25. November 1941 das Durchgangszimmer der Wohnung auf Tür 7, die sie mit zwei anderen Familien teilen mussten.[35] In den folgenden Monaten wurden weitere vier Häuser in derselben Straße als „Mischehehäuser" eingerichtet, gefolgt von Wohnhäusern in der Krummbaumgasse, der Lilienbrunngasse und der Schiffamtsgasse.[36] In ihrem Tagebuch vermerkte Therese Lindenberg, dass die Gegend um den Karmelitermarkt aus diesem Grund als „Mischehenghetto" bezeichnet wurde.[37]

32 AHO: Wohnungsangelegenheiten, Bericht, 30. 9. 1941, CAHJP, A/W 2725,2

33 AHO: Mischehe-Häuser, Aktennotiz, 7. 11. 1941, CAHJP, A/W 2726,1.

34 Dies lässt sich anhand der Hauslisten sowie den Informationen auf der Website des Projektes Memento Wien (DÖW) rekonstruieren: https://www.memento.wien/address/18951/ [3. 10. 2021]; A/VIE/IKG/II/NAM/WOHN/Hauslisten 2 (1942), Hausliste Wien 2, Große Schiffgasse 21, Archiv der Israelitischen Kultusgemeinde Wien (Bestand Wien). Die Deportierten dieses Transports wurden vom Einsatzkommando 3 der Einsatzgruppe A gemeinsam mit litauischen „Hilfskräften" nach der Ankunft im Fort IX ermordet. Vgl. Alfred Gottwaldt / Diana Schulle, Die „Judendeportationen" aus dem Deutschen Reich 1941–1945. Eine kommentierte Chronologie, Wiesbaden 2005, S. 98–103.

35 Vgl. Christa Hämmerle / Li Gerhalter (Hrsg.), Apokalyptische Jahre. Die Tagebücher der Therese Lindenberg 1938 bis 1946, Wien 2010, S. 79–90.

36 AHO: Einweisung von Mischehepaaren in geräumte oder leerstehende Wohnungen, Berichte an die IKG, Februar bis Mai 1942, CAHJP, A/W 2727.

37 Vgl. Hämmerle / Gerhalter (Hrsg.), Apokalyptische Jahre, S. 79–90.

Bei der Unterstützung von Familien aus „Mischehen“ handelte die AHO auf Anweisung der „Zentralstelle“. Die vertriebenen Familien hatten daher keine Möglichkeit, die zugewiesenen Unterkünfte abzulehnen. Die AHO – wie auch die Israelitische Kultusgemeinde (IKG) – wurde von der Zentralstelle beauftragt, Unterkünfte für „Mischehefamilien“ zu recherchieren und den Umzug von delogierten „Mischehepaaren“ in die Wohnungen anderer „Mischehefamilien“ zu organisieren. Es ist daher nicht überraschend, dass betroffene Wohnungsinhaber:innen nicht immer Verständnis für diese Maßnahmen zeigten und mitunter auch ihre Kooperation verweigerten. Im September 1941 empfing „Frau Herzog“, die „arische“ Ehefrau des jüdischen Wohnungsbesitzers Oskar Herzog, den AHO-Mitarbeiter in ihrer Wohnung in der Glockengasse 1 mit groben Beschimpfungen und Drohungen und verweigerte ihm den Zutritt. Der ungenannte AHO-Mitarbeiter musste das Haus verlassen, ohne seine Recherchen zu potentiellen freien Räumlichkeiten durchführen zu können.[38] Da die AHO aber auf Auftrag der Behörden agierte, gelang es der Familie Herzog nicht, sich auf Dauer dem Zugriff der AHO zu entziehen. Anhand der Hausliste der Glockengasse 1 aus dem Jahr 1942 wird deutlich, dass spätestens zu diesem Zeitpunkt ein weiterer jüdischer Mieter (vermutlich der jüdische Partner eines „Mischehepaares“) in der Wohnung als gemeldet aufschien.[39]

Gleichzeitig kooperierte die AHO eng mit der IKG, wobei dieses Verhältnis ebenfalls nicht immer frei von Spannungen war – denn um Wohnungen für „Mischehepaare“ zu schaffen, mussten die ursprünglichen jüdischen Bewohner:innen aus den Räumlichkeiten ausgesiedelt werden. Nachdem die Große Schiffgasse 24 zum „Mischehehaus“ bestimmt worden war, setzte sich die AHO beispielsweise mit der IKG in Verbindung und forderte sie in einem Schreiben vom 22. Januar 1942 auf, die Zuweisung der jüdischen Mieterin „Frau Bachmann“ in ein Zimmer der Wohnung Nummer 20 rückgängig zu machen, da für deren Verbleib in einem „Mischehehaus“ „keine Grundlage“ vorhanden sei.[40] Am 7. Mai 1942 benachrichtigte Erich Fasal (1909–1943),[41] Leiter

38 AHO: Wohnungsangelegenheiten, Bericht, 11. 9. 1941, CAHJP, A/W 2725,1.

39 Auf den Hauslisten im Bestand der IKG wurden nur die jüdischen Bewohner:innen eines Hauses vermerkt. „Arische“ Ehepartner:innen und Kinder, die als „Mischling“ definiert wurden, scheinen auf den Dokumenten nicht auf. A/VIE/IKG/II/NAM/WOHN/Hauslisten 2 (1942), Hausliste Wien 2, Glockengasse 1, Archiv der Israelitischen Kultusgemeinde Wien (Bestand Wien).

40 AHO: Mischehe-Häuser, Schreiben an die IKG, 22. 1. 1942, CAHJP, A/W 2726,1.

41 Erich Fasal wurde nach Auflösung der AHO im Oktober 1942 nach Theresienstadt deportiert und 1943 in Auschwitz ermordet. Nach Auflösung der AHO war der „Ältestenrat der Juden in Wien“, die Nachfolgeorganisation der IKG, für alle als Jüdinnen und Juden definierten Personen zuständig. Vgl. Michaela Raggam-Blesch, Survival of a Peculiar Remnant. The

der AHO, den für Wohnungsangelegenheiten zuständigen Amtsleiter der IKG Julius Rosenfeld[42] in einem Schreiben, dass Wohnungen im Wohnhaus Haidgasse 5 ebenfalls für die Besiedlung mit „Mischehpaaren“ auf Auftrag der „Zentralstelle“ vorgesehen wurden, und ersuchte darin, für die Übersiedelung der dort noch wohnenden jüdischen Parteien Sorge zu tragen.[43] Eine dieser Wohnungen (Tür 29) wurde dem als „Krankenbehandler“ tätigen Arzt Dr. Ernst Pick gemeinsam mit seiner „arischen“ Frau und seinem „Mischlingskind“ für Wohnungs- und Ordinationszwecke zugewiesen. Pick war einer der wenigen Ärzte, der in den Jahren bis Kriegsende trotz der verbundenen Gefahren auch jüdische „U-Boote“ medizinisch versorgte.[44] Im selben Haus in der Haidgasse 5 hatten der jüdische „Rechtskonsulent“ Paul Singer und seine Frau Else im April 1942 die Wohnung auf Tür 17 bezogen, die ihm auch als Kanzlei diente.[45]

Vor der Schaffung von „Mischehehäusern“ intervenierte die AHO bisweilen auch bei der IKG, um Einweisungen jüdischer Mieter:innen in Wohnungen von „Mischehepaaren“ zu verhindern, wie dies in der Wohnung des Arztes Dr. Ludwig Spitzer in der Hörlgasse 10 der Fall war. Erich Fasal wandte sich im August 1941 mit der dringenden Bitte an Amtsleiter Rosenfeld, von weiteren Wohnungserhebungen Abstand zu nehmen, da die AHO bereits eine Einquartierung in der Wohnung des Ehepaares Spitzer vorgenommen hatte und es sich in diesem Fall um eine „Mischehe“ handelte. Daraus geht hervor, dass es bereits vor der Einrichtung von „Mischehehäusern“ Bestimmungen für „Mischehewohnungen“ gab.[46]

Dies wird im Fall des Wohnhauses Ignatzgasse 29 ebenfalls deutlich, wobei hier darüber hinaus die Widerstände der jüdischen Bewohner:innen gegen die Umsiedlungspläne dokumentiert sind. Anfang September 1941 erfolgten die ersten Wohnungszuweisungen von „Mischehepaaren“ seitens der AHO in das Haus, das von der Kreisleitung der NSDAP als baufällig erklärt worden war und

Jewish Population of Vienna During the Last Years of the War, in: Dapim. Studies on the Holocaust 29 (2015) 3, S. 197–221; Datenbank der Shoah-Opfer (DÖW): https://www.doew.at/erinnern/personendatenbanken/shoah-opfer [3. 10. 2021].

42 Der für Wohnungsangelegenheiten zuständige Amtsleiter Julius Rosenfeld (geboren 1877) dürfte als Angestellter des „Ältestenrates“ gemeinsam mit seiner jüdischen Frau Klara in Wien überlebt haben. Verzeichnis der Angestellten des Ältestenrats, 17. 1. und 15. 3. 1943, CAHJP, A/W 571; Datenbank der Shoah-Opfer (DÖW): https://www.doew.at/erinnern/personendatenbanken/shoah-opfer [3. 10. 2021].

43 AHO: Wohnungsangelegenheiten, Schreiben an die IKG, 7. 5. 1942, CAHJP, A/W 2725,2.

44 Vgl. Edeltrud Posiles, in: DÖW (Hrsg.), Jüdische Schicksale: Berichte von Verfolgten, Erzählte Geschichte, Bd. 3, Wien ^{2}1993, S. 641; Hecht / Lappin-Eppel / Raggam-Blesch, Topographie der Shoah, S. 539.

45 AHO: Wohnungsangelegenheiten, Zuweisungsanträge, 30. 4. 1942, CAHJP, A/W 2725,2.

46 AHO: Wohnungsangelegenheiten, Zuweisungsanträge, August 1941, CAHJP, A/W 2725,2.

aus dem die „arischen“ Bewohner:innen aus diesem Grund bereits ausgesiedelt worden waren.[47] Ende September 1941 intervenierte die AHO für das „Mischehepaar“ Moritz und Leopoldine Grünwald, das in eine aus einem Eckzimmer mit Küche bestehende Wohnung eines jüdischen Ehepaares eingewiesen worden war. Leopoldine Grünwald protestierte gegen den Umstand, dass es ihr als „Arierin“ zugemutet wurde, „mit einem fremden Mann in einem Zimmer“ schlafen zu müssen. Die AHO schlug daher einen Wohnungstausch mit dem in der Wohnung unterhalb lebenden jüdischen Ehepaar Oskar und Ernestine Ornstein vor. Im Bericht der AHO vom 27. September 1941 wird der „heftige Einspruch“ der beiden jüdischen Ehepaare gegen diese Umsiedlung thematisiert, wobei Oskar Ornstein ins Treffen führte, dass „infolge seines Herzleidens ein so enges Zusammenleben für ihn von gesundheitlichem Nachteil sein könnte“. Die „Zentralstelle“ verfügte zugunsten des „Mischehepaares“ Grünwald. Oskar und Ernestine Ornstein wurden wenige Monate später mit dem Transport vom 28. November nach Minsk deportiert, wo sie ermordet wurden.[48]

Selbst für Menschen in „Mischehefamilien“, die gegenüber der restlichen jüdischen Bevölkerung in gewisser Weise bessergestellt waren, erwiesen sich die Bedingungen in den überfüllten Wohnungen als beschwerlich. Konflikte und Spannungen unter den Bewohner:innen waren an der Tagesordnung, insbesondere angesichts des ungewissen Schicksals der „nicht privilegierten“ Mischlingsfamilien. In den Kriegsjahren wurde Lotte Freiberger mit ihrem jüdischen Vater Moritz und ihrer „arischen“ Mutter Mimi mehrmals aus ihren Wohnungen vertrieben. Ihre letzte Unterkunft war ein Zimmer in einer Wohnung für „Mischehen“ in der Großen Sperlgasse, die sie mit sechs anderen Personen teilten. „Gekocht wurde in einer kleinen Küche. Täglich gab es Streit und Zank, die Nerven lagen blank, das Zusammenleben wurde zur Tortur“, erinnerte sie sich in ihren Memoiren.[49]

Der „gemeinsame Haushalt“ als Schutz vor Deportation

Im Verlauf mehrerer Konferenzen zur sogenannten „Endlösung der Judenfrage“ im Jänner, März und Oktober 1942 wurde vor allem die Frage der „Mischlinge“ und der „Mischehen“ diskutiert, welche für das NS-Regime ein „unerledigtes

47 AHO: Wohnungsangelegenheiten, Zuweisungsanträge, 4. 9. 1941, CAHJP, A/W 2725,2.

48 AHO: Wohnungsangelegenheiten, Zuweisungsanträge, 27. 9. 1941, CAHJP, A/W 2725,2; Datenbank der Shoah-Opfer (DÖW): https://www.doew.at/erinnern/personendatenbanken/shoah-opfer [3. 10. 2021].

49 Lotte Freiberger, Erinnerungen, DÖW 22103, undatiertes Manuskript, S. 9.

Problem“ darstellten. Während die Vertreter der Parteikanzlei auf eine Einbindung in den Deportations- und Vernichtungsprozess drängten, um diese Gruppe endgültig „zum Verschwinden“ zu bringen, setzten sich Bedenken um die „psychologischen und politischen Auswirkungen an der Heimatfront“ durch, da man den Unmut „arischer“ Angehöriger fürchtete. „Mischehefamilien“ blieben damit letztendlich bis zum Kriegsende weitgehend vor radikalen Verfolgungsmaßnahmen geschützt, obwohl die Pläne dazu nie ganz aufgegeben wurden.[50]

Im Zuge der großen Deportationen zwischen Februar 1941 und Oktober 1942 wurde der Großteil der österreichischen jüdischen Bevölkerung aus Wien deportiert. Jüdische Ehepartner:innen aus „Mischehen“ sowie deren Kinder wurden in den Deportationsrichtlinien von diesen Transporten ausgenommen, solange die Ehe Bestand hatte.[51] Wurde die Ehe durch Scheidung oder Tod des nichtjüdischen Ehepartners aufgelöst, endete dieser Schutz – es sei denn, es waren Kinder vorhanden, die als „Mischlinge“ eingestuft wurden.[52] Mit Beginn der Deportationen nach Theresienstadt, das von den NS-Behörden als „privilegierter“ Deportationsort propagiert wurde, konnten laut Deportationsrichtlinien auch jüdische Ehepartner:innen vormals „privilegierter Mischehen“ sowie „Geltungsjuden“ dorthin deportiert werden, die bislang von den Deportationen „nach dem Osten“ ausgenommen worden waren. Jüdinnen und Juden aus aufgelösten „privilegierten Mischehen“ wurden gemäß den Richtlinien nur von den Deportationen zurückgestellt, wenn sie mit Kindern unter 14 Jahren im gemeinsamen Haushalt lebten, die als „Mischlinge“ definiert wurden.[53] Jüdische Mitglieder von „Mischlingsfamilien“ („Geltungsjuden“) verloren hingegen den

50 Vgl. Cornelia Essner, Die „Nürnberger Gesetze“ oder: Die Verwaltung des Rassenwahns 1933–1945, Paderborn 2002, S. 385–388, 419–420; Raul Hilberg, Die Vernichtung der europäischen Juden, Bd. 2, Frankfurt/M. 2007, S. 436–445; Noakes, Nazi Policy, S. 337–348; Gruner, Rosenstraße, S. 178–181.

51 Vgl. Gottwaldt / Schulle, „Judendeportationen“ aus dem Deutschen Reich, S. 56–58, 140–144; Gruner, Rosenstraße, S. 50–52.

52 Vgl. Gottwaldt / Schulle, „Judendeportationen“ aus dem Deutschen Reich, S. 170–177.

53 Deportationsrichtlinien für Transporte nach Theresienstadt, 15. 5. 1942, in: Gottwaldt / Schulle, „Judendeportationen“ aus dem Deutschen Reich, S. 269. In diesem Zusammenhang ist der genderspezifische Aspekt hervorzuheben, auf den Max Strnad in seiner aktuellen Publikation zu „Mischehen“ im Deutschen Reich bereits verwiesen hat: Da minderjährige Kinder nach einer Scheidung eher bei der Mutter blieben, waren jüdische Männer durch diese Regelung zumeist nicht vor Deportation geschützt. Vgl. Strnad, Privileg Mischehe?, S. 265. Dieser Passus wurde mit den Deportationensrichtlinien vom 20. Februar 1943 nach Theresienstadt zwischenzeitlich aufgehoben. Deportationsrichtlinien für Transporte nach Theresienstadt, 20. 2. 1943, in: Antonia Leugers (Hrsg.), Berlin, Rosenstraße 2–4: Protest in der NS-Diktatur. Neue Forschungen zum Frauenprotest in der Rosenstraße 1943, Annweiler 2005, S. 213–217. Siehe auch: Strnad, Privileg Mischehe?, S. 267.

Schutz ihres nichtjüdischen Elternteils, wenn sie nicht mehr im selben Haushalt lebten.[54] In Österreich schien diese Bestimmung auch für jüdische Ehepartner:innen aus bestehenden „Mischehen“ Anwendung gefunden zu haben, die nicht zusammenlebten.[55] Nichtjüdische Ehepartner:innen aus „nichtprivilegierten Mischehen“, welche die Bedingungen in den überfüllten „Sammelwohnungen“ nicht mehr ertragen konnten, gefährdeten damit meist unwissentlich ihre jüdischen Ehepartner:innen, wenn sie auszogen.[56] Da Deportationsrichtlinien nie veröffentlicht wurden, da sie als „Geheime Reichssache“ galten, erfuhren Mitglieder aus „Mischehefamilien“ offiziell nichts über die Schlüsselfaktoren, die ihren Schutz bedingten. Stattdessen waren sie auf ihre Intuition angewiesen, wie sie diesen aufrechterhalten konnten. Dies wird am Beispiel von Therese Lindenberg deutlich, die in ihren Aufzeichnungen vermerkte, dass sie trotz der beengten Wohnverhältnisse in der Sammelwohnung von ihrer Eingebung davon abgehalten wurde, die Seite ihres Mannes zu verlassen.[57]

In einer Reihe von Fällen wird der Druck deutlich, dem „gemischte Familien“ in ihrem Kampf gegen Zwangsdelogierungen ausgesetzt waren.[58] Josef und Maria Ernst hatten es sich in den Kopf gesetzt, die Wohnung von Leopold Deman und seiner „arischen“ Frau Maria in der Reinergasse 31 im vierten Be-

54 Akten der Staatspolizeileitstelle Düsseldorf, Abteilung II B4: Korrespondenz, Regularien und statistische Aufstellungen betreffend die Deportationen von Jüdinnen und Juden (1941–1943), Deportationen nach Theresienstadt, ITS 8232303, Arolsen Archives; Deportationsrichtlinien für Transporte nach Theresienstadt, 15. 5. 1942, in: Gottwaldt / Schulle, „Judendeportationen“ aus dem Deutschen Reich, S. 268–275. Dies wurde mit den Deportationsrichtlinien vom 20. Februar 1943 nochmals explizit betont. Vgl. Leugers, Berlin, Rosenstraße, S. 213–217; Gruner, Rosenstraße, S. 51–52, 135.

55 In den Deportationsrichtlinen scheint der gemeinsame Haushalt für Ehepartner:innen aus bestehenden „Mischehen“ nicht als Bedingung für den Schutz auf. Die Anwendung in Österreich könnte mit der Praxis der „Trennung von Tisch und Bett“ zusammenhängen, die für Katholik:innen bis zu dem 1938 in Kraft tretenden Eherecht die einzig mögliche Form der Scheidung war. Vgl. Ulrike Harmat, Ehe auf Widerruf? Der Konflikt um das Eherecht in Österreich 1918–1938, Frankfurt/M. 1999, S. 8–16. Für München und Berlin sind ähnliche Fälle während der Spätphase der Deportationen (1944/1945) belegt. Vgl. Strnad, Privileg Mischehe?, S. 264, 270.

56 Vgl. Michaela Raggam-Blesch, Alltag unter prekärem Schutz. Mischlinge und Geltungsjuden im NS-Regime in Wien, in: Zeitgeschichte 43, 5 (2016), S. 292–307, hier 297–298.

57 Therese Lindenberg, Die Leopoldstadt unter Hitler, in: Ruth Steiner, Was ich dich noch fragen wollte... Eine Christin auf der Suche nach ihrer jüdischen Identität, Wien 2006, S. 34–70; Hämmerle / Gerhalter (Hrsg.), Apokalyptische Jahre, S. 79–90.

58 Siehe auch: Konrad Kwiet, Withouth Neighbors. Daily Living in Judenhäuser, in: Francis R. Nicosia / David Scrase (Hrsg.), Jewish Life in Nazi Germany. Dilemmas and Responses, New York und Oxford 2010, S. 117–148, hier 133. Siehe auch: Strnad, Privileg Mischehe?, S. 164–190.

zirk in Besitz zu nehmen. Da die Demans kinderlos und daher „nichtprivilegiert" waren, versuchten sie einer „Wohnungsarisierung" durch das Ehepaar Ernst zu entgehen, indem sie das „privilegierte Mischehepaar" Fritz und Grete Kürt als Mitbewohner:innen aufnahmen. Daraufhin terrorisierte das Ehepaar Ernst die beiden Familien und bedrohte sie mit ihren Verbindungen zu hochrangigen SS-Funktionären in der „Zentralstelle für jüdische Auswanderung". Grete Kürt konnte als „Arierin" die Räumungsklage für ihren Mann abwenden, im Falle der Familie Deman blieb dies ohne Erfolg. Um seiner Frau die Zwangsräumung zu ersparen, bezog Leopold Deman eine „Sammelwohnung" in der Josefinengasse 1 im zweiten Bezirk. Nach einer „Aushebung" wurde er im April 1942 gemeinsam mit seinen Mitbewohner:innen nach Włodawa im Generalgouvernement deportiert, wo er ermordet wurde.[59] Im Frühjahr 1943 wurden die verbliebenen Bewohner:innen der Reinergasse erneut gezwungen, ihre Wohnung zu räumen und stattdessen in die Einzimmerwohnung des Ehepaares Ernst zu ziehen. Maria Deman erlitt daraufhin einen Schlaganfall und starb innerhalb von wenigen Tagen. Josef und Maria Ernst setzten sich schließlich durch und die Familie Kürt bezog deren Wohnung in der Rieplstraße im 10. Bezirk. Eine nach dem Krieg gegen sie eingereichte Klage blieb jedoch ohne Folgen.[60]

Der Ingenieur Paul Goldstein lebte mit seiner Frau Hermine in einer Wohnung im 19. Bezirk, in der diese aufgewachsen war. Als das Ehepaar 1941 wegen der jüdischen Abstammung des Ehemannes mit der Kündigung konfrontiert

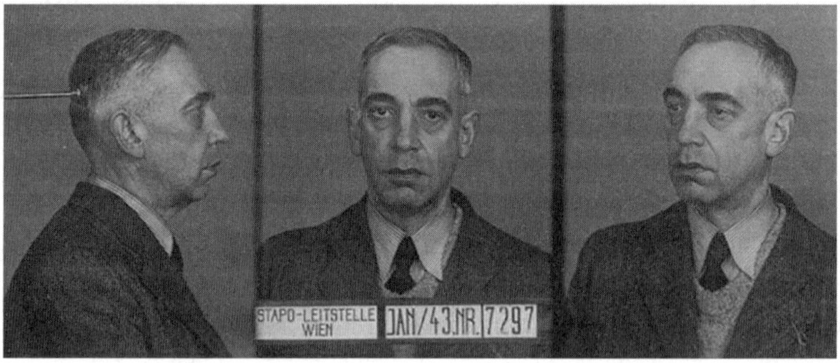

Gestapo-Foto von Paul Goldstein

Wiener Stadt- und Landesarchiv

59 Datenbank der Shoah-Opfer (DÖW): https://www.doew.at/erinnern/personendatenbanken/shoah-opfer [3. 10.2021].

60 Anzeige von Fritz und Grete Kürt, Polizeikommissariat Wieden, 19. 6. 1945, Privatbestand Cech; Liselotte Cech (née Kürt), Interview von Michaela Raggam-Blesch, 14. 6. 2013 in Wien.

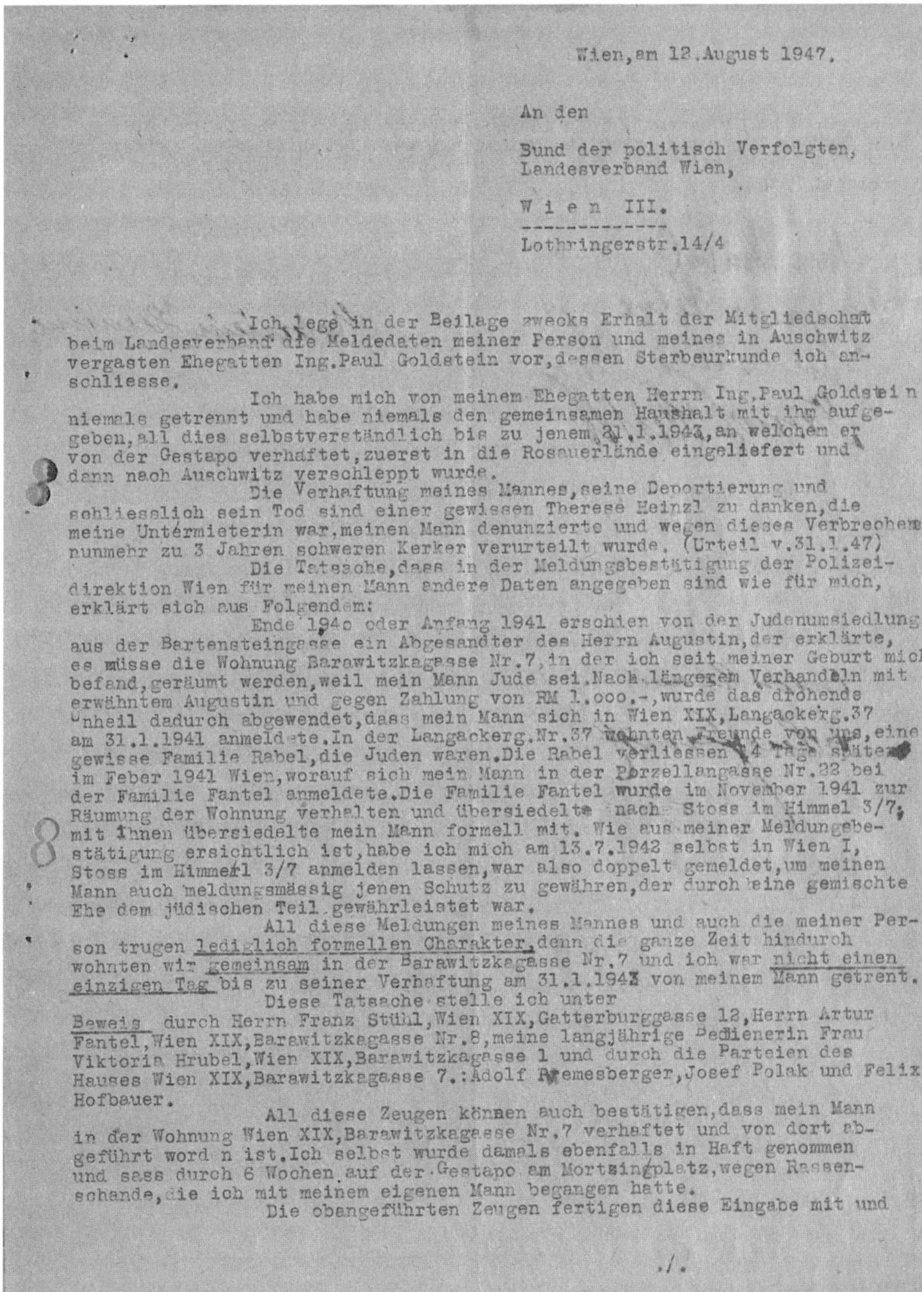

Wien, am 12. August 1947.

An den

Bund der politisch Verfolgten,
Landesverband Wien,

W i e n III.

Lothringerstr. 14/4

Ich lege in der Beilage zwecks Erhalt der Mitgliedschaft beim Landesverband die Meldedaten meiner Person und meines in Auschwitz vergasten Ehegatten Ing. Paul Goldstein vor, dessen Sterbeurkunde ich anschliesse.

Ich habe mich von meinem Ehegatten Herrn Ing. Paul Goldstein niemals getrennt und habe niemals den gemeinsamen Haushalt mit ihm aufgegeben, all dies selbstverständlich bis zu jenem 31.1.1943, an welchem er von der Gestapo verhaftet, zuerst in die Rosauerlände eingeliefert und dann nach Auschwitz verschleppt wurde.

Die Verhaftung meines Mannes, seine Deportierung und schliesslich sein Tod sind einer gewissen Therese Heinzl zu danken, die meine Untermieterin war, meinen Mann denunzierte und wegen dieses Verbrechens nunmehr zu 3 Jahren schweren Kerker verurteilt wurde. (Urteil v. 31.1.47)

Die Tatsache, dass in der Meldungsbestätigung der Polizeidirektion Wien für meinen Mann andere Daten angegeben sind wie für mich, erklärt sich aus Folgendem:

Ende 1940 oder Anfang 1941 erschien von der Judenumsiedlung aus der Bartensteingasse ein Abgesandter des Herrn Augustin, der erklärte, es müsse die Wohnung Barawitzkagasse Nr. 7, in der ich seit meiner Geburt mich befand, geräumt werden, weil mein Mann Jude sei. Nach längerem Verhandeln mit erwähntem Augustin und gegen Zahlung von RM 1.000,-, wurde das drohende Unheil dadurch abgewendet, dass mein Mann sich in Wien XIX, Langackerg. 37 am 31.1.1941 anmeldete. In der Langackerg. Nr. 37 wohnten Freunde von uns, eine gewisse Familie Rabel, die Juden waren. Die Rabel verliessen 14 Tage später im Feber 1941 Wien, worauf sich mein Mann in der Porzellangasse Nr. 22 bei der Familie Fantel anmeldete. Die Familie Fantel wurde im November 1941 zur Räumung der Wohnung verhalten und übersiedelte nach Stoss im Himmel 3/7; mit ihnen übersiedelte mein Mann formell mit. Wie aus meiner Meldungsbestätigung ersichtlich ist, habe ich mich am 13.7.1942 selbst in Wien I, Stoss im Himmel 3/7 anmelden lassen, war also doppelt gemeldet, um meinen Mann auch meldungsmässig jenen Schutz zu gewähren, der durch eine gemischte Ehe dem jüdischen Teil gewährleistet war.

All diese Meldungen meines Mannes und auch die meiner Person trugen lediglich formellen Charakter, denn die ganze Zeit hindurch wohnten wir gemeinsam in der Barawitzkagasse Nr. 7 und ich war nicht einen einzigen Tag bis zu seiner Verhaftung am 31.1.1943 von meinem Mann getrent.

Diese Tatsache stelle ich unter Beweis durch Herrn Franz Stühl, Wien XIX, Gatterburggasse 12, Herrn Artur Fantel, Wien XIX, Barawitzkagasse Nr. 8, meine langjährige Bedienerin Frau Viktoria Hrubel, Wien XIX, Barawitzkagasse 1 und durch die Parteien des Hauses Wien XIX, Barawitzkagasse 7.: Adolf Premesberger, Josef Polak und Felix Hofbauer.

All diese Zeugen können auch bestätigen, dass mein Mann in der Wohnung Wien XIX, Barawitzkagasse Nr. 7 verhaftet und von dort abgeführt worden ist. Ich selbst wurde damals ebenfalls in Haft genommen und sass durch 6 Wochen auf der Gestapo am Morzinplatz, wegen Rassenschande, die ich mit meinem eigenen Mann begangen hatte.

Die obangeführten Zeugen fertigen diese Eingabe mit und

./.

Schreiben von Hermine Goldstein an den Bund der politisch Verfolgten, 12. 8. 1947, über die Ermordung ihres Mannes Ing. Paul Goldstein aufgrund der Denunziation durch Therese Heinzl

KZ-Verband-Akt, DÖW

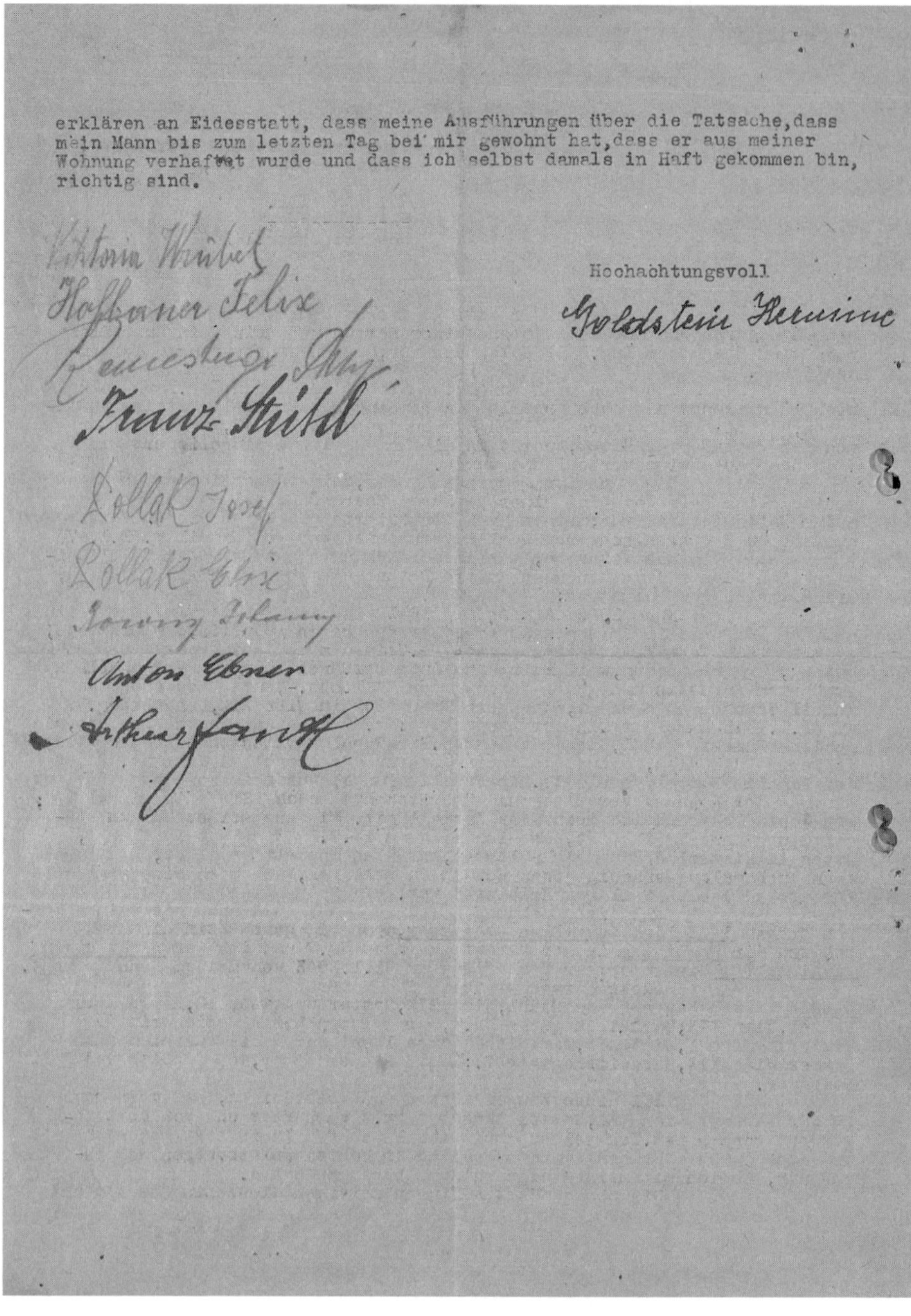
erklären an Eidesstatt, dass meine Ausführungen über die Tatsache, dass mein Mann bis zum letzten Tag bei mir gewohnt hat, dass er aus meiner Wohnung verhaftet wurde und dass ich selbst damals in Haft gekommen bin, richtig sind.

Hochachtungsvoll

Goldstein Hermine

wurde, gelang es ihnen, die Wohnung unter dem Vorwand zu behalten, dass Paul Goldstein offiziell in der Wohnung von Freunden gemeldet wurde. Im Jänner 1943 verhaftete die Gestapo Goldstein aufgrund einer Denunziation durch Therese Heinzl, einer Mitbewohnerin im Haus.[61] Der Gestapo-Tagesbericht beschreibt Paul Goldstein als von seiner „arischen“ Frau getrennt, der gegen bestehende Gesetze verstoßen hatte, indem er täglich die Wohnung seiner Frau aufgesucht und den gelben Stern nicht getragen hatte. Im März 1943 wurde Paul Goldstein nach Auschwitz deportiert und ermordet.[62]

Um seiner Familie die Wohnung in der Taborstraße zu erhalten, zog Samuel Feldmann Ende 1941 aus seiner Wohnung aus, nachdem gegen ihn und seine „arische“ Frau Emma ein Delogierungsaufruf eingegangen war. Emma Feldmann konnte daraufhin gemeinsam mit ihrem Sohn Heinz in der Wohnung verbleiben. 1942 wurde Samuel Feldmann als Bewohner einer „Sammelwohnung“ mehrmals „ausgehoben“ und ins Sammellager Kleine Sperlgasse verbracht. Dank der Intervention seiner nichtjüdischen Frau, die rechtzeitig von seiner Verhaftung erfuhr, wurde er zwei Mal aus dem Sammellager entlassen. Der Umstand, dass Emma Feldmann Ende des Jahres 1942 ihre Wohnung trotz alledem verlor, könnte ihrem Mann das Leben gerettet haben. Das Ehepaar bezog gemeinsam mit ihrem zwölfjährigen Sohn Heinz eine Wohnung am Volkertmarkt, wo sie die Kriegsjahre überlebten.[63]

Pauline Vogel wurde ebenfalls vom Hauseigentümer vor die Wahl gestellt, sich entweder von ihrem jüdischen Mann zu trennen oder ihre Wohnung aufzugeben. Daraufhin zog sie mit ihrem Mann Emil und ihrem Sohn Martin Vogel im Sommer 1942 in eine „Sammelwohnung“ in der Oberen Donaustraße, wo die Familie den Krieg überlebte.[64]

Wohnungskündigungen für „nichtprivilegierte Mischehepaare“ dienten offensichtlich auch dazu, Druck auf nichtjüdische Ehefrauen auszuüben, sich von ihren jüdischen Ehemännern zu trennen – mit dem Versprechen, dadurch im Gegenzug in ihren Wohnungen verbleiben zu können. Nicht alle „Misch-

61 Nach dem Krieg wurde Therese Heinzl zu drei Jahren Haft verurteilt. KZ-Verbandsakten, Brief von Hermine Goldstein an den Bund der politisch Verfolgten, 12. 8. 1947, DÖW 20.100/3317.

62 Geheime Staatspolizei, Tagesbericht 7 (22.–25. 1. 1943), DÖW 8479, S. 4–5; Datenbank der Shoah-Opfer (DÖW): https://www.doew.at/erinnern/personendatenbanken/shoah-opfer [3. 10.2021].

63 Bestätigung der Entlassung aus dem Sammellager Kleine Sperlgasse für Sami Feldmann (beglaubigte Abschrift), 16. 6. 1942, Privatbestand Feldmann; Heinz Feldmann, Interview mit Michaela Raggam-Blesch, 16. 11. 2015 in Wien.

64 Martin Vogel, Interview von Dieter J. Hecht, Eleonore Lappin-Eppel, Albert Lichtblau und Michaela Raggam-Blesch, 21. 2. 2012 in Wien.

ehepaare“ konnten diesem Druck standhalten, was mitunter auch zu Verzweiflungstaten führte. Ein Aktenvermerk vom 27. April 1942 im Bestand der AHO beschreibt den Fall von Hugo Epstein, der von der „Zentralstelle für jüdische Auswanderung“ den Auftrag bekommen hatte, seine Wohnung in der Kaiserstraße 93 umgehend zu verlassen, wobei seiner „arischen“ Frau Antonia der weitere Verbleib in der Wohnung genehmigt wurde. Da weitere dokumentarische Hinweise fehlen, kann das Schicksal von Hugo Epstein nur durch den Eintrag in der Datenbank der Shoah-Opfer nachvollzogen werden, woraus hervorgeht, dass er sich wenige Monate später das Leben nahm.[65]

Prekärer Schutz von „Mischehefamilien“

In den letzten Kriegsjahren kam es zu merkbaren Verschärfungen der nationalsozialistischen Verfolgungspolitik in Bezug auf „gemischte Familien“, die nach der Deportation des Großteils der jüdischen Bevölkerung immer mehr in den Fokus der Behörden gerieten.[66] „Geltungsjuden“ sowie Jüdinnen und Juden in nichtprivilegierten „Mischehen“ standen als „Sternträger“ unter prekärem Schutz. Sie waren Denunziationen ausgesetzt und konnten aufgrund von Bagatelldelikten in „Schutzhaft“ genommen werden. Am 4. März 1943 verhaftete die Gestapo den 19-jährigen „Geltungsjuden“ Oskar Koritschoner und seine Freundin Edith Langberg, die ebenfalls als „Geltungsjüdin“ kategorisiert war, wegen angeblicher „Arbeitsunwilligkeit“, da beide „ohne stichhaltigem [sic!] Grund“ der Arbeit ferngeblieben waren.[67] Während Edith Langberg nach Auschwitz deportiert und schließlich in Ravensbrück ermordet wurde, starb Oskar Koritschoner nach einem Fluchtversuch aus dem Sammellager in der Malzgasse 7.[68] Selbst Aktivitäten wie ein Kinobesuch konnten tödlich enden, da dies für Juden und Jüdinnen verboten war und man das Kino nur betreten konnte, wenn man den gelben Stern abnahm, was an sich schon als schweres Vergehen galt. Im Februar 1943 wurde die 21-jährige Schneiderin Katharina Fischer we-

65 AHO: Einweisung von Mischehepaaren in geräumte oder leerstehende Wohnungen, Aktenvermerk, 27. 4. 1942, CAHJP, A/W 2727; Datenbank der Shoah-Opfer (DÖW): https://www.doew.at/erinnern/personendatenbanken/shoah-opfer [3. 10.2021].

66 Vgl. Gruner, Rosenstraße, S. 172–189; Max Strnad, The Fortune of Survival – Intermarried German Jews in the Dying Breath of the „Thousand-Year Reich“, in: Dapim. Studies on the Holocaust 29 (2015), S. 173–196.

67 Geheime Staatspolizei, Tagesbericht 2 (2.–4. 3. 1943), DÖW 8479, S. 5.

68 Josef Koritschoner, Interview von Michaela Raggam-Blesch, 5. 8. 2020; Datenbank der Shoah-Opfer (DÖW): https://www.doew.at/erinnern/personendatenbanken/shoah-opfer [3. 10. 2021].

gen „Missachtung der Kennzeichnungspflicht“ verhaftet, da sie als „Geltungsjüdin“ ohne den für sie verpflichtenden „Judenstern“ angetroffen wurde. Sie wurde nach Auschwitz deportiert, wo sie im Dezember 1943 ermordet wurde.[69]

Der Umstand, dass die antijüdische Gesetzgebung immer weitere Bereiche des Lebens betraf, führte zu einer zunehmenden Kriminalisierung des jüdischen Alltags, da nur durch Verstöße gegen diese Vorschriften eine gewisse Normalität hergestellt werden konnte. Ein häufiges Delikt war das Besorgen von Lebensmitteln oder Bekleidung, die für Jüdinnen und Juden verboten waren. In den Gestapo-Tagesberichten wurden zahlreiche Verhaftungen dokumentiert, wobei die meisten Betroffenen aufgrund solcher „Vergehen“ deportiert wurden.[70] Lili Gampl, die in „Mischehe“ mit ihrem „arischen“ Ehemann lebte, wurde beispielsweise am 20. November 1942 in Wallsee (Niederösterreich) angehalten, wohin sie sich ohne behördliche Genehmigung begeben hatte, um dort bei Bauern bezugsbeschränkte Lebensmittel einzukaufen. Sie wurde nach Auschwitz deportiert, wo sie am 15. April 1943 ermordet wurde.[71] Josef Schwarz wurde am 14. Dezember 1942 wegen eines ähnlichen „Vergehens“ aufgegriffen. Schwarz war mit seinem Fahrrad in der Provinz unterwegs, wo er Bekleidung gegen Hühner, Schmalz und andere Lebensmittel tauschte, die Jüdinnen und Juden offiziell nicht mehr beziehen durften. Trotz seiner bestehenden „Mischehe“ wurde Josef Schwarz am 9. Februar 1943 nach Auschwitz deportiert und dort bereits wenige Wochen später am 28. Februar ermordet.[72]

Für „Mischehefamilien“ war das Überleben bis zum Schluss nicht gesichert. Am 19. Jänner 1945, nur wenige Monate vor Kriegsende, erließ das Reichssicherheitshauptamt (RSHA) schließlich einen Erlass, der die endgültige Deportation aller jüdischen Mitglieder von „Mischehefamilien“ nach Theresienstadt anordnete.[73] Während in Deutschland bis Ende Februar 1.901 Personen

69 Geheime Staatspolizei, Tagesbericht 5 (12.–15. 2. 1943), DÖW 8479, S. 5–6; Datenbank der Shoah-Opfer (DÖW): https://www.doew.at/erinnern/personendatenbanken/shoah-opfer [3. 10. 2021].

70 Vgl. Statistik der Staatspolizeileitstelle Wien für den Monat Januar 1944, Beiblatt zum Tagesbericht der Gestapo Wien, Dokumentationsarchiv des österreichischen Widerstandes, DÖW 8479; Raggam-Blesch, Survival of a Peculiar Remnant, S. 212.

71 Geheime Staatspolizei, Tagesbericht 7 (20.–23. 11. 1942), DÖW 8479, S. 9; Datenbank der Shoah-Opfer (DÖW): https://www.doew.at/erinnern/personendatenbanken/shoah-opfer [3. 10. 2021].

72 Geheime Staatspolizei, Tagesbericht 6 (18.–21. 12. 1942), DÖW 8479, S. 4; Datenbank der Shoah-Opfer (DÖW): https://www.doew.at/erinnern/personendatenbanken/shoah-opfer [3. 10. 2021].

73 Zu diesem Erlass gab es in der Literatur unterschiedliche Datumsangaben. Gruner, Rosenstraße, S. 187; Gottwaldt / Schulle, „Judendeportationen“, S. 366. Im Rahmen seiner jüngsten Publikation verweist Max Strnad auf ein Dokument aus dem Bestand des National-

aus mehreren Städten deportiert wurden,[74] wurde in Wien ein für den 26. Februar 1945 geplanter Transport noch im letzten Moment von lokalen NS-Funktionären wegen der herannahenden Front abgesagt.[75]

Als die Rote Armee am 13. April 1945 Wien befreite, hatten etwa 6.512 Jüdinnen und Juden die Zeit der Verfolgung überlebt. Die überwiegende Mehrheit – etwa 5.300 Österreicher:innen jüdischer Herkunft – waren Mitglieder einer „Mischehefamilie". Hinzu kamen etwa 195 Personen, die durch eine Anstellung im Rahmen des „Ältestenrates der Juden in Wien" – der Nachfolgeorganisation der Israelitischen Kultusgemeinde – vor Deportation geschützt gewesen waren. Etwa 1.000 Personen war es gelungen, im Verborgenen zu überleben.[76] Angesichts des Umstandes, dass die jüdische Gemeinde vor der Machtübernahme durch die Nationalsozialisten im Jahr 1938 mit mehr als 167.200 Mitgliedern eine der größten in Zentraleuropa gewesen war, war es nur eine sehr kleine Zahl, die in Wien unter prekären Bedingungen überlebte.[77]

archivs in Prag, welches das Datum 19. Januar 1945 bestätigt. Fernschreiben des RSHA an nachgeordnete Dienststellen vom 19. 1. 1945 betreffend den geschlossenen Arbeitseinsatz der jüdischen Teile aus „Mischehen", zitiert in: Strnad, Privileg Mischehe?, S. 326–334.

74 Ebenda, S. 336, 462.

75 Offizieller Grund war die nahende Front, wobei hier bei lokalen NS-Entscheidungsträgern vermutlich bereits Rückversicherungsstrategien angesichts der sich abzeichnenden Kriegsniederlage zum Tragen kamen. Herbert Rosenkranz, Verfolgung und Selbstbehauptung: Die Juden in Österreich 1938–1945, Vienna 1978, S. 309–310; Gruner, Rosenstraße, S. 187–188.

76 Weitere 118 Personen überlebten als Mitglieder von „Mischehefamilien" in Niederösterreich. Aufgliederung der in Wien und Niederdonau lebenden Juden, 1. 1. 1945, CAHJP, A/W 415. Vgl. Jonny Moser, Demographie der jüdischen Bevölkerung Österreichs 1938–1945, Wien 1999, S. 56; Brigitte Ungar-Klein, Jüdische U-Boote und ihre Helferinnen und Helfer in Wien, in: Hecht / Raggam-Blesch / Uhl (Hrsg.), Letzte Orte, S. 171–185, hier 171–173.

77 Moser, Demographie, S. 16.

Renée Wagener

„Um den Bedürfnissen nachkommen zu können, erbitten wir die Zuweisung nachbenannter Häuser als Altersheime an die Israelitische Kultusgemeinde“[1]

„Jüdische Altersheime“ im Rahmen der nationalsozialistischen Enteignungspolitik in Luxemburg

Obwohl ihre Existenz in eine kritische Phase nationalsozialistischer Verfolgung der jüdischen Bevölkerung in Luxemburg fiel, hat die Geschichtsforschung das Thema der den Jüdinnen und Juden während des Zweiten Weltkriegs zugewiesenen Häuser bis heute nicht eingehend bearbeitet.[2] Eine Ausnahme war lange

1 Großrabbiner Robert Serebrenik an Gestapo-Chef Fritz Hartmann, 2. 4. 1941, Archives nationales Luxembourg (ANLUX), FD-261-02.

2 In den letzten Jahrzehnten lag der Fokus luxemburgischer Geschichtsschreibung eher auf der Verantwortung der einheimischen Behörden an der Verfolgung der Juden und Jüdinnen im besetzten Luxemburg. Die Vernehmungen zur Rolle der luxemburgischen Behörden, die 2015 zu offiziellen Entschuldigungen seitens der luxemburgischen Regierung führten, gingen Hand in Hand mit der wissenschaftlichen Aufarbeitung der Shoah in Luxemburg und einem neuen allgemeinen Interesse an der Geschichte jüdischen Lebens. Siehe zum Beispiel Commission spéciale pour l'étude des spoliations des biens juifs au Luxembourg pendant les années de guerre 1940–1945, La spoliation des biens juifs au Luxembourg 1940–1945. Rapport final, Luxemburg 2009; Thorsten Fuchshuber / Renée Wagener (Hrsg.), Émancipation, Éclosion, Persécution. Le développement de la communauté juive luxembourgeoise de la Révolution française à la 2e Guerre mondiale, Brüssel 2014 [= Religion et altérité]; Laurent Moyse, Between shade and darkness. Le sort des juifs du Luxembourg de 1940 à 1945. Catalogue de l'exposition [= Das Schicksal der Juden Luxemburgs von 1940 bis 1945. Ausstellungskatalog], Esch-Sauer [2]2014; Vincent Artuso, La „question juive“ au Luxemburg (1933–1941). L'État luxembourgeois face aux persécutions antisémites nazies. Rapport final, Luxembourg 2015; Renée Wagener, Die jüdische Minderheit in Luxemburg und das Gleichheitsprinzip. Staatsbürgerliche Emanzipation vs. staatliche und gesellschaftliche Praxis vom 19. bis zum Beginn des 21. Jahrhunderts, Diss., Fernuniv. Hagen 2017; Daniel Thilman, La participation des juifs au Luxembourg à la vie politique dans l'entre-deux-guerres, in: Hémecht 69 (2017) 3/4, S. 451–437; L'essentiel, „Stolpersteine“ erinnern

Zeit der bekannteste luxemburgische Historiker der Shoah, Paul Cerf. Er begann in den 1970er Jahren mit der Untersuchung des breiteren Prozesses der Vernichtung jüdischen Lebens im Großherzogtum unter deutscher Besatzung während des Zweiten Weltkriegs.[3] Dieser Faden wurde erst in neueren Publikationen wieder aufgenommen.[4] Während sich mehrere Veröffentlichungen mit dem „Zwangsaltenheim" in Fünfbrunnen befasst haben, einem alten Kloster in einer abgeschiedenen Gegend im Norden des Landes,[5] möchte der folgende Beitrag die Schaffung und Entwicklung kleinerer „Altersheime" für Jüdinnen und Juden in Luxemburg beleuchten. Er untersucht die Fragen, welche Modelle dafür als Basis gedient haben, wie und weshalb diese Häuser eingeführt wurden, welche Rollen die nationalsozialistische Verwaltung und das jüdische Konsistorium innehatten, und schließlich, wie sich die Funktion dieser Häuser entwickelt hat.

Die Entwicklungen in der nationalsozialistischen „Judenpolitik" in Luxemburg zu verstehen und einzuordnen ist keine einfache Aufgabe. Während auf Quellenebene die Tätigkeit des jüdischen Konsistoriums relativ gut dokumentiert ist, trifft dies auf die nationalsozialistische Entscheidungsfindung weniger zu. Daher stammt der größere Teil der Quellen aus den Verwaltungsdossiers des Konsistoriums mit dem Schriftverkehr mit den nationalsozialistischen Besatzern, während nur wenige Dokumente der Nazis, zumeist in Form antijüdischer Verordnungen oder behördlicher Routinen, gefunden werden konnten. Eine wertvolle Quelle sind die Protokolle des Kriegsverbrecherprozesses von 1949–1950 in Luxemburg, aber auch die in den 1960er Jahren durchgeführten Verhöre im Zusammenhang mit Ermittlungsverfahren deutscher Staatsanwälte gegen Personen, die verdächtigt wurden, an den Deportationen von Jüdinnen und Juden aus Luxemburg zwischen Oktober 1941 und September 1943 betei-

an Nazi-Terror, http://www.lessentiel.lu/de/luxemburg/story/stolpersteine-erinnern-an-nazi-terror-24123408 [30. 1. 2020].

3 Paul Cerf, Longtemps j'aurai mémoire. Documents et témoignages sur les juifs du Grand-Duché de Luxembourg durant la seconde Guerre mondiale, Luxemburg 1974; ders., L'étoile juive au Luxembourg, Luxemburg 1986. Siehe auch André Hohengarten, Die nationalsozialistische Judenpolitik in Luxemburg, Luxemburg 2002.

4 Für neue Studien zur Verfolgung der Juden und Jüdinnen unter nationalsozialistischer Herrschaft siehe zum Beispiel: Mil Lorang, Luxemburg im Schatten der Shoah, Soleuvre 2019.

5 Marc Schoentgen, „Furcht vor der Fahrt nach Polen...". Das „Jüdische Altersheim" in Fünfbrunnen (1941–1943), in: De Cliärrwer Kanton 17 (1995) 2, S. 26–33; ders., Das „Jüdische Altersheim" in Fünfbrunnen, in: Wolfgang Benz / Barbara Distel (Hrsg.), Terror im Westen. Nationalsozialistische Lager in den Niederlanden, Belgien und Luxemburg 1940–1945, Berlin 2004, S. 49–71; Hugo Heumann, Erlebtes-Erlittenes. Von Mönchengladbach über Luxemburg nach Theresienstadt. Tagebuch eines deutsch-jüdischen Emigranten, Mersch 2007.

ligt gewesen zu sein; diese werden im deutschen Bundesarchiv aufbewahrt.[6] Obwohl die Aussagen einander häufig widersprechen und der Agenda der jeweiligen Angeklagten folgen, geben sie doch einen gewissen Einblick in die Maßnahmen des deutschen „Einsatzkommandos der Sicherheitspolizei und des Sicherheitsdienstes in Luxemburg" (EK) der Gestapo in Luxemburg im Zuge der Verfolgung und Deportation der Juden und Jüdinnen.

Die Rolle der „Altersheime" in Luxemburg in der nationalsozialistischen antijüdischen Politik

Nach Raoul Hilberg kann die nationalsozialistische antijüdische Politik als ein Prozess in vier Schritten gesehen werden: Marginalisierung, komplette Abschottung, Zerstörung der wirtschaftlichen Lebensgrundlagen, Verfolgung und Ermordung.[7] In Luxemburg unterschieden sich die zeitlichen Abläufe des Prozesses etwas von diesem Modell. Als Gustav Simon, Chef der Zivilverwaltung (CdZ),[8] Gauleiter in Luxemburg wurde, war es sein Ziel, sein Gebiet als ersten Gau „judenfrei" zu machen.[9] Luxemburg war das erste besetzte Land in Westeuropa, welches die Einführung der „Judenverordnungen" im September 1940 erlebte. Die Anwendung dieser Verordnungen führte gleichzeitig zu Marginalisierung, Entrechtung und Zerstörung der wirtschaftlichen Lebensgrundlagen der jüdischen Bevölkerung.[10] Sie etablierten nicht nur „Rassen"-Kriterien,

6 ANLUX, CdG-143; Bundesarchiv Deutschland (BArch) 162/6903-6908.

7 Raoul Hilberg, The destruction of the European Jews, New Haven ^{3}2003. Viele Autor*innen sind dieser Beschreibung gefolgt. Siehe z. B. Martin Ulmer / Martin Ritter (Hrsg.), Das jüdische Zwangsaltenheim Eschenau und seine Bewohner, Horb-Rexingen 2013, S. 12–14. Spätere Autor*innen sehen auch die Rücknahme der Emanzipation und den Verlust der gleichen Rechte als Teil dieses Prozesses. Siehe z. B. Francis R. Nicosia, Introduction, in: Francis R. Nicosia / David Scrase (Hrsg.), Jewish life in Nazi Germany. Dilemmas and responses, New York–Oxford 2010, S. 4.

8 Der Begriff „Chef der Zivilverwaltung" bezeichnete auch die unter Simons Zuständigkeit stehende Verwaltung.

9 Eine der ersten Maßnahmen war die Zählung der jüdischen Bevölkerung, welche Grundlage für die nachfolgenden Schritte wurde. Die erste Zählung der Jüdinnen und Juden im Auftrag des CdZ wurde im August 1940 von luxemburgischen Polizisten durchgeführt. Am 15. Dezember 1940 fand eine „Emigrantenzählung" statt, in der die Bürgermeister aller Gemeinden Listen aller Personen aufstellen mussten, die das Land verlassen hatten und vermutlich nicht zurückkehren würden. Für eine kurze Beschreibung der Zählungen in Luxemburg und anderen besetzten Ländern siehe Wagener, Die jüdische Minderheit, S. 702–703.

10 Für einen Vergleich der Einführung der Maßnahmen in verschiedenen westeuropäischen Ländern siehe ebenda, S. 939–942; Katja Happe / Michael Mayer / Maja Peers (Hrsg.),

die für Tätigkeiten in der öffentlichen Verwaltung und in freien Berufen relevant waren, sondern bedeuteten auch den Beginn der „Arisierung" jüdischen Vermögens und Eigentums, darunter auch des Grundbesitzes. Juden und Jüdinnen mussten ihr Vermögen deklarieren und konnten gezwungen werden, ihre Firmen oder ihren Grundbesitz zu verkaufen oder diese dem CdZ zu überlassen.[11] Somit war der CdZ über die Haus- und Eigentumslage der Juden und Jüdinnen gut informiert. Am 1. Oktober 1940 verkündete eine Verordnung, dass jüdische Bankkonten gesperrt wurden; die jüdischen Konteninhaber*innen erhielten kleine monatliche Zahlungen, die ihren eingefrorenen Vermögenswerten entnommen wurden. Weitere Verordnungen bezüglich jüdischen Besitzes folgten im Dezember 1940, Februar und April 1941 und April 1942.[12] Für wohlhabendere Jüdinnen und Juden führten die „Judenverordnungen" zur Vertreibung aus ihren Wohnungen und zu ihrer Verarmung, was ihnen die Anmietung einer neuen Unterkunft erschwerte. Ärmere Jüdinnen und Juden verloren oft ihre Arbeit und waren nicht mehr in der Lage, ihre Mieten zu bezahlen. Häufig hatten sie in jüdischen Geschäften und Betrieben gearbeitet, die nunmehr „arisiert" wurden, oder sie wurden von ihren „arischen" Arbeitgeber*innen entlassen. So bat Rosa Steinberg das jüdische Konsistorium, ihr und ihren beiden Kindern zu helfen: Sie hatte ihr Bett verkauft und schlief auf dem Steinboden, ihre „arischen" Vermieter wollten sie und ihre zwei Söhne aus der Wohnung haben. Sie schrieb: „Unsere ganze Lage ist derartig, dass, wenn uns keine Hilfe kommt, uns nur ein Ausweg bleibt, Schluss zu machen mit diesem ganzen erbärmlichen Leben."[13]

Die Juden und Jüdinnen sollten ihrer Vermögen beraubt und vom Rest der Bevölkerung separiert werden. Das Ziel des nationalsozialistischen Regimes, das Gebiet „judenfrei" zu machen, wurde teilweise durch Erlässe, die auf die

Die Verfolgung und Ermordung der europäischen Juden durch das nationalsozialistische Deutschland 1933–1945. Bd. 5: West- und Nordeuropa 1940 – Juni 1942, München 2012, S. 828–839.

11 Verzeichnis über das Vermögen von Juden, ANLUX, FD-261-04. Ein Bericht der Sonderkommission beauftragt mit der Untersuchung der Plünderung jüdischen Vermögens verzeichnete 592 Parzellen Grundeigentums. Commission spéciale Spoliation, S. 64. In Deutschland wurde mit einem Gesetz vom 26. 4. 1938 eine ähnliche Maßnahme getroffen. Nicosia, Introduction, S. 6.

12 Commission spéciale Spoliation, S. 16–20.

13 Brief von Rosa Steinberg an das jüdische Konsistorium, 6. 10. 1940, ANLUX, FD-261-07. Das Dokument ist auch zitiert in: Happe / Mayer / Peers (Hrsg.), Die Verfolgung und Ermordung der europäischen Juden. Bd. 5, Dok. 203, S. 540. Rosa Steinberg, geboren 1894 in Checeny (Polen), lebte seit 1927 mit ihrem Mann und Sohn in Luxemburg, wo auch ihr zweiter Sohn geboren wurde.

Segregation abzielten, erreicht, aber auch durch Vertreibungsmaßnahmen: In einer ersten Phase war antijüdische Politik stark durch Massenausweisungen nach Frankreich gekennzeichnet.[14] Ab September 1940 wurden Jüdinnen und Juden, die Luxemburg noch nicht aus eigener Initiative verlassen hatten, dazu gedrängt, nach Südfrankreich abzuwandern und, falls möglich, noch weiter. Unter deutschem Druck wurde vom jüdischen Konsistorium eine Reihe von Sammeltransporten per Bus oder Bahn organisiert, die zwischen Oktober 1940 und Oktober 1941 abgingen.

Die unmittelbare Konsequenz sowohl von Enteignung als auch Vertreibung war die Errichtung spezieller Häuser, die von deren jüdischen Eigentümer*innen verlassen worden waren und wohin nun einige der verbliebenen wohnungslosen Jüdinnen und Juden übersiedelt wurden. Jedoch wurde der Begriff „Judenhaus“, wie in Deutschland und Österreich zur Bezeichnung derartiger Häuser üblich, in Luxemburg nicht gebraucht. Gebäude, in denen Jüdinnen und Juden konzentriert wurden, wurden eher „Altersheime“ genannt. In Deutschland bezeichneten „Altenheime“ oder „Altersheime“ größere Gebäude, in denen Jüdinnen und Juden zwangsweise leben mussten.[15]

Der Aufenthalt in kleineren „Altersheimen“ war oft nur eine Zwischenphase vor dem Transfer eines Großteils ihrer Bewohner*innen ins viel größere „Altersheim“ Fünfbrunnen, in das Jüdinnen und Juden ab dem Sommer 1941 zwangsweise eingewiesen wurden.[16] Wenn der Aufenthalt in kleineren „Altersheimen“ nicht als komplette Isolation bezeichnet werden kann, so traf dies sicher auf Fünfbrunnen zu. Fünfbrunnen war seinerseits der Auftakt zur Deportation, die im Oktober 1941 begann. Dieser oft nahtlose Übergang vom Aufenthalt in „Altersheimen“ via Aufnahmelager ins Ghetto oder Konzentrationslager erklärt, weshalb nur wenige Memoiren von Juden und Jüdinnen bekannt sind, die das Leben in einem „Altersheim“ beschreiben.[17]

14 Wiederum lassen sich Ähnlichkeiten mit Deutschland und Österreich erkennen, wo seit 1938 erzwungene Emigration in großem Ausmaß stattfand. Nicosia, Introduction, S. 7; Konrad Kwiet, Without neighbors. Daily living in Judenhäuser, in: Nicosia / Scrase (Hrsg.), Jewish life, S. 123.

15 Sarah Kentner, Die Entstehung der jüdischen Zwangsaltenheime in Württemberg, in: Ulmer / Ritter (Hrsg.), Das jüdische Zwangsaltenheim Eschenau, S. 31–40.

16 Zur Geschichte von Fünfbrunnen im Zusammenhang mit der Shoah, siehe Schoentgen, Furcht; ders., Das „Jüdische Altersheim“ in Fünfbrunnen.

17 Heumann, der Zeuge des Lebens in Fünfbrunnen war, erwähnte seinen Aufenthalt im „Altersheim“ Rue Notre Dame 42 nur am Rand. Heumann, Erlebtes-Erlittenes, S. 52–53, 54–65.

Ähnlichkeiten und Unterschiede zwischen jüdischen Wohnbereichen und Gebäuden in Deutschland und Luxemburg

Seit 1938 wurden Juden und Jüdinnen in Deutschland und im besetzten Österreich in „Judenhäusern" mit dem erklärten Ziel konzentriert, Wohnraum für „arische" Bewohner*innen zu schaffen.[18] Dieser Vorgang diente jedoch auch dazu, die jüdische Bevölkerung an einem Ort zu sammeln, und so wurden die „Judenhäuser" häufig zur letzten Station vor der Deportation. Während kein klares Konzept für die „Judenhäuser" existierte, wurde der Plan eines „Ghettos" von den nationalsozialistischen Machthabern intensiver diskutiert: Eine Alternative war, Jüdinnen und Juden provisorisch in speziellen, von den „Ariern" getrennten Stadtteilen zu konzentrieren; eine andere Zielsetzung, von Reinhard Heydrich 1939 formuliert, war, sie mit dem ausdrücklichen Ziel der Deportation zurückzubehalten. Diese Pläne blieben anfangs jedoch vage,[19] was auch Browning hervorhebt:

> „Ghettoization was not a conscious preparatory step planned by the central authorities to facilitate the mass murder nor did it have the ‚set task' of decimating the Jewish population. Ghettoization was in fact carried out in different ways for different reasons on the initiative of local authorities. […] They did so at different times and for different immediate reasons but always within the common ideological parameters set by the failed expulsion policy – namely, that ultimately Jews and ‚Aryans' did not live together."[20]

Obwohl „Ghettos" eine sehr spezifische Form der Zwangsunterbringung in abgetrennten Vierteln waren, die von den Nationalsozialisten im besetzten Polen eingeführt worden waren, wurde der Begriff „Ghettoisierung" nach dem Zweiten Weltkrieg in der Populärliteratur und sogar in der wissenschaftlichen Literatur oft verwendet, um unterschiedliche Arten des Ausschlusses und der Ausgrenzung von Jüdinnen und Juden in verschiedenen geografischen Gebieten

18 Zur Errichtung und Entwicklung der „Judenhäuser" in Deutschland siehe Kwiet, Without neighbors, S. 124–126.

19 Dan Michman, The Emergence of Jewish Ghettos During the Holocaust, S. 31–35, 44–45. Lehnstaedt betont, dass diese Bereiche nicht notwendigerweise „Ghetto" genannt wurden, sondern dass verschiedene Begriffe verwendet wurden. Ebenda, S. 49.

20 Christopher R. Browning, The path to genocide. Essays on launching the final solution, Cambridge 1995, S. 17.

unter nationalsozialistischer Besatzung abzudecken. In den letzten Jahrzehnten haben einige Autor*innen versucht, den Bereich, den dieser Begriff umfasst, zu klären und abzugrenzen und zwischen Ghettos, Lagern, Gefängnissen, Wohnunterkünften und „Judenhäusern“ zu differenzieren.[21] Auch wenn jüdische Personen häufig dorthin zwangsüberstellt wurden, kann das „Judenhaus“ nicht als eine Form von Ghetto gesehen werden, da es üblicherweise nicht versperrt war und die dort lebenden Personen keine Zwangsarbeit leisten mussten.[22] Das trifft auf die „Altersheime“ in Luxemburg sogar noch stärker zu. Deshalb kann nicht einmal das „Altersheim“ Fünfbrunnen als „Minighetto“ bezeichnet werden (wie dies Cerf tut).[23] Schoentgen schlägt vor, es „ghettoähnliche Zwangswohngemeinschaft“ zu nennen.[24] Möglicherweise wurde die Verwendung des Begriffs „Altersheime“ für kleinere Häuser vom Konsistorium eingeführt, was aber den nationalsozialistischen Besatzern gut passte, da dies ein Euphemismus war, der die Funktion dieser Häuser, Jüdinnen und Juden abzusondern und zu konzentrieren, gut verbarg.

Mehrere Fakten machen es plausibel, dass deutsche Erfahrungen mit „Judenhäusern“ in der nahegelegenen deutschen Stadt Trier, nur 50 Kilometer von Luxemburg-Stadt entfernt, als Inspiration für die „Altersheime“ in Luxemburg dienten. In Trier hatte es solche Häuser bereits seit dem Frühjahr 1938 gegeben und sie existierten mindestens bis 1943.[25] Überdies erstreckte sich die Aktivität der nationalsozialistischen Behörden in Trier, besonders die der Gestapo, oft auch auf Luxemburg. Neben der Abteilung IVa, zuständig für die Verwaltung jüdischen Besitzes, die in der nationalsozialistischen Zivilverwaltung in Luxemburg angesiedelt war, war das „Einsatzkommando Luxemburg“ (EK) verantwortlich für das luxemburgische „Referat für Judenangelegenheiten.“ Der

21 Zu den diversen Konzepten von „Ghetto“ während der nationalsozialistischen Herrschaft und in der Geschichtsschreibung siehe Michman, The Emergence of Jewish Ghettos During the Holocaust, S. 4, 8, 90–93; Lehnstaedt, Jewish Spaces?, S. 49–51. Michman hat auch eine Einteilung in sechs Hauptphasen der Entwicklung des Ghetto-Konzepts vorgeschlagen. Michman, The Emergence of Jewish Ghettos During the Holocaust, S. 148–149. Einige Autor*innen betonen, dass die „Judenhäuser“ eigentlich ein Mittel waren, die Errichtung von Ghettos zu vermeiden. Siehe zum Beispiel Kwiet, Without neighbors, S. 126.

22 Siehe jedoch zum Beispiel Boaz Neumann (zitiert in Michman), der das „Judenhaus“ als eine Form von Ghetto kategorisierte. Michman, The Emergence of Jewish Ghettos During the Holocaust, S. 16, Fußnote 33.

23 Cerf, Longtemps, S. 92; ders., L'étoile, S. 90–121. Heumanns Bericht zeigt deutlich, dass die Insass*innen Fünfbrunnen zunächst verlassen konnten.

24 Schoentgen, Das „Jüdische Altersheim“ in Fünfbrunnen, S. 50.

25 Etwas weiter weg in Bonn war ein „Altersheim“ im Benediktinerinnenkloster eingerichtet worden. Kwiet, Without neighbors, S. 131.

Chef der Gestapo in Trier, Wilhelm Nölle, später Fritz Hartmann, war auch Leiter des EK in Luxemburg. Einige Aspekte der „Judenpolitik“ wurden gemeinsam organisiert: So nahmen zum Beispiel einige der Deportationszüge aus Luxemburg auch Jüdinnen und Juden in Trier auf.[26] Auf jüdischer Seite gab es Verbindungen zwischen dem luxemburgischen Konsistorium und der „Reichsvereinigung der Juden in Deutschland“, die Ersteres in dessen Entscheidungen, wie mit der Situation umzugehen sei, beeinflusst haben könnte.[27]

Dennoch scheint die nationalsozialistische Separierungs- und Ausgrenzungspolitik in Luxemburg anders gestaltet worden zu sein als anderswo. In Deutschland ließ bereits seit 1939 das „Gesetz über Mietverhältnisse mit Juden“, welches auf die Trennung von „Juden/Jüdinnen“ und „Ariern/Arierinnen“ abzielte, den Jüdinnen und Juden keine andere Wahl als in „Judenhäuser“ zu übersiedeln.[28] Ein solches Gesetz gab es in Luxemburg nicht. Im Unterschied zu Deutschland oder dem besetzten Österreich war der Wohnraumbedarf der luxemburgischen nichtjüdischen Bevölkerung kein explizites Argument für die Schaffung der „Altersheime“, da Luxemburg nicht unter starkem Wohnungsmangel litt.[29] Anscheinend war es eher der Bedarf der nationalsozialistischen Verwaltung an Büro- oder Wohnräumen für deren Beamte, die die Zwangsräumung jüdischer Häuser bewirkte. Erst in einer zweiten Phase gingen jüdische Häuser in das „Eigentum“ der städtischen Verwaltungen über, welche sie dann vermieteten, insbesondere an „arische“ Familien, Arbeiter*innen oder Angestellte.[30] Auch dienten deutsche „Judenhäuser“ nicht der Konzentrierung vor allem älterer Jüdinnen und Juden, wie dies in Luxemburg der Fall

26 Paul Dostert, La déportation des Juifs à partir du territoire luxembourgeois (1941–1943), in: Fuchshuber / Wagener (Hrsg.), Émancipation, Éclosion, Persécution, S. 203–220. Laut dem ehemaligen Judensachbearbeiter Otto Schmalz wurde die Zusammenstellung der Züge von der Stapo Trier und Luxemburg ausgearbeitet, beide mussten eine gewisse Anzahl an zu deportierenden Juden und Jüdinnen angeben. Erklärung des Beschuldigten Schmalz, 10. 8. 1970, S. 12–13, BArch, BA 162/6907, Bl. 1003–1004.

27 Siehe z. B. ANLUX, FD-083-014, FD-083-335, FD-083-336, FMD-002.

28 Reichsgesetz über Mietverhältnisse mit Juden vom 30. April 1939, ÖNB-ALEX – Deutsches Reichsgesetzblatt Teil I 1867–1945, https://alex.onb.ac.at/cgi-content/alex?aid=dra&datum=1939&page=1095&size=45 [7. 9. 2021]. Siehe auch Guy Miron, The Home Experience of German Jews Under the Nazi Regime, in: Past & Present 243 (2019) 1, Oxford Academic, S. 179.

29 In Deutschland trugen die Bombardierungen zur Verschärfung dieses Mangels bei. Siehe zum Beispiel Kwiet, Without neighbors, S. 134–135; Judenhäuser / Das Jüdische Hamburg, http://www.dasjuedischehamburg.de/inhalt/%C2%BBjudenh%C3%A4user%C2%AB [7. 10. 2021].

30 Verschiedene undatierte Listen, wahrscheinlich im Frühjahr 1944 zusammengestellt, ANLUX, CdZ-A-6544.

war. Und während in Deutschland bestehende jüdische Altersheime zuweilen in Zwangsaufnahmezentren umfunktioniert wurden, kam dies in Luxemburg nicht vor, wo offenbar keine derartigen Heime vor dem Krieg existiert hatten.[31] Es gab keine speziellen Regeln für die luxemburgischen „Altersheime", die zum Beispiel den Bewohner*innen untersagt hätten auszugehen oder mit nichtjüdischen Personen in Kontakt zu treten. Maßnahmen, die den Zugang der Jüdinnen und Juden zum öffentlichen Raum einschränkten, wurden von den allgemeinen antijüdischen Regeln abgedeckt.[32] Einige in „Altersheimen" lebende Personen konnten sogar die Prozedur einleiten, um in die westlichen Nachbarstaaten auszuwandern.[33]

Es ist jedoch möglich, einige Parallelen zwischen den deutschen „Judenhäusern" und den luxemburgischen „Altersheimen" auszumachen: Im täglichen Leben trennten die spezifisch den Jüdinnen und Juden zugewiesenen Orte diese de facto von Nichtjüdinnen und Nichtjuden und ermöglichten es, mehrere Personen an einem Platz zu konzentrieren und zu überwachen. In beiden Fällen wurde auch eine interne jüdische Verwaltung eingesetzt, deren Aufgabe es war, die Umsetzung der von der nationalsozialistischen Verwaltung verhängten Regelungen zu organisieren und zu überprüfen. In Luxemburg, wo, wie in mehreren besetzten Ländern, die Absicht bestanden hat, ein Gebiet frei von jüdischen Bewohner*innen zu schaffen,[34] war anscheinend eher das Kloster Fünfbrunnen dazu bestimmt, Jüdinnen und Juden vom Rest der Bevölkerung fernzuhalten. Als Gauleiter Simon am 16. Oktober 1941 Luxemburg für „judenfrei" erklärte und verlautbarte, dass 350 Juden in den Osten „ausgesiedelt" worden waren, um der „Volksgemeinschaft" einen Dienst zu erweisen, fügte er hinzu, dass die restlichen „Juden" von den deutschen „Volksgenossen" separiert und in einer abgelegenen Sammelunterkunft, also Fünfbrunnen, untergebracht werden würden. Er erwähnte die kleineren „Altersheime" nicht einmal.

31 Obwohl eine „Stiftung Israelitisches Altersheim", unter Vorsitz von Frau J. Geiershöfer, existierte, gibt es keinerlei Spuren eines solchen Heims, welches vor dem Krieg tatsächlich in Funktion war. Liste jüdischer Vereinigungen, undatiert, ANLUX, FD-083-014.

32 Chef der Zivilverwaltung, Verordnung betr. Ordnung des jüdischen Lebens in Luxemburg, 29. 7. 1941, in: Verordnungsblatt für Luxemburg (1941), S. 325. Neben dieser allgemeinen Regel gab es auch spezifischere, zum Beispiel das Verbot für Juden und Jüdinnen, die Straßenbahn zu benützen, erwähnt in einem Brief des Bürgermeisters von Luxemburg-Stadt an den CdZ, 23. 8. 1941, ANLUX, CdZ-A-2507.

33 Brief der Reichsvereinigung der Juden in Deutschland, Abteilung Wanderung, an das jüdische Konsistorium in Luxemburg, 3. 4. 1941, ANLUX, FD-083-336.

34 Zu Deutschland, siehe zum Beispiel Ulmer / Ritter (Hrsg.), Das jüdische Zwangsaltenheim, S. 28.

Die Schaffung von „Altersheimen“ für Jüdinnen und Juden in Luxemburg

Die „Altersheime“ müssen in einem größeren Zusammenhang gesehen werden, wie nämlich die Nationalsozialisten mit der jüdischen Bevölkerung generell umgingen: Die etwa 800 Jüdinnen und Juden, die sich nach der erzwungenen Emigration von 3.000 Personen in den Westen noch in Luxemburg befanden, bestanden im Wesentlichen aus zwei Gruppen: arbeitsfähige Männer, die in nahegelegenen deutschen Arbeitslagern Zwangsarbeit verrichten mussten und oft gezwungen waren, dort zu wohnen, und Personen, die nicht arbeitsfähig waren, zumeist ältere und kranke Menschen, Kinder und einige Pflegekräfte.

Bereits im September 1940 gab es die ersten Anzeichen der Schaffung von „Altersheimen.“ Am 7. Oktober unterschrieb die Leitung des Konsistoriums einen Vertrag mit den Eigentümer*innen des Hauses in der Rue Michel Welter, dem Ehepaar Wolff-Hayum, die Luxemburg verließen. Der Vertrag besagte, dass sie das Haus dem Konsistorium zum Zweck der Unterbringung älterer Menschen jüdischen Glaubens überließen. Der Vertrag musste von der Zivilverwaltung bewilligt werden, was offenbar auch geschah. Ein deutscher Arzt bescheinigte, dass das Haus der beabsichtigten Verwendung entsprach und jedes Schlafzimmer zwei oder drei Personen beherbergen konnte. Eine „arische“ Verwalterin gab an, wie die Mietzahlungen zu erfolgen hätten. Aber das Konsistorium setzte auch eine jüdische Verwalterin ein, Henny Kahn.[35]

Zur gleichen Zeit bestätigte das EK, dass ein weiteres Gebäude in der Rue Wallis dem Konsistorium als „Altersheim“ zur Verfügung gestellt wurde. Ab 26. November wurde das Haus des Ehepaars Mayer-Levy in der Bernkastelerstraße ebenfalls vom Konsistorium verwaltet.[36] Noch im selben Monat folgten die Häuser Galler-Laufer in der Rue Neipperg und Bonn

35 Sie und neun andere Bewohner*innen hatten bereits vor dem Weggang der Eigentümer*innen im Haus gelebt. Liste der Juden, die in Stadt und Bezirk Luxemburg wohnen, 18. 8. 1940, ANLUX, FD-083-88, Bl. 1313. Dass derartige Transaktionen zwischen Konsistorium und EK nicht immer von anderen nationalsozialistischen Vereinigungen respektiert wurden, zeigt sich im Protest des Konsistoriums vom 16. 10. 1940 gegen die Ankündigung der „Volksdeutschen Bewegung“ (VdB) alle Möbel zu konfiszieren und noch verbliebene Bewohner*innen auszuweisen, ebenso zwei Angestellte, die vom Konsistorium dazu bestimmt waren, sich um das Haus zu kümmern. Brief des Konsistoriums an das EK, 16. 10. 1940, ANLUX, FD-083-038.

36 Das jüdische Konsistorium, das sich „Consistoire israélite“ nannte, änderte im Sommer 1940 seinen Namen auf „Konsistorium der Jüdischen Kultusgemeinde“.

in der Rue Notre-Dame.[37] Sämtliche Transaktionen erfolgten auf Bitte des Konsistoriums, die letzten beiden wurden nicht offiziell, sondern nur stillschweigend von den deutschen Behörden anerkannt. Später wurden andere jüdische Häuser zwangsgeräumt. Im April 1941 musste die Witwe Salomon, die in einem gut gelegenen Haus am Boulevard Emmanuel Servais lebte, innerhalb von drei Tagen ihr Haus verlassen und einen Teil ihrer Möbel zurücklassen, da das Haus „zu Dienstzwecken“ angefordert wurde.[38] Max Maier musste seine Wohnstätte zugunsten Hauptmann Kammerichs abgeben.[39] Ein weiteres Beispiel ist Edith Levy, die bis 18. September 1941 in der Rue Astrid gewohnt hatte. Edith Levy gab an: „Am 16. September 1941 Besichtigung des Hauses durch deutsche Beamte. Mündliche Forderung, das Haus binnen 2 Tagen zu verlassen und mit unserer gesamten Habe, einschliesslich der Möbel zum Kloster Fünfbrunnen zu begeben. [...] Einige Zeit später erfuhren wir, dass der Beschuldigte Hartmann nach unserm Auszug aus der rue Astrid unser Haus für sich privat belegt hatte. Bei dem Haus handelte es sich um unser Eigentum.“[40]

Die Analyse des Schriftverkehrs des jüdischen Konsistoriums hat es ermöglicht, eine Liste der folgenden zwölf Häuser zu erstellen: [41]

- Rue Astrid 9
- Bernkastelerstraße (vormals Rue Mercier) 9
- Rue de la Paix 8
- Rue du Couvent 3
- Cour du Couvent 6
- Rue Notre-Dame 42
- Route de Longwy 59
- Rue Michel-Welter 35
- Rue Neipperg 71

37 Alex Bonn, Anwalt und Präsident des Konsistoriums, hatte das Haus seiner Mutter, Helene Bonn-Heumann, der Jüdischen Gemeinde überlassen, als er emigrierte; es sollte als Heim für ältere Menschen genutzt werden. Zur Unterschrift dieser Verträge siehe auch Cerf, Longtemps, S. 63–65. Laut Cerf beherbergte das Haus in der Bernkastelerstraße dauerhaft etwa 20 Personen. Cerf setzt die Schaffung dieser Heime nicht mit antijüdischer Politik der Nationalsozialisten in Verbindung, sondern begründet sie mit der Solidarität innerhalb der jüdischen Gemeinde.

38 Brief von Gauinspektor Joseph Ackermann an das Konsistorium, 2. 4. 1941.

39 Brief des Konsistoriums an den CdZ, Abt. IV A, 5. 5. 1941, ANLUX, FD-083-037. Die Rechtschreibung in den Zitaten folgt dem Original.

40 Vernehmung der Zeugin Edith Levy, 15. 7. 1970, S. 1–2, BArch B 162/6907, Bl. 923-924.

41 Der oben genannte Bericht über Plünderungen gibt nur fünf solche Häuser an. Commission spéciale Spoliation, S. 68.

- Place du Parc 20
- Rue de Reckenthal 26
- Wigerichstraße (vormals Rue Bourbon) 1

Soweit dies die Dokumente, mit einer Ausnahme, zeigen, lagen alle „Altersheime" in der Landeshauptstadt, was bereits ein Anzeichen für die laufende Konzentrierung der jüdischen Bevölkerung sein könnte.[42] Ein Blick auf den Stadtplan zeigt, dass sich die Häuser vorwiegend in der Nähe des Hauptbahnhofs und im Stadtteil Bonnevoie befanden. Das einzige Haus im Stadtzentrum war das Bonn-Haus neben der Synagoge. Die Neuzuweisung der Häuser war nicht notwendigerweise das Resultat einer wohlüberlegten Wahl durch die Nationalsozialisten oder das Konsistorium, sondern hing eher von den Gegenden ab, in denen jüdische Familien vor dem Krieg gewohnt hatten. Da diese beiden Gegenden recht populär und belebt waren, scheint es die nationalsozialistische Verwaltung nicht für nötig erachtet zu haben, die Nachbarschaft über die Zwangsunterbringung der Jüdinnen und Juden zu informieren.[43] Generell scheint es in dieser Phase keinerlei Versuche gegeben zu haben, Juden und Jüdinnen konsequenter zu separieren. Hatten die nationalsozialistischen Behörden auf die Kontrolle durch die nichtjüdische Bevölkerung gebaut, wie dies Heydrich für Deutschland vorhergesagt hatte?[44]

Es wurden keine detaillierten Unterlagen zu Identität und vormaligen Adressen von Personen, die in „Altersheime" übersiedelt sind, gefunden. Aber es gibt einige Zahlen: Am 16. November 1941, also ein Monat, nachdem der erste Deportationszug Luxemburg verlassen hatte, antwortete das Konsistorium der Abteilung IVa auf die Frage der Konzentrierung aller Juden, die sich im Land befinden. Laut Konsistorium gab es noch 362 Jüdinnen und Juden in Luxemburg; davon waren 138 in Fünfbrunnen untergebracht.[45] Ein ande-

42 In einem Brief vom 7. 11. 1941 erwähnte das Konsistorium ein „Altersheim" in Junglinster, eine kleine Gemeinde östlich der Stadt Luxemburg. Dies deutet darauf hin, dass der Begriff „Altersheim" breit verwendet wurde und offizielle und inoffizielle Adressen abdeckt.

43 Eine Verpflichtung, einen schwarzen und weißen „Judenstern" an den Eingangstüren von jüdischen Heimen zu befestigen, wurde auf Befehl der Gestapo eingeführt und die betroffenen Personen wurden vom „Ältestenrat" am 12. 5. 1942 informiert. Die Zeichen sollten nicht an der Außenseite der Häuser angebracht werden, ANLUX, FD-083-381. In Deutschland war diese Maßnahme im April eingeführt worden. Kwiet, Without neighbors, S. 129.

44 Michman, The Emergence of Jewish Ghettos During the Holocaust, S. 34.

45 Israelitische Kultusgemeinde Luxemburg, Aktennotiz für die Verwaltung des Jüdischen und Emigranten-Vermögens, z. Hd. des Herrn Dr. Neugebauer, 16. 11. 1941, ANLUX, FD-261-02. Fünfbrunnen war also komplett belegt, jede Person verfügte über 4 bis 4,5 m^2 Wohnraum. Aber ein Jahr später sollte Fünfbrunnen sogar 340 Personen beherber-

res Dokument bestätigte am 17. März 1942, dass die restlichen 224 Personen noch in privaten Häusern wohnten, darunter 38 Personen in „Altersheimen".[46] Tatsächlich gab es immer noch Jüdinnen und Juden, die selbstständig lebten, möglicherweise in Unterkünften, die ihnen von Freund*innen oder Verwandten zur Verfügung gestellt worden waren, vielleicht sogar in Form einer gemeinsamen Wohnungsnutzung. Diese Annahme wird durch die Tatsache bestärkt, dass in den Archiven einige Adressen mit unterschiedlichen Mieter*innen auftauchen. So wurde zum Beispiel die Adresse Rue de Chicago 20 von einer Reihe unterschiedlicher Personen genutzt.[47] Es ist nicht bekannt, ob das Konsistorium diese Aufenthalte organisiert hat. Zuweilen war auch die Grenze zwischen privater Unterkunft und „Altersheim" fließend. Im Fall der Rue Astrid war Edith Levy gezwungen, das Ehepaar Geyershöfer unterzubringen.

Eine Liste jüdischer Haushalte in der Stadt Luxemburg von 1942 zeigt, dass manche Leute noch in ihren eigenen Häusern oder Wohnungen lebten, andere waren gezwungen worden, ihr Heim aufzugeben.[48] Ein Beispiel wäre das Haus von Jacob und Regine Rosenstiel-Schwarz, die jahrzehntelang ein angesehenes Textilgeschäft im Stadtzentrum besessen hatten. Sie verließen ihr gutgelegenes Haus in einer neuen Wohngegend, welches anschließend als „Altersheim" genutzt wurde, und zogen an eine private Adresse im beliebten Stadtteil Bonnevoie.[49] 1942 wurden sie von dort ins Ghetto Theresienstadt deportiert, wo sie umkamen.[50]

gen, der Bau von neuen Baracken war dort geplant. Aktennotiz Kultusgemeinde, vermutlich März 1942, ANLUX, FD-261-08.

46 Cerf erwähnte, dass laut dem Bericht von Oberrabbiner Robert Serebrenik an Eichmann vom 24. 4. 1941 zu dieser Zeit 41 Personen in „Altersheimen" lebten, was alles in allem eine gewisse Stabilität in der Anzahl an Bewohner*innen in den „Altersheimen" annehmen lässt. Cerf, Longtemps, S. 48, 63. Im Juli 1942, nach der Schließung der Häuser in der Rue Michel Welter und Rue de la Paix, zählte der „Ältestenrat" nur noch 16 Personen in „Altersheimen". Haushaltsliste der in Luxemburg-Stadt ansässigen Juden, 22. 7. 1942, ANLUX, FD-261-08.

47 Vertrag zwischen Gerson Kleinberg und Melanie Reininger vom 31. 12. 1940, ANLUX, FD-261-07. Der Vertrag gab an, dass er dem CdZ unterworfen war und das Konsistorium die Miete zahlte. Eine ähnliche Situation scheint auch in der Avenue du Bois 37 vorgelegen zu haben.

48 Haushaltsliste der in Luxemburg-Stadt ansässigen Juden, 22. 7. 1942, ANLUX, FD-261-08.

49 „Wir benötigen dringendst untenstehende Angaben…", , 7. 4. 1942, ANLUX, FD-261-12, Bl. Rosenstiel Regine.

50 Transportliste vom 28. 7. 1942, Luxemburg-Stadt, ANLUX, FMD-002.

Die Rolle des jüdischen Konsistoriums bei der Errichtung und Verwaltung der Häuser

Die Politik der „Altersheime“ setzte auch eine aktive Rolle der Leitung der luxemburgischen Jüdischen Gemeinde voraus, auf die die Jüdinnen und Juden in praktischen Angelegenheiten angewiesen waren. Konfrontiert mit der Enteignung jüdischen Eigentums und der Ausweisung der jüdischen Bewohner*innen aus ihren Wohnstätten wurden die Leiter dazu gebracht, sich für die Zuteilung von „Altersheimen“ in Luxemburg-Stadt einzusetzen oder sie zumindest zu organisieren. Die verschiedenen historischen Quellen widersprechen einander in der Frage, ob Maßnahmen vom Konsistorium wegen dringenden Bedarfs oder auf nationalsozialistische Anordnung ergriffen wurden.

Im April 1941, nach einem Telefongespräch über den Fall der Witwe Salomon, schrieb Oberrabbiner Robert Serebrenik an Gauinspektor Ackermann, dass es unmöglich sei, neue Unterkünfte für delogierte Personen zu finden, und drängte ihn, die Konfiszierung jüdischer Häuser einzustellen. Speziell erwähnte er das Haus Rosenstiel-Schwarz, wo derzeit acht Personen im Alter zwischen 70 und 85 Jahren lebten. Er schrieb: „Um den Bedürfnissen nachkommen zu können, erbitten wir die Zuweisung nachbenannter Häuser als Altersheime an die Israelitische Kultusgemeinde.“[51] Serebrenik stellte daraufhin eine Liste von sechs Häusern auf. Unklar ist, inwiefern dieses Gesuch tatsächlich Serebreniks eigener Initiative entsprach. Es scheint plausibel, dass das Konsistorium aktiv dafür gekämpft hat, diese Häuser zu behalten, um enteignete Personen neu unterzubringen. Aber es wäre auch möglich, dass Serebrenik angewiesen worden war, die telefonischen Verlautbarungen niederzuschreiben. Diese Hypothese wird durch ein Dokument vom 9. Mai 1941 bestärkt, in dem Louis Sternberg, der als „Verwalter“ der Altersheime fungierte, berichtete, dass das Haus in der Rue Wallis auf Befehl des Chefs der Zivilverwaltung als Heim bestimmt wurde.[52]

Einige Monate später wurden die Pläne zur Schaffung eines größeren „Altersheims“ konkreter. Im August 1941 schrieb das Konsistorium, dass es von der Gestapo den Befehl erhalten hatte, eine Anzahl alter und kranker Personen im alten Kloster Fünfbrunnen unterzubringen, und dass einige Adaptierungen am Gebäude durchzuführen waren. Dass die deutschen Behörden Fünfbrunnen ausgewählt hatten, wird durch eine Aussage des „Judenältesten“ Alfred

51 Großrabbiner Robert Serebrenik an Gestapo-Chef Fritz Hartmann, 2. 4. 1941, ANLUX, FD-261-02.

52 Mitteilung von Louis Sternberg an Herrn Bettel, 9. 5. 1941, ANLUX, FD-261-05.

Oppenheimer im Zuge der oben erwähnten Prozessvorbereitungen in den 1960er Jahren gestützt, in denen er erklärte: „Bereits einige Zeit vor dem Transport nach Litzmannstadt hatte uns das EK Luxemburg eröffnet, das Kloster Fünfbrunnen stehe leer, und sei dazu bestimmt, alle in Luxemburg wohnhaften Juden aufzunehmen. In diesem Zusammenhang war davon die Rede, dass das Kloster ein jüdisches Altersheim werden soll. Es sei beabsichtigt, zunächst alle Juden aus Luxemburg dort zusammenzufassen. [...] Bei den ersten Personen, die in das Kloster eingewiesen wurden, handelte es sich um jüdische Familien, deren Wohnungen, bezw. Häuser von der deutschen Besatzungsmacht benötigt und beschlagnahmt wurden. [...] Wir mussten nun in der Folgezeit [nach dem Transport] auf Weisung des EK Luxemburg die Umsiedlungen zum Kloster Fünfbrunnen immer mehr forcieren.“[53] Diese Darstellung wurde von Hartmann bestätigt: „Der Umbau geschah auf meine Initiative durch den CdZ. In der Folgezeit hat der CdZ die drei [sic!] seinerseits in Luxemburg bestehenden Altersheime räumen und ihre Insassen im Kloster unterbringen lassen.“ Laut Hartmann wurden die Juden dort aus „Sicherheitsgründen [untergebracht], jedenfalls in der Form, daß die Juden an einem bestimmten Orte des Landes konzentriert wurden und damit besser kontrolliert werden konnten. Diese meine Maßnahme ist vom RSHA in Berlin ausdrücklich genehmigt worden. Ich war dann sehr erstaunt, als eines Tages eine Weisung des RSHA bei mir einging, eine größere Anzahl von Insassen des Klosters nach Theresienstadt transportieren zu lassen. Ich habe gegen diese Weisung interveniert, bin aber nicht durchgedrungen.“[54]

Andere Quellen weisen jedoch darauf hin, dass es das jüdische Konsistorium selbst war, welches in einem Brief an die Gestapo vom 13. Oktober 1941 vorgeschlagen hat, die verbliebenen Jüdinnen und Juden in Fünfbrunnen zu versammeln. Der Gedanke war, nicht nur alte und kranke Personen zu beherbergen, sondern „sämtliche in Luxemburg verbliebene Juden“. Durch Konzentrierung aller Jüdinnen und Juden, so der Brief, würde das Problem „den deutschen Behörden entsprechend“ gelöst werden und ein guter Teil der verbliebenen 400 Jüdinnen und Juden könne noch immer Richtung Westen emigrieren.[55] In

53 Vernehmung des Zeugen Alfred Oppenheimer, 16. 7. 1970, S. 3, BArch, B 162/6907, Bl. 935.

54 Erklärung des Beschuldigten Fritz Hartmann, ehemaliger EK-Leiter, 6. 8. 1970, S. 14–15, BArch, B 162/6907, Bl. 985–986. Siehe auch öffentliche Anhörung, Tatverdächtiger Fritz Hartmann, 30. 1. 1950, S. [9], ANLUX, CdG-143. Das RSHA (Reichssicherheitshauptamt) in Berlin war ab seiner Gründung im September 1939 die zentrale Behörde im nationalsozialistischen Repressionsapparat.

55 Aktennotiz der IKG Luxemburg, 13. 10. 1941, ANLUX, FD-261-09; Happe / Mayer / Peers (Hrsg.), Die Verfolgung und Ermordung, S. 557 f.

einer Mitteilung an den CdZ im November, kurz nach der ersten Deportation, wurde der Bau von Baracken in Fünfbrunnen für die verbliebenen Jüdinnen und Juden erwähnt. Die Mitteilung zeigt auch, dass das Konsistorium zwar unter Druck stand, das Projekt der „Konzentrierung aller Juden und Jüdinnen" durchzuziehen, es aber auch selbst an einer raschen Implementierung desselben interessiert war.[56] Man kann über die Gründe hierfür nur spekulieren. Das Konsistorium mag geglaubt haben, dass ein größeres Heim leichter zu verwalten sei und man die älteren Jüdinnen und Juden, die den Großteil der verbliebenen jüdischen Bevölkerung darstellten, leichter versorgen und pflegen könnte. Wie sie selbst anmerkten, hofften offenbar die Leiter des Konsistoriums, dass es noch möglich sein würde, Menschen in Richtung Westeuropa zu evakuieren. Oder sie dachten, dass Fünfbrunnen im Vergleich zu den Ghettos in Osteuropa, über die sie bereits gehört haben könnten, ein sicherer Ort wäre. Vielleicht hatte diese Entscheidung sogar tatsächlich eine aufschiebende Wirkung, denn der folgende Deportationszug fuhr erst ein halbes Jahr später im April 1942 ab.

Die Entwicklung des Systems während des Kriegs

Die vergleichsweise „sanfte" „Altersheim"-Politik kann mit der kurzen Existenz der „Altersheime" von September 1940 bis Ende 1942 zusammenhängen. Sie erübrigten sich sowohl durch die Errichtung des Zwangsaltersheims Fünfbrunnen als auch durch die Deportationen, die in Luxemburg schon recht früh begannen und 1943 abgeschlossen waren. Nur eine Handvoll Jüdinnen und Juden verblieb im besetzten Land. Verschärft wurde die prekäre Situation in den „Altersheimen" durch deren ungeklärten Status zwischen freier und erzwungener kollektiver Unterbringung, den Verlust von Privatsphäre und Autonomie und die Angst, nach Fünfbrunnen übersiedeln zu müssen oder deportiert zu werden. Dies schloss nicht aus, dass manche Menschen in der kol-

56 Aktennotiz, an Neugebauer geschickt, 14. 11. 1941, ANLUX, FD-261-02. Dass das Konsistorium zumindest an der Schaffung des Verwahrungszentrums Fünfbrunnen interessiert war, wird auch durch Cerf nahegelegt: „Das Konsistorium seinerseits sähe es gerne, wenn alle alten und kranken Personen am gleichen Ort gepflegt werden könnten, noch dazu, da es von den Deutschen das Versprechen erhalten hat, dass Personen über 65 bis zu Kriegsende in Luxemburg bleiben könnten. Es gibt keinen Zweifel daran, dass es das Konsistorium ist, welches das Kloster Fünfbrunnen den Deutschen als Sammelzentrum vorschlägt." Cerf, L'étoile, S. 90–91. Hohengarten schrieb seinerseits, dass „die Gestapo-Maßnahme vom Konsistorium mit einem gewissen Verständnis aufgenommen wurde". Hohengarten, Die nationalsozialistische Judenpolitik, S. 41.

lektiven Struktur der „Altersheime", wo das Konsistorium mehr oder weniger anwesend war, einen gewissen Schutz empfanden. Ein Beispiel ist die 1866 geborene Settchen Herz, deren Familie nach Südfrankreich geflohen war. Ein Bekannter schrieb der Familie, dass Settchen Herz im „Altersheim" weiterhin zufrieden sei und dort kürzlich ihren 75. Geburtstag gefeiert habe.[57] Diese Sicherheit war allerdings eine Illusion, da die alte Frau im Juli 1942 deportiert wurde.[58]

Der ambivalente Status der „Altersheime" zwischen sicherem Hafen und Warteraum für die Deportation wird auch in der Erfahrung des 1869 geborenen Osias Herschtritt spürbar. Der Händler war 1939 mit seiner Familie nach Luxemburg gekommen, um der Verfolgung in Deutschland zu entkommen, nur um neuen Qualen ausgesetzt zu sein. Nachdem er in einem Hotel gewohnt hatte, zog er am 1. April 1942 ins „Altersheim" Bernkastelerstraße.[59] Als das Heim iam 29. Juni 1942 geschlossen wurde und die Bewohner*innen ins Heim in der Rue de la Paix übersiedelten, dürfte dies die Privatsphäre der alten und neuen Bewohner*innen weiter eingeschränkt haben.[60] Am 16. Juli 1942 wurden die betroffenen Personen vom „Ältestenrat" informiert, dass ein neuer Transport organisiert werde. Zwei Züge fuhren am 26. und 28. Juli nach Theresienstadt ab. Herschtritts Name war auf der Liste für den Transport am 28. Juli.[61] An diesem Tag beging er Selbstmord.[62] Andere Personen versuchten zu fliehen, um der Deportation zu entgehen, im Wesentlichen Personen, die entweder in Fünfbrunnen oder selbstständig lebten.[63] Aber es gab auch Menschen, die aus den „Altersheimen" flohen: So war zum Beispiel unter den neun beim Deportationstransport im April 1942 als abwesend gemeldeten Personen auch Else Erman, geboren 1902 und unverheiratet, die in der Bernkastelerstraße gewohnt hatte.[64]

57 Brief des Konsistoriums an Jonas Meyer, 11. 4. 1941, ANLUX, FD-083-037.

58 Staatspolizeiliche Verfügung, Transportliste, 28. 7. 1942, ANLUX, FMD-002.

59 Mitteilung des Konsistoriums an das EK, 9. 4. 1942, ANLUX, FD-261-09.

60 Mitteilung von Oppenheimer an den CdZ, 29. 6. 1942, ANLUX, FD-261-08.

61 Transportliste, 28. 7. 1942, Luxemburg-Stadt, ANLUX, FMD-002.

62 Brief von Horst Waiker an die Jüdische Gemeinde, 5. 8. 1947, ANLUX, FD-261-18. Cerf datiert den Selbstmord falsch: Cerf, Longtemps, S. 80.

63 So informierte der Ältestenrat das EK einige Tage nach Abfahrt des Deportationszuges vom April 1942, dass Emma Kahn-Sternberg und Henriette Cahen-Kleeblatt, beide Witwen, 1876 bzw. 1882 geboren, Fünfbrunnen verlassen hatten und nicht zurückgekehrt waren, 4. 5. 1942, ANLUX, FD-261-09.

64 Nachstehend Aufgeführte haben beim Transport vom 23. 4. 1942 gefehlt, 24. 4. 1942, ANLUX, FD-261-09.

Im ersten Halbjahr 1942 wurden die „Altersheime“ systematisch zugunsten Fünfbrunnens geschlossen. Sportkreisführer Brauckmann erwähnte im März 1942, dass die „Altersheime“ in die Eigentümerschaft der Stadt Luxemburg übertragen würden.[65] Am 23. April 1942 teilte der „Judenälteste“ Alfred Oppenheimer der „Verwaltung des Jüdischen und Emigranten-Vermögens Luxemburg“ des CdZ mit, dass die Bewohner*innen des Hauses in der Rue Michel-Welter nach Fünfbrunnen übersiedelt waren und das Haus vom EK geschlossen worden war.[66] Zwei Monate später wurde das Haus in der Bernkastelerstraße geräumt. Zuweilen wurden die betroffenen Häuser einfach verkauft, wie das beim „Altersheim“ an der Adresse Cour du Couvent der Fall war.[67] In anderen Fällen wollte die nationalsozialistische Verwaltung diese Häuser für andere Zwecke nutzen. Das Gebäude in der Rue Wallis zum Beispiel wurde der Standort des Landessippenamts. Der „Sportkreis Luxemburg“, eine Abteilung des „Nationalsozialistischen Reichsbunds für Leibesübungen“, wollte das Haus in der Rue Neipperg als Sporthalle verwenden.[68]

Auf die April-Deportationen folgten noch mehrere im Juli 1942. Laut einem Dokument vom 12. August 1942 befanden sich noch 88 Personen in Fünfbrunnen, zwölf in Luxemburg-Stadt und drei in Mersch.[69] Um die gleiche Zeit vermeldete das Konsistorium, dass bald alle kranken und gebrechlichen Personen, die sich in Wohnungen, „Altersheimen“ oder Krankenhäusern befanden, nach Fünfbrunnen verbracht werden würden, mit Ausnahme derer, die nicht transportfähig waren.[70]

Cerf betont, dass die ersten nach Fünfbrunnen überstellten Personen den Großteil derer ausmachten, die in „Altersheimen“ in Luxemburg-Stadt gelebt hatten,[71] und dass danach die Nationalsozialisten Fünfbrunnen dazu nutzten,

65 Sportkreisführer Brauckmann an Gauinspektor Ackermann, 15. 3. 1942, Archives du Consistoire juif de Luxembourg (SYNLUX), FD-19.

66 Laut Cerf funktionierte das Heim bis Februar 1942. Cerf, Longtemps, S. 64. Das Konsistorium hatte seinen Namen auf „Ältestenrat“ geändert. Mitteilung des „Ältestenrats“ an den EK, 15. 4. 1942, ANLUX, FD-261-09.

67 Mitteilung vom CdZ an das Konsistorium, Räumung des Hauses Levy, 1. 10. 1941, ANLUX, FD-083-037. Das Haus wurde auf Verlangen des neuen Eigentümers Peter Klein geräumt.

68 Brief von Sportkreisführer Brauckmann an Gauinspektor Ackermann, 15. 3. 1942, SYNLUX, FD-19. Laut Cerf wurde auch das Haus in der Bernkastelerstraße für deutsche Bewohner*innen konfisziert. Cerf, Longtemps, S. 64.

69 Dokument vom 12. 8. 1942, ANLUX, FMD-002.

70 Aktennotiz zu beiliegenden Listen der noch in Luxemburg sich befindenden Juden, ANLUX, FD-261-09.

71 Diese Information wird bestätigt bei Dostert, La déportation, S. 212.

Jüdinnen und Juden aus anderen Orten dort unterzubringen und damit Luxemburg „judenfrei“ zu machen.[72] Aber Cerf selbst präsentierte einen Rundbrief des Konsistoriums vom 5. Februar 1942 an Personen, die nach Fünfbrunnen übersiedeln mussten, in dem verlautbart wurde, dass sie ihre Wohnstätten zu verlassen und ihre Schlüssel dem Konsistorium zu überreichen hätten, was darauf hinweist, dass sie zuvor selbstständig gewohnt hatten.[73] Auch gingen nicht alle Personen, die deportiert wurden, durch Fünfbrunnen: Es gibt Belege dafür, dass eine Reihe älterer Menschen direkt aus ihren Wohnungen oder „Altersheimen“ deportiert wurde.[74]

Die Konzentration jüdischer Personen in Fünfbrunnen ermöglichte eine einfachere und diskretere Durchführung der Deportationen, da das alte Kloster nicht nur abseits anderer Siedlungen lag, sondern auch in der Nähe einer Bahnlinie. Die Archive zeigen, dass finanzielle Aspekte möglicherweise auch einen Einfluss gehabt haben. Während die Schaffung der „Altersheime“ eine Folge der Enteignung der jüdischen Bevölkerung war, erlaubte die Zwangsunterbringung in diesen „Heimen“ auch eine Reduzierung der Renten, die an die Bewohner*innen auf Grundlage der gesperrten Konten ausgezahlt wurden. Das zeigt sich in einer Mitteilung der Kultusgemeinde an den CdZ vom Frühjahr 1942. Die 38 Bewohner*innen in den Heimen erhielten weniger als die Paare, die noch selbstständig wohnen konnten. Personen im „Altersheim Fünfbrunnen“ bekamen pro Kopf noch weniger.[75]

Fazit

Die „Altersheime“ für Jüdinnen und Juden in Luxemburg können als Folge eines Puzzles verschiedener antijüdischer Maßnahmen gesehen werden, die auf Enteignung, Vertreibung, Separierung und Deportation abzielten. Wenn im Reich ähnliche Strukturen schon früher errichtet worden waren, so unterschied sich der Fall Luxemburg zweifach: erstens auf der Ebene des Systems der „Altersheime“ und zweitens auf der Ebene der Politik der „Säuberungen“. Während die Konzentration der Jüdinnen und Juden in „Judenhäusern“ in Deutschland eindeutig auf Befehl der Gestapo erfolgte, waren die „Altersheime“ in

72 Cerf, Longtemps, S. 87.
73 Ebenda, S. 185–187.
74 Transportliste vom 28. 7. 1942, Luxemburg-Stadt, ANLUX, FMD-002.
75 Aktennotiz zu beiliegender Bilanz der Isr. Kultusgemeinde, o. D. [Frühjahr 1942], ANLUX, FD-261-08.

Luxemburg – in den ersten Monaten durch die Vertreibung der jüdischen Bewohner*innen aus ihren Wohnstätten geprägt – eine vom jüdischen Konsistorium betriebene Notlösung. Aber auf lange Sicht waren es die nationalsozialistischen Behörden, die die Kontrolle über die Entwicklung der „Altersheime" ausübten. Das Engagement des Konsistoriums war im Interesse der deutschen Verwaltung, nicht nur, weil sie diese der Aufgabe enthob, für die zuvor delogierten Jüdinnen und Juden Unterkünfte zu organisieren,[76] sondern auch, weil die Existenz der „Altersheime" es ermöglichte, einen Teil der verbliebenen jüdischen Bevölkerung dort zu konzentrieren.

„Arier" und „Arierinnen" von „Juden" und „Jüdinnen" zu trennen war ein fundamentales Anliegen nationalsozialistischer Ideologie. Das Ziel, die verschiedenen besetzten Gebieten „judenfrei" zu machen, war wohl ein starker Antrieb für diese Maßnahmen, doch scheint es, dass es in Luxemburg vor allem Fünfbrunnen war, welches die Rolle übernahm, jüdische und nichtjüdische Einwohner*innen voneinander zu trennen. Die kurze Existenz der „Altersheime" von nur zwei Jahren stellte sich letztendlich als eine Übergangsphase zwischen Vertreibung der Jüdinnen und Juden aus ihren Wohnungen und Transfer nach Fünfbrunnen oder Deportation heraus. Die Position der „Altersheime" zwischen sicherem Hafen und gemeinschaftlicher Zwangsunterbringung, ihre Lage mitten in der Stadt und die Nähe zu anderen Häusern zeigen, dass die Anwendung des Begriffs „Ghetto" auf solche Institutionen problematisch ist. Die „Altersheime" können nicht als Ghettos bezeichnet werden, da sie nicht abgesperrt waren. Dies verdeutlicht, dass der Begriff der Ghettoisierung nicht breit genug ist, um alle Maßnahmen der Trennung und Konzentrierung abzudecken. In Luxemburg hatten die kleineren „Altersheime" eher die Funktion der Konzentrierung, während sich bei Fünfbrunnen dieser Aspekt mit dem der Trennung der jüdischen von der restlichen Bevölkerung mischte.

Die konkreten Maßnahmen zur Umsetzung von Konzentrierung und Separierung wurden nur schrittweise und auf inkohärente Weise eingeführt, parallel zu den antisemitischen Verordnungen und der damit einhergehenden Eskalation, aber auch als Antwort auf den Bedarf der nationalsozialistischen Verwaltung.[77] Dies und die Zusammenhanglosigkeit zwischen nationalsozialistischer Politik auf lokaler und höherer Ebene führten zu Entwicklungen, die vom his-

76 Zu Deutschland, siehe Ulmer / Ritter (Hrsg.), Das jüdische Zwangsaltenheim, S. 7, Einleitung.

77 In Deutschland hatten einschneidende Ereignisse wie die Einführung der Nürnberger Gesetze oder die Reichspogromnacht eine Katalysatorfunktion. Michman, The Emergence of Jewish Ghettos During the Holocaust, S. 32–33, 43–44, 157.

torischen Gesichtspunkt chaotisch scheinen: So wurde zum Beispiel – so man Fritz Hartmann, dem Leiter des „Einsatzkommandos der Sicherheitspolizei und des Sicherheitsdienstes in Luxemburg“, glauben kann – die lokale Vereinbarung, die verbliebenen Jüdinnen und Juden bis Kriegsende in Fünfbrunnen zu belassen, vom RSHA durch den Beschluss außer Kraft gesetzt, die luxemburgischen Juden und Jüdinnen zu deportieren. In welchem Ausmaß die nationalsozialistischen Behörden in Luxemburg im Fall der „Altersheime“ in ihren Entscheidungen autonom agiert oder die Befehle aus dem RSHA ausgeführt haben, bleibt zu untersuchen.

Das luxemburgische Konsistorium spielte jedenfalls eine aktive Rolle bei der Schaffung der Häuser. Auch die laufende Verwaltung oblag dem Konsistorium. Dessen Hoffnung, die aus ihren Häusern und Wohnungen vertriebenen Jüdinnen und Juden zu beschützen und zu unterstützen, brachte es dazu, mit der Gestapo und dem CdZ zusammenzuarbeiten. Das mag im Nachhinein heute manchmal schwer begreiflich sein, da diese Tätigkeit de facto in die Hände der Täter spielte. Die jüdischen Leiter in Luxemburg, insbesondere jene, welche 1942 noch verblieben waren, mussten jedoch Entscheidungen treffen, deren Folgen sie nicht vorhersehen konnten. Bei diesen Entscheidungen orientierten sie sich möglicherweise an der „Reichsvereinigung der Juden in Deutschland“, an die sie sich häufig um Hilfe wandten. Deren Leiter waren jedoch ihrerseits zu „Geiseln“ des RSHA geworden.[78] Auch in Deutschland überschnitten sich die Fürsorgeaktivitäten der jüdischen Führung für die Wohnungsprobleme der enteigneten und vertriebenen Juden und Jüdinnen mit der nationalsozialistischen Segregationspolitik. Die relativ hohe Zahl an Personen, die versuchten den Deportationen zu entkommen, zeigt aber, dass nicht alle der Linie des Konsistoriums folgten, zu kooperieren, um Leben zu retten.

Warum nicht alle jüdischen Einwohner*innen auf Anordnung der nationalsozialistischen Verwaltung in „Altersheimen“ konzentriert wurden, ist von der Forschung noch zu beantworten. Möglicherweise spielte dabei der vergleichsweise geringe Wohnungsmangel eine Rolle. Eine andere Frage betrifft die Haltung der Nachbar*innen. Weder die Übersiedlungen zahlreicher, zumeist älterer Jüdinnen und Juden aus ihren Wohnungen in die „Altersheime“ und von dort nach Fünfbrunnen noch die späteren Deportationen konnten unbemerkt bleiben. Eine ganze Bevölkerungsgruppe verschwand aus dem urbanen Leben. Der Zwischenschritt der „Altersheime“ mag dazu beigetragen haben, dieses Ver-

78 Beate Meyer, Between self-assertation and forced collaboration. The Reich Association of Jews in Germany, 1939–1945, in: Nicosia / Scrase (Hrsg.), Jewish life, S. 159.

schwinden zu verschleiern, aber es bestanden dort immer noch nachbarliche Kontakte. Somit gab es Gelegenheit für Solidarität und Unterstützung – die Frage, ob und in welchem Ausmaß diese Gelegenheiten wahrgenommen wurden oder nicht, bleibt offen.[79]

79 Übersetzung des Beitrags ins Deutsche: Lilian Dombrowski.

Dina Feldman

Die Straßen des Ghettos Piotrków Trybunalski 1939–1943: Sozial-räumliche Aspekte der NS-Verfolgung

> „Es war ein wunderschöner Tag, die spätsommerliche Sonne wurde milder. Die Straßen wimmelten von Menschen. Am Trybunalski-Platz, auf der Grodzka Straße und der ‚Jüdischen Straße' [Starowarszawska] waren tausende Bauernwagen, beladen mit Waren aller Art: Gänse, Hühner, Enten, Äpfel, Karotten, Rote Rüben und anderes Gemüse, Obst und Getreide. Der Handel wurde mit Umsicht und Eifer betrieben. Juden kauften Lebensmittel und Bauern deckten sich in den jüdischen Läden mit verschiedenen Produkten für den Winter ein. Ich schaffte es kaum, mir einen Weg durch die riesige Menge zu bahnen und dachte dabei dauernd: ‚Herr des Universums, ist es tatsächlich so bestimmt, dass diese gute und schöne Welt zerstört werden soll?'"
>
> Szymon Huberband, Piotrków Trybunalski, 1. September 1939[1]

Einführung

Straßen sind die Adern einer Stadt, Orte des Lebens, Träumens und der gesellschaftlichen Interaktion. In den dem Genozid an den europäischen Juden und Jüdinnen vorangehenden Jahren wurden die Straßen zu einem wesentlichen Angriffsziel im Zuge der Judenverfolgung. Im Ghetto, in den isolierten,

1 Szymon Huberband, Kiddush Hashem (Hebräisch), Tel Aviv 1969, S. 44.
Falls in diesem Beitrag nicht anders angegeben, wurden die Übersetzungen der polnischen Quellen von Marta Stankiewicz gemacht und die der hebräischen und jiddischen Quellen von Dina Feldman. Die Übersetzung ins Deutsche erfolgte durch Lilian Dombrowski. Teilweise sind die Zitate rückübersetzt. Wiederverwendungen sollten daher auf die Originaltexte zurückgreifen.
Falls nicht anders angegeben, wurden die zusätzlichen Einzelheiten (Grenzen, Orte, Straßen) von der Autorin gezeichnet. © on the maps of © OpenStreetMap (https://www.openstreetmap.org/copyright). Besonderer Dank geht an Avi Blitz für seine sorgfältige und verständige Überprüfung und an Tamar und Reuven Soffer für ihre Hilfe bei der Zeichnung der Karten.

überfüllten Vierteln mussten die Jüdinnen und Juden leben. Dort wurden sie von verschiedenen amtlichen oder nichtamtlichen deutschen oder anderen beteiligten Akteuren willkürlich oder vorsätzlich ausgebeutet, beraubt, erniedrigt und ermordet.[2]

Der als Ghettoisierung bezeichnete Prozess, die jüdische Bevölkerung in Ghettos einzusperren, bedeutete Grenzen zu ziehen, um Juden und Jüdinnen von Nicht-Juden und Nicht-Jüdinnen zu trennen, und manchmal auch, um die jüdischen EinwohnerInnen voneinander zu trennen.[3] Laut Hilberg umfasste Ghettoisierung viel mehr als die Schaffung eines physischen Raums. Sie war ein Prozess in fünf Etappen: Abbruch aller sozialen Kontakte zwischen jüdischen und nicht-jüdischen NachbarInnen, Wohneinschränkungen, Bewegungsvorschriften, Kennzeichnung und Einführung einer jüdischen Verwaltung.[4] Alberto Giordano, Ann Kelly Knowles und Tim Cole betrachten die Aktionen der Nationalsozialisten als eine „Geografie der Unterdrückung, die ideologisch, rassisch und ökonomisch motiviert war, deutlich ausgesprochen und sachlich auf allen Ebenen menschlicher Erfahrung umgesetzt".[5] „Als solches war der Holocaust ein ebenso zutiefst menschliches wie räumliches Phänomen."[6]

Mit dem „Schnellbrief des Chefs der Sicherheitspolizei Heydrich an die Chefs der Einsatzgruppen in Polen betr. die Judenfrage im besetzten Gebiet" vom 21. September 1939 begann der Prozess der Ghettoisierung in Polen kurz nach der deutschen Besetzung in der ersten Septemberwoche.[7] Dieser änderte auf dramatische Weise den rechtlichen, physischen, räumlichen und sozialen Status insbesondere der jüdischen Bevölkerung. Ab diesem Zeitpunkt verloren jüdische Personen und Gemeinden jegliche Kontrolle über ihr Schicksal und lebten als Häftlinge in einem Niemandsland, in dem Ungewissheit, Verunsicherung, Mangel und existentielle Angst Teil des täglichen Lebens wurden. Die Nationalsozialisten verwandelten Gebäude, Parkanlagen, Straßen und Wege schrittweise von einem Lebensraum in einen Todesraum.[8]

2 William Samelson, Piotrków Trybunalski. My Ancestral Home, in: Eric J. Sterling (Hrsg.), Life in the Ghettos During the Holocaust, Syracuse 2004, S. 1.

3 Tim Cole, Holocaust Landscapes, London 2016, S. 4.

4 Raul Hilberg, The Destruction of the European Jews (Revised edition), New York 1985, S. 106–107.

5 Alberto Giordano / Ann Kelly Knowles / Tim Cole, Geographies of the Holocaust, Bloomington-Indianapolis 2014, S. 3–4.

6 Giordano / Knowles / Cole, Geographies of the Holocaust, S. 231–232.

7 Schnellbrief des Chefs der Sicherheitspolizei Heydrich an die Chefs der Einsatzgruppen in Polen betr. die Judenfrage im besetzten Gebiet, 21. 9. 1939. Yad Vashem. The World Holocaust Remembrance Center, 2016, https://www.yadvashem.org/docs/policy-concerning-jews-in-occupied-territories.html [26. 9. 2021].

8 Francis Aldor, Germany's Death Space – The Polish Tragedy, London 1940, S. 141.

„Lebensraum“ war ein territoriales Schlüsselprinzip der Deutschen, ein entscheidender Bestandteil nationalsozialistischer Weltanschauung, der sowohl Eroberungs- als auch Rassenpolitik antrieb. Das Prinzip zielte darauf ab, die bestehende Ordnung zu zerstören und auf deren Ruinen eine neue „arische“ Ordnung aufzubauen.[9] Von dieser Ideologie angestachelt besetzten die Nationalsozialisten Gebiete, übernahmen die Macht in Staaten und vertrieben Bevölkerungen, planten und entwarfen germanisierte Städte und schufen schließlich neue Arten von Orten wie Arbeitslager und Todeslager, wo Millionen von Gefangenen unter unmenschlichen Bedingungen festgehalten und ihrer Identität, ihres Eigentums und ihrer Kultur beraubt und letztendlich vernichtet wurden.[10] Die Nationalsozialisten schufen auch neue Verwaltungseinheiten in Polen: Regionen (z. B. Generalgouvernement für die besetzten polnischen Gebiete), Bezirke (z. B. Radom), Landkreise (z. B. Petrikau) und jüdische Stadtghettos.

Dieser Artikel befasst sich mit einem städtischen Ghetto und zeigt in Texten und Bildern die sozial-räumliche Verfolgung der Juden und Jüdinnen durch die Nationalsozialisten in den Straßen des Ghettos Piotrków Trybunalski chronologisch und anhand von Plänen. Es handelt sich dabei um das erste von den Deutschen errichtete Ghetto im besetzten Polen. Piotrków war Teil des Bezirks Radom in der Region des Generalgouvernements, welches letztendlich zur blutigsten Region des Massenmords am europäischen Judentum wurde. In diesem Beitrag werden die Veränderungen im Ghetto Piotrków – in dessen räumlichen Ausmaßen, in den Lebensumständen und Erfahrungen der Menschen – zwischen September 1939 und Juli 1943 untersucht:

- Prä-Ghetto-Periode (1. September 1939–7. Oktober 1939)
- Großes Ghetto (8. Oktober 1939–28. Oktober 1942)
- Geplante Verkleinerung („Zwischenghetto“) (16. Februar 1942–14. Oktober 1942)
- Liquidation (14.–21. Oktober 1942)
- Kleines Ghetto (28. Oktober 1942–31. Juli 1943)

Die Beschreibungen stützen sich auf Pläne, Dokumente, Fotos, Erinnerungen, Zeitzeugnisse, persönlichen Informationsaustausch und Besuche vor Ort.[11]

9 United States Holocaust Memorial Museum, Holocaust Encyklopedia: Lebensraum, https://encyclopedia.ushmm.org/content/en/article/lebensraum [26. 9.2021].

10 Giordano / Knowles / Cole, Geographies of the Holocaust, S. 1, 3.

11 Zur Bedeutung persönlicher Besuche vor Ort, um den Holocaust zu verstehen, siehe: Maurizio Cinquegrani, Journey to Poland: Documentary Landscapes of the Holocaust, Edinburgh 2018.

Der Beitrag ist das Ergebnis eines größeren Forschungsprojekts zum Ghetto Piotrków Trybunalski, das Anna Rzędowska und Dina Feldman 2014 der Öffentlichkeit vorstellten.[12] In Kürze erscheint eine aktualisierte Publikation von Dina Feldman und Anna Rzędowska in hebräischer und englischer Sprache: „Piotrków Trybunalski Ghetto: The First in Occupied Poland".

Der Artikel ist dem Gedenken der Juden und Jüdinnen von Piotrków gewidmet, darunter meiner Großmutter, Hudessa Bęczkowska, und meinem Onkel, Josek Bęczkowski, beide kamen in Piotrków zur Welt und lebten hier und in Łódź; Joseks Frau, Dvorah, und deren Sohn Mosek, sie kamen in Łódź zur Welt und lebten hier; und meinen Wiener Großeltern: Herman Drobner Gast (geboren in Tarnów), Malvina (geboren in Câmpulung Moldovenesc) und meiner Tante Lucy (geboren in Wien) – sie alle wurden von den Nationalsozialisten im Holocaust ermordet.

Hintergrund

Die Nationalsozialisten errichteten das Ghetto Piotrków im jüdischen Viertel in der Altstadt, ein Gebiet, welches bis auf den 16. September 1679 zurückgeht, als König Johann III. Sobieski den Juden und Jüdinnen erstmals gestattete sich hier anzusiedeln und eine Synagoge zu errichten.[13] 1829 wurde das Gebiet zum königlichen Besitz erklärt und am 21. April 1840 wurde es in die Stadt eingegliedert.

Ein Plan von 1824[14] stellt die wesentlichen Teile der Altstadt dar: Marktplatz und Rathaus, Para Straße, Jesuitenkollegium, Piaristenkollegium, Dominikanerkloster, Bernhardinerkloster, Neuer Platz im Jüdischen Viertel, Warschauer Vorstadt, Jüdisches Viertel in Podzamcze, Wielka Wieś, Kontrollpunkt,

12 Anna Rzędowska / Dina Feldman, Getto Żydówskie W Okupowanym Piotrkówie, Piotrków Trybunalski 2014 [= Biblioteka Piotrków 800]. Besonderen Dank an Anna Rzędowska für die in ihrem Kapitel enthaltene Information: Utworzenie getta w Piotrkowie (Die Entstehung des Ghettos Piotrków), S. 37–49, das mir beim Schreiben dieses Kapitels Inspiration und Bezugspunkt war.

13 Ben Giladi, A Tale of One City: Piotrków Trybunalski, New York 1991, S. 92.

14 Maria Piechotka / Kazimierz Piechotka, Oppidum Judaeorum: Żydzi w przestrzeni miejskiej dawnej Rzeczypospolitej, Warszawa 2004, S. 189. Aus dem Polnischen ins Englische übersetzt durch die Autorin, ins Deutsche übertragen von Lilian Dombrowski. https://sztetl.org.pl/pl/media/82061-plan-miasta-Piotrkówa-trybunalskiego-z-1824-r?ref=art&nid=33837 [26. 9. 2021].

Franziskanerkloster, Synagoge und Bet Midrasch, Landhaus, Vorort von Krakowski, von Sieradzky und von Toru.

Von 1824 bis Ende Juli 1943, als das Kleine Ghetto von den Deutschen liquidiert wurde, war das jüdische Viertel hauptsächlich von Jüdinnen und Juden bewohnt und ein Großteil der jüdischen Bevölkerung lebte dort. Andere wohnten später außerhalb, an den Hauptstraßen der Stadt, zum Beispiel Aleja 3 Maja und Krakowska.[15]

Diese außerhalb des jüdischen Viertels Wohnenden blieben dem jüdischen Gebiet tief verbunden, insbesondere jene, deren Geschäfte, Schulen, Vereine, Familien und FreundInnen sich in der Altstadt befanden.

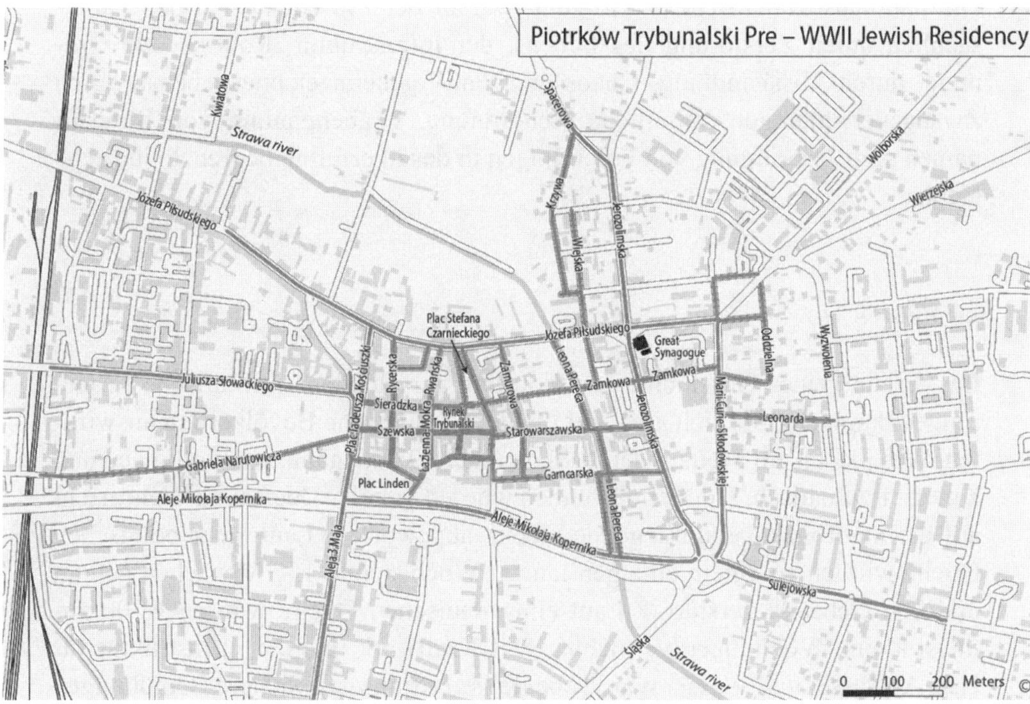

Piotrków Trybunalski, jüdischer Wohnbereich vor dem Zweiten Weltkrieg

15 Von Juden und Jüdinnen vor dem Krieg bewohnte Straßen in Piotrków: Oddzielna, Garncarska, Grodzka, Aleja 3 Maja, Łazienna Mokra, Wiejska, Wspólna, Zamurowa, Jerozolimska Leonarda, Nadrowy, Mikołaja Kopernika, Narutowicza, Sulejowski, Skłodowskiej-Curie Marii, Starowarszawska, Słowackiego, Spacerowa, Piłsudskiego, Pierszka, Pereca, Farna, Rynek Trybunalski, Zamkowi, plac (pl.) Targowy, pl. Litewski, pl. Lipowy, pl. Niepodległości, pl. Czarnieckiego, pl. Kościuszko, Krakowska, Krzywa, Rwańska, Rycerska, Szewska und Sieradzka.

Das Recht der Juden und Jüdinnen in Piotrków zu leben war niemals sicher gegeben. Über Generationen hinweg haben formelle und informelle Akteure wiederholt versucht, Juden und Jüdinnen den Eintritt in die Stadt zu verwehren oder ihren Bewegungsraum auf ein definiertes jüdisches Gebiet zu begrenzen, ein Phänomen, das sich nicht nur auf Piotrków beschränkte. Aber die jüdische Bevölkerung von Piotrków hatte niemals zuvor Verfolgungen in diesem Ausmaß erlebt wie während des Zweiten Weltkriegs.

Prä-Ghetto-Periode: 1. September bis 7. Oktober 1939

Die nationalsozialistische Verfolgung war in der Prä-Ghetto-Periode hauptsächlich durch Zerstörung des Lebens, der Infrastruktur, Routine und Ordnung, durch Misshandlung, Chaos und Panik gekennzeichnet, ebenso durch Zwangsverwaltungen, räumliche Neuordnung, Umbenennung von Straßennamen und Verbringung von Flüchtlingen in das überfüllte, begrenzte jüdische Gebiet.

Zerstörung

Im Verlauf seiner Geschichte hat Piotrków verschiedene militärische Eroberungen durchlebt, die sich auch auf die dortige jüdische Bevölkerung auswirkten. Was jedoch am Freitag, den 1. September 1939 begann, war völlig neu und zutiefst traumatisch. Hunderte Bomben wurden von der Deutschen Wehrmacht auf die Stadt und das umliegende Gebiet abgeworfen. Laut einer polnischen Quelle wurden an einem einzigen langen Wochenende 150 Menschen getötet und 200 Gebäude zerstört.[16] Laut einer deutschen Quelle wurden 1.200 zumeist kleine Wohnungen vernichtet. Das Kraftwerk und die Infrastruktur für Gas, Abwasser und Wasser wurde ebenfalls zertrümmert. Spätere Bemühungen um einen Wiederaufbau erstreckten sich nicht auf das jüdische Gebiet, was zu Seuchen, Hunger und Tod führte.[17]

16 Katarzyna Myszkowska, Sulejów Historyczny. Von der Autorin übersetzt, von Lilian Dombrowski ins Deutsche übertragen. https://sulejowhistoryczny.wordpress.com/tag/zydzi/ [26. 9. 2021].

17 Petrikau fördert seine Landwirtschaft. Meliorationsarbeiten begonnen – Ausbau der Kreisstadt. Das Generalgouvernement. Warschauer-Zeitung, 1. 4. 1942; Samelson, Piotrków Trybunalski, S. 10.

Aus Angst vor Bomben und Gasangriffen begannen die EinwohnerInnen oberirdisches Gebiet als gefährlich zu betrachten. Familien versuchten in den zahlreichen Kellern von Piotrkóws Altstadt Zuflucht zu finden, Orte, an denen normalerweise Holz, Kohle und Kartoffeln gelagert wurden. William Samelson beschrieb diese Erfahrung:

> „Wir eilten in den Keller. Die Nacht war von atemberaubenden Blitzen und Bränden erhellt [...] Erst als wir aus unseren Schutzräumen heraustraten, waren wir in der Lage, das Schadensausmaß zu ermessen [...] Leichen von Männern, Frauen und Kindern lagen am Boden verstreut [...] Überall war Blut. Gebäude brannten [...]“[18]

Hunderte flohen im Glauben, dass ländliche Gebiete von Luftangriffen verschont werden würden, zumeist auf Fuhrwerken nach Sulejów, etwa 15 km südöstlich von Piotrków. Dort begann jedoch zwischen 4. und 5. September eine massive Bombenoffensive, die drei Tage lang anhielt. 700 Personen wurden getötet, viele davon jüdische EinwohnerInnen aus Piotrków und Umgebung. 90 Prozent der Unterkünfte wurden zerstört.[19] Die Überlebenden kehrten verletzt und verzweifelt in die Stadt zurück. Panik machte sich breit.

Am Dienstag, den 5. September 1939, etwa eine Woche vor Rosch HaSchana, dem jüdischen Neujahr, wurde Piotrków von der Deutschen Wehrmacht besetzt. Es wurde sofort ein Niemandsland. Deutsche Soldaten setzten Häuser in Brand, hauptsächlich in den Straßen der Altstadt, und erschossen Juden und Jüdinnen, die dem Feuer zu entfliehen suchten.[20] Menschen wurden getötet und verletzt.[21] Gottesdienste wurden untersagt und Synagogen zu gefährlichen Orten. Vor Jom Kippur brachen Offiziere und Soldaten der Wehrmacht in die Große Synagoge ein – das Herz jüdischen Lebens. Sie zerstörten Möbel, demolierten die wunderbare Dekoration, welche Thoraschrein und Ostwand zierte, zerschlugen Pulte, Bänke und Kronleuchter und rissen die Fußböden auf. Die zerstörten Thorarollen und Möbelstücke wurden auf die Jerozolimska Straße

18 Samelson, Piotrków Trybunalski, S. 4–5.

19 Das Bombardement fand in der ganzen Gegend statt, auch in Kamieńsk (2.–3. September), wo 68 Personen getötet und 80 % der Häuser zerstört wurden; in Radomsko fanden die Bombardements von 1.–2. September 1939 statt und beschädigten 15 % der Gebäude. Katarzyna Myszkowska, *Sulejów Historyczny*. https://sulejowhistoryczny.wordpress.com/tag/zydzi/ [26. 9. 2021]. Von der Autorin übersetzt, von Lilian Dombrowski ins Deutsche übertragen.

20 Samelson, Piotrków Trybunalski, S. 1.

21 Price Planaria / Helen West, Claiming My Place: Coming of Age in the Shadow of the Holocaust, New York 2018, S. 95–96.

geschmissen. Anfang November wurden die restlichen Möbel zusammen mit den Ritualobjekten und Dekorationen der Synagoge geraubt.

Es wurde gefährlich auf der Straße zu gehen, auch deshalb, weil jüdische Männer aufgegriffen und gezwungen wurden, willkürliche und erniedrigende Tätigkeiten auszuführen. Sie mussten Gehsteige mit rituellen Gegenständen wie Gebetsmänteln und Thoraschrein-Vorhängen reinigen. Vor allem auch ältere Männer, die bevorzugte Zielscheibe der Nationalsozialisten für Erniedrigung und Mord, verließen nicht das Haus. Die Straßen blieben den Frauen und Kindern überlassen, um Nahrungsmittel und andere notwendige Produkte zu kaufen. Aufgrund der Festnahmen, Einbrüche und Plünderungen boten Heim und Geschäft keinen sicheren Platz mehr.[22]

Reorganisation

Verwaltung

Sofort nach der Besetzung begannen die Deutschen mit der Reorganisation der Institutionen, Orte und Bevölkerung. Piotrków war Hans Rüdiger, dem Chef der Zivilverwaltung (CdZ) bei der 10. Armee, unterstellt. Major Brandt wurde zum militärischen Kommandanten von Piotrków ernannt und der ukrainischstämmige Jerzy Jeremkiewicz wurde als polnischer Bürgermeister eingesetzt. Am 13. September 1939 wurde Arthur Buss zum Kreishauptmann von Piotrków ernannt. Wenige Tage später wurde Hans Drechsel Leiter der deutschen Zivilverwaltung der Stadt. Am 10. Oktober 1939 wurde Jeremkiewicz durch Stefan Fiszer als polnischer Bürgermeister ersetzt.[23] Im Unterschied zu anderen Ländern unter deutscher Besatzung hatte die polnische Verwaltung keinen Einfluss auf das jüdische Leben während des Kriegs.[24] Eine jüdische Verwaltung wurde nicht sofort eingesetzt, obwohl Rabbiner Mosche Chaim Lau, der Oberrabbiner von Piotrków, schließlich als „Judenältester“ diente, eine Stellung, die er ungern einen Monat lang einnahm.[25] In seiner Rolle war Lau bestrebt religiöses

22 Małgorzata Piotrowska, Życie codzienne ludnoŚci polskiej w Piotrkówie w latach 1939–1944, Muzeum w Piotrkówie Trybunalskim, 17. 7. 2017. Von der Autorin übersetzt, von Lilian Dombrowski ins Deutsche übertragen. https://www.jhi.pl/uploads/inventory/file/199/Procesy_przest_pc_w_344.pdf [12. 5.2020].

23 Piotrowska, Życie codzienne ludnoŚci polskiej w Piotrkówie w latach.

24 Cole, Holocaust Landscapes, S. 27.

25 Naphtali Lau-Lavie, Balaam’s Prophecy: Eyewitness to History, 1939–1989, Plainsboro, NJ 1998, S. 58–59.

Leben aufrechtzuerhalten, jüdische Soldaten aus der polnischen Armee zu retten und die von den Deutschen geforderten hohen Abgaben zu bezahlen.[26] Erst später, am 14. Oktober 1939, ernannte Drechsel Zalman Tennenberg, einen der Leiter des „Bund" (Allgemeiner jüdischer Arbeiterbund), zum Vorsitzenden des Ältestenrats, besser bekannt als „Judenrat". Ab diesem Zeitpunkt wurden die meisten Dienstleistungen der Gemeinde durch den Judenrat unter straffer deutscher Aufsicht abgewickelt.[27]

Umwidmung

Darüber hinaus funktionierten die Nationalsozialisten Orte um: Sie wandelten die Große Synagoge von einer Andachtsstätte in ein Wohnheim und dann Gefängnis um. Schulen wurden geschlossen und dienten als Wohnheime und Büros. Die Hauptplätze, zuvor Zentren des gesellschaftlichen Lebens und des Handels, wurden zu Sammelpunkten für ArbeiterInnen, die unter Bewachung zu Fabriken, Werkstätten und anderen Orten der Zwangsarbeit außerhalb des Ghettos geführt wurden. Vereinsgebäude, Geschäfte und Läden wurden zu Heimen für Flüchtlinge. Der Raków-Wald, zuvor ein beliebter Ort für Sport und Erholung, und der Jüdische Friedhof wurden später zu Stätten des Mordes an Einzelnen und des Massenmords. Fabriken wurden verstaatlicht und für deutsche Rüstungs- und Verwaltungszwecke genutzt. Große Städte und Straßen wurden als Teil des Entpolonisierungs- und Germanisierungsprozesses umbenannt.[28] Piotrków hieß fortan Petrikau und viele Straßen erhielten deutsche Namen.

Zuzug von Flüchtlingen

Mit der Besetzung füllten sich die Straßen mit teils „freiwilligen" und teils erzwungenen Flüchtlingen, die aus umliegenden und entfernten Städten und Dörfern nach Piotrków verbracht wurden. Tausende von Umgesiedelten unterzubringen war eine akute Herausforderung. Jeder Winkel und jedes Lagerhaus mussten als Lösung herhalten. Das Gefühl von Chaos griff um sich. Hanka

26 Abraham Fux, The Holocaust in Rabbinical Sources: Questions and Answers and Sermons, Jerusalem 1995, S. 326; Lau-Lavie, Balaam's Prophecy, S. 69.

27 Jacob Goldberg / Danuta Dombroska / Abraham Wayne, The register of communities, Jerusalem 1976 [= Yad Vashem Publishing, Bd 1], S. 193.

28 Richard C. Lukas, The Forgotten Holocaust. The Poles under German Occupation, 1939–1944, Lexington, KY, 1986, S. 12.

Ziegler war neun Jahre alt, als der Krieg begann. Ihre Eltern lebten mit den fünf Kindern in Łódź und beschlossen zu Kriegsbeginn nach Piotrków zu übersiedeln. Hanka Ziegler beschrieb die damalige Realität:

> „Ich erinnere mich, mit einem meiner Brüder auf einem Sessel geschlafen zu haben, es war furchtbar. Mein Vater wurde aufgegriffen, als er nach Nahrungsmitteln suchte, und ins Gefängnis geworfen. Seither habe ich ihn nie wieder gesehen. Meine Mutter war nicht in der Lage irgendetwas zu tun. Sie kam einfach nicht zurecht [...] Mein Bruder Zygmund und ich waren die Brotverdiener. Er war etwa 14. Wir beide sammelten alle Lebensmittel und begannen Brot und Kartoffeln zu verkaufen. Auch flehten wir Nichtjuden an uns anzustellen. Als so kleine Kinder passten wir durch jede Öffnung, um Nahrungsmittel einzusammeln, bis sie das Ghetto versperrten. Wir lernten zu stehlen und zu betteln. Wir waren sehr hungrig [...]"[29]

Flüchtlinge in den Straßen des Ghettos Piotrków

Alchetron. Free Social Encyclopedia for All.
https://alchetron.com/Piotrk%C3%B3w-Trybunalski-Ghetto [26. 9. 2021]

29 Piotrków Trybunalski Ghetto. (Entry). Aktion Reinhard Camps (A.R.C.). Holocaust Education and Archive Research Team, 2006. http://www.deathcamps.org/occupation/Piotrków%20ghetto.html [12. 5. 2020].

Zieglers Lage war im Vergleich zu den Umständen der unfreiwilligen Flüchtlinge relativ stabil. Krystina Plochocki erzählte:

> „Da waren zwei Mädchen, Schwestern, 10 und 12 Jahre alt. Sie waren die einzigen Überlebenden ihrer Familie. Diese Mädchen, kahlgeschoren und mager wie Skelette, mit grauen Augen so groß wie ihr halbes Gesicht, kamen täglich, um sich je eine gekochte Kartoffel zu holen. Wortlos schnappten sie sich ihre Kartoffeln und liefen davon [...].“[30]

Gleichzeitig flüchteten etwa 2.000 Jüdinnen und Juden in Panik aus der Stadt in die Sowjetunion. Szymon Huberband, Rabbiner in Piotrków, fügte eine eigene Perspektive der Atmosphäre hinzu:

> „In den ersten drei Wochen nach der Bombardierung [von Piotrków] wurde aufgrund der Ereignisse und chaotischen Tage kein einziger Baldachin aufgestellt, [...] Abwanderung und Flucht in den Osten, hauptsächlich der jungen Leute, setzte ein, und Baldachine für junge Paare wurden zu einem Massenphänomen. [...] Da Bahnfahrten zu dieser Zeit nicht möglich waren, fuhr man zumeist mit dem Auto auf die andere Seite der Grenze [...]“.[31]

Das Große Ghetto: 8. Oktober 1939 – 28. Oktober 1942

Die nationalsozialistische Verfolgung in der Periode des Großen Ghettos war durch mehrere Mechanismen gekennzeichnet: erzwungener Wohnsitz, Umgrenzung, Umsiedlung, Bewegungseinschränkungen, Separierung, rassistische Kennzeichnung, Vernachlässigung, Unterdrückung von Gerüchten und Terror.

Lage

Naftali Lau-Lavie, der Sohn von Rabbiner Lau, beschrieb die Bekanntgabe zur Errichtung des Ghettos Piotrków:

30 Krystina Plochocki, Straszne lata (kopia elektroniczna w zbiorach Anny Rzędowskiej), o. D.

31 Memoirs of Rabbi Szymon Huberband – On Canopies in Poland During the War (Hebräisch). The Virtual Library of the Yad Vashem Center for Educational Technology. From: Szymon Huberband, Kiddush Hashem. Reporters from the Holocaust, Tel Aviv 1968. https://lib.cet.ac.il/pages/item.asp?item=16135 [26. 9. 2021].

„Am 25. September 1939 rief Hans Drechsel Rabbiner Lau an. Nachdem er die hohe Abgabe, die den Juden der Stadt auferlegt worden war, bezahlt hatte, bat Lau ‚...die Ausgangssperre zu verkürzen und Menschen nicht auf der Straße zu Arbeitszwecken anzuhalten' und ‚den Betrieb von Gemeindeeinrichtungen wie Synagoge, Spital und Schulen sicherzustellen'. ‚Geht in Ordnung', antwortete der Kommissar. ‚Aber zuerst müssen wir die Angelegenheit der Unterkunft abklären und ein Jüdisches Wohnviertel schaffen.' Obwohl er den Begriff ‚Ghetto' nicht erwähnte, verstand der Rabbiner genau, was gemeint war."[32]

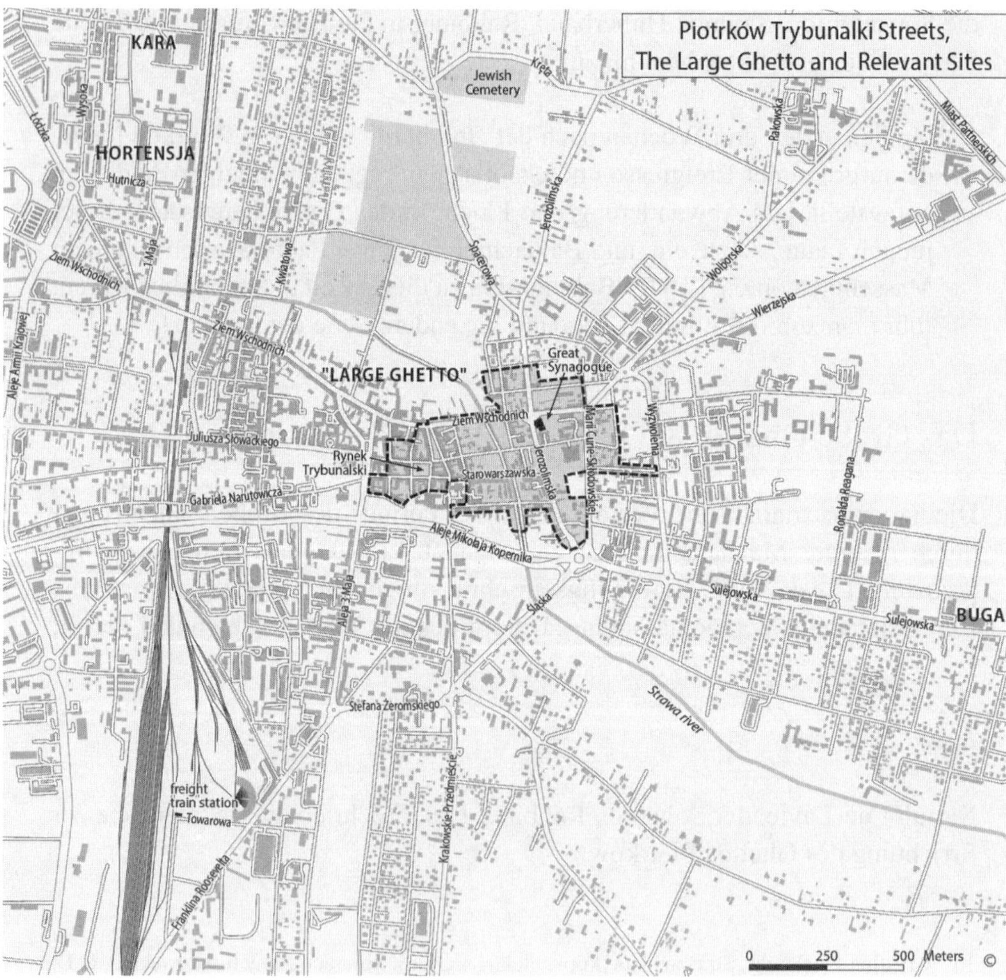

Piotrków Trybunalski: Straßen, Großes Ghetto und relevante Plätze

32 Naftali Lau-Lavie, Zraniony lew, Kraków 1997, S. 80.

Am 8. Oktober 1939 wurde in Piotrków das erste Ghetto im besetzten Europa errichtet. Vermutlich lag dies an der strategischen Lage der Stadt an Straßenkreuzungen und Bahnlinien Mittelpolens.

Vom Gesichtspunkt der Nationalsozialisten aus war die Lage des jüdischen Viertels ideal.[33] Es war hauptsächlich von Juden und Jüdinnen bewohnt und funktionierte quasi als Staat im Staat.[34] Das Gebiet war klein mit relativ klar umrissenen Grenzen; es unterschied sich kulturell und sozial und war einigermaßen verborgen. Nicht weniger wichtig war die Lage, die den städtischen Verkehr und die wichtigsten Durchfahrtsstraßen nicht tangierte.[35] Das Gebiet lag nahe am Frachtenbahnhof.[36] Und letztendlich war es weit von Fabriken entfernt, die Ziel von Bombenangriffen hätten werden können. Im Verlauf der lokalen Geschichte war es öfters vorgekommen, dass jüdische Güter, Kultur, die jüdische Gemeinde oder Personen boykottiert wurden.[37] Es war auch nicht unüblich, sich räumlichen Begrenzungen, die niemals von Dauer waren, unterwerfen zu müssen. Allmählich jedoch wurden sich die Jüdinnen und Juden der Absichten der neuen Machthaber und der herannahenden Katastrophe bewusst.

Grenzen

Die Grenzen des Großen Ghettos wurden von den Deutschen gezogen, Haus für Haus. Häuser, die nicht auf der Liste standen, und gewisse Grenzziehungen waren hauptsächlich das Resultat der korrupten nationalsozialistischen Bürokratie. Für einen angemessenen Geldbetrag konnten die strengen Regeln gelockert werden. Auf diese Weise schafften es polnische HausbesitzerInnen, dass ihr Eigentum außerhalb des Ghettos zu liegen kam, und einige PolInnen erhielten die Erlaubnis zu bleiben, zumindest bis zum Frühling 1942.[38]

33 Tim Cole, Holocaust City: The Making of a Jewish Ghetto, New York 2003, S. 88–90.
34 Samelson, Piotrków Trybunalski, S. 4.
35 Cole refers to Pest ghetto, Hungary. Cole, Holocaust City, S. 211, 213.
36 Randolf. L. Braham, The Politic of Genocide. The Holocaust in Hungary. Bd. 1, New York 1981, S. 236–237.
37 Samelson, Piotrków Trybunalski, S. 4.
38 Archiwum Państwowe Piotrków Trybunalski (APPT), Związek Bojowników o Wolność i Demokrację (ZboWiD), S. 7; Eugenia Różycka, Wspomnienia. Tajne nauczanie w getcie w Piotrkówie Trybunalskim 1939–1942, The Central Archives for the Disaster and the Heroism. Yad Vashem, Nr. 033/712; Yad Vashem Holocaust Resources Center Website; http://www.shtetlinks.jewishgen.org/Piotrkówtryb/?ghetto [26. 9. 2021].

Das Ghetto beinhaltete 35 Straßen und Plätze, drei davon wurden gegen Ende Oktober 1939 hinzugefügt: Czarnieckiego-Platz, während der Besetzung Judenplatz genannt, 2–8; Litewski-Platz (Litauischer Platz) 1–12, 14; Lipowy-Niepodległości-Platz (Lindenplatz) 2, 4–7 mit Ausgängen nur in die Ricarska Straße.[39] Rynek Trybunalski (Gerichtsplatz) 1–12. Obrytka Straße (heute Stefan Batory). Diese Straße wurde am 23. Oktober 1939 hinzugefügt. Oddzielna Straße 2–14, 18, 20, 22, 24, 26, 28, 30, 32. Grodzka Straße. Garncarska Straße 1, 3–16, 19–20, 22–24, 26, 28. Wiejska Straße 1–16. Wspólna Straße 1, 6, 8–9. Łazienna Mokra (Am Winkel Straße) 1–6. Zamkowa Straße (Schlossgasse) 1–16, 19–24. Zamurowa Straße (Mauerstraße) 1–16.

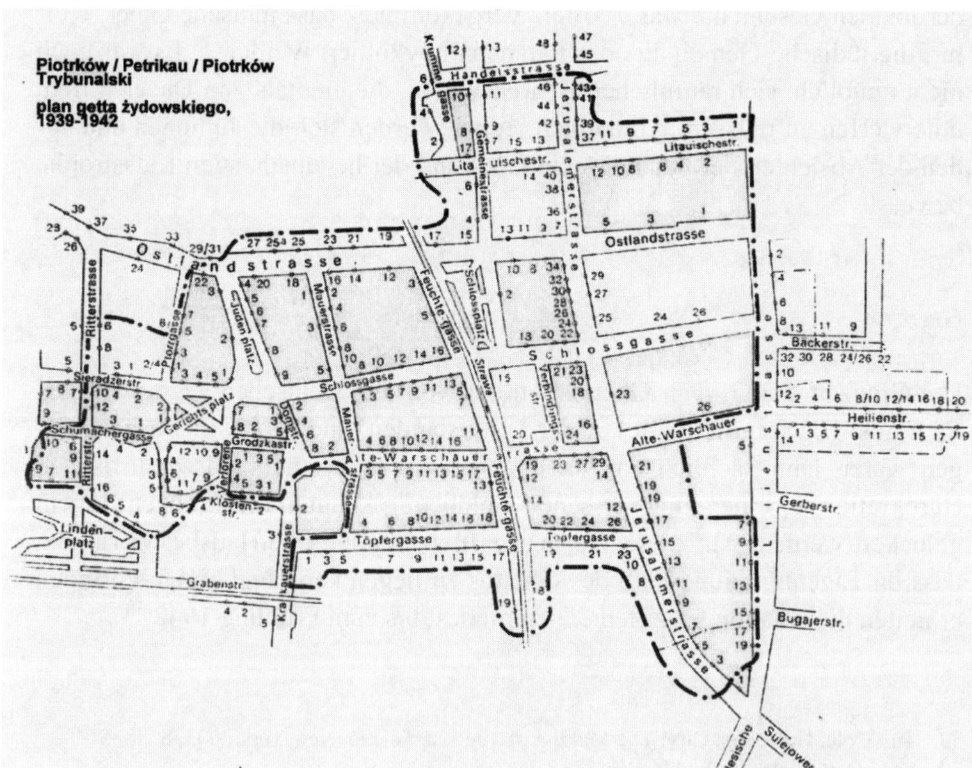

Häuser und Straßen des Großen Ghettos

https://pl.wikipedia.org/wiki/Getto_Piotrkówskie [26. 9. 2021]. Unklar ist, weshalb der östliche Teil des Großen Ghettos nicht innerhalb der Ghettogrenze inkludiert ist. Dieser Teil ist im Plan rechts (von der Autorin) eingeschlossen.

39 Jan Góral, Piotrkówianie pod okupacją hitlerowską, Piotrków Trybunalski 2003, S. 136.

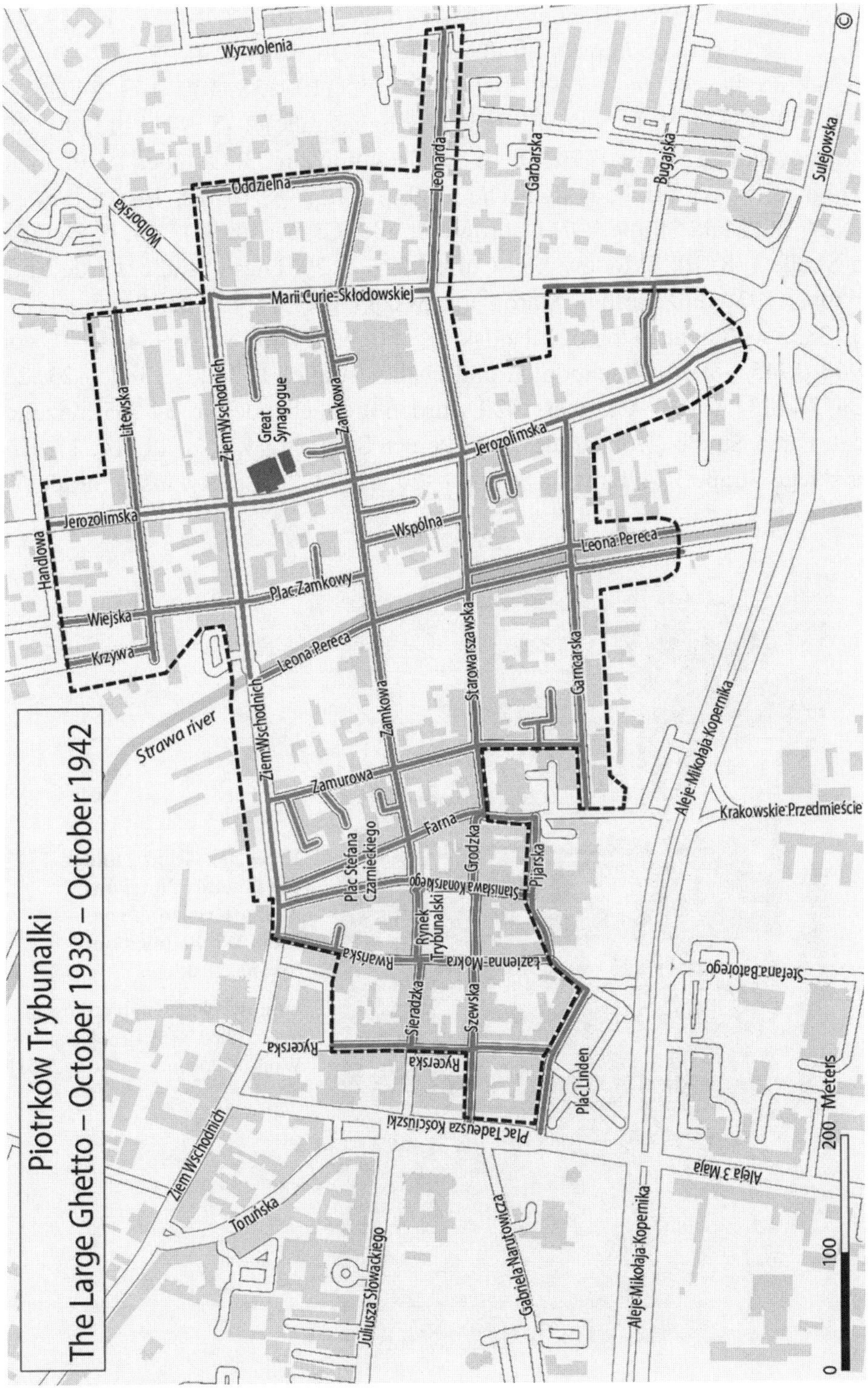
Piotrków Trybunalki
The Large Ghetto – October 1939 – October 1942
Wyzwolenia
Oddzielna
Wolborska
Leonarda
Garbarska
Bugajska
Sulejowska
Marii Curie-Skłodowskiej
Litewska
Ziem Wschodnich
Great Synagogue
Zamkowa
Jerozolimska
Handlowa
Wspólna
Leona Pereca
Plac Zamkowy
Wiejska
Krzywa
Strawa river
Starowarszawska
Garncarska
Aleje Mikołaja Kopernika
Krakowskie Przedmieście
Zamurowa
Farna
Plac Stefana Czarnieckiego
Stanisława Konarskiego
Grodzka
Pijarska
Rynek Trybunalski
Rwańska
Łazienna Mokra
Stefana Batorego
Sieradzka
Szewska
Rycerska
Plac Linden
Plac Tadeusza Kościuszki
Aleja 3 Maja
Toruńska
Juliusza Słowackiego
Gabriela Narutowicza
0
100
200 Meters

Rzemieślnicza Straße (Handelsstraße) 1–6, 7e, 8, 10–12, 14–15, 17–19, 21, 25, 27–28, 33. Jerozolimska Straße 1–11, 13–36, 38–41, 44–55, 57–70, 72, 76, 84, 86, 90–93, 96–97, 99, 101, 105–108, 110–138, 140, 142, 144, 146, 148, 150, 153–159. Leonarda Straße (Heiligenstraße) 1–7, 9–11, 13, 15–20. Limanowskiego Straße 1–20. Diese Straße wurde am 23. Oktober 1939 hinzugefügt. Litewska Straße (Litauische Straße) 3,1, 7–8, 10–12, 14–15, 17–20, 22, 24, 26. Mała Straße 1–7. Nadrowy Straße (Grabenstraße) 2, 4, 6. Sieradzka Straße 1–8, 10. Skłodowskiej-Curie Marii 1–20. Diese Straße wurde Ende Oktober 1939 hinzugefügt. Starowarszawska (Alte Warschauer Straße) 1–29, 31, 33, 35. Pijarska Straße. Piłsudskiego Straße (Name von 1924–1940, von 1940–1945 – Ziem Wschodnich und Ostlandstraße) 1, 3–11, 13, 15–23, 25, 25a, 27–33. Am 23. Oktober 1939 wurden die Gebäude Nr. 34–65 hinzugefügt. Farna Straße (Domstraße) 1–8. Pereca Straße 2–4, 6, 8, 11, 14, 17. Konarskiego Straße 1–4. Krzywa Straße 1–20, 22, 24, 26, 28. Rwańska Straße (ab

Eines der Grenzschilder des Ghettos Piotrków an der Kreuzung von Ziem Wschodnich und Stronczyńskiego

http://www.dawnypiotrkow.pl/photo.php?/13594/category/Wojska-Polskiego [26. 9. 2021]

1940 Töpfergasse) 1–5. Rycerska Straße 5–6, 8–12. Szewska Straße 1–8, 10. Sieradzka Straße (Ritterstraße) 1–6, 8, 10. Spacerowa Straße 7–8, 10.[40]

Am Anfang war das Ghetto Piotrków offen, ohne Zäune und Wachposten. Im November 1939 wurden entlang der Ghetto-Grenzen Säulen mit blauen Tafeln, 40 x 60 cm, aufgestellt, die einen schwarzen Totenkopf mit gekreuzten Knochen und eine weiße Inschrift „Ghetto" aufwiesen.

Bewegungseinschränkungen

Anfang Dezember 1939 erließ Drechsel eine Ausgangssperre, die den Aufenthalt außerhalb des Wohnsitzes auf 7 bis 17 Uhr beschränkte. Außerhalb des Ghettos durfte man sich zwischen 11 und 13 Uhr aufhalten. Die Anordnung besagte, dass jeder, der außerhalb dieser Zeiten auf der Straße angetroffen wird, strafrechtlich verfolgt wird: wegen Begehung eines terroristischen Akts.[41] Personen, die diesem Gesetz unterstanden, hatten kein Anrecht auf Entschädigung. Zur „Strafe für Schmuggelei" ins Ghetto wurde die Bewegungsfreiheit weiter eingeschränkt, von 10 bis 13 Uhr und von 15 bis 16 Uhr.[42] Einige Tage später wurde die freie Bewegung im Ghetto verboten. Ausnahmen wurden für den Fall eines nachweisbaren „Bedarfs außerhalb des Hauses" gemacht und selbst dann nur innerhalb des angeordneten Zeitraums.[43]

Die Verwendung von Transportmitteln wie Autos oder Züge wurde untersagt.[44] „Jüdische", mit einem „Judenstern" markierte, Fuhrwerke durften weiterhin innerhalb des Ghettos betrieben werden.[45] Der Bedarf an Fuhrwerken war gering, da sich die Menschen möglichst wenig auf den unsicheren Straßen aufhalten wollten. Ausnahmen wurden für Funktionäre der Chewra Kadischa, der „Beerdigungsbruderschaft", gemacht, die mit ihrem Bestattungswagen die Verstorbenen auf den fünfzehn Minuten vom Ghetto entfernten Jüdischen Friedhof brachten. Weitere Ausnahmen galten für diejenigen Mitglieder des Judenrats,

40 Anordnungsblatt für Stadt und Landkreis Petrikau, 2. 11. 1939, Nr. 4, S. 6–7, 7. 11. 1939, Nr. 5; Góral, Piotrkówianie pod okupacją hitlerowską, S. 136.

41 Anordnungsblatt für Petrikau, Nr. 8, 8. 12. 1939, S. 6.

42 Zygmunt Tennenbaum, Martyrologia Żydów 1939–1945, Instytut Pamięci Narodowej, Łódź o. J., opr. Sygn. 25, S. 7.

43 Krzysztof Urzędowski, Przyczynek do historii getta w Piotrkówie Trybunalskim, in: Biuletyn Okręgowej Komisji Badania Zbrodni Hitlerowskich w Łodzi. IPN. T. II. 1990, S. 40.

44 Elzbieta Kamińska, Znak naszej rodziny, Stowarzyszenie Polska-Izrael. Zespół Szkół Plastycznych im. J. Malczewskiego, Częstochowa 2005, S. 12; APPT, ZBoWiD, S. 9.

45 Anordnungsblatt für die Kreishauptmannschaft Petrikau, Nr. 9, 15. 7. 1940; APPT, ZBoWiD, S. 9.

die für die Versorgung der Ghetto-BewohnerInnen mit Nahrungsmitteln und anderen erlaubten Waren verantwortlich waren, sowie für deutsche Amtsträger.

Bis zum 11. Dezember 1941 hatten PolInnen und Deutsche freien Zugang zum Ghetto. Juden und Jüdinnen war es nur mit Sondererlaubnis gestattet das Gebiet zu verlassen. Zu dieser Zeit war es noch möglich, zum Arbeitsamt auf der Ziem Wschodnich Straße 39 zu gehen, ein Begräbnis zu arrangieren oder den Jüdischen Friedhof am Ende der Spacerowa Straße zu besuchen.

Jüdinnen und Juden war der Zutritt zu verschiedenen Straßen verboten und an mehreren Stellen gab es Schilder, die ihnen das Betreten der Gehsteige untersagte.[46]

Mitte Juli 1940 verkündete der Leiter des Bezirks Radom, W. Z. Rockendorf, ein Betretungsverbot für die jüdische Bevölkerung für verschiedene Straßen und Plätze:

> „1. Juden ist es nicht gestattet die folgenden Straßen und Plätze zu betreten: Bydgoska Straße (Brombergerstraße, heute Henryka Sienkiewicza); Bankowa Straße (Legionów; jetzt Jana Dąbrowskiego); Józefa Poniatowskiego Stadtpark und Pl. Lipowy.
> 2. Das Begehen der Gubernatorska Straße (Gouvernementstraße, jetzt Juliusza Słowackiego) und der Lipowa Allee (Lindenallee; jetzt al. 3 Maja) ist unter den folgenden Bedingungen gestattet:
> A) Fußgänger bleiben auf dem südlichen Gehsteig (entlang der geraden Hausnummern) der Gubernatorska Straße ab Pl. Saski (Sachsenplatz, heute Pl. Kosciuszki) und bis zur Dworcowa Straße, nur an Wochentagen zwischen 9:00 und 13:00.
> B) Am östlichen Gehsteig (entlang der geraden Hausnummern) der Lipowa Allee, an Wochentagen zwischen 9:00 und 13:00.
> 3. Juden ist es nicht gestattet, den südlichen Gehsteig von Ziem Wschodnich entlang der geraden Hausnummern zu betreten.
> 4. Juden ist es nicht gestattet, das Ghetto nach 18:00 zu verlassen.
> 5. Verbotsübertretungen werden mit 300 Złoty oder Haftstrafe geahndet.“[47]

Trotz der Verbote konnten Juden und Jüdinnen durch Bestechung und persönliche Beziehungen die Erlaubnis erhalten, das Ghetto zu verlassen und Nahrungsmittel zu kaufen, Bekannte zu treffen, in die Natur zu gehen und sogar Ausflüge in den Wald von Bugaj zu machen. Diejenigen, die es sich leisten

46 APPT, ZBoWiD, S. 8.
47 Anordnungsblatt für die Kreishauptmannschaft Petrikau, Nr. 9, 15. 7. 1940, S. 107–108.

konnten, besuchten sogar den beliebten Sommerurlaubsort Włodzimierzów.[48] Die Situation verschlimmerte sich dramatisch, als Hans Frank am 15. Oktober 1941 folgende Verschärfungen verlautbarte:

> „Juden, die ihre Viertel ohne Genehmigung verlassen, werden zum Tode verurteilt. Die gleiche Strafe wird über Personen verhängt, die diesen Juden absichtlich ein Versteck bieten. Jede versuchte Straftat wird wie eine begangene Straftat gehandhabt. In milderen Fällen werden Kerker oder schwere Gefängnisstrafen verhängt."[49]

Am 11. Dezember 1941 erließ der Leiter des Bezirks Radom die Anordnung, das Ghetto Piotrków zu schließen; diese Anordnung wurde jedoch am 1. April 1942 wieder aufgehoben.[50] Ein Stacheldrahtzaun wurde entlang der Umgrenzung errichtet und Wachposten wurden aufgestellt.[51] Jeder Versuch, das Ghetto ohne Genehmigung zu verlassen, barg das Risiko in sich, ohne Warnung erschossen zu werden.[52] ChristInnen war es verboten, das Ghetto zu betreten, und nur noch wenige hatten dort Wohnungen und Geschäfte.[53]

Ab April 1942 durften nur noch Mitglieder des Judenrats und registrierte ArbeiterInnen in Werkstätten und Fabriken das Ghetto mit spezieller Genehmigung verlassen. Die ArbeiterInnen versammelten sich am Rynek Trybunalski und mussten auf geordnete Weise und zu bestimmten Zeiten durch ein Tor hin- und zurückgehen. Sie wurden von jüdischen Wachen bis zum Tor begleitet. Dort wurden sie SS-Wachen übergeben.[54] Die ArbeiterInnen der Bugaj-Holzfabrik gingen vom Rynek Trybunalski über die Zamkowa Straße und entlang der Jerozolimska Straße bis zur Sulejowska Straße, ein etwa halbstündiger Fußmarsch. Die Fabrik befand sich an der Nummer 45–47.[55] Zwei weitere Gruppen gingen auf die gleiche Weise zu den Glasfabriken Kara, etwa eine halbe Stunde ent-

48 Ein Urlaubsort neben Sulejów am Luciaża-Fluss.

49 Dziennik rozporządzeń dla Generalnego Gubernatorstwa. R. 1941. Nr. 99, 25. 10. 1941, S. 595; Ewa Kurek, Dzieci żydowskie w klasztorach. Udział żeńskich zgromadzeń zakonnych w akcji ratowania dzieci żydowskich w Polsce w latach 1939–1945, Poznań 2012, S. 24.

50 APPT, ZBoWiD, S. 22.

51 Adam Olasik, Wspomniena Komendanta Obwodu Piotrkówskiego Armii Krajowej, Urzedu Wojewodzkiego w Piotrkówie Trybunalskim. Wydzial Kultury i Sztuki, 1991, S. 31; Góral, Piotrkówianie pod okupacją hitlerowską, S. 136.

52 APPT, ZBoWiD.

53 APPT, ZBoWiD.

54 Samelson, Piotrków Trybunalski, S. 6.

55 Persönliche Mitteilung von Shraga Milstein, 2020.

fernt, und Hortensja, etwa zwanzig Minuten Gehweg. Vermutlich marschierten Letztere durch die Grodzka Straße, bogen in die Ziem Wschodnich Straße ein, gingen diese entlang und bogen rechts in die Straße des 1. Mai ab, an deren Ende sich die Hortensja-Fabrik befand. Die andere Gruppe ging vermutlich weiter über die Wisoka Straße bis zu Topolowa 1, wo sich die Kara-Fabrik befand.[56]

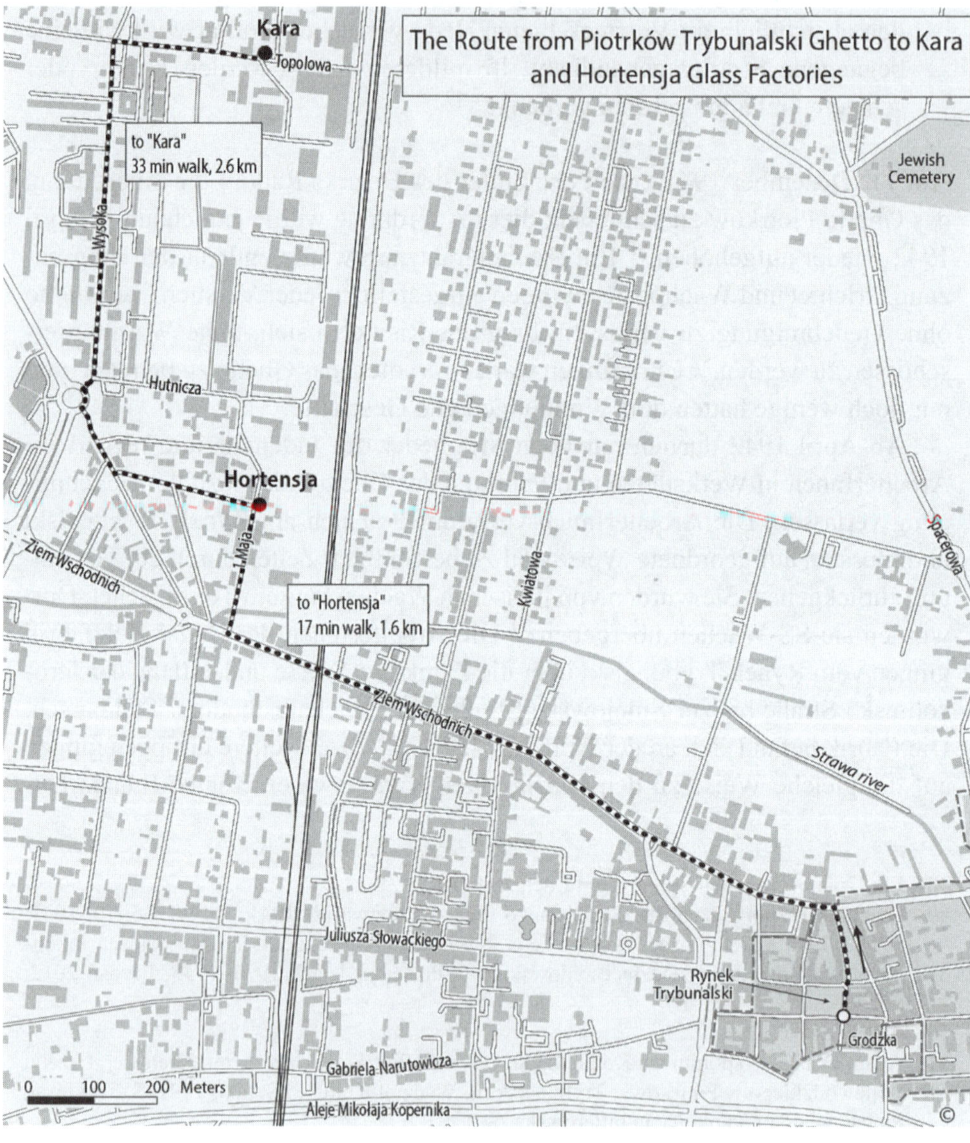

Weg vom Ghetto Piotrków zu den Glasfabriken Kara und Hortensja

56 Persönliche Mitteilung von Robert Dessau, 2020.

Der Weg zu und von den Arbeitsstätten war sehr anstrengend, insbesondere früh am Morgen oder nach einer langen, kraftraubenden Schicht. Die ArbeiterInnen mussten die Blicke feindseliger Wachen und polnischer Schau-

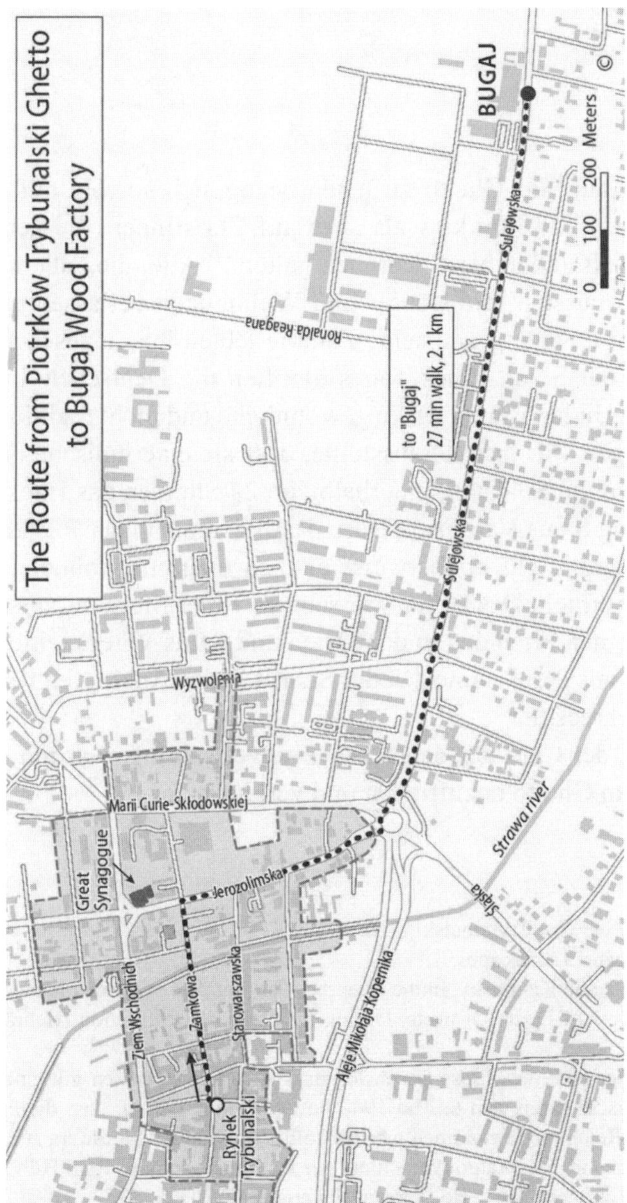

Weg vom Ghetto Piotrków zur Bugaj-Holzfabrik

lustiger ertragen.[57] Jedenfalls war diese „Gehdistanz“,[58] wie dies Cole bezeichnete, eher lang im Vergleich zum maximal zehnminütigen Gehweg innerhalb des überfüllten Ghettos und ermöglichte den ArbeiterInnen, auf „die Außenwelt“ zu treffen, und den SchmugglerInnen, sich heimlich der Gruppe anzuschließen.[59]

Umsiedlung

Die Verpflichtung im Ghetto zu leben bezog sich sowohl auf die jüdischen BewohnerInnen von Piotrków als auch auf ChristInnen, die gemäß Nürnberger Gesetzen als Juden bzw. Jüdinnen galten.[60] Alle, die außerhalb des Ghettos wohnten, mussten ihre Häuser und Wohnungen verlassen und ins Ghetto ziehen.[61] Sam Goldberg und seine Familie lebten im „angesehenen“ nicht-jüdischen Teil der Stadt. Eines Tages klopften die Deutschen an die Tür und fragten, ob sie Juden wären, da sie gewöhnliche und nicht traditionelle jüdische Kleidung trugen. Als sich herausstellte, dass sie eine jüdische Familie waren, befahlen ihnen die Soldaten, innerhalb von 24 Stunden das Haus zu verlassen. Daraufhin ging Sams Vater zum Büro des Judenrats in der Piłsudskiego Straße 27, wo die Familie glücklicherweise eine Zweizimmerwohnung im jüdischen Teil der Stadt erhielt. Das Leben war schwer. Eines Morgens verschwand Sams Bruder mit seinen Freunden in den Osten und Sams Vater rezitierte einen ganzen Tag lang aus den Psalmen. Jeder Schritt, jedes Anklopfen versetzten sie in Angst und Schrecken.[62]

Drechsel, der Chef der deutschen Zivilverwaltung, war mit dem Umsiedlungstempo im Ghetto unzufrieden und verlautbarte:

57 Samelson, Piotrków Trybunalski, S. 6.

58 Cole, Holocaust Landscapes.

59 Mordechai David Kaminsky, In the Evening. The Journey of Remembrance of a Jewish boy in the Shadow of Death Districts, During the Time of Destruction (Hebräisch), Jerusalem 1990, S. 69.

60 Im Dezember 1939 beschloss Drechsler, dass auch alle Personen mit einem jüdischen Elternteil jüdisch waren. Am 6. Mai 1940 bestand Frank darauf, dass die Formulierung des Deutschen Reiches übernommen werden sollte. Schließlich wurde im Juli 1940 das Nürnberger Prinzip im Generalgouvernement per Dekret eingeführt. Raul Hilberg, The Destruction of the European Jews, Bd. 1, New Haven 1961/2003, S. 217.

61 Samelson, Piotrków Trybunalski, S. 1.

62 Ben Helfgott. Testimony. The Imperial War Museums, 1985. https://www.iwm.org.uk/collections/item/object/80008956 [26. 9. 2021].

> „Die jüdische Gemeinde hat meine Geduld und Gutmütigkeit strapaziert, was mich dazu veranlasst hat, das Datum der Umsiedlung der Juden innerhalb des Ghettos zu verschieben. Daher sehe ich mich zur Anordnung gezwungen, dass alle Juden, die keine von mir erteilte Sondergenehmigung haben, jegliche außerhalb des Ghettos befindliche Liegenschaft bis 31. Oktober 1939 zu räumen haben. Jeder, der danach noch außerhalb des Ghettos ohne geeignete Genehmigung lebt, wird streng bestraft [...].“[63]

Vor dem Zweiten Weltkrieg lebten 20.450 Juden und Jüdinnen im Bezirk Piotrków und machten damit 9,2 % der Gesamtbevölkerung der Region aus. Am 1. Jänner 1938 hatte die Stadt Piotrków 51.294 EinwohnerInnen, davon waren 1.500 PolInnen deutscher Abstammung und 21,8 %, also 11.651 Personen, Jüdinnen bzw. Juden.[64] Nach der deutschen Besetzung stieg die Zahl der jüdischen BewohnerInnen in diesem Raum aufgrund der zahlreichen Flüchtlinge dramatisch an. Während im Frühling 1942 16.500 Juden und Jüdinnen im Ghetto Piotrków lebten, war die Zahl zu Ende des Sommers bereits auf etwa 29.000 bis 30.000 angewachsen. Zygmunt Tennenbaum zählte 182 Häuser mit 4.178 Zimmern im Ghetto. Durchschnittlich bewohnten acht Personen einen Raum, was die Zahl der jüdischen BewohnerInnen im Ghetto auf geschätzte 32.000 erhöht. Die meisten WissenschaftlerInnen gehen von einer Zahl von etwa 28.000 aus, immer noch mehr als doppelt so viel wie vor dem Krieg.[65]

Die Umsiedlung ins Ghetto bedeutete den Verlust der Unabhängigkeit und einen dramatischen wirtschaftlichen Abstieg der Betroffenen. Juden und Jüdinnen wurden gezwungen all ihr Eigentum zurückzulassen oder unentgeltlich wegzugeben. Paradoxerweise brachte die Armut auch „Vorteile“: Mitglieder ärmerer sozialer Schichten erlebten die Ghettoisierung zunächst als eine allmähliche Verschlechterung einer Situation, die ihnen bereits aus Vorkriegszeiten bekannt war.[66] Die Armut im Ghetto war ungleich verteilt: Die Ärmsten waren die erzwungenen Flüchtlinge, welche, in Coles Worten, hinter „unsicht-

63 Anordnungsblatt für Stadt und Landkreis Petrikau, Nr. 3, 26. 10. 1939, S. 3. Siehe auch: Daniel Warzocha, Oficjalna i Konspiracyjna Prasa w Piotrkowie Trybunalskim w Okresie II Wojny Światowej (1939–1945), in: Almanach Historyczny, Bd. 19, Kielce 2017, S. 187.

64 Urzędowski, Przyczynek do historii getta w Piotrkówie Trybunalskim, S. 35–48.

65 APPT, ZboWiD.

66 Carlos A. Haas, Transformation of the ‚Private‘ – proximity and Distance in Spatial Confinement of Ghettos in Occupied Poland, 1939–1942, in: Elizabeth Harvey / Johannes Hurter / Maiken Umbach / Andreas Wirsching (Hrsg.), Private Life and Privacy in Nazi Germany, München–Berlin–Cambridge 2019, S. 335.

baren Wänden“[67], die zwischen ihnen und den ursprünglichen EinwohnerInnen standen, lebten.

Trennung

Um die BewohnerInnen der Stadt von der Welt zu isolieren, wurden polnischen und jüdischen BürgerInnen gleich nach der Besetzung Einschränkungen auferlegt. In den Straßen wurden Bekanntmachungen der Verordnungen ausgehängt.[68] Am 14. Oktober 1939 wurde allen verboten ein Radio zu besitzen oder anzuhören, welches nicht-deutsche Sendungen empfing.[69] Es war verboten, kulturelle Veranstaltungen abzuhalten, Kinos zu betreten, Filme anzuschauen oder sich an öffentlichen Orten zu treffen.[70] Am 15. Oktober 1941 erließ Hans Frank eine Verordnung an alle BewohnerInnen des Generalgouvernements, die jede Hilfe an Juden und Jüdinnen untersagte. Demnach würde jeder Pole und jede Polin zum Tode verurteilt werden, der oder die in irgendeiner Weise versuchte Jüdinnen und Juden zu helfen, sei es durch das Angebot einer Unterkunft oder eine Übernachtungsmöglichkeit, Versorgung mit oder Verkauf von Lebensmitteln oder Bekleidung oder Zurückhaltung von Information über gewährleistete Hilfe an oder Kommunikation mit Ghetto-BewohnerInnen.[71] Das Gesetz war speziell für das besetzte Polen erlassen worden, anscheinend als Reaktion auf versuchte Hilfeleistungen, die im ganzen Land zu dieser Zeit unternommen wurden.[72]

Ab 13. November 1939 wurde Juden und Jüdinnen der Zugang zu städtischen Behörden verboten; alle jüdischen Angelegenheiten konnten nur noch durch den Judenrat gehandhabt werden. Außerdem wurden alle Unterstützungszahlungen an jüdische EinwohnerInnen eingestellt.[73] Schwere Strafen entfielen auf Transaktionen zwischen jüdischen Fleischhauern und christlichen Großhändlern.[74] Jüdische ArbeitnehmerInnen wurden entlassen, ihre Bankkonten eingefroren und es war ihnen untersagt, über Gold, Wertgegenstände und ein monatliches Einkommen von mehr als 500 Złoty zu verfügen.[75] Der

67 Cole, Holocaust Landscapes, S. 4.
68 Samelson, Piotrków Trybunalski, S. 5.
69 Anordnungsblatt für Stadt und Landkreis Petrikau, Nr. 1, 14. 10. 1939.
70 Akta Miasta Piotrkowa Komisarz i Zarząd (AMPKiZ). APPT. Kz 774.
71 Stefan Korboński, Polacy, Żydzi i Holocaust, Warszawa 2011, S. 66.
72 Lukas, The Forgotten Holocaust, S. 127.
73 APPT, ZBoWiD.
74 Anordnungsblatt für Petrikau, Nr. 8, 8. 12. 1939, S. 5.
75 Kurek, Dzieci żydowskie w klasztorach, S. 23; Tennenbaum, Martyrologia Żydów, S. 9.

Kontakt mit christlichen KundInnen war verboten, jüdischen ÄrztInnen war es untersagt, „arische“ PatientInnen zu behandeln, und jüdische PatientInnen durften keine nicht-jüdischen Ärztinnen aufsuchen.[76] Verträge mit Juden bzw. Jüdinnen waren streng untersagt. Städtische Beamte durften weder privat noch geschäftlich mit Juden und Jüdinnen verkehren. Beamte durften sich nicht im Ghetto aufhalten.[77]

Trotz dieser drakonischen Anordnungen lösten sich die Verbindungen zwischen jüdischen und nicht-jüdischen polnischen NachbarInnen nicht völlig auf. SchmugglerInnen gelangten immer noch in den „arischen“ Bereich, hauptsächlich über Hinterhöfe oder in geeigneten Augenblicken während der Arbeitsmärsche. Zusätzlich gab es einen geheimen Treffpunkt beim Haus Ecke Szewska Straße, die zum Ghetto gehörte, und am Kościuszko-Platz 8, der genau an der Grenze lag. Dies war in Coles Worten „ein dritter Raum“, eine Übergangszone zwischen Ghetto und den übrigen StadtbewohnerInnen.[78] Ähnliches gab es an den gemischten Arbeitsplätzen. Dort verkauften PolInnen Lebensmittel an Jüdinnen und Juden, besonders an ehemalige NachbarInnen und Bekannte, Neuigkeiten wurden ausgetauscht und es gab auch etwas Zusammenarbeit im Untergrund.[79]

Arbeitsbeschränkungen

Mit Beginn der deutschen Besetzung wurden private Geschäfte geschlossen oder verstaatlicht, Güter konfisziert und sowohl die selbstständige Produktion von Schuhen und Textilien, eine weitverbreitete Tätigkeit unter der jüdischen Bevölkerung, als auch andere private Werkstätten verboten.[80] Durchsuchungen, Verhaftungen und Exekutionen wurden als Bestrafung für „illegalen“ Handel durchgeführt. Am 26. Oktober 1939 wurde die unbezahlte jüdische Zwangsarbeit im gesamten Generalgouvernment verlautbart. Drechsel nutzte dies und führte eine tägliche Rekrutierungsquote von 1.000 jüdischen Männern für den Arbeitseinsatz ein. Einige der 12- bis 60-jährigen von Drechsels Verordnung betroffenen Juden in Piotrków arbeiteten in der Stadt. Andere arbeiteten unter elenden Bedingungen in Lagern nahe Piotrków oder an der östlichen Frontlinie in der Gegend von Lublin. Jüdische Frauen und ältere Menschen,

76 APPT, ZBoWiD.
77 Komisarz i Zarząd Miasta Piotrkówa, Zarządzenia Komisarza Miasta 1939–1940, Sygn. 325.
78 Cole, Holocaust City, S. 31.
79 Tennenbaum, Martyrologia Żydów, Sygn. 25.
80 Anordnungsblatt für Petrikau, Nr. 3, 26. 10. 1939.

die sich in verschiedenen Werkstätten abmühten, belegten eine Grauzone am Arbeitsmarkt. Zu Hause oder in kleinen Geschäften bereiteten sie Delikatessen, Eintopfgerichte und spezielle Backwaren zu und verkauften sie den Deutschen und den wenigen jüdischen KundInnen, die sich das leisten konnten.[81] Sarah Blaustein bestätigte die Existenz dieser Betriebe:

> „Als ich im Ghetto war, pflegte ich untertags alleine zwischen den kleinen Familienbetrieben herumzuspazieren [...]. Die Straße erstreckte sich von der Wasserpumpe [...] bis zur großen Kreuzung, von wo aus die Straße zu verschiedenen Hauptstraßen führte [...] Ich kannte sie alle [...]"[82]

In dieser Zeit waren jüdische Kaufleute weiterhin im Untergrundhandel mit Warschau, Czestochowa und anderen Städten tätig.[83] Trotz dauernder Jagd auf sie gab es im Untergrund auch noch einen Wertpapiermarkt.[84]

Rassistische Kennzeichnung

Hans Franks Verordnung vom 23. November 1939, die am 1. Dezember 1939 in Kraft trat, forderte, dass alle über zehn Jahre alten Juden und Jüdinnen eine mindestens 10 cm breite, weiße Armbinde mit sichtbarem Judenstern darauf tragen mussten. Die Nichteinhaltung dieser Verordnung würde mit Verhaftung geahndet werden.[85] Frank ordnete auch an, dass jüdische Geschäfte mit einem Judenstern, der von der Straße aus klar erkennbar sein musste, zu kennzeichnen waren.

Drechsel verkündete, dass ab 3. Dezember 1939 jede ohne weiße Armbinde gefasste Person als Terrorist gelten würde.[86] Fritz Katzmann, SS- und Polizeiführer im Bezirk Radom, beschrieb die Maße des Kennzeichens im Detail: etwa

81 Jacob Kurtz, Testimony Book. To the Breaking of Israel in Poland (Hebräisch), Tel Aviv 1944, S. 242–243.

82 Sarah Blaustein, Three Coats: A Sabra Girl in Occupied Poland (Hebräisch), Jerusalem 2004, S. 48–51, 60.

83 Barbara Polak, Biedni Polacy patrzą i ratują (wywiad z Grzegorzem Berendtem, Markiem Wierzbickim i Janem Żarynem), in: Biuletyn IPN 3 (98), Marzec 2009, S. 16.

84 Naftalie Lavie-Lau, Seven Sections of Hell (Hebräisch), in: Yaakov Maltz / Naftali Lau (Lavie) (Hrsg.), Piotrków Trybunalski and the Surroundings Memorial Book, Tel Aviv 1965, S. 787–788; Kurtz, Testimony Book, S. 88–89; Issac Goodfriend, By Faith or by Faith. The Sage of a Survivor, Atlanta 2001, S. 90.

85 Anordnungsblatt für Petrikau, Nr. 9, 23. 12. 1939, S. 3.

86 Anordnungsblatt für Petrikau, Nr. 8, 8. 12. 1939, S. 6.

BewohnerInnen des Ghettos Piotrków mit Armbinden, 1940

https://collections.ushmm.org/search/catalog/pa1037179 [26. 9. 2021]

Als Juden gekennzeichnete Männer in der Nähe der Militärkaserne, Piotrków, 10. September 1942

https://collections.ushmm.org/search/catalog/pa29339 [26. 9. 2021]

30 cm Durchmesser mit etwa 5 cm dicken Streifen.[87] Am 13. Dezember 1939 verkündete Katzmann, dass der Davidstern blau zu sein hatte und seine Breite 8 cm von Spitze zu Spitze betragen musste. Die Streifen sollten einen Zentimeter breit und gut am Ärmel angenäht sein.[88] Am 17. Dezember 1939 gab Arthur Buss, Kreishauptmann von Radom, bekannt, dass die Farbe der Armbinde gelb sein soll und dass die Kennzeichnung von über sechs Jahre alten Kindern, Frauen und Männern zu tragen sei. Die Verantwortung für die Armbinden der Kinder obliege den Eltern oder dem jeweiligen Vormund und jedem, der diese Anordnung nicht befolge, drohe eine Geldstrafe.[89] Am 25. Februar 1940 wurde eine spezielle Kennkarte für Juden und Jüdinnen ab fünf Jahren herausgegeben.

Trotz Androhung einer strengen Bestrafung weigerten sich manche Jüdinnen und Juden die Vorschriften einzuhalten.[90] Dies traf insbesondere auf diejenigen zu, die im christlichen Teil der Stadt Handel trieben.[91] Zu Erkennungszwecken tatsächlich „notwendig" war die formelle Kennzeichnung säkularer jüdischer Frauen: Jüdische Männer waren beschnitten und religiöse Juden und Jüdinnen trugen traditionelle Kleidung und waren äußerlich deutlich von ihren nicht-jüdischen Mitmenschen unterscheidbar. Sie sprachen zumeist Jiddisch, konnten nicht Polnisch und wussten nichts über die christliche Religion. Sie waren auch ohne Ausweis oder Davidstern erkennbar, der ja auch abgenommen werden konnte. Golda Finkler, die Frau eines Rabbiners, erklärte:

> „Aus verschiedenen Gründen wollte mein Mann Piotrków nicht verlassen, auch aus dem Grund, dass er seine alte Mutter nicht zurücklassen wollte, und er fürchtete auch, auf Straßen zu reisen, wo die Deutschen ihm den Bart abschneiden könnten."[92]

Vernachlässigung

Unzulängliche Abwasserbeseitigung, Überfüllung und ernster Lebensmittel- und Brennstoffmangel führten zu Armut, Epidemien, Hunger und Tod. Ewa Nissenbaum, damals ein Kind, beschrieb die Straßen des Ghettos Piotrków:

87 Anordnungsblatt für Petrikau, Nr. 9, 23. 12. 1939, S. 5–6.
88 Anordnungsblatt für Petrikau, Nr. 9, 23. 12. 1939, S. 3.
89 Anordnungsblatt für Petrikau, Nr. 7, 1. 12. 1939, S. 9.
90 Ben Giladi, Opowieść o jednym mieście [= Biblioteka Piotrków 800], Piotrków Trybunalski 2010, S. 43.
91 Samelson, Piotrków Trybunalski, S. 5.
92 Kaja Finkler / Golda Finkler, Lives Lived and Lost, Brighton, MA, 2012, S. 89.

„Am Weg nach Hause [von der Untergrundschule] erscheint mir das Ghetto elend, stinkend und furchtbar. Traurige Menschen gehen auf den Straßen, wie lebendige Tote. Bisher hatte ich das noch nicht gesehen. Wie konnte ich das nicht bemerken? Mir ist zum Weinen, ich halte mich zurück, aber Njuscha beginnt zu weinen. ‚Was wird geschehen?', flüstert sie, ‚was wird geschehen?' Niemand antwortet, meine Augen sind voller Tränen und wir laufen nach Hause. ‚Schaue nicht, denke nicht nach.'"[93]

Arme BewohnerInnen des Ghettos Piotrków in der Starowarszawska Straße

http://www.deathcamps.org/occupation/piotrkow%20ghetto.html [26. 9. 2021]

Der Arzt Dr. Zygmunt Tennenbaum schrieb:

„Eine der schmerzhaftesten Seiten im leidvollen Kapitel der Juden im Ghetto [Piotrków] war das Schicksal der Kinder. Das Bild des täglichen Lebens, eines Tages im Ghetto, ist mit dem Anblick von kindlichen Skeletten, die auf den Straßen herumgehen, verknüpft. In Lumpen gekleidet, strecken sie

93 Hannah Livne, My Lucky Bird (Hebräisch), Kiryat Gat: Dani Books 2019, S. 47.

weinend ihre dünnen Arme aus und betteln um Brot und sterben in den Straßen.“[94]

Im Ghetto gab es auch andere, vermutlich einheimische Juden und Jüdinnen und freiwillige, gut integrierte Zugewanderte, die eine elegante Erscheinung aufrechterhielten, sogar noch im Herbst 1942, als andere bereits an der Lage verzweifelten. Jakob Kurtz beschrieb diese Erscheinungen:

> „In den Straßen des Ghettos waren gut gekleidete Frauen mit gepflegten Gesichtern zu sehen. Ihre Lebensgeister waren nicht vollständig erdrückt und sie versuchten wie respektable Menschen auszusehen. Manche gestatten sich sogar einen gelegentlichen Flirt. Die Körper der Juden wurden verfolgt, aber nicht ihr Geist.“[95]

Das Wetter brachte ebenfalls Herausforderungen mit sich, besonders während der eiskalten Winter. Am 15. Februar 1940 schickte Zalman Tennenberg, der Vorsitzende des ersten Judenrats, ein Bittgesuch an den deutschen Kreisleiter von Piotrków, in welchem er warnt: „[...] hungernde Menschen, geschwächt vom eiskalten Wetter, eingepfercht in den engen Grenzen eines Ghettos, in Häusern, denen es an elementarer Hygiene mangelt, bewegen sich von Ort zu Ort. Das wird bestimmt eine Epidemie auslösen.“[96]

William Samelson fügte hinzu:

> „Der Winter 1941 war einer der strengsten in Erinnerung. Sibirische Winde kamen heulend aus dem Osten [...] Wir hatten keine Kohle mehr, um unsere Öfen zu heizen, und jeder stahl alles Holz in Reichweite. Holzzäune und -treppen begannen zu verschwinden. Bald mussten wir drei Stufen überspringen, um von einem Stock zum nächsten zu steigen. Bis wir zurück im Haus waren, war das Wasser, das wir vom Brunnen holten, zu Eis gefroren.“[97]

Die Winter 1940/41 und 1941/42 brachten auch Infektionskrankheiten und Epidemien mit sich, insbesondere in den Flüchtingsunterkünften, wo die Menschen dicht gedrängt lebten und elementare sanitäre Anlagen fehlten. Besonders hohe

94 Tennenbaum, Martyrologia Żydów.

95 Kurtz, Testimony Book, S. 246.

96 Jüdische Unterstützungsstelle für das Generalgouvernement (JUS), Association of the Jewish Historical Institute in Poland (AJHI). File no. 31.

97 Samelson, Piotrków Trybunalski, S. 13.

Erkrankungsraten gab es in der Großen Synagoge, die als größte Flüchtingsunterkunft der Stadt diente und zu einer Todesfalle wurde. Hier wurden etwa 500 Flüchtlinge in fünfstöckigen Betten ohne Wasser und Toilette beherbergt. Bald brach eine Seuche aus, die viele Opfer forderte. Die Plätze der Toten wurden von neu angekommenen Flüchtlingen eingenommen, sodass sich die Katastrophe fortsetzte und schließlich auf das gesamte Ghetto ausbreitete.[98]

Links: **Yosel Goldberg mit einem Freund im Ghetto Piotrków**

Satuka Photo. 19 Jerozolimska street. The Piotrków archive of the Goldstein-Goren Diaspora Research Center. Tel Aviv university

Rechts: **Familie Jachimowicz, Ghetto Piotrków, 15. Juni 1941**

https://collections.ushmm.org/search/catalog/pa1053464 [26. 9. 2021]

98 Ben Helfgott's Testimony. https://www.iwm.org.uk/collections/item/object/80008956 [30. 9. 2021].

Selbst während dieser chaotischen und furchtbaren Tage entwickelten viele der jüdischen BewohnerInnen diverse Strategien, um mit der Situation fertig zu werden.[99] Auf Gemeindeebene sorgte der Judenrat für die Organisation und Bereitstellung von Arbeit, Lebensmittelankauf und -verteilung, Armenküchen, die täglich einige tausend Mahlzeiten ausgaben, ebenso für Beheizung, Sozial- und Gesundheitsfürsorge, Finanzen, Behausung und Disziplin. Auch war er für ein Waisenhaus, „Dom Sirot", verantwortlich, wie auch für die Verteilung von Babymilch, medizinische und sanitäre Dienste, das jüdische Krankenhaus, Quarantäneunterkünfte und ambulante Patientenbetreuung.[100] In den Straßen des Ghettos patrouillierte die Sanitätspolizei, eine Institution, die nach dem ersten Typhusausbruch im Winter 1940/41 eingerichtet worden war, um Krankheitsfälle in der Gemeinde aufzuspüren, PatientInnen ins Spital zu bringen und Familien und BewohnerInnen aus den infizierten Wohnungen umzusiedeln, Badehäuser zu desinfizieren, infizierte Wohnungen zu isolieren und Quarantänen, deren Dauer vom medizinischen Personal bestimmt wurde, aufzuerlegen.[101] Darüberhinaus inspizierte der Judenrat den illegalen privaten Unterricht, der bis in die allerletzten Momente des Bestehens des Großen Ghettos in versteckten Räumen abgehalten wurde.[102] Unweit des Czerničkego-Platzes beschäftigte der Judenrat ein pädagogisches Team und eröffnete einen Kinderklub, um die Kinder zu beschäftigen und mit einer warmen Mahlzeit zu versorgen. Am Rynek Trybunalski und am Czarnieckiego-Platz legte der Judenrat kleine Gärten mit Kinderspielplätzen an.[103] Die Initiativen des Judenrats erleichterten zwar die Lage ein wenig, linderten aber nicht die angstvolle Atmosphäre im Ghetto.

Gerüchte

Zum täglichen Druck kamen ab 1941 die wachsenden Gerüchte über Todeswagen, Konzentrationslager, Vernichtungslager und den systematischen Massen-

99 Haas, Transformation, S. 350; Cole, Holocaust Landscapes, S. 225.

100 S. 11–12 in ZIH file 211/797; Piotrków Trybunalski, The Ghetto Encyclopedia. (Hebräisch). http://www.yadvashem.org/yv/he/research/ghettos_encyclopedia/ghetto_details.asp?cid=798 [26. 9. 2021].

101 Lau-Lavie, Seven Sections of Hell, S. 789.

102 Eugenia Różycka, Underground education in the Piotrkow ghetto (Hebräisch), in: Arie Bauminger / Nachman Blumenthal / Yosef Karmish, The Child and Youth in the Holocaust and Heroism, Jerusalem 1978, S. 91.

103 The ghetto in Piotrków Trybunalski. Piotrków Trybunalski During the Holocaust (Hebräisch). Valley of the Communities. Yad Vashem. http://www.yadvashem.org/yv/he/exhibitions/valley/Piotrków/ghetto.asp [26. 9. 2021]; Tennenbaum, Martyrologia Żydów, Sygn. 25.

mord an Juden und Jüdinnen hinzu. Die Deportation von Zalman Tennenberg, dem ersten Vorsitzenden des Judenrats, und seiner Vorstandsmitglieder nach Auschwitz in den Tod im Juli 1941 – nach deutschem Gesetz waren sie der Subversion beschuldigt worden – wirkte sich stark auf die Gemeinde aus und machte so manchen darauf aufmerksam, was tatsächlich vorging. Trotzdem verwarfen viele bis Anfang 1942 die kursierenden Gerüchte. Aus Furcht vor dem Zorn der Nationalsozialisten warnte und attackierte Szymon Warszawski, der zweite Vorsitzende des Judenrats – er und sein Team galten als der verlängerte Arm der deutschen Verfolgung –, diejenigen, die Gerüchte verbreiteten.[104] Jacob Kurtz beschrieb, dass ein Flüchtling aus Kłodawa mehreren Leuten erzählte, dass die Nationalsozialisten die polnischen Jüdinnen und Juden vernichteten. Der Flüchtling wurde zu einer Gemeinderatssitzung hinter geschlossenen Türen geladen, in der er über zahlreiche Einzelheiten berichtete. Seine Zuhörer warnten ihn davor, mit jemandem darüber zu sprechen, da, falls dies die Deutschen herausfinden sollten, er der Erste sein würde, der wegen Verbreitung von „Gräuelpropaganda“ erschossen würde. Viele weitere würden folgen.[105] Kurtz fuhr fort:

> „Dann setzten Gerüchte ein, dass die ortsfremden Juden aus Piotrków deportiert werden würden. Deren Angst lässt sich leicht beschreiben. Tatsächlich wurde der Judenrat von den Deutschen dazu aufgerufen, eine Liste von Leuten zusammenzustellen, die öffentlichen Transport benötigten. Es gibt bereits Gerüchte, dass diese in den Tod geschickt werden. Viele von ihnen weinten und baten von der Liste gestrichen zu werden, auch wenn sie nicht einmal genügend Essen für eine einzige Mahlzeit hatten. Mit den Gerüchten aus der Ferne über die Juden und den Neuigkeiten nahe bei uns, wächst selbstverständlich die Angst von Tag zu Tag.“[106]

Warszawski ermahnte alle sich zu beruhigen und in der Stadt keinen Widerstand zu leisten, um die Rache der Deutschen und damit die Tötung der jüdischen Bevölkerung der Stadt zu vermeiden.[107] Erst nach Schließung der Grenzen des Ghettos am 11. Dezember 1941 und da die entsetzlichen Gerüchte nicht nachließen, gerieten die Menschen in Panik über ihre Zukunft. Manche

104 Michaela Soyer, Beyond Warsaw and Łódź: The Importance of Social Ties for Coping with Nazi Oppression in Three Small Polish Ghettos – Piotrków, Tarnow and Lachwa, in: Holocaust Studies 16, 1–2, 2010, S. 211.

105 Kurtz, Testimony Book, S. 218–217.

106 Ebenda, S. 199, 270–271.

107 Moshe Baram, Testimony (Hebräisch), in: Hedim 17–18 (1978), S. 14–15.

bereiteten sich auf ihre Flucht vor. Andere hatten gefälschte „arische“ Papiere oder verkauften ihr Hab und Gut, in einem verzweifelten Versuch, das für die Flucht benötigte Geld aufzutreiben. Manche erwogen den bewaffneten Widerstand, wozu aber keine entsprechenden Mittel vorhanden waren. Der tägliche Überlebenskampf im Ghetto überlagerte zudem solche Ideen.[108]

Terror

Der Terror im Ghetto war nicht nur institutioneller Natur. Einige Mörder in SS-Uniformen durchstreiften die Straßen, vergnügten sich damit, BewohnerInnen zu terrorisieren, und ermordeten sie kaltblütig. Der SS-Mann Wilhelm Wieland, der seinen schwarzen Hund „Mensch“ auf jedermann losließ, der ihm nicht behagte, tat sich besonders hervor. Überlebende bezeugten, dass Wieland oft vom jüdischen Polizisten Jona Levy begleitet worden war. Mehrere hundert jüdische Opfer wurden von ihnen gequält, manche von Wieland erschossen, besonders Kleinkinder und werdende Mütter. Mordechai David Kaminsky erzählte später von solchen dramatischen Jagden, die er als Kind erleben musste:

> „1941/2 [...] ich war damals ein Kind, das versuchte die Kindheit in jeder Situation zu genießen [...] plötzlich [...] Chaos [...] Hunderte von Menschen auf der Flucht stoßen einander hastig weg. Auch ich wurde in einen der Eingänge gestoßen. Zu meinem Entsetzen entdeckten wir einen der Mörder, Wilhelm, der seinen großen, furchterregenden schwarzen Hund an der Leine hielt. Und die zwei Hunde – der vierbeinige und der zweibeinige – rannten und freuten sich [...] und vor mir lag ein in Blut getränkter Jude, zerrissen von den schrecklichen Zähnen des Hundes, der sich nicht weiterbewegen konnte. Niemand kam ihm zu Hilfe, da die ganze Menschenmenge rannte, rannte, rannte [...].“[109]

Es wird noch von vielen anderen Sadisten berichtet: Killy Kletter, Pucelo Zams, Lockner, Erik Dietrich, Franz Fischer, Heinrich Baum, Reinhold Baumann, Hermann Altmann, Adam Grob und viele mehr. Nur ein Teil von ihnen wurde nach dem Krieg vor Gericht zur Verantwortung gezogen.

108 Lau-Lavie, Seven Sections of Hell, S. 794.
109 Kaminsky, In the Evening, S. 39.

Geplante Verkleinerung des Ghettos: Februar – Oktober 1942

Am 16. Februar 1942 ordnete der deutsche Kreishauptmann Arthur Buss, der Drechsel 1940 in dieser Funktion abgelöst hatte, die Verkleinerung der Ghettofläche an.[110]

Aus dem Plan zum „Zwischenghetto" ist ersichtlich, dass die wesentlichste Verkleinerung in den Straßen um den sogenannten Umschlagplatz stattfinden sollte, also den Platz, auf dem später die Jüdinnen und Juden zur Deportation in das Vernichtungslager Treblinka versammelt werden sollten: Jerozolimska, Skłodowskiej-Curie Marii, Oddzielna, Leonarda, Pereca und der östliche Teil der Garncarska Straße. In dieser Gegend, Jerozolimska Straße 29, befand sich auch die Große Synagoge. In dieser Zeit diente diese als Gefängnis für „illegale" jüdische EinwohnerInnen und später für diejenigen, die zur nächsten Deportation nach Treblinka eingeteilt waren. Während der Liquidation war das Gebiet voller Deutscher, Ukrainer und anderer Deportationskräfte. Es kann sein, dass die Verkleinerung das produzieren sollte, was Cole als „jüdische Abwesenheit" zugunsten der „Anwesenheit der Besatzer" bezeichnete.[111] Der Plan wurde, wie aus der Liquidationsliste ersichtlich, nicht umgesetzt. Jedoch fand in dieser Periode, im Frühling 1942, die Evakuierung der letzten polnischen EinwohnerInnen aus dem Ghetto statt, was ein weiterer Hinweis auf die Absicht der Nationalsozialisten war, ihren genozidalen Plan umzusetzen, der dann kurze Zeit später auch verwirklicht wurde.[112]

110 Es umfasst die folgenden Straßen: Zamkowy Square (Schlossplatz). Rynek Trybunalski (Gerichtsplatz). Pl. Lipowy – Niepodległości (Lindenplatz) 4–7 – mit einem Ausgang in die Rycerska, Litewska und Zamurowa Straßen. Czarnieckiego Square (Judenplatz). Garncarska Straße (Töpfergasse). Grodzka Straße. Wiejska Straße (Gminna) 1–11. Ziem Wschodnich (Ostlandstraße) 1–27 mit Durchgang zum städtischen Gesundheitsbüro, Isolationsraum und Spital für ansteckende Krankheiten. Wspólna Straße (Konungski und derzeit Konarski). Zamurowa Straße (Mauerstraße) 1–16. Zamkowa Straße (Schlossgasse) 1–24. Jerozolimska Straße 3, 5, 42, 44, 46. Litewska Straße (Litauische Straße). Starowarszawska Straße (Alte Warschauer Straße) 2–31. Pijarska Straße (Klasztorna), außer Haus Nr. 2 und ohne Zugang zur Kirche. Konarskiego Straße. Krakowska Straße 4 (Ausgang nur zur Grancarska Straße). Rogowa Straße (Am Winkel Straße) und 1940 Łazienna Mokra und Pijarska. Rwańska Straße (1940 umbenannt Töpfergasse) 1–5, bei den Nummern 3 und 5 mit Ausgang nur zum „Jüdischen Platz". Rycerska Straße (Ritterstrasse) 6, 8–16. Szewska Street (Schuhmachergasse), ohne Haus Nr. 10. Sieradzka Straße (Ritterstraße) 1–4, 6. Urzędowski, Przyczynek do historii getta w Piotrkówie Trybunalskim, S. 37–38.

111 Cole, Holocaust City, S. 37–39; Cole, Holocaust Landscapes.

112 Yad Vashem Holocaust Resources Center Website.

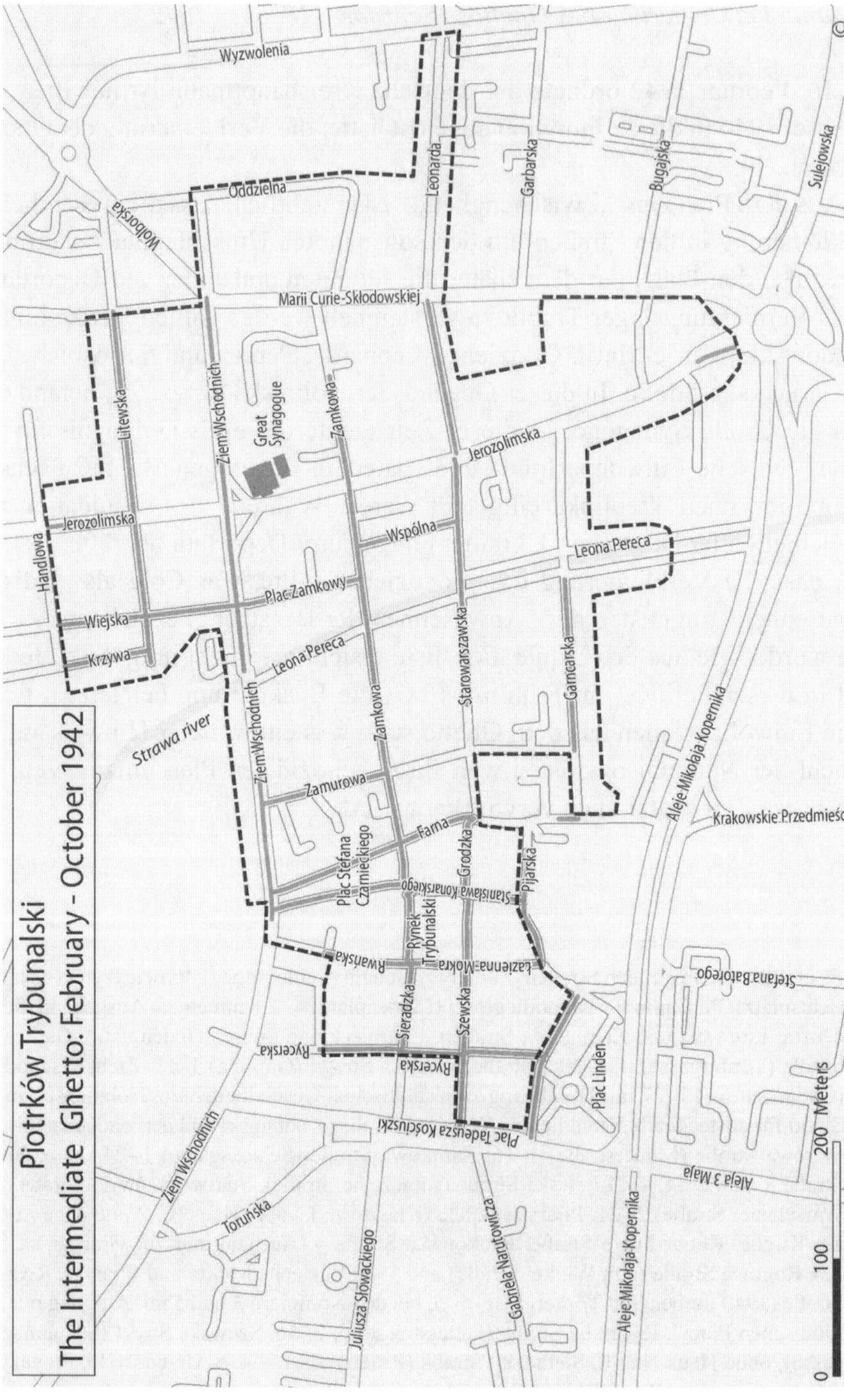

Die Straßen der geplanten Verkleinerung des „Zwischenghettos" Piotrków

Liquidation: 14.–21. Oktober 1942

Kurz vor der Liquidation des Ghettos wurde eine Mitteilung in jiddischer Sprache angebracht, in der die Familienvorstände aufgefordert wurden, sich in die Büros des Judenrats zu begeben, ausgestattet mit den Dokumenten der Familie und 50 Groschen Gebühr. Einteilungen jeweils nach Straße und die Verpflichtung jüdischer Familien und Einzelpersonen, sich im Büro des Judenrats jeweils nach Straße zu registrieren, waren nichts Neues, sondern kamen häufig vor.

Die Verlautbarung des Judenrats vom Oktober 1942 schien wie eine Fortführung dieser Routine. Es könnte darauf hinweisen, dass sich der Judenrat der kommenden Liquidation nicht bewusst war oder sein Wissen nicht teilen wollte. Die Familienvorstände wurden in dieser Reihenfolge geladen:

- Sonntag, 12. Oktober 1942: Piłsudskiego 1,1a, 3, 7,5, 9, 10, 11, 13, 15, 17, 19, 20, Starowarszawska 5, 6, 7, 8, 9, 10, 11, 12, 13, 14
- Montag, 13. Oktober 1942: Piłsudskiego 4, 21, 23, * 25, 27,29, 31, 33, 39, 44, 48, 49, 50, 51, 52, 54, 55, 57, 60, 61, 62, 67, Starowarszawska 15, 17, 21, 23, 25, 27, 29, Hole 18
- Dienstag, 14. Oktober 1942: Jerozolimska 3–47, Skłodowskiej-Curie Marii (Lilienstraße) 4–28, Oddzielna 3–30, Leonarda 1–7, 9–11, 13, 15–20
- Mittwoch, 15. Oktober 1942: Rynek Trybunalski 1–11, Plac Rwańska 1–5, Plac Czarnieckiego 2–10
- Donnerstag, 16. Oktober 1942: Plac Niepodległośc (Lindenplatz) 2–5, Pierszka 8, Nadrowy 2, Obrytka 2, Sieradzka 1–8, 10, Szewska 8–10
- Freitag, 17. Oktober 1942: Rycerska 6–16, Plac Litewski 6–13, 14. Litewska 1–22, Farna 2–10
- Samstag, 18. Oktober 1942: Zamurowa 4–15, Zamkowa 20–24, Krzywa 1, Wiejska, Pereca 3, 4, 6, 8, 11, 16, Wspólna 1–9
- Sonntag, 19. Oktober 1942: Garncarska 1–26

Die Registrierung hat niemals stattgefunden, da bereits in der Nacht zum 13. Oktober 1942 SS-Soldaten unter dem Kommando von Willy Blum, einem „Fachmann", der bei der Organisation der Liquidation helfen sollte, das Ghetto umzingelten. Mordtruppen, die aus ukrainischen Hilfswilligen zusammengestellt wurden, waren einen Tag zuvor in der Stadt angekommen. Am 14. Oktober um 14 Uhr begann die Liquidation des Ghettos. Der Einsatz wurde von Major Adolf Feucht geleitet, einem Vertreter der Jüdischen Abteilung der

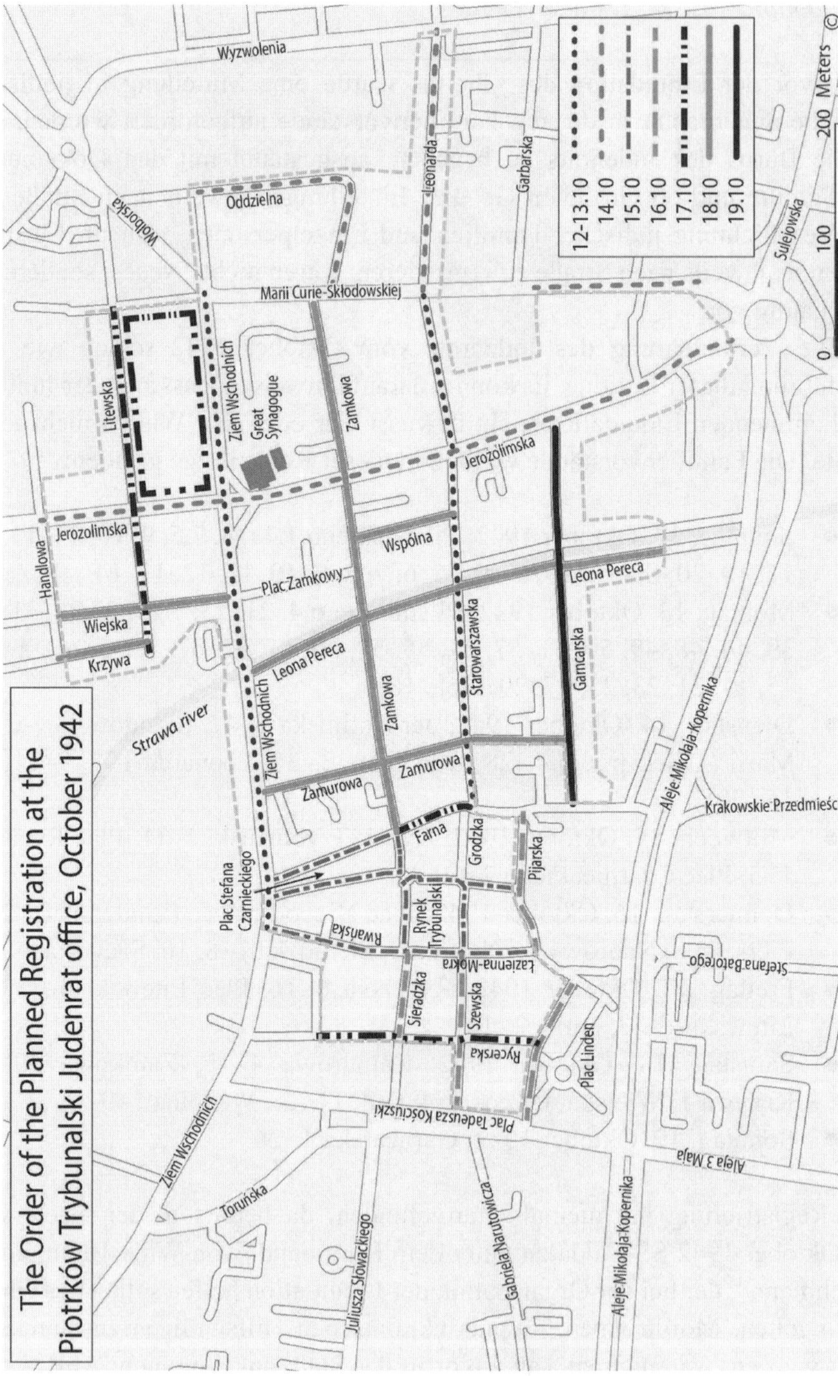

Stadtplan des Ghettos Piotrków zur angekündigten Registrierung im Oktober 1942

Gestapo, Einheit B44, einem Mann, der bereits in ähnlichen Einsätzen in anderen Städten seine „Expertise“ unter Beweis gestellt hatte.[113] Die Liquidation sollte innerhalb von vier Tagen erfolgen. Das Ghetto wurde Straße für Straße und Haus für Haus geräumt. Ungefähr tausend Menschen, zumeist alte und gebrechliche, wurden auf der Stelle erschossen. Alle übrigen gingen von ihren Wohnungen zum großräumigen Umschlagplatz. David Mordechai Kaminsky schilderte den Ablauf:

> „Morgen des 3. Cheschwan [14. Oktober 1942]. In den frühen Stunden vernahm man eine Ankündigung, dass alle Juden (außer den Arbeitern in den Fabriken) sich zu versammeln hätten. Der Versammlungszeitpunkt war für 9 Uhr früh festgesetzt. Und falls manche noch mit der falschen Hoffnung gespielt hatten, ein Schlupfloch zu finden, durch welches sie entkommen könnten, dann mussten sie schnell feststellen, dass während der Nacht deutsche und ukrainische SS-Einheiten das Ghetto umzingelt hatten und es keinen Weg heraus gab [...] Dann begann sich ein Menschenstrom in Bewegung zu setzen [...] Ganze Familien, Männer, Frauen und Kinder, marschierten mit ihren Taschen auf den Schultern in Richtung Sammelplatz. Manche von ihnen in unruhiger Stille, manche von ihnen weinend. Danach betraten nationalsozialistische Suchtrupps die verlassenen Häuser und inspizierten gründlich eine Wohnung nach der anderen, plünderten Wertgegenstände und erschossen jede dort noch verbliebene Person. Die Körper der unterwegs erschossenen Menschen wurden ebenfalls zum Umschlagplatz gezerrt [...] Neben uns ging unsere alte Nachbarin, auf eine Krücke gestützt und in gemäßigtem Tempo. Bald näherte sich ein SS-Mann und bot ihr höflich, in der Sprache der Dichter des Reichs, seine Hilfe an [...] Dann stieß er sie zur Seite, hinter einen Steinzaun, und eliminierte sie vor meinen Augen mit einer geräuschgedämpften Pistole. Als alle Bewohner in Reihen standen, ging ein Soldat entlang und überprüfte die Ausweise der unentbehrlichen Arbeitskräfte und sonderte die zur Deportation bestimmten Menschen aus. Sobald die Quote erfüllt war, wurden alle anderen in die Große Synagoge geschickt, bis zur nächsten Deportation.“[114]

52 Viehwaggons transportierten die 6.000 pro Tag festgelegten Personen. Nachdem die Quote erfüllt war, wurden alle noch am Platz übriggebliebenen

113 Mike Hexchenklein, Adolf Gottfried Feucht. Axis History Form. https://forum.axishistory.com/viewtopic.php?t=110623 [30. 9. 2021].

114 Kaminsky, In the Evening, S. 53–54, 56.

Juden in die Große Synagoge gebracht, wo sie bis zur Deportation am folgenden Tag blieben.[115]

Die BewohnerInnen der folgenden Straßen bzw. Dörfer[116] wurden zum Umschlagplatz gebracht:

- 14. Oktober 1942: Starowarszawska, Jerozolimska, Garncarska (Töpfergasse) sowie die Dörfer Przygłów, Sulejów und einige aus Milejów.
- 16. Oktober 1942: Pereca (Feuchtegasse), Zamkowa (Schlossgasse), Zamkowi-Platz, Zamurowa (Mauerstraße), Wspólna (Verbindungstraße) sowie die Dörfer Rozprza, Kamiensk und Gorzkowice.
- 19. Oktober 1942: Piłsudskiego (Ziem Wschodnich – Ostlandstraße), Leonarda (Heiligenstraße), Oddzielna, Plac Czarnieckiego (Judenplatz), Plac Litewski (Litauischer Platz), Litewska (Litauische Straße), Wiejska (Gemeindestraße) und Krzywa (Kraummegasse).
- 21. Oktober 1942: Rynek Trybunalski, Plac Niepodległości (Lindenplatz), Szewska (Schuhmachergasse), Rycerska (Ritterstraße), Sieradzka, Grodzka, Farna (Domstraße), Pierszka (Klosterstraße), Łazienna Mokra (Am Winkel). Auch die jüdischen EinwohnerInnen der Ghettos in Srock, Wolbórz, Ręczno, Wola Krystoporska and Powiecie wurden von Piotrków ins Vernichtungslager Treblinka deportiert. Ein Teil von ihnen war kurz zuvor eingetroffen und direkt zum Güterbahnhof gebracht worden. Da der letzte Transport nicht die festgesetzte Quote erreichte, wurden zu deren Erfüllung jüdische Arbeiter der Glasfabrik Hortensja einbezogen.[117]

Der Stadtplan illustriert die Reihenfolge der Liquidation nach Bereich: Sie begann im südlichen Teil des Ghettos, der später mehr oder weniger das Gebiet des Kleinen Ghettos umfasste. In der Folge zielte die Liquidation auf den östlichen Teil des Ghettos ab, der am nächsten zum Umschlagplatz lag. Danach ging es mit dem nördlichen Teil weiter und schließlich mit dem westlichen Teil, der dem Stadtzentrum am nächsten lag. Es gibt weder Klarheit darüber,

115 Naftali Lau-Lavie, Morasha Delegation, 1990. https://www.youtube.com/watch?v=rln0cPZZY9E&feature=youtu.be&fbclid=IwAR10WdtdpsYAartJCc3CfTQsKQtBX0p9W-cu_RS_3qkULfYrpnYCk6kOqcrk [30. 9. 2021].

116 Zahl der jüdischen EinwohnerInnen der im Folgenden genannten Ghettos im Januar 1941: Przygłów: 552 (ZIH 211/798, S. 4); Sulejów: 1.500 (ZIH 803/211, S. 41); Rozprza: 735 (ZIH 211/798, S. 4); Kamiensk: 524 (ebenda); Srock: 572 (ZIH 211/803, S. 41); Wolbórz: 400 (ebenda); Ręczno: 378 (ebenda); Wola Krystoporska (77); Powiecie (735). Am 16. Juni 1942 lebten 1.511 Juden und Jüdinnen in Gorzkowice (ebenda).

117 Ben Helfgott's Testimony.

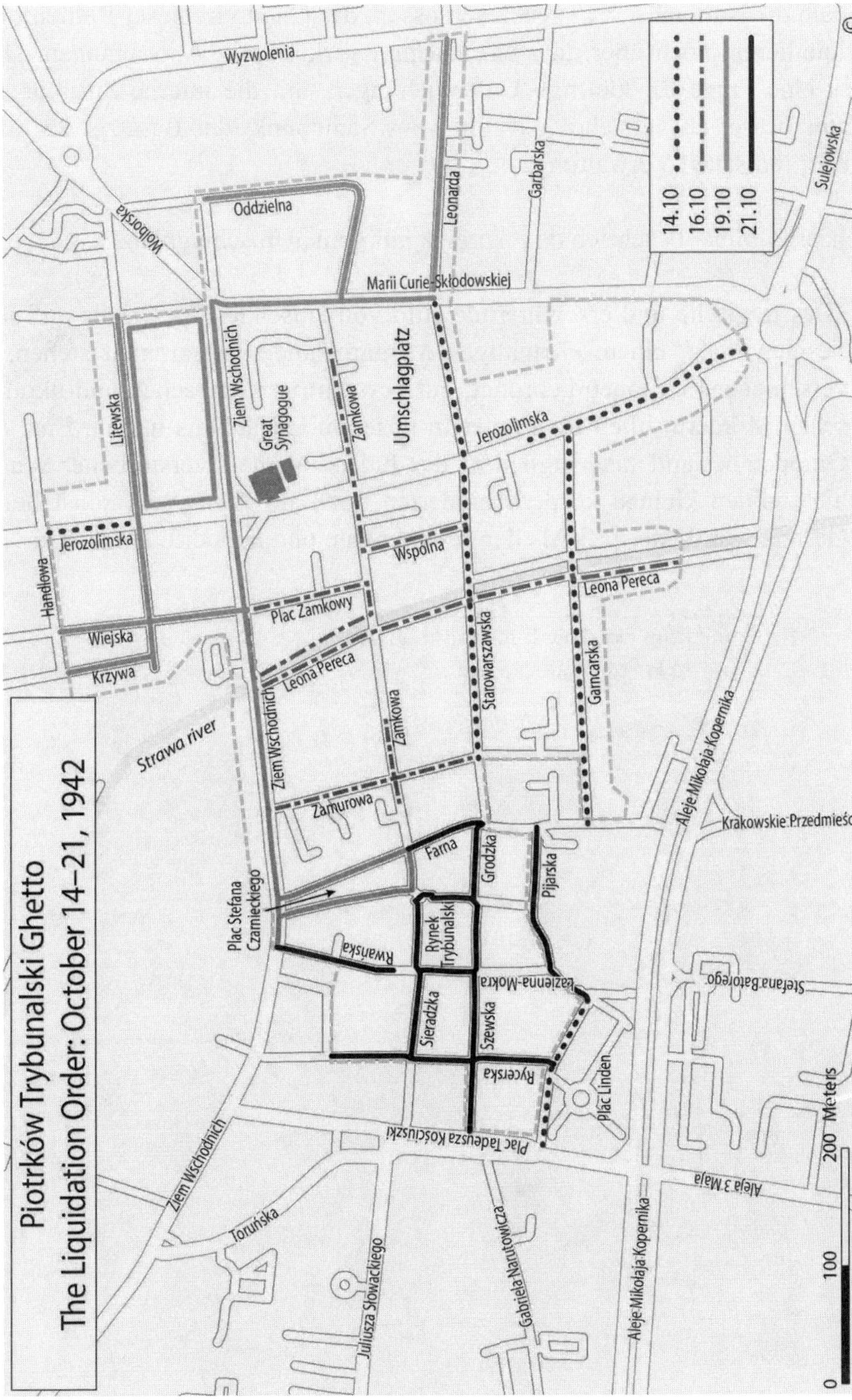

Stadtplan zur Liquidation des Ghettos Piotrków, Oktober 1942

weshalb die Nationalsozialisten beschlossen, das Ghetto in dieser Reihenfolge zu liquidieren, noch über die vom Judenrat verkündeten Anordnungen. Dies bleibt eine Frage für künftige Untersuchungen, um die interne Struktur des Ghettos besser zu verstehen, sowohl vom Standpunkt der Besatzer als auch dem der jüdischen Verwaltung.

Michael Lubliner beschrieb den Anblick auf dem „Umschlagplatz“:

> „Das tragische und erschütternde Bild von tausenden Juden, die auf dem riesigen Platz, einem ehemaligen Militärgelände, versammelt stehen, in verschiedene Gruppen geordnet, gut bewacht von deutschen und ukrainischen Mördern, blieb für immer in unserem Gedächtnis haften. Eine der Gruppen bestand aus Mitgliedern des Judenrats; mein verstorbener Bruder hielt seinen kleinen körperbehinderten Sohn im Arm. Sein sonst helles Gesicht war düster [...] Als der Abend nahte und hunderte Menschen vom

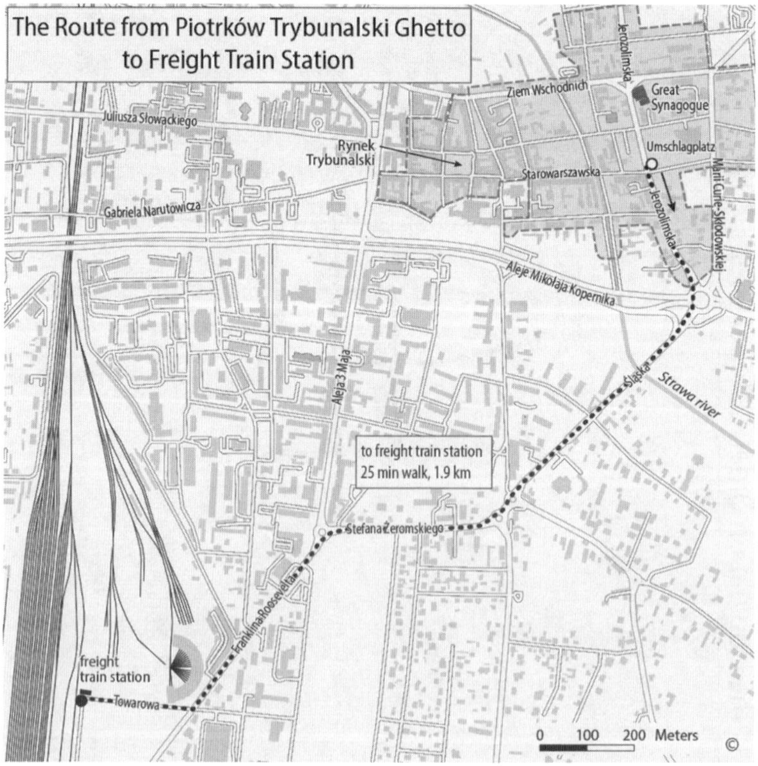

Vermutliche Route des Todesmarsches zum Güterbahnhof, Piotrków, Oktober 1942

Sammelplatz verschwanden, sahen wir die Verheerung: meine teure Mutter, meine ältere Schwester und Schwager Fischel fast mit seiner ganzen Familie – ‚evakuiert'. Wir waren von der beängstigenden Dunkelheit und Leere überwältigt!"[118]

Vier Tage lang marschierten etwa 24.000 Männer, Frauen und Kinder, in Gruppen von 6.000 Personen pro Tag, voller Entsetzen die zwei Kilometer vom Umschlagplatz bis zur Station des Güterzugs. Ein jeder trug eine kleine Tasche auf dem etwa einstündigen Weg. Der Todesmarsch ging vermutlich durch die Straßen Jerozolimska und Śląska, bog in die Stefana Zeromskiego Straße ein, vorbei am Ende des Poniatowskiego-Parks, in dem viele von ihnen ihre Wochenenden und Ferien verbracht hatten. Von der Franklina Roozwelta Straße bogen die Opfer rechts in die Towrowa Straße ein, die zur Bahnstation an der Koljowa Straße führte. Von hier wurden sie nach Treblinka transportiert – direkt in den Tod durch Gas.

Am 28. Oktober 1942 hörte das Große Ghetto von Piotrków auf zu existieren.

Güterbahnhof von Piotrków

Dina Feldman, 2018

118 Michal Lubliner, Chapters of Remembrance: The Memoirs of Michal Lubliner. Bd. I: 1905–1945, S. 55. http://www.ce.berkeley.edu/~coby/memoirs.pdf [15. 6. 2018].

Kleines Ghetto: Oktober 1942 – Juli 1943

Die deutsche Verfolgung in der Periode des Kleinen Ghettos war durch extreme Wohnraumknappheit, organisierte Plünderung, Jagd auf „illegale" BewohnerInnen, Terror und Massaker gekennzeichnet.

Nach der Massendeportation schrumpfte das Ghetto Piotrków auf das Gebiet zwischen den folgenden Straßen zusammen: Starowarszawska, Jerozolimska, Garncarska und Zamorowa. Das Gebiet wurde Block oder Kleines Ghetto genannt und war von Stacheldrahtzäunen und Wachen umgeben. Etwa 2.500 gemeldete BewohnerInnen lebten im Kleinen Ghetto. Davon waren 1.720 ZwangsarbeiterInnen in den drei örtlichen Fabriken. Einige hundert weitere Personen waren in diversen Werkstätten tätig, in denen zumeist Bekleidung hergestellt wurde. Andere Überlebende waren Mitglieder des Judenrats, einige waren jüdische Polizisten samt Familien. Außer den „legalen" EinwohnerInnen gab es auch etwa tausend „illegale" – versteckt lebende – Jüdinnen und Juden. Die wenigen Wohnungen, in denen die legalen BewohnerInnen lebten, waren hoffnungslos überfüllt. Jeder Raum beherbergte etwa zwölf Personen aus zwei oder drei zerrissenen Familien. Es waren überwiegend männliche Erwachsene; nur ein paar Hundert Frauen und Kinder waren im Ghetto verblieben.[119] Es gab keine älteren Menschen mehr. Ewa Nissenbaum erinnerte sich:

> „Hier im Kleinen Ghetto, drei Blöcke groß, gibt es keine Blumen, keine Bäume und keine Vögel, nur frierende kalte Knochen. [...] Jeder muss für ein wenig Essen arbeiten, auch meine Schwester, ich und meine Eltern. Die Straße, in der wir wohnen, heißt Jerozolimska [...] wie kann eine dunkle und heruntergekommene Straße einen so schönen Namen tragen? Ich konnte das nicht verstehen."[120]

Die Realität war schwierig, voller „Angst, [...] Zorn, [...] schmerzlicher Verluste und Verlassenheit [...] und vor allem schwerer Depression".[121] Die Überlebenden bewohnten einen Phantomraum, in welchem die Toten gefühlsmäßig und physisch weiterhin präsent waren. Überlebende wurden beauftragt, Gegenstände aus den Wohnungen der Opfer zu entfernen. Artek Poznanski, damals ein Kind, das mit seiner Familie vor der Besetzung nach Piotrków gekommen war, schrieb:

119 Kurtz, Testimony Book, S. 350.
120 Livne, My Lucky Bird, S. 49–50.
121 Kaminsky, In the Evening, S. 69.

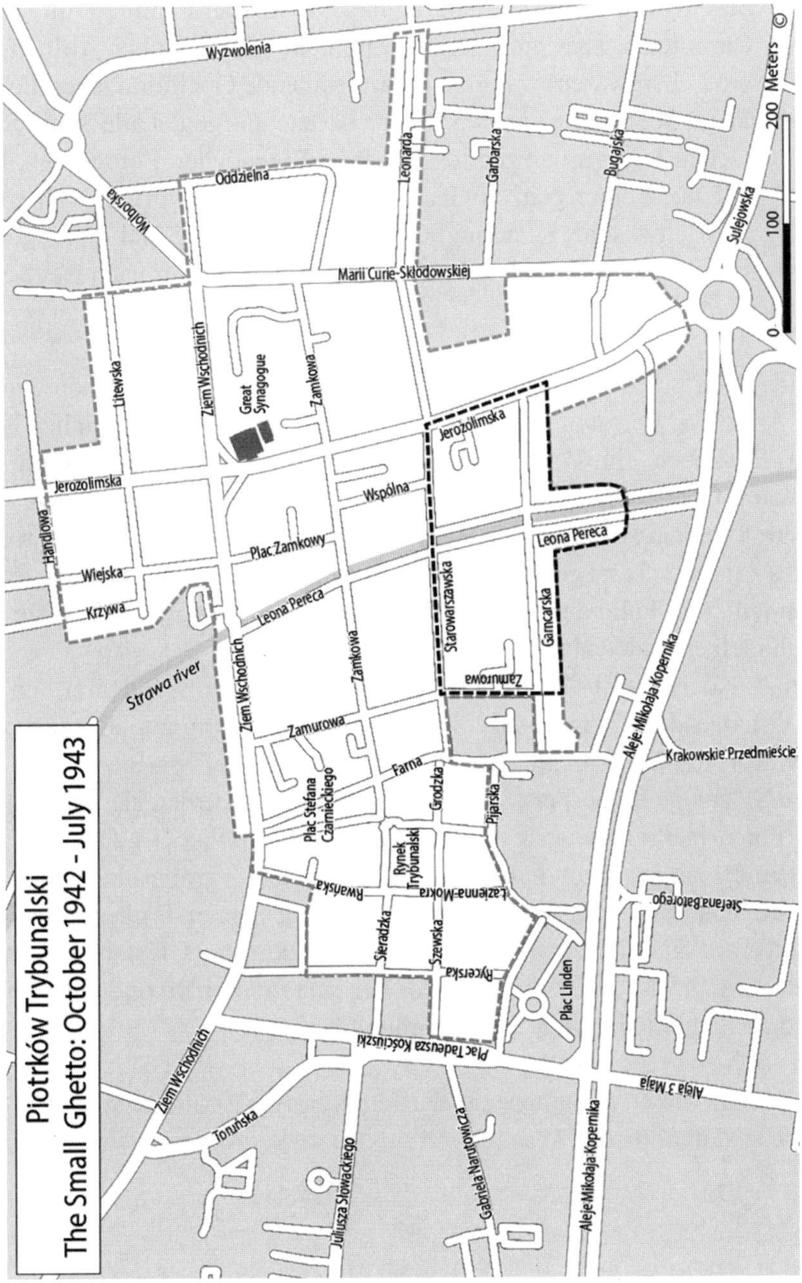

Grenzen des Kleinen Ghettos von Piotrków

William Samelson, Piotrków Trybunalski. My Ancestral Home, in: Eric J. Sterling (Hrsg.), Life in the Ghettos During the Holocaust, Syracuse 2004, S. 3

> „Die Beseitigung der letzten Spuren vieler tausender Familien (die, wie wir zwar vermuteten, aber nicht sicher waren und nicht glauben wollten, nicht mehr am Leben waren) war eine herzzerreißende Operation, aber die allgegenwärtige Bedrohung unseres Lebens härtete uns gegen alle Sentimentalität ab. Jeden Tag wurden zahllose Bücher, Tagebücher, Fotografien, Briefe und Andenken einer ganzen Gemeinde ins Feuer geworfen, während wir Berge an Bettwäsche, Kleidung, Geräten, Werkzeugen und Ziergegenständen aussortierten und auf Lastkraftwagen zum Transport nach Deutschland luden.“[122]

Die „illegalen“ BewohnerInnen lebten in Angst vor der täglichen Jagd auf sie.[123] Angst vor Verrat und Hinterhalt wurde ebenso Teil des täglichen Lebens wie das Bestreben, eine Arbeitsbewilligung zu erhalten und zu behalten – „das Ticket zum Überleben“. Das Fortbestehen des Ghettos hing von Hans Franks revidierter Verlautbarung von 1942 ab: „Dauernd ergibt sich die Notwendigkeit, des Ausspruchs zu gedenken: Man darf die Kuh nicht schlachten, die man melken will.“ Im Falle der Juden und Jüdinnen jedoch wollte das Dritte Reich die Kuh melken und schlachten.[124]

Am 3. November 1942, nach ihrer Registrierung beim Judenrat, wo ihnen vom Vorsitzenden Warszawski hinterlistigerweise Immunität versprochen worden war, wurden 520 „illegale“ EinwohnerInnen gefasst. Sie wurden in der Großen Synagoge eingesperrt. Noch am selben Tag wurden sie von angeworbenen Polen in Pferdewagen nach Tomaszów Mazowiecki gebracht.[125] Von dort, dem damaligen Knotenpunkt für Deportationen, wurden sie nach Treblinka in den Tod geschickt. Danach wurden dreißig Kinder festgenommen. Erst nach Intervention durch Reynold Christman, Direktor der Glasfabrik Hortensja, wurden die Kinder verschont.[126] Terror herrschte innerhalb und außerhalb der Synagoge. Ben Giladi beschrieb die Gräueltaten:

> „Vor der Großen Synagoge auf der Jerozolimska Straße schmetterten deutsche und ukrainische Wachen jüdische Babyköpfe gegen eine Steinmauer

122 Martin Gilbert, The Boys – Triumph over Adversity, London 1996, S. 122

123 Ebenda, S. 121–122.

124 Lukas, The Forgotten Holocaust, S. 5.

125 Irving Cymberknopf, My parents, in: Ben Giladi, A Tale of One City: Piotrkow Trybunalski (Poland), 1991, S. 241. https://www.jewishgen.org/yizkor/piotrkow/pit237.html [26. 9. 2021].

126 Ben Helfgott's Testimony.

und warfen die noch zitternden Körper in Gefäße mit kochendem Wasser oder setzten sie in Metallschüsseln in Brand.“[127]

Auch Mordechai David Kaminsky erinnerte sich an diese unvorstellbaren Grausamkeiten:

> „Die Schreie der verbrühten Babies und ihrer Mütter vermischten sich, stiegen auf und durchbohrten den Himmel.“[128]

Am 20. November 1942 wurden weitere 160 Juden und Jüdinnen, die sich im Ghetto versteckt gehalten hatten, in die Große Synagoge gebracht. Von dort marschierten sie in den Rakow-Wald zu ihrer Exekution. Am 20. Dezember 1942 wurden weitere 562 „Illegale“ im Rakow-Wald ermordet.[129] Am 21. März 1943 – am Tag des jüdischen Purim-Festes – fand am Jüdischen Friedhof ein Massaker statt, dem zehn Leiter der Gemeinde zum Opfer fielen.

Im Jänner 1943 wurde eine große Gruppe, zumeist Frauen, in die Skarżysko-Kamienna-Waffenfabrik geschickt. Bis Ende Juli 1943 wurden 500 Juden und Jüdinnen in die Arbeitslager von Blizyn, Pionki und Starachowice geschickt und die 1.720 ArbeiterInnen mussten fortan in den drei Fabriken wohnen und arbeiten: 1.000 zogen in die Holzfabrik Bugaj, 720 in die Glasfabriken Kara und Hortensja. Die Gruppen bestanden zumeist aus erwachsenen Männern, aber auch junge Burschen und einige erwachsene Frauen und Mädchen waren darunter. Damit war die Liquidation des Kleinen Ghettos abgeschlossen und Piotrków wurde für judenfrei erklärt.

Das Ende

Am 24. November 1944 wurden die letzten Juden und Jüdinnen von Piotrków aus den drei Fabriken in verschiedene Konzentrations- und Vernichtungslager deportiert: Buchenwald, Bergen-Belsen, Mauthausen, Ravensbrück und Auschwitz. In der Stadt und der umliegenden Gegend lebten die ganz wenigen, noch verbliebenen Jüdinnen und Juden in Verstecken, die ihnen polnische NachbarInnen zur Verfügung stellten. Am 16. Jänner 1945 wurde Piotrków von

127 Ben Giladi, Opowieść o jednym mieście, S. 46.
128 Kaminsky, In the Evening, S. 71.
129 Der Entwurf der genauen Route der Todesmärsche in den Rakow-Wald ist noch in Bearbeitung.

der Roten Armee befreit. Nach Schätzungen haben von den ungefähr 28.000 im Ghetto Piotrków gefangenen jüdischen EinwohnerInnen nur etwa 2.000 überlebt. Sie hatten die Kriegsjahre entweder in der Sowjetunion verbracht, sich versteckt gehalten oder wie durch ein Wunder die Konzentrationslager überstanden. Nach dem Krieg kehrten einige hundert nach Piotrków zurück. Dort fanden sie eine antisemitische Atmosphäre vor, die aus der Angst der örtlichen EinwohnerInnen gespeist war, dass die RückkehrerInnen ihr Eigentum zurückfordern könnten. Schließlich verließ ein Großteil Piotrków und zog in andere Städt Polens, in andere Teile Europas, in die Vereinigten Staaten oder andere Länder, vor allem nach Israel. Die jüdischen Häuser wurden von den Gemeinden verstaatlicht und von Einheimischen, im Gebiet des Ghettos hauptsächlich von armen Leuten, bewohnt. Erst in den letzten Jahren wurde damit begonnen, die Straßen des jüdischen Viertels zu erneuern; sie werden jetzt von jungen Einheimischen bewohnt. Es gibt in Piotrków keine Jüdinnen oder Juden mehr, die darunter sein könnten.

Dorien Styven / Veerle Vanden Daelen

Zurückgelassen: Auswirkungen der Zwangsarbeit bei der Organisation Todt in Nordfrankreich auf die Verfolgung der Jüdinnen und Juden in Antwerpen

Zwischen 13. Juni und 12. September 1942 wurden mehr als 2.250 jüdische Männer aus Belgien zur Zwangsarbeit in Nordfrankreich einberufen. Die meisten von ihnen kamen aus Antwerpen und waren von der nationalsozialistischen Baugesellschaft Organisation Todt (OT) entsandt, um in den Kohlelagern von Les Mazures in den Ardennen oder am Atlantikwall entlang der französischen Küste zu arbeiten. Als die Männer abgeführt wurden, ließen sie ihre Frauen, Kinder, Eltern und andere Angehörige zurück. Obwohl die Tätigkeit der OT untersucht wurde, ist dieses spezifische und einzigartige Merkmal des Holocaust in Belgien bisher kaum bekannt, und die Auswirkungen der Zwangsarbeit auf das Schicksal der Familien dieser Arbeiter wurden bisher überhaupt nicht erforscht. Dieser Erkenntnismangel wird offenkundig, wenn Holocaust-Forschungszentren wie die Kazerne Dossin von Überlebenden dieser OT-Familien kontaktiert werden. 2019, zum Beispiel, trat Gaby Morris an die Gedenkstätte heran, ohne zu wissen, dass ihr Großvater Meschulem Adler alias Fried ein OT-Arbeiter gewesen war. Sie hatte angenommen, dass er, ihre Großmutter, ihr Onkel und ihre Tante gemeinsam und nicht separat deportiert worden waren. Ihre unbeantworteten Fragen zum Schicksal ihrer Familie wurden zur Inspiration für dieses Forschungsprojekt.

Dieser Beitrag beleuchtet sowohl das Schicksal der jüdischen OT-Arbeiter aus Antwerpen als auch Leben und Schicksal ihrer Angehörigen, die in dieser belgischen Hafenstadt zurückgeblieben waren. Die Makroanalyse verfügbarer Daten zu diesen Männern und deren Familien, unter Verwendung von statistischen und GIS-Werkzeugen (Geografisches Informationssystem), kombiniert mit der Mikroanalyse persönlicher, in Dokumenten und Fotografien festgehaltener Geschichten, erlaubt die Beantwortung einer ganzen Reihe von Untersuchungsfragen: Welchen Einfluss hatte die Zwangsarbeit auf die Deportationsquoten der Arbeiter und deren Familien? Waren diese Familien gefährdeter, deportiert zu werden, als die Antwerpener und belgische jüdische Gemeinde, und wenn ja, wie hat sich dies auf die Art ihrer Festnahme ausgewirkt? Haben die von einem OT-Arbeiter getroffenen Entschlüsse die Überlebenschancen seiner Angehörigen beeinflusst, hatte zum Beispiel die Familie eines Mannes, der dem Arbeitslager entkommen war, ein geringeres Risiko deportiert zu werden als die Familie eines Mannes, dem das nicht gelungen war? Die Antworten auf diese Forschungsfragen ermöglichen es, den Beitrag der OT-Zwangsarbeit zum spezifischen Wesen des Holocaust in Antwerpen zu erklären.

Anforderung jüdischer Arbeiter aus Belgien durch die Organisation Todt

Am 28. Mai 1940 ergab sich der belgische König Leopold III. dem nationalsozialistischen Deutschland. Zwei Wochen später stellten die Berliner Behörden Belgien und die nordfranzösischen Départements Nord und Pas-de-Calais unter die Kontrolle von General Alexander von Falkenhausen, Militärbefehlshaber für Belgien und Nordfrankreich.[1] Diese Region sollte zahlreiche, von der Organisation Todt betriebene Arbeitsstätten beherbergen. Offiziell wurde die nationalsozialistische Bautruppe OT 1938 gegründet, obwohl ihr Gründer, Fritz Todt, bereits seit 1933 Autobahnen im Reich baute; sie wurde schließlich zu einem immer bedeutenderen Teil der deutschen Kriegsindustrie. 1942 erteilte Hitler der OT den dringenden Befehl, eine Verteidigungslinie entlang der europäischen Küste zu errichten: den Atlantikwall.[2] Die Einsatzgruppe West der Deutschen Wehrmacht wurde für die Struktur verantwortlich gemacht, und die Hauptdienststelle der Organisation Todt in Paris, zuständig für Frankreich, Belgien und die Niederlande, begann nach zusätzlichen Arbeitskräften Ausschau zu halten.[3] Bald wurde klar, dass nichtjüdische belgische Arbeiter nicht wirklich daran interessiert waren, in Nordfrankreich zu arbeiten: Es mangelte an

1 Maxime Steinberg, L'Étoile et le Fusil: La Question juive 1940–1942, Brüssel 1983, S. 23; Jules Gérard-Libois / José Gotovitch, La Belgique occupée. L'An '40, Brüssel 1971, S. 129–130; Pim Griffioen / Ron Zeller, Jodenvervolging in Nederland, Frankrijk en België, 1940–1945. Overeenkomsten, verschillen, oorzaken, Amsterdam 2011, S. 94.

2 Jean-Guy Dubernat, L'Organisation Todt. Une organisation allemande au cœur de la collaboration, Rennes 2014, S. 30.

3 Gabriel Verbeke, Werkkampen in de departementen Nord en Pas-de-Calais, S. 4–5 (unveröffentlichtes Manuskript, Kopie im Cegesoma [https://www.cegesoma.be]); André Harvengt, L'organisation Todt: la participation des travailleurs belges en Belgique et dans la nord de la France pendant la guerre 1940–1945, Abschlussarbeit, École royale militaire Brüssel 1969, S. 17.

Nahrungsmitteln und die Lebensbedingungen in den Lagern waren elend. Zu viele dieser Arbeiter kehrten nach nur wenigen Arbeitswochen zurück.[4] Daher gab die für Beschäftigungsangelegenheiten zuständige Gruppe VII des Militärkommandos in Belgien über die Werbestelle inoffiziell Befehle an das belgische Rijksarbeidsambt (Reichsarbeitsamt) aus.[5] Dessen örtliche Büros sollten unter Verwendung jüdischer Gemeinderegister und Listen von Juden, die gezwungen waren ihre Geschäfte zu schließen, jüdische Männer zur Zwangsarbeit anfordern, was durch die antijüdischen Erlässe vom 11. März und 8. Mai 1942 möglich geworden war.[6] Nach einer medizinischen Begutachtung wurden Arbeitsbefehle ausgeteilt.[7] Fast keine der zur Begutachtung einbestellten Personen wurde abgelehnt. Die Vereinigung der Juden in Belgien (Association des juifs en Belgique, AJB), als Judenrat bekannt, war nur in der Lage, für einige wenige schwerkranke Männer und einige Jugendliche im Alter zwischen 16 und 18 Jahren eine Freistellung zu erwirken.[8] Es kursierten Gerüchte, dass das Büro des Reichsarbeitsamts in Antwerpen bestochen werden konnte, aber Robert Van der Heyden, zuständig für jüdische Beschäftigungsangelegenheiten, war als prodeutscher Hardliner bekannt. Er zeigte keinerlei Nachsicht und lehnte sogar das Ansuchen einer nichtjüdischen Frau ab, die Van der Heyden anflehte, ihren belgisch-jüdischen Ehemann freizustellen, da sie hochschwanger war.[9]

Zwischen 13. Juni und 12. September 1942 brachten mehrere Züge mehr als 2.250 jüdische Männer aus ganz Belgien in nordfranzösische OT-Lager. Je ein Zug fuhr von Brüssel, Charleroi und Liège ab, aber die genaue Anzahl an

4 Bericht der 42. Provinzsitzung, 5. 3. 1942. Belgisches Staatsarchiv – Antwerpen, Archief van het Arbeidsambt [Archiv des Arbeitsamtes] Antwerpen (AAA), BE-A0511.751, Nr. 12.

5 Rapport: Déportation des Juifs dans le Nord de la France, 22. 11. 1951. Archivdienst für Kriegsopfer (AFK), R.497/Tr.85848; Lagebericht Gruppe VII (Arbeitseinsatz und Sozialwesen), 13. 8. 1942. AFK, Marburg, film 11, R.184/Tr.35779.

6 Verordnung über die Beschäftigung von Juden in Belgien, in: Verordnungsblatt des Militärbefehlshabers in Belgien und Nordfrankreich, 18. 3. 1942, S. 857; Verordnung zur Durchführung der Verordnung über die Beschäftigung von Juden in Belgien, in: Verordnungsblatt des Militärbefehlshabers in Belgien und Nordfrankreich, 15. 5. 1942, S. 911–912.

7 Sophie Vandepontseele, De verplichte tewerkstelling van joden in België en Noord-Frankrijk, in: Rudi Van Doorslaer / Jean-Philippe Schreiber (Hrsg.), De curatoren van het getto. De Vereniging van de joden in België tijdens de nazi-bezetting, Tielt 2004, S. 149–154.

8 Historique du problème juif en Belgique depuis le 10. 5. 1940 jusqu'au 21. 12. 1942. Bericht von Maurice Benedictus. AFK, R.497/Tr.245218, 9; Brief der AJB an Dr. Griesbauer, 14. 6. 1942. Belgisches Staatsarchiv – Antwerpen, AAA, BE-A0511.751, Nr. 123.

9 Zeugenaussage von Ivy De Roy, 28. 5. 1945. Belgisches Staatsarchiv – Cuvelier, Archiv des Kriegsgerichts Antwerpen, Verfahren gegen das Arbeitsamt Antwerpen, Akte Robert Van der Heyden, S. 1737–1747; Zeugenaussage von Hendrik Ernst, 4. 3. 1947. Ebenda; Erklärung von Maria Geens. Ebenda, 1200/45; Bericht der Gerichtspolizei. Ebenda, S. 16666.

Transporten von Antwerpen ist umstritten. Frühe Publikationen sprechen von vier,[10] während neuere Beiträge fünf erwähnen.[11] Manche AutorInnen zählen sogar sechs Transporte: 13. Juni, 14. Juli, 18. Juli, 5. August, 15. August und 12. September.[12] Von den mindestens 2.252 jüdischen OT-Männern aus Belgien waren 1.625 aus Antwerpen, d. h., sie hatten 1940 in Antwerpen gelebt. 288 wurden ins Lager Les Mazures in den französischen Ardennen geschickt, die anderen in ähnliche Lager an der französischen Küste: Dannes, Camiers sowie kleinere Außenlager wie Étaples und Fort-Mahon, bekannt als Lager Israel I, Israel II, Israel III, usw. Die Arbeiter waren in leerstehenden Gebäuden wie zum Beispiel Schulen untergebracht oder, während sie Baracken errichteten, in Zelten. In zehn- bis vierzehnstündigen Arbeitstagen, manchmal auch länger, wurden sie gezwungen Bunker, Gräben und Straßen zu bauen. In Les Mazures im Landesinneren wurde Kohle abgebaut. Unterernährung, Misshandlungen und Infektionskrankheiten führten rasch zu einer Verschlechterung des Gesundheitszustandes der Männer und zu vielen Todesfällen.[13] Ein Augenzeuge berichtete: „Die Juden im Lager Dannes wurden von ihren Aufsehern wie Tiere misshandelt."[14]

Als die Männer ihre Wohnungen in Belgien verließen, war ihnen selbst und ihren Angehörigen das Ziel unbekannt. Obwohl der Arbeitsbefehl auf die OT verwies, war im Brief der tatsächliche Einsatzort nicht angegeben.[15] Daher warfen die Männer unterwegs Zetteln aus den Zügen, in der Hoffnung, ihre

10 Maxime Steinberg, L'Étoile et le Fusil: 1942. Les cent jours de la déportation des Juifs de Belgique, Brüssel 1984, S. 145; Lieven Saerens, Vreemdelingen in een wereldstad: een geschiedenis van Antwerpen en zijn Joodse bevolking (1880–1944), Tielt 2000, S. 589.

11 Rudy Rigaut, Les particularités de la zone côtière dans la persécution des Juifs dans le Nord et le Pas-de-Calais occupés (1940–1944), in: Tsafon. Revue d'études juives du Nord 79 (2020), S. 65.

12 Vandepontseele, De verplichte tewerkstelling, S. 168; Insa Meinen, De Shoah in België, Antwerpen 2011, S. 41; Rudi Van Doorslaer (Hrsg.), Gewillig België. Overheid en Jodenvervolging in België tijdens de Tweede Wereldoorlog, Antwerpen 2007, S. 449; Griffioen / Zeller, Jodenvervolging, S. 308.

13 Bericht der Vereinigung Jüdischer Politischer Gefangener betreffend das OT-Lager Dannes, 3. 3. 1947. Belgisches Staatsarchiv – Cegesoma, Dokumente zum Lager Dannes, AA120/C/82; Ephraim Schmidt, Geschiedenis van de Joden in Antwerpen, Antwerpen 1994, S. 209–210; Lager Les Mazures. Erklärung von Liebermann Vital Bertrand, 17. 5. 1970. AFK, R.497/Tr.236051; Eindrapport 4 – Komplex Dannes-Camiers, 1950. AFK, Nr. 1852, S. 10–11; Eindrapport 5 – Lager Calais, 1950. AFK, Nr. 1852, S. 8; Danielle Delmaire, Les camps des Juifs dans le Nord de la France (1942–1944), in: Memor. Bulletin d'information 8 (1987), S. 15; Peter Gaida, Les camps de travail de l'Organisation Todt en France 1940–1944, in: Les Cahiers de la MSH Ledoux 10 (2007), S. 251–253.

14 Crimes ennemis en France. La persécution racial, Paris 1947, S. 170.

15 Van Doorslaer, Gewillig België, S. 448.

Familien über ihren Standort zu informieren.[16] Nach der Ankunft in den Lagern wurde so schnell wie möglich Verbindung aufgenommen. Offizielle Kanäle waren jedoch nicht sehr verlässlich. Der Postversand, von der AJB organisiert, führte zu vielen Beschwerden sowohl über verspätete und beschädigte Pakete als auch Betrug.[17] In Les Mazures konnten einmal in der Woche Briefe verschickt werden, aber alle offiziellen Postsendungen waren einer rigiden Zensur unterworfen.[18] Die unzulängliche Zustellung führte zum Verlust vieler Postsendungen, weshalb sowohl die Arbeiter als auch deren Familienmitglieder sich nie sicher sein konnten, ob ihre Nachrichten tatsächlich ankamen. Philip Löwenwirth, der am 15. August 1942 nach Saint-Omer gebracht worden war, schrieb zum Beispiel am 18. September 1942 seiner Frau: „Mein Schatz, ich habe dir mehrmals geschrieben. Leider habe ich noch keine Antwort erhalten. Wenn du nur wüßtest, wie sehr ich auf einen Brief von dir warte, würdest du sofort schreiben [...].“[19] Da dies der einzige im Familienarchiv erhaltene Brief von Philip Löwenwirth ist, sind seine anderen Briefe möglicherweise nie in Antwerpen angekommen. Neben offiziellen Kommunikationskanälen repräsentieren persönliche Dokumente, wie das geheime Tagebuch des OT-Arbeiters Mozes Sand, der am 15. August 1942 nach Dannes geschickt worden war, oder die vom Forscher Jean-Emile Andreux in Les Mazures gesammelten Augenzeugenberichte, eine Vielfalt an geheimen Kommunikationsmethoden. Diese umfassten Briefe, die von nichtjüdischen Arbeitern oder französischen Einheimischen verschickt wurden, und sogar Lagerbesuche von Angehörigen.[20]

Neben der mangelhaften, aber vorhandenen Kommunikation, war der Lohn, der den OT-Arbeitern gezahlt wurde, auch für deren Familien von großer Bedeutung, obwohl die jüdischen Männer nur einen Bruchteil des Lohns eines

16 Vandepontseele, De verplichte tewerkstelling, 173–174; Tagebuch von Mozes Sand, 5. 8. 1942. Kazerne Dossin (KD), KD_00098.

17 Bericht über die Aktivitäten des Sozialhilfe-Komitees der AJB, 22. 10. 1942. KD, KD_00011, A005062; Brief betreffend Helmuth Kluger und Israel Mintz, 16. 10. 1942. Ebenda, A003991; Brief von „Hilfe für Mechelen“ an das Büro der AJP in Antwerpen betreffend Alter, 26. 12. 1942. Ebenda, A002953; Joseph Berman, Témoignage, in: Memor. Bulletin d’information 10 (1989) 1, S. 38; Schmidt, Geschiedenis, S. 209.

18 Einvernahme Joseph Suskind, 17. 9. 1951. AFK, R.497/Tr.81280, S. 4.

19 Brief von Philip Löwenwirth an seine Frau Cecilia Nagort, 18. 9. 1942. KD, KD_00637.

20 Jean-Émile Andreux, Mémorial des déportés du Judenlager des Mazures, in: Tsafon. Revue d’études juives du Nord 3 (2007) hors-série, S. 19; Jean-Émile Andreux, Les Mazures, un camp de juifs en Ardennes françaises, in: Tsafon. Revue d’études juives du Nord 46 (2003–2004), S. 134–136; Betreffend Post und Pakete für jüdische Arbeiter in Nordfrankreich, 9. 3. 1943. KD, KD_00010, A008606; Tagebuch von Mozes Sand, 6. 8. und 12. 9. 1942. KD, KD_00098; Joseph Peretz, The endless wait. A memoir, Toronto 1996, S. 54.

nichtjüdischen Arbeiters erhielten und auch kein Recht auf Zulagen oder Urlaubstage hatten.[21] Ab Ende 1940 waren Juden in Belgien sowohl aus dem wirtschaftlichen als auch gesellschaftlichen Leben durch antijüdische Erlässe sukzessive hinausgedrängt worden. Daher kam jedes Einkommen höchst gelegen. Trotz der Versprechungen des für Beschäftigungsangelegenheiten zuständigen Militärkommandos, Gruppe VII, blieben die Zahlungen eine mühselige Sache und viele Arbeiter sollten niemals etwas erhalten.[22] Bereits wenige Wochen nach der Abfahrt des ersten OT-Transports nach Frankreich begannen sowohl im lokalen Büro des belgischen Reichsarbeitsamts in Antwerpen als auch in der AJB, die eine Vermittlerrolle bei der Gehaltsverteilung übernommen hatte, Beschwerden einzutreffen. Die Beschwerden nahmen derartige Ausmaße an, dass sich das Reichsarbeitsamt diesbezüglich an die Organisation Todt wandte. Unverblümt antwortete die OT, dass Beschwerden betreffend der von Juden geschickten Löhne nicht behandelt werden würden, woraufhin sich das Reichsarbeitsamt ebenfalls aus der Angelegenheit zurückzog.[23] Meist ging es um die Nichtauszahlung von Löhnen oder die Auszahlung bloß eines Bruchteils des versprochenen Betrags.[24] Die Löhne jüdischer Arbeiter wurden bis August 1942 von der Organisation Todt nicht offiziell festgesetzt; damals befanden sich bereits viele der Männer seit mehreren Wochen oder Monaten in den Arbeitslagern.[25] Die Männer mussten auch eine Empfängerin oder einen Empfänger bestimmen, an welche die Zahlungen via Banque de Paris et de Pays-Bas ergehen würden.[26] Furchtbare Szenen spielten sich in den Büros der AJB ab, wenn zurückgebliebene Angehörige der OT-Arbeiter – trotz der Gefahr festgenommen und deportiert zu werden – vorbeikamen, nur um zu erfahren, dass sie

21 Rapport: Banque de Paris et des Pays-Bas, 28. 9. 1951. AFK, R.497/Tr.81624; Anne Godfroid, À qui profite l'exploitation des travailleurs forcés juifs de Belgique dans le Nord de la France, in: Bijdragen tot de Eigentijdse Geschiedenis 10 (2002), S. 113. Vgl.: Arbeitsbedingungen für belgische Arbeitskräfte in Belgien. Belgisches Staatsarchiv – Cegesoma, Pièces à conviction de l'Auditorat général, AA 1314/301.

22 Sitzungsbericht, 24. 6. 1942. KD, KD_00011, A005148; Brief betreffend Zwangsarbeit in Frankreich, 13. 8. 1942. Ebenda, A008541; Bericht über das Treffen zwischen K. V. Baron, M. Benedictus und M. Heiber, 13. 7. 1942. Ebenda, A008458; Thierry Rozenblum, Une cité si ardente… Les Juifs de Liège sous l'Occupation (1940–1944), Brüssel 2009, S. 97.

23 Brief von Jozef Duysan an die Organisation Todt, 19. 9. 1942. Belgisches Staatsarchiv – Antwerpen, AAA, BE-A0511.751, Nr. 168-1.

24 Beschwerden. KD, KD_00011, A003652-A003692.

25 Godfroid, À qui profite, S. 113.

26 Jean-Pierre Grombeer / Robert Neys, Faits divers. Les évadés du convoi 16, DVD, 67 min., Brussels 1999, 3:18 – 3:35; Tagebuch von Mozes Sand, 10. 8. 1942. KD, KD_00098; Godfroid, À qui profite, S. 114–116; De bezittingen van de slachtoffers van de jodenvervolging in België. Spoliatie – Rechtsherstel, Brüssel 2001, S. 272–288.

keinerlei Anspruch auf Geld hätten, da sie nicht die offiziellen Empfängerinnen bzw. Empfänger wären.[27] Das Aktenkonvolut an Beschwerden über die Auszahlung von OT-Löhnen sogar noch im Oktober 1942 – als die Deportationen aus der Kaserne Dossin nach Auschwitz-Birkenau voll im Gang waren – zeigt, wie sehr die Familien dieser Arbeiter dieses Geld zum Überleben benötigten.

Kommunikation und Löhne hätten sowohl für die Männer als auch für deren Angehörige ein Anreiz sein können, in den Lagern bzw. in Antwerpen zu verbleiben. Nachrichten über eine Änderung der Lage einer der beiden Seiten konnten eine umgehende Reaktion auslösen. Nathan Helsinger floh aus Les Mazures, nachdem ein Nachbar ihm geschrieben hatte, dass seine Familie verhaftet worden war. Helsinger sagte einem seiner Arbeitskollegen, dass er nach dieser Nachricht keinen Sinn mehr darin sähe zu bleiben.[28] Die OT-Arbeiter – nunmehr mit Zwangsarbeit vertraut – sorgten sich, wenn Nahestehende schrieben, selbst einen Arbeitseinsatzbefehl erhalten zu haben, oder wenn Nachrichten über Razzien in Antwerpen die Arbeitslager erreichten.[29] Hersch Anielewicz erhielt mehrere Briefe von Roza Bronsztajn, die er einen Tag vor seiner Abreise ins OT-Lager Condette geheiratet hatte. Am 30. August 1942 schrieb Roza: „Solltest du jemals diesen Brief erhalten, werde ich bis dahin bereits weggegangen sein, ohne zu wissen wohin.“[30] Roza wurde in die Kaserne Dossin in Mechelen[31] geschickt und am 8. September 1942 nach Auschwitz-Birkenau deportiert. Sie sollte nicht überleben.[32] Ihre Botschaft könnte Hersch veranlasst haben zu fliehen: Er war bis Ende September 1942 auf der OT-Lohnliste, es dauerte aber einige Zeit, bis Briefe in Nordfrankreich ankamen.[33]

Umgekehrt konnte auch ein Mangel an Nachrichten aus den OT-Lagern die Familien in Antwerpen dazu veranlassen, Vorkehrungen zu treffen. Mathilde Kornitzer und ihr Ehemann Jacob Klapholz, der in Les Mazures interniert war,

27 Todt – Löhn, 2. 12. 1942. KD, KD_00011, A003677.

28 Peretz, The endless wait, S. 59.

29 David Shentow, Het is echt gebeurd. Ik was erbij, in: De Laatste Getuigen uit Concentratie- en Vernietigingskampen, Brüssel 2010, S. 340.

30 Brief von Roza Bronsztajn an Hersch Anielewicz, 30. 8. 1942. KD, KD_00519.

31 Das SS-Sammellager Mechelen in der Dossin-Kaserne befand sich von Juli 1942 bis September 1944 im belgischen Mechelen (deutsch Mecheln; französisch Malines; auch Kamp Mechelen). Es diente als Durchgangslager für die Deportation von mehr als 25.000 Jüdinnen und Juden und über 300 Roma und Romnja aus Belgien ins Vernichtungslager Auschwitz-Birkenau.

32 Liste des VIII. Transports, S. 37. AFK, Transportliste des SS-Sammellagers Mechelen (Transportliste), digitalisiert von KD, KD_00013.

33 Karteikarte von Hersch Anielewicz. AFK, Karteikarten von Juden und Jüdinnen aus Belgien, die in Frankreich interniert oder von dort deportiert wurden (Fichier Drancy), digitalisiert von KD, KD_00006, 178.

kommunizierten über Postkarten. Ab Mitte Oktober 1942 wurden ihre Botschaften retourniert – versehen mit dem Vermerk: „Abgereist ohne Hinterlassung einer Adresse.“[34] Am 24. Oktober 1942 war Jacob Klapholz aus Frankreich über die Kaserne Dossin nach Auschwitz-Birkenau deportiert worden. Er wurde ermordet.[35] Mathilde interpretierte die Anzeichen richtig: Sie tauchte unter und überlebte den Krieg.[36] Zahlreiche OT-Familien ließen sich jedoch durch ein falsches Sicherheitsgefühl fehlleiten. Am 31. Oktober 1942 wurden die meisten Antwerpener OT-Arbeiter von Nordfrankreich nach Auschwitz-Birkenau deportiert. Der AJB wurde mitgeteilt, dass deren Familien sich den nun angeblich in der Kaserne Dossin befindlichen Männern anschließen könnten, und sie gab die Nachricht weiter.[37] Auf diese Weise meldeten sich 160 Verwandte – aus Antwerpen, Brüssel, Liège und Charleroi – in der Kaserne Dossin und wurden deportiert.[38] Gerüchte und falsche Informationen besiegelten auch das Schicksal einiger OT-Arbeiter, die nach der Deportation aller Nichtbelgier im Oktober 1942 in den Lagern zurückgelassen worden waren. Im Sommer 1943 vernahmen die übriggebliebenen Männer – hauptsächlich in Mischehen verheiratete und belgische Juden –, dass belgische Juden aus der Kaserne Dossin entlassen werden, da Belgier (vorläufig) von der Deportation ausgenommen seien. Mindestens zwei Männer – Hermann Aron und Isaac Pintel – beantragten von Dannes in die Kaserne Dossin geschickt zu werden, sahen ihren Antrag genehmigt und wurden überstellt.[39] Beide wurden jedoch am 20. September 1943 vom SS-Lager mit dem Transport XXIIB nach Auschwitz-Birkenau deportiert und ermordet.

Auswirkungen der Zwangsarbeit auf Deportation und Überleben

Die statistische Analyse der Daten zu den OT-Arbeitern und deren Familien zeigt die Auswirkungen der OT-Zwangsarbeit auf deren Deportationsquoten und Überlebenschancen. Zur Vorbereitung der Analyse wurde zuerst die Be-

34 Postkarte von Mathilde Kornitzer an Jacob Klapholz, 23. 10. 1942. KD, KD_00638, A008933.01.

35 Liste des XV. Transports, 11. AFK, Transportliste, digitalisiert von KD, KD_00013.

36 Erklärung von B. Kornitzer. KD, Fonds B. Kornitzer, Archivkatalog.

37 Brief betreffend Verlagerung von sechs französischen Arbeitslagern nach Mechelen, 30. 10. 1942. KD, KD_00011, A004413; Bericht über das Treffen mit dem SD, 30. 10. 1942. Ebenda, KD_00010, A007426.

38 Ward Adriaens (Hrsg.), Mecheln – Auschwitz, 1942–1944. The destruction of the Jews and gypsies from Belgium, Brüssel 2009, S. 260–262.

39 Rapport: Liste d’anciens prisonniers de Dannes, 31. 5. 1951. AFK, R.497/Tr.75075.

völkerungsgruppe der Arbeiter aus Antwerpen und deren Schicksal ermittelt. Zwecks Untersuchung des Schicksals der Familien dieser Männer wurde eine statistisch relevante Auswahl an Familienmitgliedern, einschließlich deren Schicksal, getroffen. Dieser Abschnitt erläutert im Detail Datenauswahl und Analyseprozess und thematisiert die daraus entstandenen Herausforderungen und Möglichkeiten.

Die Fachliteratur geht von 2.252 jüdischen Männern aus Belgien aus, die von der Organisation Todt zur Zwangsarbeit in Nordfrankreich im Sommer 1942 angefordert wurden.[40] Diese Zahl basiert auf einer Liste, die 1978 vom belgischen Gesundheitsministerium veröffentlicht wurde.[41] Aus dieser Liste mussten die Männer aus Antwerpen identifiziert werden. Seit 2013 entwickelt die Gedenkstätte Kazerne Dossin eine Personendatenbank, die Datenblätter aus verschiedenen Archiven kombiniert und hierbei Daten zu einer Person (Familienname, Vorname, Geburtsdatum und -ort), ihrer geografischen Verortung (Adresse 1940, letzte bekannte Adresse während des Kriegs) und ihrem Schicksal (Deportationsdatum, Transport, usw.) in einer SQL-Datenbank zusammenstellt. Ein Filter ermöglicht es, automatisch alle Männer auszuscheiden, die 1940 im jüdischen Gemeinderegister von Antwerpen registriert waren, über Belgien deportiert wurden und auf die auch als OT-Arbeiter Bezug genommen wurde.[42] So wurden 1.299 jüdische OT-Arbeiter aus Antwerpen, die über Belgien deportiert worden waren, bestimmt. Anschließend wurden Fallstudien zu Arbeitern aus der veröffentlichten Liste von 2.252 Männern durchgeführt, die nicht über Belgien deportiert worden waren, da deren Daten noch nicht in der Personendatenbank inkludiert sind. Diese Gruppe umfasst Männer, die in Arbeitslagern in Frankreich umgekommen sind, die erfolgreich geflohen sind oder befreit wurden, die aus Frankreich deportiert wurden, usw. Die Untersuchung der Information zu ihren Adressen im Jahre 1940 ermöglichte die Bestimmung weiterer 254 jüdischer OT-Arbeiter aus Antwerpen. Der automatisierte Zugang

40 Vandepontseele, De verplichte tewerkstelling, S. 166; Van Doorslaer, Gewillig België, S. 418.

41 Lijst van op 10 mei 1940 in België woonachtige israëlieten die werden geïnterneerd in de werkkampen in Noord-Frankrijk, ingezet door ondernemingen die voor Organisation Todt werkten, Brüssel 1978.

42 Die Registrierung im jüdischen Gemeinderegister wurde mit dem antijüdischen Erlass vom 28. Oktober 1940 eingeführt: Verordnung über Maßnahmen gegen Juden, in: Verordnungsblatt des Militärbefehlshabers in Belgien und Nordfrankreich, 5. 11. 1940, S. 279–282. Für die Analyse wurde die Adresse von 1940 verwendet und nicht die zuletzt bekannte Adresse während des Kriegs: Obwohl viele während des Kriegs aus Antwerpen flohen, wurden sie immer noch als Antwerpener betrachtet, da sie aus Kriegsgründen unter nationalsozialistischer Herrschaft gezwungen waren wegzugehen.

in Kombination mit den Fallstudien führte zu einer Liste mit 1.553 Männern. Offenkundig war diese Liste aber nicht vollständig. Die Adresseninformation von 1940 in der Personendatenbank war nicht immer korrekt eingegeben worden, und es stellte sich heraus, dass der Verweis auf die Organisation Todt nicht konsistent erfolgte. Auch war die veröffentlichte Liste der 2.252 OT-Arbeiter unvollständig: So identifizierte beispielsweise der Forscher Jean-Emile Andreux Dutzende von zusätzlichen Arbeitern, die nach Les Mazures geschickt worden waren.[43] Daher wurden weitere Quellen in die Untersuchung einbezogen: die Liste von Andreux, konfiszierte Dokumente von in der Kaserne Dossin inhaftierten Juden, Berichte von Überlebenden, OT-Lohnlisten, usw. So konnten weitere 72 OT-Arbeiter aus Antwerpen bestimmt werden, was die Gesamtzahl auf 1.625 Männer erhöhte, eine Zahl, die aufgrund von bislang unbekannten Quellen möglicherweise noch revidiert werden muss.

Nach der Bestimmung der Grundgesamtheit von 1.625 Männern wurde deren individuelles Schicksal recherchiert und auf dieser Basis in 19 Teilgesamtheiten unterteilt. Diese Unterteilung erlaubte die Unterschiede in den Überlebenschancen der Männer und deren Familien zu ermitteln. Die Größe der 19 Teilgesamtheiten variiert zwischen zwei und 1.097 Personen. Die Männer in den 17 kleinsten Teilgesamtheiten wurden vollständig in die Untersuchung aufgenommen. Aus den zwei größten Teilgesamtheiten wurde eine signifikante Auswahl von 33 % bzw. 20 % zufällig generiert, was einen gewichteten Mittelwert für alle künftigen, auf die Grundgesamtheit bezogenen Berechnungen notwendig machte. Somit wurden insgesamt 628 Männer oder 38,65 % der Grundgesamtheit der jüdischen OT-Arbeiter aus Antwerpen in die Untersuchung aufgenommen.

Im letzten Schritt der Datenaufbereitung wurden die Angehörigen der 628 für die Untersuchung ausgewählten Männer bestimmt. Der Begriff der oder des Angehörigen wurde als nächste angehörige Person definiert, die die gleiche Wohnadresse wie der OT-Arbeiter in Antwerpen hatte. Dies konnten seine Eltern, Geschwister, Frau und Kinder sein, aber auch Großeltern, Onkeln, Tanten, Cousinen und Cousins, usw. Deren Namen, Geburtsdaten und -orte und auch Informationen über Adressen während des Kriegs und deren endgültiges Schicksal wurden der Projektdatenbank hinzugefügt und mit den Daten der OT-Männer verknüpft. Dabei wurden 1.501 Verwandte ermittelt. Da jedoch einige der 628 Männer miteinander verwandt waren – z. B. waren sie Brüder oder Vater und Sohn –, hatten sie dieselben Angehörigen. Falls OT-Männer unterschiedliche Schicksale hatten und daher Teil unterschiedlicher Teilgesamt-

43 Andreux, Mémorial.

heiten sind, werden deren Angehörige jeder entsprechenden Teilgesamtheit zugeordnet. Diese Arbeitsweise hat eine begrenzte Anzahl an doppelten Angehörigen (29 Personen) ergeben; dies ist jedoch notwendig, um die Auswirkungen des Schicksals dieser Männer auf das ihrer Familien für jede Teilgesamtheit zu bemessen.

Übersicht über die 19 Teilgesamtheiten

Schicksal der Männer	Gesamtzahl	Inkludiert in der Untersuchung
Aus dem OT-Lager geflüchtet und nicht wieder festgenommen	114	100 %
Aus dem OT-Lager entlassen und nicht wieder festgenommen	7	100 %
Aus dem OT-Lager geflüchtet oder entlassen (ungewiss) und nicht wieder festgenommen	24	100 %
Im OT-Lager verstorben	17	100 %
Aus dem OT-Lager nach Auschwitz-Birkenau deportiert	1.097	20 %
Aus dem OT-Lager deportiert, aber erfolgreich aus dem Zug geflüchtet	34	100 %
Aus dem OT-Lager deportiert, aus dem Zug geflüchtet und wieder deportiert	27	100 %
Aus dem OT-Lager deportiert, aus dem Zug geflüchtet, wieder deportiert und erfolgreich aus dem Zug geflüchtet	3	100 %
Aus der Kaserne Dossin nach Auschwitz-Birkenau deportiert	181	33 %
Aus der Kaserne Dossin deportiert und erfolgreich aus dem Zug geflüchtet	6	100 %
In der Kaserne Dossin verstorben	2	100 %
Aus der Kaserne Dossin entlassen	14	100 %
In der Kaserne Dossin im September 1944 befreit	8	100 %
Aus dem Lager Drancy nach Auschwitz-Birkenau deportiert	28	100 %
Aus anderen Lagern in Lager im Reich deportiert	12	100 %
Aus anderen Lagern in Frankreich und Belgien entlassen	3	100 %
In anderen Lagern in Frankreich und Belgien verstorben	13	100 %
In anderen Lagern in Belgien im September 1944 befreit	5	100 %
In Frankreich im September 1944 befreit	30	100 %

Die Antwerpener Besonderheit

Im Kontext des Holocaust in Belgien ist Antwerpen ein spezifischer und einzigartiger Fall. Die jüdische Gemeinde dieser Stadt war die größte in Belgien: 52,94 % aller in Belgien Ende 1940 registrierten Jüdinnen und Juden lebten hier.[44] Sie litten unter den Zwangsumsiedlungen in die Provinz Limburg 1940–1941, dem antisemitischen Klima, welches im April 1941 zu einem Pogrom führte, vier großen Razzien im Sommer 1942 (demgegenüber nur eine in Brüssel). Die Gemeinde stellte die größte Zahl an von der Organisation Todt angeforderten Männern von ganz Belgien.[45] Das ausgewählte Sample ermöglicht die Berechnung der Zahl der Antwerpener Juden und Jüdinnen, die direkt von der OT-Arbeit betroffen waren. Die Analyse des jüdischen Gemeinderegisters hat gezeigt, dass Ende 1940 24.342 Jüdinnen und Juden in Antwerpen registriert waren. Von den 1.625 jüdischen Männern in der Organisation Todt waren 1.601 registriert. Die übrigen 24 waren nicht registriert oder es ist deren Formular verloren gegangen. Von den 4.206 hochgerechneten Familienmitgliedern waren 4.117 jüdisch. Zusammen machen die registrierten Männer und deren jüdische Familienmitglieder 5.718 Personen der 24.342 im Jahre 1940 in Antwerpen registrierten jüdischen EinwohnerInnen aus (23,49 %). Damit war fast einer von vier in Antwerpen registrierten Juden und Jüdinnen direkt von OT-Zwangsarbeit betroffen, entweder als Arbeiter oder Angehöriger mit der gleichen Adresse.

Die Antwerpener Besonderheit spiegelt sich auch in der Deportationsquote dieser Stadt wider, die mit 56,03 % signifikant über dem belgischen Durchschnitt liegt, der auf 45 bis 50 % geschätzt wird.[46] Das Sample erlaubt darüber hinaus, die Deportationsquote für eine spezifische Teilgesamtheit innerhalb der Antwerpener Gemeinde zu berechnen: die 1940 in Antwerpen registrierten 1.601 OT-Arbeiter und deren hochgerechnet 4.117 jüdischen Familienmitglieder. Berechnungen zeigen, dass 1.358 der 1.601 Männer, also 84,82 %, aus den OT-Arbeitslagern entweder über das Transitlager Drancy in Frankreich oder die Kaserne Dossin in Belgien deportiert wurden.[47] Somit liegt die Deportationsquote der Männer beinahe 35 bis 40 Prozentpunkte über der belgischen

44 Veerle Vanden Daelen / Laurence Schram / Dorien Styven, De Antwerpse specificiteit. Cijfers van de Jodendeportatie in perspectief, in: Getuigen tussen geschiedenis en herinnering 131 (2020), S. 127.

45 Saerens, Vreemdelingen, S. 557–576, 586–621.

46 Vanden Daelen / Schram / Styven, De Antwerpse specificiteit, S. 127.

47 Bezogen auf alle 1.625 OT-Männer 1940 in Antwerpen (24 davon nicht registriert) wurden 1.388 – oder 85,41 % – deportiert.

Zahl und 28,73 Prozentpunkte über der Antwerpener Zahl.[48] Was die Angehörigen der OT-Arbeiter betrifft, zeigt die Analyse, dass 3.027 von ihnen oder 73,52 % deportiert wurden. Diese Zahl liegt um 23,52 bis 28,52 Prozentpunkte über der belgischen und 17,49 Prozentpunkte über der Antwerpener Deportationsquote. Diese Analyse zeigt, dass Zwangsrekrutierung durch die Organisation Todt nicht nur ein sicheres Todesurteil für die Männer bedeutete, die nach Nordfrankreich geschickt wurden, sondern auch für deren Familien, die in Antwerpen verblieben waren. Somit kann die OT-Zwangsarbeit teilweise auch die höhere Deportationsquote für Antwerpen im Vergleich zur belgischen Gesamtquote erklären.

Deportationsanteil in % pro Untersuchungsgruppe

Deportationsquote Belgien	45–50 %
Deportationsquote Antwerpen	56,03 %
Deportationsquote jüdischer OT-Arbeiter aus Antwerpen	84,82 %
Deportationsquote jüdischer Angehöriger von OT-Arbeitern aus Antwerpen	73,52 %

Darüber hinaus zeigen Berechnungen, dass die Überlebensquote deportierter Angehöriger von OT-Arbeitern bei nur 1,98 % lag.[49] Das ist nicht einmal ein Drittel der ohnehin verschwindend geringen belgischen Überlebensquote von 5,48 %. Die niedrigen Überlebenschancen für Angehörige von OT-Arbeitern aus Antwerpen sind durch das Geschlecht und Alter erklärbar. Mehr als ein Drittel aller deportierten Angehörigen war im Alter zwischen 0 und 14 Jahren, eine Altersgruppe, die generell sofort in die Gaskammer geschickt wurde. Das jüngste Kind, welches in dieser Untersuchungsgruppe ermittelt wurde, war Charles Dab recte Fleischman. Er war zwei Monate und einen Tag alt, als er, seine Mutter, Charlotte Pinkas, und seine vierjährige Schwester Sara am 24. Oktober 1942 aus der Kaserne Dossin nach Auschwitz-Birkenau deportiert wurden.[50] Charles' Vater Adolf Dab recte Fleischman war von der OT am

48 Adriaens, Mecheln – Auschwitz, S. 82, 260–262.

49 Diese Zahl beinhaltet sowohl die extrapolierten 51 Angehörigen, die die Lager überlebt haben, als auch die extrapolierten 9 Angehörigen, die unterwegs aus dem Deportationszug gesprungen sind und überlebt haben.

50 Formular von Adolf Dab recte Fleischman. Jüdisches Museum Belgien, Jüdisches Register von Belgien, digitalisiert von Kazerne Dossin, KD_00008, 038820; Liste XIV. Transports, S. 40. AFK, Transportliste, digitalisiert von KD, KD_00013.

5. August 1942 geholt worden, 18 Tage vor Charles' Geburt.[51] Adolf Dab gelang es, aus dem Zug zu springen, der ihn am 31. Oktober 1942 von Nordfrankreich nach Auschwitz bringen sollte. Erst bei seiner Rückkehr nach Antwerpen erfuhr er von der Verhaftung seiner Familie.[52] Adolf wurde wieder verhaftet und am 19. April 1943 ein zweites Mal, diesmal aus der Kaserne Dossin, deportiert. Er überlebte und wurde 1945 als einziger Überlebender der Familie nach Belgien rückgeführt.[53]

Neben den Kindern wurde die Altersgruppe der über 60-Jährigen ebenfalls sofort in die Gaskammer geschickt, wie auch ein Großteil der Personen im Alter zwischen 46 und 60. Die älteste Person, die in dieser Untersuchungsgruppe ermittelt wurde, war Feiga Geldzahler. Sie war 85 Jahre alt, als sie am 10. Oktober 1942 aus der Kaserne Dossin nach Auschwitz-Birkenau deportiert wurde. Auch sie wurde unmittelbar nach der Ankunft ermordet. Ihr Enkel Naftali Korn war am 5. August 1942 von der Organisation Todt angefordert worden; er überlebte den Krieg, indem er aus dem Zug flüchtete, der ihn am 31. Oktober 1942 von Nordfrankreich nach Auschwitz-Birkenau bringen sollte. Generell wurden Frauen weniger für den Arbeitseinsatz selektiert als Männer. Zudem bedeuteten begleitende minderjährige Kinder und betagte Eltern, dass sie gleich bei Ankunft für die Gaskammer selektiert wurden.

Einteilung nach Altersgruppe deportierter Angehöriger von OT-Arbeitern (Hochrechnung)

Altersgruppe	Anzahl der Deportierten	Prozentsatz der Deportierten
0–14	1.013	33,47 %
15–30	654	21,61 %
31–45	713	23,55 %
46–60	489	16,15 %
60+	158	5,22 %
Total	3.027	100,00 %

51 Liste der 1.518 jüdischen Zwangsarbeiter der OT in Frankreich. AFK, R.123/Tr.146710.
52 Zeugenaussage von Adolf Dab. Yad Vashem, 0-2/658, zit. nach Delmaire, Les camps, S. 53.
53 Liste des XX. Transports. AFK, Transportliste, digitalisiert von KD, KD_00013.

Während die Überlebensquote der Angehörigen viel niedriger ist als der belgische Durchschnitt, beträgt die Überlebensquote der OT-Arbeiter selbst 11,49 % (157 aller 1.366 Männer) und ist damit wesentlich höher als die belgische Überlebensquote von 5,48 %. Das kann man damit erklären, dass sich die Männer in Nordfrankreich an die nationalsozialistischen Arbeitslager gewöhnt hatten und Dutzende von ihnen unterwegs aus den Zügen entkommen konnten. Da sie außerdem Männer im arbeitsfähigen Alter waren, die ohne ihre Familien deportiert wurden, hatten sie größere Chancen bei der Selektion nach der Ankunft in Auschwitz-Birkenau; und mit dem Zugang ins Lager hatten sie höhere Überlebenschancen, da sie in den Lagern in Nordfrankreich Erfahrung mit Schwerarbeit, harten Lebensumständen und Überlebensstrategien gesammelt hatten.

Die Deportationsquoten sowohl der Arbeiter als auch von deren Familienangehörigen sind viel höher als die Quoten für Belgien insgesamt oder für Antwerpen. Laut einer Hypothese des Forschungsprojekts sind die Familien der OT-Arbeiter öfter an ihren legalen Adressen verblieben. Dies sollte sich in der Art, wie sie festgenommen wurden, widerspiegeln. Generell können drei verschiedene Arten der Verhaftung unterschieden werden: Erstens wurden von Juli bis September 1942 Arbeitseinsatzbefehle erteilt, um Jüdinnen und Juden in die Kaserne Dossin zu locken, woraufhin sie deportiert wurden, hauptsächlich nach Auschwitz-Birkenau. Zweitens wurde Antwerpen durch vier große Razzien im August und September 1942 schwer getroffen. Im Zuge dieser Razzien wurden tausende Männer, Frauen und Kinder aus ihren Wohnungen verschleppt, um in die Kaserne Dossin überstellt und schließlich deportiert zu werden. Drittens stützten sich die Nationalsozialisten ab September 1942 zumeist auf individuelle Verhaftungen, um Gruppen von Juden und Jüdinnen zur Deportation einzusammeln.[54] Sollten Angehörige von OT-Arbeitern tatsächlich mehr daran interessiert gewesen sein, in ihren Wohnungen zu verbleiben, wären sie, öfter als andere Juden und Jüdinnen in Antwerpen, den ersten zwei Arten der Verhaftung ausgesetzt gewesen. Die Analyse der Verhaftungsarten – bezogen sowohl auf die Angehörigen von OT-Arbeitern als auch auf Antwerpener Jüdinnen und Juden, die nicht als Angehörige identifiziert wurden – zeigt, dass dies tatsächlich der Fall war.

54 Adriaens, Mecheln – Auschwitz, S. 82–11; Laurence Schram, Dossin. Wachtkamer van Auschwitz, Tielt 2018, S. 31.

Verhaftungsarten von Angehörigen und Nicht-Angehörigen von OT-Arbeitern aus Antwerpen

Verhaftungsart	Verhaftet in Antwerpen	Angehörige von OT-Arbeitern	%	Angehörige von Nicht-OT-Arbeitern	%
Arbeitseinsatzbefehl	2.081	646	21,34	1.435	15,51
Razzia	3.717	1.112	36,74	2.605	28,15
Individuelle Verhaftung	6.483	1.269	41,92	5.214	56,34
Insgesamt	12.281[55]	3.027	100,00	9.254	100,00

Die Zahl der Angehörigen von OT-Arbeitern, die dem Arbeitseinsatzbefehl nachkamen, liegt 5,83 Prozentpunkte über der von Nicht-Angehörigen. Dies lässt sich auf zwei Arten erklären: Erstens hatten alle OT-Arbeiter Arbeitseinsatzbefehle erhalten, weshalb deren Angehörige Erfahrung mit dieser Art von Briefen und deren vermuteter Bedeutung hatten. Als sie sahen, wie ihre Ehemänner, Väter, Söhne und Brüder in Lager in Nordfrankreich gebracht wurden, merkten die Angehörigen, dass die Männer an einen Ort gebracht wurden, der nicht allzu weit von zu Hause entfernt war. Die ausbezahlten Löhne, die ausgetauschten Postkarten und Briefe und die gelegentlichen Besuche bei den Arbeitern in Frankreich schufen ein falsches Gefühl der Sicherheit, was die Angehörigen für die Befolgung des Arbeitseinsatzbefehls anfälliger machte. Zudem fiel im Juli und August 1942 die Verteilung der OT-Einberufungen für Männer mit den Befehlen der Kaserne Dossin zum Arbeitseinsatz im Osten zusammen, und der Unterschied war unklar. Dies verursachte sowohl unter den Arbeitern als auch deren Angehörigen Verwirrung darüber, wohin der Arbeitseinsatzbefehl sie nun führen würde.[56] Die oben erwähnten Berechnungen zeigen auch, dass Angehörige der OT-Arbeiter ein wesentlich höheres Risiko hatten, im Zuge der Razzien verhaftet zu werden. 36,74 % aller deportierten jüdischen Angehörigen wurden während der vier Razzien im Sommer 1942 und der Razzia gegen belgische Juden und Jüdinnen im September 1943 aus ihren Wohnungen verschleppt – im Vergleich zu 28,15 % der Nicht-Angehö-

55 Dies ist die Zahl der deportierten, 1940 im jüdischen Register von Antwerpen eingetragenen Personen, die keine deportierten Organisation Todt-Arbeiter waren. Die 1.358 deportierten Arbeiter und die 12.281 Angehörigen und Nicht-Angehörigen zusammen bilden die 1940 registrierten deportierten Antwerpener (13.639 Personen).

56 Dannes-Camiers (Juni bis September 1942), Zeugenaussage von Joseph Berman, 1990. Belgisches Staatsarchiv – Cegesoma, AB 1351; Godfroid, À qui profite, S. 113; Journal of Salomon Van den Berg. KD, A006685, S. 39–41.

rigen. Im Gegensatz dazu war es für Angehörige weit weniger wahrscheinlich, individuell verhaftet zu werden, als für Nicht-Angehörige: Zwei von fünf Angehörigen wurden im Zuge von Einzelverhaftungen festgenommen – im Vergleich zu fast drei von fünf Nicht-Angehörigen. Diese Zahlen demonstrieren die enormen Auswirkungen der Arbeitseinsatzbefehle und antijüdischen Razzien auf die OT-Familien, was nahelegt, dass sie weniger mobil waren als Nicht-Angehörige. Das lässt sich durch ihre Zusammensetzung – Mütter mit (kleinen) Kindern oder betagten Eltern – erklären, und auch durch die Verbindungen zu ihren Männern in Nordfrankreich, die sie nicht kappen konnten oder wollten.

Wirkung des Widerstands

Im Sommer 1942 war das wirtschaftliche und gesellschaftliche jüdische Leben von Antwerpen bereits sehr eingeschränkt. Hunderte verließen die Stadt auf der Suche nach mehr Sicherheit.[57] Berechnungen von Lieven Saerens, basierend auf Mitgliedschaftsformularen der AJB von 1942, zeigen, dass die Deportationsquote für jene, die nach dem Frühling 1942 noch in Antwerpen waren, 65,88 % betrug. Das sind 9,85 Prozentpunkte über der Deportationsquote der 1940 in Antwerpen registrierten jüdischen Bevölkerung, was veranschaulicht, dass das Verlassen der Stadt tatsächlich eine wirksame Überlebensstrategie war. Unter den Hunderten von Antwerpener Jüdinnen und Juden, die aus der Stadt flohen, waren auch zahlreiche künftige OT-Arbeiter. Von den 1.625 OT-Arbeitern aus Antwerpen verließen hochgerechnet 97 Männer die Stadt, wurden jedoch aus Brüssel, Charleroi oder Liège nach Nordfrankreich deportiert. 1.528 blieben in Antwerpen und wurden direkt aus der Stadt in die Arbeitslager deportiert.[58]

Die hochgerechneten 97 Männer repräsentieren 5,97 % aller OT-Männer aus Antwerpen. Sie verließen die Stadt vor dem Sommer 1942, aber nicht gleichzeitig. Es können zwei markante Zeitabschnitte ausgemacht werden: Frühling/Sommer 1941 und Sommer 1942. Ende 1940 wurden mehr als 3.000 Aus-

57 Lieven Saerens, De jodenvervolging in België in cijfers, in: Bijdragen tot de Eigentijdse Geschiedenis 17 (2006), S. 206.

58 Diese Zahl entspricht der Liste der Arbeiter, die vom Antwerpener Büro des Reichsarbeitsamts (1.518 Namen) erstellt wurde, und den Aussagen der Mitarbeiter nach dem Krieg (1.525 Männer): Liste der 1.518 jüdischen Zwangsarbeiter der OT in Frankreich. AFK, R.123/Tr.146710; Belgisches Staatsarchiv – Cuvelier, Archive des Kriegsgerichts Antwerpen, Prozess gegen das Arbeitsamt Antwerpen, S. 1737–1747.

länderInnen, zumeist Jüdinnen und Juden, gezwungen, von Antwerpen nach Limburg zu übersiedeln. Der Grund dafür ist unbekannt. Viele kehrten nie wieder nach Antwerpen zurück: Männern war es nicht erlaubt zurückzukehren, und deren Frauen und Kinder folgten ihnen häufig nach Brüssel, als die Zwangsumsiedlung im August 1941 aufgehoben wurde.[59] Die Untersuchungsgruppe zeigt, dass sämtliche Männer mit Familie, die Antwerpen im Frühling und Sommer 1941 verlassen haben, ihre Angehörigen mitnahmen, was wieder nahelegt, dass diese Auszugswelle durch die Zwangsumsiedlung, die ganze Familien betraf, verursacht wurde.

Eine zweite Auszugswelle aus Antwerpen fand im Sommer 1942 statt. Nur 14,29 % (8 von hochgerechnet 56 Männern) nahmen damals ihre Familien mit. Diese zweite Welle zielte somit auf die Männer ab und weniger auf deren Familien, was darauf hinweist, dass ihr Auszug durch externe Faktoren verursacht worden war, die sich nicht auf ältere Menschen, Frauen und Kinder bezogen. Da Zwangsarbeit durch einen antijüdischen Erlass im März 1942 eingeführt wurde und die Verteilung der OT-Arbeitseinsatzbefehle im Juni 1942 begann, kann der Auszug dieser Männer als Versuch gesehen werden, nach Brüssel zu gelangen oder einen Job in der Kriegsindustrie im Süden Belgiens zu bekommen, um der Zwangsarbeit zu entgehen.[60]

Zeitliche Einteilung der OT-Arbeiter, die Antwerpen vor ihrer Abfahrt nach Nordfrankreich verlassen haben

	Anzahl der Männer, die weggingen	Prozentsatz aller Männer, die weggingen
Frühling 1941	7	7,22 %
Sommer 1941	28	28,87 %
Herbst 1941	1	1,03 %
Frühling 1942	5	5,15 %
Sommer 1942	56	57,73 %
Insgesamt	97	100,00 %

59 Ignace Degens, Joodse uitwijkelingen te Limburg: Het relaas van de uitwijzing van Antwerpse vreemdelingen naar de provincie Limburg (21 dec. 1940 – aug. 1941), Vrije Universiteit Brussel 2003.

60 Vandepontseele, De verplichte tewerkstelling, S. 160.

Die Analyse des endgültigen Schicksals der Antwerpener OT-Arbeiter, welche die Stadt vor Sommer 1942 verlassen haben, scheint auf einen Zusammenhang zwischen diesem Umzug und künftigen bewussten Versuchen, einer Deportation zu entkommen, hinzuweisen. Von den Männern, die Antwerpen im Frühling oder Sommer 1941 verlassen haben, ist mindestens einer von drei (34,29 %) später aus einem OT-Arbeitslager oder Deportationszug geflohen. Für Männer, die Antwerpen im Sommer 1942 verlassen haben, sinkt diese Zahl auf mindestens einen von fünf (21,43 %), und für Männer, die Antwerpen überhaupt nicht verlassen haben, fällt diese Zahl auf etwas über einen von acht (11,98 %).[61] Die Korrelation zwischen geografischer Bewegung und Überlebenschancen ist ein Thema für künftige Forschung.

Generell kann man eine Tendenz unter den OT-Männern bemerken, Fluchtversuche zu unternehmen. Die meisten der OT-Arbeiter waren auf den Deportationslisten für den XVI. und XVII. Transport vermerkt. Die Listen für diese Transporte wurden von Schreibkräften der Kaserne Dossin zusammengestellt, die gezwungen waren, in die OT-Lager zu reisen, um jüdische Männer zu registrieren, wonach die Listen in der Kaserne Dossin mit den Namen von dort festgehaltenen Personen vervollständigt wurden.[62] Am 31. Oktober 1942 fuhren die Züge aus Nordfrankreich ab. Der Umstand, dass diese Männer ohne ihre Familien deportiert wurden, ermöglichte ihnen eine größere Unabhängigkeit und mehr Aktionsraum als jenen, die in Begleitung älterer Personen oder Kinder waren. Maxime Steinberg merkte an, dass die Sklavenarbeit in Nordfrankreich unter den Männern einen „Geist der Auflehnung" hervorgerufen haben könnte, der sie veranlasste, bei der erstbesten Gelegenheit zu fliehen.[63] Auch der Kontaktverlust zu den Angehörigen und die Fahrt durch Belgien und damit die Nähe zum heimatlichen Ort könnten Anstoß zur Flucht gewesen sein. Was auch immer die Gründe gewesen sein mögen: Mit Ausnahme des XX. Transports, der als einziger Deportationszug vom Widerstand gestoppt wurde, wodurch 14,5 % der Deportierten entkamen, waren die Transporte XVI und XVII diejenigen mit der größten Ausbruchsquote unter allen aus Mechelen kommen-

61 Diese Prozentsätze sind die Untergrenze. Die Kalkulation der Zahl der Geflohenen basiert auf den folgenden der 19 Teilgesamtheiten: Männer, die aus den OT-Lagern flohen und nicht wieder festgenommen wurden; Männer, die aus den OT-Lagern deportiert wurden, aber erfolgreich aus dem Zug geflohen sind; Männer, die aus den OT-Lagern deportiert wurden, erfolgreich aus dem Zug geflohen sind und wieder deportiert wurden; Männer, die aus den OT-Lagern deportiert wurden, aus dem Zug geflohen sind, wieder deportiert wurden und erneut erfolgreich aus dem Zug geflohen sind; Männer, die aus dem Lager Dossin deportiert wurden, aber erfolgreich aus dem Zug geflohen sind.

62 Pieter Serrien, Eva Fastag. De laatste getuige, Antwerpen 2019, S. 113–117.

63 Maxime Steinberg, L'Étoile et le Fusil: La Traque des Juifs, 1942–1944, Brüssel 1986, S. 67.

den Züge: 244 Deportierte oder 12,6 %, also mehr als einer von zehn Deportierten, waren aus dem Zug geflohen, bevor der Transport die belgisch-deutsche Grenze erreicht hatte.[64]

Die Entscheidung der Männer, aus einem OT-Lager oder einem Deportationszug zu fliehen, scheint auch die Überlebenschancen ihrer Angehörigen, die in Antwerpen verblieben sind, beeinflusst zu haben. Es gibt klare Unterschiede in den Deportationsquoten von Angehörigen unter den Teilgesamtheiten der OT-Männer; bei manchen davon sinkt die Deportationsrate sogar unter den Antwerpener Durchschnitt von 56,03 %:

Zahl der ermittelten Angehörigen und Prozentsatz der Angehörigen, die deportiert wurden, eingeteilt nach der Teilgesamtheit jüdischer OT-Arbeiter aus Antwerpen

Schicksal der Männer	Deportationsquote der Angehörigen	Anzahl jüdischer Angehöriger
Männer, die aus OT-Lagern geflohen sind und nicht wieder festgenommen wurden	45,24 %	252
Männer, die aus OT-Lagern entlassen wurden und nicht wieder festgenommen wurden	20,00 %	5
Männer, die aus OT-Lagern geflohen sind oder entlassen wurden (ungewiss) und nicht wieder festgenommen wurden	47,92 %	48
Männer, die in OT-Lagern verstorben sind	69,44 %	36
Männer, die aus OT-Lagern nach Auschwitz-Birkenau deportiert wurden	75,25 %	2.950
Männer, die aus OT-Lagern deportiert wurden, aber erfolgreich aus dem Zug geflohen sind	56,47 %	85
Männer, die aus OT-Lagern deportiert wurden, aus dem Zug geflohen sind und wieder deportiert wurden	85,00 %	60
Männer, die aus OT-Lagern deportiert wurden, aus dem Zug geflohen sind und wieder deportiert wurden und erfolgreich aus dem Zug geflohen sind	100,00 %	8
Männer, die aus der Kaserne Dossin nach Auschwitz-Birkenau deportiert wurden	83,66 %	459

64 Ebenda; Schram, Dossin, S. 32–35.

Männer, die aus der Kaserne Dossin deportiert wurden, aber erfolgreich aus dem Zug geflohen sind	35,71 %	14
Männer, die in der Kaserne Dossin verstorben sind	100 %	4
Männer, die aus der Kaserne Dossin entlassen wurden	76,47 %	17
Männer, die im September 1944 in der Kaserne Dossin befreit wurden	66,67 %	15
Männer, die vom Lager Drancy nach Auschwitz-Birkenau deportiert wurden	66,67 %	51
Männer, die von anderen Lagern in Lager im Reich deportiert wurden	80,77 %	26
Männer, die aus anderen Lagern in Frankreich und Belgien entlassen wurden	0 %	0
Männer, die in anderen Lagern in Frankreich und Belgien verstorben sind	78,57 %	28
Männer, die im September 1944 in anderen Lagern in Belgien befreit wurden	77,78 %	9
Männer, die im September 1944 in Frankreich befreit wurden	74,00 %	50

Obwohl die Zahl der Angehörigen in bestimmten Teilgesamtheiten sehr klein ist, zeigt die allgemeine Übersicht der Deportationsquoten, dass Angehörige von Männern, die entweder aus dem Lager oder dem Zug geflohen sind, höhere Überlebenschancen hatten als Angehörige von Männern in anderen Teilgesamtheiten. Weitergehende Forschung wird nötig sein, um den Kausalzusammenhang zu ermitteln: Haben sich Angehörige häufiger versteckt, da sie von den Männern gewarnt worden waren und daher wussten, was es bedeutete Zwangsarbeit für die Nationalsozialisten zu leisten? Oder waren die Familien der Männer, die entkommen waren, im Allgemeinen resilienter und zu Widerstand neigend, weshalb auch die Männer entkamen? Zeugnisse belegen, dass den fliehenden Männern von ihren Kameraden geraten wurde, sich und ihre Familien bei ihrer Rückkehr in Belgien zu verstecken, was nahelegt, dass die erste Erklärung zutreffend sein könnte.[65]

65 Grombeer / Neys, Faits divers, 17:02 – 17:17.

Fazit

Die von der Organisation Todt in Nordfrankreich organisierte obligatorische Sklavenarbeit für Antwerpener Juden war vielleicht kein beabsichtigter Schritt im genozidalen Prozess, hatte aber gewaltige Auswirkungen auf die Überlebenschancen der einberufenen Männer und deren Familien. Wie die Analyse zeigt, übersteigen die Deportationsquoten dieser Gruppen – 84,82 % der OT-Männer und 73,52 % ihrer Angehörigen wurden deportiert – nicht nur den belgischen Durchschnitt von 45 bis 50 %, sondern ebenfalls und sehr deutlich den Antwerpener Durchschnitt von 56,03 %, der seinerseits bereits den belgischen Durchschnitt übertrifft. Während OT-Männer, die ohne ihre Familien deportiert wurden, eine höhere Überlebenschance (11,49 %) hatten als der niedrige belgische Durchschnitt von 5,48 %, war zudem die Überlebensquote ihrer Familien – häufig alleinstehende Mütter mit kleinen Kindern oder ältere Menschen – mit 1,98 % dramatisch gering.

Ein wichtiger Aspekt dieser Forschung ist, dass durch die Darlegung dieser Zahlen nicht nur für die zu Zwangsarbeit einberufenen Männer, sondern auch für ihre unter dem gleichen Dach wohnenden Familienmitglieder viel besser erfasst werden kann, wieviele Antwerpener Juden und Jüdinnen durch die OT-Arbeit in Nordfrankreich betroffen waren. Da die registrierten OT-Männer und deren jüdischen, im gleichen Haushalt lebenden Familienangehörige 5.718 Personen von 24.342 im Jahre 1940 in Antwerpen registrierten jüdischen EinwohnerInnen ausmachten, war beinahe einer von vier in Antwerpen lebenden Juden bzw. Jüdinnen (23,49 %) direkt durch OT-Arbeit betroffen. Die dargestellten Forschungsergebnisse zeigen, dass für die jüdische Bevölkerung von Antwerpen signifikant ist, dass die OT-Zwangsarbeit eindeutig zur Erklärung für den höheren Deportationsprozentsatz in Antwerpen im Vergleich zur belgischen Gesamtzahl herangezogen werden kann. Das soll die Bedeutung der Kollaboration der örtlichen Beamten, Polizeikräfte und NS-SympathisantInnen nicht mindern.

Die Gefährdung der ohne Familienvorstand und Haupteinkommensquelle zurückgelassenen Familien kann gemäß deren Niederlassungsmustern weiter analysiert werden. Antwerpen erlebte die größte Anzahl an Razzien; tatsächlich lebten viele der zurückgebliebenen Familien in Gegenden, die von diesen Massenfestnahmen betroffen waren, und hatten daher geringe oder gar keine Aussicht zu entkommen. Eine weitere raumbezogene Analyse könnte diesbezüglich neue Einsichten bringen und mit der vorliegenden Analyse abgeglichen werden, deren Ziel es war, die Auswirkungen der Zwangsarbeit auf die Überlebenschancen der Männer, die von ihren Familien getrennt waren, und die ihrer

Familien zu erfassen. Die Durchführung einer vergleichenden Analyse wäre ein interessanter Weg, den die Forschung einschlagen könnte.[66]

66 Die Übersetzung des Beitrags ins Deutsche erfolgte durch Lilian Dombrowski.

Philipp Mettauer

Vom „Arisieren“, Inventarisieren und Emigrieren der Dinge

Mobilien im Reichsgau „Niederdonau“

Die aus dem „Dritten Reich“ vertriebenen Jüdinnen und Juden durften mit lediglich zehn Reichsmark in bar die deutsche Grenze überschreiten, die Mitnahme von Wert- und Kunstgegenständen war gänzlich verboten. Während Immobilien und Geschäfte „arisiert“ wurden, versuchten die Verfolgten daher, zumindest Alltagsgegenstände, Hausrat, Möbel, Bücher und Kleidung ins Ausland zu retten. Abhängig von Ziel und Zeitpunkt der Flucht gelang es den einen, sogenannte *lifts*, Vorläufer der Schiffscontainer, bis an den neuen Wohnort zu bringen, während andere nur das Notwendigste in den sprichwörtlich gewordenen zwei Koffern mitnehmen konnten.

Der Teilbereich „‚Arisierte‘ Dinge und ‚Dinge des Exils‘“ des interdisziplinären Forschungsprojekts „Mobile Dinge, Menschen und Ideen. Eine bewegte Geschichte Niederösterreichs“,[1] auf dessen Ergebnisse folgender Beitrag basiert, ging einerseits der Frage nach, mit welcher Bedeutung sich diese persönlichen Gegenstände aufluden, andererseits wie mit dem Verlust des unfreiwillig zurückgelassenen Besitzes umgegangen wurde.

In traumatisierenden Situationen, wie der gewalttätigen Vertreibung aus einem bisher als sicher empfundenen Umfeld, versucht die menschliche Psyche sich an einer vertrauten Struktur zu stabilisieren, unter anderem an der festgefügten Ordnung der Dinge. Geraten diese in Bewegung oder droht ihr Verlust, so bedeutet das einen Angriff auf die Identität und eine Gefahr für das Selbst. Was immer in die Emigration gerettet werden konnte, und sei es eine noch so unbedeutend scheinende Kleinigkeit, verhalf zu Sicherheit und Resilienz. Jedes zurückgelassene Ding wiederum verwies auf den schmerzlichen Bruch, auf die große Katastrophe.[2]

1 Siehe https://www.mobiledinge.at/arisierte-dinge-dinge-des-exils [25. 3. 2022].

2 León und Rebeca Grinberg, Psychoanalyse der Migration und des Exils, München–Wien 1990, S. 90.

„Emigrierte“ Dinge wiederum konnten durch ihre räumliche Mobilität ihre Bedeutung und Verwendung modifizieren, indem sie sich von Alltags- und Gebrauchsgegenständen zu „Erinnerungsstücken“ wandelten und bewusst als Gedächtnisstütze herangezogen wurden. In den Wohnungen der Emigrantinnen und Emigranten in New York, Tel Aviv oder Buenos Aires wurde meist versucht, durch mitgebrachte Objekte aus bürgerlichem Milieu und mitteleuropäischer Provenienz eine Atmosphäre des Lebens vor der Vertreibung wiederherzustellen.[3] Die noch aus Österreich stammenden Möbel, die Fotografien und Bilder an den Wänden, die Bücher, das Geschirr und die während Oral-History-Interviews servierten Mehlspeisen stellen explizite Erinnerungsträger dar, die ein „Gedächtnis der Dinge“[4] repräsentieren und die erzwungene Emigration physisch wahrnehmbar machen.

Die Objekte selbst existieren bis auf wenige Ausnahmen materiell nicht mehr. Daher wurde bei den „arisierten“ Dingen auf die Frage fokussiert, wie sie dennoch empirisch erfasst werden können. Denn während bei Konten und Wertpapieren durch Aufzeichnungen der Banken und Versicherungen, bei Immobilien durch das Grundbuch und bei Betrieben durch das Register des Handelsgerichts der Besitzwechsel meist klar nachvollziehbar ist, verliert sich bei Mobilien in der Regel die Spur der ehemaligen Eigentümer und Eigentümerinnen.[5] Wird in Betracht gezogen, dass es neben Kunst- und Wertgegenständen, auf die sich die Provenienzforschung vornehmlich konzentriert, vor allem Objekte des alltäglichen Gebrauchs waren, die von der „arischen Volksgemeinschaft“ kollektiv gestohlen wurden, zeigt sich die quantitative Dimension der „arisierten“ Dinge.[6]

3 Vgl.: Elke-Vera Kotowski, Mit den Schlittschuhen im Gepäck nach Lima. Eine Spurensuche nach Erinnerungsträgern und Reflektoren eines kulturellen Erbes in privaten Haushalten Südamerikas, in: Aschkenas. Zeitschrift für Geschichte und Kultur der Juden, Bd. 28, H. 1, 2018, S. 145–164. Joachim Schlör, Mesussot entfernen – Türschilder entfernen. Die Emigration der Gegenstände von Deutschland nach Palästina, in: Wolfgang Schmale / Martina Steer (Hrsg.), Kulturtransfer in der jüdischen Geschichte, Frankfurt–New York 2006, S. 153–172. Doerte Bischoff / Joachim Schlör (Hrsg.), Dinge des Exils. Exilforschung (Bd. 31), Ein internationales Jahrbuch, München 2013.

4 Aleida Assmann, Das Gedächtnis der Dinge, in: Alexandra Reininghaus (Hrsg.), Recollecting. Raub und Restitution, Wien 2009, S. 143–150, bzw. als Gegenposition: Mirjam Triendl-Zadoff / Niko Wahl, Geraubt, benutzt, verbraucht. Weil Dinge kein Gedächtnis haben, in: Ebenda, S. 77–86.

5 Siehe insbesondere: Gabriele Anderl / Edith Blaschitz / Sabine Loitfellner / Niko Wahl / Mirjam Triendl, „Arisierung“ von Mobilien, Wien–München 2004 [= Veröffentlichungen der Österreichischen Historikerkommission. Vermögensentzug während der NS-Zeit sowie Rückstellungen und Entschädigungen seit 1945 in Österreich, Bd. 15].

6 Vgl. Christian Klösch, Inventarnummer 1938. Provenienzforschung am Technischen Museum Wien, Wien 2015.

Aktenkundig und damit historisch erforschbar wurden sie zum einen in den Berichten der Israelitischen Kultusgemeinde, die den Diebstahl und die unkontrollierten Sachbeschädigungen schon während „Anschluss“ und Novemberpogrom dokumentierten,[7] zum anderen aber hauptsächlich in den umfassenden Aufzeichnungen des später in staatliche Bahnen gelenkten Raubzugs der NS-Behörden.

Mit der Gründung der Vermögensverkehrsstelle und der Verordnung zur „Vermögensanmeldung für Juden“ im April 1938 wurde jeglicher Besitz über 5.000.– Reichsmark in dreifacher Ausfertigung festgehalten. Diese Verzeichnisse sowie die „Arisierungsakten“ des „Sonderdezernats IV d-8 Entjudung“ des „Reichsstatthalters in Niederdonau“, sowie die „Rückstellungsakten“ des Landesamtes IX/5, aus denen im Folgenden ausführlich zitiert wird, sind am Niederösterreichischen Landesarchiv erhalten.[8]

Für die Ausfuhr von Kunst- und Kulturgut mussten Genehmigungen der „Zentralstelle für Denkmalschutz“ beantragt werden, die vollständig beim heutigen Bundesdenkmalamt archiviert sind. Nur in Ausnahmefällen hingegen sind auch die sogenannten „Umzugsgutsverzeichnisse“, in denen für die Speditionen und Zollbehörden penibel jedes mitgenommene Objekt aufgelistet werden musste, überliefert. Die Inhaltsverzeichnisse der im Hafen von Triest liegen gebliebenen und beschlagnahmten *lifts* sind im Österreichischen Staatsarchiv/Archiv der Republik erhalten, ebenso die Geschäftsbücher der „Vugesta“, der „Verwaltungsstelle für jüdisches Umzugsgut der Geheimen Staatspolizei“.[9]

7 Siehe Philipp Mettauer, „Das ist gewöhnlich die letzte Station“. Die „Judenumsiedlung“ in Wien 1938–1942, in: Fremd/Vertraut. Zur Geschichte der Juden in Österreich, hrsg. v. Martha Keil [= Österreich. Geschichte. Literatur. Geographie, H. 2, 2017], S. 167–180.

8 Siehe: Christoph Lind, Die „Arisierungsbehörden“ in Niederdonau von 1938 bis 1945, in: Willibald Rosner / Reinelde Motz-Linhart (Hrsg.), Forschungen zur NS-Zeit in Niederösterreich 1938–1945, St. Pölten 2007 [= Studien und Forschungen aus dem Niederösterreichischen Institut für Landeskunde, Bd. 43], S. 15–50. Walter Baumgartner / Robert Streibel, Juden in Niederösterreich. „Arisierungen“ und Rückstellungen in den Städten Amstetten, Baden, Hollabrunn, Horn, Korneuburg, Krems, Neunkirchen, St. Pölten, Stockerau, Tulln, Waidhofen a. d. Thaya und Wiener Neustadt, Wien–München 2004 [= Veröffentlichungen der Österreichischen Historikerkommission, Bd. 18].

9 Über den „Umgang mit Übersiedlungsgut jüdischer Emigranten in Hamburg nach 1939“, unter denen sich auch solche aus der „Ostmark“ befanden, beschäftigt sich aktuell ein laufendes Forschungsprojekt des Deutschen Schifffahrtsmuseums Bremerhaven: https://www.dsm.museum/forschung/forschungsprojekte/liftprov-der-umgang-mit-uebersiedlungsgut-juedischer-emigranten-in-hamburg#c7121 [1. 3. 2022].

Die Möbel der Louise Stern

Selbst wenn die Dinge nicht physisch ins Exil mitgenommen werden konnten, trachteten manche zumindest deren Abbild zu retten. Im Jahr 2015 gelangte der Nachlass des Fotografen Robert Haas, der 1938 in die USA emigrieren musste, an das Wien Museum. Ein kleiner Bestand erweckte die besondere Neugierde der Kuratorinnen und Kuratoren: eine Fotoserie menschenleerer, aber vollständig möblierter Wohnungen. Nach umfassenden Recherchen stellte sich heraus, dass deren jüdische Bewohnerinnen und Bewohner bereits emigriert waren, ihre Möbel aber zurückgelassen hatten. Haas war von ihnen engagiert worden, um einerseits den verlorenen Besitz und andererseits die Erinnerung daran zu dokumentieren. Eine der Auftraggeberinnen, Louise Stern, schrieb ihm am 28. Mai 1938 einen Brief: „Sehr geehrter Herr Haas, ich habe Ihnen hier, ganz laienhaft, eine Auflistung jener Dinge geschrieben, die ich gerne zum Andenken verewigt hätte."[10]

Die Wohnung von Louise und Gustav Stern 1938

Robert Haas, Wien Museum

Foto: Birgit und Peter Kainz, Wien Museum

10 Frauke Kreutler / Iris Meder / Gerhard Milchram, Fotos der Erinnerung. Robert Haas' Dokumentation jüdischer Wohnungen, in: Andreas Brunner / Barbara Staudinger / Hannes Sulzenbacher (Hrsg.), Die Stadt ohne. Juden, Muslime, Flüchtlinge, Ausländer, Wien 2018, S. 16–57, hier 19.

Louise Stern ging es um die subjektive Perspektive auf ihr ehemaliges Zuhause, ihre persönliche Sicht auf ihr gestohlenes Leben, das der Fotograf für die Zukunft bewahren sollte. Akribisch genau beschrieb sie die zu fotografierenden Gegenstände und Räume: „Kleine Halle (unten) Vitrine mit Tiroler Stühlen, Ofen (beleuchtet, ist aber auch schön von der Treppe aus). Rote Sitzgarnitur (falls die Lampe stört, bitte wegnehmen) mit Tellerwand und Treppengeländer. (Lieblingsblick).“[11]

Der *lift* des Richard Lustig

Während Gebrauchsgegenstände, die zurückgelassen werden mussten, von der „arischen Volksgemeinschaft“ wiederverwendet wurden, sahen Judaika, ohnehin bereits mit besonderer Bedeutung aufgeladen, dem Verschwinden in Museumsdepots oder der sicheren Zerstörung entgegen.[12] Richard Lustig, Betreiber eines Leder- und Sportausrüstungsgeschäfts in der Linzerstraße 17 in St. Pölten, versuchte daher nicht nur die vier Perser-Teppiche und zwei Bettvorleger, die in seiner Ausfuhrbewilligung der „Zentralstelle für Denkmalschutz“ verzeichnet sind,[13] sondern auch eine Thorarolle und diverse Gebetsbücher mit ins Exil zu nehmen. Dies geht zumindest aus dem Antrag seiner Töchter Margarethe und Stefanie beim Wiedergutmachungsamt Berlin aus dem Jahre 1957 hervor, in dem neben der Wohnungseinrichtung, bestehend aus „1 Herrenzimmer mit Flügel, 1 Speisezimmer, 4 Schlafzimmer, 1 Küche, 1 Vorzimmer, alles komplett eingerichtet“, der Inhalt zweier *lifts*, einer mit „Bestimmungsland Amerika“, der andere nach England, gelistet ist.[14] Bei der sechsseitigen Beilage handelt es sich offensichtlich um Abschriften der Umzugsgutsverzeichnisse, in denen jedes mitgenommene Stück, jeder noch so kleine bewegliche Gegenstand, genauestens aufgezählt werden musste.[15]

11 Ebenda.

12 Vgl. Dirk Rupnow, Täter – Gedächtnis – Opfer. Das „Jüdische Zentralmuseum“ in Prag 1942–1945, Wien 2000, bzw. Jan Björn Potthast, Warenlager als stumme Zeugen des Genozids: Die „Treuhandstelle“ in Prag, in: Reininghaus, Recollecting, S. 41–49.

13 Ausfuhrmaterialien, Richard Lustig, Nr. 5900/1939, Archiv des Bundesdenkmalamts.

14 Verfahren von Margarethe Fassberg, geb. Lustig, und Stefanie Handel, geb. Lustig, 64 WGA 2023-2034/57, Wiedergutmachungsamt, Landesarchiv Berlin.

15 Vgl. Philipp Mettauer, Erzwungene Emigration nach Argentinien. Österreichisch-jüdische Lebensgeschichten, Münster 2010, insbesondere das Kapitel „Mit dem Lift nach Argentinien“, S. 101–106.

Nach der Zwangsübersiedlung von St. Pölten nach Wien am 15. Juli 1939,[16] war Richard Lustig gemeinsam mit seiner Ehefrau Klara nach London und am 21. September 1940 weiter nach New York emigriert.[17] Der *lift*, in dem sich die Sakralobjekte befanden, sollte über den Hafen Triest nachfolgen, wobei sich nicht feststellen lässt, ob die Thorarolle ursprünglich aus St. Pölten stammte oder möglicherweise in Wien mitgegeben wurde. Laut Rechnung der Spedition Dworschak vom 30. August 1939 beinhaltete die Sendung „Kleidung, Wäsche, Hausrat, Fotoapparate, Silberzeug, Porzellan, Küchen- und Wirtschaftsbehelfe" mit einem Gesamtgewicht von mehr als einer Tonne und einem Wert von 1.570.– Reichsmark. Die Dinge haben den europäischen Kontinent allerdings nie verlassen. Die 14 „Kolli"[18] kamen zwar bei der Firma Paul & Krehbiel am 19. Januar 1940 in Triest an und lagerten dort bis zum 11. Februar 1944; auf Anordnung des Obersten Kommissars der inzwischen gebildeten „Operations-

Ein *lift* von Hamburg nach Montevideo, 1939

Stadtarchiv Dannenberg (Elbe)

16 Siehe: Philipp Mettauer, „Das ewige Übersiedeln". Die Wiener Sammelwohnungen 1939–1942, in: Institut für jüdische Geschichte Österreichs (Hrsg.), In die Häuser schauen. Aspekte jüdischen Wohnens vom Mittelalter bis ins 20. Jahrhundert, St. Pölten 2016, S. 48–55, Download unter: http://www.injoest.ac.at/media/jme_2016.pdf [25. 3. 2022].

17 Zur weiteren Biografie siehe: http://www.juden-in-st-poelten.at/de/personen/memorbuch/richard-lustig [25. 3. 2022].

18 Vom italienischen *il collo*: die Frachtkiste.

zone Adriatisches Küstenland“, Friedrich Rainer, wurde das im Hafen liegen gebliebene „jüdische Umzugsgut“ allerdings von der NS-Verwaltung konfisziert.

Zwei Eisenbahnwaggons mit beschlagnahmten Ladungen wurden daraufhin in den Gau Niederdonau verschoben, den größten Teil mit insgesamt 30 Waggons und rund 1.000 „Kolli“ erhielt die „Gauwaltung“ der „Nationalsozialistischen Volkswohlfahrt“ (NSV) Salzburg. Auf deren Liste vom März 1945 taucht Lustigs *lift* noch einmal auf, danach verliert sich nach bisherigem Forschungsstand jegliche Spur.[19] Viele der gestohlenen Waren dürften für „Wohlfahrtszwecke“ verteilt oder zur Einrichtung eines Lagers für Kriegsflüchtlinge verwendet worden sein.[20]

Richard Lustig
Institut für jüdische Geschichte Österreichs

Der Antrag von Margarethe und Stefanie Lustig, nun wohnhaft in New York bzw. London, auf Rückerstattung – nicht nur der „arisierten“ Dinge, sondern auch der Sparguthaben beim Wiener Bankverein, eines Girokontos bei der

19 Liste der im Gau Salzburg übergebenen Kolli im März 1945, Österreichisches Staatsarchiv, Archiv der Republik, Bundesministerium für Finanzen, Abt. 34, K 8490. Ich danke Albena Zlatanova für die Informationen und den Hinweis.

20 Anderl / Blaschitz / Loitfellner / Wahl / Triendl, Mobilien, S. 209.

Österreichischen Nationalbank sowie dem Postsparkassenamt, eines Sparbuchkontos bei der Versteigerungsanstalt Dorotheum, eines beim Schweizer Bankverein und eines bei der Eidgenössischen Bank – knapp 20 Jahre nach dem „Anschluss“ und 10 Jahre nach dem Tod des Vaters, wurde abgelehnt. In seiner Begründung führte das Wiedergutmachungsamt Berlin aus:

> „In allen Fällen hat zwar die Entziehung außerhalb des Bundesrückerstattungsgesetzes, nämlich in St. Pölten, Zürich, Triest oder Wien stattgefunden. Nach Berlin oder in das Gebiet der heutigen Bundesrepublik Deutschland können jedoch allenfalls der Gegenwert, d. h. nicht feststellbare Vermögensgegenstände, gelangt sein.“[21]

Die Schuhe des Siegfried Kohn

Nur wenige Hausnummern von Lustigs Haus entfernt, in derselben St. Pöltner Einkaufsstraße, befand sich das Schuhgeschäft von Siegfried Kohn. Die Filiale in der Linzerstraße 3 – das Haupthaus befand sich in der Kremsergasse 8/Ecke Domgasse – wurde am 2. November 1938 von dem „alten Kämpfer“ und Parteigenossen Hugo Mrazek „arisiert“; der ehemalige Besitzer wiederum am Tag des Pogroms am 10. November verhaftet und in Dachau interniert. Da der Kaufpreis inklusive des Werts des Warenlagers angesetzt wurde, erstellte das Wirtschaftsprüfungsbüro Hans Müller ein 15-seitiges Inventar des Geschäftsmobiliars, der Einrichtungsgegenstände der Schaufenster und über 1.000 Paar Schuhe.

Die Frage, welche Dinge überhaupt für Wert befunden, geschätzt und gelistet wurden, beantwortet dieses Beispiel umfassend: absolut alles. Jeder einzelne Schuh, beginnend beim „braunen Damen-Kroko-Slipper“ um zwei Schilling vierzig, über die genagelten Kindersandalen, bis zu den geschnürten Herrenstiefeln Marke „Olaf“ war von Interesse. Die Erstellung eines Inventars stellte dabei zunächst noch die Negativfolie der Mobilität dar, die Liste diente vorerst noch zur Feststellung, zur Stabilisierung und Ordnung der Dinge.

Weil der „Ariseur“ die Aufzeichnungen des Waren-Eingangsbuches aber beanstandet hatte, überprüfte am 9. April 1940 die „Donauländische Treuhand- und Organisations-Gesellschaft“ im Auftrage der Vermögensverkehrsstelle nochmals die Geschäftseinrichtung und das Warenlager. In ihrem Bericht listete sie einige Mängel auf und konstatierte schließlich unter Punkt 8: „Vom Ju-

21 Verfahren von Margarethe Fassberg, geb. Lustig, und Stefanie Handel, geb. Lustig, 64 WGA 2023-2034/57, Wiedergutmachungsamt, Landesarchiv Berlin.

den mitgenommene Schuhe und Schneeschuhe im Sachwert von 236.– Reichsmark“, die vom Kaufpreis abgezogen werden müssten. Darüber bestünde allerdings kein schriftlicher Beweis und man sei auf die Angaben des Käufers angewiesen. Tatsächlich befinden sich im ersten Inventar keine Schneeschuhe.[22]

Das Schuhgeschäft mit seinem Gründer Julius Kohn in der Linzerstraße 3 in St. Pölten um 1890

Institut für jüdische Geschichte Österreichs

Möglicherweise sind aber die Herren-Skischuhe auf Seite 2 oder die „Ski-Goiserer“ oder „Ischler“ auf Seite 12 des Inventars gemeint, die Siegfried Kohn bei seiner erzwungenen Emigration nach Palästina im Februar 1939 offensichtlich mitgenommen hatte. Ob sie durch ihre räumliche Mobilität eine Verwendungs- bzw. Bedeutungsmodifikation durchliefen, lässt sich nicht definitiv

22 Siegfried Kohn, Mappe 471, Reichsstatthalter (RStH), Abt. IV d-8-IX/5, Niederösterreichisches Landesarchiv (NÖLA).

beantworten. Denkbar ist einerseits die Kontinuität ihrer Nutzung – selbst im mediterranen Klima des Exillandes gab es Schnee, beispielsweise am Mount Hermon –, andererseits die Transformation von Gebrauchsgegenständen zu Erinnerungsstücken, zu *memory objects* als Repräsentanten der zurückgelassenen heimatlichen Alpen.[23]

Möglich wäre ebenso, dass die Schneeschuhe zur Finanzierung der Reisekosten weiterverkauft oder dem Vergessen überantwortet und unbrauchbar wurden, wie analoge Beispiele in den Lebensberichten von österreichisch-jüdischen Emigrantinnen und Emigranten in Frankreich, den USA oder Argentinien zeigen. So nahmen beispielsweise auch Friedrich und Stella Leist ihre Skiausrüstung, Skihosen und Skiblusen nach Buenos Aires mit, wie in ihrem Umzugsgutsverzeichnis aufgelistet ist; in eine Stadt, in der die Temperatur höchst selten unter null Grad fällt und sich im Umkreis von 1.000 Kilometern keine skitauglichen Höhenzüge erheben. Zu Silvester 1940 schrieb Stella Leist von der Südhalbkugel einer Freundin nach New York:

> „Heute ist Neujahrstag, glühend heiß, wir stehen nachts auf, um uns zu duschen, nur wird uns davon nicht kühler. Wie schön ist Schnee zum Neuen Jahr! Im Keller stehen die Ski, nur wächst der Schimmel darauf in dieser großen Feuchtigkeit hier."[24]

Die Leists waren aber nicht die einzigen, die im Nachhinein feststellen mussten, dass sie die falschen Dinge mitgenommen hatten. Ein prominentes Beispiel sind der Journalist Otto und die Sozialwissenschaftlerin Käthe Leichter. Sie hatte Ski verpackt und ihrem Ehemann nach Paris nachgesandt, woraufhin dieser schrieb:

> „Schon aufregend, wieder mit den liebgewordenen Dingen Kontakt zu nehmen. […] Aber sag' mir Katzerl, wozu hast Du die Skier mitgeschickt? Man muss sich doch genieren, mit diesen hier unbekannten Möbeln aufzutauchen."[25]

23 Siehe: Hanno Loewy / Gerhard Milchram (Hrsg.), Hast du meine Alpen gesehen? Eine jüdische Beziehungsgeschichte, Hohenems 2009.

24 Brief von Stella Leist (Buenos Aires) an Julie Hohenberg (New York), 1. 1. 1940, Sammlung Mettauer/Institut für jüdische Geschichte Österreichs (Injoest).

25 Otto Leichter, Briefe ohne Antwort. Aufzeichnungen aus dem Pariser Exil für Käthe Leichter 1938–1939, hrsg. v. Heinrich Berger / Gerhard Botz / Edith Saurer, Wien–Köln–Weimar 2003, S. 85.

Das Opernglas der Friedericke Hacker

Gelang die Flucht nur mit reduziertem Handgepäck, befanden sich darin neben dringend benötigten Gebrauchsartikeln hauptsächlich Dinge mit besonderer Bedeutungsaufladung. Friedericke Hacker verließ im August 1938 mit ihrem Mann Hans und ihrem damals siebenjährigen Sohn Georg Wien und emigrierte nach Argentinien. In ihrem Fluchtgepäck befand sich unter anderem ein Opernglas der Marke Busch-Multinett, erworben im Optikergeschäft Otto Schleiffelder. An diesem Ding können die transgenerationalen Aspekte, sowohl der räumlichen als auch der Bedeutungs- und der Verwendungs-Mobilität, abgelesen werden.

Foto aus dem Reisepass der Friedericke Hacker

Philipp Mettauer

Am 12. November 1938, unmittelbar nach dem Pogrom, erfolgte für Jüdinnen und Juden das Verbot des Besuchs von Kulturstätten, drei Jahre später wurde die verpflichtende Ablieferung von Fotoapparaten und Ferngläsern angeordnet. In der Kriegswirtschaft des „Dritten Reichs“ waren diese Präzisionsgeräte der militärischen Nutzung vorbehalten. So formulierte die Firma Busch Optik im Jahr 1942 in einer Werbeschrift:

> „Vor dem Kriege war es gewiß verständlich, daß man sein Busch-Multinett nur ungern aus der Hand gab. Die wertvollen Linsen wollte man vor jedem Kratzer, die kostbare Ausstattung vor allen Griffspuren schützen. […]

> Heute aber wird man im Theater auch gelegentlich die Platznachbarn und Freunde das Multinett mitbenutzen lassen. Der glückliche Vorkriegskäufer hilft so mit, daß den anderen das Warten nicht so schwer fällt, bis es wieder für alle das wundervolle Busch-Multinett gibt."[26]

Für die aus dem Wiener Bildungsbürgertum vertriebenen Jüdinnen und Juden gehörte der regelmäßige Besuch von Oper, Theater, Kabarett und Konzerten zu ihrem alltäglichen Leben. Mit dem Multinett der Firma Busch „rückt man dicht an die Bühne heran, man sieht auch gut die dunklen Szenen, man überblickt die ganze Handlung, man erlebt das feine Mienenspiel", wie es in der Werbebotschaft hieß.[27]

Der Verlust dieser kulturellen Welt wurde von vielen Emigrantinnen und Emigranten als besonders schmerzlich betont. Das ins Exil gerettete Opernglas erfuhr so eine ideelle Veränderung, von einem „Alltags"- und Gebrauchsgegenstand zu einem „Heimatstück", an dem sich die Erinnerungen materialisieren. Zudem symbolisierte es als Stellvertreter die zurückgelassenen Menschen, die in der Shoah ermordeten Familienmitglieder, wie Jorge Hacker im Interview andeutete:

> „Meine Onkel mütterlicherseits waren Schriftsteller, Poeten, Radioleute, Theatermenschen, die sehr bekannt und intellektuell waren. Die wurden gleich am Anfang beseitigt."[28]

Zwar bot Buenos Aires als die „europäischste" Großstadt Südamerikas eine diesbezüglich ungewöhnliche Dichte an kulturellem Angebot, für die Neuangekommenen hatten jedoch ökonomische Notwendigkeiten die oberste Priorität. Sprachliche Barrieren stellten darüber hinaus große Hindernisse für die Teilnahme am gesellschaftlichen Leben dar. Ein Kulturtransfer kam nur allmählich in Gang. Juana Lenk, die als Kleinkind mit ihrer Familie Baden bei Wien verlassen musste, erinnerte sich im Interview an ihre ersten Jahre in Argentinien:

> „Meine Mama begann schon früh zu erzählen, zu rezitieren, Goethe, Schiller, Nietzsche, sie sang die Lieder von Schubert und sprach von Öster-

26 Wiener Illustrierte, 15. 4. 1942, S. 10.

27 Ebenda.

28 Interview mit Jorge Hacker, Buenos Aires, 4. 9. 2002, Sammlung Mettauer/Injoest. Online auf www.weitererzaehlen.at [1. 3. 2022].

reich. Sie war eine wandelnde Landkarte, meine Mama. […] Als Kind bin ich bei ihrem ständigen Erzählen fast erstickt. Aber ich bin draufgekommen, dass meine Mama Kultur übertragen hat, in ihrer Verzweiflung, nichts zu haben, keine Bücher, kein Radio, nichts.“[29]

Theaterbegeisterte sammelten sich in der „Freien Deutschen Bühne“, die mithalf, die eigene Identität im Herkunftsmilieu zu bewahren. Obwohl die Oper von Buenos Aires, das Teatro Colón, sogar österreichisch-jüdische Kunstschaffende engagierte, dauerte es lange Jahre, bis diese Institution einen fixen Stellenwert im Leben der Emigrantinnen und Emigranten einnehmen konnte.

Das Opernglas der Marke „Busch-Multinett“ der Friedericke Hacker

Philipp Mettauer

Es ist anzunehmen, dass Friedericke Hacker in diesen Häusern mit ihrem Busch-Multinett im Publikumssaal saß. Ihr Sohn kehrte jedenfalls in den 1950er Jahren nach Wien zurück, um am Max-Reinhardt-Seminar Schauspiel zu studieren. Über die Stationen Berlin und Paris ging Georg Hacker wieder nach Buenos Aires zurück, um dort fortan als Theaterregisseur und Lehrender an der Filmuniversität tätig zu sein. Ob er das Opernglas dabeihatte, ist allerdings ungewiss.[30] Seine Tochter Julia brachte das Busch-Multinett schließlich nach Österreich zurück, allerdings nicht, um Darstellerinnen und Darsteller auf

29 Interview mit Juana Lenk, Buenos Aires, 12. 4. 2002, Sammlung Mettauer/Injoest. Zit. in: Mettauer, Emigration, S. 166.

30 Interview mit Julia Hacker, Buenos Aires, 13. 2. 2008, Sammlung Mettauer/Injoest.

der Bühne näher zu erleben, sondern um die Vögel auf dem Baum vor dem Küchenfenster ihrer Wiener Wohnung besser beobachten zu können.

Die Fahrzeuge des Franz Bondy

Sinnbilder für Mobilität sind und waren wohl das Fahrrad, das Motorrad und das Auto. Aber nicht nur deswegen soll folgendes Fallbeispiel hier präsentiert werden, sondern weil es auch zeigt, wie es trotz der akribischen NS-Bürokratie der Beraubung zu Unregelmäßigkeiten kommen konnte, die den Besitzwechsel nicht von langer Dauer sein ließen.

St. Pöltens erste Auto- und Motorrad-Fahrschule Franz Bondy in der Rennbahnstraße 24 mit dem Steyr XII

Hermann-Oberth-Raumfahrt-Museum, Feucht/Nürnberg

Franz Bondy leitete in St. Pölten ein Transport- und Taxiunternehmen in der Rennbahnstraße 24 und gründete dort 1934 die erste Fahrschule der Stadt. Daneben dürfte er auch ein begnadeter Mechaniker gewesen sein, wie das gemeinsam mit seinem jüngeren Bruder Friedrich, ebenfalls ein Autohändler, und dem Konstrukteur Karl Cerny entwickelte Auto mit Raketenantrieb zeigt.[31]

Der „Anschluss“ und die Schließung der Fahrschule bedeutete für die Bondys den Entzug ihrer Lebensgrundlage. Im Dezember 1938 wurden die Führerscheine von Jüdinnen und Juden sowie die Zulassungspapiere ihrer Kraftfahrzeuge für ungültig erklärt und mussten bei der Polizei abgeliefert werden, jüdische Fahrlehrer verloren ihre Lehrbefugnisse. Franz Bondy besaß mehrere Autos, unter anderem einen Kraftwagen der Marke Adler für den Fuhrpark, einen Steyr XII und dessen Nachfolgemodell, einen Steyr XX, Baujahr 1929/30, eine Limousine der oberen Mittelklasse.[32] Die Automobile wurden unmittelbar nach dem „Anschluss“ von der Gestapo kurzerhand beschlagnahmt, im „Arisierungsakt“ verlieren sich allerdings ihre Spuren.

Die komplexere Eigentumsübertragung der Immobilie an das Reichsarbeitsministerium in Berlin nahm längere Zeit in Anspruch. „Hat es jedoch Bondy immer wieder verstanden, die Sache zu verzögern. Es ist daher dringend notwendig, Bondy durch energische Maßnahmen zum Verkaufe zu bringen“, wie das Arbeitsamt St. Pölten der Vermögensverkehrsstelle im Dezember 1939 mitteilte. Während zuvor das antisemitische Stereotyp des unermesslichen jüdischen Reichtums grassierte, hätte es sich bei den anschließenden Zwangsverkäufen – um den Preis möglichst gering zu halten – zudem nur mehr um wertlosen Ramsch gehandelt.[33] In einem Bericht der Reichsstatthalterei Niederdonau an den Oberfinanzpräsidenten in Berlin wurde die Liegenschaft folgendermaßen beschrieben:

> „Die Garage ist sehr primitiv gebaut und hat einen Faßungsraum für 2 kleinere Personenkraftwagen. Franz Israel Bondy hatte 1938 einen 20er Steyrwagen in Betrieb. Das Personenauto war schon älteren Datums und war laut Aussagen der Nachbarn nicht mehr voll einsatzfähig. […] Die Autofahrschule wurde 1938 gesperrt, <u>das Auto beschlagnahmt</u>. Das Wohnhaus mit Garage wurde 1939 vom Reichs-Arbeitsministerium übernommen. Der

31 Siehe: Christoph Lind, „…es gab so nette Leute dort“. Die zerstörte jüdische Gemeinde St. Pölten, St. Pölten 1998, S. 198, bzw. http://www.juden-in-st-poelten.at/de/personen/memorbuch/franz-alois-bondy sowie http://www.juden-in-st-poelten.at/de/personen/memorbuch/friedrich-wilhelm-bondy [25. 3. 2022].

32 Siehe: https://www.technischesmuseum.at/kfz-datenbanken [25. 3. 2022].

33 Vgl. Albert Lichtblau, Sounds of Anti-Semitism: Salzburg, in: Alpendistel. Magazin für antifaschistische Gedenkkultur: Im Schatten der Berge. Antisemitismus gestern und heute, Nr. 1/20, S. 11–14, hier 13.

Kaufpreis konnte nicht festgestellt werden. Auch der Verbleib des 20er Steyrwagens konnte nicht festgestellt werden.“[34]

Nicht nur die jüdischen Dinge, auch die Menschen sollten im Sinne der NS-Rassenideologie verschwinden. Franz und sein Bruder Friedrich Bondy wurden im Mai 1942 nach Minsk deportiert, im Vernichtungslager Maly Trostinec ermordet und in Massengräbern verscharrt. Das Institut für jüdische Geschichte Österreichs hat ihnen im Jahr 2020 in der Rennbahnstraße 24 in St. Pölten einen „Stein der Erinnerung“ gesetzt.[35]

Das Blochholz der Rosa Schulhof

Die Holzgroßhandlung Rosa Schulhof in der Wiener Straße 22 in St. Pölten betrieb in der waldreichen Region des Alpenvorlands großflächige Rodungen.[36] Folgendes Beispiel soll jedoch nicht den Firmen-LKW der Marke Saurer thematisieren, obwohl auch dieser samt Anhänger „arisiert“ wurde, sondern vielmehr dessen Ladung. Sie verdeutlicht das Postulat, dass mobile Dinge nicht immer tragbar sein müssen, sondern es auch solche sein können, die auf den ersten Blick nicht unbedingt mit Bewegung assoziiert werden: tonnenschwere Baumstämme.

Das auf den Schlägen in Weissenburg an der Pielach und in der Weidenau in Türnitz lagernde Rund-, Schnitt- und Brennholz summierte sich auf einen Wert von insgesamt ca. 95.000.– Reichsmark. „Ein sehr großes Unternehmen, das ca. 200 Arbeiter beschäftigte. Anläßlich der Arisierung wurde mein Mann Ernst Schulhof verhaftet und befindet sich nun seit 9 Monaten in Weimar, Buchenwald. Einige Tage später wurde mein ganzes Mobiliar, Schmuck und Wertgegenstände versteigert, so daß ich nicht in der Lage bin, von diesem Erlös unser Dasein fristen zu können“, schrieb Rosa Schulhof am 28. Februar 1939 an die Dienststelle für Vermögensverkehr der Landeshauptmannschaft Niederdonau, in ihrer Verzweiflung, die Kosten für die erhoffte Emigration nicht aufbringen zu können.[37]

34 Franz Bondy, Mappe 2211 bzw. 2211a, RStH, IV d-8-IX/5, NÖLA.

35 Zu den Biographien der Mitglieder der Familie Bondy siehe: Institut für jüdische Geschichte Österreichs (Hrsg.), Steine der Erinnerung III/2020, St. Pölten 2020, S. 53–67.

36 Daten zur Familie: http://www.juden-in-st-poelten.at/de/personen/memorbuch/rosa-schulhof [25. 3. 2022].

37 Rosa Schulhof, Mappe 736, RStH, IV d-8-IX/5, NÖLA.

„Ich stehe mit meinen beiden unmündigen Kindern und meiner alten Mutter gänzlich mittellos da und bin der ärgsten Situation ausgesetzt. Zudem soll ich Schiffskarten kaufen, die ich vorweisen soll, damit mein Mann außer Haft gesetzt wird. Ich bitte vielmals uns die Mittel aus unserem früheren Geschäfte zur Verfügung zu stellen, damit wir in der Lage sind, auswandern zu können. Ich befinde mich in der verzweifelten Lage und bitte inständigst, mir zu helfen."[38]

Rosa Schulhof

Institut für jüdische Geschichte Österreichs

Rechtlich und finanziell gehörte die Firma allerdings dem „Bankhaus Frid und Thiemann" in der Hohenstaufengasse 4 in Wien I. Als Prokurist führte Ernst Schulhof lediglich die Schlägerungen technisch durch, wickelte den Holzver-

38 Rosa Schulhof an die Landeshauptmannschaft Niederdonau, Dienststelle für Vermögensverkehr, 28. 2. 1939, Mappe 736, RStH, IV d-8-IX/5, NÖLA.

kauf ab und war am Gewinn beteiligt. Schon am 21. April 1938, vier Wochen nach seiner Verhaftung, eröffnete das Kreisgericht als Handelsgericht St. Pölten den Konkurs.

Das geschlägerte Holz fiel in das Eigentum des Bankhauses, bei der Schulhof noch Schulden offen hatte, die „arische" Holzgroßhandlung „J. & C. Reder", Treustraße 35, Wien XX., übernahm es um 20.000.– Schilling, weit unter Marktwert, und verkaufte es weiter. Von dem Erlös wurden die Gläubiger, die laufenden Löhne der Arbeiter und sonstige Kosten bezahlt. Rosa Schulhof erhielt von dem Kaufpreis nichts. Durch die Nichteinhaltung der Ratenzahlungen sahen sich die Saurerwerke zudem veranlasst, den auf Konzession betriebenen Lastkraftwagen gerichtlich schätzen zu lassen und zurückzufordern.

Schlägerung der Holzgroßhandlung Rosa Schulhof in der Weidenau, Türnitz um 1938

Topothek Türnitz, Paula Lampl, mit Dank an Andreas Schildböck

Um die Vertreibung dennoch voranzubringen, hielt der Sachbearbeiter der Vermögensverkehrsstelle am 15. März 1939 persönliche Vorsprache bei der Firma Reder und konnte „die Zusage erhalten werden, daß diese an die Juden bis zu 1.500.– RM zur Verfügung stellt (Ermöglichung der Auswanderung)". Rosa, Ernst und die Tochter Eva Schulhof konnten daraufhin am 29. Mai

1939 nach Shanghai entkommen, die zweite Tochter Elisabeth emigrierte nach Palästina.[39]

Im Zuge der Vermögensentziehungs-Anmeldungsverordnung rechtfertigte am 20. November 1946 die Firma Reder in einem Schreiben an die Bezirkshauptmannschaft St. Pölten ihr Vorgehen und stellte die „Arisierung“ der Holzschlägerung in Türnitz-Weidenau als Verlustgeschäft dar.

> „Das Bankhaus Frid & Thiemann seinerseits war ebenfalls in teilweiser Arisierung begriffen. Um den Betrieb intakt zu halten, wurde seitens des Arbeitsausschusses der Fachgruppe Holzhandel Wien unsere Firma veranlasst, treuhändig den Betrieb fortzuführen. Eine Inventuraufnahme war bei den ausgedehnten Waldgebieten gänzlich unmöglich.
> Die Schlägerung wurde am 31. Juli 1941 beendet. Da der auf uns entfallende Teil auch nicht annähernd als angemessene Entschädigung für unsere geleistete Arbeit aufzufassen war, war es unsere Verpflichtung, einen eventuellen Übergewinn abzuführen, als erledigt zu betrachten. Das relativ ungünstige Resultat ergab sich aus der Tatsache, dass um 2.000 fm [Festmeter] Nadelstammholz weniger vorhanden waren, als ursprünglich geschätzt wurde und dass nicht zuletzt durch die Kahlschlägerung zweimal Hochwasser entstand, das den Abtransport des Brennholzes – und das war der grösste Teil des Anfalles – um fast 1 Jahr verzögerte, wodurch die Gewichtsaustrocknung ein wesentlicher Mindererlös entstand.“[40]

Die Inventur von „Leopold Frischmann und Söhne“

Während an anderen Orten Niederdonaus in den frühen Morgenstunden des 10. November 1938 Synagogen devastiert, jüdische Wohnungsmieter und -mieterinnen delogiert, ihre Geschäfte geplündert und das Inventar zerstört oder der NSV zur Weiterverteilung zur Verfügung gestellt wurde,[41] entwickelte der lokale SA-Trupp des kleinen Städtchens Wilhelmsburg an der Traisen eine besonders perfide Idee, die an mafiöse Schutzgelderpressungen erinnert. Für die „Bewachung“ während des Pogroms und die Auflösung des Kaufhauses der

39 Lind, „…es gab so nette Leute dort“, S. 227 f.

40 Holzgrosshandlung & Hobelwerk J. & C. Reder Wien, an die Bezirkshauptmannschaft St. Pölten, 20. 11. 1946, Injoest/IKG St. Pölten/Personendossiers, Rosa Schulhof.

41 Christoph Lind, „Der letzte Jude hat den Tempel verlassen“, Juden in Niederösterreich 1938–1945, Wien 2004, S. 36–38.

Familie Frischmann ließen sich die SA-Männer auf Kosten der Geschädigten gesondert bezahlen und bewirten. Dabei hinterließen sie schriftliche Spuren in Form von Zahlungsbestätigungen, die bemerkenswerterweise dem „Arisierungsakt" der Firma „Leopold Frischmann und Söhne" beigelegt sind.[42]

Nachdem deren Firmengründer bereits 1929 verstorben war, führten dessen Witwe Klothilde und die Söhne Arthur, Egon sowie Richard das Geschäft in der Färbergasse 3.[43] Am 11. November 1938 begannen die Wilhelmsburger SA-Mitglieder Karl Groß – der spätere kommissarische Leiter und „Ariseur" –, Eduard Zodl – in seiner Funktion als NSV-Fürsorgerat –, Franz Wilhelm Hikade, Josef Tiffy und Walter Urbanek mit der „Inventur" der Firma. Für den „Wachdienst" für sechs Tage und als „Arbeitslohn" für die „durchgeführte Liquidation" ließen sie sich insgesamt 590.– Reichsmark ausbezahlen und bestätigten den Erhalt auf handgeschriebenen Notizzetteln.

Rechnungsbeleg des Gasthauses Fohringer für den Dienst der SA Wilhelmsburg

Niederösterreichisches Landesarchiv

42 Leopold Frischmann und Söhne, Mappe 2980, RStH, IV d-8-IX/5, NÖLA.

43 Christoph Lind, „…sind wir doch in unserer Heimat als Landmenschen aufgewachsen…", Der „Landsprengel" der Israelitischen Kultusgemeinde St. Pölten: Jüdische Schicksale zwischen Wienerwald und Erlauf, St. Pölten 2003, S. 200–202.

Nach erledigtem Dienst wurden sie im Gasthaus Fohringer bewirtet, wobei anzunehmen ist, dass sich noch weitere Kameraden dazu gesellten, denn die Zeche lautete auf 12 Paar Würstel, 12 Stück Gebäck und 16 „Krügl“ Bier. Am nächsten Morgen erschienen die Herren Urbanek, Edi und Willi, wie sie in den Belegen vertrauensvoll genannt werden, zum Frühstück und verzehrten Kaffee mit Brot und „Buttersemmerl“, abends wurde bevorzugt Wein und „Gspritzter“ getrunken. Bis 24. November versorgte das Gasthaus die „Liquidatoren“, drei Tage später bestätigte Fanny Fohringer den Betrag von insgesamt 93,28.– Reichsmark von der Firma Frischmann dankend erhalten zu haben.

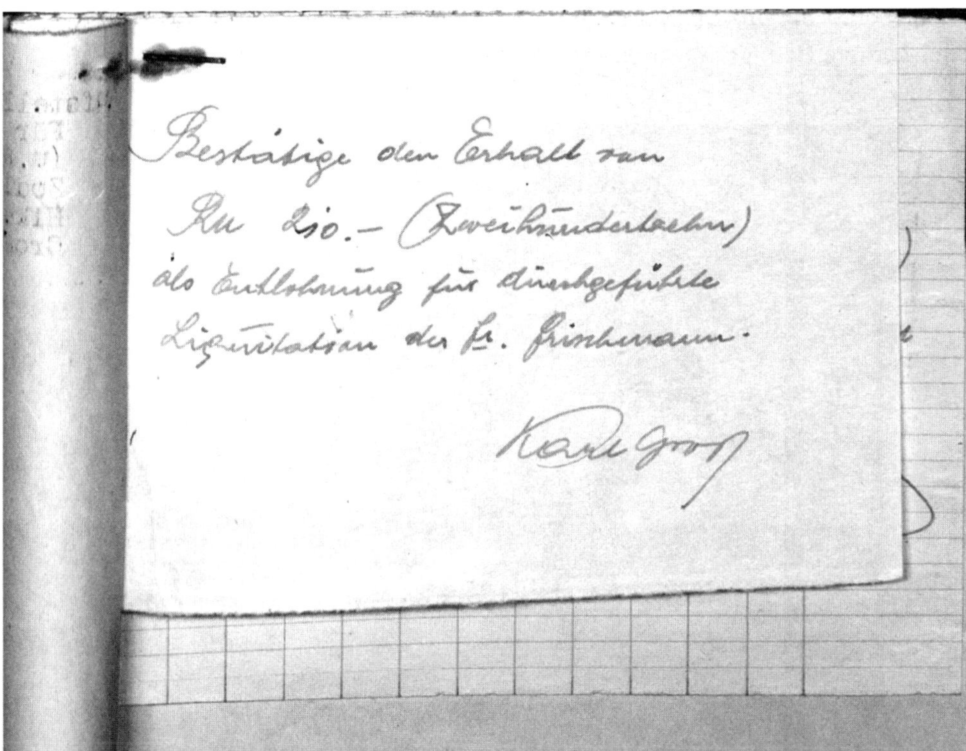
Bestätige den Erhalt von
RM 210.– (Zweihundertzehn)
als Entlohnung für durchgeführte
Liquidation der Fa. Frischmann.

Karl Groß

Lohnbestätigung des „Ariseurs“ Karl Groß für die Liquidation der Firma Frischmann

Niederösterreichisches Landesarchiv

Während Arthur, einer der Miteigentümer, bereits seit Juni 1938 in Dachau interniert war, wurde sein Bruder Richard am 14. November 1938 inhaftiert und eben dorthin überstellt. Die SA-Männer, die an diesem Tag mit der Erstellung des Inventars beschäftigt waren, bestellten derweil zum Abendessen, diesmal beim Gastwirt Josef Burger, auf seine Kosten „2 Portionen Gulyas, 7 Portionen Selchfleisch, 6 Portionen Beuschel, 1 Paar Frankfurter, 16 Brote, 14 Krügel Bier und einen ¾ Liter Wein“.

Die Inventurliste, die an diesen Tagen erstellt wurde, umfasst 19 detaillierte Seiten mit rund 1.100 mit Stückzahl und Verkaufspreis angeführten Posten. Das Warenlager des Kaufhauses umfasste demnach Schuhe, Strümpfe und Socken für Damen, Herren und Kinder, Hosen, Hemden, Blusen, „Leiberl“, Westen, Janker, Mäntel, Dirndl mit Schürzen, Vorhänge, Stoffe, Bürsten, Bänder und Knöpfe im Wert von insgesamt 12.302.– Reichsmark und 43.– Pfennig. Es wurde in Bausch und Bogen gegen Barzahlung verkauft, der Erlös auf einem Sperrkonto bei der Sparkassa Wilhelmsburg hinterlegt, von dem die Familie nur geringe Beträge für ihren Lebensunterhalt beheben durfte.

Richard Frischmann

Institut für jüdische Geschichte Österreichs

Nach den Novemberpogromen forderte das NS-Regime eine „Sühneleistung der Juden“ für deren „feindliche Haltung“ gegenüber dem „deutschen Volk“ in der Höhe von einer Milliarde Reichsmark, wobei 20 % der in den Vermögensanmeldungen angeführten Werte abzuliefern seien. Um eine Minderung dieser sogenannten „Judenvermögensabgabe“ in der Höhe von über 9.000.– Reichsmark zu erreichen, hatte Richard Frischmann die Spesenrechnungen und die „Gehaltszahlungen“ für die SA sowie die Kosten der „Übersiedlungen“ mit zwei Fuhrwerksfirmen zu je 15.– Reichsmark beim Finanzamt St. Pölten eingereicht. Mit den Steuerrückständen wurde allerdings keine „steuerliche Unbedenklichkeitsbescheinigung“ ausgestellt, ohne dieser kein Reisepass, was wiederum eine legale Ausreise verunmöglichte. Richard musste in Wien verbleiben, wo er die NS-Zeit überlebte.[44]

Im Zuge der „Arisierung“ des Kaufhauses wurde noch im März 1940 der St. Pöltner Rechtsanwalt Franz Krammelhofer beauftragt, die Außenstände von ehemaligen Kundinnen und Kunden, die Waren erhalten, aber nicht bezahlt hatten, einzutreiben. Dieser verschickte rund 100 Mahnungen, musste aber schon bald vermelden, dass sich das Unterfangen nicht durchführen ließ. Einerseits weil viele der Männer zur Wehrmacht eingerückt und daher nicht greifbar wären, andererseits, weil die Mehrheit der Schuldnerinnen und Schuldner mannigfaltige Begründungen vorbrachte, warum sie nicht zahlen könnten.

Franz Schuhmeister beispielsweise wandte bei der Streitverhandlung ein, „dass er zwar Waren von Frischmann erhalten habe, dass diese jedoch als Anzahlung für einen von Frischmann zu kaufenden Radioapparat zu gelten hatten, den Frischmann dann allerdings nicht bezogen hätte, obwohl der Apparat jahrelang für ihn bereit gehalten worden wäre“.[45] Dass es Jüdinnen und Juden ohnehin ab dem 20. September 1939 verboten war, Rundfunk- und Radiogeräte zu besitzen, blieb unkommentiert. Andere wiederum „erklärten, dass sie zahlungsbereit gewesen wären, von der SA aber am Betreten des Lokals Frischmanns gehindert worden wären“. Der Wachdienst hätte demnach seinen Zweck erfüllt. Der Betriebsführer der „Ostmark“-Keramikfabrik in Wilhelmsburg, Walter Salvenmoser, setzte sich persönlich bei Gauleiter Jury für seine verschuldeten Gefolgschaftsmitglieder ein und tilgte deren Rückstände, indem er sie aus dem Vermögen der ebenfalls „arisierten“ Steingut- und Porzellanfabrik beglich.[46]

Arthur Frischmann sollte in diesen Angelegenheiten befragt werden, konnte aber nicht mehr vor Gericht geladen werden. Von der namhaft gemachten Adresse in der Mohrengasse in Wien II. kamen die Ladungen „als unbestellbar

44 http://www.juden-in-st-poelten.at/de/personen/memorbuch/richard-frischmann [25. 3. 2022].

45 Franz Krammelhofer an Ferdinand Schöller, St. Pölten, 22. 3. 1940, Mappe 2980, RStH, IV d-8-IX/5, NÖLA.

46 Siehe Christoph Lind, „Arisierung“ und Restitution der „Wilhelmsburger Steingutfabrik“, Referat zur Langen Nacht der Museen, 7. 10. 2017, ehemalige Synagoge St. Pölten, unpubliziertes Manuskript. In den 1960er Jahren sollte im restituierten Wilhelmsburger Werk schließlich das berühmte Lilien-Porzellan hergestellt werden.

zurück, weil er angeblich schon ins Ausland verzogen sein soll". Der Buchrevisor Ferdinand Schöller, der die Liste der Außenstände kontrollierte, notierte dazu handschriftlich mit rotem Buntstift am Blattrand lapidar: „Polen". Offensichtlich entging Arthur Frischmann jedoch der Deportation, konnte über Jugoslawien nach Ägypten fliehen und dort in einem Flüchtlingslager überleben.[47]

„Sicherstellung jüdischer Vermögensteile"

„Arisierte" Kunst- und Wertgegenstände aus Edelmetall wurden im Auktionshaus Dorotheum, das auch Schätzgutachten für Warenlager und Geschäftseinrichtungen erstellte und in Baden, Mödling, St. Pölten und Wiener Neustadt Filialen betrieb, öffentlich versteigert.[48] Kleidung, Wäsche und Hausrat hingegen gab die NSV an verdiente Partei- und Volksgenossen und -genossinnen günstig ab.[49] Wertvolles Inventar und Möbel wurden von Schätzmeistern im Auftrage der „Verwaltungsstelle für jüdisches Umzugsgut der Geheimen Staatspolizei" (Vugesta) beschlagnahmt, in diverse Möbellager verbracht und weiterverkauft. Unter anderem erwarb auch das „Gaumuseum Niederdonau" aus diesen Beständen „einige antike Stühle, Fauteuils und Porzellan".[50]

Erst im Zuge der Nachforschungen für das hier vorgestellte Projekt wurden auch Hinweise auf ein derartiges Depot der Stadtgemeinde St. Pölten gefunden: und zwar im Karmeliterhof, bezeichnenderweise ebenso Standort sowohl des Stadtmuseums als auch des Sturmbannes II der 52. SS-Standarte. Geschäftsführer der Möbelhalle war Parteigenosse Johann Rössler von der „arischen" Verkaufsgenossenschaft der Tischlermeister in St. Pölten und Umgebung, die bereits seit den 1920er Jahren in der benachbarten Heßstraße einen Ausstellungsraum gemietet hatten. Schon Ende 1938 musste die Halle allerdings für den Reichsarbeitsdienst geräumt werden. Rössler strengte daraufhin die „Ari-

47 Österreicher in Ägypten, in: Der Aufbau, 20. 4. 1945, S. 19. https://archive.org/details/aufbau111945germ/page/n248/mode/1up?view=theater [25. 3. 2022].

48 Während der Hauptsitz des Auktionshauses in Wien von der Provenienzforschung bereits aufgearbeitet wird, stellen die Zweigstellen in Niederösterreich nach wie vor ein Forschungsdesiderat dar.

49 Siehe Götz Aly, Hitlers Volksstaat. Raub, Rassenkrieg und nationaler Sozialismus, Frankfurt/M. 2005, insbesondere die Kapitel „Der Trödelmarkt des Reiches", S. 132–138, und „Unbürokratische Soforthilfe", S. 139–158.

50 Sabine Loitfellner, Die Rolle der „Verwaltungsstelle für jüdisches Umzugsgut der Geheimen Staatspolizei" (Vugesta) im NS-Kunstraub, in: Gabriele Anderl / Alexandra Caruso (Hrsg.), NS-Kunstraub in Österreich und die Folgen, Innsbruck–Wien–Bozen 2021, S. 110–120, hier 116.

sierung“ des Hauses der ehemaligen „Judenfirma“ Adolf Reiß und Sohn in der Linzerstraße 13 und die Übersiedlung der Verkaufsgenossenschaft dorthin an.[51] Nach dem Krieg wurde das Gebäude von der Firma Leiner als Lager verwendet, danach übernahm es das Stadtmuseum.

„Arisierte“ Möbel in einem Depot der „Vugesta“ in der Messe Wien, Frühjahr 1941
Archiv Messe Wien, mit Dank an Christian Rapp

Der Schätzmeister des Reichsstatthalters

Von den insgesamt 20 Schätzmeistern der „Vugesta“, die zurückgelassene Güter geflüchteter Jüdinnen und Juden verwertete, war Bernhard Witke wohl einer der Habgierigsten. Als SA-Sturmführer und Möbeltischler hatte er die Kunst- und Antiquitätenhandlung Rudolf Berger & Sohn in der Mollardgasse in

51 Bürgermeister Franz Hörhann an die Vermögensverkehrsstelle Wien, St. Pölten, 16. 7. 1938, in: Abraham und Riva Reiss (Hrsg.), Historic documents on the fate of the Reiss family in Austria under the Nazi Regime during the years 1938–1942, Orot 2003, S. 16, 22, 30, Injoest/Lebenserinnerungen.

Wien-Mariahilf „arisiert", um dann als beeideter Sachverständiger in das florierende Geschäft der Hehlerei von jüdischen Wohnungseinrichtungen einzusteigen. Sein Kompagnon, Michael Oberhuber, der seit Jahrzehnten Angestellter der Firma gewesen war, berichtete bei seiner Einvernahme im Volksgerichtsprozess, der 1945 gegen die beiden geführt wurde:

> „Die Anlieferungen erfolgten von der Vugesta mittels Kraftwagen und zwar wöchentlich in drei bis vier Fuhren. Meist wurden Möbel gebracht, aber auch Glaswaren in Körben und Kisten, Porzellan, Teppiche und anderes. Auch Silberwaren und Bilder wurden gebracht."[52]

Ab 1942 leitete Witke gemeinsam mit Gestapo-Inspektor Anton Grimm die „Möbelverwertungsstelle Krummbaumgasse", in der die zurückgelassenen Einrichtungs- und Gebrauchsgegenstände aus den Sammelwohnungen der in die Ghettos, Konzentrations- und Vernichtungslager Deportierten veräußert wurden. Die Schätzmeister waren dabei an die Weisungen der Staatspolizei gebunden und arbeiteten eng mit der „Zentralstelle für jüdische Auswanderung" zusammen.[53]

Kontinuierlich baute Witke seinen Tätigkeitsbereich aus, schaltete sich direkt in die Beschlagnahmungen ein und expandierte von Wien nach Niederösterreich. Im März 1940 erhielt er von der Reichsstatthalterei schließlich die Vollmacht, im „Gau Niederdonau Erhebungen zur Sicherstellung jüdischer Vermögensteile sowie deren Schätzung durchzuführen", wobei ihm die vollste Unterstützung der Partei- und Staatsdienststellen sowie ein Dienstwagen zugesichert wurden. Als Begründung zu diesem Schritt führte der Leiter des Sonderdezernats IV d-8, Oberregierungsrat Dr. Melcher, aus:

> „Im April 1938 wurden alle Juden, soweit sie nicht schon geflüchtet waren, von der Gestapo aus dem ehemaligen Burgenland[54] ausgewiesen. Im

52 Polizeiliche Niederschrift v. 10. 9. 1945, Verfahren gegen Bernhard Witke, Vg 2 d Vr 2331/45, Bl. 97. Zit. in: Anderl / Blaschitz / Loitfellner / Wahl / Triendl, Mobilien, S. 138. Witke wurde zu dreieinhalb Jahren Haft verurteilt, Oberhuber freigesprochen, das Verfahren gegen Anton Grimm 1955 eingestellt.

53 Dieter Hecht / Eleonore Lappin-Eppel / Michaela Raggam-Blesch, Topographie der Shoah. Gedächtnisorte des zerstörten jüdischen Wien, Wien 2015, S. 377–379, bzw. Elisabeth Boeckl-Klamper / Thomas Mang / Wolfgang Neugebauer, Gestapo-Leitstelle Wien 1938–1945, Wien 2018, S. 260–274.

54 Im Oktober 1938 wurde das Bundesland Burgenland aufgelöst, die nördlichen Bezirke dem Gau Niederdonau, die südlichen der Steiermark einverleibt.

Zuge der Entjudung war es nicht möglich, sofort den gesamten Besitz der Juden planmäßig zu erfassen, obwohl ein Großteil des Vermögens sichergestellt oder beschlagnahmt werden konnte. Infolge der langen Dauer des Entjudungsverfahrens, [...] hervorgerufen [...] durch den Kriegsausbruch, konnten Verschleppungen von aus jüdischem Besitz stammenden Vermögenswerten nicht verhindert werden. [...]

Ein bezeichnendes Beispiel ist, dass sich sogar Rechtswahrer nicht scheuten, jüdische Möbel etc. als herrenlos zu betrachten, in ‚Verwahrung' zu nehmen und den Besitz jüdischen Eigentums erst dann anzumelden, nachdem diese Gegenstände seitens der V.V.St. [Vermögensverkehrsstelle] durch Pg. [Parteigenosse] Witke sichergestellt waren. Ohne die vorherige Sicherstellung durch Pg. Witke wären diese Möbel ebenfalls spurlos verschwunden.

Beamte der Wr.-Neustädter Garnison hatten aus verschiedenen Orten wie Sauerbrunn, Mattersburg, Frauenkirchen u.s.w. mit Militärlastwagen verschiedene in den Judenhäusern befindliche, aus Judenbesitz stammende Gegenstände wie Möbel aller Art, wertvolle Teppiche, Bilder, Porzellan, Silber u.s.w. einfach weggeführt.[55] [...]

Eine Fortführung der Arbeiten ist nach dem vorher gesagten unbedingt erforderlich. Pg. Witke wäre mit dem Abschluss dieser Erhebungen zu betrauen und ihm diesbezügliche Vollmachten auszufolgen. Als Vergütung für seine Arbeit wäre 1 % des Schätzwertes vom Erlös der sichergestellten Möbel zu bezahlen, wenn ihm ein Erhebungsbeamter beigestellt wird. Führt er die Arbeit aber allein durch, würde sich die Entlohnung auf 2 % erhöhen."[56]

Die prozentuale Beteiligung des Schätzmeisters – je wertvoller die Güter bzw. je höher der von ihm selbst festgelegte Schätzwert, desto lukrativer sein Gewinn – motivierten offenkundig zum äußerst effizienten Vorgehen. Die rasche Durchführung der „Arisierung" der Mobilien hatte für das NS-Regime einen weiteren strategischen Grund: Die Räumung von Immobilien beschleu-

55 Zu den Möbeln aus Sauerbrunn siehe: Gerhard Baumgartner / Anton Fennes / Harald Greifeneder / Stefan Schinkovits / Stefan Tschögl / Harald Wendelin, „Arisierungen", beschlagnahmte Vermögen, Rückstellungen und Entschädigungen im Burgenland, Wien–München 2004 [= Veröffentlichungen der Österreichischen Historikerkommission, Bd. 17/3], S. 81–86. Bemerkenswert ist die Beteiligung von Wehrmachtsangehörigen und Militärfahrzeugen bei den Plünderungen.

56 Sachverhaltsdarstellung Oberregierungsrat Dr. Melcher, Sicherstellung jüdischer Vermögensteile, Geschäftszahl 2862, Wien, 19. 3. 1940, Landeshauptmannschaft Niederdonau, Sonderdezernat IV d-8 Entjudung, NÖLA.

nigte die Deportationen und die Bereitstellung von Wohnraum für die „arische“ Volksgemeinschaft. Karl Ebner, stellvertretender Chef der Gestapo in Wien, der auch die Dienststellen in Niederdonau unterstanden, stellte in einem Schreiben an die Reichsstatthalterei Folgendes fest:

> „Pg. Witke ist seit 19.8.1940 ununterbrochen für meine Dienststelle tätig. In seinen Aufgabenkreis fiel die Freimachung der Wohnungen und Unterkünfte von 48.500 Juden, die ich aus meinem Dienstbereich (Wien–Niederdonau) nach den Ostgebieten evakuiert habe. Er hat sich besondere Verdienste dadurch erworben, dass er in einer derart kurzen Frist die Wohnungen freimachte, wie es bisher im gesamten Reichsgebiet nicht erfolgte. […] Ich darf noch bemerken, dass er sich auch beachtliche Verdienste bei der Zustandebringung von wertvollen Kunstschätzen erworben hat, die sonst dem Reich verloren gegangen wären.“[57]

Im Laufe des Jahres 1943 brachten Witke und Oberhuber schließlich ihr Raubgut vor den alliierten Bombenangriffen von Wien nach Niederösterreich in Sicherheit. Sie nutzten dabei das Pfarrhaus in Purgstall an der Erlauf und für „die wertvolleren Sachen (Tabernakel, Fauteuils, Kommoden, Vitrinen, Schreibkommoden etc.)“ den Pfarrhof von Stadt Haag, Bezirk Amstetten.[58] „Ungeheure Mengen an Wertgegenständen“ waren nach Kriegsende noch vorhanden, „welche die Depots […] eng aneinander gepfercht, nahezu bis zur Decke füllten“, so der Sachverständige 1947 an das Volksgericht Wien. „Man muss dieses Depot in Haag gesehen haben, um sich hievon eine richtige Vorstellung machen zu können.“[59]

Resümee

Da dem NS-Regime nach dem Chaos der „wilden Arisierungen“ unmittelbar nach dem „Anschluss“ drohte, die Kontrolle über die „mobilen Dinge“ zu ver-

57 Karl Ebner an den Reichsstatthalter in Niederdonau, 5. 7. 1943, Beweismaterial im Verfahren gegen Bernhard Witke, Vg 2 d Vr 2331/45, Bl. 54. Zit. in: Anderl / Blaschitz / Loitfellner / Wahl / Triendl, Mobilien, S. 145.

58 Polizeiliche Niederschrift mit Michael Oberhuber, 27. 9. 1945, Verfahren gegen Bernhard Witke, Bl. 73. Zit. in: Anderl / Blaschitz / Loitfellner / Wahl / Triendl, Mobilien, S. 139.

59 Bericht des gerichtlich beeideten Sachverständigen und Schätzmeisters Julius Werthner an das Volksgericht Wien, 22. 7. 1947, Verfahren gegen Bernhard Witke, Bl. 17. Zit. in: Anderl / Blaschitz / Loitfellner / Wahl / Triendl, Mobilien, S. 159.

lieren, wurde die Enteignung jüdischen Eigentums in staatliche Bahnen gelenkt. Der wichtigste Schritt, um „Verschleppungen von jüdischen Vermögenswerten“ zu verhindern und ihre Verwertung zu steuern, war deren systematische Erfassung.

Die vorgestellten Beispiele zeigen, wie bei der „Arisierung“ von Mobilien nicht nur diejenigen profitierten, die unmittelbar Geschäftseinrichtungen und Warenlager übernahmen, sondern zum Zwecke der Machtkonsolidierung des Regimes durch Belohnung und Beteiligung umfassende Schichten der „Volksgemeinschaft“: von Mitgliedern der Partei und ihren Gliederungen, über Buchhalter, Gutachter, Schätzmeister und Rechtsanwälte, die allesamt ihre Honorare stellten, bis hin zu Transportunternehmern, Wirtsleuten sowie ehemaligen Kundinnen und Kunden, die ihre angehäuften Außenstände bei jüdischen Firmen einfach nicht beglichen.

Die Erstellung von Verzeichnissen und Geschäftsinventaren im Zuge der Zwangsverkäufe bildete dabei zwar zunächst noch die Immobilität der Dinge ab, da die Listen vorerst zur Feststellung, zur Stabilisierung und zur Ordnung beitrugen. In weiterer Folge jedoch dienten sie deren Mobilität, da sie entweder den Besitzer bzw. die Besitzerin wechselten oder – im Falle der Ausfuhrbewilligungen, „Umzugsgutsverzeichnisse“ oder Transportlisten der Speditionen – den geografischen Ort.

An den ins Exil geretteten Dingen hingen schließlich nicht nur Gedanken an die „alte Heimat“, sondern auch an die ermordeten oder in alle Welt zerstreuten Angehörigen. Als *lieux de mémoire*, als „Erinnerungsorte“ dienten sie sowohl der Konstruktion der eigenen Identität in der Fremde als auch der „Materialisierung“ der eigenen Lebens- und Überlebensgeschichte. Als „Erbstücke“ entwickelten sie schließlich einen transgenerationalen Impact und prägen das Familiengedächtnis bis heute.[60]

60 Siehe Philipp Mettauer, Entwurzelt? Erzwungene Emigration im Familiengedächtnis, in: Martha Keil / Philipp Mettauer (Hrsg.), Drei Generationen. Shoah und Nationalsozialismus im Familiengedächtnis, Innsbruck–Wien–Bozen 2016, S. 17–34.

Stephan Roth

„... nur bitte ich um Freigabe von drei Gegenständen, von denen ich mich aus familiären Gründen schwer trennen kann ...“[1]

Jüdisches Leben im Mostviertel am Beispiel der Familien Schmitz und Holzer in Oed bei Amstetten

Naglhofer, Lammerhuber, Nefischer, Rosenberger, Kloibhofer, Hehenberger, Halbmayer Langreiter, Schörghuber, Sperneder – ein Blick in die Schulmatriken verrät, dass viele Familien seit mehr als 150 Jahren in Oed bei Amstetten wohnen. Daneben gibt es Namen, die verschwunden sind, vergessen sind die Schicksale ihrer Trägerinnen und Träger, fast niemand erinnert sich mehr an sie. Nur noch wenige von den Alten haben verschwimmende Erinnerungen an die Vergessenen.

Einige Einheimische erzählten, dass es früher im Dorf eine Jüdin gegeben haben soll. Sie habe ein Geschäft besessen, das sie aber, „als Hitler kam“, verkaufen musste. Hilfsbereit soll sie gewesen sein, einem Mädchen mit hartnäckigem Ausschlag habe sie eine spezielle Salbe aus Wien organisiert, und wenn gegen Monatsende das Geld knapp wurde, durfte man bei ihr anschreiben. Einige aber hätten bei ihr ganz bewusst nicht eingekauft, weil sie Jüdin war, die wären zu den anderen Geschäften im Dorf gegangen, da waren die Besitzer katholisch. Aber viel habe man damals ohnehin nicht eingekauft, Petroleum oder Kernseife. Die meisten hätten eine Landwirtschaft oder zumindest ein kleines Stück Land besessen, wo man sich, so gut es ging, selbst versorgte – die Zustände wären damals anders, härter gewesen. Was aus ihr geworden ist, wisse man nicht so genau, angeblich sei sie nach Palästina ausgewandert...

1 NÖLA, Vermögensanmeldung Elisabeth Schmitz, EZ 42972, Brief von Elisabeth Schmitz an die VVSt, 17. 7. 1939.

Elisabeth Schmitz war die letzte Jüdin von Oed bei Amstetten. Nachdem sie all ihres Besitzes beraubt worden war, musste sie die Gemeinde, in der sie über 30 Jahre gelebt hatte, gegen Ende des Sommers 1939 verlassen. Mit ihr ging die 70 Jahre andauernde Geschichte jüdischen Lebens in Oed zu Ende. Das Haus in der Wiener Straße, das sie und ihre Vorfahren der Familien Schmitz und Holzer über Jahrzehnte bewohnt hatten, steht heute noch – ebenso jenes Haus, das sie in Amstetten besessen hatte und in dessen Obergeschoß der Betraum der kleinen örtlichen jüdischen Kultusgemeinde untergebracht war.

Die Zahl jener, die über das Geschehene noch aus eigenem Erleben berichten können, ist an einer Hand abzuzählen, demnächst werden auch sie verstummt sein. Dann werden nur noch Archive Auskunft über jene vergessenen Menschen geben können.

Das Schicksal der Familien Schmitz und Holzer ist gut dokumentiert in den Schulmatriken der Volksschule Oed, in der Urkundensammlung des Grundbuches im Bezirksgericht Amstetten, im Stadtarchiv Amstetten, im Niederösterreichischen Landesarchiv, im Wiener Stadt- und Landesarchiv, im Österreichischen Staatsarchiv, im Matrikenamt der Israelitischen Kultusgemeinde Wien, im Institut für die Geschichte der Juden Österreichs in St. Pölten, im Dokumentationsarchiv des österreichischen Widerstandes in Wien und auf genealogischen Plattformen wie Geni.com oder Matricula. Das Zusammenführen dieser verstreuten Informationen in diesem Text ist ein Versuch, ein Stück Regionalgeschichte vor dem Vergessen zu bewahren und für eine interessierte Öffentlichkeit zu erschließen.[2]

„Oed, wo nix wächst und wo nix steht“

Oed liegt im nördlichen Kerngebiet des Mostviertels, zwischen der Enns im Westen und der Ybbs im Osten. Laut Volksmund sei das „echte“ Mostviertel – also das Kerngebiet – überall dort, von wo aus die Wallfahrtsbasilika am

2 Der vorliegende Text ist Volksschuldirektor i. R. Franz Hirner (1951–2021) gewidmet, der bis kurz vor seinem Ableben den Verfasser bei den Recherchen im Archiv der Volksschule Oed unterstützte. Herzlicher Dank ergeht auch an die Zeitzeuginnen, die sich für ein Gespräch zur Verfügung gestellt haben: Frieda Widhalm, Johanna Nagelhofer und Maria Bauer (beide sind inzwischen verstorben). Weiters dankt der Autor folgenden KollegInnen für ihre Unterstützung bei der Recherche: Ursula Schwarz (DÖW), Wolfgang Schellenbacher (DÖW), Manuel Marhold (WStLA), Christoph Lind (INJOEST), Stefan Eminger (NÖLA), Gerald Krautsieder (NÖLA), Roman Eccher (ÖStA), Thomas Buchner (Stadtarchiv Amstetten), Irma Wulz (IKG Wien) und ganz besonders Anne Schmitz (Toronto).

Sonntagberg zu sehen ist. Der lokal gern verwendete Kinderreim vom Ort, „wo nix wächst und wo nix steht“, kann unterschiedlich gedeutet werden. Oed liegt direkt an der seit Römerzeiten bestehenden, stark dem Wind ausgesetzten Hochstraße, der bis vor einigen Jahrzehnten wichtigsten Ost-West-Verbindung, die später als Reichs- bzw. Bundes- oder Wiener Straße bezeichnet wurde. Vielleicht hat dieser Wind nicht immer alles wie beabsichtigt wachsen lassen. Darüber hinaus ist Oed eine kleine Gemeinde, die lediglich eine Fläche von 1,82 km² aufweist. Nach Norden zum Donautal abfallend grenzt der Ort an Sindelburg, den Habsburgersitz Wallsee und Zeillern. Gen Süden fällt das Gelände zur benachbarten Gemeinde Aschbach ab, sowie – getrennt durch den Haabergwald – zur Gemeinde Öhling, mit der Oed seit der nicht ganz freiwilligen Gemeindezusammenlegung 1972 zur Gemeinde Oed-Öhling fusionierte. Vielleicht meinten einige, dass in einem so kleinen Ort nichts von Bedeutung (ent)stehen könne.

Im Dezember 1965 wurde unmittelbar an das Ortsgebiet angrenzend ein Abschnitt der Westautobahn freigegeben, dem im April 2001 eine eigene Anschlussstelle folgte. Seither erfährt Oed bei AutofahrerInnen eine größere Bekanntheit, da diese gerne den am Ortsrand liegenden Autohof ansteuern, um dort zu rasten bzw. zu tanken. In die Ortschaft selbst fahren die wenigsten.

Die verkehrsgünstige Lage hat Oed seit jeher neben der landwirtschaftlichen Prägung zusätzlich gute Entwicklungsmöglichkeiten beschert, die über die Jahrhunderte genutzt wurden und den Ort bisweilen zu großer Blüte führten. So lässt sich bereits 1580 ein Bürgerspital zur Versorgung der alten, mittellosen und kranken Bevölkerung nachweisen. Mitte des 17. Jahrhunderts wurde erstmals eine Schule erwähnt, und in der Zeit nach der Zweiten Wiener Türkenbelagerung werden in einem Marktgerichtsprotokoll in Oed über 30 unterschiedliche Handwerker genannt, sowie acht Gastwirtschaften, mehrere Bäcker und Fleischhauer und sogar zwei Bader zur medizinischen Versorgung der Bevölkerung und der vielen Durchreisenden.[3] Die verkehrsgünstige Lage hatte aber in Kriegszeiten auch Nachteile, besonders zur Zeit der Napoleonischen Kriege, als Oed 1805 und 1809 unter Scharmützeln der Kriegsparteien und der Zwangseinquartierung der französischen Truppen leiden musste.[4]

Die Bevölkerung war mit Ausnahme der Reformationszeit bis Mitte des 19. Jahrhunderts immer katholisch, und 1716 wurde Oed mit seiner alten, seit Mitte des 14. Jahrhunderts bestehenden katholischen Kirche zur selbstständigen Pfarre erhoben. Nach dem Sieg bei der Schlacht von Kolin 1757 ließ

3 Peter Kunert / Franz Steinkellner, Gemeindechronik Oed-Öhling, Oed-Öhling 1989, S. 17.

4 Ebenda, S. 20.

der neue Besitzer der Herrschaft Wallsee, zu der Oed gehörte, Feldmarschall Leopold Graf von Daun, die alte Kirche abreißen und durch eine neue, größere ersetzen.[5] Bis zur Aufhebung der Erbuntertänigkeit 1848 und Einführung der Gemeindeverwaltung bzw. Etablierung der übergeordneten Bezirkshauptmannschaften wechselten die Eigentümer der Herrschaft Wallsee noch einige Male. Das Leben im kleinen Markt mit seinen knapp 300 EinwohnerInnen blieb aber auch nach dem Revolutionsjahr 1848 prinzipiell beschaulich.

Jüdisches Leben im Mostviertel

Seit der Vertreibung der jüdischen Bevölkerung aus dem „Herzogtum Österreich unter der Enns" zur Zeit Kaiser Leopold I. im Jahre 1670[6] gab es bis ins 19. Jahrhundert keine jüdischen Gemeinden in Niederösterreich. Die in Wien lebenden sogenannten „Hofjuden" bildeten eine Ausnahme, da sie für das Finanzwesen der Habsburger unentbehrlich waren. Ihr Aufenthalt, die sogenannte „Toleranz", war aber an ein kaiserliches Privileg und eine zu entrichtende „Leibmaut" gebunden. Das 1782 durch Kaiser Joseph II. erlassene Toleranzpatent verbesserte die Situation der jüdischen Bevölkerung Wiens wesentlich. Es eröffnete ihr neue Erwerbsmöglichkeiten, der Besuch der Universität wurde gestattet und eine Reihe diskriminierender Regelungen, wie etwa das Tragen spezieller Trachten, wurde abgeschafft. Die Gründung einer eigenen Gemeinde mit allen dazugehörigen Einrichtungen war aber trotzdem nicht gestattet. Das Leben auf dem Lande war Jüdinnen und Juden weiterhin untersagt, sofern sie nicht eine Fabrik oder ein „nützliches Gewerbe" errichteten und ihr diesbezügliches Toleranzgesuch genehmigt wurde.[7] Eine Ausnahme stellten ab Ende des 18. Jahrhunderts in den Sommermonaten jüdische Kurgäste in Baden bei Wien dar. Letztlich aber konnten sich jüdische Familien legal nur als Händler zeitweilig in Niederösterreich aufhalten und durften keinen ständigen Wohnsitz nehmen.[8]

5 Ebenda.

6 Hans Tietze, Die Juden Wiens. Geschichte Wirtschaft Kultur, Wien 1987 (Reprint von 1933), S. 71 f.

7 Christoph Lind, „Der letzte Jude hat den Tempel verlassen". Juden in Niederösterreich 1938–1945, Wien 2004, S. 12.

8 Elisabeth Loinig, Verbotenes Land – ersehnte Stadt. Juden in Wien und Niederösterreich im 18. Jahrhundert, in: Elisabeth Loinig / Stefan Eminger / Andreas Weigl (Hrsg.), Wien und Niederösterreich – eine untrennbare Beziehung? Festschrift für Willibald Rosner zum 65. Geburtstag, St. Pölten 2017, S. 107–124, hier 120 f.

Gegen Ende des Vormärz wurde die restriktive Handhabung der Toleranzgesuche etwas lockerer administriert und auch illegal in Niederösterreich lebende Jüdinnen und Juden wurden nicht mehr mit letzter Konsequenz abgeschoben. Rechtlich bindende Änderungen traten aber erst mit der Revolution 1848 in Kraft, als das Toleranzpatent und die damit verbundenen Wohnsitzeinschränkungen dauerhaft ihre Gültigkeit verloren.[9] Das Gros der jüdischen Zuwanderinnen und Zuwanderer kam danach aus den an Niederösterreich angrenzenden Kronländern Böhmen, Mähren und Ungarn. Im Mostviertel wurden 1851 in St. Pölten und 1854 in Kemmelbach sogenannte „jüdische Religionsvereine" gegründet, die Beträume zur Feier von Gottesdiensten errichteten. Die beiden Vereine sind die Ursprünge der späteren Kultusgemeinden. Die Statuten der Israelitischen Kultusgemeinde Kemmelbach wurden 1861 von der Statthalterei genehmigt, jene der St. Pöltner Gemeinde 1863.[10]

Die Israelitische Kultusgemeinde in Kemmelbach bildete bis in die späten 1870er Jahre das Zentrum jüdischen Lebens im westlichen Mostviertel. Sie verfügte zeitweilig über wesentliche für das Gemeindeleben erforderliche Einrichtungen wie Bethaus, Rabbiner, Schächter und Kantor, selbst die Existenz einer Schule samt Lehrer ist für eine gewisse Zeit überliefert. Anfang der 1880er Jahre verlegte die Gemeinde Sitz und Namen von Kemmelbach nach Ybbs.[11] An der Stelle des heutigen Ybbser Stadtfriedhofes im Ortsteil Griesheim befand sich vor dessen Errichtung 1892 circa seit 1859 ein jüdischer Friedhof, der aber bald wieder geschlossen wurde. Auf die einstmals mögliche interkonfessionelle Nutzung des Areals weisen an den Seitenmauern der aus 1894 stammenden alten Totenkapelle mehrere mit Davidsternen versehene Lüftungslöcher hin.[12] Der Grund für den neuen jüdischen Friedhof, der etwa einen Kilometer südwestlich vom Stadtfriedhof mitten in den Feldern von Göttsbach liegt, wurde 1889 durch Tausch- und Kaufverträge des damaligen Kultusvorstehers Michael Koblitz erworben, die Einweihung des Friedhofes erfolgte 1891.[13]

9 Christoph Lind, Jüdisches Leben zwischen Toleranz, Integration und Antisemitismus, in: Oliver Kühschelm / Elisabeth Loinig / Stefan Eminger / Willibald Rosner (Hrsg.), Niederösterreich im 19. Jahrhundert, Bd. 1: Herrschaft und Wirtschaft. Eine Regionalgeschichte sozialer Macht, St. Pölten 2021, S. 523–553, hier 527–533.

10 Christoph Lind, Kleine jüdische Kolonien. Juden in Niederösterreich 1782–1914, Wien 2013, S. 43 f.

11 Lind, „Der letzte Jude hat den Tempel verlassen", S. 56.

12 Gerhard Zeillinger, Die jüdische Kultusgemeinde von Amstetten. Erster Teil, in: Zeitschrift für Amstetten, 7. Jg., Nr. 1, Amstetten 1997, S. 7.

13 Lind, Kleine jüdische Kolonien, S. 104 f.

Die Mitgliedschaft in den neuen jüdischen Gemeinden war anfangs rechtlich nicht klar geregelt und freiwillig. Zahlreiche Mitglieder zogen es vor, in ihren alten Heimatgemeinden Mitglied zu bleiben und nur dort die zum Erhalt der Gemeinde notwendigen Abgaben zu leisten. Das brachte die jungen niederösterreichischen Gemeinden finanziell unter Druck, und da es auch andernorts ähnliche Entwicklungen gab, wurde der Ruf nach einer bereinigenden gesetzlichen Lösung lauter, die 1890 in der Verabschiedung des (mit einigen Änderungen heute noch gültigen) „Israelitengesetzes“ mündete.[14] Die Kronländer wurden in bindende Kultussprengel mit öffentlich-rechtlichem Status eingeteilt. Zu den gesetzlich definierten Pflichten zählte unter anderem die Führung des Matrikenwesens, eine Aufgabe, die die Religionsgemeinschaften in Österreich bis 1938 erfüllten. Durch das Gesetz bestimmte nun der ordentliche Wohnsitz, wo man Mitglied war und wohin Abgaben zu entrichten waren.[15] Erster Vorsteher der Kultusgemeinde Ybbs nach Konstituierung der Gemeinde im Sinne des Israelitengesetzes war ab 1. Jänner 1892 Michael Koblitz. 1896 folgte ihm der Amstettner Kaufmann Simon Sommer in dieser Funktion nach[16] und im selben Jahr wurde in dessen Amstettner Wohnsitz, der sogenannten Sommer-Villa, ein Betsaal eingerichtet, der zum Geburtstag des österreichischen Kaisers am 18. August 1896 vom Bezirks- und Gemeinderabbiner Adolf Löwy im Beisein des Bezirkshauptmannes und des Amstettner Bürgermeisters sowie Vertretern der Wiener und St. Pöltner Kultusgemeinde feierlich eingeweiht wurde.[17] Im darauffolgenden Jahr verlegte Rabbiner Löwy seinen Wohnsitz von Ybbs nach Amstetten, wodurch auch die Gemeinde ihren Sitz erstmals nach Amstetten verlegte.[18]

Diese Ortswechsel der Gemeindeadministration fanden noch einige Male statt, nicht zuletzt deshalb, weil das Zuständigkeitsgebiet der Kultusgemeinde Amstetten[19] mit etwa 3.000 Quadratkilometern sehr ausgedehnt, die Zahl der in diesem Gebiet sehr verstreut lebenden Jüdinnen und Juden aber mit etwa 350 verhältnismäßig gering war. Aus der dezentralen Verteilung der Mitglieder

14 Gesetz vom 21. März 1890, betreffend die Regelung der äußeren Rechtsverhältnisse der israelitischen Religionsgesellschaft (RGBl. Nr. 57/1890).

15 Lind, Jüdisches Leben, S. 533–537.

16 Lind, „Der letzte Jude hat den Tempel verlassen“, S. 56.

17 Adolf Löwy, Weih- und Fest-Rede zur Einweihung des israelitischen Betsaales in Amstetten am Geburtstagsfeste Sr. Majestät des Kaisers Franz Josef I., Amstetten 1896.

18 Lind, Kleine jüdische Kolonien, S. 102.

19 Die IKG Amstetten umfasste die Bezirke Amstetten und Scheibbs, die Statutarstadt Waidhofen/Ybbs. Weiters die zum Bezirk Melk gehörenden Gerichtsbezirke Mank und Ybbs, sowie der zum heute nicht mehr bestehenden Bezirk Pöggstall gehörige Gerichtsbezirk Persenbeug.

ergaben sich zwangsläufig strukturelle Schwächen in der Gemeindeorganisation. Zwar erwarb die Gemeinde 1910 in Amstetten ein Grundstück in zentraler Lage (Ecke Eggersdorfer Straße und Graben), um dort eine Synagoge zu errichten, umgesetzt wurde dieses Vorhaben bis 1938 allerdings nicht.[20] Vielmehr gab es neben dem Betsaal in Amstetten verteilt über den ganzen Kultussprengel Beträume in Purgstall, zeitweise in Kemmelbach, Mank, Scheibbs, Wieselburg, Waidhofen und Ybbs.[21] Aufgrund dieser Gemeindestruktur verwundert es nicht, dass die Matriken nicht nur vom Rabbiner, sondern auch von anderen Gemeindemitgliedern geführt wurden. Dies traf besonders in der Zwischenkriegszeit zu, als das Rabbineramt in Amstetten nur noch provisorisch besetzt werden konnte.[22]

Diese Zuzugsbewegungen, unterschiedlichen Gemeinde-Mitgliedschaften und gesetzlichen Entwicklungen lassen sich auch in den überlieferten Archivalien zu Leopold Holzer und seiner Familie ablesen, die wahrscheinlich als erste jüdische Familie dauerhaft in Oed sesshaft wurde.

Leopold Holzer, ein Kaufmann aus Böhmen

Zur Herkunft und Ausbildung von Leopold Holzer ist lediglich bekannt, dass er 1840 in Chmelná im Okres Benešov in Zentralböhmen als Sohn des Abraham Holzer, der vermutlich Schächter war, und der Anna Holzer[23] geboren wurde. Wann genau er seine Heimat Richtung Niederösterreich verließ, ist nicht überliefert. Einige Zeit dürfte er als Kaufmann in Baden bei Wien gearbeitet haben.[24] Am 27. Februar 1865 heiratete er die sieben Jahre jüngere Katharina Kohn aus Černovice in Böhmen. Die Eheschließung fand in der erst wenige Jahre zuvor gegründeten Kultusgemeinde in St. Pölten statt.[25]

Das Ehepaar Holzer dürfte bereits im Jahr der Eheschließung in St. Peter in der Au gelebt haben. Ihr erstgeborenes Kind Hermine kam ebendort am

20 Lind, „Der letzte Jude hat den Tempel verlassen“, S. 57.

21 Johannes Kammerstätter, Heimat trotz alledem. Unsere jüdischen Landsleute und ihr tragbares Vaterland, Bd. 1, Wieselburg 2012, S. 30 f.

22 Lind, „Der letzte Jude hat den Tempel verlassen“, S. 56 f.

23 Vgl. IKG Wien, Geburtenbuch der Israelitischen Kultusgemeinde Ybbs-Amstetten, Zl. 59, 9. 12. 1884, Gustav Holzer.

24 Vgl. INJOEST, Kopie der Sterbematriken der IKG St. Pölten: Alois Holzer gestorben am 24. 6. 1879 in Oed.

25 INJOEST, Kopie der Matriken der IKG St. Pölten: Eheschließung Leopold Holzer und Katharina Kohn am 27. 2. 1865.

31. Jänner 1866 auf die Welt.[26] Den Schulmatriken der Volksschule Oed folgend wurde sie am 14. Dezember 1865 geboren.[27]

St. Peter in der Au war damals eine sich günstig entwickelnde Marktgemeinde, die 1858 einen eigenen Gerichtssprengel erhielt und seither (bis 2002) Sitz des Bezirksgerichts[28] war. Im Dezember 1858 wurde die Kaiserin-Elisabeth-Bahn (heute Westbahn) mit Station in St. Peter in der Au in Betrieb genommen. Bis zur Eröffnung der Kronprinz-Rudolf-Bahn (heute Rudolfsbahn) 1868 fungierte St. Peter auch als Bahnhof für das 17 km entfernte, viel größere und wirtschaftlich bedeutendere Steyr.[29]

1868 oder 1869 verließ die Familie Holzer St. Peter in der Au wieder und zog in das etwa 15 km nordöstlich an der Reichsstraße liegende Oed. Oed war und ist im Vergleich zu St. Peter um ein Vielfaches kleiner, verfügte über kein Bezirksgericht und keine Eisenbahnstation, lediglich die stark befahrene Reichsstraße bot neben der Ortsbevölkerung das Potenzial auf zusätzliche Kundschaft. Wann genau die Übersiedlung stattfand, kann nicht mit Sicherheit bestimmt werden, Tochter Marie wurde am 23. Juli 1868 laut IKG St. Pölten bereits in Oed geboren, laut Schulmatriken der Volksschule Oed noch in St. Peter.[30] Das dritte Kind – der erste Sohn – Alois kam je nach Quelle am 14. Mai 1869[31] oder am 18. Juni 1869[32] zur Welt, aber zweifelsohne bereits in Oed.

Die ersten Jahre lebte die junge Familie im Haus Oed Nr. 8,[33] das sich nicht direkt an der Reichsstraße befand, für den Geschäftsgang also eher ungünstig lag. Dies änderte sich mit der Unterzeichnung eines Kaufvertrages am 13. April 1874, durch den die Eheleute Leopold und Katharina Holzer das Grundstück Oed Nr. 41, welches direkt an der Reichsstraße lag, zu gleichen Teilen erwarben.[34] Das darauf befindliche einstöckige Haus war teilweise unterkellert

26 INJOEST, Kopie der Geburtsmatriken der IKG St. Pölten: Geburt Hermine Holzer am 31. 1. 1866 in St. Peter in der Au.

27 Archiv der Volksschule Oed, Hauptmatrik 1868–1880, Zl. 68, Hermine Holzer.

28 Das Bezirksgericht St. Peter in der Au wurde laut BGBl 81/2002 und190/2002 mit 1. 7. 2002 aufgelöst.

29 Alois Schmutzer, St. Peter in der Au, in: Verein zur Heimatkundlichen Forschung im Bezirk Amstetten (Hrsg.), Die Gemeinden des Amstettner Raumes. Von der Vergangenheit zur Gegenwart, Amstetten 1988, S. 132–150.

30 INJOEST, Kopie der Geburtsmatriken der IKG St. Pölten; Archiv der Volksschule Oed, Hauptmatrik 1868–1880, Zl. 97, Maria Holzer.

31 INJOEST, Kopie der Geburtsmatriken der IKG St. Pölten. Geburt Alois Holzer am 15.05.1869 in Oed.

32 Archiv der Volksschule Oed, Hauptmatrik 1868–1880, Zl. 136, Alois Holzer.

33 Archiv der Volksschule Oed, Hauptmatrik 1868–1880, Zl. 68, Hermine Holzer.

34 BG Amstetten, Urkundensammlung des Grundbuches. Katastralgemeinde Oed, EZ 41, Zl. 1570 v. 13. 4. 1874.

und beherbergte im Erdgeschoß ein Geschäftslokal sowie ein Zimmer und eine kleine Küche, im ersten Stock zwei weitere Zimmer und einen Vorraum. Der Dachboden war nicht ausgebaut.[35] Zum Zeitpunkt des Einzuges war die Familie mit der Geburt von Rudolf[36] und Adele[37] auf fünf Kinder angewachsen. Im Vergleich zu den benachbarten Häusern war jenes der Familie Holzer gestreckt, eng und grenzte lediglich mit seiner Schmalseite an die Reichsstraße. 1876 kam Tochter Gisela[38] zur Welt, 1879 starb der 10-jährige Sohn Alois[39]. Als Todesursache wurde Gehirnhautentzündung diagnostiziert, der Bub wurde am Jüdischen Friedhof in Göttsbach bei Ybbs begraben.[40] Wenige Wochen später gebar Katharina Holzer ihr siebtes Kind, Sohn Josef[41]. Vier weitere Kinder folgten: 1881 Emil[42], der mit 8 Monaten an Diphterie verstarb[43], 1883 Oskar[44], 1884 Gustav[45] und 1890 Ottilia[46]. Bei der Geburt der vier jüngsten Kinder war die in Oed ansässige Hebamme Johanna Resch behilflich.[47] Ansonsten ist zum Zusammenleben in der Gemeinde nichts überliefert.

Leopold Holzer betrieb einen Kolonial- und Schnittwaren-Laden in Oed, oder vielleicht passender bezeichnet: eine Greißlerei. Es gab noch weitere Geschäfte in der Gemeinde, deren Besitzer allesamt zusätzlich eine Landwirtschaft betrieben.

Alle Kinder der Familie Holzer besuchten die örtliche Volksschule, die sich im Haus Nr. 15 unmittelbar neben der Pfarrkirche befand. Ihr schulischer Erfolg war einmal besser, einmal schlechter, ihr Betragen war den Schulunterlagen zufolge zumeist mustergültig. Im Schuljahr 1881 erhielt Oed eine neue

35 NÖLA, LA IX-5-397/1950, Verkehrswertschätzung Grundstück Oed Nr. 41, 28. 11. 1938.
36 INJOEST, Kopie der Geburtsmatriken der IKG St. Pölten: Geburt Rudolf Holzer am 29. 8. 1870 in Oed.
37 INJOEST, Kopie der Geburtsmatriken der IKG St. Pölten: Geburt Adele Holzer am 23. 2. 1872 in Oed.
38 INJOEST, Kopie der Geburtsmatriken der IKG St. Pölten: Geburt Gisela Holzer am 19. 3. 1876 in Oed.
39 Archiv der Volksschule Oed, Hauptmatrik 1868–1880, Zl. 136, Alois Holzer.
40 INJOEST, Kopie der Sterbematriken der IKG St. Pölten: Alois Holzer, gestorben am 24. 6. 1879 in Oed.
41 INJOEST, Kopie der Geburtsmatriken der IKG St. Pölten: Geburt Josef Holzer am 22. 7. 1879 in Oed.
42 INJOEST, Kopie der Geburtsmatriken der IKG St. Pölten: Geburt Emil Holzer am 20. 6. 1881 in Oed.
43 IKG Wien, Sterbebuch der IKG Ybbs-Amstetten, Zl. 5, 27. 2. 1882 Emil Holzer.
44 IKG Wien, Geburtenbuch der IKG Ybbs-Amstetten, Zl. 27, 1. 5.1883, Oskar Holzer.
45 IKG Wien, Geburtenbuch der IKG Ybbs-Amstetten, Zl. 59, 9. 12. 1884, Gustav Holzer.
46 IKG Wien, Geburtenbuch der IKG Ybbs-Amstetten, Zl. 131, 1. 7. 1890, Ottilia Holzer.
47 IKG Wien, Geburtenbuch der IKG Ybbs-Amstetten, Einträge zu den Kindern Emil, Oskar, Gustav und Ottilia Holzer.

(zum Teil bis heute in dieser Funktion bestehende) Volksschule,[48] und die älteren Holzer-Kinder zählten zu jenen SchülerInnen, die den Wechsel vom alten ins neue Schulgebäude direkt miterlebten. Für eine kleine Gemeinde wie Oed war dies ein infrastrukturelles Großereignis. Einer ihrer Schulkollegen war der 1880 eingeschulte Bauernsohn Michael Memelauer, der später zum Priester geweiht und 1927 zum Diözesanbischof von St. Pölten ernannt wurde. Er bewies in der Zeit des Nationalsozialismus großen Mut, als er in seiner Predigt bei der Silvesterandacht am 31. Dezember 1941 im St. Pöltner Dom unter anderem mit den Worten „Vor unserem Herrgott gibt es kein unwertes Leben“ [49] öffentlich Stellung gegen die NS-Euthanasie bezog.

Aufnahme der 1881 eröffneten Volksschule Oed etwa um 1907

Archiv der Volksschule Oed

48 Kunert / Steinkellner, Gemeindechronik, S. 31.

49 Dokumentationsarchiv des österreichischen Widerstandes / Diözesanarchiv St. Pölten (Hrsg.), „Vor unserem Herrgott gibt es kein unwertes Leben“. Die Predigt von Diözesanbischof Michael Memelauer bei der Silvesterandacht am 31. Dezember 1941 im Dom zu St. Pölten, St. Pölten 2017.

Leopold Holzer verstarb am 15. Jänner 1896[50] mit 55 Jahren an einer Herzkrankheit. Er hatte über 25 Jahre mit seiner Familie in Oed gelebt und wurde zwei Tage nach seinem Tod am Jüdischen Friedhof in Göttsbach beerdigt. Die Verantwortung für die Familie und die Greißlerei lag nun in den Händen seiner Witwe Katharina Holzer.

Verstreut in alle Richtungen

In knapp 30 Ehejahren hatte Katharina Holzer elf Kinder geboren, von denen neun das Erwachsenenalter erreichten. Als ihr Mann Leopold 1896 starb, war die jüngste Tochter Ottilia gerade einmal fünfeinhalb Jahre alt, die älteste Tochter Hermine bereits 30. Als der Vater starb, waren die älteren Kinder bereits erwachsen und zum Teil verheiratet. Es ist davon auszugehen, dass nach Absolvierung der damals achtjährigen Schulpflicht die Söhne einen Lehrberuf, vermutlich auswärts, erlernten und die Mädchen noch eine Zeitlang zu Hause bei den Eltern blieben, eventuell im Geschäft mithalfen oder – wie man damals sagte – in den Dienst in eine Stadt gingen und eher früher als später heirateten.

Von der ältesten Tochter Hermine ist bekannt, dass sie seit 1889 mit Karl, der ebenso wie sie Holzer mit Nachnamen hieß, verheiratet war,[51] das Paar lebte mit seinem 1890 geborenen Sohn Erwin[52] wahrscheinlich in Wien. Karl war Lehrer und brachte es bis zum Schuldirektor, er starb im November 1926. Hermine überlebte ihn um etwas mehr als zehn Jahre, sie starb im Februar 1937 mit 71 Jahren und wurde am Jüdischen Friedhof am IV. Tor des Zentralfriedhofes in Wien beerdigt. In den letzten Jahren vor ihrem Tod lebte sie bei ihrem Sohn Erwin in der Säulengasse 12 in Wien Alsergrund.[53] Erwin war Bankbeamter, seine nach dem „Anschluss" 1938 ausgefüllte Vermögensanmeldung[54] sowie sein Eintrag in der Auswandererkartei der Kultusgemeinde[55] legen den Schluss nahe, dass ihm und seiner Frau Elisabeth, mit der er seit 1920 verheiratet war, die Flucht ins Ausland gelang.

50 IKG Wien. Sterbebuch der IKG Ybbs-Amstetten, Zl. 132, 15. 1. 1896, Leopold Holzer.

51 GenTeam, Index jüdischer Matriken Wien und NÖ, Nr. 300280, IKG Floridsdorf, Zl. 107-27, 6. 3. 1889, Eheschließung Hermine Holzer und Karl Holzer.

52 GenTeam, Index jüdischer Matriken Wien und NÖ, Nr. 70463, Buch Nr. M 1889–90, Zl. 2689, 13. 3. 1890, Erwin Holzer.

53 Vgl. WStLA, BG Wien-Josefstadt, Verlassenschaft Hermine Holzer, 8a/258/1937.

54 ÖStA, AdR, Vermögensanmeldung Erwin Holzer, geb. 13. 3. 1890, Einlagezahl 2898.

55 IKG Wien, Auswandererkartei, Fragebogennummer 38419, Erwin und Elisabeth Holzer.

Grabstein von Hermine Holzer. Sie war die älteste Tochter des Greißler-Ehepaares Leopold und Katharina Holzer. Sie starb 1937 mit 71 Jahren und wurde am Jüdischen Friedhof am IV. Tor des Zentralfriedhofes in Wien begraben.

Stephan Roth

Auch von der zweitgeborenen Tochter Marie können heute noch Stationen ihres Lebensweges grob skizziert werden. Nach Absolvierung der achtjährigen Volksschule in Oed finden sich 1886 Spuren von ihr in Wien. Sie lebte damals 18-jährig im Haushalt des Bankbeamten Michael Herzfeld in der Ferdinandstraße 13 in Wien Leopoldstadt. Am 2. September 1886 meldete sie beim Magistrat der Stadt Wien ihren Austritt aus dem mosaischen Glauben mit der Begründung, zum katholischen Glauben übertreten zu wollen.[56] Möglicherweise erfolgte dieser Schritt aufgrund von Heiratsabsichten. Marie Holzer hieß nach ihrer Eheschließung Halbmayer und hatte mit Hilde und Lory zumindest zwei Töchter. Sie lebte Ende der 1920er Jahre gesundheitlich beeinträchtigt mit ihrer Familie in Graz.[57] Zu ihrer älteren Schwester Hermine dürfte zeitlebens ein engeres Verhältnis bestanden haben, da die beiden Töchter Hilde und Lory als einzige der zahlreichen Nichten und Neffen im Testament ihrer Tante Hermine – sehr liebevoll formuliert – mit einem Legat bedacht wurden.[58]

Vom 1870 geborenen Sohn Rudolf sind weder Beruf noch Familienstand bekannt. Lediglich seine Wohnadresse Ende der 1920er Jahre ist aktenkundig, sie befand sich im Salzburger Stadtteil Maxglan in der Villa Auguste in der Wiesbauerstraße 4.[59] Die Villa existiert heute nicht mehr, an ihrer Stelle steht ein dreigeschoßiger Wohnbau aus den 1950er Jahren.

Zwischen den vier jüngsten Kindern bestand offensichtlich eine lebenslang anhaltende enge Verbindung, die mit großer Wahrscheinlichkeit auch eine berufliche Tangente hatte. Der 1879 geborene Sohn Josef Holzer erlernte den Kaufmanns- oder Uhrmacherberuf, sein Lebensweg führte ihn nach Hamburg, wo er 1908 einen En-Gros-Handel mit Brillanten, Perlen, Juwelen und feinen Uhren gründete.[60] Auch seine jüngeren Geschwister zog es in den deutschen Norden. Sein 1884 geborener Bruder Gustav heiratete 1916 im Betraum der IKG Amstetten Ida Metzl. 1924 lebte er, so wie sein Bruder Josef, bestens etabliert als Kaufmann in Hamburg. Sein Büro war im Stadtzentrum in der Mönckebergstraße 7 im Levantehaus, einem mondänen Kontorhaus, das heute noch besteht. So wie sein Bruder war er Großhändler für Uhren und Goldwaren.[61]

56 WStLA, A46 Department K – Kirchen und Klöster, Akt K11 Zahl 269554/1886.

57 NÖLA, BG Amstetten, Verlassenschaft Katharina Holzer, A84/1928, Todesfallaufnahme.

58 WStLA, BG Wien-Josefstadt, Verlassenschaft Hermine Holzer, 8a/258/1937, Abschrift Testament Hermine Holzer, 8. 9. 1932.

59 NÖLA, BG Amstetten, Verlassenschaft Katharina Holzer, A84/1928, Todesfallaufnahme.

60 NÖLA, BG Amstetten, Verlassenschaft Katharina Holzer, A84/1928, Brief von Josef Holzer an seinen Schwager Franz Schmitz, 19. 3. 1928.

61 NÖLA, BG Amstetten, Verlassenschaft Katharina Holzer, A84/1928, Brief von Gustav Holzer an seinen Schwager Franz Schmitz, 19. 7. 1928.

Darüber hinaus war er Generalvertreter der in Berlin ansässigen Holzer Gummiwerke AG, die vor allem Gummi-Mäntel für Damen, Herren und Kinder produzierte.[62]

Der 1883 geborene Oskar Holzer lebte 1910 als Privatbeamter, in heutigem Sinne also Angestellter, in Wien-Hietzing in der Dommayergasse 6 und heiratete am 16. Oktober 1910 die aus Hamburg stammende, um vier Jahre ältere Auguste Gottlieb im Turnertempel in Wien-Fünfhaus.[63] In den 1920er Jahren lebte das Paar in Berlin-Charlottenburg, und Oskar bekleidete den Direktionsposten einer nicht näher genannten Firma.[64] 1942 findet sich noch ein Hinweis zu Auguste auf einer Karteikarte des Katasterbüros der gleichgeschalteten „Reichsvereinigung der Juden in Deutschland"[65], aus dem hervorgeht, dass ihr Mann Oskar inzwischen – wann genau ist nicht ersichtlich – verstorben war und sie noch einmal geheiratet hatte.[66]

Auch die jüngste der Geschwister, Ottilia, verschlug es nach Hamburg. Nachdem sie ihre Schulpflicht 1904 in der Volksschule Oed abgeschlossen hatte, heiratete sie zunächst im Dezember 1908 den aus Wien stammenden Arthur Hochermann im Betraum der IKG in Amstetten. Das Paar lebte in Wien und ließ sich im März 1913 scheiden.[67] In den darauffolgenden Jahren – wann genau ist nicht bekannt – zog Ottilia nach Hamburg. Sie heiratete den Uhrmacher Ferdinand Gustav Adolf Kellner[68] und lebte mit ihm zentral in der Stadt auf der Esplanade 19. Seine Geschäftsadresse hatte Adolf Kellner um die Ecke in den Colonnaden 108 im eleganten Esplanaden-Hof. Beide Adressen lassen sich für das Ehepaar Kellner ab den 1920er Jahren im Hamburger Adressbuch nachweisen, zum letzten Mal scheinen sie in der Ausgabe 1937 auf. Die Vermutung liegt nahe, dass sie Hitlerdeutschland rechtzeitig verlassen konnten.[69]

62 Hamburger Adressbuch 1924, S. 296: Gummiröcke und -Mäntel.

63 IKG Wien. Trauungsbuch der IKG Wien-Fünfhaus, Zl. 25, 16. 10. 1910, Oskar Holzer und Auguste Gottlieb.

64 NÖLA, BG Amstetten, Verlassenschaft Katharina Holzer, A84/1928, notarielle Beglaubigung der Unterschrift von Oskar Holzer.

65 Beate Meyer, Tödliche Gratwanderung. Die Reichsvereinigung der Juden in Deutschland zwischen Hoffnung, Zwang, Selbstbehauptung und Verstrickung (1939–1945), Göttingen 2011, S. 15.

66 Arolsen Archive, 1.2.4.1., Reichsvereinigung der Juden (Kartei). Karteikarte Auguste Boley Holzer. https://collections.arolsen-archives.org/archive/12649380/?p=1&s=auguste%20Holzer&doc_id=12649380 [13. 3. 2022].

67 GenTeam, IKG Wien, Scheidungen, Nr. 3734, Zl. 468, 16. 3. 1913, Scheidung Ottilia Holzer und Arthur Hochermann.

68 NÖLA, BG Amstetten, Verlassenschaft Katharina Holzer, A84/1928, Todesfallaufnahme.

69 Hamburger Adressbuch 1929, S. 526, bzw. Hamburger Adressbuch 1937, S. 494.

Auch wie die Brüder Josef und Gustav die Zeit des Nationalsozialismus erlebten, ist nur zum Teil bekannt. Beide Brüder scheinen bis 1940 im Hamburger Adressbuch auf, Gustav unter seiner Geschäftsadresse im Levantehaus in der Mönckebergstraße 7 und Josef in der Rothenbaum-Chaussee 113.[70] In der Ausgabe für das darauffolgende Jahr 1941 fehlt Gustav, er ist in keiner der späteren Hamburger Deportationslisten vermerkt. Auch Josef scheint nicht mehr im Adressbuch 1941 auf, allerdings wird unter der Adresse in der Rothenbaum-Chaussee 113 eine Margarethe Holzer[71] genannt, die bis 1943 im Hamburger Adressbuch geführt wurde, danach erschienen kriegsbedingt keine weiteren Ausgaben mehr.[72] Josef Holzer wurde mit dem letzten von Hamburg abgehenden Transport am 23. Februar 1945 nach Theresienstadt deportiert.[73] Er erlebte seine Befreiung in Theresienstadt und kehrte nach Hamburg zurück, wo er zunächst noch als Uhrmacher tätig war, sich in den 1950er Jahren endgültig zur Ruhe setzte und 1959 – inzwischen 80-jährig – zum letzten Mal im Hamburger Adressbuch aufschien.[74]

Die zwei mittleren Töchter Adele und Gisela verließen die Region, in der sie aufgewachsen waren, nicht, sie verbrachten fast ihr gesamtes Leben im Bezirk Amstetten.

Adele und Gisela Holzer

Adele Holzer war, als ihr Vater im Jänner 1896 starb, knapp 24 Jahre alt. Ob sie zu diesem Zeitpunkt noch im Haus ihrer Eltern lebte, ist nicht bekannt. Adele und Gisela Holzer hatten wie ihre Geschwister die Volksschule in Oed besucht,[75] ansonsten ist nichts über ihre Kindheit und Jugend überliefert.

Adele ehelichte später den aus Hodonin in Südmähren stammenden Kaufmann Franz Schmitz. Schmitz entstammte wie Adele Holzer einer kinderreichen Familie, er kam als Zweitgeborener am 20. April 1872 auf die Welt und hatte acht Geschwister. Eine Schwester starb noch als Säugling, zwei seiner

70 Hamburger Adressbuch 1940, S. 607.

71 Hamburger Adressbuch 1941, S. 609.

72 Hamburger Adressbuch 1943, S. 683.

73 Yad Vashem Archives, Bestand O.64/349 (VI/10-11), Deportationsliste VI/10, Nr. 44, Holzer Josef (23. 7. 1879), zit. nach: https://www.statistik-des-holocaust.de/list_ger_nwd_43t.html [13. 3. 2022].

74 Hamburger Adressbuch 1959, S. 735.

75 Archiv der Volksschule Oed, Hauptmatrik 1868–1880, Zl. 212, Adelheid Holzer; 1885-unbekannt, Zl. 81, Gisela Holzer.

Brüder und eine Schwester wurden später im Holocaust ermordet, das Schicksal seiner beiden jüngsten Geschwister ist unbekannt.[76] Seine beiden jüngeren Brüder Moritz und Emil Schmitz studierten in Wien, Moritz wurde Arzt und Emil Rechtsanwalt, beiden gelang nach dem „Anschluss" die Flucht, dem einen nach New York, dem anderen nach Shanghai.[77]

Portrait von Franz Schmitz als Rekrut, aufgenommen im Fotoatelier Körper K in Pozsony / Bratislava / Preßburg, wo er Anfang der 1890er Jahre seinen Militärdienst ableistete.

Anne Schmitz, Toronto

Am 2. Juli 1901 heirateten Franz Schmitz und Adele Holzer in der Synagoge in Pozsony/Pressburg/Bratislava. Vermutlich war Franz Schmitz dorthin zuständig. Auch seinen Militärdienst hatte er in den 1890er Jahren in Pressburg

76 Zu biografischen Angaben zu den Kindern von Adolf und Therese Schmitz vgl. https://www.geni.com/people/Adolf-Schmitz/6000000012332104281 [13. 3. 2022].

77 E-Mail-Korrespondenz des Verfassers mit Anne Morris Schmitz, der Enkelin von Moritz Schmitz, 10. 2. 2021 – 22. 2.2021.

abgeleistet, wie eine erhalten gebliebene Fotografie belegt.[78] Neun Monate nach der Hochzeit lebte das Paar bereits in Oed, und am 13. April 1902 kam der gemeinsame Sohn Emil Schmitz auf die Welt.[79] Mit der Übersiedlung nach Oed übernahm Franz Schmitz auch die Greißlerei und kümmerte sich fortan um die Versorgung seiner Schwiegermutter Katharina Holzer, ebenso wie um deren jüngste, noch schulpflichtige Tochter Ottilia – das Haus blieb freilich weiterhin im Eigentum seiner Schwiegermutter.[80]

Historische Ansichtskarte von Oed, etwa um 1910–1920. Die Karte wurde vom Kaufmann Franz Schmitz produziert, um sein Warenhaus und das vis-à-vis liegende Gasthaus Grundner zu bewerben.

Im darauffolgenden Jahr, am 3. August 1903, heiratete auch Adeles jüngere Schwester Gisela. Ihr Bräutigam war der aus dem nahe gelegenen Enns stammende, im April 1876 geborene Kaufmann Leopold Ornstein, der zum Zeitpunkt der Eheschließung in Rosenberg in Südböhmen ansässig war. Die Trauung fand

78 Vielen Dank an Anne Schmitz, der in Toronto lebenden Großnichte von Franz Schmitz, für die Zurverfügungstellung mehrerer Familienfotos für diesen Beitrag.

79 IKG Wien, Geburtenbuch der IKG Ybbs-Amstetten, Zl. 279, 13. 4. 1902, Emil Schmitz.

80 NÖLA, BG Amstetten, Verlassenschaft Katharina Holzer, A84/1928, Abschrift des Testaments, 15. 9. 1924.

im Betraum der Kultusgemeinde in Amstetten statt, als Trauzeugen fungierten einerseits Ornsteins in Enns ansässiger Bruder David und andererseits Franz Schmitz für seine Schwägerin. Das Paar ließ sich in Amstetten nieder, in den kommenden zehn Jahren bekamen die Eheleute drei Kinder. 1905 erwarben sie ein einstöckiges Haus in der Ardaggerstraße 8. Im Erdgeschoß befanden sich Wohnräume der Familie und einige Zeit wahrscheinlich auch Geschäftsräume. Im ersten Stock wurde in den Jahren nach dem Kauf der Betraum der Kultusgemeinde Amstetten untergebracht, der sich bis zur Auflösung der Gemeinde dort befand. Daneben unterhielt Leopold Ornstein in unmittelbarer Nachbarschaft, in der Edlastraße 8 und der Berggasse 6, weitere Geschäftsräumlichkeiten. In dem einen Geschäft befand sich die „I. Amstettner Möbel-Halle", wo komplette Wohnungseinrichtungen angeboten wurden, im anderen war ein Geschäft mit „Herren- und Damen-Konfektion Manufaktur und Arbeiter-Wäsche", wo auch Anzüge nach Maß und Schuhe verkauft wurden.[81]

Von der kleinen Familie Franz und Adele Schmitz ist eine Studiofotografie erhalten geblieben, die beim Fotografen Linus Ofner in Amstetten circa 1907 angefertigt wurde. Der Mode der damaligen Zeit entsprechend wurde die Familie in bürgerlichem Wohnambiente, mit Sonntagskleidung und ernstem Blick verewigt, lediglich der etwa fünfjährige Emil darf ein wenig lässiger mit einer Hand in der Hosentasche posieren. Adele Schmitz verstarb am 24. März 1909, einen Monat nach ihrem 37. Geburtstag in Oed. Wie ihre beiden jung verstorbenen Brüder und ihr Vater wurde sie am jüdischen Friedhof in Göttsbach beerdigt. Auch ihr Grabstein ist heute noch erhalten, was fast an ein Wunder grenzt, zumal der Friedhof nach dem „Anschluss" von der Stadtgemeinde Ybbs „arisiert" wurde und die etwa 300 Grabsteine spätestens im Jahr 1941 an einen Steinmetz in Amstetten zur weiteren Verwertung verkauft wurden. Die Rückstellung nach 1945 war langwierig und zog sich über Jahrzehnte. Die noch vorhandenen 100 Grabsteine wurden schließlich 1961 in einer langen Doppelreihe Rücken an Rücken wieder auf dem Friedhof aufgestellt.[82] Der Grabstein von Adele Schmitz war der einzige der wiederaufgestellten mit einem Foto-Medaillon, das Sujet war ein Ausschnitt jener in Amstetten angefertigten Studiofotografie. Bis vor wenigen Jahren war das Medaillon am Grabstein trotz einiger Beschädigungen noch sichtbar,[83] heute existiert es nicht mehr.[84]

81 NÖLA, BG Amstetten, Verlassenschaft Katharina Holzer, A84/1928, Brief von Leopold Ornstein an das BG Amstetten, 12. 6. 1928.

82 Lind, „Der letzte Jude hat den Tempel verlassen", S. 68 f.

83 Kammerstätter, Heimat trotz alledem, S. 44.

84 Lokalaugenschein des Autors am Friedhof in Göttsbach am 19. 9. 2021.

Familien-Porträt von Franz Schmitz mit seiner ersten, 1909 verstorbenen Ehefrau Adele, geb. Holzer, und dem gemeinsamen Sohn Emil. Aufgenommen im Fotoatelier Linus Ofner in Amstetten, ca. 1907

Anne Schmitz, Toronto

Der Friedhof der Israelitischen Kultusgemeinde Amstetten befindet sich mitten in den Feldern von Göttsbach unweit von Ybbs. Von den ursprünglich 300 Grabsteinen sind noch 100 erhalten, sie wurden nach ihrer Restituierung 1961 in einer langen Doppelreihe Rücken an Rücken wieder auf dem Friedhof aufgestellt.

Stephan Roth

Der Schmerz der Mutter Katharina Holzer, zum dritten Mal eines ihrer Kinder beerdigen zu müssen, lässt sich nur erahnen. Die jüngere Schwester Gisela Ornstein, mit der ein offensichtlich enges Verhältnis bestand, gab in Erinnerung an die verstorbene Schwester ihrer 1913 geborenen Tochter den Namen Adele.[85]

Adeles Ehemann Franz Schmitz heiratete noch im selben Jahr Elisabeth Sommer im Betraum der Kultusgemeinde Amstetten.[86]

Studioaufnahme von Franz Schmitz mit seiner zweiten Ehefrau Elisabeth, geb. Sommer. Die Aufnahme stammt wahrscheinlich aus dem Jahr 1910/11.

Anne Schmitz, Toronto

85 NÖLA, BG Amstetten, Verlassenschaft Katharina Holzer, A84/1928, Todesfallaufnahme.

86 Das genaue Datum der Eheschließung ist nicht bekannt, da das betreffende Matrikenbuch der IKG Ybbs-Amstetten nicht überliefert ist. Die erhaltene Kartei vermerkt ohne detailliertere Informationen, dass Franz Schmitz und Elise née Sommer unter der Registerzahl Rz. 16/1909 geheiratet haben. Korrespondenz des Verfassers mit dem Matrikenamt der IKG Wien, 5. 3. 2021.

Franz und Elisabeth Schmitz

Elisabeth Sommer wurde am 20. September 1879 in St. Leonhard am Forst geboren.[87] Sie hatte zumindest zwei Schwestern, die zu Beginn der 1930er Jahre in Wien gelebt hatten. Ihr Vater hieß Josef Sommer, von ihm sind das Geburtsdatum 8. Mai 1851 und das Sterbedatum 18. Juni 1932 überliefert.[88] Im Gebiet der Kultusgemeinde Amstetten lebten einige jüdische Familien mit dem Namen Sommer, einer von ihnen, der Amstettner Kaufmann Simon Sommer, bekleidete von 1896–1898 das Amt des Kultusvorstehers der Gemeinde. Ob es zwischen ihm und Elisabeth Sommer verwandtschaftliche Beziehungen gab, konnte nicht festgestellt werden. Bereits am 13. Juli 1910 kam die gemeinsame Tochter Margarete von Elisabeth und Franz Schmitz zur Welt.[89]

Familien-Portrait von Franz und Elisabeth Schmitz mit der gemeinsamen Tochter Margarete und dem Sohn aus erster Ehe Emil zu Besuch bei den Eltern Adolf und Therese Schmitz in Hodonin. Die Aufnahme stammt aus dem August 1912.

Anne Schmitz, Toronto

87 NÖLA, BG Amstetten, Verlassenschaft Franz Schmitz, A31/1936, Todesfallaufnahme.
88 NÖLA, BG Amstetten, Verlassenschaft Josef Sommer, A269/1932, Todesfallaufnahme.
89 Das genaue Datum der Geburt von Margarete Schmitz lasst sich anhand des nicht überlieferten Matrikenbuch der IKG Ybbs-Amstetten nicht feststellen. Die erhaltene Kartei vermerkt

Franz Schmitz zu Beginn des Ersten Weltkrieges in der Uniform eines Zugsführers

Anne Schmitz, Toronto

Emil, der Sohn von Franz Schmitz und seiner verstorbenen Frau, besuchte zunächst von 1908 bis 1912 die Volksschule in Oed[90], danach wechselte er in die Schule nach Amstetten. Nach Beendigung der Schulpflicht absolvierte er in Wörgl in Tirol eine Kaufmannslehre.[91] Nach Abschluss der Lehre im Mai 1919

lediglich, ohne detailliertere Informationen, die Geburt von Margarete Schmitz unter der Registerzahl Rz. 44/1910. Korrespondenz des Verfassers mit dem Matrikenamt der IKG Wien, 5.3. 2021. Das Geburtsdatum findet sich unter NÖLA, BG Amstetten, Verlassenschaft Franz Schmitz, A31/1936, Todesfallaufnahme.

90 Archiv der Volksschule Oed, Hauptmatrik 1890–unbekannt, Register-Buchstabe S, Emil Schmitz.

91 WStLA, LG Wien I, Strafsache gegen Emil Schmitz, 26 Vr 678/38, Vernehmung des Beschuldigten, 21. 12. 1938.

annoncierte sein Vater in der Zeitung „Jüdische Nachrichten für die deutschösterr. Provinz“:

> „**Suche** für meinen Sohn, welcher das **Kaufmannsgeschäft ausgelernt** hat, **Posten** wenn auch **anfangs ohne Gehalt, mit ganzer Verpflegung**. Gefällige Anfragen bei Franz Schmitz, Kaufmann, Oed bei Amstetten“[92]

Emil half zu dieser Zeit seinem Vater im Geschäft in Oed, später fand er Arbeit in Linz und zog schlussendlich nach Wien, wo er anfänglich als Angestellter bei der Phönix-Versicherung tätig war.[93]

Zu Beginn des Ersten Weltkrieges war Franz Schmitz 42 Jahre alt. Aus dieser Zeit sind zwei Fotografien erhalten, die aufgrund des identen Interieurs wohl wieder im Atelier des Linus Ofner in Amstetten angefertigt wurden. Auf einer der beiden posiert Franz Schmitz in Uniform, dem Kragenspiegel nach bekleidete er den Dienstgrad eines Zugsführers. Ob die Adjustierung lediglich der Illustration seiner Begeisterung zu Kriegsbeginn geschuldet war oder ob er tatsächlich während des Krieges Dienst beim Militär versah, ist nicht mehr feststellbar.

Familienleben in der Ersten Republik

Mit Kriegsende kam es nicht nur im Staat zu tiefgreifenden Veränderungen, sondern auch im Umfeld der Familie Schmitz. Wie bereits geschildert, dürfte der Sohn Emil nach in Tirol abgeschlossener Kaufmannslehre und gefundener Dienststelle in Linz endgültig ausgezogen sein. Gisela und Leopold Ornstein übersiedelten mit ihren Kindern von Amstetten nach Steyr und verkauften das Haus in der Ardaggerstraße 8 am 31. Jänner 1919 an den Schwager Franz Schmitz und dessen Gattin Elisabeth, die es zu gleichen Teilen erwarben.[94] In Steyr bestand eine eigene Kultusgemeinde und Leopolds Bruder Hermann lebte ebenfalls dort. Die Ornsteins ließen sich in Steyr in der Sierningerstraße 36 nieder, und Leopold handelte so wie in Amstetten auch mit

92 Jüdische Nachrichten für die deutschösterr. Provinz, Linz 31. 5. 1919, Nr. 17, S. 6. Hervorhebungen im Original.

93 WStLA, LG Wien I, Strafsache gegen Emil Schmitz, 26 Vr 678/38, Vernehmung des Beschuldigten, 21. 12. 1938.

94 BG Amstetten, Urkundensammlung des Grundbuches. Katastralgemeinde Amstetten, EZ 376, Zl. 101, 8. 2. 1919.

Möbeln und Kleidung, er nannte den Betrieb „Steyrer Volksmöbel- und Kleiderhaus“, hinzu kam ein von ihm betriebenes Taxiunternehmen.[95]

Gisela Ornstein verstarb am 16. Mai 1926 50-jährig an einer Gehirnhautentzündung. Wenige Tage vor ihrem Tod wurde sie von Steyr ins Spital Lainz nach Wien gebracht. Sie wurde am Jüdischen Friedhof am IV. Tor des Zentralfriedhofes in Wien beerdigt.[96] Ihr Mann Leopold Ornstein blieb mit den drei Kindern zurück, wobei die beiden Söhne, der 1904 geborene Wilhelm und der 1909 geborene Egon, bereits berufstätig waren, die 13-jährige Tochter Adele besuchte noch die Bürgerschule in Steyr. Leopold erkrankte Ende der 1920er Jahre an Diabetes und war einige Jahre später nicht mehr in der Lage zu arbeiten. Hinzu kam eine zerebrale Arteriosklerose, die zu Verwirrtheit und schließlich zu einem Schlaganfall führte. Aufgrund seines schlechten Zustandes wurde er kurz nach dem „Anschluss“ am 27. März 1938 von Steyr zunächst ins Kaiserin-Elisabeth-Spital nach Wien gebracht und in der Folge am 22. April 1938 auf die Psychiatrie im Allgemeinen Krankenhaus verlegt, wo er am 28. April 1938 im Alter von 62 Jahren verstarb.[97] Den Kindern gelang in den darauffolgenden Monaten die Flucht, wobei die beiden Söhne mit ihren Familien nach Südamerika entkommen konnten, die inzwischen verheiratete Tochter Adele entkam mit ihrem Mann mit einem illegalen Transport nach Palästina.[98]

Zu Beginn der 1920er Jahre lebten im Haus Oed 41 noch Katharina Holzer sowie ihr Schwiegersohn Franz Schmitz mit seiner Frau Elisabeth und der gemeinsamen Tochter Margarete, alle anderen Nachkommen der Familie Holzer waren mehr oder weniger weit weg verzogen. In den darauffolgenden Jahren holte Elisabeth Schmitz ihren alten, inzwischen verwitweten Vater Josef Sommer nach Oed. Er lebte allerdings nicht bei ihnen im Haus, sondern etwa 200 Meter entfernt, wahrscheinlich in einem Untermietzimmer im Haus Oed 30, wo er 1932 81-jährig verstarb.[99] Der Betrieb der Greißlerei dürfte genug abgeworfen haben, um die Familie gut versorgen zu können. Schon seit den 1910er Jahren fungierte die Greißlerei auch als Tankstelle, es wurden neben Lebensmitteln auch Kleidung, Papier- und Schreibwaren verkauft. Franz Schmitz legte – wie damals oft üblich – zu Werbezwecken eine Ansichtskarte mit einer Collage von Ansichten aus Oed auf, auf der sein Geschäft selbstbewusst als

95 Waltraud Neuhauser-Pfeiffer / Karl Ramsmaier, Vergessene Spuren. Die Geschichte der Juden in Steyr, Linz 1993, S. 109, 147.

96 WStLA, Totenschaubefund 6684, Versorgungsheim Lainz, Gisela Ornstein, 17. 5. 1926.

97 WStLA, AKH Wien, Psychiatrische Klinik und Abteilung, Krankengeschichte Leopold Ornstein, Journal 16598, Protokoll 1067, 28. 4. 1938.

98 Neuhauser-Pfeiffer / Ramsmaier, Vergessene Spuren, S. 147.

99 NÖLA, BG Amstetten, Verlassenschaft Josef Sommer, A269/1932, Todesfallaufnahme.

„Schmitz Warenhaus" bezeichnet wurde.[100] 1925 erwarben er und seine Frau das ebenfalls auf der Hauptstraße befindliche Haus Oed 7,[101] in dem in einem ebenerdigen Lagerraum in den folgenden Jahren gebrauchte Möbel und andere Gebrauchswaren, wie Kinderwägen oder Fahrräder, zum Verkauf angeboten wurden.[102] Die Gemeindechronik berichtet, dass es bereits 1924 im Haus Schmitz den ersten Radioapparat von Oed gab.[103] Tochter Margarete erlernte das Klavierspiel und hatte ein eigenes Pianino der damals weit verbreiteten nordböhmischen Marke Koch & Korselt.[104]

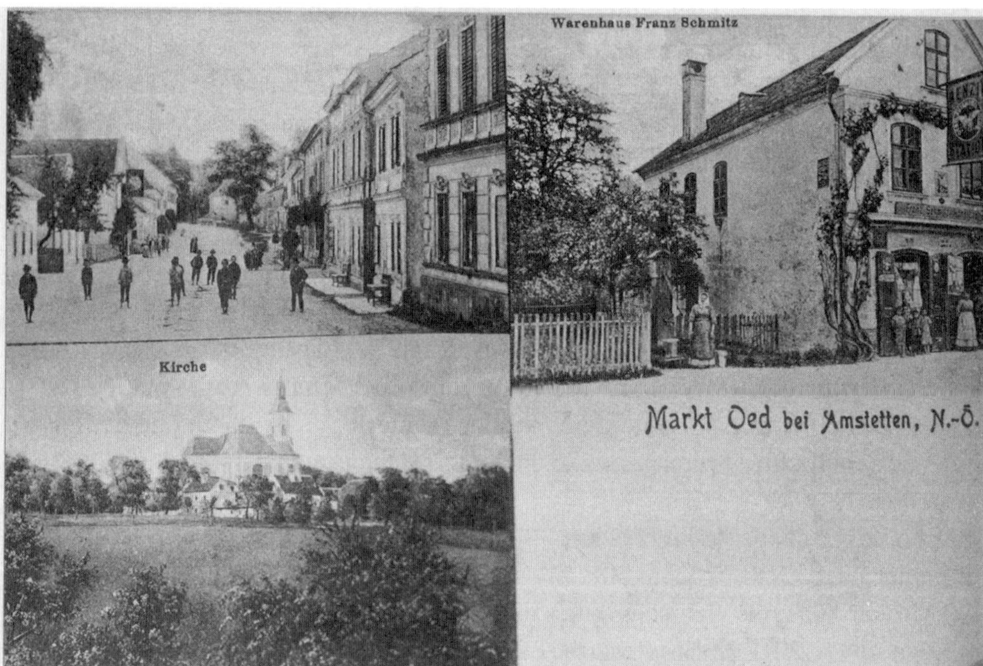

Historische Ansichtskarte von Oed aus den 1910er Jahren, produziert zu Werbezwecken vom Kaufmann Franz Schmitz

Franz Schmitz hat sich auch in der Kultusgemeinde Amstetten engagiert und zumindest bei den Kultuswahlen 1925 kandidiert. Gemeinsam mit dem aus

100 Ansichtskarte Oed, adressiert an Oblt. Franz Klima, 20. 8. 1917.
101 BG Amstetten, Urkundensammlung des Grundbuches. Katastralgemeinde Oed, EZ 7, Par Nr. 2572 und Par Nr. 14/1, 3. 1. 1925.
102 NÖLA, BG Amstetten, Verlassenschaft Franz Schmitz, A31/1936, Protokoll, 6. 2. 1936.
103 Kunert / Steinkellner, Gemeindechronik, S. 26.
104 NÖLA, BG Amstetten, Verlassenschaft Franz Schmitz, A31/1936, Protokoll, 6. 2. 1936.

Amstetten stammenden Rudolf Wozasek sowie dem in Waidhofen an der Ybbs lebenden Siegfried Baumgarten bildeten sie die zionistische Fraktion, die bei den Wahlen im Mai 1925 erstmals seit Bestehen der IKG Amstetten in den Kultusvorstand gewählt wurde.[105]

Auch zu seinen beiden in Wien lebenden Brüdern Emil und Moritz hatte Franz Schmitz regelmäßig Kontakt. Moritz Schmitz wohnte in der Weyrgasse 7 in Wien-Landstraße und war beruflich als Arzt tätig, Franz konsultierte ihn regelmäßig, da er unter Diabetes litt. Er begab sich deshalb auch öfter auf Kur, unter anderem hielt er sich einige Male in der bekannten Kuranstalt Grimmenstein-Hochegg in der Buckligen Welt auf.[106] In der Familie von Moritz Schmitz, dessen Nachkommen heute in Kanada leben, sind einige Geschichten über die Besuche von Franz überliefert. So brachte er hin und wieder Fasane aus Oed mit, beim Verzehr der Tiere mussten die Familienmitglieder darauf achten, nicht auf eine der zahlreichen Schrotkugeln zu beißen. Das bei Moritz Schmitz tätige Dienstmädchen stammte auch aus Oed und dürfte von Franz vermittelt worden sein. Bei einem seiner Besuche begrüßte sie Franz Schmitz mit den Worten: „Jessas, da Jud' von Oed is da!“[107]

Auch zum jüngeren der beiden in Wien lebenden Brüder, Emil Schmitz, bestand eine gute Beziehung. Wie Moritz lebte Emil ebenfalls in Wien-Landstraße, wenige hundert Meter entfernt von dessen Adresse, in der Hintzertstraße 9. Seine Rechtsanwaltskanzlei befand sich in der Inneren Stadt am Kärntner Ring 6. Emil Schmitz beriet seinen Bruder Franz einige Male in rechtlichen Angelegenheiten – wahrscheinlich beim Erwerb des Hauses in Amstetten und jenem in Oed, aber ganz bestimmt bei der Abhandlung der Verlassenschaft von Franz' Schwiegermutter Katharina Holzer, die am 27. Februar 1928 im Alter von 81 Jahren in Oed verstarb.

Katharina Holzer hatte sich bereits einige Jahre vor ihrem Ableben eingehend mit der Regelung ihres Nachlasses beschäftigt und Anfang August 1924 einen Testamentsentwurf verfasst, in dem sie Folgendes festhielt:

> „Zum Erben aller meiner befindlichen beweglichen und unbeweglichen [...] Habe setze ich meinen Schwiegersohn Herrn Franz Schmitz Kaufmann in Oed Nr. 41 bei Amstetten in Erwägung ein, das ich mit ihm durch

105 Die Kultuswahlen in Amstetten, Wiener Morgenzeitung, Nr. 2250, 26. 5. 1925, S. 5

106 NÖLA, BG Amstetten, Verlassenschaft Katharina Holzer, A84/1928, Verhandlungsschrift, 19. 12. 1928.

107 E-Mail-Korrespondenz des Verfassers mit Anne Schmitz, der Enkelin von Moritz Schmitz, 13. 2. 2021.

nun mehr 23 Jahre gemeinsam Hause und vom ihm in einer Art betreut und versorgt wurde das ich meine Dankbarkeit nicht anders bezeigen kann.“[108]

Katharina Holzers Vermögen bestand vor allem aus dem Haus Oed 41. Ihre Kinder und Enkelkinder – aber auch Elisabeth und Margarete Schmitz – bedachte sie mit Legaten, die zumeist aus Schmuckstücken mit Erinnerungswert bestanden. Einen Monat nach Verfassen des Testamentsentwurfes fügte sie einen Nachtrag hinzu, in dem sie ihre Kinder wissen ließ:

> „Dieser mein letzter Wille ist durch meine Kinder nicht Anfächtbar und haben diese lediglich nur auf die von mir angefirten Legate Anspruch!“[109]

Katharina Holzer dürfte ihre Kinder schon zu Lebzeiten über ihre letztwillige Verfügung in Kenntnis gesetzt haben, denn das Testament ist offensichtlich nicht von all ihren Kindern mit Wohlwollen quittiert worden. Knapp drei Jahre später hält sie dazu Folgendes in einem Brief an Franz Schmitz fest:

> „Es ist mir zur Kenntnis gelangt, dass einzelne meiner Kinder sehr gegen meinen Wunsch meinen letzten Willen nicht respektieren wollen. Ich bedaure das sehr und richte noch jetzt an alle meine Kinder die Bitte, meine letztwillig getroffene Anordnung zu respektieren [...]. Ich nehme auch davon Kenntnis, in welch hässlicher Weise einzelne meiner Kinder, die sich sonst während meines ganzen Lebens um mich nicht gekümmert haben, gegen dich intriguieren [...].“[110]

Um welche ihrer Kinder es sich dabei handelte, wird offengelassen. Abschließend dankte sie abermals für die entgegengebrachte Liebe und Fürsorge und wünschte Franz Schmitz ein langes und glückliches Leben, der Brief endete mit den Worten: „Deine Mutter Katharina Holzer“.[111]

Die tatsächliche Abhandlung der Verlassenschaft erfolgte dann aber ohne weitere Komplikationen und der in Hamburg lebende Schwager Josef Holzer

108 NÖLA, BG Amstetten, Verlassenschaft Katharina Holzer, A84/1928, Abschrift des Testamentsentwurfs, 4. 8. 1924. Orthografische Fehler im Original.

109 NÖLA, BG Amstetten, Verlassenschaft Katharina Holzer, A84/1928, Abschrift des Testamentsnachtrags, 15. 9. 1924. Orthografische Fehler im Original.

110 NÖLA, BG Amstetten, Verlassenschaft Katharina Holzer, A84/1928, Brief von Katharina Holzer an Franz Schmitz, 25. 4. 1927. Orthografische Fehler im Original.

111 Ebenda.

brachte die Haltung der meisten seiner Geschwister in einem Brief an Franz Schmitz folgendermaßen zum Ausdruck:

> „Ich danke Dir und Deiner Lise recht herzlich, dass Ihr meiner Mutter, während der langen Zeit so gut beigestanden seid. Ich bin mit der letzten Verfügung der Mutter ganz einverstanden, und freut es mich, dass unsere liebe Mutter euch gerecht bedacht hat.“[112]

Grabstein des Greißler-Ehepaares Leopold und Katharina Holzer aus Oed bei Amstetten. Sie wurden am Jüdischen Friedhof in Ybbs, Göttsbach beerdigt.

Stephan Roth

Gesundheitlich machte Franz Schmitz seine Diabeteserkrankung immer mehr zu schaffen, aber auch die Tochter Margarete verfügte nicht über die beste

112 NÖLA, BG Amstetten, Verlassenschaft Katharina Holzer, A84/1928, Brief von Josef Holzer an seinen Schwager Franz Schmitz, 19. 3. 1928.

Konstitution. Aus den Matriken der Volksschule Oed, die Margarete seit 1916 besuchte, geht hervor, dass sie fast das gesamte Schuljahr 1921/22 „wegen Krankheit“[113] nicht am Unterricht teilnehmen konnte. Nach Abschluss der Schulpflicht verließ sie mit Ende des Schuljahres 1924 die Schule in Oed. Ob sie danach eine weiterführende Schule besuchte oder gar einen Beruf erlernte, ist nicht bekannt, sie lebte auf jeden Fall weiterhin im Haus ihrer Eltern in Oed. Aus einer Korrespondenz zwischen ihrem Vater Franz Schmitz und dessen in Hamburg lebenden Schwager Gustav Holzer geht hervor, dass Margarete offensichtlich Probleme mit dem Herzen hatte und deshalb öfter im noch jungen Kurort Bad Schallerbach in Oberösterreich war.[114] Die Zeitzeugin Frieda Widhalm erinnerte sich an ihre Kindheit in Oed in den 1930er Jahren und daran, dass Margarete sehr zart und zurückhaltend war und, was körperliche Arbeit betraf, sicher nur mäßig in der Greißlerei mithelfen konnte, aber oft im Verkaufsraum saß.[115] Margarete Schmitz flüchtete im November 1938 mit ihrem zukünftigen Mann Karl Fürnberg nach Palästina. Die Ehe war arrangiert, Fürnbergs Eltern baten ihren Sohn, sie nach Palästina mitzunehmen.[116] Die Familie Fürnberg stammte aus Steyr und war entfernt mit den Ornsteins verwandt, wodurch sich auch die Verbindung nach Oed ergab. Karl Fürnberg war so wie Margarete Schmitz Jahrgang 1910, erlernte das Dreher-Handwerk und arbeitete seit 1937 beim Stahlhersteller Böhler in Kapfenberg. Vor dem „Anschluss“ hatte er eine „arische“ Freundin, die Beziehung zerbrach an den neuen politischen Verhältnissen. Margarete besuchte Karl in Kapfenberg, sie übersiedelten nach Wien, wo sie die Pogromnacht am 9. November erlebten, und verließen kurz danach mit einem illegalen Transport das Land nach Palästina, wo sie Ende Dezember 1938 ankamen. Gleich nach der Ankunft heirateten die beiden und ließen sich in Haifa nieder. [117]

Die Ende der 1920er Jahre einsetzende Weltwirtschaftskrise hatte auch Auswirkungen auf das Geschäft von Franz Schmitz in Oed. Zusätzlich hatte er unter örtlicher Konkurrenz, insbesondere unter jener in der nahe gelegenen Bezirksstadt Amstetten mit den dort befindlichen Geschäften zu leiden. Der von

113 Archiv der Volksschule Oed, Katalog über den Schulbesuch und Fortgang an der Volksschule in Oed, Klasse 3, Schuljahr1921/22, Katalog Nr. 13, Margarete Schmitz.

114 NÖLA, BG Amstetten, Verlassenschaft Katharina Holzer, A84/1928, Brief von Gustav Holzer an Franz Schmitz, 19. 7. 1928.

115 Zeitzeugengespräch des Verfassers mit Frieda Widhalm (geb. 1929), 22. 2. 2021.

116 Waltraud Neuhauser-Pfeiffer, Dazugehörig? Jüdisches Leben in Steyr von den Anfängen bis in die Gegenwart, Steyr 2021, S. 63.

117 Waltraud Neuhauser / Georg Neuhauser, Fluchtspuren. Überlebensgeschichten aus einer österreichischen Stadt, Grünbach 1998, S. 176 ff.

seiner Schwiegermutter Katharina Holzer an ihn gerichtete Herzenswunsch, ein langes und glückliches Leben zu führen, ging leider nicht in Erfüllung. Neben den wirtschaftlichen Problemen litt die Gesundheit von Franz Schmitz immer mehr und er starb am 4. Jänner 1936 im Childspital in Wien an Diabetes und TBC.[118] Er wurde drei Tage später am Jüdischen Friedhof am IV. Tor des Zentralfriedhofes in Wien beerdigt.

Grabstein von Franz Schmitz, Kaufmann in Oed bei Amstetten. Er starb im Wiener Childspital im Jänner 1936 mit knapp 64 Jahren und wurde am Jüdischen Friedhof am IV. Tor des Zentralfriedhofes in Wien begraben.

Stephan Roth

118 NÖLA, BG Amstetten, Verlassenschaft Franz Schmitz, A31/1936, Todesfallaufnahme, 16. 1. 1936.

Die Verhältnisse ändern sich

Zum Zeitpunkt des Ablebens von Franz Schmitz Anfang 1936 war die Demokratie in Österreich bereits drei Jahre abgeschafft. Der christlichsoziale Bundeskanzler Dollfuß und nach dessen Ermordung 1934 sein Nachfolger Schuschnigg hatten eine Regierungsdiktatur etabliert.

Die letzten freien Wahlen in Niederösterreich waren die Landtagswahlen 1932 und auf lokaler Ebene die Gemeinderatswahl 1929. Bei den Gemeinderatswahlen hatten die 211 Wahlberechtigten aus Oed die Wahl zwischen der Christlichsozialen Partei bzw. der auf Oed beschränkten „Kleinen christlichen Wirtschafts-Partei", andere Parteien kandidierten nicht. Programmatisch dürften beide Parteien ähnliche Ziele verfolgt haben – zumindest beriefen sich beide auf ein christliches Wertegerüst. Die Christlichsoziale Partei erhielt 7 Mandate, die Kleine christliche Wirtschafts-Partei erhielt 4 Mandate, 22 Wahlberechtigte verzichteten auf ihr Wahlrecht oder wählten ungültig. Im gesamten Bezirk Amstetten mit seinen damals 70 Gemeinden, die auf vier Gerichtsbezirke aufgeteilt waren, dominierte ebenfalls die Christlichsoziale Partei bzw. ihr nahestehende lokale Ortslisten. Die Sozialdemokratische Arbeiterpartei kandidierte lediglich in gut der Hälfte der Gemeinden, sie war vor allem dort erfolgreich, wo es Industriebetriebe gab, etwa in Kematen oder Böhlerwerk. In insgesamt drei Gemeinden konnte sie die absolute Mehrheit erringen und damit den Bürgermeister stellen. Auch in Amstetten waren die Sozialdemokraten die stimmenstärkste Partei, allerdings errangen sie nur die relative Mehrheit, weshalb der Bürgermeister von einer christlichsozialen und deutschnationalen Mehrheit gestellt wurde. Die NSDAP spielte bei der Gemeinderatswahl 1929 keine Rolle, sie kandidierte gar nicht.[119] Das änderte sich bei der Nationalratswahl 1930, wo die NSDAP zwar den Einzug in den Nationalrat nicht schaffte, ihren Stimmenanteil aber bundesweit auf 3 Prozent steigern konnte. Bei der Landtagswahl 1932 schließlich erreichte die NSDAP vor allem auf Kosten der Christlichsozialen und des – gemeinsam mit der Großdeutschen Volkspartei kandidierenden – Landbundes in Niederösterreich 14,4 Prozent oder 8 Mandate.[120] In Amstetten lag das Ergebnis der Nationalsozialisten mit 26,8 Prozent weit über dem Landesschnitt, sie konnten hier auf eine Klientel zurückgreifen, die ihnen wohlgesonnen war. Schon bei der Gemeinderatswahl 1920 hatten

119 NÖLA, Gemeinderatswahlen in Niederösterreich, 10. 11. 1929, S. 1–6.

120 Josef Prinz, Politische Herrschaft in Niederösterreich 1918–1938, in: Stefan Eminger / Ernst Langthaler (Hrsg.), Niederösterreich im 20. Jahrhundert, Bd. 1: Politik, Wien–Köln–Weimar 2008, S. 41–72, hier 55.

sie 2 Mandate errungen.[121] In der zweiten Hälfte der 1920er Jahre erlebte die Heimwehr im Bezirk Amstetten einen großen Zulauf, besonders von jenen, denen die Christlichsozialen zu wenig militant waren. Anfang 1932 wechselten 200 Amstettner Heimwehrleute zu den Nationalsozialisten und bildeten einen eigenen SA-Sturm.[122] Die für Österreich typische Dreiteilung der politischen Lager in Sozialdemokraten, Christlichsoziale und Deutschnationale mit entsprechenden alle Lebensbereiche durchdringenden Vereinigungen spiegelte sich in Amstetten auch in den lokalen Zeitungen. Ihre Berichterstattung kann auch als Barometer für die sich radikalisierenden politischen Verhältnisse der Zwischenkriegszeit gesehen werden. Waren die „Eisenwurzen" sozialdemokratisch und die „Amstettner Nachrichten" klerikal ausgerichtet, so gab die „Amstettner Zeitung" allen politischen Kräften rechts der Mitte gleichermaßen Platz, während „Der Bote von der Ybbs" stärker im Sinne der Nationalsozialisten berichtete.[123]

Nach dem Ersten Weltkrieg hatte Amstetten knapp 15.000 EinwohnerInnen, lediglich etwas mehr als 25 von ihnen waren jüdisch, trotzdem verstärkte sich zu dieser Zeit der Antisemitismus. War es bis dahin vor allem eine auf wirtschaftlicher Konkurrenz und christlichem Antijudaismus fußende Judengegnerschaft, die sich beispielsweise bei einem Faschingszug äußerte, als ein Wagen mit zerschlissener Kleidung und der Aufschrift „Sommerware" das Kleidergeschäft der Familie Sommer lächerlich machen wollte, so kam nun eine aggressiv rassistische Note hinzu.[124] Hauptverantwortlich dafür war der 1920 gegründete Antisemitenbund, der in Amstetten auf die Initiative von Wolfgang Mitterdorfer und Hans Höller zurückging. Mitterdorfer war Apotheker und von 1938–1945 Amstettner Bürgermeister, kurz vor Kriegsende flüchtete er ins Salzkammergut und beging dort Selbstmord.[125] Höller war von 1934 bis 1938 Vorgänger und 1945 kurzzeitig Nachfolger von Mitterdorfer als Amstettner Bürgermeister, bis 1934 war er als Landtagabgeordneter tätig gewesen.[126] Ebenfalls in den 1920er Jahren etablierten einige Vereine „Arier-

121 Paulus Ebner, „Davor". Die dreißiger Jahre als ideologisches Vorfeld, in: Gerhard Zeillinger (Hrsg.), Amstetten 1938–1945. Dokumentation und Kritik, Amstetten 1996, S. 35.

122 F. L. Carsten, Faschismus in Österreich. Von Schönerer zu Hitler, München 1977, S. 179.

123 Ebner, „Davor", S. 31.

124 Josef Freihammer, Das Schicksal der Amstettner Juden, Amstetten 1989, S. 4.

125 Gerhard Zeillinger, Wolfgang Mitterdorfer – ein Held? Der bedenkliche Umgang mit lokaler Geschichte: Zur Problematik der nie stattgefundenen Sühne, in: Zeillinger (Hrsg.), Amstetten 1938–1945, S. 111–124.

126 NÖ Landtagsdirektion (Hrsg.), Biographisches Handbuch des NÖ Landtages und der NÖ Landesregierung 1921–2000, St. Pölten 2000 [= NÖ-Schriften, Bd. 128], S. 55.

paragraphen“ in ihren Statuten, etwa der „Männergesangsverein 1862“ oder der „Deutsche Turnverein“, der damals bei all seinen Veranstaltungen darauf hinwies, dass der Eintritt nur „Ariern“ gestattet sei.[127]

Das Verbot der Nationalsozialisten 1933 durch die christlichsoziale Regierungsdiktatur schmälerte nicht ihre politische Aktivität und ihren Erfolg in allen Gesellschaftsschichten und Berufsgruppen. In Oed meldete das Gendarmerie-Postenkommando an das Landeskommando, dass „Bauern, vor allem die Söhne“ und „Lehrer“ sich für die illegale NSDAP engagierten. Konkret wurde beim Landwirtsohn Franz Brunnbauer eine Hausdurchsuchung wegen nationalsozialistischer Betätigung vorgenommen, die nach Finden einschlägiger Materialien zur Verhaftung Brunnbauers führten.[128] Nach dem „Anschluss“ war Brunnbauer von 1938–1943 NS-Bürgermeister von Oed, dieses Amt bekleidete er von 1955 bis zur Gemeindezusammenlegung 1972 ein weiteres Mal, diesmal für die ÖVP.[129]

Der „Anschluss“ im Bezirk Amstetten und in Oed

Als Bundeskanzler Schuschnigg am Abend des 11. März 1938 im Radio seinen Rücktritt mit den Abschiedsworten „Gott schütze Österreich“ verkündete, war im Ybbstal von Waidhofen bis Amstetten der „Umbruch“, wie ihn die Nationalsozialisten nannten, bereits voll im Gange. Von leitenden NS-Funktionären aus Wien wurden Fackelzüge, Demonstrationen und Reden angeordnet.[130] „Der Bote von der Ybbs“ berichtete eine Woche später in einer Rückschau auf die „Befreiung“ in Waidhofen von „spontanen Kundgebungen vor dem Rathause“ und dass die Menge „stürmisch die Hissung der Hakenkreuzfahne“ verlangt habe. Als dies endlich erfolgt war, sei die Fahne „mit ungeheurem Jubel begrüßt“ worden. „Die Menge stimmte sofort das Deutschlandlied und das Horst-Wessel-Lied an, alle Hände erhoben sich zum deutschen Gruß.“[131] Eine Woche davor war von der Zeitung noch für die am 13. März geplante Volks-

127 Freihammer, Das Schicksal der Amstettner Juden, S. 5.

128 Schreiben des Gendarmerie-Postenkommandos Oed an das Landesgendarmeriekommando für NÖ in Wien, 20. 2. 1937, Zl. 235, 1937/XI/138. Zitiert in: Gerhard Ziskovsky, Der Nationalsozialismus im politischen Bezirk Amstetten unter besonderer Berücksichtigung der Stadt Amstetten. (Gesamtdokumentation), Wien 2005, Bd. 1, S. 687 f.

129 Kunert / Steinkellner, Gemeindechronik, S. 26.

130 Gerhard Zeillinger, „Und dann kam ER!“ Ein Brief über den Anschluss 1938, in: Der Standard, 10. 3. 2018. https://www.derstandard.at/story/2000075776312/ein-brief-ueber-den-anschluss-1938-und-dann-kam-er [13. 3. 2022].

131 Bote von der Ybbs, 53. Jg., Folge 11, Waidhofen a. d. Ybbs, 18. 3. 1938, S. 7.

abstimmung geworben worden, die Gleichschaltung der Medien erfolgte rasch, in diesem Fall sogar freiwillig.[132] Der Amstettner Anzeiger wurde am 17. März 1938 bereits mit dem Titelzusatz „Organ der Nationalsozialistischen Deutschen Arbeiterpartei!" verkauft und Kreisbauernführer Schwandl ließ den Anzeiger begeistert berichten: „Am 12. März 1938 erfüllten sich unsere heißesten, aber auch ältesten Wünsche. Wir sind deutsche Bauern und deutscher Heimatboden ist uns anvertraut."[133]

Am Montag, den 14. März 1938, fuhr Hitler auf seinem Weg nach Wien durch Amstetten und wurde von der Bevölkerung jubelnd empfangen. Kurze Zeit davor passierte der Konvoi auch Oed, der ganze Markt war seit den frühen Morgenstunden auf den Beinen. Die Volksschulkinder nahmen bereits um 8.00 Uhr Aufstellung, vis-à-vis vom Gasthaus Grundner. Oberlehrer Breiteneder, der der illegalen NSDAP bereits 1935 beigetreten und dann von 1939 bis 1945 NSDAP-Ortsgruppenleiter[134] war, konnte seine offensichtliche Anspannung nicht verbergen und achtete darauf, dass alle Kinder adrett mit Hakenkreuzwimpeln dastanden. Jahrzehnte später, kurz vor ihrem Tod, erzählte Johanna Nagelhofer, die Altbäuerin vom Haaberghof, dass es ihnen damals sogar verboten war, schnell aufs Klo ins nahe gelegene Gasthaus zu gehen – „der Führer könnte schließlich jeden Moment kommen".[135] Und der spätere Phyrabauer Alois Rosenberger, dessen Eltern „nicht so viel von Hitler hielten", tratschte unbekümmert mit den neben ihm stehenden Buben, was ihm eine Ohrfeige des Herrn Oberlehrer einbrachte. Später im hohen Alter, als sich seine Erinnerung schon trübte, erzählte er immer, dass ihm damals „da Hitler a Watschn gebn hätt".[136] Schlussendlich passierte der Konvoi um 13 Uhr das Dorf, natürlich ohne stehen zu bleiben.

Das Geschäft von Elisabeth Schmitz wurde in den Tagen rund um den „Anschluss" beschmiert[137] und zum Teil auch geplündert. Auch die damals neunjährige Maria Bauer (1928–2018) raubte Heiligenbildchen und Schreibhefte, obwohl ihr das Unrecht bewusst war. Sie kam aus einer armen Kleinhäuslerfamilie, in der fast alle erwachsenen Familienmitglieder ausgesteuert waren,

132 Bote von der Ybbs, 53. Jg., Folge 10, Waidhofen a. d. Ybbs, 11. 3. 1938, S. 1.

133 Amstettner Anzeiger, 3. Jg., Nr. 11, Amstetten 17. 3. 1938, S. 1.

134 WStLA, LG Wien Vg 6b Vr 2367/46, Strafsache Alfred Breiteneder, Anklageschrift, 27. 4. 1947.

135 Zeitzeugengespräch des Verfassers mit Johanna Nagelhofer (1929–2021) über ihre Kindheit und Jugend in Oed, 18. 3. 2021.

136 Mündliche Überlieferung aus der Familie Rosenberger/Schörghuber, mit Dank an Barbara Schörghuber.

137 WStLA, LG Wien Vg 6b Vr 2367/46, Strafsache Alfred Breiteneder, Eidesstattliche Erklärung Jakob Hainold.

Geld für Schulhefte gab es nicht. Ihr schlechtes Gewissen wurde durch die vielen anderen, vor allem Erwachsenen beruhigt, die den Laden von Elisabeth Schmitz plünderten. Noch Jahrzehnte später als alte Frau plagte Maria Bauer ihr damaliges Verhalten, das Geschehene war ihr unangenehm, wie sie dem Verfasser erzählte.

Wie Elisabeth Schmitz die Tage und Wochen nach dem „Anschluss" abseits der Plünderung ihres Geschäfts und des Beschmierens ihres Hauses erlebte, ist nicht überliefert. Es ist auch nicht bekannt, ob die Bevölkerung in Oed der nationalsozialistischen Aufforderung, „nicht bei Juden einzukaufen", Folge geleistet hat oder nicht. Durch den „Anschluss" wurden jedenfalls auch in Österreich die Nürnberger Gesetze gültig, die jüdische Bevölkerung wurde entrechtet und durch weitere Maßnahmen quasi auf legalem Weg ihrer Habe beraubt. Zunächst wurde mit der am 26. April 1938 in Kraft getretenen „Verordnung über die Anmeldung des Vermögens von Juden"[138] ein wirkungsvolles Instrument zur Erhebung jüdischen Vermögens geschaffen. Darauf folgte am 18. Mai 1938 die Gründung der Vermögensverkehrsstelle (VVSt), die unter der Leitung von Walter Raffelsberger, einem altgedienten steirischen Nationalsozialisten, stand, der, nach seiner Flucht 1936 nach NS-Deutschland, im Zuge des „Anschlusses" als Staatskommissar nach Österreich zurückkehrte.[139] Die VVSt war die für die Administration der „Arisierungen" zuständige Behörde. Ihr oblag die Bestellung von Kommissarischen Verwaltern, Treuhändern und, im Falle von Betriebsliquidierungen, von sogenannten Abwicklern. Sie nahm Arisierungsbewerbungen entgegen und prüfte die AntragstellerInnen, setzte den Kaufpreis fest, ebenso wie die von den KäuferInnen zu entrichtende „Entjudungsauflage". Ohne die Zustimmung der VVSt konnten keine jüdischen Vermögenswerte verkauft werden. „Wilde Arisierungen", die es unmittelbar nach dem „Anschluss" häufig gab, wurden damit unterbunden, der Staat hatte die Kontrolle über das jüdische Vermögen rasch zurückerlangt.[140]

138 RGBl. I, Jg. 1938, 26. 4. 1938, S. 414 f.

139 Ernst Klee, Das Personenlexikon zum Dritten Reich. Wer war was vor und nach 1945, Frankfurt 2005, S. 477.

140 Detaillierte Darstellungen zur Arbeitsweise der Vermögensverkehrsstelle finden sich in den Veröffentlichungen der Historikerkommission der Republik Österreich insbesondere in: Ulrike Felber / Peter Melichar / Markus Priller / Berthold Unfried / Fritz Weber, Ökonomie der Arisierung. Teil 1 u. 2, Wien 2004 [= Veröffentlichungen der Österreichischen Historikerkommission. Vermögensentzug während der NS-Zeit sowie Rückstellungen und Entschädigungen seit 1945 in Österreich, Bd.e 10/1, 10/2], sowie Helen B. Junz / Theodor Venus et al., Das Vermögen der jüdischen Bevölkerung Österreichs, Wien 2004 [= Veröffentlichungen der Österreichischen Historikerkommission., Bd. 9].

Aus der mit 4. Juli 1938 datierten Vermögensanmeldung von Elisabeth Schmitz geht hervor, dass ihr Vermögen vor allem aus den beiden Häusern in Oed 41 und Oed 7 sowie dem Haus in der Ardaggerstraße 8 in Amstetten bestand. Die drei Häuser waren zwischen 40 und 70 Jahre alt, jedes von ihnen hätte einige Investitionen gut vertragen. Hinzu kam die Greißlerei, die sie seit dem Tod ihres Mannes als Witwenbetrieb fortführte. Den Wert für das Haus und die Greißlerei bezifferte sie zusammen mit knapp 17.000,– Reichsmark, das Haus mit dem Möbelmagazin wurde mit 8.000,– Reichsmark bewertet, und für das Haus in Amstetten, in dem auch der Betraum der Kultusgemeinde war, wurden knapp 16.700,– Reichsmark angegeben.[141] Unter Berücksichtigung sonstiger Vermögenswerte wie Sparbücher, Hausrat, Schmuck und Außenstände von KundInnen sowie unter Abzug von Schulden für Hypotheken und noch nicht bezahlte Ware betrug ihr angemeldetes Vermögen knapp 43.000,– Reichsmark.[142] Vor der Währungsumstellung entsprach das etwa einem Wert von 64.500,– Schilling.[143] Elisabeth Schmitz war nicht reich, der Großteil ihres Vermögens war in Immobilien gebunden, sie kam mit dem Betrieb der Greißlerei und den Einnahmen aus der Vermietung in Amstetten gut über die Runden.

Viele NationalsozialistInnen, aber auch MitläuferInnen sahen nach dem „Anschluss" ihre Stunde gekommen und wollten durch „Arisierungen" ihre materielle Situation verbessern. Vor allem die sogenannten „Alten Kämpfer" forderten für erlittene Verfolgung während der Zeit der Regierungsdiktatur, als die NSDAP ab 1933 nach einer Serie von Sprengstoffattentaten in Österreich verboten war, eine ihnen ihrer Meinung nach zustehende Wiedergutmachung. „Arisierungen" boten da eine entsprechende Möglichkeit.[144]

Die „Arisierung" der Schmitz'schen Immobilien

Nach Abgabe ihrer Vermögensanmeldung am 4. Juli 1938 dauerte es nicht lange, bis sich „Interessenten" meldeten, die Elisabeth Schmitz' Immobilien

141 NÖLA, VVSt – VA 42972 und Sonderakt 487, Elisabeth Schmitz, Vermögensverzeichnis, 4. 7. 1938.

142 NÖLA, VVSt – VA 42972 und Sonderakt 487, Elisabeth Schmitz, Veränderungsblatt, 27. 9. 1938.

143 Oliver Rathkolb / Theodor Venus, Reichsbankenanstalten 1938–1945 am Beispiel der Reichsbankhauptstelle Wien, Wien 2013, S. 66.

144 Hans Schafranek / Andrea Hurton, Wiener SS-Angehörige im „Arisierungs"-Rausch. NS-Seilschaften, Cliquen und Interessengruppen im Wettkampf um „jüdisches" Vermögen, in: DÖW (Hrsg.), Forschungen zum Nationalsozialismus und dessen Nachwirkungen in Österreich. Festschrift für Brigitte Bailer, Wien 2012, S. 43–66, hier 43 f.

„arisieren“ wollten. Am 22. Juli 1938 stellte der in Oed lebende, 1889 geborene Uhrmacher Anton Hochholzer an die Vermögensverkehrsstelle in Wien das „Ansuchen um Genehmigung der Erwerbung“ für das Haus Oed 7. Es war jenes Haus, in dem das Ehepaar Schmitz seit 1925 gebrauchte Möbel und andere Gebrauchswaren zum Kauf anbot. Hochholzer wies in seinem Ansuchen darauf hin, bereits seit Jänner 1935 Mitglied der NSDAP und „seit dem Umbruch Mitglied des Gemeinderates“[145] von Oed zu sein. Auch die NS-Kreisleitung Amstetten befürwortete sein Ansuchen und stellte fest, dass „Parteigenosse Hochholzer auf Grund seines Verhaltens in der Verbotszeit politisch und charakterlich einwandfrei“[146] sei. Schließlich genehmigte die Vermögensverkehrsstelle am 12. August 1938 den Kauf der Liegenschaft durch das Ehepaar Anton und Antonia Hochholzer und setzte den Verkaufspreis mit 7.000,– Reichsmark fest. 5.500,– Reichsmark wurden auf ein auf den Namen von Elisabeth Schmitz lautendes Sperrkonto bei der „Creditanstalt – Wiener Bankverein“ überwiesen. Allerdings hatte Elisabeth Schmitz als Jüdin ohne Genehmigung der Vermögensverkehrsstelle keinen Zugriff auf dieses Konto.[147] 1.500,– Reichsmark wurden als „Entjudungsauflage“ von den Eheleuten Hochholzer an die Vermögensverkehrsstelle überwiesen.[148]

Auch für das Haus in der Ardaggerstraße 8 in Amstetten fand sich bald ein Interessent. Der Lederhändler Franz Funke war seit 1929 mit seinem Geschäft im Erdgeschoß eingemietet, weshalb ihm das Vorkaufsrecht eingeräumt wurde.[149] Der Kaufpreis wurde mit 14.250,– Reichsmark festgesetzt, 2.500,– Reichsmark niedriger als in der Vermögensanmeldung von Elisabeth Schmitz angegeben. Abzüglich der hypothekarischen Lasten von knapp 4.000,– Reichsmark, die das Ehepaar Funke übernahm, verblieb ein Betrag von fast 10.300,– Reichsmark, der zur Auszahlung an Elisabeth Schmitz kam. Dass sie über diesen Betrag tatsächlich verfügen konnte, ist unwahrscheinlich, allerdings finden sich im Kaufvertrag und anderen mit der „Arisierung“ in Zusammenhang stehenden Unterlagen keine Auflagen zur Überweisung des Kaufschillings auf ein Sperrkonto bzw. Angaben zur Bezahlung der „Entjudungsauflage“

145 NÖLA, LA IX/5, EZ 397/1950, Ansuchen um Genehmigung der Erwerbung, Anton Hochholzer an die VVSt, 22. 7. 1938.

146 NÖLA, LA IX/5, EZ 397/1950, Kreisleitung Amstetten. Politische Beurteilung von Anton Hochholzer, Uhrmacher Oed, 26. 7. 1938.

147 NÖLA, LA IX/5, EZ 397/1950, VVSt, Kaufgenehmigung Anton und Antonia Hochholzer, 12. 8. 1938.

148 BG Amstetten, Urkundensammlung des Grundbuches, Katastralgemeinde Oed, EZ 7, 27/1949, Abschrift Vergleichsausfertigung, vom 8. 1. 1948.

149 NÖLA, LA IX/5, EZ 397/1950, Brief von Franz Funke an die BH Amstetten, 8. 1. 1946.

an die Vermögensverkehrsstelle. Der Vertrag wurde vom Amstettner Anwalt Dr. Rudolf Bast, der als glühender Nationalsozialist bekannt war, aufgesetzt und am 14. Oktober 1938 unterzeichnet. Am selben Tag bestätigte auch die NS-Kreisleitung Amstetten, dass gegen den Erwerb durch Franz und Maria Funke nichts einzuwenden sei,[150] auch wenn Franz Funke nicht Mitglied der NSDAP war.

Funke meinte nach dem Krieg, dass mit dem Verkaufserlös Elisabeth Schmitz sowie ihrer Tochter und dem Schwiegersohn „die Ausreise nach Palästina ermöglicht" wurde.[151] Ganz stimmig kann diese Nachkriegsbetrachtung des Hausverkaufs nicht sein, denn im November 1938 flüchtete zwar die Tochter Margarete mit ihrem späteren Mann tatsächlich nach Palästina, Elisabeth Schmitz blieb jedoch im Land. Sie lehnte sich sogar gegen die Behörden auf, denn die NS-Kreisleitung Amstetten meldete am 5. November 1938 an die Vermögensverkehrsstelle nach Wien:

> „Die Jüdin Sybille [sic!] Schmitz weigert sich nach wie vor Ihr Geschäft in arische Hände überzuleiten. Es ist daher dringendst notwendig, dass ein kommissarischer Verwalter zur Betreibung der Arisierung eingesetzt wird."[152]

Als passender Kandidat wurde der Amstettner Josef Jamer vorgeschlagen. Die Kreisleitung meinte, dass „Pg. Jamer […] in fachlicher, politischer und charakterlicher Hinsicht die Gewähr für die richtige Ausübung dieses Amtes"[153] biete. Kurze Zeit später wurde Jamer vom zuständigen „Staatskommissar in der Privatwirtschaft" per Vollmacht zum Kommissarischen Verwalter ernannt.[154]

Jamer ließ eine Verkehrswertschätzung des Hauses Oed 41 durchführen, die mit 5.800,– Reichsmark sehr niedrig ausfiel.[155] Auch für die Greißlerei wurde lediglich ein Wert von 2.600,– Reichsmark ermittelt. Die insgesamt 8.400,– Reichsmark für Haus und Geschäft entsprachen nicht einmal der Hälfte des in der Vermögensanmeldung angegebenen Wertes. Rasch fand sich mit der 1909 in Biberbach geborenen Maria Stöger eine Interessentin für Haus und Ge-

150 BG Amstetten, Urkundensammlung des Grundbuches, Katastralgemeinde Amstetten, EZ 376, 1237/1938, Kaufvertrag.
151 NÖLA, LA IX/5, EZ 397/1950, Brief von Franz Funke an die BH Amstetten, 8. 1. 1946.
152 NÖLA, LA IX/5, EZ 397/1950, NS-Kreisleitung an VVSt bez. Einsetzung eines kommissarischen Verwalters, 5. 11. 1938. Orthografische Fehler im Original.
153 Ebenda.
154 NÖLA, LA IX/5, EZ 397/1950, Vollmacht für Josef Jamer für Firma Sybille Schmitz, 17. 11. 1938.
155 NÖLA, LA IX-5, EZ 397/1950, Verkehrswertschätzung Grundstück Oed Nr. 41, 28. 11. 1938.

schäft. Stöger war wie Elisabeth Schmitz ebenfalls Kauffrau, sie hatte ihr Geschäft im benachbarten Sindelburg. Der Vorteil für sie lag auf der Hand, Sindelburg hatte zwar mehr EinwohnerInnen als Oed, lag aber etwas abseits am Weg nach Wallsee und verfügte nicht über die Frequenz, die eine Greißlerei direkt an der Reichsstraße mit all den Durchreisenden bieten konnte. In ihrem „Ansuchen um Genehmigung der Erwerbung" gab sie an, „selbstverständlich Arierin" zu sein, darüber hinaus war sie „nationalsozialistisch gesinnt" und Mitglied der NS-Frauenschaft. Die NS-Kreisleitung befürwortete den Erwerb von Haus und Geschäft durch Maria Stöger.[156] Der Kaufvertrag für das Haus wurde am 28. Dezember 1938 unterzeichnet und räumte Elisabeth Schmitz das Recht ein, bis Ende April 1939 zwei Räume im ersten Stock des Hauses zu bewohnen.[157] Die Vereinbarung, die den Verkauf der Greißlerei regelte, wurde am 3. Jänner 1939 unterzeichnet und zwei Wochen später von der Vermögensverkehrsstelle genehmigt. Mit der abschließenden Intabulation des Eigentumsrechts an Maria Stöger am 7. April 1939 in das Grundbuch wurde Elisabeth Schmitz endgültig die Grundlage für einen Weiterverbleib in Oed genommen.[158]

Maria Stöger nahm, wie Franz Funke, den juristischen Beistand von Rechtsanwalt Dr. Rudolf Bast in Anspruch. Bast betrieb gemeinsam mit seinem Bruder Ernst eine Anwaltskanzlei in Amstetten. Er entstammte einer deutsch-völkisch gesinnten Familie, war Mitglied einer Grazer Burschenschaft und bereits 1931 der NSDAP beigetreten. Aufgrund seiner politischen Haltung wurde er während der Regierungsdiktatur für einige Zeit im Anhaltelager Wöllersdorf interniert, wo er Ernst Kaltenbrunner kennen lernte. Sein Sohn Gerhard Bast, ebenfalls Jurist, war Gestapomitarbeiter, SS-Sturmbannführer und später Führer von Einsatzgruppen-Sonderkommandos.[159] Bast verfügte über ausgezeichnete Kontakte in die NSDAP und wickelte einen Gutteil der in Amstetten anfallenden „Arisierungen" ab. Diese Kontakte kamen Maria Stöger in der Folge zugute, als ihr für die „Arisierung" der Greißlerei eine „Entjudungsauflage" von 1.917,– Reichsmark vorgeschrieben wurde und sie sich außer Stande sah, diese zu begleichen. Bast beeinspruchte für seine Mandantin die Verfügung bei der Vermögensverkehrsstelle und führte ins Treffen, dass der Kaufpreis nach einer Inventur „zum Fakturenwert" – also zum Verkaufspreis – der übernom-

156 NÖLA, LA IX/5, EZ 397/1950, Gesuch Maria Stöger an VVSt, 2. 1. 1939.

157 BG Amstetten, Urkundensammlung des Grundbuches, Katastralgemeinde Oed, EZ 41, 338/1939, Kaufvertrag.

158 BG Amstetten, Urkundensammlung des Grundbuches, Katastralgemeinde Oed, EZ 41, B-Blatt, Zl. 5 zu 4.

159 Die Welt, Berlin 11.09.2004: Ulrich Weinzierl, Der Mörder in meinen Genen. Ausführlicher: Martin Pollack, Der Tote im Bunker, Wien 2004.

menen Waren erstellte wurde. Er merkte dazu an: „Dieser Preis war aber, da es sich, wie erfahrungsgemäß bei einem jüdischen Geschäft immer, um alte, meist ungangbare Waren handelt, übermäßig."[160]

Die Beeinspruchung zog sich über Jahre, und Maria Stöger bezeichnete das Warenlager von Elisabeth Schmitz unter anderem als „jüdischen Pofel, der aus selbst in der Kriegszeit unanbringlichen Ladenhütern besteht".[161] Schlussendlich wurde dem Einspruch am 9. Jänner 1941 stattgegeben und die „Entjudungsauflage" auf 390,– Reichsmark reduziert.[162]

Nach der „Arisierung" ihrer Häuser blieb Elisabeth Schmitz nur noch wenig, was sie ihr Eigen nennen konnte. Neben persönlicher Kleidung und ein wenig Hausrat hatte sie noch ihren Schmuck, der aus einigen Ringen, Broschen und Halsketten bestand, sowie den Schmuck ihres verstorbenen Mannes Franz Schmitz. Am 28. April 1939 erhielt sie von der Vermögensverkehrsstelle unter Androhung eines Strafverfahrens bei Nichtbefolgung den Auftrag ihren Schmuck und andere Edelmetallgegenstände „zu Gunsten des Reiches zu veräußern",[163] da sie dies angeblich noch nicht getan hatte. Tatsächlich wurde ihr Schmuck bereits Anfang März 1939 vom Kommissarischen Verwalter Josef Jamer beschlagnahmt und am 10. März 1939 von Carl Brunner, einem zur Veräußerung des Schmucks bevollmächtigt Parteigenossen, der bei der VVSt tätig war, übernommen.[164] Elisabeth Schmitz nahm die im April an sie gerichtete Verfügung trotzdem zur Kenntnis und verzichtete auf das ihr zustehende Einspruchsrecht, darüber hinaus brachte sie in dem Schreiben folgende Bitte zum Ausdruck:

> „[...] nur bitte ich um Freigabe von drei Gegenständen von denen ich mich aus familiären Gründen schwer trennen kann. [...]"[165]

Es handelte sich um den goldenen Ehering und die silberne Taschenuhr ihres verstorbenen Ehemannes Franz, sowie um einen etwa 5 Gramm schweren silbernen Armreif ihrer Tochter Margarete. Der Bitte wurde stattgegeben, sie durf-

160 NÖLA, LA IX/5, EZ 397/1950, Rudolf Bast an VVSt, Betrifft: Maria Stöger, 8. 5. 1939.

161 NÖLA, LA IX/5, EZ 397/1950, Maria Stöger an VVSt, Betrifft: Entjudungsauflage, 27. 11. 1940.

162 NÖLA, LA IX/5, EZ 397/1950, VVSt an Rudolf Bast, Betrifft: Entjudungsauflage, 9. 1. 1941.

163 NÖLA, LA IX/5, EZ 397/1950, VVSt an Elisabeth Schmitz, Veräußerungsauftrag, 28. 4. 1939.

164 NÖLA, LA IX/5, EZ 397/1950, Übernahmebestätigung von Carl Brunner, 10. 3. 1939.

165 NÖLA, Vermögensanmeldung Elisabeth Schmitz, EZ 42972, Brief von Elisabeth Schmitz an die VVSt, 17. 7. 1939. Orthografische Fehler im Original.

te die drei Gegenstände behalten. Das Schreiben ist mit 17. Juli 1939 datiert, als Adresse ist noch immer „Oed bei Amstetten, Niederdonau“[166] angegeben. Es ist der letzte Hinweis auf Elisabeth Schmitz’ Anwesenheit in Oed, kurze Zeit später verließ sie die Gemeinde, in der sie 30 Jahre gelebt hatte – und kehrte nie wieder zurück. Mit ihr ging die 70 Jahre andauernde Geschichte jüdischen Lebens in Oed zu Ende.

Emil Schmitz

Emil Schmitz, der 1902 geborene Sohn aus erster Ehe von Franz Schmitz, war, nachdem er endgültig aus dem elterlichen Haus ausgezogen war, zunächst in Linz und später in Wien beruflich im kaufmännischen Bereich tätig. Nach einigen Jahren in Wien lernte er die um knapp sieben Jahre ältere, 1895 geborene Stella Ratzersdorfer kennen und heiratete sie am 27. März 1927 im Stadttempel in Wien. Das Paar lebte in Wien-Meidling in der Längenfeldgasse 4. Stella Ratzersdorfers Vater Ludwig betrieb eine Herren- und Damenwäschefabrik und stellte darüber hinaus Arbeitsmäntel her. Nach seinem Tod 1926 ging die Firma an seinen Sohn Paul, der Geschäftsführer war, und seine Tochter Stella.[167] Emil Schmitz wurde anstelle einer Mitgift eine Beteiligung an der Firma in Aussicht gestellt, die jedoch juristisch nie fixiert wurde, auch die Unterstützung seines Onkels Emil Schmitz, der Rechtsanwalt in Wien war, konnte daran nichts ändern. Er fungierte fortan als Vertreter der Firma Ratzersdorfer und war österreichweit als Reisender unterwegs.[168] Das Paar hatte einen gemeinsamen Sohn Ludwig Alexander, der am 23. März 1932 zur Welt kam, aber bereits am 1. Dezember 1933 an einer Lungenentzündung verstarb und am Jüdischen Friedhof am IV. Tor des Zentralfriedhofes in Wien im Grab seines Großvaters beerdigt wurde.[169] Die Ehe dürfte nach dem Tod des Sohnes zusehends in eine Krise geraten sein, Stella Schmitz wurde krank und benötigte über längere Zeit therapeutische Hilfe. Erst in dieser Situation erhielt Emil Schmitz notgedrungen die Zeichnungsberechtigung für die Firma.[170]

166 Ebenda.

167 Georg Gaugusch, Wer einmal war. Das jüdische Großbürgertum Wiens 1800–1938, Bd. L–R, Wien 2016, S. 2849.

168 WStLA, LG Wien I, Strafsache gegen Emil Schmitz, 26 Vr 678/38, Vernehmung des Beschuldigten, 21. 12. 1938.

169 WStLA, Totenschaubefund 30321, Ludwig Alexander Schmitz, 2. 12. 1933.

170 WStLA, LG Wien I, Strafsache gegen Emil Schmitz, 26 Vr 678/38, Vernehmung des Beschuldigten, 21. 12. 1938.

„Unser unvergessliches Bubi Ludwig Alexander Schmitz". Grabinschrift des mit 20 Monaten im Dezember 1933 verstorbenen Sohnes von Emil und Stella Schmitz. Er wurde am Jüdischen Friedhof am IV. Tor des Zentralfriedhofes in Wien begraben.

Stephan Roth

Ende 1937 lernte Emil Schmitz die 1918 geborene Verkäuferin Leopoldine Widl kennen und begann mit ihr ein Verhältnis, das die beiden auch nach dem „Anschluss" im März 1938 weiterführten. Aufgrund der veränderten Rechtssituation wurde das außereheliche Verhältnis zur strafbaren „Rassenschande", da Leopoldine Widl nach nationalsozialistischen Maßstäben als „Arierin" galt. Das Verhältnis flog auf, nachdem ein V-Mann der Gestapo wegen des Verdachts der Vermögensverschleppung und „Rassenschande" Mitteilung gemacht hatte. Sowohl Schmitz als auch Widl wurden am 23. November 1938 in Schutzhaft genommen.[171] Die Gattin Stella Schmitz hatte vom Verhältnis ihres Mannes

171 WStLA, LG Wien I, Strafsache gegen Emil Schmitz, 26 Vr 678/38, Gestapo Tagesbericht, 24. 11. 1938.

keine Ahnung, sie verweigerte bei ihrer Vernehmung die Aussage.[172] Umfassende Erhebungen wurden durchgeführt, auch die Stiefmutter Elisabeth Schmitz wurde im Amtsgericht Amstetten einvernommen, sie schickte ihrem Stiefsohn zur Unterstützung 20,– Reichsmark ins Gefangenenhaus nach Wien.[173] Die Staatsanwaltschaft erhob Anklage[174] und Emil Schmitz wurde am 15. Juni 1939 vom Landgericht Wien wegen Verstoßes gegen das „Gesetz zum Schutze des deutschen Blutes" zu drei Jahren Zuchthaus verurteilt.[175] Ein Gnadengesuch seiner Frau wurde abgelehnt und so verbüßte er seine Haft in der Männerstrafanstalt Stein an der Donau.[176] Auf Betreiben von Stella Schmitz wurde die Ehe mit Emil Schmitz am 23. Mai 1941 vom Landgericht Wien geschieden.[177] Die letzten Monate seiner Haft war Emil Schmitz in der Strafanstalt Zweibrücken in Rheinland-Pfalz inhaftiert, von wo er nach Ende der Strafe am 25. Dezember 1941 laut Mitteilung der Strafanstalt an die Kriminalpolizei Wien, tatsächlich aber an die Gestapo Wien, rücküberstellt wurde.[178] Durch die Haftstrafe wurde Emil Schmitz jede Chance genommen, das Land rechtzeitig zu verlassen und sich in Sicherheit zu bringen. Am 26. Jänner 1942 wurde er direkt aus dem polizeilichen Gewahrsam mit dem 15. von Wien abgehenden Transport in das Ghetto nach Riga deportiert.

Der Transport vom 26. Jänner 1942 war mit 1.200 Männern, Frauen und Kindern größer als andere vergleichbare Transporte und traf nach vier Tagen am Güterbahnhof Skirotava in Riga ein. Der Winter 1941/42 zählte zu den kältesten dieser Zeit, Temperaturen um minus 20°C waren an der Tagesordnung. Während des Transports fiel die Heizung in den Waggons aus, unter den Deportierten kam es zu Erfrierungen an den Gliedmaßen, es gab auch viele Kältetote. Emil Schmitz stand nach drei Jahren Haft wahrscheinlich nur jene Kleidung zur Verfügung, mit der er im Herbst 1938 verhaftet worden war. Sofern er den

172 WStLA, LG Wien I, Strafsache gegen Emil Schmitz, 26 Vr 678/38, Zeugenvernehmung Stella Schmitz, 7. 1. 1939.

173 WStLA, LG Wien I, Strafsache gegen Emil Schmitz, 26 Vr 678/38, Aktenvermerk, 28. 12. 1938.

174 WStLA, LG Wien I, Strafsache gegen Emil Schmitz, 26 Vr 678/38, Anklageschrift, 13. 5. 1939.

175 WStLA, LG Wien I, Strafsache gegen Emil Schmitz, 26 Vr 678/38, Urteil, 15. 6. 1939.

176 WStLA, LG Wien I, Strafsache gegen Emil Schmitz, 26 Vr 678/38, Gnadengesuch, 8. 10. 1940.

177 WStLA, LG Wien I, Scheidungsverfahren Stella Schmitz gegen Emil Schmitz, 13 Cg111/41, Scheidungsbeschluss, 23. 5. 1941.

178 WStLA, LG Wien I, Strafsache gegen Emil Schmitz, 26 Vr 678/38, Mitteilung der Strafanstalt Zweibrücken, 25. 12. 1941.

Transport überlebt hatte, wurde er im Ghetto Riga interniert.[179] Insgesamt wurden etwa 20.000 Jüdinnen und Juden nach Riga deportiert, lediglich 800 von ihnen erlebten die Befreiung Rigas 1944, ca. 100 von ihnen waren österreichische Jüdinnen und Juden – Emil Schmitz war nicht unter ihnen.[180]

Auch seine geschiedene Frau Stella Schmitz überlebte den Holocaust nicht, sie wurde am 14. September 1942 mit einem der letzten Transporte von Wien nach Maly Trostinec deportiert und dort nach ihrer Ankunft am 18. September 1942 ermordet.[181]

Auf der Flucht

Wann genau Elisabeth Schmitz Oed verließ, ist nicht überliefert, es ist jedoch davon auszugehen, dass sie gegen Ende des Sommers 1939 nach Wien zog. Der Kriegsbeginn im September 1939 verkomplizierte die Situation der noch im Land befindlichen Jüdinnen und Juden zusätzlich, es wurde weitaus schwieriger als davor zu flüchten. Insofern erscheint es nachvollziehbar, dass Elisabeth Schmitz versuchte, ihrer im November 1938 nach Palästina entkommenen Tochter Margarete zu folgen.

Zu diesem Zeitpunkt war die nationalsozialistische „Judenpolitik“ noch darauf ausgerichtet, Jüdinnen und Juden nach ihrer vollständigen Beraubung aus dem Reichsgebiet zu vertreiben. Die dafür zuständige Organisation war die unter der Leitung von Adolf Eichmann stehende, im August 1938 gegründete „Zentralstelle für jüdische Auswanderung“, die die Israelitische Kultusgemeinde bei der Verwirklichung dieser Ziele zur Kollaboration nötigte.[182] Eichmann unterstützte auch die illegale Einwanderung nach Palästina, die im Sprachgebrauch von ZionistInnen als „Aliya Bet“ – B-Einwanderung – bezeichnet wurde. Illegal war diese Form der Einwanderung deshalb, da die britische Mandatsregierung für Palästina strikte Einwanderungsbeschränkungen festgelegt hatte, die unterlaufen wurden. Bis Kriegsbeginn wurden etwa 17.000 Menschen illegal auf Schiffen nach Palästina transportiert. Zentrale Bedeutung kam der eigens dafür geschaffenen Organisation „Mossad le

179 Wolfgang Scheffler / Diana Schulle (Hrsg.), Buch der Erinnerung. Die ins Baltikum deportierten deutschen, österreichischen und tschechoslowakischen Juden, Bd. 1, München 2003, S. 20.

180 Zu den Zahlenangaben vgl. https://ausstellung.de.doew.at/b203.html [13. 3.2022].

181 https://www.memento.wien/person/36810/ [13. 3. 2022].

182 DÖW (Hrsg.), Jüdische Schicksale. Berichte von Verfolgten, Wien 1992 [= Erzählte Geschichte, Bd. 3], S. 164–169.

Aliya Bet“ zu, einer Zweigorganisation der zionistischen Untergrundarmee Hagana, die während der britischen Mandatszeit von 1920 bis zur Gründung des Staates Israel 1948 aktiv war. Der Mossad hatte quasi ein Monopol auf die Organisation und Abwicklung der Transporte,[183] bis im Laufe des Jahres 1939 Berthold Storfer Eichmann zur Organisation der sogenannten „Überseetransporte“ vorgeschlagen wurde. Dies löste Konflikte zwischen Storfer und dem Mossad aus, der in ihm einen Kollaborateur mit der Gestapo sah. Storfer, 1880 in Czernowitz geboren, fiel unter die Bestimmungen der Nürnberger Gesetze, war jedoch nicht Mitglied der Israelitischen Kultusgemeinde, sondern Protestant. Eichmann schätzte den ehemaligen Bankier und Industriellen als Transport- und Finanzexperten, der in der Lage war, viele Jüdinnen und Juden außer Landes zu bringen. Später, als seine Fähigkeiten nicht mehr gefragt waren, wurde Storfer in das KZ Auschwitz deportiert und dort ermordet.[184]

Im Spätherbst 1939 organisierte er unter dem permanenten Druck der Zentralstelle für jüdische Auswanderung eine Gruppe von 600 jüdischen AuswandererInnen, die zunächst mit Donauschiffen von Bratislava zum Schwarzen Meer und von dort mit Hochseeschiffen weiter nach Palästina gebracht werden sollten. Diese sehr inhomogen zusammengesetzte Gruppe stand am Anfang des letzten großen Auswanderungstransportes aus NS-Deutschland, bevor die systematische Ermordung der jüdischen Bevölkerung, die sogenannte „Endlösung“, umgesetzt wurde.[185] Die Gruppe bestand einerseits aus jungen tschechischen ZionistInnen, die als Prager Transport bezeichnet wurden, und andererseits aus Personen, die von Storfers Organisation in der Wiener Rotgasse zusammengestellt wurden. Die Herkunft der sogenannten „Rotgassenleute“ war sehr unterschiedlich, sie stammten aus Deutschland, Polen und Österreich.[186] Eine von ihnen war Elisabeth Schmitz. Wie sie den Weg zu Storfers Organisation und auf dessen Liste fand, ist unbekannt.

Der von Storfer geplante kurze Aufenthalt in Bratislava bis zur Abfahrt verzögerte sich, nachdem das von ihm erworbene Hochseeschiff Astrea am Weg zum Donaudelta sank. Der Winter brach herein, die Donau fror in Teilen zu und war nicht mehr schiffbar – die Gruppe saß fest und wurde in Bratis-

183 Profil, Nr. 28, 9. 7. 1990: Gabriele Anderl, Fluchtpunkt Mauritius, S. 26 f.

184 Doron Rabinovici, Instanzen der Ohmacht. Wien 1938–1945: Der Weg zum Judenrat, Frankfurt 2000, S. 184–193.

185 Anderl, Fluchtpunkt Mauritius, S. 27 f.

186 Ronald Friedmann, Exil auf Mauritius 1940 bis 1945. Report einer „demokratischen“ Deportation jüdischer Flüchtlinge, Berlin 1998, S. 47 f.

lava interniert. Elisabeth Schmitz gehörte zu jenen, die in der Patronka, einer ehemaligen Munitionsfabrik, interniert wurden.[187] Die Patronka bestand aus leergeräumten Baracken und Lagerhallen und war für die Unterbringung mehrerer hundert Menschen nicht eingerichtet. Als Heizung standen nur wenige Kanonenöfen zur Verfügung, und anstelle von Betten gab es lediglich Stroh, das auf dem Betonboden verteilt wurde. Das Gelände wurde von Angehörigen der berüchtigten Hlinka-Garde bewacht, die korrupt waren und die InsassInnen schikanierten. Die Wartezeit bis zur herbeigesehnten Abfahrt wurde unterschiedlich genutzt, sei es durch selbst organisierte Vorträge, Hebräisch- bzw. Arabisch-Sprachkurse oder stundenlanges Kartenspielen. Je länger das Warten dauerte, umso lethargischer wurden die Menschen.[188]

Insgesamt verbrachten Elisabeth Schmitz und die mit ihr Geflohenen neun Monate in der Patronka, bis sie ihre Reise tatsächlich antreten konnten. In dieser Zeit unterstützte sowohl die selbst unter Repressionen leidende Kultusgemeinde Bratislava als auch die jüdische Hilfsorganisation Joint Distribution Committee die Menschen nach Kräften. Storfers Bemühungen um andere Schiffe waren trotz immer neu auftretender Probleme schließlich erfolgreich, der Transport wuchs schlussendlich auf über 3.500 Personen an. Am 4. September 1940 legten die vier Donaudampfer der DDSG, Helios, Melk, Uranus und Schönbrunn nach Tulcea Richtung Schwarzes Meer ab.[189] Die Flüchtlinge der Patronka wurden auf den beiden Ausflugsschiffen Uranus und Helios untergebracht. Auf welchem der beiden sich Elisabeth Schmitz befand, ist nicht bekannt.[190] Die Schiffe waren heillos überbelegt, was mitunter zu Konflikten führte. Die Versorgung der Passagiere mit Lebensmitteln war einigermaßen gesichert, auch wenn die Kost eintönig und nicht koscher war. Die sanitären Einrichtungen hingegen waren für eine derart große Zahl von Personen vollkommen unzureichend. Schlussendlich erreichte der Schiffskonvoi das rumänische Tulcea, und am 14. September 1940 konnten die Flüchtlinge auf die drei zur Weiterreise bereitstehenden Hochseedampfer Atlantic, Pacific und Milos gebracht werden. Dort war die Situation um nichts besser, da die alten Schiffe bis dahin vor allem als Frachter und nicht zur Beförderung von PassagierInnen verwendet worden waren.[191] Überall, wo Platz war, wurden die Flüchtlinge auf Pritschen untergebracht, ebenso auch in den Gängen und auf den Decks, wo

187 WSTLA, MA12 Opferfürsorge, Antrag Elise Schmitz, 23. 12. 1952.
188 Friedmann, Exil auf Mauritius, S. 47–51.
189 Anderl, Fluchtpunkt Mauritius, S. 29.
190 Friedmann, Exil auf Mauritius, S. 53.
191 Profil, Nr. 29, 16. 7. 1990: Gabriele Anderl, „Särge im wahrsten Sinn“, S. 58.

es in der Nacht empfindlich kalt werden konnte. Das Aufsuchen der Toilette war mit Schlange-Stehen bis zu einer Stunde verbunden. Es war ein ständiger Kampf, die einfachsten Lebensbedürfnisse stillen zu können.[192] Das Trinkwasser war knapp und bestand in Tulcea lediglich aus filtriertem Donauwasser, was zu Durchfallerkrankungen bei den Flüchtlingen führte. Ein anderes Problem war der Mangel an für die Fahrt notwendiger Kohle.[193]

Die Schiffe legten nach mehr als drei Wochen am 7. Oktober 1940 ab und nahmen Kurs Richtung Palästina. Auf der Atlantic befanden sich mit etwa 1.700 Flüchtlingen die meisten Personen, mehr als 1.000 waren an Bord der Pacific und 900 an Bord der Milos. Elisabeth Schmitz befand sich als eine von etwa 300 über 60 Jahre alten Personen an Bord der Atlantic.[194] Die Überfahrt war von vielen Komplikationen und ungeplanten Zwischenaufenthalten geprägt, es mangelte immer wieder an Lebensmitteln, Wasser und Kohle. Als in den Kesseln nicht mehr genug Dampf für den Antrieb erzeugt werden konnte, wurde begonnen, alles Brennbare zu verfeuern. Masten, Kabinenwände und auch die Pritschen, auf denen viele der Flüchtlinge schliefen, wurden verbrannt, sodass die Schiffe am Ende wie Metallskelette aussahen. Hinzu kam eine aufgrund der verheerenden Bedingungen grassierende Typhusepidemie, die eine Reihe von Todesopfern forderte. Die Leichen wurden in Säcke gehüllt, mit Eisenstöcken beschwert und im Meer beigesetzt.[195] Im Gegensatz zur Fahrt auf der Donau bildeten die drei Hochseeschiffe keinen Konvoi mehr und erreichten ihr Ziel in Palästina zu unterschiedlichen Zeitpunkten. Als Erste erreichte die Pacific am 1. November 1940 den Hafen von Haifa, die Milos folgte ihr zwei Tage später, als Letzte erreichte die Atlantic am 24. November ihren Bestimmungsort. Unter den Flüchtlingen herrschte große Erleichterung und Freude, die Hatikwa – die Hymne der zionistischen Bewegung und ab 1948 Nationalhymne Israels – wurde gesungen. Alle glaubten bzw. hofften mit dem Erreichen ihres Ziels die Angst und das Leiden der vergangenen Wochen und Monate hinter sich lassen zu können und an einem sicheren Ort angelangt zu sein, wo ein neues Leben begonnen oder zumindest der Krieg überdauert werden konnte.[196] Es kam aber ganz anders.

192 Friedmann, Exil auf Mauritius, S. 66.
193 Anderl, „Särge im wahrsten Sinn", S. 60.
194 Friedmann, Exil auf Mauritius, S. 66 f.
195 Anderl, „Särge im wahrsten Sinn", S. 61.
196 Friedmann, Exil auf Mauritius, S. 71 ff.

„Unser Ziel in Sicht EREZ ISRAEL". Aufnahme von Bord der Atlantic am 24. 11. 1941 auf die Küste bei Haifa. Tagebuch Dr. A. Zwergbaum

DÖW-Akt 51123

Mauritius

Die PassagierInnen der Pacific und der Milos wurden nach ihrer Ankunft in Haifa nicht an Land gelassen. Seitens der britischen Administration wurde argumentiert, dass aufgrund fehlender Unterkunftsmöglichkeiten alle Flüchtlinge auf die ebenfalls im Hafen liegende Patria umsteigen sollen. Das moderne und geräumige Schiff sollte offiziell als schwimmende Quarantänestation dienen.[197] Tatsächlich verfolgten die britischen Behörden aber andere Pläne und rechtfertigten diese am 20. November 1940 – vier Tage vor dem Eintreffen der Atlantic – in einem offiziellen Kommuniqué:

> „Der Regierung Seiner Majestät mangelt es nicht an Sympathiegefühlen für Flüchtlinge aus Gebieten unter deutscher Kontrolle. Doch sie ist verantwortlich für die Verwaltung Palästinas und verpflichtet, darüber zu wachen, daß die Gesetze des Landes nicht offen mißachtet werden. Außerdem würde das Wiederaufleben der illegalen jüdischen Einwanderung zum gegenwärtigen Zeitpunkt die lokale Lage wahrscheinlich ungünstig beeinflussen und eine ernste Gefahr für die britischen Interessen im Nahen Osten darstellen. Sie hat einstimmig beschlossen den Passagieren der ‚Pacific' und der ‚Milos' die Landung in Palästina nicht zu gestatten, sondern sie in eine britische Kolonie abzuschieben, sobald Vorkehrungen für einen sicheren Transport und die Unterbringung getroffen werden können. Dort sollen sie auf die Dauer des Krieges festgehalten werden."[198]

Die gleichen Maßnahmen sollten auch für alle weiteren illegalen Einwanderer und Einwanderinnen zur Anwendung gebracht werden. Die jüdische Bevölkerung Palästinas reagierte entrüstet und protestierte mit einem Generalstreik. Aber alle Beschwerden und Bitten nutzten nichts, in den Morgenstunden des 25. November 1940 wurde begonnen, auch die PassagierInnen der tags zuvor in Haifa eingetroffenen Atlantic auf die Patria zu bringen. Was dann geschah, beschrieb die an Bord befindliche Lea Grundig mit folgenden Worten:

> „[…] Da ging ein Stoß durch den Körper des Schiffes. Siehe, es schwankt, es legt sich, den elenden Kästen gleich, zur Seite. Wir stehen und staunen, und es ist fast komisch. Fast erwarten wir, daß der Kapitän rufen wird. ‚Alles auf die andere Seite!' aber auf einmal ist jeder für sich alleine, sucht

197 Ebenda, S. 74.
198 Profil, Nr. 30, 23. 7. 1990: Gabriele Anderl, Der Untergang der „Patria", S. 70.

Wahrscheinlich auf Mauritius von Peretz Béda Mayer angefertigter Holzschnitt aus dem Tagebuch von Dr. A. Zwergbaum, der die Verhältnisse auf der Atlantic während der Überfahrt nach Palästina illustriert.

DÖW-Akt 51123

Wahrscheinlich auf Mauritius von Peretz Béda Mayer angefertigter Holzschnitt aus dem Tagebuch von Dr. A. Zwergbaum, der die Verhältnisse auf der Atlantic während der Überfahrt nach Palästina illustriert.

DÖW-Akt 51123

> jeder für sich nach Rettung. Das große Schiff legt sich um wie ein getroffenes Tier, etwas hat seine Eingeweide zerrissen. […]"[199]

Binnen weniger Minuten neigte sich das Schiff zur Seite und sank im Hafen auf Grund. Es war ein Anschlag auf die Patria, der von Mitgliedern der Hagana mit dem Ziel verübt wurde, das Schiff lediglich soweit zu beschädigen, dass die Passagiere während der Reparaturarbeiten an Land gebracht werden mussten – und so die Einwanderungsgenehmigung für die Flüchtlinge zu erzwingen. Das Schiff aber befand sich in einem weit schlechteren Zustand als gedacht, und die an sich kleine Bombe war dadurch stark genug, einen verheerenden Schaden anzurichten. 250 Flüchtlinge kamen bei dem Unglück ums Leben. Sowohl die Überlebenden der Patria, die buchstäblich mit dem nackten Leben davonkamen, als auch jene der Atlantic wurden im Anhaltelager Atlit etwas außerhalb von Haifa interniert. Nach massiven öffentlichen Protesten und einer Intervention des Präsidenten der Zionistischen Weltorganisation Chaim Weizmann beim britischen Premierminister Winston Churchill wurde es den Überlebenden der Patria in einem „außerordentlichen Gnadenakt" gestattet, im Land zu bleiben. [200] Von dieser Gnade nicht betroffen waren die 1.581 ehemaligen PassagierInnen der Atlantic, sie wurden am Abend des 8. Dezember 1940 auf zwei niederländische Schiffe, die Johan de Witt und die Nieuw Zeeland, gebracht. Diese beiden Schiffe legten am späten Nachmittag des folgenden Tages Richtung Mauritius ab [201] – an Bord Elisabeth Schmitz aus Oed. Das erhoffte Wiedersehen mit ihrer Tochter Margarete wurde so auf einen unbestimmten Zeitpunkt verschoben.

Die beiden niederländischen Schiffe erreichten am 26. Dezember 1940 Port Louis, die Hauptstadt der britischen Kolonie Mauritius. Von dort wurden die Flüchtlinge in das zehn Kilometer landeinwärts entfernte Beau Bassin gebracht, wo sie in einem aus napoleonischer Zeit stammenden Gefängnis interniert wurden. Das Areal war knapp fünf Hektar groß, von einer massiven fünf Meter hohen Steinmauer umgeben und sollte den Flüchtlingen in den kommenden knapp fünf Jahren als Unterkunft dienen. Männer und Frauen wurden getrennt voneinander untergebracht, die Männer in zwei gemauerten Zellentrakten, die Frauen in Wellblechhütten. Die Zellen der Männer wurden nicht versperrt und boten zumindest ein gewisses Maß an Privatsphäre, während an die 20 bis 30 Frauen in einer Wellblechhütte ohne jegliche Raumtrennung zusammenleben

199 Friedmann, Exil auf Mauritius, S. 85.
200 Anderl, Der Untergang der „Patria", S. 71 f.
201 Friedmann, Exil auf Mauritius, S. 94.

mussten. Die Geschlechtertrennung betraf Ledige ebenso wie Ehepaare und führte zu großem Unmut unter den Betroffenen.[202] Ehepaare durften einander lediglich einige Stunden pro Woche unter Bewachung im Männercamp treffen, Ledige waren von diesem „Privileg“ ausgeschlossen, die Folge war ein regelrechter Hochzeitsboom. Einer der Internierten, der aus Prag stammende Zionist Dr. A. Zwergbaum, charakterisierte in seinen Tagbüchern die Kontrolle der Privatsphäre folgendermaßen:

> „Es war ziemlich laestig und erniedrigend beim Frauenbesuch ueber all die Polizisten zu sehen. Eine Folge dieser unnatuerlichen Verhaeltnisse war die Abstumpfung des Schamgefuehls. Ueberall lagen Paerchen herum und benahmen sich ziemlich ungeniert. Wer kann sie tadeln?“[203]

Erst im Lauf des Jahres 1942 kam es zu Erleichterungen der strikten Regelung, ganz aufgehoben wurde die Geschlechtertrennung aber nie.

Das offiziell als „Detainment Camp Beau Bassin“ bezeichnete Lager wurde vom britischen Polizeihauptmann H. J. Armitage geleitet, der bei den Internierten höchst unbeliebt war, während sein Stellvertreter H. H. Hargraves große Sympathie für die Häftlinge und die Ideen des Zionismus zeigte. Die britische Lagerleitung war nicht brutal, aber doch des Öfteren schikanös und durchbrach das Prinzip der „Selbstverwaltung“ mit Willkürmaßnahmen. Die Bewachung des Lagers erfolgte bei den Männern durch ehemalige Beamte der Palästinapolizei, und bei den Frauen durch ortsansässige Mauritierinnen.[204] Zwergbaum war in seiner Beschreibung der britischen Lagerverwaltung um Wohlwollen bemüht:

> „Wenn man objektiv sein will, so muss man zugeben, dass die Behandlung im allgemeinen gut war. Man machte den Kommandanten oft fuer Dinge verantwortlich, die nicht seine Schuld waren, sondern sozusagen mit der Internierung begrifflich verbunden waren. [...] Der Kommandant, M, H. J. Armitage, war freundlich und human, ein grosser Diplomat und sehr klug, aber ein sehr unangenehmer Verhandlungspartner. [...] Unser Detainment Camp mit einem deutschen KZ auch nur in einem Atem nennen zu wollen, waere gewiss eine laecherliche Unverschaemtheit. [...] Wir sahen hier im

202 Ebenda, S. 99 ff.

203 DÖW Akt 51123, Tagebücher Dr. A. Zwergbaum, Mauritius 1941–1943, Das erste Jahr auf der Insel Mauritius (1941), S. 5. Orthografische Fehler im Original.

204 Profil, Nr. 31, 30. 7. 1990: Gabriele Anderl, „Deprimierende Ungewißheit“, S. 49.

kleinen die Vorzuege und die Maengel der britischen Verwaltung: Toleranz und laissez passez, aber auch Mangel an Plaenen und Buerokratismus."[205]

Mauritius war den Internierten ein unbekanntes exotisches Land, wo sie gegen ihren Willen und gut bewacht festgehalten wurden. Obwohl der erzwungene Aufenthalt mehrere Jahre andauerte, hatten sie nur wenig Gelegenheit das Land kennenzulernen. Fast allen „Detainees" blieb die Insel fremd. Hinzu kamen ungewohnte klimatische Bedingungen: die Hitze und die zahlreichen Regentage begünstigten eine Vielzahl tropischer Krankheiten. Besonders schlimm wütete die Malaria, von der nur wenige Flüchtlinge verschont blieben, manche erlitten im Laufe der Jahre über 100 Anfälle. Hinzu kam eine noch auf der Atlantic ausgebrochene, eingeschleppte Typhusepidemie, die bereits im Jänner 1941 zu den ersten Todesfällen führte. Im Laufe der Jahre sank die Zahl der anfangs 1.581 Internierten ständig, die Zahl der Geburten konnte die Todesfälle bei weitem nicht aufwiegen. Alleine im ersten Jahr starben 54 Personen, die auf einem eigenen Lagerfriedhof beerdigt wurden. Bis zur Auflösung des Lagers im August 1945 wuchs die Zahl der Gräber auf 124. Zusätzlich meldeten sich über 200 Männer freiwillig zu den alliierten Streitkräften, sodass am Ende der Lagerzeit die Zahl der Internierten noch 1.310 Personen betrug.[206]

Der Lagerauflösung ging im Februar 1945 der Beschluss der britischen Regierung voran, den Internierten die Einreise in Palästina zu gestatten. Diese von allen ersehnte Entscheidung war mit Sicherheit auch den jahrelangen Bemühungen der im Mai 1941 im Lager gegründeten „Zionist Association of Mauritius" zu verdanken, die am Ende etwa 70 Prozent der erwachsenen LagerbewohnerInnen vertrat.[207] Am 12. August 1945 verließen alle LagerinsassInnen geschlossen an Bord der Franconia Mauritius und erreichten zwei Wochen später am 26. August 1945 den Hafen von Haifa. Mit anfangs etwa 600 Personen stellten Jüdinnen und Juden aus Österreich das größte Kontingent der LagerinsassInnen, lediglich 80 von ihnen kehrten nach Österreich zurück.

Elisabeth Schmitz, die inzwischen 66 Jahre alt war, entschied sich vorerst in Palästina zu bleiben und siedelte sich direkt in Haifa an. Wie sie die sechs Jahre seit ihrer Flucht aus Österreich seelisch überstanden hatte, ist nicht dokumentiert. Aber es stellte zweifelsohne eine große Belastung dar,

205 DÖW Akt 51123, Tagebücher Dr. A. Zwergbaum, Mauritius 1941–1943, Das erste Jahr auf der Insel Mauritius (1941), S. 8 f.

206 Anderl, „Deprimierende Ungewißheit", S. 48.

207 Friedmann, Exil auf Mauritius, S. 122 f.

„Ueberall lagen Paerchen herum und benahmen sich ziemlich ungeniert.“
Als Folge der Geschlechtertrennung im Lager auf Mauritius durften sich Ehepaare lediglich ein paar Stunden pro Woche unter Bewachung im Männercamp treffen.
Holzschnitt von Peretz Béda Mayer, Tagebuch Dr. A. Zwergbaum

DÖW-Akt 51123

zunächst neun Monate in der Patronka in Bratislava interniert gewesen zu sein, danach drei Monate auf Schiffen zusammengepfercht unter prekärsten Bedingungen nach Palästina zu fliehen und schließlich für knapp fünf Jahre in einem Lager auf einem tropischen Eiland im Indischen Ozean festgehalten zu werden. Diese Zeit unter den beschriebenen Bedingungen überstanden zu haben, zeugt von einer beeindruckenden psychischen und physischen Konstitution. In den Jahren nach dem Krieg wurden bei Elisabeth Schmitz mehrere chronische Erkrankungen diagnostiziert: Bluthochdruck, beidseitiger Grüner Star sowie eine aktive linksseitige Tuberkulose. Bei den beiden erstgenannten Erkrankungen konnte kein direkter ursächlicher Zusammenhang mit den fluchtbedingten Internierungen festgestellt werden, die Tuberkulose hingegen dürfte sich Schmitz auf der Flucht zugezogen haben, und das Klima auf Mauritius war für den Krankheitsverlauf alles andere als günstig.[208]

Zu einem Wiedersehen mit ihrer Tochter Margarete kam es nach der Ankunft in Palästina nicht mehr. Margarete war 1942 an einer Kehlkopftuberkulose verstorben. Ihr Ehemann Karl Fürnberg heiratete nach einiger Zeit ein zweites Mal.[209] Ob Elisabeth Schmitz bereits vor ihrer Ankunft in Palästina um das Schicksal ihrer Tochter wusste oder ob sie erst nach knapp fünf Jahren Internierung unvorbereitet von diesem Schicksalsschlag getroffen wurde, ist nicht überliefert. Ihre 1940 von den Briten verweigerte Einreise erhält durch den frühen Tod ihrer Tochter eine zusätzliche tragische Note.

Kriegsende, Restitution und Wiedergutmachung?

Im Bezirk Amstetten waren die Vertreter des NS-Regimes bis zum Schluss mit Begeisterung bereit, für „Führer, Volk und Vaterland" zu kämpfen. Selbst am 11. März 1945, als die Niederlage offensichtlich und die Kapitulation nur eine Frage der Zeit war, wurde noch ein letztes Mal der Tag der lokalen Machtergreifung am 11. März 1938 gefeiert. Am 10. April 1945 wurde das Standrecht bezirksweit verhängt, dem bis Kriegsende etwa 250 Deserteure zum Opfer fielen, die von SS-Einheiten aufgegriffen und hingerichtet wurden. Ein Großteil dieser erschossenen Soldaten wurde zur Abschreckung an öffentlichen Plätzen

208 ÖStA, AdR, Hilfsfonds, GZ 04535/2/30, Elisabeth Schmitz, Ärztlicher Bericht, 28. 10. 1957.

209 Neuhauser / Neuhauser, Fluchtspuren, S. 179.

zur Schau gestellt.[210] Am Tag der Befreiung am 8. Mai 1945 entzogen sich die Hauptverantwortlichen für diese lokalen Endphaseverbrechen ihrer Verantwortung: Gauleiter Hugo Jury erschoss sich auf der Flucht in Zwettl,[211] Kreisleiter Hermann Neumayer nahm sich in Waidhofen an der Ybbs das Leben [212]. Der Amstettner Bürgermeister Wolfgang Mitterdorfer flüchtete ins Salzkammergut nach Gmunden und beging dort am 12. Mai 1945 durch die Einnahme von Schlafmittel Selbstmord.[213]

Die seit 27. April 1945 tätige Provisorische Staatsregierung erließ bereits zwei Tage nach der Befreiung ein „Gesetz über die Erfassung arisierter und anderer im Zusammenhange mit der nationalsozialistischen Machtübernahme entzogenen Vermögenschaften“[214], auch wenn zu diesem frühen Zeitpunkt noch nicht geklärt war, wie individuelle Rückstellungen „arisierten“ Eigentumes konkret erfolgen sollten. Die Frage der Entschädigung für NS-Opfer war kompliziert, zumal sich die Republik Österreich als erstes Opfer der Aggressionspolitik NS-Deutschlands sah und deshalb meinte, zu keinerlei Wiedergutmachung verpflichtet zu sein. Gleichzeitig wurde die Rückstellung als Instrument zur möglichst raschen Erlangung des Staatsvertrages und der damit einhergehenden vollen Souveränität erkannt. Zwischen Juli 1946 und Juli 1949 wurden sieben Rückstellungsgesetze beschlossen, die die Rückgabe von enteignetem Vermögen unter bestimmten Voraussetzungen regelten. Die Gestaltung dieser Gesetze war für die meist im Ausland lebenden Betroffenen sehr unübersichtlich, und die Antragsfristen waren bewusst kurz gehalten. Das wichtigste dieser sieben Gesetze war das im Februar 1947 beschlossene Dritte Rückstellungsgesetz[215], das die Rückstellung entzogener und nun in privater Hand befindlicher Vermögen regelte.[216]

210 Monika Feigl-Heihs / Michaela Gaunerdorfer / Christian Kneil / Gerhard Zeillinger / Gerhard Ziskovsky, Vom Anschluss bis zur Befreiung, in: Zeillinger (Hrsg.), Amstetten 1938–1945, S. 84 ff.

211 Hannes Liebbrandt, „Das Recht mich zu richten, das spreche ich ihnen ab!“, Paderborn 2017, S. 120.

212 Hans Schafranek, Wer waren die niederösterreichischen Nationalsozialisten?, St. Pölten 2020, S. 72.

213 Zeillinger, Mitterdorfer, S. 112.

214 StGBl Nr. 10, 10. 5. 1945.

215 BGBl Nr. 54, 6. 2. 1947.

216 Brigitte Bailer-Galanda, Die Rückstellungsproblematik in Österreich. Referat anlässlich der Tagung „Arisierung und Restitution. Die Rückerstattung jüdischen Eigentums in West- und Ostdeutschland nach dem Zweiten Weltkrieg und nach der Wiedervereinigung“, Albert-Ludwigs-Universität Freiburg, 14. 10. 2000, S. 7 f. https://www.doew.at/cms/download/209n/1_bailer_rueckstellung.pdf [13. 3. 2022].

Die in Haifa lebende Elisabeth Schmitz erhielt Kenntnis von der Möglichkeit, ihr geraubtes Eigentum wieder zurückverlangen zu können. Da sie in Palästina aufhältig war, wurde mit Elisabeth Horak (verehelichte Rybarsky) eine Abwesenheitskuratorin eingesetzt, um ihre Interessen in Österreich mit Nachdruck vorantreiben zu können. Ob die Bestellung von Rybarsky aufgrund eines Naheverhältnisses zu Elisabeth Schmitz auf deren eigenen Antrag erfolgte oder von Amts wegen durch das Gericht, ist nicht zu eruieren. Die Rückstellungskommission beim Kreisgericht St. Pölten ließ jedenfalls am 6. November 1947 für alle drei „arisierten" Liegenschaften von Elisabeth Schmitz – das Haus in der Ardaggerstraße 8[217] in Amstetten sowie die beiden Häuser Oed 7[218] und Oed 41[219] in der Gemeinde Oed – die eingebrachten Rückstellungsverfahren grundbücherlich anmerken.

Elisabeth Schmitz wurde rechtsanwaltlich von Dr. Michael Stern vertreten, der später zu einem der bekanntesten Strafverteidiger der Zweiten Republik wurde. Stern überlebte die Zeit des Nationalsozialismus in Wien in einer so genannten „Mischehe", da seine Frau sich weigerte sich von ihm scheiden zu lassen. Er war einer von 30 jüdischen „Rechtskonsulenten" in Wien, die in der Zeit des Nationalsozialismus berechtigt waren, „nichtarische Klienten" juristisch zu vertreten – selbstverständlich war diese Konsultation oftmals nur pro forma, diente der Aufrechterhaltung eines Scheins und konnte im besten Fall kleine Erleichterungen bewirken. Stern hatte also leidvolle Erfahrung mit der Praxis von „Arisierungen".[220]

Für beide Liegenschaften in Oed wurde sehr rasch ein Vergleich erzielt, der am 8. Jänner 1948 von der Rückstellungskommission genehmigt wurde. Sowohl Uhrmachermeister Anton Hochholzer mit seiner Frau Antonia als auch Maria Stöger, die inzwischen geheiratet hatte und nun Kleindienst hieß, erklärten „frei und ohne Zwang" die jeweiligen Liegenschaften „an Elisabeth Schmitz ins Eigentum zurückzuübertragen".[221] Das Haus in Amstetten jedoch wurde nicht rückgestellt, die Anmerkung zum Rückstellungsverfahren wurde im September 1949 grundbücherlich gelöscht. Warum das Haus im

217 BG Amstetten, Urkundensammlung des Grundbuches, Katastralgemeinde Amstetten, EZ 376, B-Blatt Zl. 6, 13. 11. 1947, Zufolge Beschluss RK 91/47, 6. 11. 1947.

218 BG Amstetten, Urkundensammlung des Grundbuches, Katastralgemeinde Oed, EZ 7 zu EZ 83, B-Blatt Zl. 2, 13. 11. 1947, Zufolge Beschluss RK85/47, 6. 11. 1947.

219 BG Amstetten, Urkundensammlung des Grundbuches. Katastralgemeinde Oed, EZ 41, B-Blatt Zl. 6, 13. 11. 1947, Zufolge Beschluss RK 92/47, 6. 11. 1947.

220 Kurier, 11. 11. 2013: Margaretha Kopeinig, Staranwalt Stern und die Nazi-Justiz.

221 NÖLA, LA IX/5, EZ 397/1950, Abschrift Vergleichsausfertigung zu RK 85/47 bzw. RK 92/47, jeweils 8. 1. 1948.

Eigentum von Franz und Maria Funke verblieb, ist nicht bekannt, eventuell gab es eine außergerichtliche Einigung, die öffentlich nicht einsehbar ist.[222] Elisabeth Schmitz ihrerseits verpachtete das wiedererworbene Grundstück Oed 7 im Zuge des Vergleichs an das Ehepaar Hochholzer auf drei Jahre mit einer Verlängerungsoption. Gleiches tat sie mit ihrem ehemaligem Wohnhaus Oed 41 und der darin befindlichen Greißlerei: Beides verpachtete sie an Alois, den Ehemann von Maria Kleindienst. Als Kompensation für die seit der „Arisierung" entgangenen jährlichen Einnahmen der Greißlerei verpflichtete sich das Ehepaar Kleindienst für die Dauer von drei Jahren den Lebensunterhalt von Elisabeth Schmitz – bestehend aus Unterkunft, Verpflegung sowie Kosten für Beleuchtung und Heizung – zu übernehmen, sobald sie nach Österreich zurückgekehrt war. Sollte sich die Rückkehr verzögern, so war anstelle des Unterhalts ein Betrag von 100,– Schilling monatlich zu entrichten.[223] Elisabeth Schmitz

Die Greißlerei Schmitz in Oed, Aufnahme vor 1945

Archiv der Volksschule Oed

222 BG Amstetten, Urkundensammlung des Grundbuches. Katastralgemeinde Amstetten, EZ 376, B-Blatt Zl. 7, 29. 9. 1949, Zufolge Beschluss RK 91/47, 27. 9. 1949.

223 NÖLA, LA IX/5, EZ 397/1950, Abschrift Vergleichsausfertigung zu RK 92/47, 8. 1. 1948.

hatte offensichtlich konkrete Pläne nach Österreich zurückzukehren und sich wieder in Oed niederzulassen. Aus welchem Grund sich diese Pläne zerschlagen haben, ist nicht bekannt. Sie blieb jedenfalls in Palästina, wo am 14. Mai 1948 nach Abzug der britischen Streitkräfte der Staat Israel gegründet wurde.

Seit ihrer legalen Einreise aus Mauritius im August 1945 lebte Elisabeth Schmitz in Haifa im Stadtviertel Neve Shaanan in der Hagalilstraße 69 zur Untermiete bei einer Frau Dimant und nahm nach der Staatsgründung die israelische Staatsbürgerschaft an. Ende 1952 beantragte sie bei der Magistratsabteilung 12 der Gemeinde Wien gemäß der 7. Novelle des Opferfürsorgegesetzes Haftentschädigung für die neunmonatige Internierung in der Patronka in Bratislava und der knapp fünfjährigen Anhaltung auf Mauritius, verbunden mit der Hoffnung als Opfer des NS-Regimes anerkannt zu werden.[224] Der Magistrat der Stadt Wien lehnte ihren Antrag im September 1955 – also knapp drei Jahre später – mit der Begründung ab, dass sie nicht mehr österreichische Staatsbürgerin sei und deshalb keine Leistungen aus dem Opferfürsorgegesetz beziehen könne. Zusätzlich stellte der Magistrat fest, dass für die Anhaltung in der Patronka und auf Mauritius keine Haftentschädigung geleistet werden könnte, da es sich um keine Lager von NS-Behörden handelte.[225] Elisabeth Schmitz legte Berufung ein und wies darauf hin, dass sie am 13. März 1938 österreichische Staatsbürgerin gewesen war. Dieser Einwand wurde allerdings vom für die Berufung zuständigen Sozialministerium nicht gewürdigt und ebenfalls abgelehnt.[226] Im Oktober 1954 entschloss sie sich, das an das Ehepaar Kleindienst vermietete Haus in Oed um 70.000,– Schilling zu verkaufen.[227] Zwei Jahre später folgte der Verkauf des anderen, an das Ehepaar Hochholzer vermieteten Hauses in Oed um 80.000,– Schilling.[228] Trotz der Veräußerung der beiden Immobilien, dürfte die finanzielle Situation von Elisabeth Schmitz nicht rosig gewesen sein. Von Israel aus juristische Hilfe in Österreich zu beauftragen, um zu ihrem Recht zu kommen, wird beträchtliche Kosten verursacht haben. Notarielle Beglaubigungen und Übersetzungen, die Errichtung von Treuhandkonten sowie finanzielle Transaktionen von Österreich nach Israel sind hinzuzuzählen. Die

224 WSTLA, MA12 Opferfürsorge, Antrag Elise Schmitz, 23. 12.1952.

225 WSTLA, MA12 Opferfürsorge, Bescheid M. Abt. 12 – SCH 202/53 Elisabeth Schmitz, 8. 9. 1955.

226 WSTLA, MA12 Opferfürsorge, Bescheid BM für soziale Verwaltung Zl. IV-148.277-21/55, 17. 11. 1955, sowie Zl. IV-159.794-21/55, 13. 5. 1958.

227 BG Amstetten, Urkundensammlung des Grundbuches. Katastralgemeinde Oed, EZ 41, Kaufvertrag 334/55, 14. 10. 1954.

228 BG Amstetten, Urkundensammlung des Grundbuches. Katastralgemeinde Oed, EZ 82 zu 99, Kaufvertrag 2927/56, 13. 10. 1956.

ärztlichen Kosten für die Behandlung ihrer Krankheiten dürften nicht gering gewesen sein, anders ist es nicht zu erklären, dass sie vom Sozialamt der Stadt Haifa unterstützt werden musste.[229] Im Juli 1956 stellte Elisabeth Schmitz noch einmal einen Antrag in Österreich, beim damals neu eingerichteten Hilfsfonds, der vor allem NS-Opfern zugutekam, die im Opferfürsorgegesetz nicht berücksichtigt wurden, weil sie z. B. keine österreichische Staatsbürgerschaft mehr hatten.[230] Aufgrund der ärztlich festgestellten hundertprozentigen Erwerbsunfähigkeit wurde Elisabeth Schmitz der Maximalbetrag von 30.000,– Schilling zuerkannt, der ihr in zwei Tranchen (im April 1957 und März 1958) überwiesen wurde.[231]

Die in Neuseeland lebenden Nachkommen von Emil Schmitz, einem Bruder ihres verstorbenen Mannes, besitzen ein handbeschriebenes Büchlein, in dem Folgendes eingetragen wurde:

> „My aunt Lisi Schmitz, widow (second wife) of Uncle Franz Schmitz, died in Haifa Israel 28.6.59 (22 Siwan 5719).“[232]

Mostviertler Nachklang

In Oed wurde indes ein nicht so scharfer Blick auf die Vergangenheit geworfen. Die Gemeindepolitik war von den 1930er Jahren bis in die Zweite Republik von großen personellen Kontinuitäten geprägt. So blieb der Kaufmann Paul Rathner, der bis 1938 Bürgermeister war und 1943 diese Funktion wieder übernahm, auch nach dem Kriegsende immerhin bis 1946 im Amt, bevor er aus Angst vor einer Verhaftung durch die Sowjets in die westalliierte Besatzungszone floh.[233] Ihm folgte der Sozialdemokrat Franz Klima, der auf eine kurze Haftstrafe während der NS-Zeit und Betätigung in einer widerständischen Gruppe

229 ÖStA, AdR, Hilfsfonds, GZ 04535/2/30, Bestätigung der Stadtverwaltung von Haifa, eingelangt beim Hilfsfonds am 2. 1. 1957.

230 ÖStA, AdR, Hilfsfonds, GZ 04535/2/30, Elisabeth Schmitz, Antrag an den „Fonds zur Hilfeleistung an politisch Verfolgte, die ihren Wohnsitz und ständigen Aufenthalt im Ausland haben“, 3. 7. 1956.

231 ÖStA, AdR, Hilfsfonds, GZ 04535/2/30 Elisabeth Schmitz, Zahlungsanweisung Nr. 001946, 4. 4. 1957, sowie Zahlungsanweisung Nr. 50450, 3. 3. 1958.

232 Scan aus dem Familienbüchlein der Familie Schmitz. E-Mail-Korrespondenz des Verfassers mit Anne Schmitz, 13. 2. 2021.

233 Josef Schlöglhofer, „Wir haben vieles erlebt und manches überlebt!“, in: Marktgemeinde Oed-Oehling (Hrsg.), Oed-Oehling, 2018, S. 202.

kurz vor Kriegsende verweisen konnte.[234] Oberlehrer Alfred Breiteneder – er war bis 1945 NS-Ortsgruppenleiter und Gemeinderat – wurde nach dem Krieg wegen seiner illegalen Zugehörigkeit zur NSDAP vor 1938 in Haft genommen, gegen ihn wurde beim Volksgericht Wien Anklage erhoben.[235] Er bestritt die Vorwürfe und Zeugen aller politischen Couleurs, selbst der Pfarrer aus Oed unterstützten seine Aussagen. Breiteneder wurde nach kurzer Verhandlung freigesprochen, in der Urteilsbegründung wurde sogar behauptet, dass es in Oed vor 1938 gar keine illegalen Nationalsozialisten gegeben habe.[236] Bei der Gemeinderatswahl 1955 kandidierte neben ÖVP und SPÖ eine eigene ÖVP-nahe Wirtschaftsliste, die die absolute Mehrheit errang. Neuer Bürgermeister wurde Franz Brunnbauer, der bereits von 1938 bis 1943 das Amt bekleidet hatte, er blieb bis zur Gemeindezusammenlegung mit Öhling 1972 im Amt. Auch Alfred Breiteneder zog wieder in den Gemeinderat ein und übernahm sogar eine Vorstandsfunktion, später wurde ihm die Ehrenbürgerschaft der Gemeinde verliehen. Breiteneder starb hochbetagt mit 88 Jahren kurz vor Weihnachten 1980. Uhrmachermeister Anton Hochholzer gehörte nicht mehr dem Gemeinderat an, engagierte sich aber bei der örtlichen Freiwilligen Feuerwehr und wurde deren Ehrenhauptmann, er verstarb 1969 im 80. Lebensjahr. Maria Kleindienst betrieb die Greißlerei im Haus Oed 41 bis zu ihrem Ruhestand, danach wurde das Geschäft aufgelöst. Sie war jahrelang Organistin in der Pfarrkirche Oed und verstarb 1995 mit 85 Jahren. Das Haus wird in der Bevölkerung heute noch als Kleindienst-Haus bezeichnet – obwohl es doch eigentlich das Holzer- oder Schmitz-Haus war.

An die Familien Holzer und Schmitz, die das Geschäft 70 Jahre betrieben haben, erinnert sich heute fast niemand mehr. Ihr Haus steht wie damals vor 150 Jahren an der Wiener Straße in Oed. Vom Dach aus kann man im Norden bis ins Mühlviertel nach Allerheiligen und St. Thomas sehen, im Osten bis zum Ostrong und seiner höchsten Erhebung, dem Peilstein, im Süden bis zum Sonntagberg mit seiner imposanten Basilika und im Westen an klaren Tagen bis Mauthausen.[237]

234 NÖLA, LA VII/1, EZ. 487/1949, Opferfürsorgeakt Franz Klima.

235 WStLA, LG Wien Vg 6b Vr 2367/46, Strafsache Alfred Breiteneder, Anklageschrift, 27. 4. 1947.

236 WStLA, LG Wien Vg 6b Vr 2367/46, Strafsache Alfred Breiteneder, Urteil, 25. 2. 1948.

237 Paraphrase aus dem letzten Absatz zu George Taboris Stück „Masada. Ein Bericht“. Produktion von: Der Kreis, Theater in der Porzellangasse, Wien 1988, Programmheft, S. 87.

Thomas Buchner

Friedrich Simhandl (1901–1958)

Arzt – Heimatdichter – Nationalsozialist

Einleitung

Am 10. Jänner 1958 starb der Amstettner Arzt und Dichter Friedrich (Fritz) Simhandl im 57. Lebensjahr an den Spätfolgen einer Tuberkuloseerkrankung.[1] „Eine Trauergemeinde ungewöhnlichen Ausmaßes“[2] gab dem Verstorbenen das letzte Geleit. Der Nachruf im regionalen Wochenblatt „Amstettner Anzeiger“ strich Simhandls Verdienste als Arzt und „Retter der Mostviertler Mundart“ hervor. Aber auch schwere Zeiten wurden erwähnt: „In den Jahren nach 1945, die den Arzt zum Holzarbeiter machten, zehrte er von seinen inneren Werten.“[3] Mit diesen „schweren Zeiten“ war, wie wohl den meisten Leserinnen und Lesern des Blattes nicht näher erläutert werden musste, das gegen Simhandl aufgrund seiner Einstufung als NS-„Belasteter“ 1947 verhängte Berufsverbot gemeint. Bis zu seiner Begnadigung durch den Bundespräsidenten 1948 arbeitete Simhandl in einem Sägewerk, eine Erfahrung, die er später in seinem autobiographischen Roman „Gnade der Heimkehr“ (1954) in den Mittelpunkt stellen sollte.

Friedrich Simhandl stellt ein Beispiel für einen NS-Funktionsträger dar, der nach dem tiefgehenden Einschnitt, den die Entnazifizierung anfänglich für ihn dargestellt hatte, nicht nur rasch reintegriert wurde. Vielmehr wurden dem Dichterarzt unmittelbar nach seinem Tod und damit auch nur wenige Jahre nach seinem Berufsverbot mehrere Ehrungen zuteil, die die regionale Erinnerung an ihn bis heute charakterisieren. Im Rahmen dieser Ehrungen wurde er auf seine Rolle als sogenannter „Heimatdichter“ reduziert, während seine NS-Vergangenheit entweder ausgespart oder sehr selektiv wahrgenommen wurde und wird.

Im Rahmen dieses Beitrags wird zunächst die Biographie Simhandls – insbesondere seine Bezüge zum Nationalsozialismus – dargestellt. Daran an-

1 Ich danke Philipp Mettauer und Christina Altenstraßer für Anmerkungen zu diesem Text.
2 Amstettner Anzeiger Nr. 3, 16. 1. 1958, S. 2.
3 Ebenda.

schließend wird sein Leben nach 1945 als lokales Beispiel der Reintegration NS-„Belasteter“ beschrieben. Abschließend werden die bis in die jüngste Vergangenheit andauernden posthumen Ehrungen Simhandls als Beispiel lokaler Erinnerungskultur thematisiert, wobei Simhandls eigene (Nicht-)Reflexion seines Berufsverbots und dessen Ursachen am Beispiel seines Romans „Gnade der Heimkehr“ den Ausgangspunkt bildet.

Ein „überzeugter Nationalsozialist“: Simhandl und der Nationalsozialismus

Friedrich Simhandl wurde am 31. Jänner 1901 in Königstetten bei Tulln als Sohn eines Lehrers geboren.[4] Nach dem Besuch des Gymnasiums Klosterneuburg studierte er an der Universität Wien Medizin. Bereits als Student war Simhandl schriftstellerisch tätig. 1920 erschien in einem kleinen Dresdener Verlag das in der Antike angesiedelte Drama „Kambyses“.[5] 1925 promovierte er, und noch im selben Jahr heiratete er Barbara Lex, eine entfernte Verwandte aus Waidhofen/Ybbs, mit der er drei Kinder haben sollte. Nach einer kurzen Anstellung am Universitätslabor in Wien erhielt Simhandl mit April 1926 eine Anstellung als Assistenzarzt im Krankenhaus Klosterneuburg.[6] Für diese Jahre sind weitere literarische Publikationen Simhandls belegt, darunter eine 1928 als Buch erschienene Sammlung von Mundartgedichten.[7] Im Jahr darauf übernahm er die Stelle des Gemeindearztes im niederösterreichischen Wallsee.

Bereits für diese Zeit kann Simhandl dem deutschnationalen Milieu, sowohl auf Vereins- als auch auf Parteiebene, zugeordnet werden. Von 1922 bis 1938 war er Mitglied des deutschnationalen Reichsbundes deutscher Mundartdichter Österreichs[8] sowie, bis zum Verbot politischer Parteien im Jahre 1934, Mitglied der Großdeutschen Volkspartei.[9] Auch in seinen frühen Veröffentlichungen fin-

4 Zu Simhandls Biographie vgl. den Eintrag in: Berthold Weinrich (unter Mitarbeit von Erwin Plöckinger), Niederösterreichische Ärztechronik. Geschichte der Medizin und der Mediziner Niederösterreichs, Wien 1990, S. 725.

5 Fritz Simhandl, Kambyses. Drama, Dresden 1920.

6 Vgl. Weinrich, Niederösterreichische Ärztechronik, S. 725.

7 Fritz Simhandl, Von da ewign Liab, Klosterneuburg 1928. Bereits zuvor erschien Fritz Simhandl, „'s Ockan“, in: Der Fährmann. Österreichische Monatshefte 3/1926, S. 414.

8 Bundesarchiv Berlin, R 9361 V, Reichsschrifttumskammer, Fragebogen Fritz Simhandl. Zur Charakterisierung des Reichsbundes als deutschnational vgl. Uwe Baur / Karin Gradwohl-Schlacher, Literatur in Österreich 1938–1945. Handbuch eines literarischen Systems, Bd. 3: Oberösterreich, Wien–Köln–Weimar 2014, S. 45.

9 Gerhard Ziskovsky, Der Nationalsozialismus im politischen Bezirk Amstetten unter besonderer Berücksichtigung der Stadt Amstetten, 2 Bde., phil. Diss., Univ. Wien 2004, Bd. 1, S. 49.

den sich, neben Beschreibungen ländlicher Arbeit und Landschaften, politisch einschlägige Texte wie das Mundartgedicht „Am Rhein“, in der die alliierte Besetzung des Rheinlands nach dem Ersten Weltkrieg als Vergewaltigung gedeutet wird und in dem von der „Franzosnbruat“ und vom künftigen „Zohltog für dö Schond“ die Rede ist.[10]

Dr. Friedrich Simhandl (undatiert)

Stadtarchiv Amstetten, Organisationen, Amstetten Vokal, K 5

Die Großdeutsche Volkspartei war, was ihre soziale Basis anlangte, eine bürgerliche Partei, die den Anschluss an Deutschland propagierte. Sie vertrat rassenantisemitische und antiklerikale Positionen, wenn auch der letztgenannte Aspekt durch die Beteiligung an christlichsozial dominierten Regierungen in der Ersten Republik nicht hervorgehoben wurde. Besonders in Niederösterreich wurde darüber hinaus der Kampf gegen die vermeintliche „Tschechisierung“

10 Simhandl, Von da ewign Liab, S. 69.

des Landes betont.[11] In den 1930er Jahren wanderten viele Mitglieder und Funktionäre der Großdeutschen Volkspartei zur radikaleren NSDAP ab.[12] Dies galt auch für Simhandl. In einem 1942 ausgefüllten Fragebogen der Reichsschrifttumskammer gab er an, im Herbst 1934 der illegalen NSDAP sowie 1936 der gleichfalls illegalen SA beigetreten zu sein. Auch nach 1945 bestätigte er, vor 1938 NSDAP-Mitglied gewesen zu sein. Dass sich der Arzt vor 1938 illegal als Nationalsozialist betätigt hatte, wurde 1938 mit der Parteimitgliedsnummer 6.313.127 (offizielles Aufnahmedatum 1. Mai 1938) belohnt, eine Nummer aus jenem Block also, der für die bereits vor dem „Anschluss" aktiven Nationalsozialisten reserviert war.[13] Die nationalsozialistische Überzeugung zeigte sich auch in einer „Wallfahrt zu Hitler"[14] im August 1937, als die Familie Simhandl auf den Obersalzberg pilgerte, gemeinsam mit anderen von Hitler persönlich empfangen und mit einer gemeinsamen Fotografie bedacht wurde.[15]

Simhandl war nicht nur ein früher, sondern auch ein aktiver Nationalsozialist. In Wallsee fungierte er als NSDAP-Ortsgruppenleiter. Wie lange er diese Funktion innehatte, ist unklar. Anlässlich seiner Bestellung zum Amstettner Stadtarzt 1939 gab er an, ab Februar 1937 Ortsgruppenleiter der illegalen NSDAP gewesen zu sein,[16] bei seiner Registrierung als Nationalsozialist nach 1945 schwächte er dies ab und wollte nur mehr vom „Anschluss" 1938 bis Ende Jänner 1939 „kommissarisch" mit der Führung der Ortsgruppe betraut gewesen sein.[17] Darüber hinaus fungierte Simhandl in Wallsee zumindest bis

11 Christian Klösch, Das ‚nationale Lager' in Niederösterreich 1918–1938 und 1945–1996, in: Stefan Eminger / Ernst Langthaler (Hrsg.), Niederösterreich im 20. Jahrhundert, Bd. 1: Politik, Wien–Köln–Weimar 2008, S. 565–600, hier 567.

12 Ebenda, S. 572.

13 Bundesarchiv Berlin (ehem. BDC), NSDAP-Gaukartei, Dr. Fritz Simhandl. Zu dem für die Illegalen reservierten Nummernblock vgl. Gerhard Jagschitz, Von der „Bewegung" zum Apparat. Zur Phänomenologie der NSDAP 1938 bis 1945, in: Emmerich Tálos / Ernst Hanisch / Wolfgang Neugebauer / Reinhard Sieder (Hrsg.), NS-Herrschaft in Österreich. Ein Handbuch, Wien 2000, S. 88–122, hier 107 f.

14 So der Titel des kleinen Artikels im Linzer Wochenblatt Nr. 33, 19. 8. 1937, S. 10.

15 Die Bezirkshauptmannschaft Amstetten wurde durch den Artikel im Linzer Wochenblatt auf die Sache aufmerksam. In einer Einvernahme vom 1. Oktober 1937 rechtfertigte Simhandl seine Fahrt damit, „dass mich überhaupt die führenden Persönlichkeiten des In- und Auslandes interessieren". NÖLA BH Amstetten Akten K 137, 153 XI-739. Ich danke Gerhard Zeillinger für den Hinweis auf diese Quelle.

16 Stadtarchiv Amstetten (= STAAMST), Archiv der Personalabteilung, Personalakt Dr. Fritz Simhandl.

17 STAAMST, NS-Registrierung Dr. Fritz Simhandl. Im Amstettner Anzeiger wird Simhandl zweimal, einmal im September und einmal im Dezember 1938, als Ortsgruppenleiter von Wallsee erwähnt. Amstettner Anzeiger, 8. 9. 1938, S. 8; Amstettner Anzeiger, 1. 12. 1938, S. 10.

Februar 1939 als Beauftragter des Stillhaltekommissars und übernahm in dieser Funktion die Liquidation oder Gleichschaltung beispielsweise von Vereinen sowie die Einziehung von deren Vermögen.[18]

Simhandls aktive Rolle als Nationalsozialist wurde nun sukzessive mit Ämtern honoriert: Nachdem er auch noch – wie geschätzt jeder dritte „deutsche" Arzt[19] – Mitglied des Nationalsozialistischen Deutschen Ärztebundes geworden war,[20] wurde er mit den Funktionen des Kreisamtsleiters für Volksgesundheit und des Kreisärzteführers belohnt. Damit war er innerhalb der Partei für die gesundheitspolitischen Belange im Kreis zuständig. Ein weiterer Höhepunkt musste für ihn die Teilnahme an einem Kurs in der „Führerschule der deutschen Ärzteschaft" in Alt Rehse (Mecklenburg-Vorpommern) im Sommer 1938 gewesen sein. Dieser „Zentralort für die Ausbildung von ‚Führerärzten'"[21] war 1935 mit dem Ziel gegründet worden, eine Elite innerhalb der nationalsozialistischen Ärzteschaft ideologisch zu schulen und ihre Gruppenidentität als Ärzte, die sich dem eugenischen Gesundheitsprogramm des Nationalsozialismus verpflichtet hatten, zu stärken.[22] Alt Rehse diente also nicht der fachlichen Weiterbildung, und nur eine Minderheit von ÄrztInnen wurde für eine Kursteilnahme ausgewählt. Die Schule konnte regelmäßig prominente Vortragende verpflichten, wie den Reichsärzteführer Gerhard Wagner, Gauleiter und „Stürmer"-Herausgeber Julius Streicher, den NS-Ideologen Alfred Rosenberg oder den Reichsführer SS Heinrich Himmler. Der Kurs, den Simhandl absolvierte, wurde mehrheitlich von Ärzten aus der „Ostmark" absolviert. Die Kursinhalte konzentrierten sich auf institutionelle und ideologische Grundlagen des nationalsozialistischen Staates. Die Nürnberger Gesetze waren dabei ebenso Gegenstand der Erörterungen wie „Erbbiologie und Rassenpflege" sowie „Gegensätze des germanischen und semitischen Kulturkreises".[23] Simhandl veröffentlichte noch im selben Jahr einen Artikel im Deutschen Ärzteblatt, in dem er unter

18 STAAMST, Sammlung Nationalsozialismus, Kopien Keller Volksheim, Schreiben des Stillhaltekommissars für Vereine, Organisationen und Verbände an den Beauftragten des Stillhaltekommissars Dr. Fritz Simhandl in Wallsee vom 15. 2. 1939.

19 Robert Jütte / Wolfgang U. Eckart / Hans-Walter Schmuhl / Winfried Süß, Medizin und Nationalsozialismus. Bilanz und Perspektiven der Forschung, Göttingen 2011, S. 59.

20 STAAMST, NS-Registrierung Dr. Friedrich Simhandl.

21 Wolfgang Uwe Eckart, Medizin in der NS-Diktatur. Ideologie, Praxis, Folgen, Wien–Köln–Weimar 2012, S. 173.

22 Vgl. Rainer Stommer, Die „Führerschule der Deutschen Ärzteschaft in Alt Rehse", in: Ders. (Hrsg.), Medizin im Dienste der Rassenideologie. Die „Führerschule der Deutschen Ärzteschaft" in Alt Rehse, Berlin [2]2017, S. 12–42, v. a. 15, 30, 38.

23 Thomas Maibaum, Die Führerschule der deutschen Ärzteschaft Alt-Rehse, med. Diss., Hamburg 2007, S. 186.

dem Titel „Ostmärker in Alt-Rehse" über diesen Kurs berichtete.[24] Der Text beschreibt den Aufenthalt in Alt Rehse insgesamt als Gemeinschaftserlebnis. Zugleich war dieser Aufsatz auch als Bekenntnis der Ärzteschaft des jüngst angeschlossenen Österreichs zum nationalsozialistischen „Großdeutschen Reich" angelegt. Simhandl betonte einleitend:

> „Als nach jahrelangem, mit zäher Beharrlichkeit geführtem Kampfe über die befreite Ostmark der Morgen des Großdeutschen Reiches strahlend emporstieg und uns die völkische Freiheit brachte, da wußten wir Ärzte, daß auch für uns eine neue Zeit kommen würde. War unser Sinnen und Trachten letzten Endes doch immer darauf gerichtet gewesen, nationalsozialistische Grundsätze zur Grundlage unseres ärztlichen Handelns zu machen [...]".[25]

Am Ende des Artikels formulierte Simhandl die Aufgaben der Ärzte in der Ostmark:

> „Wir alle wurden uns bewußt, eine wie verantwortungsvolle Aufgabe wir im Dritten Reich zu erfüllen haben, wenn wir nach dem Wunsch des Führers nicht nur Gesundheitsführer, sondern auch Volksführer sein wollen. Unser Arbeitsgebiet muß ebenso auf politischer wie auf rein ärztlicher Ebene liegen. Wir müssen verantwortungsvolle Arbeiter sein an den Grundfesten des ewigen Reiches. Wir werden bleiben, was wir waren: Eine auf Gedeih und Verderb zusammengeschweißte Kampftruppe. Wir wollen den deutschen Menschen betreuen vom ersten Atemzuge bis zum letzten, wollen ihn bilden und formen, daß er ein wertvolles Glied werde in der Kette der Geschlechter. Alt-Rehse hat uns das Rüstzeug gegeben [...]".[26]

Innerhalb weniger Monate nach dem „Anschluss" war Simhandl von einem Gemeindearzt in einem kleinen Ort an der Donau zu einem einflussreichen NS-Repräsentanten innerhalb des Kreises Amstetten aufgestiegen. Sogar als Kreisleiter war er im Gespräch gewesen, was sich aber aus nicht geklärten Gründen zerschlug.[27] Es war somit nur konsequent, dass es ihn von Wallsee in die nahe gelegene Kreisstadt Amstetten zog. Anfang 1939 bewarb er sich dort als Gemeindearzt. Erleichtert durch seine ideologische Eignung, konnte er ab

24 Fritz Simhandl, Ostmärker in Alt-Rehse, in: Deutsches Ärzteblatt 68 (1938), S. 676–678.
25 Ebenda, S. 676.
26 Ebenda, S. 678.
27 Ziskovsky, Der Nationalsozialismus, Bd. 1, S. 273.

Juni 1939 eine Ordination betreiben, die zunächst im Schloss Edla angesiedelt war, das ein Jahr zuvor, nach der Vertreibung des Eigentümers, von der Stadtgemeinde Amstetten „erworben" worden war.[28]

In der Kreisstadt entfaltete Simhandl eine umfangreiche Tätigkeit als Arzt und als NSDAP-Funktionär. In der SA sollte er zum Obersturmführer avancieren, was dem Range eines Oberleutnants bei der Wehrmacht entsprach.[29] Damit korrespondierte auch die öffentliche Wahrnehmung als überzeugter Nationalsozialist: Im Zusammenhang mit mehreren Erhebungen nach 1945 berichtete die Amstettner Stadtpolizei im Mai 1950, Simhandl werde „von der Wallseer Bevölkerung als offenkundiger, betonter Anhänger der NSDAP bezeichnet und [er] galt als einer der eifrigsten und verlässlichsten Vorfechter [sic!] des nat.soz. Ideengutes". Er habe sich aber „an keinen Aktionen gegen politisch Andersdenkende oder Juden beteiligt". Auch in Amstetten habe er sich „anständig benommen", er sei aber auch dort „als überzeugter Nationalsozialist amtsbekannt" gewesen.[30] In einem Bericht über NSDAP-Parteifunktionäre an die BH Amstetten wurde der Arzt als „fanatischer Vertreter" des Nationalsozialismus bezeichnet, der seine Praxis „ganz im nationalsozialistischen Stil" ausgeübt habe.[31]

Diese Einschätzung war offensichtlich vor allem auf Simhandls Kumulierung von Funktionen im medizinischen Bereich zurückzuführen. Er fungierte als Kreisamtsleiter für Volksgesundheit, Kreisärzteführer, Hilfsarzt im Gesundheitsamt und war als Stadtarzt auch praktisch tätig. Die Quellenlage zur Gesundheitsverwaltung in Niederdonau bzw. im Raum Amstetten ist schlecht. So sind neben den Unterlagen der Kreisleitung auch die Bestände des Gesundheitsamtes Amstetten vernichtet worden, ebenso wie jene des zuständigen Erbgesundheitsgerichts St. Pölten, was konkrete Aussagen zu Simhandls Rolle, etwa bei Zwangssterilisationen, nahezu ausschließt.[32] Nichtsdestotrotz lässt sich zumindest eine Einschätzung der Bedeutung dieser Funktionen geben.

28 STAAMST, Archiv der Personalabteilung, Personalakt Dr. Fritz Simhandl. Zu Edla vgl. Thomas Buchner, Edla und die Familie Warton, in: Eva Zankl (Hrsg.), Mosaiksteine 2. Spurensuche in der Mostviertler Geschichte, Waidhofen/Ybbs 2019, S. 158–171.

29 STAAMST, NS-Registrierung Dr. Friedrich Simhandl.

30 STAAMST, NS-Registrierung Dr. Friedrich Simhandl, Schreiben Stadtpolizeiamt Amstetten an das Amt der niederösterreichischen Landesregierung, 24. 5. 1950.

31 Niederösterreichisches Landesarchiv, BH Amstetten, Karton 425, NS Verschiedenes I/17.

32 Zur Quellenlage in Bezug auf die staatliche Gesundheitsverwaltung in Niederdonau siehe die Hinweise bei Martina Rödl, „Fürsorgewesen" als „Rassenhygiene". Beispiele aus Gugging und zwei Landratsämtern im Weinviertel, in: Jahrbuch für Landeskunde von Niederösterreich N. F. 85 (2019), S. 389–400, hier 392.

Die Medizin im Nationalsozialismus war allgemein durch eine „Dialektik von Heilen und Vernichten" gekennzeichnet,[33] deren vorgestelltes Ziel die Schaffung des perfekten Volkskörpers war, was durch eine umfassende Kontrolle von Geburt, Fortpflanzung und Tod erreicht werden sollte. Eine optimale medizinische Versorgung jener „Volksgenossen" und „Volksgenossinnen", deren Genpool als positiv eingeschätzt wurde, ging Hand in Hand mit der „Aussonderung", Sterilisierung und Ermordung jener, die als unerwünschte „Beimischungen" zu diesem Genpool charakterisiert wurden.[34] Eine zentrale Rolle nahm dabei die staatliche Gesundheitsverwaltung mit den Gesundheitsämtern an der Basis ein. Allerdings ist grundsätzlich jede Tätigkeit im medizinischen Bereich, sei es als Arzt bzw. Ärztin, in der Gesundheitsverwaltung oder in der Krankenpflege aus der Perspektive der NS-Eugenik zu bewerten. Simhandl war in mehrfacher Hinsicht Teil dieses Systems: Als praktizierender Arzt, der beispielsweise ab 1939 durch einen Runderlass des Reichsministers des Innern zur Meldung „missgestalteter Neugeborener" verpflichtet war, was wiederum die Grundlage für Euthanasiemaßnahmen bildete,[35] als Funktionär auf Kreisebene und als Hilfsarzt am Gesundheitsamt Amstetten. Die Positionen des Kreisamtsleiters bzw. des Kreisärzteführers waren Parteifunktionen. Diese Ämter für Volksgesundheit waren nach der NS-Machtergreifung in Deutschland als eine Option, die Gesundheitsverwaltung zu organisieren, gegründet worden. Letztlich setzten sich bei der Organisation der Gesundheitspolitik aber die personell und ressourcenmäßig besser ausgestatteten staatlichen Gesundheitsämter durch.[36] Die Funktionen Simhandls waren aber mehr als bloße Ehrenämter. Aufgabe der Kreisamtsleitungen für Volksgesundheit beispielsweise war es, die totale medizinische Erfassung aller „Volksgenossen" und „Volksgenossinnen" voranzutreiben, wozu Gesundheitsstammbücher anzulegen waren, die „rassenbiologischer Prophylaxe" dienten. Für die Einzelnen sollten hierin ärztliche Befunde und Erbtafeln gesammelt werden, die letztlich als Grundlage für eine erbbiologische Einschätzung dienen konnten.[37] Kreisärzteführer wiederum hatten maßgeblichen Einfluss auf die Bestellung von

33 Jütte / Eckart / Schmuhl / Süß., Medizin und Nationalsozialismus, S. 41.

34 Ebenda, S. 24.

35 Götz Aly, Die Belasteten. „Euthanasie" 1939–1945. Eine Gesellschaftsgeschichte, Frankfurt/M. 2014, S. 109.

36 Vgl. Alfons Labisch / Florian Tennstedt, Gesundheitsamt oder Amt für Volksgesundheit? Zur Entwicklung des öffentlichen Gesundheitsdienstes seit 1933, in: Norbert Frei (Hrsg.), Medizin und Gesundheitspolitik in der NS-Zeit, München 1991, S. 35–66.

37 Ebenda, S. 56.

Ärzten und Ärztinnen mit Kassenverträgen.[38] Für Simhandl lässt sich in dieser Funktion etwa nachweisen, dass er bei Personalentscheidungen im Krankenhaus Amstetten eingeschaltet wurde.[39]

Neben seiner Funktionärstätigkeit stellte sich Simhandl als Propagandist in den Dienst der nationalsozialistischen Erb- und Rassenbiologie. 1938 wurde er als „rassepolitischer Referent"[40] der Kreisbauernschaft Amstetten genannt. Für den 8. April 1941 ist ein „rassenpolitischer Vortrag" Simhandls in Mauer belegt, möglicherweise in der Anstalt Mauer-Öhling. Der Amstettner Anzeiger schrieb dazu, dass Simhandl „in einem äußerst interessanten Vortrag die wichtigsten rassenpolitischen Fragen unseres Volks, wie Ahnenforschung, Erbgesundheit, Volkshygiene usw. behandelte. Die Ausführungen des Vortragenden, die sich auch mit den Nürnberger Gesetzen befaßten, fanden bei allen Zuhörern große Anteilnahme".[41]

Ein Monat später, am 12. Mai 1941, sprach Simhandl bei einem Gemeinschaftsabend der NS-Frauenschaft in St. Valentin. Hierüber paraphrasierte der Amstettner Anzeiger:

> „Wollen wir uns der großen Siege der Jetztzeit würdig erweisen und Deutschlands Zukunft für alle Zeiten auch nach innen sichern, führte er [Simhandl] aus, so haben die Frauen vor allem anderen die Pflicht, gesunde Mütter gesunder Nachkommen zu sein, um einer erbtüchtigen Generation zur Fortpflanzung zu verhelfen."[42]

Darüber hinaus war Simhandl im Rahmen von Fortbildungsveranstaltungen für ÄrztInnen des Kreises tätig. Auch hier war er nicht als fachlicher Referent, sondern als Propagandist tätig: Am 11. November 1942 sprach er über „Die Aufgaben des Arztes in der Jetztzeit", am 12. April 1943 über „Arzt und Weltanschauung", am 19. Mai 1943 über „Gesundheitsführung als Gegenwarts- und Zukunftsaufgabe", am 11. August 1943 über „Einweisung in die Zentralstelle für kinderlose Ehen" sowie am 10. November 1943 über „Aufgaben des Arztes im 5. Kriegsjahr".[43]

38 Jütte / Eckart / Schmuhl / Süß, Medizin und Nationalsozialismus, S. 55.
39 STAAMST, Stadtamt vor 1960, K30, Mappe 3.
40 STAAMST, Sammlung Nationalsozialismus, Kopien Keller Volksheim, Schreiben Kreisbauernführer an Gutsverwalter Kirch, 8. 10. 1938.
41 Amstettner Anzeiger, 18. 4. 1941, S. 6.
42 Amstettner Anzeiger, 23. 5. 1941, S. 8.
43 STAAMST, Stadtamt vor 1960, K 29, Mappe 2.

Möglichkeiten zur praktischen Umsetzung seiner Propaganda von der „erbtüchtigen Generation“ boten sich dem Amstettner Kreisamtsleiter als Hilfsarzt am Gesundheitsamt Amstetten.[44] Die nationalsozialistischen Gesundheitsämter waren im Rahmen des Reichsgesetzes über die Vereinheitlichung des Gesundheitswesens 1934 geschaffen worden, 1939 wurden sie auch in der „Ostmark“ eingerichtet.[45] Sie bildeten die zentralen gesundheitspolitischen Schaltstellen auf kommunaler bzw. Kreisebene und hatten drei Aufgaben zu erfüllen: die „Erb- und Rassenpflege“, den „Gesundheitsschutz“ und die „Gesundheitsfürsorge“.[46] Der „Gesundheitsschutz“ umfasste sanitätspolizeiliche Aufgaben, die im Bereich der Prävention gesundheitlicher Gefahren lagen. Diese Tätigkeiten waren auch jene, die propagandistisch ausgewertet wurden. Im Juni 1943 etwa vermeldete „Der Landbote“, dass das Amstettner Gesundheitsamt 1942 mehr als 10.000 Kinder des Kreises gegen Diphtherie geimpft hatte.[47]

Das zweite Aufgabengebiet beinhaltete – insbesondere im Kontext des Krieges – die Etablierung eines repressiven Systems, das etwa im Bereich der Bekämpfung von Geschlechtskrankheiten den präventiven Schutz der „Volksgemeinschaft“ vor die Wahrung individueller Freiheitsrechte stellte. Im Bereich der „Gesundheitsfürsorge“ wurden große Anstrengungen bei der Betreuung und Überwachung von Schwangeren, Säuglingen und Kleinkindern unternommen. Wie allgemein für die NS-Gesundheitspolitik galt, waren sämtliche Leistungen der Gesundheitsfürsorge an einen positiven erbbiologischen Befund geknüpft. Die Förderungswürdigkeit der Einzelnen hing vom jeweiligen erbbiologischen „Wert“ ab.

Das dritte Aufgabengebiet der Gesundheitsämter umfasste die „Erb- und Rassenpflege“. Hierzu zählten die „erbbiologische“ Bestandsaufnahme, „fördernde“ und „ausmerzende“ Maßnahmen. Zentral war die Erfassung der Bevölkerung nach ihrem erbbiologischen Wert, die Verbesserung der Erbgesundheit des gesamten „Volkskörpers“ durch Förderung „wertvoller“ Teile (z. B. mit Hilfe von Ehestandsdarlehen) sowie durch „Ausmerze“ seiner „wertlosen“ Teile, insbesondere durch die Maßnahmen des Gesetzes zur Verhütung erbkranken

44 Bundesarchiv Berlin, R 9347, Reichsärzteregister. Dr. Friedrich Simhandl.

45 Ernst Klee, Deutsche Medizin im Dritten Reich. Karrieren vor und nach 1945, Frankfurt/M. 2001, S. 47.

46 Vgl. im Folgenden Herwig Czech, Erfassung, Selektion und „Ausmerze“. Das Wiener Gesundheitsamt und die Umsetzung der nationalsozialistischen „Erbgesundheitspolitik“ 1938 bis 1945, Wien 2003. Vgl. auch Josef Goldberger, NS-Gesundheitspolitik in Oberdonau, Linz 2004.

47 Der Landbote, 5. 6. 1943, S. 6. Vgl. auch den vom Amstettner Amtsarzt Dr. Heinrich Pelinka verfassten Artikel „Kampf gegen die Diphtherie!“ in: Amstettner Anzeiger, 27. 3. 1942, S. 7.

Nachwuchses und den damit verbundenen Möglichkeiten der Zwangssterilisierung.[48] Den Gesundheitsämtern kam in jeder Hinsicht eine „Schlüsselposition"[49] bei der Umsetzung der Erb- und Rassenpflege zu.

Zwangssterilisationen wurden zwar von eigens eingerichteten Erbgesundheitsgerichten (im Falle Amstettens das Erbgesundheitsgericht St. Pölten) angeordnet, die dabei aber weitgehend die Perspektive der begutachtenden Gesundheitsämter übernahmen.[50] Bei diesen lag die Antragstellung auf Unfruchtbarmachung aufgrund eigener Erhebungen oder aufgrund von Anzeigen, beispielsweise von praktischen Ärzten oder Fürsorgerinnen. Auch die Anträge auf Zwangssterilisierung von Pfleglingen aus der Anstalt Mauer-Öhling wurden vom Gesundheitsamt Amstetten behandelt.[51]

Welche konkreten Aufgaben Simhandl ab 1941 als Hilfsarzt beim Gesundheitsamt übernahm, ist nicht überliefert. Fest steht, dass dieses Amt unter der Leitung des Amtsarztes Heinrich Pelinka, in dessen Rayon die Heil- und Pflegeanstalt Mauer-Öhling ebenso fiel wie die Krankenhäuser Amstetten und Waidhofen/Ybbs, eine wesentliche und über den Kreis hinausreichende Bedeutung für die NS-Gesundheitspolitik aufwies. Das „Gesetz zur Verhütung erbkranken Nachwuchses" war mit 1. Jänner 1940 auch auf die „Ostmark" ausgedehnt worden. Zu einer Zeit, als kriegsbedingt im „Altreich" Zwangssterilisationen allmählich an Bedeutung verloren, begann die Umsetzung dieser Maßnahmen in der „Ostmark" erst und erreichte 1942 ihren Höhepunkt. Simhandl war ab 25. Jänner 1941 als Hilfsarzt am Gesundheitsamt tätig, also ab jenem Zeitpunkt, an dem die Zahl der Zwangssterilisationen und damit die Arbeitsbelastung für das Gesundheitsamt ihrem Höhepunkt zustrebten. Einzelne Zahlen können die Bedeutung dieser Maßnahme im Kreis verdeutlichen: Allein aus der Anstalt Mauer-Öhling wurden mindestens 350 Patientinnen und Patienten zwangssterilisiert.[52] Auch einzelne Tätigkeitsübersichten des Krankenhauses Amstetten lassen eine außerordentliche Aktivität des Gesundheitsamtes erkennen: In den für die Jahre 1940–1942 erhaltenen Operationsstatistiken wurden

48 Vgl. Goldberger, NS-Gesundheitspolitik in Oberdonau, S. 31–41 sowie 55 ff.; allgemein immer noch Gisela Bock, Zwangssterilisation im Nationalsozialismus. Studien zur Rassenpolitik und Frauenpolitik, Opladen 1986.

49 Annemone Christians, Amtsgewalt und Volksgesundheit. Das öffentliche Gesundheitswesen im nationalsozialistischen München, Göttingen 2013, S. 168.

50 Goldberger, NS-Gesundheitspolitik in Oberdonau, S. 149.

51 Michaela Gaunerstorfer, Die psychiatrische Heil- und Pflegeanstalt Mauer-Öhling 1938–1945, Dipl., Univ. Wien 1989, S. 43.

52 Philipp Mettauer, Ärzte als Täter. Mauer-Öhling im Nationalsozialismus, in: Juden in Mitteleuropa (2019) S. 2–11, hier 2.

in dem Spital, das bis August 1942 auf 180 Betten ausgebaut wurde, 1940, also nach Einführung des „Gesetzes zur Verhütung erbkranken Nachwuchses", 5 Sterilisationen vermerkt, 1941 76 „männliche Sterilisationen" und 1942 95 Vasektomien sowie 90 ambulant durchgeführte Sterilisationen.[53] Waren Sterilisationen also 1940 noch die Ausnahme, wurde zwei Jahre später im Schnitt an jedem zweiten Tag eine Sterilisierung durchgeführt. Daraus lässt sich eine im Vergleich mit anderen Regionen im heutigen Österreich weit überdurchschnittliche Bedeutung des Gesundheitsamtes Amstetten für die Zahl der Zwangssterilisationen erkennen.[54]

Inwieweit Friedrich Simhandl direkt in Medizinverbrechen involviert war, lässt sich, wie erwähnt, aufgrund des Quellenmangels nicht mehr nachvollziehen. Allerdings zeigt sich zumindest, dass er hervorragend über Zwangssterilisationen informiert war: Im Rahmen einer polizeilichen Befragung am 3. März 1945 in Bezug auf den Arbeitsvertragsbruch eines Arbeiters wusste Simhandl, dass der Betreffende „auch geistig minderwärtig [sic!] veranlagt und vermutlich auch deshalb sterilisiert worden sei". [55]

Bis zum Ende der NS-Herrschaft findet sich der Name Simhandl noch mehrmals in den Quellen, wobei seine jeweilige Rolle unklar bleibt. Im Herbst 1944 war der Arzt – ob in seiner Eigenschaft als SA-Mann oder als Angehöriger des Volkssturms, konnte nicht geklärt werden – beim Bau des Südostwalles im Bereich des Südabschnittes eingesetzt.[56] Aufgabe der Parteiorganisationen (darunter Volkssturm und SA) beim Südostwallbau war in erster Linie die Bewachung der unter unmenschlichen Bedingungen beim Bau eingesetzten Zwangsarbeiterinnen und Zwangsarbeiter. Im Südabschnitt waren dies in erster

53 STAAMST, Stadtamt vor 1960, K 5, Tätigkeitsberichte des Krankenhauses Amstetten.

54 Der Kreis Amstetten zählte 1939 90.985, die Gebiete des heutigen Österreich 6.881.457 EinwohnerInnen. Nimmt man die von Wolfgang Neugebauer angenommene Maximalzahl von 10.000 Zwangssterilisationen in Österreich, würde dies maximal 0,15 % der Bevölkerung ergeben, die 1940–1945 sterilisiert wurden. Dagegen ergeben allein die für das Krankenhaus Amstetten ermittelten Zahlen 0,29 % der Bevölkerung des Kreises, also knapp das Doppelte. Zu berücksichtigen ist, dass hier die Sterilisationen 1943–1945 nicht berücksichtigt sind, ebenso wenig wie die im Krankenhaus Waidhofen/Ybbs durchgeführten Eingriffe. Peter Malina / Wolfgang Neugebauer, NS-Gesundheitswesen und -medizin, in: Tálos / Hanisch / Neugebauer / Sieder (Hrsg.), NS-Herrschaft in Österreich, S. 696–720; Wolfgang Neugebauer, Zwangssterilisierung und „Euthanasie" in Österreich 1940–1945, in: Zeitgeschichte 19 (1992), S. 17–28, Zahlen S. 20. Gisela Bock, Zwangssterilisation im Nationalsozialismus. Studien zur Rassenpolitik und Frauenpolitik, Opladen 1986, S. 372.

55 STAAMST, K 102, Mappe Polizeiwesen.

56 Österreichisches Staatsarchiv, Archiv der Republik, Gnadenantrag Simhandl; Stadtarchiv Amstetten, Personalakt Fritz Simhandl, Schreiben an Simhandl vom 18. 11. 1944, adressiert an Dr. Fritz Simhandl, Stellungsbau Abschnitt Süd, Oberpullendorf.

Linie PolInnen und UkrainerInnen, darüber hinaus auch französische Kriegsgefangene, aber auch 2.000 bis 3.000 ungarische Jüdinnen und Juden, von denen von Herbst 1944 bis März 1945 zwischen 400 und 650 starben.[57]

Auch bei zwei Ereignissen am 20. März 1945 in Amstetten taucht der Name Simhandl wieder auf: Bei einem alliierten Bombenangriff auf die Bahnhofsanlagen im Osten der Stadt kamen u. a. 34 weibliche Häftlinge eines Außenkommandos des KZ Mauthausen ums Leben, die sich, da ihnen das Aufsuchen der Luftschutzstollen verwehrt war, in ein nahegelegenes Waldstück geflüchtet hatten. Gerade dieses Waldstück aber wurde ebenfalls bombardiert, neben den Toten waren zahlreiche Verletzte zu beklagen. Mehrere von ihnen wurden von AnwohnerInnen versorgt und in das nahegelegene städtische Krankenhaus gebracht. Eine medizinische Betreuung wurde allerdings in den allermeisten Fällen abgelehnt. Eine ehemalige Krankenschwester erinnerte sich später: „Es erschien aber plötzlich der Stadtarzt Friedrich Simhandl und kurze Zeit später waren alle KL-Häftlinge aus dem Krankenhaus verschwunden."[58] Ob hier Simhandl eine medizinische Versorgung verhindert hat, lässt sich letztlich ebenso wenig klären, wie seine Rolle bei der versuchten Lynchjustiz an gefangen genommenen US-amerikanischen Flugzeugbesatzungen am Nachmittag desselben Tages. Aufgrund des erwähnten Bombenangriffs waren die Bahnanlagen im Raum Amstetten zerstört, eine Reihe gefangen genommener amerikanischer Flugzeugbesatzungen wurden zu Fuß durch das Stadtzentrum getrieben. Dort wurden sie, nach dem Muster auch anderswo praktizierter organisierter Lynchjustiz zur Schau gestellt und die sich rasch sammelnde Menge der aus den Luftschutzstollen und -kellern strömenden Bevölkerung zur Misshandlung der Gefangenen aufgefordert. Unter den Anwesenden war auch Simhandl. Seine Rolle bei den Geschehnissen, die zu zwei Prozessen führen sollte, ist unklar. Er selbst machte mehrere, einander widersprechende Angaben zu seinem Verhalten. In einem Nachkriegsprozess wurde, da die Hinweise auf eine Beteiligung des Arztes als nicht ausreichend eingestuft wurden, auf eine Anklage verzichtet. Insgesamt deuten die vorhandenen Hinweise darauf hin, dass Friedrich Simhandl bis ins Frühjahr 1945 ein verlässlicher Regimeanhänger war.

57 Eleonore Lappin-Eppel, Ungarisch-Jüdische Zwangsarbeiter und Zwangsarbeiterinnen in Österreich 1944/45. Arbeitseinsatz – Todesmärsche – Folgen, Wien–Berlin 2010, S. 277 f.

58 Vgl. hierzu Gerhard Ziskovsky, KZ-Nebenlager Amstetten: Gedenkraum und Lernort, in: Heidemarie Uhl (Hrsg.), Amstetten 1945. Kriegsende und Erinnerung, Amstetten 2015.

Simhandl nach 1945

Vor dem Einmarsch der Roten Armee flüchtete Simhandl mit seiner Familie aus Amstetten nach Wallsee. Am 15. Juli 1945 wurde er verhaftet und als Arzt für das Notspital St. Valentin/Langenhart dienstverpflichtet, sein Amstettner Haus wurde von den Sowjets beschlagnahmt.[59] Nach den Bestimmungen des NS-Verbotsgesetzes aus dem Jahre 1947 galt Simhandl als „belastet" und seine Arztberechtigung wurde als dauernd erloschen eingestuft.[60] Zugleich wurde gegen ihn in Zusammenhang mit der versuchten Lynchung US-amerikanischer Kriegsgefangener am 20. März 1945 auf dem Amstettner Hauptplatz ermittelt.

Nach dem Erlöschen seiner Arztberechtigung arbeitete Simhandl als Hilfsarbeiter in einem Sägewerk. Obwohl als „belastet" eingestuft, wurde Simhandl 1948 ebenso wie die sogenannten „Minderbelasteten" amnestiert.[61] Diese Amnestierung stieß allerdings auf Widerstand: Sowohl die Niederösterreichische Ärztekammer als auch das Landessanitätsdepartement und die Sicherheitsdirektion für Niederösterreich hatten sich zunächst ablehnend zu dem Antrag der „auf Konto der SPÖ" beantragten Amnestierung geäußert. Erst aufgrund eines Empfehlungsschreibens des SPÖ-Bürgermeisters von Linz, Ernst Koref, amnestierte Bundespräsident Renner am 18. August 1948 den Amstettner.[62]

Auch die in weiterer Folge betriebene Wiedereinstellung als Stadtarzt von Amstetten drohte anfänglich zu scheitern. Auf Grundlage des Beamtenüberleitungsgesetzes von 1945 hatte der Gemeinderat zu entscheiden, ob Simhandl aus dem Dienstverhältnis auszuscheiden oder zu übernehmen war. Die Personalkommission der Stadt entschied in ihrer Sitzung vom 17. April 1950 mehrheitlich dafür, Simhandl aus dem Personalstand auszuscheiden und die Stelle des Stadtarztes neu auszuschreiben.[63] Allerdings wurde dieser Beschluss nicht auf die Tagesordnung der Plenarsitzung des Gemeinderates gesetzt, wo-

59 STAAMST, NS-Registrierung Dr. Friedrich Simhandl, Schreiben Stadtpolizeiamt Amstetten an das Amt der niederösterreichischen Landesregierung, 24. 5. 1950.

60 STAAMST, Archiv der Personalabteilung, Personalakt Dr. Fritz Simhandl.

61 STAAMST, Archiv der Personalabteilung, Personalakt Dr. Fritz Simhandl. Vgl. allgemein auch Winfried R. Garscha / Claudia Kuretsidis-Haider, Justizielle „Diktaturfolgenbewältigung" in Österreich nach 1945. Unterschiede und Gemeinsamkeiten im Vergleich zu Westdeutschland, in: Dokumentationsarchiv des österreichischen Widerstandes (Hrsg.), Forschungen zum Nationalsozialismus und dessen Nachwirkungen in Österreich. Festschrift für Brigitte Bailer, Wien 2012, S. 223–246.

62 Vgl. hierzu Österreichisches Staatsarchiv, Archiv der Republik, PK GZ 14/8402/1948

63 STAAMST, Stadtamt vor 1960, K 23, Niederschrift über die 17. Personalkommissionssitzung am 17. 4. 1950.

durch kein entsprechender Beschluss gefasst werden konnte.[64] Der amtierende Stadtarzt Dr. Karl Ginner verstarb in den Folgemonaten, womit die von Simhandl angestrebte Stelle vakant wurde. Gegen die Widerstände von ÖVP und KPÖ wurde bei der Personalkommissionssitzung vom 11. Dezember 1950 mit SPÖ-Mehrheit beschlossen, Simhandl den Weg zum Stadtarztposten freizumachen.[65] Simhandl hatte es also dem Tod des amtierenden Stadtarztes und einem Umstand, der als Versehen oder bewusste Verschleppung interpretiert werden kann, zu verdanken, dass er neuerlich die von 1939–1945 innegehabte Position einnehmen konnte. Er konnte damit wieder als Arzt praktizieren und sein von den Sowjets beschlagnahmtes Haus erneut beziehen.

Dieser Reintegration Simhandls folgte die intensivere Wahrnehmung seiner literarischen Tätigkeit. Ab den 1950ern wurde er als Mundartdichter von Rang wahrgenommen. So war er beispielsweise in der 1955 erschienenen ersten Anthologie österreichischer Mundartdichtung seit dem frühen 20. Jahrhundert mit mehreren Beiträgen vertreten.[66] Nicht weniger als vier Bücher erschienen in den letzten Jahren vor seinem Tod 1958, davon drei Bände mit Mundartdichtungen.[67] Zwar war Simhandl auch in den beiden Jahrzehnten zuvor mit Dialektgedichten im Rahmen von Lesungen und einzelnen Publikationen in Mundart an die Öffentlichkeit getreten, doch nun wurde er zusehends als spezifisch „*Mostviertler* Heimatdichter“ konstruiert.

„Gnade der Heimkehr“: Simhandls Reflexion seines Berufsverbots

Simhandls einziger Roman, „Gnade der Heimkehr“, erschien ab Juni 1954 in Fortsetzungen im „Amstettner Anzeiger“[68], im selben Jahr auch in Buchform. „Gnade der Heimkehr“ war autobiographisch und stellte Simhandls Auseinandersetzung mit der Zeit seines Berufsverbots dar.[69] Es war eines von drei Bü-

64 STAAMST, Stadtamt vor 1960, K 23, Niederschrift über die 18. Personalkommissionssitzung am 23. 6. 1950.

65 STAAMST, Stadtamt vor 1960, K 23, Niederschrift über die 22. Personalkommissionssitzung am 11. 12. 1950.

66 Johannes Hauer (Hrsg.), Am Quell der Muttersprache. Österreichische Mundartdichtung der Gegenwart, Graz–Wien 1955, S. 180–185.

67 Fritz Simhandl, Bauernjahr, Amstetten 1954; ders., Bauernleben, Wien 1956; ders., D’Fürbitta, Amstetten 1957.

68 Erschienen von Nr. 26 (10. 6. 1954) bis Nr. 7 (17. 2. 1955).

69 Fritz Simhandl, Gnade der Heimkehr, Amstetten 1953.

chern, die nach 1945 entstanden und im Verlag von Josef Ramharter, zugleich Chefredakteur des „Amstettner Anzeigers“, erschienen waren. Zweifellos war Ramharter maßgeblich an der gesteigerten Wahrnehmung Simhandls als „Mostviertler Heimatdichter“ beteiligt. Der Arzt war nicht nur Ramharters Freund,[70] sondern die beiden waren auch ehemalige „Parteigenossen“.

Der überzeugte Nationalsozialist Ramharter hatte 1936 gemeinsam mit Carl Queiser den „Amstettner Anzeiger“ gegründet und als Chefredakteur seine inhaltliche Linie bestimmt. Bis zum „Anschluss“ 1938 und der damit verbundenen Adelung zum „Organ der Nationalsozialistischen Deutschen Arbeiterpartei“ zeichnete sich der Anzeiger immer wieder durch Beiträge aus, die hart an der Grenze der Legalität angesiedelt waren.[71] Nach dem „Anschluss“ lancierte der Anzeiger wüste antisemitische Kampagnen, Ramharter übernahm nun auch die Funktionen eines Stadtkämmerers und Stadtrats. 1945 floh er nach Oberösterreich in die amerikanische Zone, kehrte aber 1949 zurück und übernahm, maßgeblich unterstützt von der SPÖ, die an einer parteinahen Wochenzeitung interessiert war, erneut den „Amstettner Anzeiger“.[72] Diese alte NS-Seilschaft förderte Simhandls Wahrnehmung als „Heimatdichter“ und sollte auch die Grundlage für die posthumen Ehrungen des Arztes werden.

In „Gnade der Heimkehr“ beschreibt Simhandl vordergründig seine Tätigkeit als Arbeiter in einem Sägewerk, der trotz Berufsverbots immer wieder als Arzt tätig ist. Im Zentrum aber steht eine ländliche Welt, die auch damals vielfach als dem Untergang geweiht verstanden wurde. Landwirtschaftliche Arbeiten und voralpine Landschaften werden ebenso beschrieben wie populäre medizinische Vorstellungen und religiöse Bräuche. Simhandl thematisiert somit eine doppelte Heimkehr: auf manifester Ebene seine das Ende des Buchs markierende Benachrichtigung von der Begnadigung durch den Bundespräsidenten und die damit verbundene Rückkehr nach Amstetten und in seinen angestammten Beruf als Arzt. Auf einer zweiten Ebene aber ist gerade sein erzwungenes Leben unter Bauersleuten und Holzarbeitern als imaginierte Heimkehr zu verstehen, die den Dialektdichter, der seine Stoffe überwiegend im bäuerlichen Milieu ansiedelte, in jene Welt versetzte, die er selbst in seinen literarischen Äußerungen als seine wahre Heimat darstellte. Die Gründe für diesen erzwungenen Orts- und Berufswechsel werden im Roman nicht thematisiert.

70 Dass Ramharter ein Freund Simhandls war, wurde in Nachrufen mehrmals betont. Vgl. etwa Amstettner Anzeiger Nr. 5, 3. 2. 1966, S. 10.

71 Vgl. Christian Kneil, Getarnte nationalsozialistische Presse in Österreich. Die politische Berichterstattung des „Amstettner Anzeigers“ in den Jahren 1936 bis 1938, Dipl., Univ. Wien 2003.

72 Vgl. Josef Freihammer, Heimat Amstetten IV. Erinnerungen, Amstetten 1996, S. 53.

Einen Hinweis liefert die zeitliche Abfolge: Der Roman geht zunächst auf die Vorfahren Simhandls ein, womit seine Verwurzelung mit der „Scholle"[73], trotz seines akademischen Ausbildungswegs in der Großstadt, plausibel gemacht werden sollte.[74] Dann wird sein Lebensweg bis zu seiner Promotion und Heirat 1925 skizziert, woraufhin sein Berufsverbot und die Ankunft in St. Georgen am Reith den Beginn des Hauptteils dieses Romans markieren. Die dazwischenliegenden zwei Jahrzehnte werden nicht erwähnt. Damit erscheint die Phase des Berufsverbots als unverschuldet über ihn hereingebrochene Ungerechtigkeit, zugleich aber auch als Raum, der ihm ein Eintauchen in eine vermeintlich ursprünglichere, aufrichtigere bäuerliche Welt ermöglicht. Allerdings kann er auch hier den im Nationalsozialismus geschulten ärztlichen Blick nicht ablegen: Gleich zu Beginn seiner Tätigkeit im Sägewerk fällt ihm ein Arbeiter auf, bei dem er nach einzelnen Beobachtungen „veitstanzähnliche Erscheinungen" und damit „Jugendirrsinn" diagnostizierte – einer der im „Gesetz zur Verhütung erbkranken Nachwuchses" genannten Sterilisationsgründe.[75]

In den wenigen Sätzen, in denen Simhandl die Hintergründe seines Berufsverbots thematisiert, charakterisiert er sich als vom Schicksal geprüfter Mann, der stets nur seine Pflicht zum Wohle der Menschen erfüllt hat. Im Zusammenhang mit seiner Promotion etwa schreibt Simhandl:

> „In die Hand des Rektors legten wir unseren Berufseid ab, den ich bisher immer treu gehalten habe, auch in einer Zeit, als ein über mich verhängtes Berufsverbot mich 20 Jahre später daran hindern sollte. Als ich einige Jahre später Gemeindearzt wurde, mußte ich wieder einen Eid leisten, diesmal auf die Erste Republik, dann auf den Ständestaat, auf das Großdeutsche Reich, Hitler als dem obersten Heerführer und vor nicht allzulanger Zeit auf die wiedererstandene Demokratie. Daß ich ihn immer zu erfüllen bestrebt war, wurde mir zum Verhängnis und ich sollte schwer dafür büßen."[76]

73 Simhandl, Gnade der Heimkehr. Ausdrücklich ist von der Verwurzelung mit der „Scholle" die Rede, etwa auf S. 15.

74 Vgl. Ähnliches bereits im Vorwort von Karl Bacher zu Simhandls 1928 erschienenen „Von da ewign Liab": „[...] dem Dichter merkt man es in seinem ganzen Schaffen an, wie sehr er noch mit Grund und Boden, mit der einst so ergiebigen Scholle seiner Ahnen verwurzelt und verwachsen ist". Karl Bacher, Vorwort, in: Fritz Simhandl, Von da ewign Liab, Klosterneuburg 1928, o. S. [S. 1–3, 2].

75 Simhandl, Gnade der Heimkehr, S. 38. Zum „erblichen Veitstanz" als Sterilisationsgrund siehe Christians, Amtsgewalt und Volksgesundheit, S. 163.

76 Simhandl, Gnade der Heimkehr, S. 29.

Die selektive Erinnerung an Simhandl

Im Jahrzehnt nach Simhandls Tod lässt sich eine posthume Ehrungswelle für den Verstorbenen erkennen, die nicht nur bis heute sichtbare Spuren hinterlassen hat, sondern die bis in die jüngste Zeit auch immer wieder aktualisiert wird.

Die Erinnerung an Simhandl findet sich einerseits in literaturhistorischen Arbeiten: Die Germanistin Maria Hornung-Jechl, die Simhandl bereits zu Lebzeiten verbunden war, bezeichnete ihn im 1958 erschienenen „Reallexikon der deutschen Literaturgeschichte" als Mundartdichter „von Rang [...]. Der innige Kontakt, den er als Gemeindearzt mit dem Volk pflegte, brachte ihm ein profundes Wissen vom ndösterr. Volkstum ein."[77] Auch seither fehlt Simhandl in keinem Überblick zur niederösterreichischen Literaturgeschichte bzw. Mundartdichtung.[78]

Neben der literaturhistorischen Wahrnehmung sind besonders die Ehrungen im lokalen Kontext zu nennen, die Simhandls nationalsozialistische Vergangenheit aussparen oder in eine Opfer- oder gar Widerstandsgeschichte umformulieren. Bereits unmittelbar nach seinem Tod hieß es in den „Amtlichen Mitteilungen" der Stadtgemeinde Amstetten, Simhandl habe „den anderen Menschen ein leuchtendes Beispiel in allen kulturellen Belangen"[79] gegeben. Neben Simhandl-Abenden, die bis in die späten 1990er abgehalten wurden,[80] sind vor allem drei Ehrungen hervorzuheben: Im März 1965, also eineinhalb Jahrzehnte nach seiner umstrittenen Wiederaufnahme als Stadtarzt, beschloss der Amstettner Gemeinderat einstimmig, einen Teil der Parkstraße in „Fritz-Simhandl-Straße" umzubenennen.[81] Neben seinen Leistungen als Dichter wurde seine Tätigkeit als Arzt als Begründung für diese Ehrung genannt.[82] Kaum

77 Maria Hornung-Jechl, Mundartdichtung, bairisch-österreichische, in: Werner Kohlschmidt / Wolfgang Mohr (Hrsg.), Reallexikon der deutschen Literaturgeschichte, Berlin ^{3}2001 (unveränderte Neuausgabe 1958), Bd. 2, S. 467–495, hier 490.

78 Vgl. Walter Sohm, Die Mundartdichtung in Niederösterreich, Wien 1980, S. 35 f.; Franz J. Thalhammer, Mundartdichtung in Niederösterreich, St. Pölten–Wien 1980, S. 23; Heimo Cerny, Das Mostviertel als Literaturlandschaft, in: Mostviertler Hausbuch. Ein heimatkundliches Lese- und Arbeitsbuch präsentiert von einem Arbeitskreis, Amstetten 1991, S. 291–299, hier 298. Vgl. auch die germanistische Hausarbeit: Walpurga Schneider, Fritz Simhandl. Leben und Werk, Hausarbeit, Univ. Wien 1961.

79 Amtliche Mitteilungen und Kulturberichte der Stadtgemeinde Amstettens Jg. 4, Nr. 2, 1. 2. 1958.

80 Amtliche Mitteilungen und Kulturberichte der Stadtgemeinde Amstettens Jg. 4, Nr. 2, 1. 2. 1958, STAAMST Amstetten, Nachlass Freihammer, Simhandl-Abend.

81 STAAMST, Gemeinderatsprotokolle, Niederschrift über die Gemeinderatssitzung vom 18. 3. 1965, S. 1926.

82 STAAMST, Stadtamt nach 1960, 24. Kulturkommissionssitzung, 16.2. 1965, S. 8.

ein Jahr später, im Jänner 1966, wurde am ehemaligen Wohnhaus des Arztes eine von der Stadtgemeinde gestiftete und bis heute bestehende Gedenktafel angebracht.[83] Neben Vertretern der Stadt würdigte auch der bundesstaatliche Volksbildungsreferent Prof. Dr. Richard Szerelmes den Amstettner Dichterarzt, freilich ohne auf Simhandls Rolle im Nationalsozialismus einzugehen.[84]

Bundesstaatlicher Volksbildungsreferent Dr. Richard Szerelmes bei der Einweihung der Gedenktafel an Simhandls Wohnhaus, 30. 1. 1966

Stadtarchiv Amstetten, Organisationen, Amstetten Vokal, K 5

Die dritte große Ehrung Simhandls fand nicht in Amstetten, sondern in Offenhausen statt. Sein Name wurde 1965 auf Kosten der Stadtgemeinde Amstetten auf einer Tafel am sogenannten Dichterstein verewigt.[85] Der Dichterstein

83 Vgl. STAAMST, Gemeinderatsprotokolle, Niederschrift über die am Freitag, den 25. Juli 1965 stattgefundene ordentliche Sitzung des Gemeinderates der Stadt Amstetten, S. 88; 2. Kulturkommissionssitzung am 21. 9. 1965, S. 4; 4. Kulturkommissionssitzung am 24. 1. 1966, S. 4 f.

84 Vgl. den ausführlichen Bericht im Amstettner Anzeiger, 3. 2. 1966, S. 10 f.

85 Die Übernahme der Kosten durch die Stadt war von der Witwe Simhandls „gefordert" worden. STAAMST, Niederschrift über die 24. Kulturkommissionssitzung am 16. 2. 1965, S. 7. Vgl. auch die Berichte im Amstettner Anzeiger, 30. 9. 1965.

Offenhausen wurde vom Verein Dichterstein Offenhausen unter seinem Gründer und Obmann, dem Schriftsteller Joseph Hieß, errichtet. Hieß war ab den frühen 1930ern Mitglied der NSDAP, 1934–1940 Leiter des Kulturamtes für das Volkstum im Ausland und ab 1940 Gaugeschäftsführer des Vereins für das Deutschtum im Ausland in Oberdonau.[86] In seinen Schriften propagierte Hieß nationalsozialistische Ideale. Von 1963–1968 entstand nach seinen Vorstellungen der Dichterstein Offenhausen als „Walhalla" für die deutsche Literatur, wobei eine spezifisch völkische Vorstellung von „deutsch" vertreten wurde, die beispielsweise jüdische SchriftstellerInnen ausschloss.[87] DichterInnen sollten hier verewigt werden, die bewiesen hätten, „daß sie jener beispielgebenden und beseligenden Einheit dienten, die jedes gesunde Volk braucht, um sein Dasein und damit seine Zukunft zu formen".[88] Damit wurde eine spezifische „deutsche" Literaturgeschichte konstruiert, die schließlich mehr als 500 AutorInnen vom Mittelalter bis ins 20. Jahrhundert umfasste.[89] Anlässlich des zehnten Todestages Simhandls im Jänner 1968 fand am Dichterstein eine Gedenkstunde statt, bei der Hieß selbst einen Nachruf auf Simhandl hielt. Der Amstettner Anzeiger betonte in einem Artikel über diesen Festakt, Simhandl und sein Werk werden „für immer bei der Dichtersteingemeinde Offenhausen eine bleibende Heimstatt haben".[90]

Nach dieser Ehrungswelle lassen sich erst wieder in den späten 1980ern Aktualisierungen des Gedenkens nachweisen. Anlässlich Simhandls 30. Todestages 1988 wurde eine Gedenkstunde in der Bezirkshauptmannschaft Amstetten abgehalten.[91] Zum 40. Todestag fand eine Lesung aus seinen Werken statt und eine regionale Druckerei legte Simhandls Buch „Bauernjahr" neu auf.[92]

86 Baur / Gradwohl-Schlacher, Literatur in Österreich, S. 236–243.

87 Zum Literaturverständnis des Dichtersteins auch: Andrea Reiter, Die Lyrik des „Dichtersteins Offenhausen" als Beispiel für die Kontinuität antimoderner Dichtung in Österreich nach 1945, in: Zeitgeschichte 18 (1990), S. 155–171.

88 Werther Warnold / Joseph Hieß / Leonhard Neußer, Zum Geleit, in: Verein zur Errichtung und Erhaltung des Dichtersteines Offenhausen (Hrsg.), Festschrift anläßlich der Enthüllung des zweiten Bauabschnittes des Dichtersteines Offenhausen am 25. u. 26. September 1965, Wels 1965, S. 3–4, hier 3.

89 Karl Müller, Stellungnahme zum „Dichterstein Offenhausen" für die Bezirkshauptmannschaft Wels-Land (März 1998), S. 3. http://www.van.at/alt/house/3house/verlag/dis/text/dis019.rtf [15. 5. 2015].

90 Amstettner Anzeiger, 17. 1. 1968, S. 5. Trotz des bekannten völkisch-rechtsextremen Hintergrunds des Dichtersteins Offenhausen wird diese Ehrung auf der Homepage der Marktgemeinde Wallsee-Sindelburg unkommentiert in der Kurzbiographie Simhandls erwähnt. Dr. Fritz und Barbara Simhandl: https://wallsee-sindelburg.gv.at/dr-fritz-und-barbara-simhandl [10. 6. 2021].

91 Amstettner Anzeiger, 1. 3. 1988, S. 5.

92 Niederösterreichische Nachrichten (Amstetten), 19. 5. 1998, S. 55.

Zu seinem 50. Todestag schließlich wurde 2008 eine ehrende Gedenktafel für Simhandl in der „Erlebniswelt MostBirnHaus" in Ardagger angebracht, auch darauf wird Simhandl als Mundartdichter dargestellt, gekennzeichnet durch „Verbundenheit mit den einfachen Menschen auf dem Lande".[93] In der Laudatio anlässlich der damit verbundenen „Feierstunde" wurde erneut die Bedeutung Simhandls als Bewahrer des bäuerlichen Dialekts hervorgehoben. Von der Verwurzelung mit der Scholle ist nicht mehr die Rede, wohl aber von der „genetischen Verwurzelung in der Welt des Bauerntums"[94], die den Hintergrund für Simhandls Dichtungen bilde. Hintergrund für die schwindende Erinnerung an den Amstettner Dichter seien „die politischen Wirren der unmittelbaren Nachkriegszeit, die in der Gesellschaft tiefe Gräben aufgerissen und Verwundungen hinterlassen haben, die nur sehr langsam vernarbt sind".[95] Zwar wird als Hintergrund des Berufsverbots darauf verwiesen, dass Simhandl NS-Funktionen innegehabt habe, deutlich größeres Gewicht wird aber auf der Darstellung der „Tragik des Lebensabschnittes" des Berufsverbots und der damit verbundenen „tiefen Demütigung" gelegt.[96]

In sämtlichen Darstellungen seit 1945 wird die nationalsozialistische Vergangenheit des Dichterarztes entweder nicht erwähnt[97] oder – in Form der Folgen des Berufsverbots – in eine Opferbiographie umgedeutet, wobei sich die Interpretationen stark Simhandls eigener Darstellung in seinem Roman „Gnade der Heimkehr" annäherten.

Exemplarisch für die Umdeutung des überzeugten Nationalsozialisten in einen Mitläufer, ein Opfer oder gar Widerständigen ist die Darstellung seines Verhaltens bei der erwähnten Misshandlung amerikanischer Kriegsgefangener am Amstettner Hauptplatz am 20. März 1945: Im Rahmen der Ermittlungen nach Kriegsende wurden mehrere Dutzend Personen einvernommen, die meisten von ihnen erwähnten den Arzt überhaupt nicht. Ein Zeuge erwähnte ein mäßigendes Auftreten Simhandls.[98] Simhandl selbst gab bei einer polizeilichen

93 So die Formulierung auf der Gedenktafel. https://login.gemeindeserver.net/getfile/49097/27/Gedenktafel [10. 6. 2021].

94 Heimo Cerny, Laudatio für Dr. Fritz Simhandl (1901–1958), in: Heimatblätter des Musealvereins Waidhofen 2008, S. 61–72, hier 62.

95 Ebenda.

96 Ebenda.

97 Vgl. etwa auch die Darstellung auf der Homepage der Gemeinde Wallsee-Sindelburg, auf der das Berufsverbot erwähnt, aber nicht erläutert wird: https://wallsee-sindelburg.gv.at/dr-fritz-und-barbara-simhandl [4. 6. 2021].

98 Oberösterreichisches Landesarchiv, Landesgericht Linz als Volksgericht, Vg 10 Vr 1191/49 gegen Anna Winter u. a. Aussage Johann Kaltner vor der Städtischen Sicherheitswache Amstetten, 19. 7. 1945.

Einvernahme vom 17. Juni 1945 an, „einen von ihnen [den amerikanischen Gefangenen] einen Tritt ins Gesäss versetzt zu haben“.[99] In einer zweiten Einvernahme vom 14. Juli 1945 schwächte er diese Angabe ab und behauptete, er habe einen Amerikaner, der „rücklings auf mich hergestoßen“ worden sei, mit dem Fuß wieder zurückgestoßen. Im Übrigen habe er „die Leute vom Schlagen abgehalten“.[100] In einer dritten Einvernahme am 14. Oktober 1945 präsentierte sich Simhandl schließlich als unbeteiligter Zuseher. Allerdings gestand er ein, die Verletzten medizinisch nicht versorgt zu haben.[101]

Bereits im Gnadengesuch an den Bundespräsidenten, das 1947, also im Jahr des Prozesses gestellt wurde, wurde dieses Ereignis als entlastendes Argument ins Treffen geführt und behauptet, Simhandl habe „die Besatzungsmitglieder eines abgeschossenen Alliierten Flugzeuges vor den Tätlichkeiten durch die Menge bewahrt“.[102] In den darauffolgenden Jahrzehnten wird mit dem Schweigen über Simhandls NS-Vergangenheit auch seine Rolle bei den Ereignissen des 20. März 1945 nicht mehr erwähnt. Erst in der Laudatio 2008 taucht diese Episode wieder auf – erneut in der Lesart des Gnadengesuchs: Es sei erwiesen, „dass Dr. Simhandl am 20. März 1945 durch sein mäßigendes Eingreifen am Amstettner Hauptplatz fanatische Parteigenossen daran gehindert hat, an amerikanischen Kriegsgefangenen feige Vergeltungs- und Lynchjustiz zu verüben!“[103]

Fazit

Friedrich Simhandl stellt das Beispiel eines überzeugten NS-Funktionsträgers dar, der nach 1945 die Entnazifizierung zunächst als tiefgreifenden Einschnitt erlebte, den er literarisch in seinem Roman „Gnade der Heimkehr“ verarbeitete. Dieser Einschnitt war allerdings nicht nachhaltig, Simhandl wurde sozial rasch reintegriert.

Nach seinem Tod setzte in den 1960ern eine Ehrungswelle ein: Der Propagandist einer rassistischen und auf der „Ausmerze“ von Teilen der Bevölkerung

99 Wiener Stadt- und Landesarchiv, Vg 2a Vr 828/48 (Einvernahme Dr. Simhandl vom 17. 6. 1945).

100 Ziskovsky, Der Nationalsozialismus, S. 911 f.

101 Wiener Stadt- und Landesarchiv, Vg 2a Vr 828/48 (Einvernahme Dr. Simhandl vom 14. 10. 1945).

102 AdR Antrag des Bundesministeriums für Inneres an den Herrn Bundespräsidenten gemäß § 27 des V.G. 1947.

103 Cerny, Laudatio, S. 65.

gründenden Bevölkerungspolitik wurde u. a. für seine ärztliche Tätigkeit mit einer Straßenbenennung geehrt. Während bei dieser Ehrung die ideologischen Überzeugungen Simhandls negiert wurden, wurde er zugleich im Kontext des Dichtersteins Offenhausen aber gerade dem völkischen Lager zugeordnet und aufgrund dessen geehrt.

Die Erinnerung an Simhandl war also vieldeutig, um nicht zu sagen: flexibel. Die nationalsozialistische Vergangenheit des Dichterarztes wird dabei bis heute entweder ausgeklammert oder in eine Opfer- und Widerstandsgeschichte umgedeutet.

Thomas Schmidinger / Andreas Peham

Was ist Extremismus?

Versuch einer phänomenübergreifenden Definition

Diesem Text[1] liegt der Rechtsextremismus-Begriff des Klagenfurter Historikers Willibald I. Holzer zugrunde, den dieser Anfang der 1990er Jahre für das Dokumentationsarchiv des österreichischen Widerstands (DÖW) entwickelt hat.[2] Nach ihm stellt Rechtsextremismus – verstanden als mittels Abstraktion verdichteter Idealtypus – ein Bündel von Merkmalen[3] dar. Unter ihnen ragen die Behauptung („natürlicher") Ungleichheit, das Bekenntnis zur „Volksgemeinschaft" und das autoritär-antiliberale Moment heraus. Holzers Begriff orientiert sich stark am klassisch deutschnational orientierten Rechtsextremismus, wie er in Österreich und im deutschsprachigen Raum präsent war und ist. In diesem Text unternehmen wir den Versuch, Holzers Definition zu verallgemeinern und auch andere Formen des politischen Extremismus, etwa Rechtsextremismen aus anderen historischen und geographischen Kontexten oder religiös begründete Extremismen, in einem breiteren Extremismusbegriff zu

1 Dieser Text wurde im Rahmen des Forschungsprojekts *StratEx – Strategien extremistischer Organisationen im Bildungsbereich* verfasst. Das Projekt wurde im Förderungsprogramm für Sicherheitsforschung KIRAS vom Bundesministerium für Landwirtschaft, Regionen und Tourismus finanziert.

2 Willibald I. Holzer, Rechtsextremismus, Konturen, Definitionsmerkmale und Erklärungsansätze, in: Stiftung DÖW (Hrsg.), Handbuch des österreichischen Rechtsextremismus, Wien 1993, S. 11–96.

3 Einzeln genommen und oft in etwas abgeschwächter Form lässt sich der Großteil dieser Merkmale jedoch auch außerhalb rechtsextremer Diskurse finden. So ist etwa das rechtsextreme Frauenbild weitgehend identisch mit konservativen Geschlechterbildern einer „natürlichen" oder „gottgewollten" Ungleichheit, ergänzt durch die Indienstnahme des Frauenkörpers im Kampf für den „Volkserhalt" bzw. die Ausbreitung der Eigengruppe (z. B. „Umma"), also jeweils eine Form der Bevölkerungspolitik. Auch sind alle Formen gruppenbezogener Menschenfeindlichkeit nicht auf den organisierten Rechtsextremismus beschränkt. Diese Tatsache ist einer der Gründe für die Erfolge des Rechtsextremismus, der solcherart Brücken in den Mainstream und zum Alltagsverstand schlägt. Dementsprechend soll der Begriff (in extremo, lat.: schlussendlich) auf die Basis des Phänomens in politischer und sozialer Normalität verweisen – eine Normalität, mit der eben nicht (radikal) gebrochen wird. So steigern Rechtsextreme etwa das ökonomische Konkurrenzprinzip zum Sozialdarwinismus.

erfassen. Die Notwendigkeit einer solchen Begriffsausweitung erscheint uns deshalb gegeben, als wir es einerseits in einer postmigrantischen und zunehmend religiös pluralistischeren Gesellschaft auch mit extremistischen Nationalismen und religiösen Extremismen zu tun haben, die nicht aus deutschnationalen Traditionen kommen, andererseits aber auch das Auftreten völlig neuer extremistischer Ideologien, etwa im Zusammenhang mit der Corona-Pandemie, begrifflich gefasst werden soll. Auch wenn solche neuen Formen des Extremismus partiell durchaus mit bekannten Phänomenen aus dem klassischen Rechtsextremismus in Zusammenhang stehen, so bilden sie keineswegs immer nur eine Modernisierung rechtsextremer Ideologie, sondern entwickeln sich teilweise anhand völlig anderer Fragestellungen.

Der von uns erarbeitete breitere Extremismusbegriff auf Basis des Rechtsextremismusbegriffs von Willibald I. Holzer erlaubt es, „grundlegende Faktoren und differenzierte Grade“ von Fanatisierungsprozessen zu erkennen „und mithilfe dieser Erkenntnisse frühzeitige Interventionsstrategien zu entwickeln“.[4] Mit der Verwendung solch generischer und idealtypischer Begrifflichkeit sollen die unterschiedlichen (historischen, politisch-kulturellen usw.) Kontexte nicht geleugnet und die Extremismen nicht gleichgemacht werden. Vielmehr gilt es, die Bedeutung dieser Kontexte und anderer Faktoren für die konkreten Ausformungen des jeweiligen Extremismus zu untersuchen und in der Präventionsarbeit dementsprechend spezifische Angebote zu machen.

Elemente des Extremismus

Folgende Ideologeme und Praxen kennzeichnen den Extremismus an zentraler Stelle:

- Die Behauptung „natürlicher“, kultureller oder religiös bzw. politisch begründeter Ungleichheit: ein sich auf „Natur“, „Kultur“, „Gott“ oder eine sonstige letzte (nicht hinterfragbare) Instanz berufender Antiuniversalismus und Antiegalitarismus, der sich gegen soziale Emanzipationsbestrebungen (z. B. Feminismus, ArbeiterInnenbewegung) und die Idee einer Gleichheit der Menschheit richtet.

4 Hande Abay Caspar / Christopher Daase / Nicole Deitelhoff / Julian Junk / Manjana Sold, Vom Extremismus zur Radikalisierung: Zur wissenschaftlichen Konzeptualisierung illiberaler Einstellungen, in: Christopher Daase / Nicole Deitelhoff / Julian Junk (Hrsg.), Gesellschaft Extrem, Was wir über Radikalisierung wissen, Frankfurt/M.–New York 2019, S. 15–44, hier 35.

- Ein Denken und Handeln in „Völkern", „Kulturen", Religionen oder anderen Gemeinschaften, die mit einer unveränderlichen Eigenart („Identität") ausgestattet werden und dem Individuum als Träger von Rechten mindestens gleichgestellt, in mancher Hinsicht sogar übergeordnet werden (Antiliberalismus).
- Das Individuum wird als Teil einer homogenisierten Gemeinschaft gedacht, innerhalb derer es keine Interessensgegensätze gibt bzw. geben darf, die nach außen aber klar von anderen unterschieden werden kann. Jeder Mensch wäre demnach genau einer solchen Gemeinschaft (sei sie völkisch, kulturell oder religiös definiert) zuzurechnen, die anderen ebenso gedachten Gemeinschaften tendenziell feindlich gegenübersteht.
- Eine Geschichtsbetrachtung im vermeintlichen Sinne oder Interesse einer so gedachten Gemeinschaft, in der diese als solche Akteurin ist und ihre Vergangenheit verherrlicht wird. Dies kann auch die Leugnung oder zumindest Relativierung von Genoziden und anderen Verbrechen des jeweils vorgestellten Kollektivs inkludieren (z. B. NS-Apologie, Leugnung der Shoah oder des Genozids an den ArmenierInnen).
- Ein zur „Selbstüberhöhung neigendes Wir-Gefühl"[5] und eine Fixierung auf die jeweils eigene vorgestellte und verklärte Gemeinschaft („Volk", „Umma" als vorgestellte Gemeinschaft aller MuslimInnen u. Ä.)[6].
- Die strikte und manichäische Ablehnung bestimmter Gruppen, die als konkurrierend und oft auch als minderwertig verstanden werden (z. B. kultureller Rassismus[7], Hass auf Angehörige anderer Religionen etc.). Die Feindschaft wird im Bewusstsein von ExtremistInnen dabei nur erwidert, jeden Extremismus kennzeichnet eine paranoide Grundhaltung, in welcher die Eigengruppe vor der Aggression der abgewerteten Fremdgruppe nur geschützt werde (Täter-Opfer-Umkehr).
- Entsprechend dieser Grundhaltung zehrt der Extremismus von der permanenten Entlarvung irgendwelcher finsterer Machenschaften und Verschwörungen.[8] Die Verschwörungsmythen sind mehr oder weni-

5 Holzer, Rechtsextremismus, S. 38.

6 Darunter soll nicht nur die Fixierung auf das Eigene verstanden werden, sondern auch die auf das Ethnische und Kulturelle an sich.

7 Nach Auschwitz kam es im Rechtsextremismus zu einem Wechsel in der Begründung der feindseligen Ablehnung: Die „Rasse" als Referenzpunkt wurde von der „Kultur" (Religion) abgelöst, wobei die Kontinuität im Wunsch nach Reinheit und in der manichäischen Struktur des (nun kulturellen) Rassismus zu finden ist.

8 Extremismus macht aus (anonymen) Zwängen finstere Gestalten und Zirkel, die im Hintergrund herrschen.

ger offen antisemitisch, können sich aber auch mit ähnlichen Vorstellungen gegen andere Gruppen richten (ArmenierInnen, ChinesInnen, MuslimInnen, SchiitInnen usw.). Diese Mythen arbeiten oft mit dem Bild einer drohenden „Zersetzung" der Gesellschaft von innen und sind in einen allgemeinen Dekadenz-/Katastrophendiskurs eingebettet.[9] Die Dekadenzdiagnose geht oft mit der Forderung nach Wiederherstellung eines früheren (idealen) Zustandes einher.

- Das Selbstverständnis und die Inszenierung der eigenen politischen/religiösen/weltanschaulichen Position als dauernder Protest und Rebellion gegen das herrschende „System" oder demokratische Institutionen (Rechtsstaatlichkeit), gegen die ein (angeblicher) Mehrheitswille in Widerspruch gebracht wird.[10]
- Ein extremes Ticketdenken[11] oder starres Denken in festen Gruppen, die einander dichotomisch gegenübergestellt werden, wie z. B. „Wir" (unten) und „Die" (da oben) bzw. „Volk" und „Elite", und konsequente Freund-Feind-Schematisierungen (Manichäismus).
- Ein rigider Geschlechterdualismus oder starres Konzept heteronormativer (als „natürlich" oder „göttlich" legitimierter) Zweigeschlechtlichkeit[12], verbunden mit der Ablehnung jeder Abweichung von einer behaupteten „Norm" (z. B. Homophobie).
- Die (partielle) Ablehnung wissenschaftlicher Erkenntnisse und Berufung auf den Alltagsverstand (*common sense*) oder (angebliche) Traditionen sowie eine Verabsolutierung und Immunisierung von eigenen Meinungen als „Wahrheit".

9 Es kann hier auch von Angstpolitik gesprochen werden: Anknüpfend an reale (soziale, ökonomische usw.) Krisenerfahrungen und Bedrohungsszenarien werden diese bis ins Unermessliche gesteigert. Damit soll den „kleinen Leuten" (noch mehr) Angst gemacht und der Wunsch nach „Recht und Ordnung" oder einem „starken Mann" geschürt werden.

10 Dabei handelt es sich um die „strukturelle Wiederkehr jener schon historisch eingeschliffenen Strategie" der extremen Rechten, „die mittels begrifflicher Vereinnahmung von Demokratie und der hierüber entworfenen Zielperspektive ‚wirklicher' oder gar ‚wahrer' Demokratie deren Gegenteil betrieb". (Holzer, Rechtsextremismus, S. 45.)

11 Horkheimer und Adorno verstehen unter Ticketdenken, dass mit der Hinwendung zu einer Ideologie ein die ganze Persönlichkeit in Beschlag nehmendes Gesamtpaket übernommen wird, das nicht mehr kritisch hinterfragt werden kann. Vgl. Max Horkheimer / Theodor W. Adorno, Dialektik der Aufklärung, Frankfurt/M. 1991, S. 209 ff.

12 Entsprechend seiner biologistischen Grundhaltung verwirft der Rechtsextremismus die Unterscheidung zwischen biologischem (*sex*) und sozialem Geschlecht (*gender*). Dasselbe gilt für religiös begründete Extremismen, die dies jedoch weniger biologistisch als mit einer „göttlichen Ordnung" begründen.

- Das Sicherheitsversprechen und die systematische Reduktion von Komplexität und Ambivalenz.[13]
- Die Produktion von „Begriffsfetischen“[14] und politischen Mythen anstelle rationaler Argumente (Irrationalismus).
- ExtremistInnen weisen in der Regel eine Sündenbockmentalität und Neigung zu personalisierenden Welterklärungen auf, in welchen sie sich gerne zum Opfer machen. Alles, was an gesellschaftlichen Entwicklungen unverstanden bleibt und als bedrohlich erlebt wird, wird zur Schuld der „Feinde“.
- Das autoritäre Moment[15]: Kein Extremismus kommt ohne „totalitäre Normenverständnisse“[16], antidemokratische Einstellungen und antiliberale (rigide) Ordnungsvorstellungen aus.[17]
- Gleiches gilt für die spezifische (aggressive bzw. gewaltvolle) Sprache: eine, auf „assoziative Diffamierung und suggestive Überredung angelegte Diktion“[18] und ein bestimmter militanter und abwertender Stil

13 Die quasi-religiöse Eigenschaft des Extremismus, das Sicherheitsversprechen des angeblichen Einklanges mit einer „natürlichen“ oder „göttlichen Ordnung“, macht einen Großteil seiner Erfolge aus: Er verspricht eine widerspruchsfreie, überschaubare Welt, an der alles an seinem Platz und immer gleich bleibt, das „Eigene“ und das „Fremde“ sich nicht mischen, niemand aus der Reihe tanzt (aber eben auch keiner Verantwortung übernehmen muss), es für alles einen Schuldigen gibt – der Extremismus verspricht Orientierung, Eindeutigkeit, Sicherheit und Stärke.

14 Kurt Lenk, Zur Sozialpsychologie der Mythenbildung, in: Ders., Rechts, wo die Mitte ist, Studien zur Ideologie: Rechtsextremismus, Nationalsozialismus, Konservativismus, Baden-Baden 1994, S. 85–91, hier 85. Beispiele für solche Begriffsfetische wären „Volk“, „Heimat“, „Gemeinschaft“ usw.

15 Der Autoritarismus, die Lust an Gehorsam und Unterordnung, stellt nicht nur ein Element des Extremismus dar, sondern kann auch zu seinen begünstigenden Variablen gezählt werden. Gleiches gilt für Rassismus, Antisemitismus, Homophobie, Gewaltfaszination und einen rigiden (biologistischen) Geschlechterdualismus.

16 Wilhelm Heitmeyer, Rechtsextremistische Gewalt, in: Ders. / John Hagan (Hrsg.), Internationales Handbuch für Gewaltforschung, Wiesbaden 2002, S. 501–546, hier 503. Dieses totalitäre Verständnis bezieht sich jedoch nicht auf die herrschenden Normen, die vielmehr mehrheitlich abgelehnt werden.

17 Das antidemokratische Moment richtet sich nicht immer gegen die Demokratie als solche, sondern oft gegen ihre Grundlage, die Gleichheit, und ihre zentralen Inhalte (Menschenrechte, Minderheitenschutz, Diskriminierungsverbot, Rechtsstaatlichkeit usw.). In ihrer Selbstinszenierung begreifen sich manche Strömungen des Extremismus durchaus als demokratisch, verstehen darunter allerdings eine Form der Mehrheitsherrschaft, die Minderheitenrechte, Rechtsstaatlichkeit und Menschenrechte außer Kraft setzen kann. Auch sich als extrem individualistisch und antistaatlich verstehende Gruppen von „Staatsverweigerern“ lehnen Rechtsstaatlichkeit, Menschen- und Minderheitenrechte ab und gehen letztlich von autoritären Naturrechtsvorstellungen aus.

18 Holzer, Rechtsextremismus, S. 65.

in der politischen Auseinandersetzung (Pathologisierung, Kriegs- und Tiermetaphern usw.).

- Schließlich der Kult der (phallischen) Stärke: Die eigene politische oder militärische Bewegung wird zum letzten Ort traditioneller (vormals hegemonialer) Männlichkeit, die sich vor allem über ihre patriarchale Macht und ihre „Wehrhaftigkeit" definiert, also eng an Gewalt gebunden ist (Hypermaskulinismus).[19]

Extremismus ist kein starres, unveränderliches Phänomen, er stellt vielmehr eine spezifische Anordnung der genannten Elemente dar, wobei diese dauernd neu geordnet und gewichtet werden. Um von Extremismus sprechen zu können, müssen nicht alle Elemente vorhanden sein. Als definitorisches Minimum gelten die Verwandlung sozialer in „natürliche" oder „gottgewollte" Ungleichheit, der Gemeinschaftsdünkel, der nicht ohne Rassismus oder andere Feindbildkonstruktionen und (oft antisemitische) Verschwörungstheorien zu haben ist, sowie der Autoritarismus. Dieser geht jedoch oft mit rebellischen Impulsen einher: Gilt die Unterwürfigkeit dem autoritären Gesamtzusammenhang, so richtet sich die Auflehnung gegen „falsche" oder schwach gewordene Autoritäten (z. B. „Eliten", „Politikerkaste"). Dieses rebellische oder Widerstands-Dispositiv kann als Legitimationsgrundlage von politischer Gewalt dienen und bildet darum ein wichtiges Narrativ des Extremismus, dem oft Züge des Vigilantismus zukommen.[20]

Nicht zuletzt angesichts der Tatsache, dass einzelne Elemente des Extremismus sich auch in anderen Ideologien und als Einstellungen in der politischen „Mitte" finden lassen, sollte das definitorische Minimum aus Ungleichheit, Gemeinschaftsdünkel und Autoritarismus erfüllt sein, um von Extremismus sprechen zu können.[21] Die Frontstellung gegen die liberale Parteiendemokratie

19 Legitimiert wird die Gewalt mit dem Notwehrargument: Die Verwandlung von Aggression in Reaktion kennzeichnet jede Form des Extremismus.

20 Vigilantismus meint die Rechtfertigung von Gewalt jenseits des Gewaltmonopols des Staates, bei der eigenmächtiges Bestrafen und die (vermeintliche) Wiederherstellung von Gerechtigkeit durch Gewalt legitimiert ist. Bürgerwehren, selbst ernannte „Religionswächter" u. Ä. wären Beispiele für vigilantistische Gruppen. Vgl. Matthias Quent, Selbstjustiz im Namen des Volkes: Vigilantistischer Terrorismus, in: Aus Politik und Zeitgeschichte 24–25/2016, S. 20–26. Online: https://www.bpb.de/apuz/228868/vigilantistischer-terrorismus [14. 12. 2021].

21 Vgl. Hans Joachim Schwagerl, Rechtsextremes Denken, Merkmale und Methoden, Frankfurt/M. 1993.

stellt wie die manifeste Gewalttätigkeit[22] kein notwendiges Element dar, um von Extremismus sprechen zu können. Dies steht im Widerspruch zum polizeinahen Begriffsverständnis in Deutschland, wo eine enge definitorische Bindung des Extremismus an die Frontstellung gegen die Freiheitlich-demokratische Grundordnung (FDGO) und hier insbesondere gegen deren institutionellen Ausdruck (Parlamentarismus usw.) existiert. Eine solche Frontstellung ist zwar häufig, aber keine Bedingung, und es gilt, die als extremistisch einzustufende grundsätzliche Ablehnung demokratischer Werte von dem Bestreben, andere Formen von Demokratie zu etablieren, zu unterscheiden. Zugleich gibt es auch extremistische Strömungen, die die Parteiendemokratie und Parlamente für die eigenen (extremistischen) Ziele nützen.

Dieser Extremismusbegriff grenzt sich gegenüber anderen Begriffen wie Radikalismus oder Fundamentalismus ab. Radikale[23] Einstellungen dienen idealtypisch nicht der Abgrenzung einer als „eigen“ gedachten Gruppe und einer Ideologie der Ungleichheit, sondern bedeuten nur, sich nicht mit Reformen zufrieden zu geben, sondern etwas grundsätzlich anderes erkämpfen zu wollen. Auch der Fundamentalismusbegriff ist nicht deckungsgleich mit dem Extremismusbegriff. Fundamentalismus ist auch als individuelles Lebenskonzept denkbar im Sinne einer sehr strikten, sich auf das (vermeintliche) Fundament einer Religion oder Weltanschauung berufenden Lebensweise. Dies kann, muss aber nicht zu einer extremistischen politischen Einstellung führen.

22 Auch wenn der latent, strukturell oder sprachlich gewalttätige Extremismus den Boden bildet, auf dem Terrorismus wächst, sind die beiden Phänomene nicht deckungsgleich.

23 Radikal, von lat. *radix*, Wurzel, meint im eigentlichen Wortsinn etwas von der Wurzel her anders machen wollen, damit ist weder notwendigerweise eine Gewaltaffinität verbunden, noch eine Ideologie der Ungleichheit, vielmehr gibt es z. B. auch radikale FeministInnen oder AntirassistInnen, denen es um Gleichheit und nicht um Ungleichheit geht.

Christine Schindler

Interaktion mit der Öffentlichkeit

Zur Neugestaltung der Dauerausstellung des DÖW zur Geschichte des Nationalsozialismus als Projekt und Prozess

Ausgangslage und Notwendigkeiten

Geschichtsmuseen sollen Sinn stiften, Werte vermitteln und sowohl intellektuelles Wissen präsentieren als auch emotional berühren. Die besondere Schwierigkeit für Ausstellungen zum Nationalsozialismus besteht in der Darstellung schier unvorstellbarer Geschehnisse. Über die Jahre verändern sich Geschichtsbilder, was lange gezeigte Dauerausstellungen in ein Spannungsverhältnis zu aktuellen Diskursen bringt. Neue Generationen haben neue Fragen und veränderte Zugänge verlangen nach zeitgemäßen Vermittlungsformen.

Die Dauerausstellung des DÖW im Alten Rathaus in der Wiener Innenstadt ist mittlerweile 17 Jahre alt. Sie muss dringend neugestaltet werden. Ebenso müssen Vermittlung und Öffentlichkeitsarbeit des DÖW nach den erhöhten Erfordernissen ausgerichtet werden. Die DÖW-Ausstellung zum Thema des Nationalsozialismus in Österreich wird jährlich von Tausenden Schüler*innen, Tourist*innen und zeitgeschichtlich Interessierten besucht. Die Texte der Ausstellung, die auch im Internet abrufbar sind, bilden die Grundlage für unzählige Schul- und Forschungsarbeiten sowie Gedenk- und Ausstellungsprojekte. Um diesem großen Interesse gerecht zu werden, ist eine pädagogische Stelle einzurichten, die Vermittlungskonzepte für die unterschiedlichen Bedürfnisse entwickelt.

Die Neugestaltung betrifft also zusammenhängende Bereiche, die miteinander aktualisiert werden müssen: Ausstellung(en) – Vermittlung – Öffentlichkeitsarbeit. Ziel dieses Beitrages ist es, die Diskussion für die Neugestaltung der Ausstellung des DÖW in seiner ganzen Bandbreite anzustoßen und Überlegungen und Ideen für den Prozess zu formulieren.[1]

1 Das ist der Zugang der Autorin als langjährige Projektmanagerin des DÖW. Siehe: Christine Maria Schindler, Die Neugestaltung der Dauerausstellung des Dokumentationsarchivs des

Die Konzipierung der Neuausrichtung betrifft alle 3 Ausstellungen des DÖW:

- Die Gedenkstätte Steinhof war – auf Spitalsgelände gelegen – im Zuge der Maßnahmen gegen die Corona-Pandemie ab März 2020 geschlossen und ist seit Herbst 2021 aus demselben Grund sehr eingeschränkt zu besichtigen. Sie wird ab etwa 2023 im Zuge der vollständigen Umgestaltung und Umwidmung des gesamten Areals des ehemaligen Otto-Wagner-Spitals umgesiedelt und an anderer Stelle mit einem neuen, noch auszuhandelnden Konzept wiedererrichtet.[2] Aktuelle Diskussionen zielen auf die Übersiedlung des gesamten Instituts von der Wiener Innenstadt in einen der Pavillons auf dem Gelände, das zu einem Wissenschafts-, Bildungs- und Kulturareal umgebaut werden soll.[3] Am aktuellen Standort des DÖW im Alten Rathaus gibt es keine Erweiterungsmöglichkeiten, weder für die Ausstellung noch für das Archiv oder die Büroräume.
- Die Gedenkstätte für die Opfer der Gestapo Wien ist mangels Ressourcen nur auf Anfrage geöffnet. Um sie permanent besichtigen zu können, wäre es – beispielsweise im Zuge der Umgestaltung des Schweden- und Morzinplatzes mit seinem dortigen Denkmal – überlegenswert, sie so zu gestalten, dass sie von außen besichtigt werden kann – etwa analog zu Schaufenstern.
- Die „Hauptausstellung" des DÖW im Alten Rathaus, zu der in der Folge vorrangig Überlegungen angestellt werden, bedarf – unabhängig vom Standort – einer grundlegenden Neugestaltung. Die aktuelle Diskussion darüber, das DÖW auf das Areal am Steinhof zu übersiedeln, um einen modernen Archiv- und Ausstellungsbetrieb zu ermöglichen, die einzigartigen Bestände zu erhalten und der gesellschaftspolitischen Aufgabe des Hauses damit adäquat nachzukommen, fließen in die Überlegungen insofern ein, als der Dauerausstellung im Alten Rathaus nicht

österreichischen Widerstandes als öffentlicher Prozess, Masterarbeit an der Fachhochschule Burgenland / Austrian Institute of Management, Wien 2021. Die Arbeit beinhaltet auch die Ergebnisse einer kleinen Pilotstudie – eine erste Befragung zu den Wünschen der Öffentlichkeit an eine neue Ausstellung.

2 Siehe https://www.wien.gv.at/stadtentwicklung/projekte/otto-wagner-areal/index.html [2. 4. 2022].

3 Der im Dezember 2021 neu gewählte Vorsitzende des Stiftungsrates des DÖW, der ehemalige Wiener Bürgermeister Dr. Michael Häupl, hat die Übersiedlung des Instituts auf seine Agenda gesetzt und sie bei der Generalversammlung des DÖW am 4. Mai 2022 angekündigt.

mehr die Unmöglichkeit abverlangt werden sollte, auf 200 m² den Nationalsozialismus samt Vor- und Nachgeschichte darzustellen und gleichzeitig Veranstaltungsort mit Eingangs-, Sanitär- und Reflexionsbereich zu sein und überdies noch Wechselausstellungen zu beherbergen. Allerdings wäre es eine Möglichkeit, die gegenwärtigen Ausstellungsräumlichkeiten als Dependance zu behalten, um sie für eine reduzierte Überblicksschau für Schulklassen und Tourist*innen im Zentrum der Stadt zu nutzen.

Die folgenden Überlegungen skizzieren
- die Möglichkeiten einer breiteren Einbeziehung der Öffentlichkeit durch Umfragen, Zufriedenheitsanalysen, Beiräte und Gremien,
- die Ausrichtung der Ausstellungen und Vermittlung auf die demografischen Veränderungen (insbesondere Migration und zeitlicher Abstand zum Geschehenen)
- sowie wesentliche prozedurale Eckpunkte einer Ausstellungsneugestaltung.

DÖW-Ausstellungen 1963 bis 2022

Das DÖW hat von Anbeginn seines Bestehens Ausstellungen gestaltet, sowohl Dauerausstellungen als auch Wanderausstellungen.[4] Die Dauerausstellung von 1978 bis 2005 hatte den Titel „Der österreichische Freiheitskampf".[5] Ursprünglich als Wanderausstellung konzipiert tourte sie durch Österreichs Schulen, wurde aber auch im Ausland gezeigt.[6]

4 Siehe im Detail zur Geschichte des DÖW, seiner Ausstellungen, Bestände, Projekte u. a.: DÖW (Hrsg.), 40 Jahre Dokumentationsarchiv des österreichischen Widerstandes 1963–2003, Wien 2003; DÖW (Hrsg.), Bewahren – Erforschen – Vermitteln. Das Dokumentationsarchiv des österreichischen Widerstandes, Wien 2008; Brigitte Bailer, Die neue ständige Ausstellung des DÖW im Alten Rathaus, in: Dokumentationsarchiv des österreichischen Widerstandes (Hrsg.), Jahrbuch 2006, Wien 2006, DÖW, S. 113–123. Auch sehr prägnant: Peter Larndorfer, Das Dokumentationsarchiv des österreichischen Widerstandes und seine Ausstellungen, in: Dirk Rupnow / Heidemarie Uhl (Hrsg.), Zeitgeschichte ausstellen in Österreich, Wien 2011, S. 117–149.

5 Siehe zu den allerersten hier nicht näher ausgeführten Ausstellungen ab Mitte der 1960er Jahre: Larndorfer, Das Dokumentationsarchiv des österreichischen Widerstandes. Larndorfer wertete Festschriften des DÖW aus.

6 Bis heute können verschiedene Wanderausstellungen kostenlos entliehen werden: https://www.doew.at/erkennen/vermittlung/wanderausstellungen [9. 10. 2021].

Die DÖW-Ausstellung 1978 wurde bereits in jenen Räumen eröffnet, in denen auch der Großteil der heutigen Ausstellung untergebracht ist:[7] im Erdgeschoss des Alten Rathauses in der Wiener Innenstadt. Schon der Name „Der österreichische Freiheitskampf" legte den Fokus auf den Widerstand gegen das Dollfuß-Schuschnigg-Regime 1933–1938 und gegen den Nationalsozialismus 1938–1945 sowie auf die Verfolgung verschiedener Opfergruppen. Die Täterforschung und andere Entwicklungen der Nachkriegsgeschichte waren hingegen damals noch kaum Gegenstand der wissenschaftlichen Forschung. Da das DÖW in den ersten Jahrzehnten seines Bestehens von ehemaligen Widerstandskämpfern und Widerstandskämpferinnen getragen war, auch von jenen, die sich im Exil mit der politischen Zukunft Österreichs befasst hatten, war diese Herangehensweise naheliegend.[8] Wesentlich war dieser Ausstellung das Bekenntnis zur wehrhaften Demokratie, das Motto „Wehret den Anfängen" wurde deutlich als zentrale Botschaft an die Besucher*innen ausgesprochen.

Schon den ersten Ausstellungen des DÖW wurde eine staatstragende Rolle zugeschrieben, wie auch in den Statuten festgelegt wurde:

> „Motiv für die seit 1983 bestehende Stiftung ist die Erhaltung und Sammlung, der Archivalienschutz sowie die historische Auswertung von Dokumenten und Materialien aller Art, die den Beweis geliefert haben und noch liefern, dass Österreich den in der Moskauer Erklärung der alliierten Außenminister des Jahres 1943 geforderten eigenen Beitrag zu seiner Befreiung geleistet hat. Diese Sammlung ist nicht abgeschlossen und erfordert eine weitere Bearbeitung der schon vorhandenen Materialien. Dazu gehört auch die Errichtung bzw. Führung von Museen, die dem gleichen Zwecke dienen und die weiterhin und mit noch größerem Einsatz sicherzustellen sind."[9]

Zwischen den Ausstellungen 1978 und 2005 lagen viele einschneidende Ereignisse: Zu nennen sind hier unter etlichen anderen die Debatte um die NS-Vergangenheit des späteren Bundespräsidenten Kurt Waldheim Mitte der 1980er Jahre, das Washingtoner Abkommen zwischen Österreich und den USA zur

7 Zu den zwei Räumen der Ausstellung 1978 kam 2005 ein weiterer Raum hinzu, sodass heute etwa 200 m^2 Ausstellungsfläche zur Verfügung stehen.

8 Brigitte Bailer / Wolfgang Neugebauer, Das Dokumentationsarchiv des österreichischen Widerstandes, in: DÖW (Hrsg.), 40 Jahre Dokumentationsarchiv, S. 26–36.

9 Auszug aus der Stiftungssatzung der „Stiftung Dokumentationsarchiv des österreichischen Widerstandes" (Gründungserklärung gem. § 7 BStFG).

Entschädigung von NS-Opfern 2001, die Gründung des Nationalfonds der Republik Österreich für Opfer des Nationalsozialismus 1995, des Fonds für Versöhnung, Frieden und Zusammenarbeit 2000 und des Allgemeinen Entschädigungsfonds 2001, die unbürokratisch Zahlungen an ehemalige Zwangsarbeiter*innen und bislang unbeachtete Opfer leisteten,[10] und die Arbeit der Österreichischen Historikerkommission 1998–2003, die den Vermögensentzug während des Nationalsozialismus sowie seither erfolgte Rückgaben bzw. Entschädigungsmaßnahmen erforschen sollte. Ebenso fielen in diese Zeit die heftigen Debatten um die Wanderausstellung (1995–1999) des Hamburger Instituts für Sozialforschung „Verbrechen der Wehrmacht. Dimensionen des Vernichtungskrieges 1941–1944" sowie (weniger öffentlich umstritten) die Neuausrichtung der KZ-Gedenkstätte Mauthausen ab 2000. Bedeutend waren die filmischen Aufarbeitungen – unter etlichen anderen Steven Spielbergs Film „Schindlers Liste" 1996, der nach dem „Holocaust"-Vierteiler 1978 wohl am wirkungsmächtigsten wurde und auch in Österreich breite Bevölkerungsschichten erschütterte.

Die lange offiziell gepflogene These von Österreich als erstem Opfer konnte in dieser Ausschließlichkeit nicht mehr aufrechterhalten werden. Zum Teil wurde diese These auch dem DÖW zugeschrieben. Brigitte Bailer und Wolfgang Neugebauer stellten 2003 dazu fest (in Hinblick auf die ursprüngliche Ausrichtung des DÖW):

> „Diese Berufung auf den Widerstand durch die öffentliche Erinnerung, die aus heutiger Sicht als ‚Teil einer Verdrängungsstrategie' des offiziellen Österreich erscheint, stellte in den sechziger Jahren ein kritisches, gegen die Geschichtsauffassung der Kameradschaftsverbände und der Wehrmachtstradition gerichtetes Konzept dar. Doch nicht nur offiziell wurde zu jener Zeit die ‚Opfertheorie' (und damit die Ausblendung der österreichischen Mitverantwortung für NS-Regime und -Verbrechen) vertreten; auch das Interesse der ehemaligen Verfolgten konzentrierte sich naturgemäß auf die Dokumentation des Widerstands und der Verfolgungsmaßnahmen; das Aufzeigen des Beitrags der WiderstandskämpferInnen zur Befreiung und zur Wiedererrichtung der Republik Österreich war für diese Generation ein wichtigeres Anliegen als Täterforschung."[11]

10 Siehe https://www.nationalfonds.org/, http://www.versoehnungsfonds.at/, http://www.zukunftsfonds-austria.at/, https://www.entschaedigungsfonds.org/ [15. 5. 2022].

11 Bailer / Neugebauer, Das Dokumentationsarchiv des österreichischen Widerstandes, S. 29.

Die im Gedenkjahr 2005 vorgenommene Neugestaltung der Ausstellung erfolgte vor dem Hintergrund einer sehr kurzfristigen Finanzierungszusage und eines dem Anlass entsprechenden Eröffnungstermins noch im selben Jahr. Inzwischen war – insbesondere im Gefolge der Waldheim-Debatte – ein Paradigmenwechsel in der österreichischen Geschichtspolitik erfolgt. Viele Zeitzeuginnen und Zeitzeugen waren zwar noch am Leben, aber nicht mehr aktiv in die Arbeit eingebunden. Zur Konzepterstellung wurde aus den Reihen der Mitarbeiter*innen des DÖW ein Expert*innenteam zusammengestellt. Eingebunden wurden darüber hinaus punktuell externe Expert*innen (für die Themenbereiche Roma und Sinti, Kärntner Slowenen und Sloweninnen, Homosexuelle sowie Erinnerungskultur) sowie ein Architekt, der die baulichen Maßnahmen leitete und auch eine zentrale Position bei der Gestaltung einnahm.[12]

Die – bis heute bestehende – Ausstellung dokumentiert die Vorgeschichte des Nationalsozialismus ebenso wie Widerstand und Verfolgung in der NS-Zeit und die Aufarbeitung der NS-Vergangenheit nach 1945. Sie ist die einzige Ausstellung in Österreich, die sich in dieser Breite mit der Thematik befasst. Sie stellt die wissenschaftlichen Ergebnisse auf der Höhe der Zeit dar, erhielt aber keinen Titel. Ihr deklariertes Ziel war nach wie vor, aller Opfer und der Widerständigen zu gedenken sowie die Werte von Demokratie und Frieden zu vermitteln.

Neu war 2005, dass die Mittäterschaft vieler Österreicher und Österreicherinnen und der „Anschluss" Österreichs ohne Gegenwehr nun Raum in der Ausstellung erhielten. Zentral wurde zudem die Verfolgung der österreichischen Juden und Jüdinnen. Gleichberechtigt mit anderen Themen wurden die Verfolgung der Homosexuellen und die NS-Medizinverbrechen erarbeitet. Die Zeit 1933–1938 wurde zur „Vorgeschichte".[13]

Die Darstellung der Arbeit gegen aktuelle rechtsextreme und autoritäre Tendenzen wiederum konnte auf dem begrenzten Raum nicht der Bedeutung im DÖW und auch nicht der Präsenz in der Öffentlichkeit entsprechen. Die Nachkriegszeit wurde um die Themen Erinnerungskultur, Umgang der Republik mit den Opfern sowie Entnazifizierung erweitert.

12 Dokumentationsarchiv des österreichischen Widerstandes (Hrsg.), Katalog zur permanenten Ausstellung, Wien 2006.

13 Dies ist in leicht veränderter Form auch auf der Ausstellungswebsite zu erkennen: „Ständestaat" / „Dollfuß-/Schuschnigg-Diktatur" / „Austrofaschismus" werden samt Februarkämpfen und Spanischem Bürgerkrieg zum „Weg zum ‚Anschluss'" bzw. „Österreich 1918–1938", siehe: Dauerausstellung des DÖW in deutscher Sprache: https://ausstellung.de.doew.at/ [10. 10. 2021].

Nicht vorgesehen war hingegen ein pädagogisches Konzept, und auch die notwendige Diskussion im Hinblick auf das Spannungsfeld Inhalt und Gestaltung kam nicht in Gang. Im Ergebnis entspricht die Ausstellung 2005 inhaltlich – nach wie vor – allen wissenschaftlichen Standards, weist aber pädagogische und gestalterische Mängel auf.

Die Neugestaltung der Dauerausstellung des DÖW: Einbeziehung einer breiteren Öffentlichkeit

Die Jahre seit der Errichtung der letzten Dauerausstellung des DÖW im Alten Rathaus waren – gedenkpolitisch – geprägt von der Umgestaltung der KZ-Gedenkstätte Mauthausen und der Aufwertung der Gedenkorte an den ehemaligen Außenlagern, vom Aufbau des Wiener Wiesenthal-Instituts für Holocaust-Studien (VWI) und des Hauses der Geschichte in Wien, die alle neue Ausstellungen zur NS-Zeit bzw. zu bestimmten Aspekten zeigen. Zuletzt wurde die Österreich-Ausstellung im Staatlichen Museum Auschwitz-Birkenau fertiggestellt.[14] Zusammen mit den bereits vorhandenen Einrichtungen und Initiativen ist somit in Österreich ein vielfältiges Panorama an Gedenk- und Forschungsinitiativen und -instituten mit permanenten und temporären Ausstellungen entstanden.

Alle diese Ausstellungen sind aus öffentlichen Mitteln finanziert und richten sich an die Öffentlichkeit. Diese sollte daher auch verstärkt – direkter – in die Errichtung einbezogen werden. Dazu gibt es verschiedene Möglichkeiten.

Expert*innen und Beiräte

Grundsätzlich wurden zeitgeschichtliche Ausstellungen bis in die 1990er Jahre von relativ kleinen Expert*innenteams gestaltet und umgesetzt. In den letzten 20 Jahren hat sich ein Beiratssystem etabliert, sodass vor allem bei großen Vorhaben Gremien von durchschnittlich 5 bis 20 Personen errichtet werden. Bei großen und politisch-diplomatisch relevanten Planungen werden inhaltliche Beiräte von gesellschaftlichen getrennt, d. h. Fachleute beraten zur konkreten Gestaltung einer Ausstellung, gesellschaftliche Beiräte vertreten Opferorgani-

14 „Entfernung. Österreich und Auschwitz“, siehe https://www.nationalfonds.org/konzept [8. 12. 2021].

sationen und andere zivilgesellschaftliche Initiativen, aber auch Vertreter*innen ausländischer Staaten werden gerne eingeladen.

Die Bestellungen erfolgen oft ad personam, wobei die relevanten Organisationen vertreten sein sollen. Die Beiräte werden meist offiziell bestellt, sind aber nur in Konfliktsituationen Gegenstand öffentlicher Berichterstattung.[15] Dies gilt generell für die Entstehung von Ausstellungen (wenn sie nicht mit öffentlichen Konflikten einhergegangen sind), wie Peter Larndorfer in seiner Diplomarbeit 2009 schon über die „alte" DÖW-Ausstellung „Der österreichische Freiheitskampf" bestätigte:

> „[...] gibt es kaum Hintergrundinformationen zu den Prozessen der Gestaltung einer Ausstellung. [...] nur sehr fragmentarische Einblicke in die internen Debatten, die der Eröffnung der Ausstellung vorangegangen sind."[16]

Dies ist mindestens dem steten Zeit- und Finanzdruck solcher Projekte zuzuschreiben, aber auch der informellen Prozessstruktur von sich entwickelnden Ausstellungen. Im mittlerweile etablierten Beiratssystem gibt es nun mehr oder weniger ausführliche Protokolle, die die Diskussionen, zumindest die Beschlüsse in solchen Gremien belegen, meist aber explizit nicht öffentlich zugänglich sind. Wesentliche Diskussionen finden zudem auch oder meist abseits protokollierter Treffen statt.

Inhaltliche öffentliche Diskussionen fanden in Österreich vorab zu verschiedenen Denkmälern statt (so zu Bau- und Kunstwerken in Wien: Mahnmal gegen Krieg und Faschismus, Holocaust-Mahnmal, Deserteursdenkmal, Shoah-Namensmauern Gedenkstätte), sehr emotional auch zu literarischen Verarbeitungen („Herr Karl" von Helmut Qualtinger und Carl Merz, Thomas Bernhards „Heldenplatz", Elfriede Jelineks „Burgtheater" u. a.), weniger zu wissenschaftlichen Ausstellungen. Zu einem Haus der Geschichte, Haus der Republik, Haus der Toleranz, Haus der Zeitgeschichte, Haus der Zukunft wurden ab den 1980er Jahre regelmäßig Vorschläge bzw. Konzepte vorgelegt, die aber öffentlich vor allem in eine Debatte um Standort, Umfang und Finanzie-

15 Das Jahrbuch Mauthausen Memorial veröffentlichte einige Jahre knappe Berichte über seinen Beirat, das Internationale Forum Mauthausen.

16 Peter Larndorfer, Gedächtnis und Musealisierung. Die Inszenierung von Gedächtnis am Beispiel der Ausstellung „Der Österreichische Freiheitskampf 1934–1945" im Dokumentationsarchiv des österreichischen Widerstandes 1978–2005, Dipl., Univ. Wien 2009, S. 8. Siehe auch: Siehe https://hdgoe.at/vorgeschichte-hdgoe [14. 9. 2021].

rung mündeten.[17] Das Haus der Geschichte hat wesentliche Unterlagen der Konzeption und Vorgeschichte auf seiner Website veröffentlicht.[18]

Heftige inhaltliche Debatten hatte es in Deutschland vor der und um die Neugestaltung der Hauptausstellung der Gedenkstätte Deutscher Widerstand in Berlin nach der Wende 1989 gegeben,[19] besonders aggressiv waren die Diskussionen um die Wanderausstellung (1995–1999) des Hamburger Instituts für Sozialforschung (unter Beteiligung österreichischer Historiker) „Verbrechen der Wehrmacht. Dimensionen des Vernichtungskrieges 1941–1944".[20] Eine vergleichbare Sprengkraft könnte in Österreich wohl eine Ausstellung zur Diktatur 1933–1938 bergen, ein Thema, das das DÖW seit seiner Gründung erforscht, das jedoch in den letzten Jahren unter der Wucht der Holocaustforschung und anderer Themen wie der NS-Medizinverbrechen in den Hintergrund trat.

Das Beiratssystem – das das DÖW bislang nicht eingesetzt hat, wenngleich es mit Vorstand, Stiftungsrat sowie Kuratorium und Generalversammlung der Mitglieder über dauerhaft begleitende Gremien verfügt – hat bei den Ausstellungserrichtungen zu mehr Transparenz und auch mehr Qualität beigetragen, so tatsächlich alle notwendigen Blickwinkel vertreten waren und sind und die Empfehlungen der Beiräte auch berücksichtigt wurden und werden. Grundsätzlich haben Beiräte keine Entscheidungskompetenz, sie geben Empfehlungen ab.

Im Bereich der Zeitgeschichte, der Aufarbeitung der nationalsozialistischen Vergangenheit ist der Kreis möglicher Expert*innen zwar groß und qualitativ hervorragend, aber dennoch überschaubar, sodass mittlerweile die Besetzungen aus einem relativ fixen – vernetzten – Pool erfolgen (Mauthausen Memorial, Nationalfonds der Republik Österreich, Zukunftsfonds der Republik Österreich, Wiener Wiesenthal-Institut, Gedenkdienst, erinnern.at, DÖW, Universitätsinstitute, Lagergemeinschaften und Opferverbände).

Als Vergleichsbeispiele aus den letzten Jahren bieten sich die Ausstellungsneugestaltungen in der KZ-Gedenkstätte Mauthausen an, die Errichtung des Hauses der Geschichte und die Neugestaltung der Österreich-Ausstellung in Auschwitz. Alle drei Institutionen arbeiteten und arbeiten mit großen Beiräten,

17 Siehe u. v. a.: Parlamentskorrespondenz Nr. 1037 vom 1. 10. 2015, Kulturausschuss: Kritik am Standort für Haus der Geschichte bleibt, auf: https://www.parlament.gv.at/PAKT/PR/JAHR_2015/PK1037/ [30. 3. 2022].

18 https://hdgoe.at/vorgeschichte-hdgoe [2. 5. 2022].

19 Peter Steinbach, „Wahnfrei auf sich selber stehen". Exil und Widerstehen – Selbstbehauptung im Gegensatz, in: Christine Schindler (Hrsg.), Verfolgung und Ahndung, Jahrbuch des DÖW, Wien 2021, S. 269–292.

20 Hannes Heer / Birgit Otte, Vernichtungskrieg: Verbrechen der Wehrmacht 1941 bis 1944. Ausstellungskatalog, hrsg. v. Hamburger Institut für Sozialforschung, Hamburg 1996.

die sich in Wissenschaftliche und Gesellschaftliche Beiräte, Publikumsforen, Kuratorien, Steering Committees u. Ä. unterteilen können.[21]

Grundsätzlich sind in all diese Gremien vor allem Wissenschafter*innen, Vertreter*innen öffentlicher Stellen und Delegierte der einschlägigen zivilgesellschaftlichen Vereine und Institutionen berufen. Am umfassendsten scheint das so genannte „Publikumsforum" des Hauses der Geschichte aufgestellt, das vor allem Wissenschafter*innen und die Vertreter*innen der einschlägigen Organisationen vereint, aber auch die Bundesjugendvertretung, die Bundesschülervertretung, den Verband der Elternvereine an öffentlichen Pflichtschulen und das Olympische Komitee Österreichs – eine wenig strukturiert erscheinende Versammlung, die dennoch eine vergleichsweise breite Einbindung von Interessengruppen zeigt. So sind auch in den DÖW-Gremien die Israelitische Kultusgemeinde, die Katholische Kirche und der Österreichische Gewerkschaftsbund vertreten, die wiederum auch (in unterschiedlichem Ausmaß) großen Opfergruppen zugeordnet werden können.

Umfragen

Über diese Einbindung der bekannten und vernetzten Multiplikator*innen und die üblichen und notwendigen Gremien hinaus könnte für die Neugestaltung der Hauptausstellung des DÖW eine Intensivierung der Interaktion zwischen DÖW und Öffentlichkeit angedacht werden. Eine relativ einfache und auch finanziell stemmbare Möglichkeit hiezu sind Umfragen, insbesondere im virtuellen Raum, wo sie vergleichsweise wenig aufwändig und daher kostengünstiger sind. Umfragen könnten in die Konzeption einfließen und nach der Neugestaltung als Zufriedenheitsumfragen weitergeführt werden.

Hinter einer solchen Befragung zu den Wünschen der Bevölkerung an eine DÖW-Ausstellung liegt der Gedanke, dass sich Menschen jeglicher sozialen Herkunft freiwillig und konstruktiv in die Auseinandersetzung mit dem schwierigen historischen Erbe der NS-Vergangenheit einbringen, wenn sie auf verschiedenen Wegen unkompliziert und unvoreingenommen eingebunden werden, wenn sie angesprochen und gefragt werden. Dies soll die Sichtweise in inhaltlicher und gestalterischer Hinsicht erweitern. Ein solches Prozedere würde gleichzeitig Thema, Institut und Ausstellung bekannt machen.

21 Siehe: https://hdgoe.at/category/Gremien, https://www.mauthausen-memorial.org/de/Ueber-uns/Organisation, https://www.nationalfonds.org/auschwitz [alle 31. 10. 2021].

Das übergeordnete Ziel bestünde darin, mehr Menschen einzubinden, Menschen (z. B. mit Migrationshintergrund), die keinen persönlichen Bezug zum Thema erkennen, abzuholen, Menschen mit geringem geschichtlichen Interesse zu motivieren und so viele wie möglich an die geschichtlichen Wurzeln des Landes, aber auch des Kontinentes und allgemein bedeutsamer Entwicklungen heranzuführen.

Es sollen diejenigen Menschen eingebunden werden, die in solchen Prozessen und Projekten sonst keine Stimme haben – in deren Namen aber oft gesprochen wird und die das Zielpublikum sind bzw. als interessiertes Publikum gewonnen werden sollen.[22]

Dies ist möglichst systematisch zu betreiben, da ansonsten Zugänge und Einstellungen gerne behauptet und Einzelnen wie Gruppen zugeschrieben werden, nicht aber überprüft vorliegen. Unschätzbar sind die Erfahrungen, die Lehrende und Vermittelnde in ihrer täglichen Arbeit sammeln. Diese Erfahrungen und ebenso die Wünsche und Interessen der gesamten adressierten Zielgruppen müssen einfließen. Die Menschen sollen aktiver Teil der Aufarbeitung und Gestaltung werden (können).

Dies ist ein demokratiepolitisches Anliegen: Wenn sich im kollektiven Gedächtnis die mächtigsten Erzählungen durchsetzen, ist es folgerichtig, diejenigen aktiv einzubinden, die am Rand oder außerhalb des Diskurses stehen: aufgrund der Herkunft und daher anderer Geschichte oder aufgrund von Bildungsferne, Behinderungen und anderen Hemmnissen. Die sozialen und ökonomischen Ursachen von Bildungsferne und Marginalisierung – die eng schon mit dem Einkommen und sozialen Status der Eltern zusammenhängen – kann eine Ausstellung naturgemäß nicht beseitigen. Sie kann aber ein Puzzlestück in dem Bemühen sein, die aus dem Diskurs Ausgegrenzten einzubeziehen. Diese Einbindung beeinflusst den Diskurs selbst.

Die Berücksichtigung vieler Aspekte und Sichtweisen erfolgt, wie oben dargestellt, über Beiräte oder auch kleinere Fokusgruppen oder über die Mitarbeit im Ausstellungsteam. Das sind sehr intensive Kooperationen, die aber nur eine kleine Anzahl an Personen, wenngleich Multiplikator*innen, erreichen

22 Siehe Marlen Niederberger / Sandra Wassermann (Hrsg.), Methoden der Experten- und Stakeholdereinbindung in der sozialwissenschaftlichen Forschung, Wiesbaden 2015. Siehe auch: Schnittpunkt – Beatrice Jaschke / Charlotte Martinz-Turek / Nora Sternfeld (Hrsg.), Wer spricht? Autorität und Autorschaft in Ausstellungen, Wien 2005; Susanne Gesser / Martin Handschin / Angela Janelli / Sibylle Lichtensteiger (Hrsg.), Das partizipative Museum. Zwischen Teilhabe und User Generated Content. Neue Anforderungen an kulturhistorische Ausstellungen, Bielefeld 2012; Rainer Wenrich / Josef Kirmeier/ Henrike Bäuerlein / Hannes Obermair (Hrsg.), Zeitgeschichte im Museum. Das 20. und 21. Jahrhundert ausstellen und vermitteln, München 2021 [= Kommunikation, Interaktion, Partizipation. Kunst- und Kulturvermittlung im Museum am Beginn des 21. Jahrhunderts, Bd. 4].

können. Den Durchschnitt der Bevölkerung erreicht man mit der Einbindung von internen und externen Expert*innen nicht.

Zur Errichtung des Hauses der Geschichte wurde 2008 und 2015 die Bevölkerung in verschiedenen Umfragen befragt. Die Umfrage 2015 war eine österreichweite repräsentative Face-to-Face-Umfrage von SORA; die Umfragen 2008 sowie eine kleine Umfrage unter Studierenden 2015 sind mit der in diesem Beitrag vorgestellten vergleichbar.[23]

Eine große österreichweite Umfang muss von einem professionellen Meinungsforschungsinstitut abgewickelt werden. Um die Sinnhaftigkeit einer solchen Umfrage vorab zu überprüfen und ein Gefühl für diese Methode aufzubauen, hat die Autorin eine kleine Pilotstudie durchgeführt, die erste Erkenntnisse für die Feinkonzeption eines öffentlichen Verfahrens erbrachte. Dazu hat sie – mit Unterstützung von Thomas Stern – einen Online-Fragebogen entwickelt und getestet.[24]

Nach der Diskussion (mit einzelnen Expert*innen sowie mit Menschen von außerhalb der Geschichtswissenschaft) überarbeitet,[25] flossen schließlich 18 Fragen in die Online-Umfrage ein, die mit Hilfe eines professionellen, praktikablen Tools erstellt wurde, das die Firma Braintrust kostenlos zur Verfügung stellte.[26]

Die Umfrage, die im November 2021 durchgeführt wurde, war nicht repräsentativ und strebte dies auch nicht an. Überprüft werden sollten ihre Möglichkeiten und Grenzen. Schon die Erstellung einer solchen Umfrage löst einen Prozess der Selbstreflexion und Diskussion aus; bereits die Konzeption kann mit Fokusgruppen und Multiplikator*innen grundlegende Überlegungen und verschiedene Sichtweisen ein- und hervorbringen.

Ein Online-Fragebogen erreicht aber nicht nur nicht diejenigen, die keinen Computer besitzen oder nicht bedienen können, sondern auch keine Menschen, die das direkte Gespräch vorziehen (in der Pilot-Umfrage sichtbar die Über-65-Jährigen). Bei den unter 20-Jährigen war es hilfreich, dass die Umfrage in den Unterricht eingebettet wurde. Es kann nur gemutmaßt werden, dass ein solcher Fragebogen für sich allein ansonsten nicht interessant genug wäre. Vermutlich muss er eben in eine umfassendere Vermittlung eingebunden

23 Siehe: https://hdgoe.at/items/uploads/module_pdf/Umsetzungsstategie%20f%C3%BCr%20das%20hdgoe.pdf [2. 5. 2022].

24 Siehe ausführlich zur Umfrage, Hypothesenbildung, Methodik, Erstellung, Durchführung und Auswertung: Schindler, Die Neugestaltung, S. 73–113, 168–177 sowie die Anhänge (Fragebögen, Online-Befragungstool Eventmaker u. Ä.).

25 Stellvertretend danke ich Thomas Stern, Gerhard Baumgartner, Margarita Griebaumer-Sekyra und Claudia Ulamec für ihre engagierten und wertvollen Beiträge. Claudia Kuretsidis-Haider danke ich für ihre konstruktive und umfassende Kritik.

26 Siehe https://www.eventmaker.at/ [7. 12. 2021].

sein bzw. mit Belohnungsaspekten verknüpft werden (z. B. Gewinnspiel, Ausbildungspunkte) und über bestimmte Social-Media-Kanäle beworben werden, die eindeutig auch ganz junge Menschen erreichen. Geradezu ideal schien die Online-Fragebogen-Methode für junge bis ältere Menschen gewesen zu sein, die im Berufsleben bzw. in Ausbildung stehen.

Das Interesse an einer aktiveren Mitarbeit an einer Ausstellung wurde im Fragebogen direkt abgefragt. Rund 19 % wollen unbedingt einmal bei einem Vorhaben mitmachen, rund 42 % unter bestimmten Rahmenbedingungen. Etwa 24 % haben dafür keine Zeit, 15 % kein Interesse.

Die Pilotstudie sollte auch individuelle Wünsche und Erwartungen an eine solche Ausstellung erheben. Zentral waren zwei Fragen nach Themen bzw. Funktionen einer Ausstellung zum Nationalsozialismus. Vorsichtig können die ersten Ergebnisse skizziert werden:[27]

- Bedeutsam waren den Befragten die Fakten (was geschehen ist), die Vorgeschichte (wie es dazu kommen konnte) und die Strategien (wie Diktaturen und Rassismus verhindert werden können).
- Täter*innen und Mitläufer*innen sollen im gleichen Ausmaß wie Opfer und Widerständige dargestellt werden.
- Die Funktion einer allgemeinen Warnstelle vor gruppenbezogener Menschenfeindlichkeit wurde von allen Altersgruppen spezifischeren (engeren) Definitionen (also „nur“ Rechtsextremismus, „nur“ Antisemitismus etc.) eindeutig vorgezogen.
- Aus den Antworten ist ein großes Interesse am Thema ersichtlich – verzerrt durch die Tatsache, dass am Thema Interessierte den Fragebogen eher ausfüllen. Eine Motivation hätte aber auch die Gegnerschaft zu solchen Aufarbeitungen sein können, was sich in den Antworten aber nicht niederschlug.
- Die Wünsche an die Darstellung können stichwortartig zusammengefasst und gereiht werden: Objekte – Fakten – Erzählungen – Biografien – Karten. Der Wunsch nach Karten, also einer visualisierten geografischen Verortung, trat deutlich zutage.
- Deutlich war auch der Wunsch nach der Behandlung von Themen außerhalb der Wiener Region.

Diese durchgeführte Pilot-Umfrage war als mögliches Beispiel gedacht, wie die Beziehungen zur nicht-wissenschaftlichen Öffentlichkeit strukturiert ge-

27 Ausführlicher: Schindler, Die Neugestaltung, vor allem S. 96–108.

staltet werden können. Regelmäßige Evaluierungen durch Zufriedenheitsanalysen von Besucher*innen und am DÖW Interessierten, Austausch mit vergleichbaren Institutionen und die strukturierte und systematisierte Verwertung von Erkenntnissen aus der Vermittlungsarbeit können Prozesse des Lernens – auf allen Seiten – in Gang setzen und halten.

Einbindung marginalisierter Gruppen

Stereotype Vorstellungen dürfen keine Gruppe vereinnahmen: Es gibt zahlreiche Menschen mit jüngerem Migrationshintergrund aus dem europäischen, aber auch aus dem außereuropäischen Raum, die sich intensiv mit der Geschichte ihres (neuen) Heimatlandes Österreich, mit dem Antisemitismus in ihren Communities oder mit starren Rollenbildern und feindlichen Einstellungen gegenüber einer offenen Gesellschaft auseinandersetzen.

Bislang zielte die Vergangenheitsbearbeitung auf diejenigen ab, die seit Generationen in Österreich, Deutschland oder zumindest einem betroffenen Land verwurzelt sind, deren Vorfahren schuldhaft, auf jeden Fall schicksalhaft in die Ereignisse mehr oder weniger verstrickt waren. Dies lässt außer Acht, dass der Nationalsozialismus letztlich fast die ganze Welt betroffen hat und die Vergangenheit des Landes in der Zukunftsperspektive auch diejenigen betrifft, deren Vorfahren nicht einmal anwesend gewesen waren.[28]

So sollen „andere“, die die Vergangenheit vermeintlich nicht betrifft, die die Vergangenheit angeblich nicht interessiert und die durch die Vergangenheit nicht ebenso „geläutert“ wurden, nicht automatisch aus äußeren Merkmalen konstruiert werden. Selbst wenn es gut gemeint ist, Migrant*innen in die unrühmliche NS-Vergangenheit nicht einzubeziehen, werden sie dennoch aus der jeweiligen konstruierten Schicksalsgemeinschaft ausgeschlossen, und damit auch aus der verdienstvoll wahrgenommenen Geschichte.

Im 2020 erschienenen Sammelband von Ljiljana Radonić und Heidemarie Uhl listete Dirk Rupnow die verschiedenen Möglichkeiten einer Einbindung der Migrationsperspektive auf:[29]

28 Siehe zu dieser Thematik: Astrid Messerschmidt, Involviertes Erinnern. Migrationsgesellschaftliche Bildungsprozesse in den Nachwirkungen des Nationalsozialismus, in: Till Hilmar (Hrsg.), Ort, Subjekt, Verbrechen: Koordinaten historisch-politischer Bildungsarbeit zum Nationalsozialismus, Wien 2010, S. 277–299.

29 Die Komplizenschaft zum Kolonialismus, die in vielen Analysen angeführt wird, kann in Hinsicht auf die Thematik des DÖW vernachlässigt werden.

- „Migration als Thema im Museum [...];“
- „Migration als Querschnittsmaterie, die [...] immer mitzudenken ist;“
- „die Migrationsgesellschaft als Rahmenbedingung für Museen und Gedenkstätten und deren Arbeit (etwa auch: Migrant/innen als potentielles Publikum) – mit einer Unterdebatte zur Frage, wie die Migrationsgesellschaft (besonders, aber nicht nur in Deutschland und Österreich) die Erinnerung an die Geschichte des Nationalsozialismus, des Zweiten Weltkriegs und des Holocaust verändert;“
- „die Repräsentanz von Migrant/innen in der Institution Museum als Kurator/innen und Vermittler/innen, in Leitungsfunktionen etc. [...].“[30]

Georg Traska beschäftigte sich im selben Band mit der Einbindung marginalisierter Gruppen in Museen und Ausstellungen anhand von konkreten Projekten.[31] Er skizzierte die Möglichkeiten von Partizipation, von der Darstellung verschiedener Herkünfte in den Ausstellungen, von der Kommunikation, die ein möglichst breites Publikum ansprechen soll, dabei die besonderen Möglichkeiten des Internet. Jedenfalls, so Traska, „bedeutet es mit Sicherheit, dass die Ausstellungskurator/innen, wenn sie ‚Partizipation‘ reklamieren, auch ihre Autorität und Definitionsmacht ein Stück weit zur Disposition stellen müssen“.[32]

Um marginalisierte Gruppen einzubinden, müssen Repräsentant*innen zu Wort kommen. Sie können dabei in den Ausstellungen selbst vorkommen oder aber in die Gestaltung einbezogen werden. Sie kommen in Ausstellungen vor, wenn sie selbst Ausstellungsthema sind, was auf die Thematik des DÖW so nicht zutrifft. Sehr wohl können aber mehr Menschen in den Prozess der Ausarbeitung einbezogen werden, wenn dieser offener gestaltet und auch entsprechend Zeit eingeplant wird. Partizipation in dieser Arbeit meint Einbindung in den Prozess, Mitsprache in einer zu definierenden Weise. Es meint nicht eine Alibi-Einbindung, weil jemand formal bzw. äußerlich einer Gruppe zugerechnet wird, diese aber nicht repräsentiert bzw. nicht repräsentieren will.

30 Dirk Rupnow, Migration und Museum: Verheißung oder Aporie?, in: Ljiljana Radonić / Heidemarie Uhl (Hrsg.), Das umkämpfte Museum. Zeitgeschichte ausstellen zwischen Dekonstruktion und Sinnstiftung, Bielefeld 2020, S. 75–91, hier 76. Siehe auch: Regina Wonisch, Migration als Herausforderung nationaler Geschichtsmuseen, in: Ebenda, S. 93–108.

31 Georg Traska, Partizipation – Marginalisierte Gruppen in Museum und Ausstellungen, in: Radonić / Uhl (Hrsg.), Das umkämpfte Museum, S. 109–128.

32 Traska, Partizipation, S. 112.

Traska beschrieb die Mitwirkung von Flüchtlingen an der Ausstellung „Die Küsten Österreichs“[33] im Österreichischen Museum für Volkskunde. Die Kuratoren ließen Flüchtlinge verschiedenster Herkunft die ausgewählten Objekte diskutieren und vor dem Hintergrund ihrer Fluchterfahrung interpretieren. Objekte der Flüchtlinge selbst und protokollierte Aussagen zur Sammlung des Museums wurden in die Ausstellung aufgenommen.[34]

Traska beschrieb am Beispiel eines weiteren Projektes die Erfahrung, dass Schüler*innen (im Gegensatz zu den oben offiziell in die Arbeit einbezogenen Asylwerber*innen) für solche Vorhaben grundsätzlich ein begrenztes Zeit- und Energiebudget haben. Das deckt sich mit Erfahrungen der Autorin: Oft endet ein Engagement mit dem Schuljahr, definitiv aber mit dem Schulabschluss. Relevant dabei ist auch, wie viel Zeit im Unterricht aufgewendet wird, ob es als Schul- oder Uniprojekt verwertet werden kann, ob es zur Benotung beiträgt.

Dennoch ist die Einbindung für beide Seiten erkenntnisfördernd, vor allem, wenn „die Schüler/innen permanent die Erwartungen und Pläne der Wissenschafter/innen [...] durchkreuzen und das Gespräch auf spontane Weise in neue Richtungen lenken und vertiefen“.[35]

Die Verantwortung der jeweiligen Kurator*innen bleibt bestehen. Diese würde junge Menschen allerdings auch überfordern und die Bedeutung von Ausbildung und Expertise leugnen. Die Einbindung breiterer Bevölkerungsteile ersetzt nicht die Verantwortung der Expertise auf mehreren Ebenen.[36]

Das „Andere“ muss nicht auf die nationale Herkunft beschränkt sein. Ab den 1970er Jahren wurden die Frauen, dann auch die „unteren“ Gesellschaftsschichten (insbesondere Arbeiter*innen) und ihre Perspektiven vermehrt in „alltagsgeschichtlichen“ Darstellungen vor allem durch Oral-history-Interviews einbezogen (oft in Abgrenzung zu den sogenannten „großen Erzählungen“[37]). Aktuell findet die Ausweitung verstärkt Richtung Menschen mit Migrationshintergrund

33 Die Küsten Österreichs. Die neue Schausammlung des Volkskundemuseum Wien, 2021, auf: https://www.volkskundemuseum.at/diekuestenoesterreichs [zuletzt aufgerufen am 11. 10. 2021]. Siehe auch den partizipativen Ansatz des Stuttgarter Stadtmuseums, beschrieben in: Aumann / Duerr, Ausstellungen machen, S. 96.

34 Traska, Partizipation, S. 114–119.

35 Ebenda, S. 122–123.

36 Insbesondere die Problematik der Plagiate soll hierbei nicht vernachlässigt werden, wenn sie die Studierenden nicht ausführlich gelehrt wird. Plagiate sind gerade bei Ausstellungen, auch im Internet, ein häufig bagatellisiertes Phänomen.

37 Kurz gesagt in die Zukunft gerichtete, letztbegründende Ideologien und Welterklärungen.

resp. als solche wahrgenommene statt. Vermehrt in den Fokus kommen auch Menschen aus bildungsferneren Zusammenhängen.

Das Einbeziehen von vernachlässigten Perspektiven muss grundlegend Sichtweisen ändern, ansonsten verstärkt es möglicherweise das Moment der Ausgrenzung. Wesentlich ist, dass die Geschichte offen ist. Es ist nicht vorherbestimmt, sondern Resultat von Entscheidungen, wer über Geschichte spricht, wer mitredet, wer sich zugehörig fühlt, wer sich erinnert und woran, wer schweigt und worüber. Letztlich ist immer offen, wie es ausgeht. Das zu vermitteln, könnte den Beteiligten die Bedeutung ihres individuellen Denkens und Tuns aufzeigen und sie dadurch zur Mitwirkung und zum Mitdenken motivieren. Es geht darum, sich über die Welt zu verständigen, unabhängig davon, wo jemand herkommt oder wie viel Text jemand lesen kann.

Vermittlung: Migration, Bildungsferne, zeitlicher Abstand zum Geschehen

Von Beginn an betonte das DÖW die Notwendigkeit der Arbeit mit Jugendlichen, wie schon die Statuten des Vereins DÖW 1963 belegen:

> „Das Archiv soll vor allem durch dokumentarische Beweise der zeitgeschichtlichen Erziehung der Jugend dienen. [...] Dieser Zweck soll dadurch erreicht werden, dass das Archiv seine Bestände zur Einsichtnahme jenen Interessenten zur Verfügung stellt, [...] vor allem Lehrern, Erziehern, Studenten, Historikern, Volksbildnern und Journalisten. Dieser Archivzweck soll insbesondere dadurch erreicht werden, dass Publikationen und Lehrbehelfe für den Unterricht, für Vorträge und für Ausstellungen aus den Beständen des Archivs ausgearbeitet werden. [...]“[38]

Jahrzehnte haben Zeitzeug*innen in den Schulen, Gedenkstätten und Ausstellungen ihr persönliches Erleben geschildert und durch ihre Präsenz viele junge und ältere Menschen erreicht. Bei diesen direkten Begegnungen mit ehemals Verfolgten und Widerständigen, die Generationen tief bewegt haben, war die Form der Vermittlung nebensächlich, mittlerweile sind sie nur mehr selten

38 Statuten des Vereins DÖW, § 2 (Zweck), Abs. 2. (Ergänzt wurde vor wenigen Jahren: „Eine besondere Rolle kommt dabei der Nutzung des Internet, vor allem über die Homepage des DÖW, zu.“) Fast wortgleich wurde der gesamte Passus in die 20 Jahre späteren Stiftungssatzungen übernommen.

möglich, die Vermittlungsarbeit muss allerorten neu konzipiert werden. Die Großeltern- bzw. Ur(ur)großelterngenerationen, die – aktiv oder passiv (durch Erzählen oder Schweigen) – einen persönlichen Bezug zur Geschichte herstellen könnten, sind im Verschwinden. Viele Menschen sind eingewandert und bringen einen anderen historischen Hintergrund, mit eigenen Konflikten und Traumata mit, insbesondere jene aus Kriegsgebieten und Diktaturen. In den Gedenkstätten und Museen wurden und werden sukzessive pädagogische Abteilungen geschaffen, die sich mit mehr oder weniger traditionellen oder innovativen Methoden der Besucher*innen annehmen.

2010 gab Till Hilmar, der zuvor schon Ausbildungsprogramme für Studienfahrten des Vereins Gedenkdienst mitgestaltet hatte, einen Band zur historisch-politischen Bildungsarbeit zum Nationalsozialismus heraus.[39] Darin versammelte er Beiträge von Expert*innen der pädagogischen Arbeit in den KZ-Gedenkstätten Dachau, Ravensbrück, Neuengamme, Mauthausen, Ebensee, Sachsenhausen, Auschwitz, Lehrer*innen und Fachleute aus der Antirassismusarbeit und Rechtsextremismusprävention. Nora Sternfeld arbeitet beim Wiener Büro trafo.K, das eine Schnittstelle von Bildung und kritischer, emanzipatorischer Wissensproduktion ist und Medien- und Jugendprojekte, künstlerische Interventionen, wissenschaftliche Studien, Workshops u. a. anbietet. Im Sammelband aus 2010 beschäftigte sie sich mit der Geschichtsvermittlung an Lehrlinge in der postnazistischen Migrationsgesellschaft.[40]

Gerade diese Gruppe ist eine Zielgruppe der Vermittlungsarbeit, weil sie in ihrer Laufbahn weniger als die durchschnittlichen Gymnasialschüler*innen mit dem Thema des Nationalsozialismus (und generell mit Geschichte) befasst wird.[41] Das ist schon aufgrund der zur Verfügung stehenden Unterrichtszeit schwer möglich.[42] Wie auch in den anderen Schulen kommt es aber auch in den Berufsschulen auf das Engagement der einzelnen Lehrpersonen an, es gibt einzelne Berufsschulen, die regelmäßig Vermittlungsangebote im DÖW wahrnehmen. Das Haus der Geschichte bietet seit 2021 Lehrlingsprogramme

39 Hilmar (Hrsg.), Ort, Subjekt, Verbrechen.

40 Nora Sternfeld, Strukturen analysieren, Räume öffnen, Position beziehen. Geschichtsvermittlung mit Lehrlingen in der postnazistischen Migrationsgesellschaft, in: Hilmar (Hrsg.), Ort, Subjekt, Verbrechen, S. 325–345.

41 Die KZ-Gedenkstätte Mauthausen vermeldete am 20. 2. 2020 über 70.000 Schüler*innen, die die Gedenkstätte im Vor-Corona-Jahr 2019 besucht hatten: KZ-Gedenkstätte Mauthausen verzeichnet Besucher*innen-Plus, auf: https://www.ots.at/presseaussendung/OTS_20200220_OTS0037/kz-gedenkstaette-mauthausen-verzeichnet-besucherinnen-plus [10. 10. 2021].

42 Sternfeld, Strukturen analysieren, Räume öffnen, Position beziehen, S. 327–328.

zu den Themen „Arbeit und Lehre“, „Demokratie und Mitbestimmung“ sowie „Rollenbilder und Vorurteile“ an.[43] Das Mauthausen Komitee Österreich ist seit etlichen Jahren sehr aktiv auf diesem Gebiet.[44] Gerade die österreichischen Volkshochschulen haben in den letzten Jahrzehnten ein großes Angebot an breite Bevölkerungsschichten entwickelt.[45] All diese Programme und etliche hier nicht erwähnte zusammen sind noch zu wenig Angebot für die vielen Jugendlichen und Erwachsenen.[46]

2010 widmete sich das Jahrbuch des DÖW schwerpunktmäßig der Vermittlungsarbeit mit Jugendlichen und Erwachsenen.[47] 2021/22 wurden im DÖW neue Workshops zu Rechtsextremismus und Antisemitismus entwickelt, während die Überblicksführungen durch die Ausstellungen großteils traditionelle Begleitungen sind.[48] Gerade heutige Formen von Antisemitismus, Rassismus, Sexismus und Homophobie und ihre Bekämpfung sind von hoher Bedeutung für junge Menschen und im DÖW viel nachgefragt.[49]

Grundsätzliche Übereinstimmung herrscht bei den Akteur*innen der Bildungsarbeit, dass der Besuch einer Gedenkstätte oder einer Ausstellung nicht den Geschichtsunterricht ersetzt, dass er nicht per se junge Leute (und auch keine älteren) von rechtsextremen, antisemitischen, rassistischen Vorstellungen „heilt“, dass er eingebettet sein muss in eine Vor- und Nachbereitung und dass die Gesellschaft im Privaten wie im Öffentlichen die Werte vorleben muss, die die Kinder und Jugendlichen erlernen und mittragen sollen. Die Praxis wird oft gegenteilig gehandhabt, denn „für dieses gelingende Lernen ist vor allem zweierlei nötig: Zeit und Gespräche über die jeweils individuellen Zugänge und

43 Lehrlingsworkshops im Haus der Geschichte, 2021, auf: https://wien.orf.at/stories/3125076/ [10. 10. 2021].

44 Siehe u. a.: Mauthausen Komitee Österreich: denk mal wien: https://www.denkmalwien.at/ [26. 10. 2021].

45 Das DÖW und die Wiener Volkshochschulen kooperieren 2022 beim Projekt einer Wanderausstellung zur Geschichte der in Auschwitz ermordeten Ruth Maier. Dieses sieht einen Zugang in einfacher Sprache und ein begleitendes Vermittlungsprogramm vor. Die Ausstellung wird ab Herbst zu sehen sein.

46 Siehe ausführlicher: Schindler, Die Neugestaltung.

47 Dokumentationsarchiv des österreichischen Widerstandes (Hrsg.), Vermittlungsarbeit mit Jugendlichen und Erwachsenen, Jahrbuch 2010, Redaktion: Andreas Peham, Christine Schindler, Karin Stögner, Wien 2010.

48 Die Formate zu Rechtsextremismus, Antisemitismus und ähnlichen Themen werden von Magdalena Bauer, Bianca Kämpf, Nici Mairhofer, Andreas Peham, Bernhard Weidinger, Florian Zeller u. a. durchgeführt. Siehe: https://www.doew.at/neues/workshops-zum-thema-rechtsextremismus-in-oesterreich; https://www.doew.at/erkennen/vermittlung/bildungsangebote/rechtsextremismuspraevention-macht-schule [13. 5. 2022].

49 Siehe allgemein auch: Messerschmidt, Involviertes Erinnern, S. 284–294.

Fragen", wie erinnern.at vermerkt.[50] Zeit ist aber ein knappes und kostenintensives Gut, dabei wird mit der Vergangenheit nichts weniger verhandelt als die Zukunft unseres Landes.

Andreas Peham und Elke Rajal fassten die vordringlichsten Ziele einer Erziehung zur Mündigkeit zusammen: Selbstreflexion und Kommunikation, Empathie und Rollendistanz, Stärkung der Individualität, Vermittlung alternativer Männlichkeitsvorstellungen.[51] Holocaust Education, Bildungsarbeit über den Nationalsozialismus ist mehr als reine Wissensvermittlung, sie soll immer auch der „Förderung demokratischer Denk- und Verhaltensweisen, [...] Abbau von Vorurteilen, Aggression und Gewalt" dienen. Sie ist also gleichermaßen Vermittlung historischen Wissens und eines „ethisch fundierten Handlungsimperativs".[52]

Wesentliches Ziel ist die „Ingangsetzung und vorsichtige Begleitung von Lernprozessen, die das Bedürfnis, die soziale Wirklichkeit zu verstehen, befriedigen".[53] Hier soll auch die neue Ausstellung des DÖW ansetzen. Übereinstimmung herrscht darüber, dass die Menschen dort abgeholt werden sollen, wo sie stehen – aber wo genau ist das und wie können sie erreicht werden? Darüber muss man mit den Menschen selbst reden, sie einbinden und direkt befragen.

Die konkrete Bildungsarbeit hängt vom Engagement der einzelnen Lehrenden bzw. Sozialarbeiter*innen und Flüchtlingsbetreuer*innen ab. Diese beschränkt sich im positiven Fall nicht auf den Geschichtsunterricht in Gymnasien. Viele Workshops und Exkursionen werden von Religionslehrer*innen gebucht. HTL-Schüler*innen wiederum unterstützen immer wieder Projekte und Vorhaben mit technischem Know-how. Die vorwissenschaftlichen Arbeiten zu einschlägigen Themen kommen mittlerweile aus fast allen Unterrichtsfächern. Die Gedenkstätte Steinhof mit ihrer Ausstellung über die NS-Medizinverbrechen wurde zum Fixpunkt in der Ausbildung von Krankenpflegeschulen. Engagierte Lehrende bringen Berufsschulklassen, Betreuer*innen Flüchtlingsgruppen in Ausstellungen und Museen. Damit, muss wiederholt werden, ist Bildungsarbeit aber nicht erledigt, der Ausstellungsbesuch ist nur, wenngleich wichtiger, Teil der Wissensvermittlung. Peham und Rajal konstatierten:

50 Erinnern.at widmet sich seit vielen Jahren vor allem der Lehrer*innenfortbildung und „fördert den Transfer von historischem und methodisch-didaktischem Wissen sowie die Reflexion seiner Bedeutung für die Gegenwart", siehe: https://www.erinnern.at/ [13. 5. 2022].

51 Peham / Rajal, Erziehung wozu?, S. 64.

52 Ebenda, S. 40.

53 Ebenda, S. 63.

> „Entgegen vielfach geäußerter Erwartungen taugt eine Erziehung über Auschwitz aber nur sehr eingeschränkt zum Vehikel für demokratisch-zivile Werte. Es läge vielmehr an einer umfassenden Erziehung *nach* Auschwitz (verstanden als umfassende ‚Erziehung zur Mündigkeit'), die Erinnerung mit Werthaltungen zu verknüpfen und dadurch für die eigenen Praxen erst relevant zu machen.“[54]

Das Geschehene soll nicht instrumentalisiert werden, es war aber der immer wieder klar formulierte Wunsch vieler Überlebender selbst, die Jugend (und auch Erwachsenen) in diesem Sinne zu bilden. So veröffentlichte das Internationale Auschwitz Komitee 2009 folgendes „Vermächtnis“:

> „Wir bitten die jungen Menschen, unseren Kampf gegen die Nazi-Ideologie und für eine gerechte, friedliche und tolerante Welt fortzuführen, eine Welt, in der Antisemitismus, Rassismus, Fremdenfeindlichkeit und Rechtsextremismus keinen Platz haben dürfen. Dies sei unser Vermächtnis.“[55]

Ähnlich formulierten die österreichischen Überlebenden des KZ Ravensbrück 2005 ihr Vermächtnis.[56]

Die Beschäftigung mit dem Nationalsozialismus solle – so Peham und Rajal – mehr ein gemeinsames Lernen sein, insbesondere auch zu den eigenen Vorurteilen und Familiengeschichten und zu Vorurteilsstrukturen allgemein, mit den Widersprüchen zwischen Erzählungen in der Familie und im Unterricht. Verhaltensweisen der Abwehr, Emotionen, auch „falsches“ Wissen dürfen nicht sanktioniert werden. In der Schwierigkeit der Vermittlung verwiesen Peham und Rajal auf die Möglichkeiten der Kunst, vor allem aber generell auf eine aktive Aneignung mithilfe von Projekten u. Ä. anstelle des passiven Frontalvortrages, auch auf Formate außerhalb der Schulräume.[57]

54 Ebenda, S. 44.

55 Internationales Auschwitz Komitee, Erinnerung bewahren – Authentische Orte erhalten – Verantwortung übernehmen, in: Der neue Mahnruf, Nr. 5–6, 2009, S. 6–7.

56 Österreichische Lagergemeinschaft Ravensbrück & FreundInnen: Das Vermächtnis der Ravensbrückerinnen, 2005, auf: https://www.ravensbrueck.at/die-lagergemeinschaft/vermaechtnis-2/ [7. 11. 2021].

57 Peham / Rajal, Erziehung wozu?, S. 46–56, 63–64. Siehe zu den Projektformen Gedenkstättenbesuch, Zeitzeug*innengespräch und Recherchearbeit: Peter Larndorfer, Gedenken, Lernen, Fragen? Praktische Überlegungen zu den Studienfahrten des Vereins Gedenkdienst, in: Hilmar (Hrsg.), Ort, Subjekt, Verbrechen, S. 94–114.

Die zwei Grundfunktionen von Schule, die der Bildungsforscher Stefan Hopmann jüngst in einem Interview mit den Worten „qualifizieren und kultivieren“ zusammenfasste, sind auch für außerschulische Bildungsbereiche sinnvolle Richtungsweiser:

> „Beim Qualifizieren geht es einfach nur darum, Wissen zu vermitteln und anzueignen. Beim Kultivieren geht es darum, miteinander umgehen zu lernen, die gemeinsame Arbeit an Sachverhalten zu lernen usw.]. [...] Der Zweck der öffentlichen Schule ist, sich miteinander über die Welt zu verständigen.“[58]

Museale Vermittlung muss über einseitige Belehrung hinausgehen, sie soll ein Aufeinander-Eingehen und Zuhören und Miteinander-Reden(Lernen) sein, eine Erziehung zur Mündigkeit zum Ziel haben.

Eckpunkte einer Ausstellungsneugestaltung

Aspekte einer Ausstellung: Funktionen und historische Fakten

Eine Ausstellung ist „ein Ort der Visualisierung, eine begehbare fiktionale Welt“, ein kommunikativer Prozess, ein „sozialer Raum“ und ein „Bedeutungssystem“. Die Botschaft der Ausstellung bestimmt die Darstellungsform, die „Ausstellungssprache“.[59] Eine Ausstellung ist das „Ergebnis eines kreativen Aktes“; sie zeigt „etwas noch nicht Dagewesenes“.[60] Dies kann sich auf aufgefundene Exponate oder neue Themen beziehen, aber auch auf aktuelle Fragen und neue Zugänge zu einem Thema. Sie verfolgt nach Aumann und Dürr stets auch einen sinnlichen Zweck und ist immer auch ein „künstlerisches Produkt“.[61] Die Exponate und Objekte werden in einem bestimmten Bedeutungszusammenhang angeordnet und inszeniert, hinzu kommen Textierung, Licht, Farben, ebenso Vermittlungskonzepte und Medien. Die Besucher*innen

58 Bildungsforscher Hopmann: „Wir zerlegen gerade die Grundlage der Gesellschaft“, auf: https://www.derstandard.at/story/2000130608985/bildungsforscher-hopmann-wir-zerlegen-gerade-die-grundlage-der-gesellschaft [31. 10. 2021].

59 Nina Kalenbach, Martin R. Schärer: Die Ausstellung, Theorie und Exempel (München 2003), in: Vokus: H. 1, 18, S. 13–23, 2008, S. 13.

60 Aumann / Dürr, Ausstellungen machen, S. 10.

61 Ebenda, S. 10.

ergänzen die Ausstellung, ihre Empfindungen und Überlegungen sind Teil der Ausstellung.

Eine Ausstellung ist aber auch, mühevoll wie banal, Ergebnis einer – je nach Größe und Komplexität – mehr oder weniger aufwändigen Projektorganisation der inhaltlichen, technischen, logistischen und gestalterischen Arbeit.

In nichtkommerziellen Einrichtungen ist die Vermittlung von Wissen im Mittelpunkt. Träger der Vermittlung sind neben den Texten vor allem die Exponate. Eine Ausstellung präsentiert vorhandenes oder neues Wissen, im Zuge ihrer Erarbeitung können neue Kenntnisse entstehen.

Mögliche Funktionen einer – auch zeithistorischen – Ausstellung sind also vielfältig:

- Wissensvermittlung, Ort informellen Lernens
- Identitätsstiftung für eine Gruppe von Menschen
- Präsentation für „Außenstehende"
- Unterhaltung
- Ort der Reflexion
- Ort der Konsumtion (von Inhalten, aber durchaus auch materiellen Dingen wie Souvenirs, Büchern, Speis und Trank)
- Ideelle und finanzielle Aufwertung von Orten
- Tourismusziel

Die Geschichtsmuseen agieren in Österreich etwas abseits der bekannten Kunstmuseen, die mit großen Namen (und viel mehr Platz und Budget) sensationelle Besucher*innenzahlen erreichen, unterliegen aber grundsätzlich denselben Bedingungen. Eine Dauerausstellung eines Hauses soll, wenn genügend eigene Exponate vorhanden sind, die Institution vorstellen; Wechselausstellungen fokussieren ganz auf ein spezifisches Thema.[62]

Wesentlich ist der reflektierende Blick auf die eigene Tätigkeit, wie Nina Kalenbach festhielt:

> „Des Weiteren dient die Ausstellungsanalyse dazu, den Kuratoren ihre Verantwortung für das Konstruieren von Wirklichkeiten bewusst zu machen und, vielleicht als wichtigster Punkt, dafür, den Besuchern für die eigene Urteilsbildung einen kritischen Blick zu ermöglichen."[63]

62 Siehe auch die Überlegungen in Aumann / Dürr, Ausstellungen machen, S. 24.
63 Kalenbach, Martin R. Schärer, S. 14.

Das zeithistorische Museum kann als „eine tragende Säule bei der Schaffung moderner nationaler Identität" gesehen werden.[64] Radonić und Uhl berufen sich an dieser Stelle auf den amerikanischen Politikwissenschafter Benedict Anderson, der die Nation als „vorgestellte Gemeinschaft"[65] definierte, so wie auch jede andere Gruppenzugehörigkeit imaginiert wird.

Uhl und Radonić verweisen auf ein geändertes Selbstverständnis von Geschichtsmuseen (in westlichen Demokratien):

> „In ihren Ausstellungen versuchen sie programmatisch, traditionell-nationalgeschichtliche Darstellungen zu dekonstruieren, [...] die Konstruktion von Identitäten aufzuzeigen und Strategien der Partizipation zu entwickeln."[66]

Auch Radonić und Uhl beschreiben Aufgaben, die ein Geschichtsmuseum „angesichts der zunehmenden Krise der Demokratie und des Ansteigens von Rechtspopulismus und Rassismus" zu erfüllen hat (und die das DÖW seit Anbeginn als Auftrag und Ziel verstanden hat):

> „Als zentrale Orte des Lernens aus der dunklen Geschichte von Diktatur und Terrorsystemen sollen Geschichtsmuseen den Wert von Demokratie und Menschenrechten bewusst machen."[67]

Geschichtsmuseen und ihre Neugestaltungen stehen also im Spannungsfeld zwischen dem aktuell dominanten historischen Narrativ bzw. Geschichtsbild und seiner Dekonstruktion, sie sollen Sinn stiften, hegemoniale Ansprüche überführen, Werte vermitteln und sowohl intellektuelles Wissen präsentieren als auch emotional berühren. In diesem Spannungsfeld zwischen dem Anspruch wissenschaftlich zu dokumentieren, die Menschen auch emotional zu erreichen, zu argumentieren und dokumentieren, aber auch zu erzählen, bewegen sich die Diskussionen zu den Anforderungen an ein zeitgemäßes Museum. Das „Undarstellbare" darzustellen, das „Unsagbare" zu schildern und den Weg dorthin trotz der „Unbegreiflichkeit" der Ereignisse sichtbar zu machen, aber nicht als unausweichlich zu definieren, ist die besondere Schwierigkeit für Aus-

64 Radonić / Uhl (Hrsg.), Das umkämpfte Museum, S. 7.

65 Benedict Anderson, Imagined Communities: Reflections on the Origin and Spread of Nationalism, London – New York 1983; deutsche Erstausgabe 1988: Die Erfindung der Nation. Zur Karriere eines folgenreichen Konzepts.

66 Radonić / Uhl (Hrsg.), Das umkämpfte Museum, S. 11.

67 Ebenda, S. 11–12.

stellungen zum Nationalsozialismus. Es kann daher nur die Vielfalt[68] von Zugängen sein, die eine Annäherung möglich macht.

Geschichtsbilder verändern sich, was bei lange gezeigten Dauerausstellungen besonders augenfällig wird.[69] Neue Generationen haben neue Fragen an die Geschichte, Diskurse ändern sich. Vergangene Ereignisse werden stets im Rahmen aktueller Bedingungen erinnert, sie werden „rekonstruiert“:

> „Erinnerungen sind demnach keine Abbilder der Vergangenheit, die als solche weiterhin fortbestehen oder originalgetreu bewahrt werden. Sie sind immer nur verschiedene Versionen der Vergangenheit, die der Möglichkeit der Täuschung und Verfälschung unterliegen.“[70]

Auch die Themen zum Nationalsozialismus unterliegen Veränderungen der Wahrnehmung aufgrund veränderter gesellschaftlicher Rahmenbedingungen: von der Würdigung der politisch organisierten Widerstandskämpfer und Widerstandskämpferinnen unmittelbar nach der Befreiung (vor allem in Hinblick auf die Staatsvertragsbemühungen), über die verstärkte Beachtung des singulären Verbrechens des Holocaust in den letzten Jahrzehnten (befördert durch große Prozesse und aufsehenerregende filmische Bearbeitungen), der Einbeziehung der Geschichte weiterer, oft lange marginalisierter Opfergruppen wie der Rom*nja und Sinti*zze, der Homosexuellen, der als „Asoziale“ Verfolgten, der Opfer der NS-Medizinverbrechen und zuletzt vermehrt der als „Kriminelle“ kategorisierten Häftlinge.[71] Der – viele Jahre dominierende – Blick auf Österreich als erstes Opfer des Nationalsozialismus änderte sich hin zu einer einbekannten Mitverantwortung vieler Österreicher und Österreicherinnen an den Verbrechen, um schließlich wieder zu überschlagen, wie Gerhard Baumgartner jüngst pointiert zusammenfasste:

68 Siehe z. B. auch: „Vielstimmiges Ausstellen“, in: Stefan Benedik / Eva Meran / Monika Sommer, Haus der Geschichte Österreich – das zeitgenössische Museum als Diskussionsforum und Prozess, in: Wenrich / Kirmeier / Bäuerlein / Obermair (Hrsg.), Zeitgeschichte im Museum, S. 79–94, hier 84–87.

69 Siehe die Analyse zur DÖW-Ausstellung 1978–2005: Larndorfer, Gedächtnis und Musealisierung.

70 Brinda Sommer, Gesellschaftliches Erinnern an den Nationalsozialismus: Stolpersteine wider das Vergessen, Berlin [= Mitteilungen und Berichte aus dem Institut für Museumsforschung, Nr. 41], S. 23–24.

71 Siehe Brigitte Bailer, WiderstandskämpferInnen und politisch Verfolgte in der Zweiten Republik, in: Dokumentationsarchiv des österreichischen Widerstandes (Hrsg.), Jahrbuch des DÖW 2013 – 50 Jahre DÖW, Wien 2013, S. 283–306.

> „In Teilen dieses neuen geschichtspolitischen Diskurses wurde indes in den letzten Jahren eine Tendenz erkennbar, den ÖsterreicherInnen statt der undifferenzierten Opferrolle zunehmend die ebenso pauschale Rolle der ‚schlechteren Deutschen' zuzuweisen, die sich nach 1945 aus ihrer Mitverantwortung für die nationalsozialistischen Verbrechen davongestohlen hätten. [...]
> Die internationale Diskussion [...] bewegt sich zunehmend zwischen den Polen [...] Opfer, TäterInnen, ZuschauerInnen. In dem von diesen Eckpunkten abgesteckten Feld bleibt erneut kaum Platz für den Widerstand. Die unbeugsamen hunderttausend Österreicherinnen und Österreicher und ihr Vermächtnis aus dem Kampf gegen den Faschismus und Nationalsozialismus drohen dabei erneut einer verzerrten Perspektive zum Opfer zu fallen."[72]

Der Blick auf die Täter ist mittlerweile unbefangener, da die betroffene Generation fast verschwunden ist und nur mehr die Allerjüngsten davon – hochbetagt – leben. Mittlerweile arbeitet bereits die Urenkelgeneration die Geschehnisse auf.

Die Diskussionen über die Bewertung der Vergangenheit verlieren aktuell nicht an Bedeutung, da nun die Stimmen der Zeitzeuginnen und Zeitzeugen als unmittelbare Kontaktpersonen nach und nach verstummen. Die Deutungshoheit muss unter den Nachgeborenen ohne dieses direkte Korrektiv auskommen, wenngleich sowohl schriftliche als auch akustische Zeugnisse überliefert sind und die Überlebenden auch zuvor den Diskurs nicht dominiert hatten. Diese Fragen um die Erinnerungskultur und den Umgang mit der NS-Vergangenheit rückten in den letzten Jahren in den Vordergrund der Diskussionen.

In einer Ausstellung muss eine Auswahl der Inhalte wie der Exponate getroffen werden. Die vielen im DÖW vorhandenen Materialien – das DÖW ist ein umfassendes Archiv mit Abertausenden Dokumenten, Fotos, Museumsgegenständen – verunmöglichen eine Gesamtschau. Schon die Auswahl ist eine Interpretation, die Einbindung der Auswählenden bestimmt vorab die Richtung mit. Die Gruppe der Auswählenden – systematisch – zu vergrößern, ist das in diesem Beitrag formulierte Anliegen.

72 Gerhard Baumgartner, Unbeugsame Hunderttausend: Österreicherinnen und Österreicher im Widerstand gegen den Nationalsozialismus, in: Heinz Fischer (Hrsg.), 100 Jahre Republik: Meilensteine und Wendepunkte in Österreich 1918–2018, Wien 2018, S. 102–118, hier 117.

Zwischen all den Ausführungen über Gedächtnisse, Rekonstruktionen, Interpretationen, Vergleiche und Vermittlungen soll explizit auf die historische Faktizität, die Tatsache der Geschehnisse und ihre gesellschaftspolitische Bedeutung verwiesen werden.

Vergangene Ereignisse werden im Licht persönlicher und kollektiver Bezugsrahmen interpretiert, Erinnerungen unterliegen Zwecksetzungen und dadurch notwendigerweise Veränderungen. Das soll aber nicht die Geschehnisse relativieren: Das nationalsozialistische Regime ist errichtet worden und hat unter Beteiligung weiter Kreise der Bevölkerung Millionen Todesopfer gefordert und einen ganzen Kontinent verwüstet. Außerhalb rechtsextremer Kreise, die fallweise das Geschehene leugnen, öfter aber das Ausmaß relativieren, finden die Diskussionen grundsätzlich nicht über die Tatsachen selbst, sondern über die Bewertungen statt: Schuld und Verantwortung, Verleugnung und Aufarbeitung.

„[...] die Wahrheit ist auch hier, wie üblich, konkret", konstatierte Ruth Klüger.[73] Die Umstände der Geschehnisse müssen so genau wie möglich rekonstruiert werden, bevor sie interpretiert werden. So versteht das DÖW seine Hauptaufgabe. Sie sollen nicht in einem Nebel literarischer und gedenkpolitischer Wendungen regelrecht verschwinden, wenngleich das Geschehene immer wieder die Ausdrucksmöglichkeiten der Alltagssprache übersteigt.[74]

Die Einbeziehung einzelner Lebenswege und Biografien, individueller Schicksale, Oral-history-Interviews, Erinnerungen ermöglicht den Betrachter*innen einen persönlichen Zugang. Darüber dürfen aber nicht der strukturelle Gesamtzusammenhang, die politischen, ökonomischen, gesellschaftlichen Bedingungen vernachlässigt werden, ansonsten stünden die einzelnen Erzählungen lose an- und teilweise gegeneinander. Es bedarf der persönlichen Erinnerungen, der Dokumente, der Interpretation zusammen, um eine Annäherung an das Geschehene zu ermöglichen. Über die Opfer kann Empathie geweckt werden, Widerständige haben Vorbildwirkung und mithilfe der Täterforschung sollen Gefahren erkannt werden. Vor allem die Mitläufer*innen bieten einer breiten Bevölkerungsschicht einen möglichen Handlungsrahmen, in dem sie sich erkennen könnten. Das kann – immer vor dem Hintergrund historischer Fakten – zu der notwendigen Selbstreflexion führen.

73 Ruth Klüger, weiter leben. Eine Jugend, Göttingen 1992, S. 126.

74 Siehe wegweisend zur Sprache: Victor Klemperer, LTI (Lingua Tertii Imperii). Notizbuch eines Philologen, Berlin 1947. Siehe auch: Hermann Langbein, Menschen in Auschwitz, Wien 1972, S. 17.

Umfeld und Zielpublikum

Das Umfeld bzw. Zielpublikum des DÖW ist vielfältig:

- Benutzer*innen und Besucher*innen (Schüler*innen, Studierende und Forschende, Journalist*innen, Ausstellungsgestalter*innen, Angehörige und Nachfahren von Widerständigen und Verfolgten, Ämter, zeitgeschichtlich Interessierte, Gedenkarbeiter*innen, etc.)
- Kooperationspartner*innen
- Zivilgesellschaft
- Noch-Nicht-Besucher*innen
- Stiftungsrat, Vorstand, Kuratorium, Mitglieder
- Stifter (Republik Österreich, Stadt Wien)
- Subventionierende und projektfördernde Stellen
- Mitarbeiter*innen

Besucher*innen des DÖW und seiner Ausstellungen sind vor allem Schüler*innen und Studierende, Tourist*innen, zeitgeschichtlich Interessierte und zivilgesellschaftlich Engagierte. Wünschenswert ist ein möglichst niederschwelliger Zugang, auch außerhalb schulischer oder bildungsaffiner Strukturen und ohne finanzielle Barrieren. Um in Kontakt zu kommen, können beispielsweise Kultur- und Sportvereine oder Einrichtungen der Religionsgemeinschaften, in denen viele organisiert sind, schon in der Konzeptionsphase der Ausstellungsneugestaltung adressiert werden.

Auch und gerade regelmäßigen Besucher*innen muss nach bald 20 Jahren eine neue Ausstellung geboten werden, wenngleich auch immer wieder kleine temporäre Ausstellungen in den Räumen der Dauerausstellung gezeigt werden.

Kontakte mit Besucher*innen, Veranstaltungen, Führungen, Workshops sind permanente wechselseitige Lernprozesse. Eine pädagogische Stelle muss sich der Ausbildung aller am Prozess beteiligten Mitarbeiter*innen, insbesondere der Guides, der Entwicklung verschiedener Formate und dem strukturierten Kontakt zu den Ausstellungsbesucher*innen widmen.

Projektplan zur Neugestaltung

Die umfassende Themenbreite soll auch in einer Neugestaltung beibehalten werden, ist institutsinterner Grundkonsens. Es ist auch der statutarisch festgelegte Anspruch des DÖW, dem sich auch die Mitarbeiter*innen verschrieben haben. Auch Themen unterliegen einer Art Konjunkturzyklus – sowohl im DÖW als auch in der gesamten Zeitgeschichte und Öffentlichkeit. Auch kann nicht jedes Thema in einer Ausstellung in gleicher Ausführlichkeit behandelt werden. Wie viel Platz letztlich konkret zur Verfügung stehen wird: Es wird eine Gewichtung nötig sein, es müssen Ereignisse und Darstellungen reduziert, verknappt und vieles auch weggelassen werden. Der Grundanspruch kann nicht sein, so viel wie möglich unterzubringen, sondern die Kernbotschaften an die Besucher*innen zu vermitteln, die in folgenden Fragen kulminieren:

- Was ist geschehen? (historische Fakten)
- Wie konnte es dazu kommen? (Vorgeschichte)
- Wer hat warum mitgemacht, wer hat warum widerstanden? (Widerstand und Verfolgung, Täter und Täterinnen, Opfer, Mitläufer und Mitläuferinnen: Handlungsspielräume)
- Wie können wir verhindern, dass es wieder geschieht? (aktueller Bezug)
- Warum wollen wir, dass es nicht wiedergeschieht? (Wertevermittlung)

Der vorangegangene Prozess – Kämpfe um Deutungshierarchien, Kompromisse, wissenschaftliche und künstlerische Abwägungen – bleibt der Öffentlichkeit meist verborgen.[75] Diskussionen und Kritik finden oft hinter vorgehaltener Hand statt, um die grundsätzlich befürworteten Arbeiten nicht zu desavouieren. Dies könnte für die geplante Neugestaltung der DÖW-Ausstellung anders vorgesehen werden.

Die Neugestaltung muss vor dem Hintergrund der gesellschaftlichen Heterogenität erfolgen. Während die Perspektiven von Alltagsgeschichte, Geschlecht, politischer Positionierung, Sexualität seit Jahren verstärkt berücksichtigt werden, soll die Vielfalt auch bezüglich jüngst Angekommener und Menschen, die dem Diskurs nicht auf bildungsbürgerlichem Niveau folgen können, beachtet werden. Astrid Messerschmidt fokussierte den Ausgangspunkt einer zeitgemäßen Herangehensweise:

> „Historisch-politische Bildung, die das Gemeinsame und zugleich unterschiedlich motivierte Interesse von Teilnehmenden an einem historischen Gegenstand zum Ausgangspunkt nimmt, ermöglicht unterschiedliche Zugänge, ohne diese an eine nationale oder kulturelle Identität binden zu müssen. Es geht also nicht darum, *wo* jemand herkommt, sondern *wie* die gegenwärtige Beziehung zur Geschichte aussieht.“[76]

75 Radonić / Uhl (Hrsg.), Das umkämpfte Museum, S. 13.
76 Messerschmidt, Involviertes Erinnern, S. 279.

Eine Ausstellung ist sinnvollerweise kein Lehr- und Lesebuch „an der Wand", sie soll vielmehr dem kritischen Lernen dienen. „Eine fragmentierte wäre auch eine ehrlichere Geschichte, die keinesfalls nur an den Rändern zerfasert, sondern immer schon auf allen Ebenen. Sie wäre vielleicht auch gefeit davor, zur Legitimationsgeschichte für immer neue, immer wieder exkludierende Projekte zu werden [...]", resümierte Dirk Rupnow.[77]

Die Ausstellung muss nicht als rein österreichische Geschichte verstanden werden, sondern „als Prozess interkultureller Verständigung über eine Verbrechensgeschichte, die global bedeutsam ist und auf vielfältige Weise erinnert wird", wie es Astrid Messerschmidt grundsätzlich formulierte.[78] Dieser Zugang ist dem Antifaschismus nicht fremd, weil sich vor allem die Arbeiter*innenbewegung immer im internationalen Kontext verstand und ihre Geschichte als weltweiten Kampf gegen Unterdrückung und Krieg und für den gesellschaftlichen und humanen Fortschritt auffasste. So ist der Spanische Bürgerkrieg, an dem auch viele Österreicher und Österreicherinnen an der Seite der Republik gegen die Franco-Faschisten teilgenommen haben, in die DÖW-Sicht immer einbezogen, ebenso der Widerstand in den besetzten Ländern und die Arbeit im Exil. Aber auch das Bürgertum mit seinen vielfältigen persönlichen und ökonomischen und wissenschaftlichen Beziehungen in verschiedene Länder der Welt, nicht zuletzt auch die nachwirkenden historischen Verflechtungen einer jahrhundertelangen Monarchie ermöglichen Anknüpfungspunkte über die heutigen Grenzen hinaus.

Eine Ausstellung zu erstellen, ist ein komplexer Prozess, in dem viele Menschen und Bereiche zusammenwirken müssen, um zu einem gemeinsamen Ergebnis zu gelangen: Inhalt, Gestaltung, Technik, Logistik greifen ineinander.[79]

Die inhaltliche Positionierung ist der noch festzulegenden Projektleitung und der neuen wissenschaftlichen Leitung des DÖW ab 2023 vorbehalten, ebenso die Ausgestaltung des Projektprozesses. Projektpläne folgen aber idealerweise allgemeinen, grundsätzlichen Standards, wesentliche Parameter sind im Nachfolgenden punktuell festgehalten. Vieles davon ist bekannt und wird dennoch in den jeweils konkreten Vorhaben – nicht nur im DÖW und nicht nur im Ausstellungs- oder geisteswissenschaftlichen Bereich – nicht berücksichtigt. Die Herausforderung, Termine und Qualität auf jeder Ebene einzuhalten, wird auch oder vor allem bei kleinen Projekten unterschätzt und die

77 Rupnow, Migration und Museum, S. 87.
78 Messerschmidt, Involviertes Erinnern, S. 283.
79 Siehe grundsätzlich und gleichzeitig pragmatisch: Aumann / Duerr, Ausstellungen machen.

positiven Auswirkungen einer strukturierten Arbeitsweise unterbewertet. Die Kommunikation ist dabei eines der Standbeine eines erfolgreichen Projektes, sie kann über Gelingen oder Scheitern entscheiden.

Technische und gestalterische Rahmenbedingungen

Zu Beginn aller Planungen müssen der Status quo erhoben und die nachfolgend nur sehr skizzenhaft aufgelisteten Basisdaten eruiert bzw. verhandelt und vereinbart werden.[80]

Am Anfang steht der Kostenplan, der der Geldakquise dient und bestenfalls schon das Ergebnis der Abstimmung zwischen den einzubeziehenden Bereichen ist. Er zeigt nicht nur die geplante Struktur, sondern auch bereits die Wertigkeit, die den verschiedenen Tätigkeiten beigemessen wird. Diskutiert werden muss in diesem Zusammenhang auch die Frage nach Eintrittsgeldern bzw. Preisen für Vermittlungsangebote. Da es sich beim DÖW um eine Non-Profit-Organisation handelt, sind bislang sowohl Eintritt als auch Führungen in den Ausstellungen aufgrund des Bildungsauftrages und der Finanzierung über öffentliche Mittel für Besucher*innen kostenlos.[81] Der in einen konkreten Finanzierungsplan übersetzte Kostenplan – das schließlich vereinbarte Budget – muss während der Projektzeit laufend mit den tatsächlichen Ausgaben abgeglichen werden.

Fragen zum Ort und Raum – verkehrstechnische Anbindung, Umgebung, Ausmaße der Räumlichkeiten, Aufteilung, Zustand, Denkmalschutz – erhalten durch die aktuellen Diskussionen um den Standort der Ausstellung bzw. des DÖW selbst eine umfassendere Dimension.

Ressourcen – Exponate und Mitarbeiter*innen

Das DÖW verfügt selbst über eine ungewöhnlich große Sammlung an originalen Exponaten – Kleidung aus Lagern, von paramilitärischen Verbänden, Koffer von Vertriebenen, geheime Nachrichten aus Gefängnissen, illegale Zeitungen, Plakate und vieles andere mehr – rund 1.000 Gegenstände. Da das Institut bereits 1963 gegründet wurde und aus privater Initiative heraus entstand, hat es

80 Siehe ausführlich und detailliert: Schindler, Die Neugestaltung, S. 114–167.

81 In Großbritannien sind die Dauerausstellungen der öffentlichen Museen aus denselben Gründen seit rund 20 Jahren gratis zu besichtigen. Sonderausstellungen und private Museen sind kostenpflichtig. In der KZ-Gedenkstätte Mauthausen ist der Eintritt gratis, für die Teilnahme an Vermittlungsangeboten wird eine – sehr moderate – Gebühr eingehoben.

über die Jahrzehnte Materialien direkt von den Überlebenden als Vermächtnis, meist schon zu Lebzeiten, erhalten. Das DÖW ist ein bedeutender Leihgeber an Ausstellungen und Museen in diesem Themenbereich.

Zu klären ist die Form und das Ausmaß der Projektmitarbeit der internen Mitarbeiter*innen und der Zukauf externer Expertise. Ein so bedeutendes und großes Projekt wie das hier skizzierte betrifft alle Bereiche des Hauses. So wird das Kernteam, die Kurator*innen, zu einem Gutteil aus Mitarbeiter*innen des Instituts bestehen, darunter die Wissenschaftliche Leitung, das Projektmanagement, Historiker*innen, Archivar*innen, Pädagog*innen, sowie auch externen Gestalter*innen, Architekt*innen und EDV-Expert*innen.

Über Beiräte (wie immer die Gremien auch dann genannt werden) können Kolleg*innen eingebunden werden, die vor kurzem oder aktuell mit vergleichbaren (großen) Projekten befasst waren resp. sind, z. B.:

- Ausstellungspädagogik (Mauthausen Memorial, Jüdisches Museum Wien)
- Schulische und außerschulische Vermittlungsarbeit (erinnern.at, Gedenkdienst, VHS, MKÖ)
- Prozess (Haus der Geschichte)
- Geschichtswissenschaft (Universität Wien)

Zudem müssen zivilgesellschaftliche Initiativen eingebunden werden: Israelitische Kultusgemeinde, Verbände der Rom*nja und Sinti*zze, christliche und muslimische Religionsgemeinschaften, migrantische Interessenverbände, antirassistische Initiativen, insbesondere auch Jugendverbände und Verbände der Volksgruppen, ebenso Behindertenverbände, LGBTQIA+, Lehrlinge, Schulen, Lehrer*innen etc. Sie sollen

- in der Konzeptionsphase Anregungen einbringen,
- das ausgearbeitete Konzept kritisieren,
- Anliegen für die Vermittlungsarbeit formulieren.

Gemeinsam können verschiedene Projekte für die Nutzung der Ausstellung skizziert werden. Beiräte sind Botschafter*innen des Vorhabens in ihren und für ihre jeweiligen Communitys. Da Beteiligte solcher Beiräte oft prekär arbeiten und leben, sind Honorare bzw. angemessene Sitzungsgelder bereitzustellen.

Die ständigen Gremien des DÖW – Stiftungsrat, Vorstand, Kuratorium, Mitglieder – sind über die statutarisch festgelegte Struktur eingebunden und sollen auch verstärkt einbezogen werden.

Arbeitsplanung

Aufgrund der Größe, Bedeutung und Komplexität des Projektes müssen ein detailliertes Projekthandbuch und ein Pflichtenheft bzw. mehrere Pflichtenhefte erstellt werden, die die Arbeiten der Beteiligten verbindlich festhalten.[82] Mindestens folgende Unterlagen und Pläne müssen erstellt bzw. ausgearbeitet werden: Projektdatenblatt, Analyse der Projektumwelt, Projektorganigramm, Projektorganisation, Arbeitspakete und Projektstrukturplan, Meilensteinplan, Zeitplan, Ressourcenplan, Projektrisiken, Maßnahmenplanung, Projektdokumentation, Kommunikation, Controlling, Budgetierung.[83]

Ein ambitionierter und realistischer Zeitplan kann nicht unter 2,5 Jahren – 30 Monaten – angedacht werden. Das würde mit den aktuellen Überlegungen zur Steinhof-Übersiedlung korrespondieren, die als herausragende Chance zu nutzen wäre.

Umsetzung

Die Ausstellungsgestaltung muss in Interaktion mit dem Inhalt erarbeitet werden. Da bei den internen Mitarbeiter*innen des DÖW die historische Expertise dominiert, muss die Gestaltung zugekauft werden. Bettina Habsburg-Lothringen beschrieb den notwendigen Aushandlungsprozess aus der Sicht der Gestalterin:

> „Die Gestaltung entspringt deshalb einer sorgsamen inhaltlichen Auseinandersetzung, die in engem Austausch mit den Kurator*innen stattfindet. Aus dieser Vertiefung entwickeln wir eine geeignete Darstellung des Ausstellungsthemas, das dieses atmosphärisch auflädt und auf mehreren Ebenen erlebbar macht.“[84]

Ein Gesamtkonzept soll helfen, das interdisziplinäre Team, das eine Ausstellung gemeinsam entwickelt, zusammenzuführen und zusammenzuhalten.

82 Siehe hierzu u. v. a.: Tomas Bohinc, Grundlagen des Projektmanagements. Methoden, Techniken und Tools für Projektleiter, Offenbach [7]2019.

83 Siehe ausführlich: Schindler, Die Neugestaltung, S. 114–167.

84 Siehe Habsburg-Lothringen, Was kommt? Was bleibt? Zur Gestaltung einer Ausstellung, auf: Museumsblog Universalmuseum Joanneum, 2. 6. 2021, auf: https://www.museum-joanneum.at/blog/was-kommt-was-bleibt-zur-gestaltung-einer-ausstellung/ [20. 11. 2021].

Das Thema einer Ausstellung über den Nationalsozialismus bedarf einer besonderen Sensibilität, gerade was Fotos von Gräueltaten anbelangt. Inszenierung und Emotionalisierung sind vielen Historiker*innen verdächtig. Insbesondere in den ehemaligen Täterländern Österreich und Deutschland dominiert oft ein kühler wissenschaftlicher Zugang.

Das Ausstellungsmachen erfolgt zwischen Erkenntnisanspruch und künstlerischer Umsetzung und Erlebnis als dauerhaftes Spannungsfeld.[85] Es ist ein komplexes System:

> „Zudem generiert nie eine einzelne Instanz den inhaltlichen Sinn und die wahrnehmbare Erscheinung einer Ausstellung, sondern viele erzeugende und erzeugte Elemente bilden ein System: der wissenschaftliche oder essayistische Inhalt, die Objekte und ihre Anordnung, ihre Inszenierung, der Raum ihrer Präsentation, die Strategien der Wissensvermittlung, etwa in Form begleitender Texte, Audioguides oder Filme. Schließlich sind auch die Besucher sinnbildende Elemente der Ausstellung, weil sie in freier, selbständiger Reflexion über die Inhalte zu individuellen, von den Kuratoren nicht intendierten Erkenntnissen gelangen können und sollen."[86]

Entlang der detailliert ausgearbeiteten Strukturen und Arbeitspläne wird die Ausstellung idealerweise umgesetzt. Die intensive Phase der Erarbeitung der Inhalte, der grafischen und technischen Gestaltung führt die verschiedenen Bereiche zusammen. Es ist nicht zielführend, den Wissenschafter*innen eine Gestaltung vorzusetzen oder gar vorzuenthalten. Ebenso wenig dürfen den Gestalter*innen die Inhalte einfach nur übergeben werden. Die Erarbeitung einer Ausstellung ist ein Wechselspiel zwischen Form und Inhalt, die sich gegenseitig beeinflussen.

Eine breitere Einbindung der Öffentlichkeit kann durch Symposien, Umfragen (vor der Errichtung und nach der Eröffnung im laufenden Betrieb), Einbeziehung von marginalisierten Zugängen u. a. in den Gremien und eine verstärkte Öffentlichkeitsarbeit erreicht werden. Auch ein Ideenwettbewerb ist denkbar: Immer wieder werden Vorschläge zur Ausstellungsneugestaltung an das DÖW herangetragen, zuletzt von Studierenden der FH Joanneum Graz, die ihre Vorschläge Anfang 2020 im DÖW präsentierten. Ein Ideenwettbewerb könnte umgekehrt auch ausgeschrieben werden.

85 Aumann / Duerr, Ausstellungen machen, S. 10.
86 Ebenda, S. 10–11.

Nach Entwurf, Diskussion und Erstellung eines detaillierten Konzeptes müssen auch in der Umsetzung Inhalt, Gestaltung, Projektleitung eng kooperieren. Die einzelnen gestalterischen Elemente sollten, soweit möglich, ausprobiert werden.[87] Die Arbeiten erfolgen entlang eines detaillierten Projekt- und Meilensteinplanes. Die Konzeptionsphase sollte für grundlegende Diskussionen genutzt werden. Nach der Eröffnung soll die Ausstellung „in Bewegung bleiben“. Vieles wird fixiert sein, aber Websites, Exponate, Medieninhalte und Vermittlung können flexibel gestaltet werden. Zwischen Eröffnung und Abbau finden mögliche Korrekturen statt, das pädagogische Vermittlungsprogramm, die Öffentlichkeitsarbeit und Veranstaltungen. Diese Aktivitäten sind Teil des Ausstellungsbetriebes.

Ausstellungwebsite, Webauftritt, digitale Tools

Websites sind Teil der Vermittlung und der Öffentlichkeitsarbeit. Die Zugriffe auf den DÖW-Seiten erreichen schon jetzt hohe sechsstellige Zahlen, die Seitenaufrufe gehen jährlich in die Millionen. Die Website kann vertiefende Inhalte bieten und soll auch zu den Vermittlungsangeboten pädagogisches Material sowie ein virtuelles Buchungstool integrieren, ebenso Audio- und Videodateien, die viel gefragten Opferdatenbanken und erweiterte inhaltliche Bereiche, insbesondere auch Fotos.

Ausstellungsseiten sollen nicht die Ausstellungen 1:1 abbilden. Die designierte Direktorin des Jüdischen Museums Wien Barbara Staudinger, im Frühjahr 2022 noch Direktorin des Jüdischen Museums Augsburg, antwortete auf die Fragen der Journalistin Alexia Weiss zu digitalen Ausstellungen und der Notwendigkeit einer digitalen Strategie:

> „[…] In der Zukunft wird der digitale Museumsraum dieselbe Bedeutung haben wie der reale. Und besonders werden wir uns mit den Verbindungen zwischen digitaler und realer Welt beschäftigen müssen. Es ist nicht so, dass es hier unsere Realität gibt und da das Digitale. Jede und jeder, der einmal Pokémon Go gesehen hat, weiß, dass es Verbindungen zwischen der realen und der digitalen, virtuellen Welt gibt. Das heißt, man kann die digitale Welt in die reale hineinführen. Da gibt es unendlich viele Möglichkeiten – und aus diesen heraus kann man digitale Angebote sowohl speziell

87 Was oft an der Zeit oder am Geld scheitert. Siehe sehr anschaulich: Landschaftsverband Rheinland, LVR-Fachbereich Kultur (Hrsg.), Gestalterische Elemente in der Ausstellung. Eine Handreichung der LVR-Museumsberatung, Köln 2015 [= LVR-Museumsheft Nr. 2]. Ausführlicher: Aumann / Duerr, Ausstellungen machen.

für Jugendliche kreieren wie auch zum Beispiel für ein älteres Publikum, das nicht mehr reisen kann […].“[88]

Gerade der virtuelle Raum bietet vielfältige Möglichkeiten der Partizipation auch im erweiterten Ausstellungsbereich, wie Stefan Benedik, Eva Meran und Monika Sommer jüngst für das Haus der Geschichte skizzierten.[89]

Über die mittlerweile schon traditionellen Websites hinausgehend ist eine digitale Strategie der Vermittlung auszuarbeiten.

Zielgruppen

Zielgruppen werden nach bestimmten Parametern definiert, darunter:[90]

- Einzelbesucher*innen und Gruppen (Einzelne, Familien, Gruppen, Schulklassen, Tourist*innen, Wissenschafter*innen, Stammpublikum, Internetnutzer*innen, Erstbesucher*innen)
- Alter (Schüler*innen, Lehrlinge, Student*innen, Jugendliche, Erwachsene, Senior*innen)
- Herkunft (lokal, regional, überregional, international)
- Besondere Zielgruppen (Menschen mit Behinderungen, Migrant*innen, Angehörige und Nachfahr*innen von Verfolgten wie auch von Tätern und Täterinnen)
- Motivation (Bildung, Engagement, Freizeit, Erlebnis, Kommunikation, soziale Kontakte)
- Bildungs- und Kultureinrichtungen (Schulen, Vereine, Institutionen)
- Werbung und Förderung (Multiplikator*innen, Sponsor*innen, Mitglieder)

Spezifische Angebote sind für verschiedene Gruppen zu erstellen und auf verschiedenen Wegen zu transportieren.

Newsletter, Publikationen

Ein durchdachtes Corporate Design umfasst alle Äußerungen des Instituts: Druckwerke – Rundbriefe, Visitkarten, Einladungen, Programme etc. – sowie

88 Siehe (auch zur Frage der Nachhaltigkeit): Alexia Weiss, Ein Museum muss auch selbstkritisch sein. Interview mit Barbara Staudinger, in: Wina. Das jüdische Stadtmagazin, auf: https://www.wina-magazin.at/ein-museum-muss-auch-selbstkritisch-sein/ [15. 5. 2022].

89 Benedik / Meran / Sommer, Haus der Geschichte Österreich.

90 Deutscher Museumsbund e. V. (DMB) / Bundesverband Museumspädagogik e. V. (Hrsg.), Qualitätskriterien für Museen: Bildungs- und Vermittlungsarbeit, Berlin ^{2}2010, S. 12–13.

Websites und virtuelle Newsletter. Wesentlich zur Öffentlichkeitsarbeit gehört die Adressverwaltung.

Pressearbeit
Kleinen und mittleren Instituten stehen wenige Ressourcen für die Pressearbeit zur Verfügung.[91] „Pressearbeit ist keine Werbung“, betont Annemike Meyer mehrfach in ihrem Handbuch, in dem sie eine professionelle Herangehensweise auch kleineren Instituten anrät.[92]

Eine neue Ausstellung des DÖW generiert sicher mediales Interesse. Pressearbeit ist Teil der Public Relations, der Beziehung einer Organisation zur Öffentlichkeit. Sie soll über die Arbeit und neue Projekte informieren. Zur Öffentlichkeitsarbeit gehören auch die bereits erwähnten Websites, Publikationen und Aussendungen, aber auch die in dieser Arbeit vorgeschlagenen Umfragen.

Soziale Medien
Inwieweit sich das DÖW in den Sozialen Medien bewegen soll, ist eine umstrittene Frage. Grundsätzlich ist dieser Raum in seiner Bedeutung für die Informationsgewinnung, aber auch für die Verbreitung von Fake News nicht zu unterschätzen. Offiziell ist der Twitter-Account des DÖW, der vom Bereich der Rechtsextremismusforschung des Instituts bespielt wird.

Fazit

Die vorangegangenen Ausführungen sollten als Anstoß einer breiten Diskussion um das Vorhaben der Neugestaltung der DÖW-Ausstellungen gelesen werden. Der Blick richtet sich von der zugrunde liegenden Wissenschaft aus auf die Einbindung des „Publikums“. Eine DÖW-Ausstellung ist kein ästhetisches Kunstwerk, das der Künstler oder die Künstlerin ohne Kommentierung der Interpretation der Betrachter*innen überlässt. Das DÖW hat Botschaften und Anliegen und sollte die Vermittlung nutzen, um selbst daraus zu lernen und neue Blickwinkel zu erforschen – ohne das Geschehene zu relativieren.

Die Erkenntnisse der Forschungen zur Erinnerungskultur – die soziale Bedingtheit des Erinnerns durch Kultur, Familie, Gesellschaft, die Sinnstiftung als

91 Siehe sehr übersichtlich und pragmatisch zur Pressearbeit: Annemike Meyer, Professionelle Pressearbeit. Praxisleitfaden für Einsteiger, Göttingen 2004.

92 Ebenda, S. 13.

Zweck von Erzählungen, Erinnerungen und Tradierungen und das dynamische Verhältnis zwischen den individuellen Erzählungen und dem kulturellen, ritualisierten Gedächtnis – stecken den Spannungsbogen ab.

Es müssen verschiedene Wege beschritten werden, um Menschen verschiedener Herkünfte einzubinden, deren vorhandenes Potential zu nutzen und Interesse zu wecken. Wenn für die einen eine schnelle schriftliche (Online-)Umfrage am besten in ihr strukturiertes Leben passt, ist es für andere das persönliche Gespräch, für Dritte der kreative Workshop; für die einen passt die virtuelle Teilhabe, andere bevorzugen die persönliche Begegnung. Niederschwellige Angebote müssen in Leichter Sprache verfasst sein.

Globale Trends als Herausforderungen und Chancen

Wesentlich für die Neugestaltung der thematisierten Ausstellung wie auch anderer Projekte ist das Hinterfragen scheinbar selbstverständlicher Gegebenheiten. Einzubeziehen ist die Gesellschaft, in der und für die und mit der man eine Ausstellung gestaltet, die Umwelt, in der man agiert. Die großen Trends der Digitalisierung, Globalisierung, des Klimawandels und der demografischen Veränderungen, vor allem Migration und Alterung, ebenso wie die Beschleunigung wirken auf alle Bereiche. Sie sind aber nicht nur Gefahren, sondern auch Chancen, nicht alles an ihnen gefährdet althergebrachte Vorstellungen, vieles wird eine Verbesserung sein, alles muss diskutiert werden und wird daher abschließend skizziert.

Die Digitalisierung ist eine große Herausforderung der Arbeitsorganisation und des Budgets. Digitalisieren von Beständen ist ein langwieriger und daher teurer Prozess. Dadurch werden Bestände aber dauerhaft gesichert, sie werden allgemein leichter zugänglich, sie können in Ausstellungen einfach verwendet werden.

Vieles verlagert sich in die virtuelle Welt. Viele Ausstellungen sind auch im Internet zu sehen. Die Corona-Pandemie mit ihren Beschränkungen der Aktivitäten außer Haus hat diesen Trend maßgeblich befördert. Gleichzeitig hat sie das grundlegende Bedürfnis der Menschen aufgezeigt, Erlebnisse in der Realität wahrzunehmen, in Gemeinschaft mit anderen Menschen, Gebäude, Objekte, Stimmungen in Wirklichkeit und nicht vor dem oder im PC zu erleben. Auch aus der in dieser Arbeit kurz vorgestellten Umfrage war die Bedeutung der Begegnung mit realen Gegenständen und anderen Menschen an einem konkreten Ort zu erkennen. Die Beziehung und Verwendung beider Welten müssen über-

legt werden, die Websites sollen nicht einfach nur eine andere, statische Form der Abbildung von Inhalten sein.
Gesellschaft ist in einem steten Wandel, Sichtweisen und Anforderungen ändern sich. Durch eine demokratische Einbindung möglichst vieler Bevölkerungsgruppen entstünde ein lebendiger Diskurs, der diesen Wandel mitgestalten könnte.

Der Abstand zu den Ereignissen bedingt auch, dass es bald keine direkten Zeug*innen der Geschehnisse mehr gibt. Umso mehr müssen ihre mündlichen und schriftlichen Hinterlassenschaften genutzt werden. Ein – nicht unumstrittener – Lösungsansatz ist die Entwicklung von Hologrammen, in denen Videos so geschnitten werden, als ob Zeitzeug*innen direkt antworten.[93]

Der Vergleich mit der Aufarbeitung von diktatorischen Verhältnissen und Genoziden in anderen Ländern erschließt neue Zugänge und zeitigt neue Erkenntnisse.[94]

Die Überlebende und Wissenschafterin Ruth Klüger plädierte mehrmals zwar gegen die Relativierung, aber für den Vergleich: „[...] ich weiß gar nicht, wie man anders an die Sache herankommen soll als durch Vergleiche."[95] Der Vergleich darf nur nicht zur falschen Gleichung werden und damit zur ungerechtfertigten Entlastung.

Dem Vergleich widmet sich auch die von Claudia Kuretsidis-Haider und Winfried R. Garscha geleitete Zentrale österreichische Forschungsstelle Nachkriegsjustiz am DÖW im Forschungsfeld „Transitional Justice", also den Maßnahmen während des Übergangs von einer Diktatur und gewaltsamen, auch genozidalen Phase in eine Demokratie bzw. in ein friedliches Gemeinwesen.[96] Das wäre beispielsweise in einer neuen Dauerausstellung einer der möglichen Anknüpfungspunkte von der NS-Zeit zu aktuellen Ereignissen, Kriegen und Diktaturen.

93 Siehe: Yad Vashem – Internationale Holocaust-Gedenkstätte, Erinnern in der Zukunft: Frag das Hologramm, 2013, auf: https://www.yadvashem.org/de/education/newsletter/10/holograms-and-remembrance.html [8. 12. 2021].

94 Ein aktuelles Forschungsprojekt unter der Leitung von Ljiljana Radonić widmet sich an der Österreichischen Akademie der Wissenschaften einem Vergleich von 50 Gedenkmuseen zum Zweiten Weltkrieg in den USA, Israel, Europa, China und Japan sowie der Genozide in Ruanda und dem ehemaligen Jugoslawien. Österreichische Akademie der Wissenschaften / Institut für Kulturwissenschaften und Theatergeschichte, Globalisierte Gedenkmuseen, auf: https://www.oeaw.ac.at/ikt/forschung/gedaechtnis/globalisierte-gedenkmuseen [8. 12. 2021].

95 Klüger, weiter leben, S. 75–76.

96 Siehe http://www.nachkriegsjustiz.at/ [8. 12. 2021].

Der Klimawandel hat Auswirkungen auf alle Lebensbereiche und bedroht das Leben auf der Erde, wie wir es kennen. Aufgrund des Klimawandels müssen Ausstellungen und Archive klimatisiert werden, Letzteres vor allem, um die wertvollen Bestände dauerhaft zu sichern – dies wirkt jedoch wieder erhitzend auf das Klima zurück.

Der Klimawandel hängt eng zusammen mit der Beschleunigung. Herabgebrochen auf den Ausstellungsbetrieb, ist nicht zu leugnen, dass mit laufend neuen Ausstellungen viel produziert und weggeworfen wird. Fragen der Nachhaltigkeit und des Umweltschutzes (z. B. bei Materialien) müssen immer mitgedacht werden.

Teile der Jugend werden aktuell durch die Proteste gegen eine inkonsequente Klimapolitik aktiviert. Auch der russische Einmarsch in die Ukraine hat eine Dynamik ausgelöst, die bis vor kurzem nicht für möglich gehalten worden wäre. Die Werte der Demokratie, des Friedens, der Meinungsfreiheit, des Rechtsstaates, des sozialen Ausgleichs haben explosionsartig Aufmerksamkeit erhalten. Hier fügt sich auch das DÖW mit seinen Anliegen ein.

Durch die verstärkte Vereinzelung suchen Menschen nach öffentlichen Räumen der Begegnung: Ein Museum, das sowohl Orte der Reflexion bietet als auch die Möglichkeit der Begegnung, kann einen Ausgleich offerieren.

Ein ungeheures Angebot an Erlebnissen erreicht zumindest in den Städten die Bewohner*innen: Jede Ausstellung konkurriert mit anderen Angeboten. Bislang ist das Interesse an der jüngsten Geschichte allerdings ungebrochen. Die Menschen werden mittlerweile allerorten als zahlende Kund*innen begriffen. Ein kostenloses Angebot, über die jüngste Vergangenheit zu erfahren, bindet auch zahlungsschwache Bürger*innen ein.

Wegen all der umfassenden Umwälzungen sehnen sich viele Menschen nach Kontinuität und Stabilität, nach verlässlichen Erklärungen und durchschaubaren Zusammenhängen. Sie möchten historische Fakten, aber keine Belehrung. Objekte, Erzählungen, Bilder sollen die Präsentation des Geschehenen sinnlich erfahrbar machen. Die Interessierten wollen sich oft persönlich darüber austauschen, ihre Meinungen müssen wertgeschätzt werden. Eine nachvollziehbare Aufbereitung vielfältiger Fakten bietet Orientierung zur Meinungsbildung. Angebote sollen die Reflexionsfähigkeit der Besucher*innen erhöhen, ihr kritisches Bewusstsein schärfen und die Kommunikation in einem demokratischen Umfeld einüben.

Empfehlungen

Zusammenfassend sollen konkrete Empfehlungen formuliert und zur Diskussion gestellt werden:

- *Einbindung einer breiteren Öffentlichkeit*: Über verschiedene Wege und Methoden – Beiräte, Fokusgruppen, Mitarbeit, Umfragen – sollen Menschen in die Ausstellung eingebunden werden. Dies betrifft schon die Konzeption der Neugestaltung und auch die Formate der Vermittlung. Das Augenmerk soll von Anfang an auf den möglichen – physischen, psychischen und intellektuellen – Barrieren liegen, die das Interesse von Menschen hemmen können.
- *Titel*: Die Ausstellung muss einen Titel erhalten, bevor sie erstellt wird. Der Titel verweist auf den Inhalt, auf die Herangehensweise. Er ist ein erstes Signal und soll auch geeignet sein, um kurz und prägnant in der Öffentlichkeitsarbeit eingesetzt werden zu können. Ein aktuelles Beispiel ist die neue Österreich-Ausstellung in Auschwitz-Birkenau: „Die neue österreichische Ausstellung im Block 17 des Staatlichen Museums Auschwitz-Birkenau [...] steht unter dem Titel ‚Entfernung. Österreich und Auschwitz'. Der Begriff ‚Entfernung' verweist auf die geografische Distanz zwischen Österreich und Auschwitz, die Teil der nationalsozialistischen Verleugnungsstrategie des Massenmordes war. Zugleich meint Entfernung auch Vernichtung: die physische Entfernung der nach Auschwitz Deportierten, aus Österreich und aus dem Leben."[97]

  Es ist einfacher, für eingegrenzte Themen einen griffigen Titel zu finden als für eine so umfassende Dauerausstellung wie die des DÖW. Ein Titel kann naturgemäß nicht alle Themen abdecken, ohne zu einer sperrigen Inhaltsangabe zu werden. Gerade die Titelfindung ist Teil der grundsätzlichen Überlegungen.
- *Vermittlung*: Vordringlich ist die Einrichtung einer pädagogischen Stelle, die die Vermittlungsarbeit weiterentwickelt und strukturiert. Sie soll auch die Ausstellungsguides anleiten und deren direkte Ansprechpartner*in sein.[98]

97 Siehe https://www.nationalfonds.org/konzept [8. 12. 2021].

98 Eine Studie erschien jüngst zu den Rahmenbedingungen der Vermittlungsarbeit für die Betroffenen selbst – die sogenannten Guides: Michael Hollogschwandtner, Holocaust Education – ein Nebenjob? Zu den Rahmenbedingungen der außerschulischen Erziehung nach/über Auschwitz in Österreich, Wien 2021. Der Autor, ehemaliger Guide u. a. im DÖW, vergleicht darin die konkrete Ausgestaltung der Vermittlung am DÖW, am Lern- und Ge-

- *Öffentlichkeitsarbeit:* Eine intensivierte Öffentlichkeitsarbeit mit Umfragen und Zufriedenheitsanalysen verbessert den Kontakt zum Zielpublikum. Eine verstärkte Einbindung kann dauerhaft über Workshops, Fokusgruppen, Diskussionen – real und virtuell – erreicht werden. Zur Öffentlichkeitsarbeit gehört eine solide Pressearbeit, ohne die selbst Blockbuster-Ausstellungen in berühmten Museen nicht auskommen. Deren finanzielle Mittel für die Bewerbung stehen kleinen Geschichtsmuseen allerdings nicht zur Verfügung.
- *Selbstreflexion*: Eine grundsätzliche Empfehlung ist eine breite Auseinandersetzung mit den aktuellen Diskussionen über Herausforderungen und Ziele zeitgeschichtlicher Vermittlungsarbeit, darunter NS-Geschichte als eine europäische Geschichte, als „Beziehungsgeschichte"[99] oder die Geschichtszugänge der Beteiligten selbst.
- *Ort*: Die vorhandenen Räumlichkeiten im Alten Rathaus sind in den nächsten Jahren definitiv nicht erweiterbar. Die inhaltliche Breite des Themas, aber auch die technischen Anforderungen (Veranstaltungsraum, Hör- und Videostationen, Ruheplätze, Sanitärräume, Barrierefreiheit etc.) finden auf 200 m^2 nicht Platz. Die Lage in der Wiener Innenstadt wiegt das Platzproblem nicht auf. Eine große Ausstellung in geeigneten Räumlichkeiten, die genügend Platz auch für Veranstaltungen, Sanitäranlagen, Shop und Sonderausstellungen bietet, ist für diese wesentliche Ausstellung der österreichischen Geschichte dringend geboten. Gleichzeitig könnte eine – auch neu konzipierte – Überblicksausstellung im Alten Rathaus die Nachfragen der Schulen und des Tourismus in der Innenstadt bedienen.
- *Laufzeit*: Je kleiner der zur Verfügung stehende Raum ist, desto kürzer muss die Laufzeit der Ausstellung sein. Auch eine Dauerausstellung kann nicht endlos gezeigt werden, in mehr als 10 Jahren wird sie ohne Adaptierungen von der Entwicklung überholt. Bei großen Ausstellungen können Themenbereiche umgestaltet, von vornherein mehr Inhalt abgedeckt werden und Sonderausstellungen zusätzliche Aspekte einbringen. Das ist bei wenig Raum schwer möglich, daher muss in einem solchen Fall die Dauerausstellung schneller erneuert werden.

denkort Schloss Hartheim, des Mauthausen Komitees Österreich und der KZ Gedenkstätte Mauthausen. Der Band zeigt nicht nur vorhandene Defizite und die Diskrepanz zwischen Ansprüchen und tatsächlicher Umsetzung auf, sondern geht auch auf die oft prekäre Situation der jungen Menschen ein, in deren Hände die Vermittlung gelegt wird.

99 Messerschmidt, Involviertes Erinnern, S. 282.

- *Ausstellung als Projekt und Prozess*: Die Konzeption der Ausstellungserstellung als eigenständiges Projekt hat den Vorteil, dass die Arbeiten explizit konzipiert, terminisiert und aufeinander abgestimmt werden. Die nachfolgenden Betreuungsarbeiten (z. B. Buchungen von Vermittlungsprogrammen) sind als Prozesse zu definieren, um einen reibungslosen Ablauf zu gewährleisten. Auch diese Prozesse müssen verschriftlicht werden, um kommuniziert, standardisiert und eingehalten zu werden.
- *Neue Wege*: Wesentliche Zugänge böten der überregionale Vergleich und die Kunst.[100] Der Zugang über die Kunst erreicht ganz andere Bevölkerungsgruppen, wie auch vergangene Ausstellungen der DÖW-Kunstwerke bei den Wiener Festwochen und in Graz gezeigt haben. Aktuell sind sie in St. Pölten zu sehen.[101] Sie könnten eine Dauerausstellung in der neuen Ausstellung sein, so wie auch in der (weitaus größeren) israelischen Gedenkstätte Yad Vashem eine eigene Schau der Kunst im Holocaust gewidmet ist.[102]
- *Barrierefreiheit*: Die Inklusion aller Menschen ist schon in der Konzeption auf allen Ebenen mitzudenken: in der Sprache, in der Gestaltung, in der körperlichen wie intellektuellen Zugänglichkeit.
- *Angemessenheit*: Das Thema der massenhaften Beraubung, Misshandlung, Ermordung von Millionen Menschen, die Verwüstung ganzer Landstriche bedarf einer angemessenen Darstellung. Die Würde der Einzelnen muss gewahrt bleiben. Dies betrifft den Umgang mit rassistischen Täterfotos ebenso wie mit Dokumenten der Herabwürdigung und Entmenschlichung. Es betrifft die Formulierung der Fragestellung, die bei aller Freiheit des Denkens und der Wissenschaften das unvorstellbare Leid und die Zwangssituationen der Betroffenen berücksichtigen muss. Es betrifft die Inszenierung von Erlebnissen: Was in vielen Ausstellungen bereichernd ist, nämlich sich direkt in Situationen anderer

100 Siehe: Peham / Rajal, Erziehung wozu?, S. 46–56, 63–64. In der Holocaust-Gedenkstätte Yad Vashem, Jerusalem, ist eine eigene Dauerausstellung der Kunst gewidmet: https://www.yadvashem.org/de/museum/museum-complex/art-museum.html [25. 5. 2022].

101 2022 ist eine große (vom Land Niederösterreich restaurierte) Auswahl der rund 200 Kunstwerke des DÖW aus Widerstand, Exil und Verfolgung im Museum Niederösterreich in St. Pölten zu sehen, siehe: https://www.museumnoe.at/de/haus-der-geschichte/Sonderausstellung/wider-die-macht [13. 5. 2022]; Die Kunstsammlung des Dokumentationsarchivs des österreichischen Widerstandes (DÖW), auf: https://www.doew.at/erforschen/recherche/archiv/kunstwerke/die-kunstsammlung-des-dokumentationsarchivs-des-oesterreichischen-widerstandes-doew [20. 10. 2021].

102 Siehe https://www.yadvashem.org/de/museum/museum-complex/art-museum.html [15. 5. 2022].

> hineinzuversetzen, kann in Ausstellungen zum Holocaust unangemessen bis unerträglich wirken. Die Grenze vom angemessenen Anstand (und Abstand) zur distanzlosen Entwürdigung ist nicht zu überschreiten. Die Ausstellung hat die Balance zwischen Sakralisierung und Banalisierung zu halten, hat aber die Besucher*innen dennoch emotional zu erreichen.

Eine Auseinandersetzung zur und mit der Vergangenheit kann und soll Gleichgesinnte zusammenführen, die sich ihrer Gemeinschaft versichern und Detailfragen klären möchten. Eine Auseinandersetzung muss aber mehr noch mit Andersdenkenden stattfinden, außerhalb der eigenen Komfortzone, außerhalb der virtuellen und realen Echokammern. Sie muss auch diejenigen immer wieder neu erreichen, die sich noch keine Meinung gebildet haben, und diejenigen, die noch nie um ihre Ansicht gefragt wurden.

Christine Schindler

Geschichte erforschen und erzählen

Das Dokumentationsarchiv des österreichischen Widerstandes 2021

In unsicheren Zeiten blühen Verschwörungstheorien und Konstruktionen „alternativer Fakten". Diesen – immer demokratie- und menschenfeindlichen – Fehlentwicklungen in der Vergangenheit nachzuspüren und in der Gegenwart zu begegnen, ist eine der Kernaufgaben des DÖW. Solchen Aufgaben dient die

Die neue Mitarbeiterin in der Extremismusforschung des DÖW, Bianca Kämpf, im GRG 23 Draschestraße. Im November 2021 herrschte pandemiebedingte Maskenpflicht. Diskussionen und offener Austausch sind Grundlagen der Demokratie.

Sammlung von Dokumenten und Erinnerungen, die Recherche von Daten und Fakten sowie die Veröffentlichung der wissenschaftlich fundierten Erkenntnisse daraus.

So analysiert das DÖW auch die Überschneidungen der Coronaproteste mit Verschwörungstheorien, die mit einer Diskussion über die Sinnhaftigkeit konkreter gesundheitspolitischer Maßnahmen nichts mehr gemein haben und trotz ihrer Abstrusität Anhänger*innen finden. Aufgrund der schier unerträglichen Gleichsetzung von Regelungen zur Eindämmung der Pandemie mit der Verfolgung, Misshandlung, Beraubung, Vertreibung und Ermordung von Millionen Jüdinnen und Juden im Dritten Reich, wie sie im Zuge von Demonstrationen oder in den Sozialen Medien immer wieder zu beobachten war und ist, hat das DÖW eine Stellungnahme zur Unzulässigkeit solcher historischen Vergleiche veröffentlicht: *https://www.doew.at/neues/corona-pandemie-und-ns-verharmlosung*.

2021 war nämlich ebenso wie das Jahr zuvor geprägt von der Corona-Pandemie, die das private wie öffentliche Leben nach wie vor beeinflusst. Maßnahmen zum Schutz der Arbeitnehmer*innen waren ebenso einzuhalten wie Regelungen für Museen und Ausstellungen, Archive und Bibliotheken. Das DÖW hat grundsätzlich zum Schutz der Besucher*innen stets eine strenge Auslegung der jeweiligen Verordnungen zur Grundlage genommen und diese kontinuierlich beibehalten, um ein verwirrendes und zermürbendes Wechselspiel von Verschärfungen und Lockerungen zu vermeiden.

Das DÖW ist Bibliothek und Archiv, Museum, Forschungsstätte und Beratungsstelle, Erinnerungs- und Begegnungsort. In den Ausstellungen litt das DÖW 2021 noch unter dem schwächelnden Tourismus und den verschiedenen Corona-Präventionsmaßnahmen (Lockdowns, Einreisehürden, Abstandsregeln etc.). Die Corona-Beauftragte Christine Schindler beschrieb den Umgang des Hauses mit der Pandemie in der Zeitschrift des Verbandes Österreichischer Archivarinnen und Archivar scrinium, Bd. 75, 2021: *Akzeptieren – Strukturieren – Kommunizieren. Das Dokumentationsarchiv des österreichischen Widerstandes in Zeiten der Coronapandemie*.

Die Konzentration auf Fakten und deren Erklärung spiegelt sich in allen Arbeiten des DÖW. Viele Dokumente stammen aus der Arbeit der Täter. Die Perspektive der Zeitzeug*innen, festgehalten in Ton und Schrift, ergänzt und erklärt die Materialien in vielfacher und nicht wegzudenkender Hinsicht. Von manchen Vorgängen, beispielsweise in den Vernichtungslagern, die kaum jemand überlebt hat, gäbe es sonst keine Informationen. Der Zugang über die persönlichen Schicksale erreicht nach wie vor Jugendliche und Erwachsene. Dies umreißt auch das Spektrum der Forschungs- und Gedenkprojekte des DÖW, die im Nachfolgenden kurz vorgestellt werden.

20 Angestellte – Wissenschafter*innen, administratives Personal, Projektmitarbeiter*innen – arbeiten in unterschiedlichem Beschäftigungsausmaß und -verhältnis. Für die laufende Betreuung von EDV und IT wurde 2021 die Firma Spineffect beauftragt.

Trotz der Beschränkungen durch die Maßnahmen gegen die Corona-Pandemie konnten 2021 8 Junior Fellows – 4 junge Frauen und 4 junge Männer aus Wien, Tirol und Vorarlberg – im DÖW ein Praktikum absolvieren. Im Herbst 2021 wurde ein neuer Lehrling – Dominik Richter – aufgenommen, der die Ausbildung zum Archiv-, Bibliotheks- und Informationsassistenten absolviert. 6 junge Männer leisten jährlich ihren Zivildienst im DÖW ab.

10 ältere Menschen, teils Angehörige von Verfolgten, sind hier nach ihrer Berufslaufbahn ehrenamtlich tätig. Die ehrenamtliche Tätigkeit konnte 2021 nur reduziert erfolgen, um die notwendigen Pandemiemaßnahmen einzuhalten.

Das DÖW betreibt selbst grundlegende Forschungen zur Geschichte des Nationalsozialismus, seiner Vorgeschichte und seinen Nachwirkungen und ist gleichzeitig mit Archiv, Bibliothek und Expertise hoch frequentierte Beratungsstätte für Forschende und zeitgeschichtlich Interessierte. All diese Arbeiten wären ohne Gegenwartsbezug von wenig aktueller Relevanz. Jeglichen antidemokratischen Anfängen zu wehren ist in den Statuten des DÖW, das von der Republik Österreich und der Stadt Wien getragen wird, festgeschrieben. Totalitäre, rassistische, antisemitische, rechtsextreme, neonazistische und islamistische Ideologien und Bewegungen jeglicher Provenienz zu erkennen und konkret zu benennen, ist daher ein wesentlicher Aufgabenbereich des DÖW. Das Übereinkommen der österreichischen Bundesregierung *Aus Verantwortung für Österreich. Regierungsprogramm 2020–2024* beinhaltet eine Stärkung des DÖW. Das Dokumentationsarchiv benötigt materielle Unterstützung vor allem bei Infrastruktur und Räumlichkeiten und personell insbesondere bei Ausweitung der Aufgaben.

2021 war für das DÖW wieder ein arbeitsintensives Jahr. Die Forschungsprojekte konnten grundsätzlich planmäßig vorangebracht werden. Das Projektmanagement des DÖW liegt in den Händen von Christine Schindler; die ordnungsgemäße Finanzgebarung des Hauses gewährleisten Judith Prem, Minas Ramadan und Halbwachs Schmitt & Partner Steuerberatung GmbH sowie die Aufsichtsgremien des DÖW.

Das DÖW wurde 2021 von zwei Todesfällen erschüttert: Der pensionierte, aber immer noch aktive Mitarbeiter Gerhard Ungar, der Jahrzehnte für die Opferdatenbanken des DÖW verantwortlich zeichnete, starb im Mai, Bundesminister a. D. Rudolf Edlinger, lange Jahre Präsident des DÖW, verstarb im August 2021.

Noch in seinen letzten Monaten war Rudolf Edlinger um die Zukunft des DÖW besorgt. Er bat seinen langjährigen Weggefährten Michael Häupl sich des Instituts anzunehmen. Die Einsetzung des ehemaligen Wiener Bürgermeisters Häupl als Vorsitzender des DÖW-Stiftungsrates löste Ende 2021 ein großes Medienecho aus.

Forschungsschwerpunkte und -projekte

- Österreich 1933–1938: Februarkämpfe 1934, Widerstand und Verfolgung, Opfer von terroristischen Anschlägen der NSDAP
- Widerstand und politische Repression (aller politischen Lager und jeder Motivation)
- Namentliche Erfassung der österreichischen Opfer politischer Verfolgung 1938–1945
- NS-Justiz
- Verfolgungs- und Vernichtungspolitik
- Verfolgung und Widerstand von Jüdinnen und Juden, Rom*nja und Sinti*zze, als „asozial" Stigmatisierten, Homosexuellen, Kärntner Slowenen und Sloweninnen u. a.
- Namentliche Erfassung der österreichischen Holocaustopfer
- Flucht, Vertreibung und Exil 1933–1938, 1938–1945 und Auswirkungen nach 1945
- NS-Medizin und Euthanasieverbrechen
- Restitution und Entschädigung der NS-Opfer
- Erinnerungskultur und Vergangenheitspolitik
- Entnazifizierung und Nachkriegsjustiz in Österreich und im internationalen Kontext (*Transitional Justice*)
- Rechtsextremismus, Neonazismus, Antisemitismus, Rassismus nach 1945

Die nachfolgend vorgestellten – ausgewählten – Tätigkeiten sollen einen Einblick in die Vielfalt und Dynamik der institutionellen Arbeiten und Aufgaben geben. Mehr Informationen zu den Themen des DÖW und zum Institut selbst finden sich auf www.doew.at.

Namentliche Erfassung der österreichischen Opfer des Holocaust und der politischen Verfolgung – Holocaust- und Widerstandsforschung

Jahrzehnte hat das DÖW an der Recherche und Aufbereitung der Namen der österreichischen Opfer gearbeitet. Diese Datenbanken werden laufend aktualisiert und listen auch auf www.doew.at die Opfer des NS-Regimes auf, geben ihnen einen Namen und sind Grundlage aller größeren Gedenkinitiativen und Projekte zu den österreichischen Opfern. Forschenden bieten sie eine einfache Recherche- und Überprüfungsmöglichkeit. Jährlich werden – manchmal Hunderte – Opfernamen hinzugefügt. Sie werden im Zuge eigener Forschungsprojekte recherchiert oder von engagierten Wissenschafter*innen und befreundeten Institutionen aus aller Welt gemeldet, darunter Wolf-Erich Eckstein, der bis zu seiner Pensionierung 2014 Matrikenführer der IKG Wien gewesen war und seit Jahrzehnten durch seine unermüdliche Arbeit zur Verbesserung der Opferdatenbanken beiträgt. So sind aktuell die Namen von 78.128 NS-Opfern aus Österreich auf www.doew.at abrufbar. Hintergrundinformationen und vor allem Daten zu Überlebenden können im DÖW selbst recherchiert werden.

2021 wurde die *Shoah-Namensmauern-Gedenkstätte* im Ostarrichipark im 9. Wiener Gemeindebezirk errichtet. Die Gedenkmauer listet die Namen aller in der NS-Zeit ermordeten Jüdinnen und Juden aus Österreich auf. Der 1930 in Wien geborene und nach dem „Anschluss" geflohene österreichisch-kanadische Künstler Kurt Tutter initiierte das Denkmal und setzte sich viele Jahre für seine Umsetzung ein. 2018 beschloss die österreichische Regierung die Finanzierung und Errichtung des Mahnmals, das nun in Zusammenarbeit mit der Stadt Wien und dem Nationalfonds u. a. realisiert wurde. Die Daten für die Gedenkstätte wurden vom DÖW – Wolfgang Schellenbacher und Gerhard Ungar – bearbeitet und bereitgestellt. Die weiter einlangenden bzw. in Folge noch erforschten Opfernamen werden auf einer weiteren Stele der Gedenkstätte verewigt werden. Schellenbacher reflektierte darüber in seinem Artikel in den DÖW-Mitteilungen Nr. 249, Dezember 2021: *Sichtbar Machen. Die Opferdaten des DÖW und die Shoah-Namensmauern-Gedenkstätte*. Das DÖW unterstützte Kurt Tutters Vorhaben von Anbeginn. Es ist ein Grabstein für diejenigen, an die sonst kaum ein Grab erinnert.

Ebenso stellte das DÖW Daten zu den österreichischen Häftlingen in Auschwitz für die Neugestaltung der Österreich-Ausstellung in Auschwitz bei, die am 4. Oktober 2021 eröffnet wurde. Die Ausstellung von Hannes Sulzenbacher, Birgit Johler, Christiane Rothländer, Barbara Staudinger, Christoph Mai, Siegfried Gföllner, Albert Lichtblau, Martin Kohlbauer u. a. im Block 17 trägt den Titel „Entfernung. Österreich und Auschwitz“.

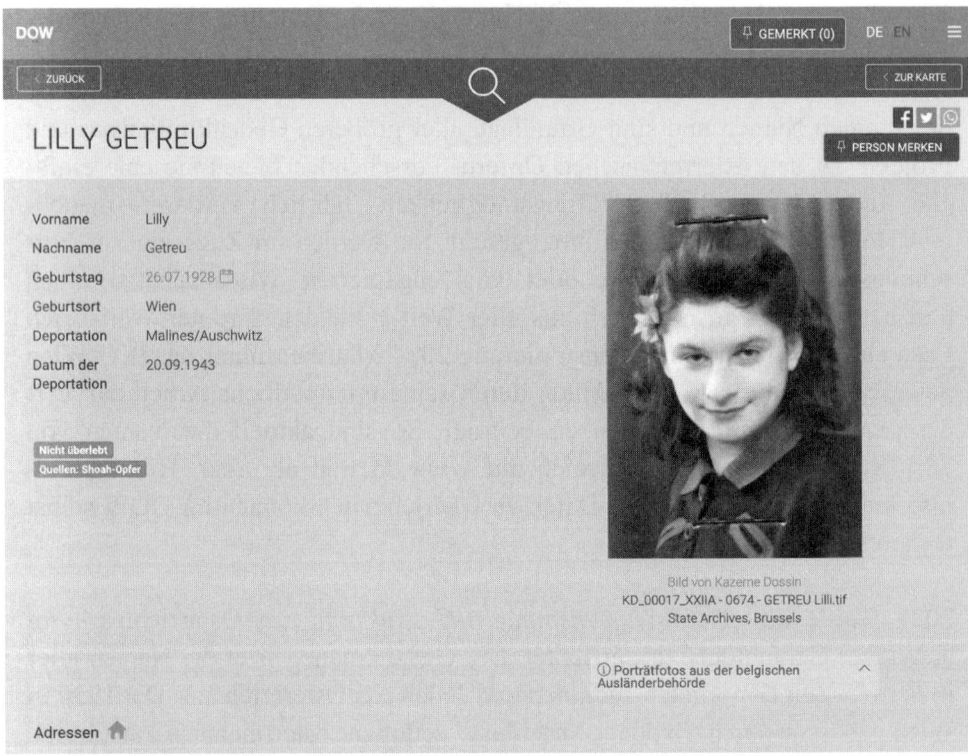

Lilly Getreu wurde mit 15 Jahren nach Auschwitz deportiert und ermordet.

www.memento.wien

Wesentliches Recherche- wie auch Vermittlungstool ist seit einigen Jahren die Website **www.memento.wien**. Das gemeinsam mit der Firma Braintrust von Wolfgang Schellenbacher erarbeitete Online-Tool, das Informationen zu den Opfern der NS-Diktatur in Wien bietet, macht über einen Stadtplan die letzten Wohnadressen von Opfern sowie eine Reihe von Archivdokumenten und Fotos zu Personen und Gebäuden in der Stadt sichtbar. Es kann auch auf Smartphones und Tablets genutzt werden. Memento Wien verweist aktuell auf mehr als 54.000 Ermordete in und aus Wien, verortet sind auch 140 Einrichtungen des

NS-Terrors und andere thematisch wesentliche Institutionen. Rund 17.500 Einzelbesucher*innen haben 2021 diese Seite genutzt.

Das Tool eignet sich für unabhängige ebenso wie für geführte Stadtrundgänge. Auch Wolfgang Schellenbacher begleitet immer wieder interessierte Gruppen, so führte er am 23. Juni, 30. September und 11. Oktober 2021 Stadtspaziergänge für die Volkshochschulen zur Shoah in Wien durch. Am 19. September präsentierte er im Rahmen des Workshops „Jugend erinnert – Maly Trostinec" Teilnehmer*innen aus Belarus, Deutschland und Österreich das Tool.

Der von Schellenbacher initiierte und geleitete internationale Workshop am 21. und 22. September 2020 im Renner-Institut Wien und im DÖW *Persecution at Home: Eviction and Resettlement of Jews Within the City Space, 1938–1942* ist das Schwerpunktthema des Jahrbuches des DÖW 2022.

Schellenbacher berät seit Sommer 2020 die Gedenkstätte Theresienstadt / Památník Terezín bei der Neugestaltung der ständigen Ausstellungen im Ghetto Museum. Er wirkt am Aufbau eines EHRI-AT Forschungskonsortiums mit dem DÖW als Partnerorganisation mit. Die *European Holocaust Research Infrastructure* (EHRI) der Europäischen Kommission ermöglicht es seit über 10 Jahren, verstreute Quellen zum Holocaust zusammenzuführen, die Forschenden zu vernetzen und Material leichter zugänglich zu machen.

Das Projekt zur Klärung des Schicksals der insgesamt rund 4.800 aus Wien, Mährisch-Ostrau, Prag und Kattowitz nach **Nisko** am San deportierten Männer startete unter der Leitung von Claudia Kuretsidis-Haider Anfang 2020. 2021 erschien das Jahrbuch des DÖW mit dem Schwerpunkt *Nisko 1939: Die Schicksale der Juden aus Wien*. Es umfasst die Beiträge von Winfried R. Garscha und Claudia Kuretsidis-Haider vom DÖW sowie Andrea Löw (Zentrum für Holocaust-Studien am IfZ München) und Olga Radchenko (Bohdan Khmelnytsky National University, Cherkasy, Ukraine). Das Projekt, an dem Wolfgang Schellenbacher, Dieter Hecht, u. a. mitarbeiteten, hatte die Erstellung einer Online-Dokumentenedition zum Ziel, die wichtige Arbeiten wie von Johnny Moser mit neu erschlossenen Quellen ergänzt und das Schicksal der deportierten Männer aus Wien sichtbar macht. Die Nisko-Online-Edition wurde in Zusammenarbeit mit der von der Europäischen Union finanzierten Forschungsinfrastruktur European Holocaust Research Infrastructure (EHRI) 2022 fertig gestellt.

2018 startete die Kooperation mit der Gedenkstätte Deutscher Widerstand zu den österreichischen JudenretterInnen: Die Gedenkstätte gibt – in Zusammenhang mit ihrer Dauerausstellung zu diesem Thema – die Buch-Reihe **Stille**

Helden. Hilfe für verfolgte Juden heraus, im Zuge derer die Situation in den besetzten Ländern Europas dargestellt werden soll. Erschienen sind bereits die Arbeiten zu den besetzten Niederlanden, Norwegen, Weißrussland, Lettland und Bulgarien. Das DÖW hat den Band für Österreich übernommen, Manfred Mugrauer leitete das Redaktionsteam. Das Buch erscheint 2022.

Seit Herbst 2020 ist das DÖW Partner im Projekt **Jugend erinnert – Transnationales historisches Lernen am Beispiel des Vernichtungslagers Maly Trostinec** des Internationalen Bildungs- und Begegnungswerks Dortmund sowie der Geschichtswerkstatt Minsk, finanziert von der deutschen Stiftung *Erinnerung Verantwortung Zukunft*. Projektpartner sind weiters der Lern- und Gedenkort Jawne in Köln sowie Gedenkstätte und NS-Dokumentationszentrum Bonn. Im Rahmen des Projekts betreute das DÖW gemeinsam mit den genannten Partnerinstitutionen junge Menschen von 18 bis 27 Jahren aus Belarus, Deutschland und Österreich, die sich zwischen Jänner 2021 und Frühjahr 2022 an der Gestaltung einer transnationalen Erinnerungskultur zum Massenvernichtungsort Maly Trostinec in Belarus beteiligten. Gemeinsam wurden Biografien einzelner Personen multimedial aufgearbeitet, z. B. als Podcast, Vlog oder Blog. Die Resultate werden in die künftige Dauerausstellung der Geschichtswerkstatt Minsk und möglicherweise auch in die der geplanten Informationsstelle in Maly Trostinec einfließen.

Teilnehmer*innen aus Belarus, Deutschland und Österreich beim Workshop „Jugend erinnert“ im September 2021 im DÖW

Foto: Yana Bondar

Etliche Zoom-Konferenzen fanden während des Jahres 2021 statt. Die geplanten Workshops in Köln, Bonn und Wien wurden coronabedingt schließlich zusammengezogen. Das DÖW (Christine Schindler und Claudia Kuretsidis-Haider) organisierte den Workshop im September 2021 in Wien. Anschließend fuhren die Teilnehmer*innen aus Belarus, Deutschland und Österreich nach Deutschland weiter, um die Workshops in Köln und Bonn zu absolvieren.

Mittlerweile liegen erste Podcasts vor: Apple Podcasts https://apple.co/3fNDbgp; Spotify https://spoti.fi/3GRA1Uy; Soundcloud https://bit.ly/340WYq8; Castbox https://t1p.de/xrbb; Anchor https://t1p.de/9o9z. Die Arbeiten der jungen Menschen sollen vor allem auch Jugendliche erreichen. Das Projekt hat in die Erstellung von Podcasts eingeübt: „Wie mache ich einen Geschichtspodcast?“ (Online, 16. April 2021).

Trotz vieler Schwierigkeiten durch die Pandemie wird das Projekt 2022 fertiggestellt. Ein letztes Zusammentreffen aller Beteiligten in Belarus ist durch den Angriffskrieg Russlands auf die Ukraine zum geplanten Zeitpunkt verunmöglicht.

Nach einer Vorstudie zur Verstrickung des oberösterreichischen Baukonzerns **Swietelsky** in das NS-Zwangsarbeitsregime beauftragte das Unternehmen das DÖW im Herbst 2021 mit einer umfassenden Studie zu seiner Geschichte im Nationalsozialismus. Das auf drei Jahre angelegte Projekt wird von Gerhard Baumgartner, Claudia Kuretsidis-Haider und Rudolf Leo durchgeführt.

Nachdem das DÖW dem 15. Wiener Gemeindebezirk die Namen der ermordeten Jüdinnen und Juden des Bezirkes für die Errichtung einer Gedenktafel übermittelt hat, erstellte Manfred Mugrauer im Auftrag der Kulturkommission ein Manuskript zum **Widerstand im 15. Wiener Gemeindebezirk**. Der Band wird mit zahlreichen Fotos 2022 erscheinen.

In einem Projekt des Landes Niederösterreich arbeiteten DÖW-Archivarin Ursula Schwarz, DÖW-Leiter Gerhard Baumgartner, der Historiker Christoph Benedikter (Ludwig-Boltzmann-Institut für Kriegsfolgenforschung) 2019–2022 zusammen mit Kunsthistoriker*innen und Historiker*innen die **Kunstsammlung** des DÖW systematisch auf. Die Sammlung beinhaltet rund 230 Gemälde und Grafiken von etwas mehr als 100 Künstlern, darunter auch wenige Künstlerinnen. Vielfach sind die DÖW-Kunstwerke Zeugnisse aus Konzentrations- und Vernichtungslagern, in anderen Fällen die spätere Auseinandersetzung mit Kriegsgeschehen, Flucht und Exil.

Ziel war eine große Ausstellung im Landesmuseum Niederösterreich, die von Christian Rapp, Christoph H. Benedikter und Ursula Schwarz kuratiert wurde. Andrea Thuile, Benedikt Vogl und Heidrun Wenzel u. a. begleiteten die Arbeiten. Die Kunstwerke wurden im Zuge der Arbeiten sorgfältig durch das Landesmuseum Niederösterreich restauriert.

Aus der Kunstsammlung des DÖW:
Anselm Grand um 1946, Folterung im KZ Dachau

Foto: Christoph Fuchs, © DÖW

Am 25. Februar 2022 wurde die – beeindruckende – Ausstellung „Wider die Macht. Die Kunstsammlung des Dokumentationsarchivs des österreichischen Widerstandes" im Museum Niederösterreich eröffnet. Sie ist bis 15. Januar 2023 zu sehen (Dienstag bis Sonntag, Feiertage 9.00 bis 17.00 Uhr, Montag [außer Feiertag] geschlossen), Museum Niederösterreich/Haus der Geschichte, Kulturbezirk 5, 3100 St. Pölten. Verschiedene Kooperationen mit Schulen und Kultureinrichtungen in Niederösterreich sind für die Dauer der Ausstellung geplant. Im April 2022 erschien der umfangreiche Katalog zur Ausstellung.

Flucht, Vertreibung, Exil

Den Themen Flucht, Vertreibung und Exil 1933–1938, 1938–1945 und Auswirkungen nach 1945 waren mehrere Beiträge im Jahrbuch 2021 gewidmet: Christine Kanzler, *Flucht nach Albanien*, Andrea Hurton, *Verfolgung und Rettungswiderstand. Untergetauchte Wiener Juden und Jüdinnen in Belgien 1940–1945: drei Familiengeschichten,* und Peter Steinbach, *„Wahnfrei auf sich selber stehen". Exil und Widerstehen – Selbstbehauptung im Gegensatz.*

Zwischen Dezember 1938 und August 1939 gelang es der Israelitischen Kultusgemeinde Wien gemeinsam mit den Quäkern, knapp 2.300 jüdische Kinder nach Großbritannien zu retten. Viele von ihnen sahen ihre Eltern nicht wieder.

Foto aus der Dauerausstellung des DÖW

Unter der Leitung von Franjo Steiner und Gerhard Baumgartner startete Anfang 2020 das von der Europäischen Union im Rahmen von Interreg Austria–Hungary bewilligte Projekt **border(hi)stories. Erinnern – Gedenken – der Grenze entlang**, das vom IZ Wien in Zusammenarbeit mit dem Land Burgenland, dem DÖW und ungarischen Partnern durchgeführt wird. Es befasst sich in drei Jahren mit der 100-jährigen Geschichte der Grenzregion zwischen Ungarn und Österreich.

Als Ergebnis entsteht ein digitales Inventar der Gedächtnisorte, auf dem Dokumente, Literatur und Bildmaterial öffentlich zugänglich sind. Zudem wird eine interaktive Landkarte der etwa 40 Gedächtnisorte auf beiden Seiten der Grenze erstellt, mit Basisinformationen in Deutsch, Ungarisch und Englisch sowie weiterführenden Links. Drittens entstehen Wanderausstellungen, die an verschiedenen Orten der Region gezeigt werden, kombiniert mit Diskussionsveranstaltungen.

Die Ergebnisse von Workshops in Schulen in den beteiligten Regionen fließen in das digitale Inventar ein. Schüler*innen recherchieren aktiv die Geschichte ihrer Orte und Regionen. Eine Überwindung der konfrontativen Erinnerungskultur ist nur in grenzüberschreitender Kooperation von Historiker*innen, Pädagog*innen und Volksbildner*innen möglich, die als strategische Partner*innen beteiligt sind. Die Möglichkeiten digitaler Medien erleichtern die Etablierung einer neuen grenzüberschreitenden, regionalen Erinnerungskultur.
Zahlreiche Veranstaltungen (coronabedingt meist virtuell und oft zweisprachig deutsch-ungarisch mit Simultanübersetzung) fanden rund um das Projekt statt:

4. Mai 2021: Online-Konferenz *100 Jahre Grenze. Geschichte und Geschichten aus der Grenzregion Österreich und Ungarn*

Vortragsreihe im Mai 2021:

- 6. Mai: Herbert Brettl / Norbert Varga, Etablierung des neuen Grenzverlaufs 1921
- 10. Mai: Eleonore Lappin-Eppel, Verfolgung der jüdischen Bevölkerung entlang der Grenze (1938–1945)
- 17. Mai: Gerhard Baumgartner, Verfolgung und Ermordung der pannonischen Roma und Sinti
- 20. Mai: Ibolya Murber, Ungarnaufstand 1956
- 25. Mai: Gerhard Seewann, Vertreibung der Ungarndeutschen 1946
- 27. Mai: Richard Hufschmied, Eiserner Vorhang

Ausstellung *Traumata des 20. Jahrhunderts*: 2. Februar bis 10. April 2022, Museum Mosonmagyaróvár. Eröffnung mit: Zoltán Németh, János Iváncsics, Franjo Steiner, Balázs Varga, Krisztina Csáky und Balázs Alasztics.

Podiumsdiskussion *Borderline Cases – Fluchtbewegungen diesseits und jenseits der Grenze*: 16. Februar 2022, WestLicht. Schauplatz für Fotografie, Westbahnstraße 40, 1070 Wien. Vorträge von Michael Achenbach und Herbert Brettl. Mit: Walter Reiss, Gerhard Baumgartner, Ibolya Murber, Florian Rainer.

Lehrer*innen-Seminare online:

- 11. Oktober 2021: *border(hi)stories – Geschichte gemeinsam entdecken! Über die Verfolgung und Ermordung der jüdischen Bevölkerung und pannonischer Roma und Sinti*. Referenten: Gerhard Baumgartner, Balázs Varga u. a.
- 27. Januar 2022: *Über die Vertreibung der Ungarndeutschen aus Komitat Győr-Moson-Sopron und Komitat Vas*. Referenten: Zoltán Ács, Balázs Varga, András Varga. Mit: Péter Halinka, Franjo Steiner.
- 11. April 2022: *border(hi)stories – Der Eiserne Vorhang und die Grenzöffnung 1989*. Referenten: Csiki István, Balázs Varga, András Varga. Mit: Péter Halinka, Franjo Steiner.

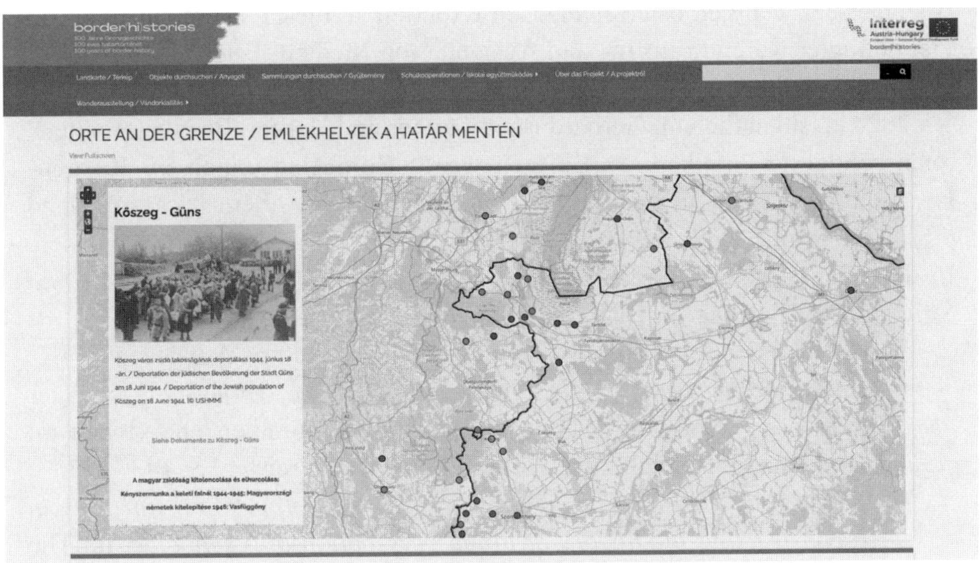

Screenshot der interaktiven Landkarte, die 40 Gedächtnisorte auf beiden Seiten der österreichisch-ungarischen Grenze mit vielen Informationen zeigt.

https://www.borderhistories.eu

Wanderausstellung *border(hi)stories – 100 Jahre Grenzgeschichte(n)* und *Dialoge zur Geschichte der Grenzregion von Österreich und Ungarn im 20. Jahrhundert*

- 6.–16. Oktober: Offenes Haus Oberwart (OHO)
- 8.–28 November 2021: Schuhmühle in Schattendorf
- 14.–28. Januar 2022: UMIZ (Ungarisches Medien- und Informationszentrum) Unterwart / Alsóőr

- 3.–13. März 2022: KUGA (Kulturna Zadruga / Kulturverein) Großwarasdorf / Veliki Borištof
- 16. März bis 5. April 2022: Schloss Tabor, 7502 Neuhaus am Klausenbach
- 7.–22. April 2022: Dorfmuseum Mönchhof, 7123 Mönchhof
- Im Landhaus Eisenstadt wird die Ausstellung 2022 gezeigt.

Rom*nja und Sinti*zze

Der Forschungsschwerpunkt des wissenschaftlichen Leiters des DÖW, Gerhard Baumgartner, ist die Geschichte der österreichischen Rom*nja und Sinti*zze. Als einer der wenigen österreichischen Experten zu dieser Thematik ist er ein viel gefragter Referent im In- und Ausland, von Medien, Bildungseinrichtungen, Fachtagungen.

2020 erschien die von Gerhard Baumgartner und Herbert Brettl erarbeitete, reich bebilderte Publikation **„Einfach weg!“ Romasiedlungen im Burgenland**, die auch 2021 in mehreren Veranstaltungen vor allem im Burgenland präsentiert wurde, beispielsweise am 12. November in Loipersdorf-Kitzladen. Im Jahrbuch des DÖW 2021 skizzierte Herbert Brettl *Aspekte zur Genese und Struktur des „Zigeunerlagers“ Lackenbach.*

Von Gerhard Baumgartner erschien 2021 eine Reihe von Aufsätzen:

- *„Adaj me kher som!“ oder: „Wie ich die Roma entdeckte“*, in: Peter Menasse / Wolfgang Wagner (Hrsg.), Vom Kommen und Gehen im Burgenland. Betrachtungen von Zu- und Weggereisten, S. 143–152.
- *Beyond the Crystal Ball! The role of local archives and libraries in reconstructing the history of Roma persecution and genocide*, in: The Archives of Vojvodina and Terraforming (Hrsg.), The Holocaust. European Values and Local History. Local Archives in the European Historical and Cultural Mosaic, S. 28–31.
- Interview von Marina Gržinić / Šefik Tatlić mit Gerhard Baumgartner, in: Marina Gržinić / Šefik Tatlić, Dialogues for the Future: Countering the Genealogy of Amnesia, S. 92–95.
- *Prolegomena zur Geschichte der filmischen Darstellung der Roma und Sinti*, in: Frank Reuter / Daniela Gress / Radmila Mladenova (Hrsg), Visuelle Dimensionen des Antiziganismus, S. 311–337.
- *Selbstzeugnisse von Roma und Sinti. Die Erfahrung von rassistischer Verfolgung und von Widerstand am Beispiel Österreichs*, in: Karola Fings / Sybille Steinbacher (Hrsg.), Sinti und Roma. Der nationalsozia-

listische Völkermord in historischer und gesellschaftspolitischer Perspektive [= Dachauer Symposien zur Zeitgeschichte, Bd. 19, Sonderdruck], S. 138–163.

Nach den Forschungen der Projektmitarbeiterin Sabine Schweitzer zu dezentralen nationalsozialistischen „Zigeunerlagern" 1938–1945 und zur Internierung und Zwangsarbeit von Roma und Sinti unter der Leitung von Gerhard Baumgartner erschien 2021 die Publikation von Schweitzer **„Anständig beschäftigt". Dezentrale nationalsozialistische „Zigeunerlager" 1938–1945 auf dem Gebiet des heutigen Österreich** in Kooperation mit dem Kulturverein österreichischer Roma und Andreas Sarközi.

Die vom Kulturverein österreichischer Roma und dem DÖW herausgegebene Publikation von Sabine Schweitzer über dezentrale nationalsozialistische „Zigeunerlager" in Österreich erschien 2021.

Gerhard Baumgartner war bzw. ist Mitglied und Teilnehmer u. a. folgender Gremien, Arbeitsgruppen und Jurys:

- Kuratorium der Bundesanstalt Mauthausen Memorial
- Vorstand des Wiener Wiesenthal-Instituts

- Südostdeutsche Historische Kommission für die Geschichte der Deutschen in Südost- und Mitteleuropa
- Committee on the Genocide of the Roma der IHRA – International Holocaust Remembrance Alliance
- Wissenschaftlicher Beirat des internationalen Projektes *Digital Archive of the Roma*
- Kuratorium des Nationalfonds der Republik Österreich
- Fachbeirat für die Erarbeitung von Vorschlägen für die Verleihung der Wissenschaftspreise des Landes Niederösterreich
- Irene-Harand-Preis der Marktgemeinde Wiener Neudorf und des niederösterreichischen P.E.N.-Clubs
- Evaluierungskommission zum Heeresgeschichtlichen Museum
- Unabhängige ExpertInnenkommission – Geschichte der Nathaniel Freiherr von Rothschild'schen Stiftung
- Arbeitsgruppe des Justizministeriums zur Evaluierung und ggf. Novellierung des NS-Verbotsgesetzes sowie zur Erweiterung der Symbolegesetz-Bezeichnungsverordnung
- Arbeitsgruppe zur Erörterung der in der Entschließung 81/E des Nationalrats gestellten Fragen betreffend Untersagung der Feier im Gedenken an das „Massaker von Bleiburg" (AG Bleiburg)
- Gesellschaft der Freunde der Österreichischen Exilbibliothek

Aus Protest gegen den Angriffskrieg Russlands auf die Ukraine und die Unterdrückung kritischer Stimmen in Russland trat Gerhard Baumgartner 2022 aus der Österreichisch-Russischen Historikerkommission aus. Im November 2021 hatte Baumgartner gegen die Auflösung von „Memorial International" (Internationale Gesellschaft für historische Aufklärung, Menschenrechte und soziale Fürsorge „Memorial") mit Sitz in Moskau protestiert. Die Organisation wurde 1989 gegründet und im Dezember 2021 durch das Oberste Gericht Russlands trotz internationaler Proteste behördlich aufgelöst. Unabhängig davon hält das DÖW die Verdienste der Roten Armee zur Niederringung des NS-Regimes und zur Befreiung Österreichs weiterhin in Ehren.

NS-Medizinverbrechen

Zum Themenbereich der NS-Medizinverbrechen ressortiert die Gedenkstätte Steinhof, die – auf Spitalsgelände gelegen – seit März 2020 großteils geschlossen bzw. nur eingeschränkt zu besichtigen ist. Das ist umso bedauerlicher, als die Nachfrage ungebrochen hoch ist. Das ganze Areal des ehemaligen Otto-Wagner-Spitals wird in den kommenden Jahren umgewidmet und umgebaut – in erster Linie für die Central European University, die von Budapest nach Wien übersiedelt, aber auch für andere Kultureinrichtungen, allen voran das Wien Museum. Die vom DÖW – vor allem Wolfgang Neugebauer, Peter Schwarz, Herwig Czech – errichtete und seit vielen Jahren betreute Gedenkstätte Steinhof sowie das DÖW selbst sind in die Planungen mit einbezogen. Die Gespräche dazu stehen am Anfang.

Die zahlreichen Anfragen zum Thema der NS-Medizinverbrechen (insbesondere auch aus Japan), werden von Peter Schwarz für das DÖW bearbeitet.

Für die vielen Interessierten, die die Gedenkstätte aktuell nicht besuchen können, liegt der umfassende Ausstellungskatalog vor. Die Inhalte sind auch auf der Ausstellungswebsite https://www.gedenkstaettesteinhof.at verfügbar.

Justiz im Nationalsozialismus

2021 wurde das Projekt *Nazifizierung der österreichischen Justiz 1938–1945: Biographien von Richtern und Staatsanwälten* von Ursula Schwarz abgeschlossen. Das Projekt hatte die sukzessive Nazifizierung der österreichischen Justiz sowohl im legistischen als auch im organisatorischen Bereich zum Inhalt, insbesondere die personelle Seite dieses Vorgangs: Außerdienststellungen von für das NS-Regime „untragbaren" Angehörigen der Justiz 1938, die Tätigkeit

Johann Karl Stich (1888–1955), Generalstaatsanwalt beim Oberlandesgericht Wien von 1939 bis 1945
Stich trat bereits 1930 der NSDAP bei und war auch während des Parteiverbots im „Ständestaat" aktiv. Stich wurde 1945 von amerikanischen Truppen verhaftet.
1948 wurde er vom Volksgericht Wien wegen illegaler NS-Betätigung zwischen 1934 und 1938 zu acht Jahren schweren Kerker verurteilt. Seine Mitschuld an einem Massaker an 44 Häftlingen in Stein wurde lediglich als erschwerend gewertet. Er ist einer von nur drei vom Vg Wien verurteilten NS-Justizjuristen, deren Verurteilung später nicht wieder aufgehoben worden ist.

Foto: ÖStA/AdR, RJM, Personalakt Dr. Johann Karl Stich

von Richtern und Staatsanwälten 1938–1945 sowie ihre Karriereverläufe in der Zweiten Republik. Das Projekt ergänzte die Ergebnisse des Projekts „Zur Nazifizierung der Strafjustiz in Österreich 1938–1945. Die Einführung deutschen Rechts in Österreich, unter besonderer Berücksichtigung des NS-Strafrechts, und die Personalpolitik bei Richtern und Staatsanwälten“, das in Kooperation des DÖW mit Wolfgang Form von der Universität Marburg durchgeführt worden war. Im Zuge dieses Kooperationsprojektes wurden Namen und Daten von 1.656 – ausschließlich männlichen – Richtern und Staatsanwälten EDV-unterstützt erfasst. Diese Arbeiten umfassten auch erstmalig jene Richter und Staatsanwälte, die 1938/39 aus rassistischen oder politischen Gründen aus dem Dienst entlassen worden waren. Das Bundesministerium für Justiz hat die Aktualisierung und Ergänzung der Daten unterstützt, sodass die Erfassung neuer, erst jetzt zugänglicher Quellen gewährleistet werden konnte. Eine Publikation zum Projekt ist in Vorbereitung.

Nachkriegsjustiz

Die seit ihrer Gründung 1998 am DÖW angesiedelte Zentrale österreichische Forschungsstelle Nachkriegsjustiz wird von Claudia Kuretsidis-Haider und Winfried R. Garscha geleitet, Siegfried Sanwald ist Projektmitarbeiter und betreut die im DÖW verwahrten Sammlungen von Mikrofilmen, Digitalisaten und Kopien von NS-Prozessen. Rudolf Leo ist für die Öffentlichkeitsarbeit zuständig. Die Forschungsstelle bildet den organisatorischen Rahmen für den Arbeitsschwerpunkt Nachkriegsjustiz des DÖW. Dieser umfasst neben der Akquisition von Aktenkopien österreichischer Gerichte und Strafverfolgungsbehörden, deren Auswertung und archivalischen Aufbereitung auch die Betreuung von Besucher*innen des DÖW, die sich über den Standort von Gerichtsakten informieren wollen und über die besonderen Bedingungen bei der Verwendung von Justizakten als Geschichtsquelle beraten werden. Siehe dazu und zu vielen anderen Themenfeldern: *http://www.nachkriegsjustiz.at/*.

Seit 2011 führt Siegfried Sanwald für die Zentrale österreichische Forschungsstelle Nachkriegsjustiz in Kooperation mit Yad Vashem und dem USHMM das Digitalisierungsprojekt *Ermittlungen wegen NS-Verbrechen durch die österreichische Justiz 1956–2008* durch. Ziel ist eine Erfassung aller nach 1956 in Österreich geführten Verfahren wegen nationalsozialistischer Verbrechen und, soweit rechtlich möglich, deren Digitalisierung. Diese ist an den Gerichtsstandorten Wien, Eisenstadt, Graz, Leoben, Feldkirch und Ried im Innkreis schon erfolgt. Bei den bereits von den Landesarchiven übernommenen Akten der Gerichtsstandorte Innsbruck, Salzburg, Linz, Steyr, Wels, St. Pölten, Krems, Wiener Neustadt und Korneuburg konnte die Frage der Digitalisierung aufgrund datenschutzrechtlicher Probleme noch nicht geklärt werden.

Weitere Projekte der Forschungsstelle waren:

- *Die österreichischen „Wiederbetätigungsverfahren" seit Ende der 1950er Jahre.* Bearbeiter: Siegfried Sanwald und Winfried R. Garscha. Das Projekt wurde im Auftrag der Karl-Franzens-Universität Graz durchgeführt und im April 2022 abgeschlossen.
- *„Das versteckte Kind". Siegfried Loewe – eine Lebensgeschichte zwischen Brüssel und Wien – auf der Suche nach seiner jüdischen Identität.* Bearbeiter: Rudolf Leo. Das Buch erscheint 2022.

Durch das Programm **Curriculum Justiz- und Zeitgeschichte** ist die Forschungsstelle Nachkriegsjustiz seit 2009 in die Ausbildung österreichischer Richter*innen und Staatsanwält*innen (Richteramtsanwärter*innen, „RiAAs") eingebunden. Das von Winfried Garscha und Claudia Kuretsidis-Haider gemeinsam mit dem Vorsteher des Bezirksgerichts Wien-Meidling, Oliver Scheiber, konzipierte Programm beinhaltet die Schwerpunkte Strafjustiz, Straf- und Maßnahmenvollzug sowie Richterkarrieren vor und nach 1945, Justizreformen der 1970er Jahre und „Transitional Justice" (Entschädigung von NS-Opfern, justizieller und gesellschaftspolitischer Umgang mit Menschheitsverbrechen in der Gegenwart) und umfasst normalerweise (außerhalb von den Beschränkungen durch die Corona-Pandemie) auch Besuche der Gedenkstätten Steinhof und Mauthausen. Das Curriculum ist mittlerweile verpflichtender Bestandteil der Ausbildung und liegt in der Kompetenz der Oberlandesgerichte. Das Curriculum fand 2021 coronabedingt nicht statt, wird dafür 2022/23 mehrmals abgehalten. Beteiligt sind ab 2022 das OLG Wien und das OLG Linz.

Auch angehende Jurist*innen aus anderen Ländern nutzen die Expertise der Forschungsstelle. So betreute Claudia Kuretsidis-Haider im September 2021 eine Gruppe des Landgerichts Dortmund, im Oktober Rechtsreferendar*innen des Landgerichts Karlsruhe. Mit Studierenden des Linzer Instituts für Strafrechtswissenschaften, Abteilung Grundlagen und Wirtschaftsstrafrecht führte Kuretsidis-Haider am 21. Oktober einen Workshop durch.

Das Jahrbuch 2021 beinhaltete einen umfangreichen Beitrag von Claudia Kuretsidis-Haider, Winfried R. Garscha und Siegfried Sanwald zu ausgewählten *Verfahren vor den österreichischen Volksgerichten* sowie den Artikel von Claudia Kuretsidis-Haider *Die ersten polizeilichen Ermittlungen wegen*

NS-Verbrechen in Österreich. Revierinspektor Johann Lutschinger und die Beweissicherung in der Strafsache Engerau. Das Jahrbuch trug auch den Schwerpunkttitel „Verfolgung und Ahndung".

Im Zuge des Workshops „Jugend erinnert" erkundeten die Teilnehmer*innen aus Belarus, Deutschland und Österreich in Begleitung von Historiker*innen und Vermittler*innen des DÖW sowie Waltraud Barton (Obfrau der „Initiative Malvine – Maly Trostinec erinnern") die Stadt Wien.

Aufschrift auf dem Mahnmal am Judenplatz. Foto: Yana Bondar

Aufarbeitung, Restitution, Entschädigung

Zum Themenbereich Aufarbeitung, Restitution und Entschädigung nach 1945 arbeitet vor allem die ehemalige wissenschaftliche Leiterin Brigitte Bailer seit vielen Jahren. Sie hält regelmäßig Lehrveranstaltungen und Seminare zur Abschlussarbeit am Institut für Zeitgeschichte Wien ab und betreut Masterarbeiten, Diplomarbeiten und Dissertationen.

Bailer ist Mitglied der österreichischen Delegation zur International Holocaust Remembrance Association (IHRA). Sie ist Mitglied in der Academic Working Group und im Committee on Antisemitism and Holocaust Denial. Sie wurde in die ExpertInnenkommission für Straßennamen in Graz berufen und ist Mitglied im Wissenschaftlichen Beirat von erinnern.at. Zu ihren Fachgebieten gibt sie regelmäßig Interviews, insbesondere nimmt sie immer wieder zu Entnazifizierung und Umgang mit den Opfern des NS-Regimes Stellung.

Brigitte Bailer war Mitarbeiterin an der Ausstellung „80 Jahre Deportationen nach Riga“ am Wiener Hauptbahnhof, die in Kooperation von Nationalfonds und ÖBB entstand und von Milli Segal kuratiert wurde. Bailer und das DÖW waren zudem an der Erarbeitung einer Ausstellung zum Antisemitismus im österreichischen Parlament beteiligt, die vom Ludwig-Boltzmann-Institut für Kriegsfolgenforschung organisiert wurde.

Bailer ist immer wieder als Gerichtsgutachterin in Verfahren nach dem Verbotsgesetz oder über die österreichische Staatsbürgerschaft von Nachkommen ehemaliger Vertriebener tätig.

Gemeinsam mit Juliane Wetzel, Zentrum für Antisemitismusforschung Berlin, und Robert Williams, USHMM, publizierte sie im Auftrag der IHRA „Understanding Holocaust Distortion. Contexts, Influences and Examples“, vorgestellt am 8. November 2021, als Download verfügbar auf holocaust-rembrance.com

Brigitte Bailer ist Jurymitglied beim Herbert-Steiner-Preis, Irma-Rosenberg-Preis, Käthe-Leichter-Preis und Simon-Wiesenthal-Preis

Rechtsextremismus, Antisemitismus, Rassismus heute

Ein besonders sensibler wie öffentlichkeitswirksamer Arbeitsbereich des DÖW ist die Forschung zu Rechtsextremismus, Neonazismus, Antisemitismus, Rassismus nach 1945.

Die Rechtsextremismusexpert*innen Andreas Peham, Bernhard Weidinger und Bianca Kämpf betreuen die Rubrik „Neues von ganz rechts“ auf www.doew.at, welche Reaktionen des rechtsextremen Lagers auf die Pandemie und ihre politische Bearbeitung sowie einschlägige Deutungen der vermeintlichen „Hintergründe“ der Pandemie in den Blick nimmt.

Die maßgebliche Beteiligung von Rechtsextremen an den Corona-Protesten in Österreich schlug sich im abgelaufenen Jahr in einer Vielzahl von Medienanfragen nieder. Bernhard Weidinger war mehrmals als Experte Teil der Demo-Liveberichterstattung des TV-Senders Puls24, Gast einer Standard-Videoreportage über rechte Symbolik auf Corona-Demos und einer zweiteiligen Folge des Podcast „Inside Austria“ von Standard und Spiegel (publiziert am 11. und 18. Dezember). In der Puls24-Dokumentation „Impfangst, Verschwörung, Gewalt: Die vielen Gesichter der Anti-Corona-Demos“ (15. Dezember) sprach Andreas Peham.

Seit 2021 verstärken Evrim Erşan Akkiliç, Bianca Kämpf und Florian Zeller das Team der Extremismusforschung. Evrim Erşan Akkiliç beschäftigt sich im Rahmen ihrer Tätigkeit am DÖW mit nicht-autochthonen Rechtsextremismen im Allgemeinen und türkischen Manifestationen von Rechtsextremismus in Österreich im Besonderen.

2021 entwickelten Nici Mairhofer und Magdalena Bauer neue **Workshops** zum Thema Rechtsextremismus in Österreich. Ziel ist es, Rechtsextremismus und Verschwörungserzählungen zu erkennen und Strategien zu entwickeln, wie darauf reagiert werden kann. Die Workshops helfen, auch eigene Vorurteile wahrzunehmen.

Gezielt an Schulen richtet sich das Programm des OeAD zur Extremismusprävention. Unter dem Titel *Rechtsextremismusprävention macht Schule* bietet auch das DÖW ab April 2022 im Rahmen des Projektes Workshops für Schüler*innen aller Schultypen an. Sie werden vom erfahrenen Trainer*innenpool des DÖW, darunter Bianca Kämpf und Florian Zeller, abgewickelt.

Im Rahmen der fortgesetzten Kooperation des DÖW mit dem Bundesamt für Verfassungsschutz und Terrorismusbekämpfung wurden dem Amt von der Rechtsextremismusabteilung vier Quartalsberichte vorgelegt. Diese Zusammenarbeit wird nach der Umwandlung des BVT in die „Direktion für Staatsschutz und Nachrichtendienst“ (DSN) fortgesetzt.

2021 brachte das DÖW wieder eine Reihe von Sachverhaltsdarstellungen zu mutmaßlichen Verstößen gegen das Verbotsgesetz (VG), das Abzeichengesetz (AbzG) und/oder den Verhetzungsparagraphen (§283 StGB) bei der zuständigen Behörde ein. Das vom Anführer der „Identitären Bewegung Österreich“ (IBÖ), Martin Sellner, gegen den Konzern Google angestrengte Verfahren wurde in diesem Jahr zugunsten Googles entschieden. Gegenstand war das „Deplatforming“ Sellners in Form der Sperre seiner YouTube-Kanäle gewesen. Bernhard Weidinger hatte im Rahmen des Verfahrens eine Expertise über einschlägige Inhalte in einer Reihe von Sellner veröffentlichter Videos abgegeben. Die Rechtsextremismusexpert*innen des DÖW treten immer wieder als Gutachter*innen und Zeug*innen in Gerichtsverfahren auf.

2020–22 wurde das Projekt *StratEx. Strategien der Einflussnahme extremistischer Organisationen im Bildungsbereich* durchgeführt. Unter der Leitung von Veronika Hofinger (Verein für Rechts- und Kriminalsoziologie) arbeiteten die Projektpartner Österreichisches Institut für Internationale Politik, Beratungsstelle Extremismus, Kinder- und Jugendanwaltschaft Wien, Bundesministerium für Bildung, Wissenschaft und Forschung, Bundesamt für Verfassungsschutz/Bundesministerium für Inneres und das DÖW (Andreas Peham, Thomas Schmidinger) zusammen. Das Forschungsprojekt untersuchte die Aktivitäten extremistischer Organisationen im Bildungsbereich, sowohl die Einflussnahme auf das formale Bildungswesen als auch eigene Bildungsangebote von nationalistisch-rechtsextremen, religiös-fundamentalistischen und staatsfeindlichen Gruppierungen. Das Projekt wurde vom Bundesministerium für Landwirtschaft, Regionen und Tourismus gefördert. Der Endbericht von Thomas Schmidinger befasst sich mit dem Thema „Christliche extremistische Organisationen und ihre Aktivitäten im Bildungsbereich“.

Das Know-how des DÖW auf diesem Gebiet ist in vielen Bereichen gefragt, Schulen, auch Elternverbände, ersuchen das DÖW um Vorträge und werden dabei gerne unterstützt. Infolge der Maßnahmen zur Eindämmung der Corona-Pandemie waren die Vorträge minimiert und oft ins Virtuelle verlegt. Auch 2021 wurden Schüler*innen, Studierende und Forschende aus dem In- und Ausland beraten.

Auswahl der Publikationen von Bernhard Weidinger 2021:

- Mitherausgeber (gemeinsam mit Judith Goetz / Markus Sulzbacher / FIPU): *Rechtsextremismus, Band 4: Herausforderungen für den Journalismus*, Wien 2021.
- *Medien von heute für eine Zukunft von gestern. Ein publizistisches Panorama des österreichischen Rechtsextremismus*, in: Christine Schindler (Hrsg.), Verfolgung und Ahndung, Wien 2021 [= DÖW-Jahrbuch 2021], S. 255–268.
- *Neue Medien, alte Ideologie. Zur Nutzung des Internet durch – und seine Funktionen für – die extreme Rechte am Beispiel Österreich*, in: Markus Stumpf / Hans Petschar / Oliver Rathkolb (Hrsg.), Nationalsozialismus digital. Die Verantwortung von Bibliotheken, Archiven und Museen sowie Forschungseinrichtungen und Medien im Umgang mit der NS-Zeit im Netz, Göttingen 2021, S. 119–137.
- (Gemeinsam mit Eva Grigori): *Recht(s) sozial. Zum spezifischen Verhältnis von Sozialer Arbeit und Rechtsextremismus in Österreich*, in: Christoph Gille / Birgit Jagusch / Yasmine Chehata (Hrsg.), Die extreme Rechte in der Sozialen Arbeit, Weinheim 2021, S. 106–120.
- *Ungewollte Komplizenschaft. Über gängige Fallstricke in der medialen Bearbeitung von Rechtsextremismus*, in: Judith Goetz / Markus Sulzbacher / FIPU (Hrsg.), Rechtsextremismus, Band 4: Herausforderungen für den Journalismus, Wien 2021, S. 52–71.
- *Vom Säkularismus zum kämpferischen „Kulturchristentum": Die Freiheitliche Partei Österreichs und die Politisierung von Religion*, in: Revue d'Allemagne 53 (1) 2021, S. 249–262.
- *Rechtsextremismus in Österreich: ein geraffter Überblick*, in: SIÖ, Nr. 215 (4/2021), S. 27–29.
- *Die rechtsextreme Medienlandschaft im Umbruch*, in: Der sozialdemokratische Kämpfer, Nr. 7–9/2021, S. 14.

Bernhard Weidinger ist Mitglied bzw. Berater in folgenden Gremien:

- Beratungsstelle Extremismus
- Arbeitsgruppe zur Evaluierung und ggf. Novellierung des NS-Verbotsgesetzes sowie zur Erweiterung der Symbolegesetz-Bezeichnungsverordnung
- Wissenschaftlicher Beirat von erinnern.at
- Wissenschaftlicher Beirat der Österreichischen Zeitschrift für Geschichtswissenschaften / Austrian Journal of Historical Studies (OeZG).
- „Runder Tisch" der Stadt Wien zum Denkmal für Dr. Karl Lueger

Andreas Peham ist Mitglied u. a. in folgenden Gremien:

- Bundesweites Netzwerk Extremismusprävention und Deradikalisierung im BMI
- Monitoring-Komitee gegen Antisemitismus der Stadt Wien
- Beratungsstelle Extremismus / Aus- und Fortbildungsteam

Austausch erfolgt mit zahlreichen Institutionen, darunter: Muslimische Jugend Österreich, Mauthausen Memorial, Österreichischer Gewerkschaftsbund, Kammer für ArbeiterInnen und Angestellte, Institut für Freizeitpädagogik/wienXtra, Neustart („Dialog statt Hass"), Österreichischer Fußballbund/Bundesliga (Stadionverbotskommission), MA 17 – Integration und Diversität, Dokumentationsstelle Politischer Islam, IG Alpbach, Verein Südwind, Universität Wien (Bildungswissenschaften, Institut für praktische Theologie), ZARA – Zivilcourage und Anti-Rassismus-Arbeit.

Die im Übereinkommen der österreichischen Bundesregierung *Aus Verantwortung für Österreich. Regierungsprogramm 2020–2024* mehrfach bekräftigte Absicht, die Rolle des DÖW zu stärken und vor allem die Forschung und Dokumentation im Bereich Antisemitismus und Rechtsextremismus auszubauen, wird ab 2022 umgesetzt. Das Bundesministerium für Bildung, Wissenschaft und Forschung hat die Übernahme der erforderlichen Personal- und Infrastrukturkosten zugesagt.

Das DÖW konnte 2021 die Zahl seiner Twitter-Follower von 11.900 auf 13.600 steigern. In der nach Followern gereihten APA Twitterlist rangiert das DÖW nach wie vor in den Top-20 „Organisationen und Initiativen" Österreichs und auf Platz 1 unter den wissenschaftlichen Einrichtungen. Der DÖW-Account generierte 2021 rund 1,550.000 Impressions, was rund 4.200 pro Tag und einer leichten Steigerung gegenüber dem Vorjahr entspricht.

Hauptinhalte des Twitter-Auftritts waren im abgelaufenen Jahr unverändert die Bewerbung von hauseigenen und externen Veranstaltungen, die Bekanntmachung neuer Inhalte auf der DÖW-Website sowie der Hinweis auf Medienauftritte von DÖW-Mitarbeiter*innen und auf Neuzugänge zur DÖW-Bibliothek. Verschiedentlich wurden auch aktuelle Ereignisse (insbesondere aus dem Bereich des Rechtsextremismus-Monitoring) via Twitter kommentiert.

Archiv und Bibliothek

Die **Präsenzbibliothek** des DÖW umfasst über 50.000 Titel und 350 Zeitschriften. Die Bibliothek wird von Stephan Roth, Wilhelm Skalda und Nedim Mujanovic betreut. Die Bestände werden um die aktuellen Titel zu den Schwerpunkten des DÖW ergänzt, Schenkungen verhandelt und Wertvolles der Rarissima-Sammlung eingeordnet. Alle neu aufgenommenen Titel stehen umgehend den Benützer*innen zur Verfügung. Die Bibliothek online auf www.doew.at bietet mit variablen Suchmöglichkeiten die blitzschnelle Recherche in den Beständen auch außerhalb des Instituts. 2021 kamen insgesamt 575 Neuzugänge in die Bibliothek, ein Teil davon stammt aus Nachlässen, die dem DÖW von ehemaligen Verfolgten und anderen Engagierten bzw. deren Nachkommen übergeben wurden.

Stephan Roth führt immer wieder interessierte Gruppen durch die Dauerausstellung des DÖW, durch die Archivräume, aber auch durch die Innere Stadt. Am 21. Juni begleitete er beispielsweise Studierende der Architekten Hubmann und Vass vom Judenplatz in die Leopoldstadt oder am 17. September Vertreter*innen der Museen der Stadt Wien / Wien Museum zur jüdischen Geschichte im ersten Bezirk. Er führt auch immer wieder Interviews mit Zeitzeuginnen und Zeitzeugen durch, so 2021 mit Margarete Kreuzhuber, die über ihre Kindheit als getaufte Jüdin erzählte.

Roth wirkte in der Buchshop-Kommission des Heeresgeschichtlichen Museums mit, die die Bestände und das Sortiment des Buchshops, inklusive der Souvenirs, untersuchte und im März 2021 dem Bundesministerium für Landesverteidigung eine kritische Evaluierung vorlegte.

Spezialsammlungen umfassen über 10.000 Flugblätter, Broschüren, Zeitungen 1934–1945, 5.000 Publikationen österreichischer und deutscher Exilorganisationen, die Bibliothek der Internationalen Föderation der WiderstandskämpferInnen, das einzige Archiv in Österreich zum Spanischen Bürgerkrieg, das wichtigste **Archiv zum KZ Ravensbrück**, ein umfassendes (elektronisches) **Zeitungsausschnittearchiv** sowie die reichhaltige **Plakatsammlung** des DÖW. Manfred Mugrauer und Irene Filip betreuen das so genannte **Spanienarchiv** zu den rund 1.400 österreichischen Freiwilligen auf der Seite der Republik im Spanischen Bürgerkrieg 1936–1939 (siehe https://www.doew.at/erinnern/biographien/spanienarchiv-online).

Die Sammlung zum KZ Ravensbrück wurde von der 2006 verstorbenen Widerstandskämpferin Antonia Bruha angelegt. 2021 initiiert von ihrer Urenkelin Billie Rehwald erschien 2022 ihre vergriffene Autobiografie mit einem Vorwort von Brigitte Bailer.

Michael Achenbach betreut seit 2021 das – viel gefragte – **Fotoarchiv**, das aktuell über 42.000 Bilder umfasst, die laufend digitalisiert werden. Archivarin Ursula Schwarz hat die beeindruckende Sammlung an **Museumsgegenständen** in ihrer Obhut.

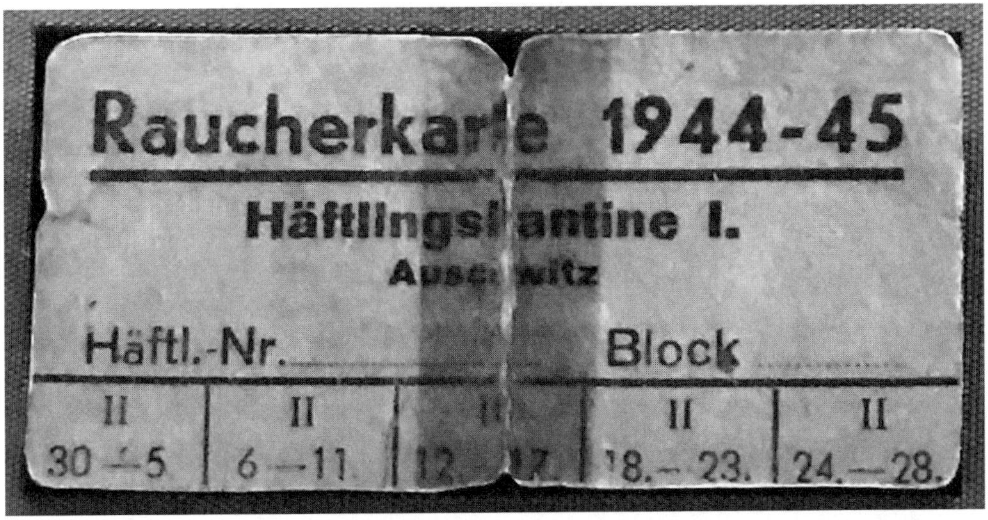

Für die neue Österreich-Ausstellung in der Gedenkstätte Auschwitz-Birkenau wurde u. a. eine Raucherkarte gescannt.
Rauchen war nur bestimmten Häftlingsgruppen als Anreiz erlaubt.

Zahlreichen Nutzungswünschen aus aller Welt für Fotos, Dokumente und Museumsgegenstände – insbesondere für Fachbücher, Schulbücher, Zeitungsartikel, Websites, Filme und Fernsehsendungen, Theaterproduktionen und Ausstellungen konnte auch 2021 entsprochen werden, darunter:

- Dauerausstellung Haus der Geschichte Niederösterreich, St. Pölten
- Haus der Geschichte Österreich, Wien
- KZ Gedenkstätte Dachau für das digitale Seminar „Fußball im Konzentrationslager Dachau“
- Das Rote Wien – Waschsalon Karl-Marx-Hof
- Jüdisches Museum Wien für verschiedene Ausstellungen (Exil Shanghai, Rothschild, Wien 1945, Kindertransporte)
- Topographie des Widerstandes in der Steiermark 1938–1945 (Buchprojekt und Ausstellung der University of Technology Graz)

- Österreichische Länderausstellung im Staatlichen Museum Auschwitz-Birkenau
- Geschichtsort Stadthaus der Stiftung Hamburger Gedenkstätten und Lernorte zur Erinnerung an die Opfer der NS-Verbrechen
- Ausstellung „80 Jahre Deportationen nach Riga" am Wiener Hauptbahnhof, Kooperation von Nationalfonds und ÖBB
- „Das Wiener Modell der Radikalisierung. Österreich und die Shoah", Outdoor-Ausstellung des HdGÖ am Wiener Heldenplatz
- Wanderausstellung des Museums Niederösterreich, St. Pölten, „Niederösterreich – 100 Jahre, 100 Orte, 100 Ereignisse"
- Volkskundemuseum Graz / Universalmuseum Joanneum, Ausstellung „Wie es ist. Welten, Wandel, Perspektiven"
- Ausstellung des Österreichischen Staatsarchivs im Bundeskanzleramt zum Weg Österreichs von der Ostarrichi-Urkunde bis zum EU-Beitritt

Regelmäßig stellt das DÖW Materialien – Texte, Fotos und Dokumente – auch für Publikationen für Schüler*innen, für Lehrmaterialien und Schulbücher zur Verfügung. 2021 erhielt beispielsweise das Schulbuch „Was? Wann? Warum? 4" für den Geschichte- und Sozialkundeunterricht (Verlag Ed. Hölzel, Wien) Bildmaterial. Stephan Roth stand im Juni 2021 für Erläuterungen über einen Archivbesuch und Recherchemöglichkeiten im DÖW zur Verfügung. Informationen dazu erschienen in „Wasjetzt. Österreichs Magazin für Schule und Berufsbildung". Das Magazin geht an Lehrer*innen von BMHS und AHS.

Stellvertretend für die vielen Interviews der DÖW-Mitarbeiter*innen für Radio, Film und Fernsehen zu aktuellen wie historischen Themen soll die aufwendige Filmproduktion von David Nicholas Wilkinson „Getting away with Murder(s)" erwähnt werden. Winfried R. Garscha und das DÖW standen 2019 in Wien für die Dreharbeiten zur Verfügung. Die Dokumentation beschäftigt sich mit der verabsäumten Verfolgung vieler NS-Täter. Der Film kam 2021 in die britischen Kinos und erhielt sehr gute Kritiken.

Die Sammlung zum **Rechtsextremismus** nach 1945 bietet Material zu mehr als 150 österreichischen sowie rund 100 deutschen Organisationen.

Die **Filmsammlung** des DÖW wird vom Österreichischen Filmmuseum aufbewahrt. So ist die professionelle Lagerung im klimatisierten Sicherheitsfilmlager langfristig gewährleistet, die Filme selbst bleiben im Eigentum des DÖW. Eine Depot-Vereinbarung regelt die Rechte und Pflichten beider Institute.

Ein besonderer Schatz sind die Interviews der **Erzählten Geschichte**. Seit 1982 werden Personen befragt, die in der Zeit von 1934 bis 1938 und 1938 bis 1945 am Widerstand teilnahmen und/oder Verfolgungen ausgesetzt waren. Sie berichten aus ihrer Perspektive über die Geschichte des 20. Jahrhunderts. In mittlerweile tausend Tondokumenten kommen die Überlebenden selbst zu Wort, ihre Erlebnisse sind auf www.doew.at auch in Textauszügen mit Abbildungen veröffentlicht. Videointerviews mit Überlebenden der nationalsozialistischen „Jugendfürsorge" sind auf www.gedenkstaettesteinhof.at veröffentlicht.

Seit 2019 macht erinnern.at verschiedene Interviews des DÖW auf der Website *www.weitererzaehlen.at* zugänglich. Sie dienen als Lernangebote für die Bildung als auch für Forschungsarbeiten. Erinnern.at fördert im Auftrag des Unterrichtsministeriums den Transfer von historischen und methodisch-didaktischem Wissen, es bietet seit vielen Jahren Lehrer*innenfortbildungen zu den Themen Nationalsozialismus, Holocaust, Antisemitismus, Rassismus an und entwickelt Unterrichtsmaterialien.

Das **Archiv** des DÖW, dem auch vorgenannte Bestände zugeordnet sind, beinhaltet viele Tausende Akten und Aktenkopien zu Widerstand und Verfolgung 1933–1938 und 1938–1945, Polizei- und Justizakten, Strafverfahren gegen NS-Täter nach 1945, Nachlässe und andere persönliche Dokumente. Sie sind elektronisch aufgearbeitet und werden laufend digitalisiert. Die *Digitalisierung* der DÖW-Bestände wird seit vielen Jahren durchgeführt, seit 2020 liegen beispielsweise alle originalen Flugblätter des DÖW digital vor.

Ursula Schwarz und Claudia Kuretsidis-Haider sind gemeinsam mit Manfred Mugrauer für die Archivbestände des DÖW zuständig. Die Arbeit umfasst die Erweiterung der Sammlung der Dokumente sowie eine tiefere Erschließung der Bestände, um den Zugang für Besucher*innen, aber auch für DÖW-interne Zwecke (z. B. Anfragebeantwortung) zu vereinfachen. Die DÖW-interne Datenbank („Archidoc") steht allen Benützer*innen des Archivs zur Verfügung. Sie enthält aktuell Informationen über 69.541 Akteneinheiten und 211.801 Personen.

Die Vereinheitlichung der Einträge sowie ergänzende Erschließungsarbeiten erfolgen in einem beträchtlichen Ausmaß durch ehrenamtliche Mitarbeiter*innen. So wurde 2021 der *Nachlass des DÖW-Gründers Herbert Steiner* vollständig erschlossen. Begonnen wurde dieses Projekt vor einigen Jahren von der ehrenamtlichen Mitarbeiterin Elisabeth Wies-Campagner, nach ihrer Übersiedlung ins Ausland setzte Wolfgang Fingernagel, ebenfalls ehrenamtlich für das DÖW tätig, die Arbeit fort und konnte sie im November 2021 fertigstellen.

Der Nachlass umfasst neben persönlichen Dokumenten und einem umfangreichen Briefwechsel vor allem wissenschaftliche Beiträge, Artikel für in- und ausländische Zeitschriften und Zeitungen, Rede- und Vortragstexte, Buchbesprechungen sowie Entwürfe, Skizzen und Aufzeichnungen verschiedenster Art. Schwerpunkte der publizistischen Tätigkeit von Herbert Steiner waren vor allem die Geschichte der (österreichischen) Arbeiterbewegung sowie die Revolution des Jahres 1848 und ihre Folgen.

2021 konnten wieder interessante Akten dem Bestand eingeordnet werden, die dem DÖW von den Besitzer*innen, oft Nachkommen von Verfolgten und Widerständigen, aber auch Tätern und Täterinnen zur dauernden Aufbewahrung übergeben wurden. Nachlässe und Schenkungen werden laufend in den Bestand eingearbeitet. Das DÖW erhielt 2021 u. a. folgende Materialien, Dokumente, Fotos, Museumsgegenstände als Schenkungen oder dauerhafte Leihgaben:

- Bücher, Dokumente, Fotos: Übergeben von Elisabeth Kammlander, Uwe Stecher, Elfe Koplinger, Inge Andritz, Karl Kubaczek, Christoph Völkl, Erich Lemberger, Ursula Mortinger und vielen anderen. Bücher aus dem Nachlass der Familie Pfoch. Hubert Pfoch war viele Jahre Präsident des DÖW gewesen, er starb 2008.
- Koffer des nach Theresienstadt deportierten Erich Froszt, der überlebte: Margit Crass.
- Eisenbüste Adolf Hitlers mit Sockel: Silvia Roller.
- Koffer, Materialien und Fotoscans zur Familie Steinmetz, die im Widerstand aktiv gewesen und vielfacher Verfolgung ausgesetzt war: Sonja Frank.
- Zwei Gasmasken, verschiedene Publikationen und Hefte: Tanja Pagitz.
- Kennkarten des Deutschen Reiches für Karl und Franziska Adler sowie Susanne Benedek: Karl Vybiral.
- Fotoalbum „Unser Afrika-Feldzug“: Peter Lindtner.
- Dolch mit Koppel und Gehänge: Ulrike Böhme.
- Materialien zu Hugo Kaudelka, Wehrmachtsausschließungsschein, Anklage des LG Wien wegen „Rassenschande“, Amtsbescheinigung, Fotos seiner Freundin Gertrude Carola Edel: Jannis Kaudelka.
- Kopie des Bauplans des Pfarrhofs Lainz, in dem jener Raum eingezeichnet ist, in denen Kaplan Spitzer Juden versteckt hatte: Hans Popp.
- Fotos von Joe Heydecker, der als Fotograf des Warschauer Ghettos bekannt wurde und Berichterstatter bei den Nürnberger Prozessen war:

Mara Kraus, ehrenamtliche Mitarbeiterin des DÖW und ehemals Lebensgefährtin von Heydecker.

Maria Hohla überließ dem DÖW zwei Mappen mit Dokumenten und Fotos von Arnold Hübler, geb. 1902 in Enns. Der Hauptmann a. D. war 1940–1942 wegen seiner Zugehörigkeit zur Widerstandsgruppe „Österreichische Freiheitsfront Dr. Lederer“ in Haft.

Der Augustiner-Chorherr und Theologieprofessor Roman Karl Scholz, der Beamte der Finanzprokuratur Karl Lederer und der Rechtsanwalt Jakob Kastelic organisierten je eine Gruppe der „Österreichischen Freiheitsbewegung“, die miteinander kooperierten. Lederer und Scholz sowie viele Mitangeklagte wurden 1944 hingerichtet.

Die Abbildung zeigt den Truppenausweis für Oberleutnant Arnold Hübler vom Juli 1938.

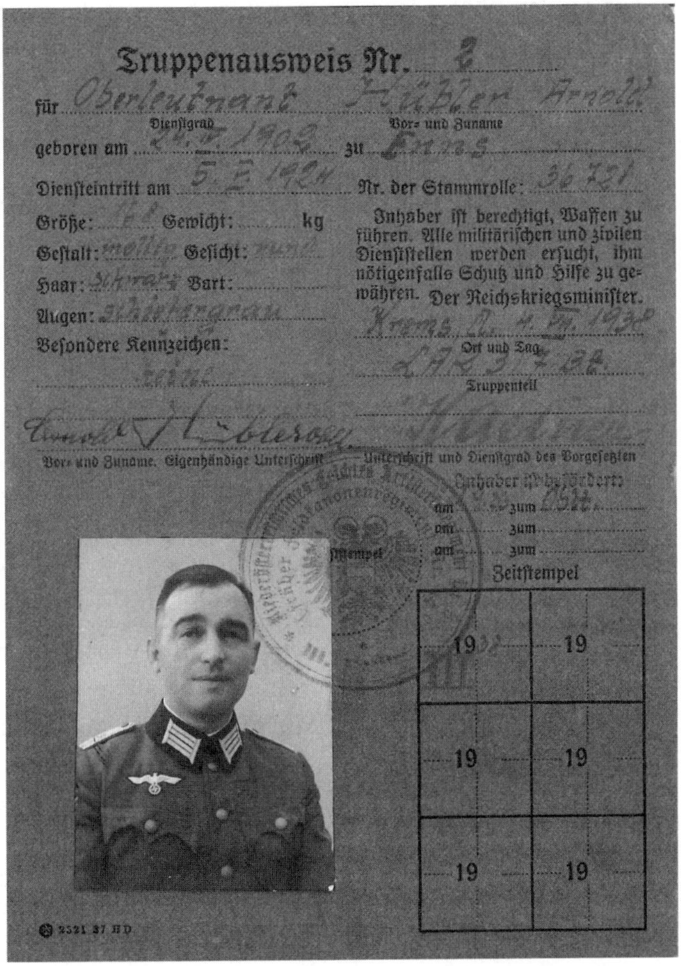

Truppenausweis Nr. 2

für Oberleutnant Hübler Arnold

Dienstgrad — Vor- und Zuname

geboren am 24.V.1902 zu Enns

Diensteintritt am — Nr. der Stammrolle:

Größe: — Gewicht: — kg

Gestalt: mittel — Gesicht: rund

Haar: schwarz — Bart:

Augen:

Besondere Kennzeichen: keine

Inhaber ist berechtigt, Waffen zu führen. Alle militärischen und zivilen Dienststellen werden ersucht, ihm nötigenfalls Schutz und Hilfe zu gewähren. Der Reichskriegsminister.

Krems

Ort und Tag

Truppenteil

Vor- und Zuname. Eigenhändige Unterschrift — Unterschrift und Dienstgrad des Vorgesetzten

Inhaber ist befördert:

am — zum

am — zum

am — zum

Dienststempel — Zeitstempel

19	19
19	19
19	19

Den Überbringer*innen dieser wichtigen und besonderen Materialien kann nicht genug gedankt werden. Ihre Dokumente und Erinnerungsstücke sind wesentliche Bestandteile der kollektiven Erinnerung an das dunkelste Kapitel der österreichischen Geschichte.

Archiv und Bibliothek sind immer wieder auch Bestandteile von Führungen, Weiterbildungsmaßnahmen, Workshops und Besprechungen. Christine Schindler und Gerhard Baumgartner sprachen am 19. November mit einer Delegation der

ÖVP-Kameradschaft Steiermark und Obmann Wolfgang Schwarz über aktuelle Projekte und Herausforderungen des DÖW.

Anfang der 1990er Jahre begannen sich zuerst die deutschen Gedenkstätten im Hinblick auf den Austausch und die gemeinsame Verarbeitung von Personendaten ehemaliger Deportierter zu vernetzen. Aus dieser ursprünglich informellen Expert*innenrunde wurde im Laufe der Jahre eine jährlich stattfindende internationale Zusammenkunft mit Teilnehmer*innen aus zahlreichen europäischen Ländern, den USA und Israel. Das DÖW nimmt seit Anbeginn an diesem **Internationalen EDV-Workshop der NS-Gedenkstätten** teil, der sich jeweils einem Schwerpunktthema widmet. Der 2020 bzw. 2021 in der Kazerne Dossin, Mechelen, Belgien, geplante Workshop wurde coronabedingt auf 2022 verschoben.

Die Betreuung der Archivbesucher*innen nimmt einen wesentlichen Platz in der Arbeit des DÖW ein. 2021 verzeichnete das DÖW rund 550 persönliche Recherchebesuche von Personen, die das Archiv und die Bibliothek des DÖW im Rahmen individueller Beratung und Projektbesprechungen frequentierten. Das ist etwa die Halbierung persönlicher Anwesenheiten, die aus den verschiedenen coronabedingten Maßnahmen – z. B. Abstandsregeln, die das kleine DÖW besonders trafen – resultierten. Das DÖW-Archiv war 2021 157 Tage planmäßig geöffnet, also in etwa drei Viertel der normalen Öffnungstage. Vor Ort werden die Benutzer*innen vor allem von Ursula Schwarz, Claudia Kuretsidis-Haider, Manfred Mugrauer und Nedim Mujanovic sowie den Zivildienerkollegen betreut.

Allerdings erfolgte die Benutzer*innenbetreuung verstärkt und intensiviert im Virtuellen. Nahezu alle Mitarbeiter*innen sind mit Anfragen befasst. Mehr als 5.000 telefonische und schriftliche Anfragen erreichen das DÖW jährlich und werden einzelnen Expert*innen und zuständigen Stellen zugeordnet. Die Recherchierenden und Anfragenden sind Wissenschafter*innen, Journalist*innen, Schriftsteller*innen, bildende Künstler*innen, Ausstellungsmacher*innen, Studierende, Lehrende und Schüler*innen, Autodidakt*innen, Angehörige und Nachfahr*innen von Verfolgten und Widerständigen, aber auch von Tätern und Täterinnen.

Ausstellungen

Die Ausstellungen zum Nationalsozialismus im Alten Rathaus, zu den NS-Medizinverbrechen in der Gedenkstätte Steinhof und zur Gestapo Wien in der

Salztorgasse wurden 2021 von 2.400 Menschen besucht, wobei 2.250 Besuche auf die Ausstellungen in der Wiener Innenstadt, knapp 150 auf die Gedenkstätte Steinhof entfielen, die bis September rigoros geschlossen war und seither sehr eingeschränkt zu besichtigen ist. Junge Guides begleiteten in 68 Führungen die oft jugendlichen Besucher*innen. Eintritt und Führungen (ab etwa 5 Personen) sind gegen (Vor-)Anmeldung gratis. Sie werden von Eva Kriss organisiert, die auch die erste Anlaufstelle für Benützer*innen und Besucher*innen des DÖW ist. Das DÖW nutzte die Zeit, um dringende Sanierungsarbeiten durchzuführen.

Dauerausstellung des DÖW zur Geschichte des Nationalsozialismus in Österreich, seiner Vorgeschichte und den Nachwirkungen in der Zweiten Republik

Altes Rathaus, Wipplingerstraße 8 (im Hof), 1010 Wien
Öffnungszeiten: Montag bis Mittwoch und Freitag 9 bis 17 Uhr, Donnerstag 9 bis 19 Uhr
Online-Ausstellung (deutsch / englisch): https://ausstellung.de.doew.at/

Die permanente Ausstellung des DÖW dokumentiert die Vorgeschichte des Nationalsozialismus ebenso wie Widerstand und Verfolgung in der NS-Zeit und die Aufarbeitung der NS-Vergangenheit nach 1945:

- Der Aufstieg der NSDAP und ihr Weg zur Macht 1919–1933
- Der Weg zum „Anschluss“: Österreich 1918–1938
- Der „Anschluss“
- NS-Terror
- Judenverfolgung
- Die Deportation der österreichischen Jüdinnen und Juden
- Widerstand (von politischem, organisiertem Widerstand über Widerstand in der Wehrmacht bis zum Resistenzverhalten Einzelner)
- Die Kärntner Slowenen und Sloweninnen
- Rom*nja und Sinti*zze – „Zigeuner“ im Nationalsozialismus
- Die Verfolgung von homosexuellen Männern und Frauen
- Zwangsarbeit ziviler Ausländerinnen und Ausländer
- KZ Mauthausen
- NS-Medizinverbrechen
- Flucht und Exil
- Erinnerungskultur
- Entnazifizierung und Ahndung von NS-Verbrechen in Österreich

- Österreich und die Opfer des Nationalsozialismus
- Rechtsextremismus

Das DÖW erforscht die Schicksale der Menschen in Widerstand und Verfolgung. Es berücksichtigt jegliche Weltanschauung und Motivation, politisch organisierten und religiös motivierten Widerstand ebenso wie non-konformes Verhalten, Verfolgung aus rassistischen Gründen, aufgrund der sexuellen Orientierung, Behinderung oder sozialen Herkunft.

Ausschnitt aus der Dauerausstellung des DÖW

Gedenkstätte für die Opfer der Gestapo Wien
Salztorgasse 6, 1010 Wien
Öffnungszeiten: auf Anfrage (Tel.: 01 22 89 469/319, office@doew.at).
https://www.doew.at/erkennen/ausstellung/gedenkstaette-salztorgasse
(deutsch/englisch)

Am Ort der Gedenkstätte war der Sitz der Gestapo-Leitstelle Wien. Das Gebäude wurde nach dem Krieg durch einen modernen Wohnbau ersetzt. In diesem nach dem Gestapohäftling und nachmaligen Bundeskanzler Leopold Figl benannten Gebäude errichteten 1968 die Opferverbände einen „Gedenkraum für die Opfer des österreichischen Freiheitskampfes". In der aktuellen Ausstellung wird an die inhaftiert gewesenen Widerständigen und Verfolgten erinnert und es werden historische Informationen über die Gestapo – Organisation, Mitarbeiter, Arbeitsweise – vermittelt.

Gedenkstätte Steinhof: „Der Krieg gegen die ‚Minderwertigen': Zur Geschichte der NS-Medizin in Wien"
Klinik Penzing, V-Gebäude, Baumgartner Höhe 1, 1140 Wien
Coronabedingt – sich auf Spitalsgelände befindend – März 2020 bis August 2021 geschlossen; seit September 2021 mit Anmeldung und Führung montags zu besichtigen.
Online-Ausstellung (deutsch / englisch): www.gedenkstaettesteinhof.at

Die Ausstellung *Der Krieg gegen die ‚Minderwertigen'* bietet einen Überblick über die NS-Medizin in Wien zwischen 1938 und 1945. Die Gedenkstätte beherbergt auch Teile der Ausstellung von Brigitte Rigele, Wiener Stadt- und Landesarchiv, *Kindereuthanasie in Wien 1940–1945. Krankengeschichten als Zeugen.*

Die Website www.gedenkstaettesteinhof.at enthält neben allen Texten und Bildern der Ausstellung auch Videointerviews mit 12 Überlebenden des „Spiegelgrunds" und anderer Fürsorgeeinrichtungen: Von 1940 bis 1945 existierte auf dem Anstaltsgelände unter der Bezeichnung „Am Spiegelgrund" eine sogenannte „Kinderfachabteilung", in der rund 800 kranke oder behinderte Kinder und Jugendliche umkamen. Ebenso bietet die Seite die Daten und ausgewählte Fotos der ermordeten Kinder vom Spiegelgrund mit der Möglichkeit der Namensuche, eine chronologische Darstellung der NS-Medizin, eine Linksammlung, ein umfassendes Literaturverzeichnis sowie einen Apparat wichtiger wissenschaftlicher Aufsätze zum Thema im Volltext zum Herunterladen.

2019 erschien der Katalog zur Gedenkstätte Steinhof, der Beiträge von Herwig Czech, Wolfgang Neugebauer, Peter Schwarz, Brigitte Rigele und Michael Hubenstorf enthält und einen informativen Überblick zur Geschichte der NS-Medizin in Wien gibt. Die Agenden um die Gedenkstätte liegen derzeit in den Händen von Christine Schindler und Ursula Schwarz, Peter Schwarz unterstützt das DÖW in inhaltlichen Fragen zum Thema.

Grundsätzlich soll die Gedenkstätte in der jetzigen Form bis Ende 2023 bestehen bleiben. Derzeit laufen Gespräche über die Zukunft der Gedenkstätte im Zuge der Neugestaltung des gesamten Areals.

Temporäre Ausstellungen und Wanderausstellungen

Sonderausstellungen werden von DÖW-Mitarbeiter*innen im Auftrag des DÖW und auch in Kooperation mit anderen Institutionen erarbeitet. Das DÖW bietet auch Kolleg*innen außerhalb des Instituts die Möglichkeit kleine Sonderausstellungen zu zeigen. Kleine Wanderausstellungen des DÖW können gebührenfrei (abgesehen von Transport- und Versicherungskosten) entliehen werden – 2021 wurde beispielsweise „Lob des Ungehorsams" im Museum Traiskirchen gezeigt.

Frauen im Widerstand 1933–45.
Die drei Schwestern Selma, Berthe und Gundl, geb. Steinmetz

Sonja Frank gestaltete die Ausstellung zu den drei Schwestern aus einer assimilierten Wiener Familie. Die jungen Frauen verließen schon Mitte der 1930er Jahre den autoritär regierten österreichischen „Ständestaat". Frank zeichnet Flucht, Exil und Widerstand nach: Gundl Herrnstadt-Steinmetz kämpfte zuerst im Spanischen Bürgerkrieg gegen Franco und später, wie die älteren Schwestern Selma Steinmetz und Bertha Tardos, in der französischen bzw. belgischen Résistance. Selma Steinmetz (1907–1979) war die erste Bibliothekarin des DÖW.
Die Ausstellung wurde 2021 und 2022 mehrere Monate im DÖW und auch an anderen Orten gezeigt. Sonja Frank begleitete die Schau mit einem vielfältigen Vermittlungsprogramm.

Lob des Ungehorsams

Empörung, Mitleid, Liebe, politische Überzeugung, religiöser Glaube führten vom Erkennen von Unrecht zu widerständigem Handeln gegen das NS-Regime: Ein katholischer Bauer, ein Zeuge Jehovas, eine mutige Krankenschwester, idealistische Jugendliche, ein kommunistisches Liebespaar, Offiziere und Deserteure zeigen Varianten des Widerstandes und die unerbittliche Realität der Verfolgung. Die Ausstellung des DÖW (Winfried R. Garscha, Christine Schindler) und der Kategorialen Seelsorge der Erzdiözese Wien umfasst 7 Bahnen mit Ösen zum Aufhängen, je rund 1 m breit, 2,50 m hoch.

Der Krieg gegen die ‚Minderwertigen'. Zur Geschichte der NS-Medizin in Wien

Umfasst die Inhalte der Gedenkstätte Steinhof (Autoren: Herwig Czech, Wolfgang Neugebauer, Peter Schwarz). 19 Tafeln, je rund 1 m breit, 2 m hoch, selbststehend.

„dachaureif". Der Österreicher-Transport aus Wien in das Konzentrationslager Dachau am 1. April 1938. Biografische Skizzen der Opfer
Die von Claudia Kuretsidis-Haider und Rudolf Leo konzipierte Ausstellung besteht aus 11 Bahnen (119 cm breit, 92 cm hoch), Aufhängung: Stahlrohre (oben und unten zur Beschwerung), Schnürung.

Das kurze Leben der Ruth Maier (1920–1942): Wien – Oslo – Auschwitz
Die von Winfried R. Garscha für das DÖW (gemeinsam mit dem norwegischen Zentrum für Holocaust- und Minderheitenstudien und unter Mitarbeit von Christine Schindler) konzipierte Wanderausstellung wurde in jeweiligen Adaptionen mittlerweile in Wien, Oslo und anderen norwegischen Orten, bei den Vereinten Nationen in New York und in Washington sowie 2021 in Brünn gezeigt. Ruth Maier wurde 1920 in Wien geboren und floh im Januar 1939 nach Norwegen. 1942 wurde sie als Jüdin verhaftet und in Auschwitz ermordet. Ihre erhalten gebliebenen Tagebücher und Briefe sind seit 2014 Teil des UNESCO-Weltdokumentenerbes (Memory of the World). In Norwegen wurde das Schicksal des Mädchens zum Symbol der Kollaboration von Teilen der norwegischen Bevölkerung mit den deutschen Besatzern.

In einer Kooperation mit den Wiener Volkshochschulen wird 2022 eine Adaptierung der Ausstellung in einfacher Sprache erarbeitet, der ab Herbst 2022 ein spezielles Vermittlungsprogramm zur Seite gestellt werden soll.

Veranstaltungen

Das DÖW führt regelmäßig Veranstaltungen, Buchpräsentationen, Diskussionen, Vorträge in seinen Räumlichkeiten im Alten Rathaus in der Wiener Innenstadt und in der Gedenkstätte Steinhof im Otto-Wagner-Spital durch. Das DÖW ist ein Ort für Diskurs und Debatten und bietet nicht zuletzt jungen oder nicht institutionell verankerten Wissenschafter*innen, Autor*innen und Künstler*innen ein Forum für ihre Projekt- und Publikationspräsentationen. Viele Veranstaltungen mussten auch 2021 coronabedingt abgesagt oder verschoben werden, andere konnten stattfinden, teilweise virtuell, die meisten in Kooperation (siehe das nachfolgende Kapitel):

- *Anna Hájková, The Last Ghetto. An Everyday History of Theresienstadt*. Online-Buchpräsentation, 11. 5. 2021. Moderation: Wolfgang Schellenbacher.

- Workshop *Jugend erinnert – Maly Trostinec* im DÖW, 17. bis 21. September 2021, konzipiert und durchgeführt von Christine Schindler und Claudia Kuretsidis-Haider:
  Führung durch die Dauerausstellung des DÖW (Hanna Grabenberger)
  Österreich und Maly Trostinec (Winfried R. Garscha)
  Topografie. Gedenken auf europäischer Ebene (Hans-Peter Jeschke)
  Quellen, Copyrights, sensible Daten, Datenschutz (Claudia Kuretsidis-Haider)
  Vorstellung Archiv, Benutzung, Museumsgegenstände (Ursula Schwarz)
  Rundgang in der Wiener Innenstadt zu den letzten Wohnadressen der Ermordeten – Memento Wien (Wolfgang Schellenbacher)
  Besuch des Hauses der Geschichte Österreich; Biografien und Gedenken (Waltraud Barton, Claudia Kuretsidis-Haider)
  Vorstellung des trinationalen Projekts „Virtueller Rundgang zur multiperspektivischen Erschließung des Gedenkorts Trostenez“ (Kerstin von Lingen, Claudia Theune, Franziska Lamp)
  Fahrt zum Mahnmal Aspangbahnhof, Besichtigung des ehemaligen Deportationsbahnhofes (Winfried R. Garscha)
  Reflexion und Austausch (Darija Fabijanic, Hanna Grabenberger)
  Gruppenarbeit Podcasts/Public History Event, Audioaufnahmen (Darija Fabijanic)

- Der *Ferdinand-Berger-Preis* wurde am 21. Oktober 2021 im Beisein der Preisstifter Ernst und René Berger an den Journalisten Hans Rauscher, Der Standard, im Wiener Rathaus verliehen. Laudator Bundespräsident a. D. Heinz Fischer würdigte das „konsequente und kontinuierliche Eintreten Rauschers für die Grundwerte der Demokratie“. Rauscher arbeitete in seiner langen Laufbahn bei verschiedenen österreichischen Zeitschriften und Zeitungen. Er ist nach wie vor eine der vernehmbarsten Stimmen des zivilgesellschaftlichen Engagements.

Kooperationen

Viele Veranstaltungen unterstützt das DÖW mit Materialien oder Referent*innen, es hilft bei der Bewerbung und zeichnet als Kooperationspartner. Mitveranstalter ist das DÖW bei den *Simon Wiesenthal Lectures* des Wiener Wiesenthal-Institutes, in deren Vorstand der wissenschaftliche Leiter des DÖW,

Gerhard Baumgartner, vertreten ist. Das DÖW 2021 beteiligte sich 2021 unter vielen anderen an folgenden Ereignissen:

- 13. Februar. VHS Brigittenau, Online-Podiumsdiskussion „Februar 1934 – Antifaschismus damals und heute". Für das DÖW: Bernhard Weidinger.
- 22. Februar. SPÖ Frauen Wien-Währing, Vortrag von Brigitte Bailer, *Frauen im Widerstand gegen den Nationalsozialismus*.
- 1. März. Linkes Bündnis gegen Antisemitismus München, Online-Vortrag von Bernhard Weidinger, *„Durch Reinheit zur Einheit": Burschenschaften und Antisemitismus*.
- 4. März. Wiener Bildung, SPÖ, „Gedenkkultur": Diskussionsteilnahme von Brigitte Bailer.
- 18. März. History Club der Sir-Karl-Popper-Schule: Vortrag von Claudia Kuretsidis-Haider, *Umgang mit dem Nationalsozialismus in Österreich nach 1945*. Die Schüler*innen haben pandemiebedingt die persönlichen Treffen auf eine „Historical Distancing-Reihe" umgestellt.
- 20. März. ÖH an der Universität Wien, Online-Vortrag von Bernhard Weidinger, *Rechtsextremismus an der Hochschule – unter besonderer Berücksichtigung der Uni Wien*.
- 25. März. Jüdische Hochschülerschaft, „Exploring Divergent Narratives: Israel und der Nahe Osten". Online-Veranstaltung.
- 27. März. RE.F.U.G.I.U.S, Virtuelle Tagung „Zukunft als Bedrohung! Zukunft als Chance?": Redebeitrag von Gerhard Baumgartner.
- 19. bis 21. April. Institut für Kulturwissenschaften und Theatergeschichte und VWI in Zusammenarbeit mit dem DÖW und dem Collegium Carolinum, „Überlebendenverbände: Erinnerungsgemeinschaften und politische Akteure im Kalten Krieg": Eröffnungsrede von Gerhard Baumgartner und Keynote von Brigitte Bailer, *Die Überlebendenverbände: von Solidarität und Selbsthilfe zu Opferkonkurrenz und politischer Instrumentalisierung*.
- 27. April. Zentrum für österreichische und deutsche Studien an der Ben-Gurion-Universität des Negev, Kulturforum in Tel Aviv und Botstiber Institute, „Amerikaner in Wien, 1945–1955", Kommentar von Brigitte Bailer zum Panel „Occupation or Liberation".
- 19. bis 22. April. Pädagogische Hochschule Wien, Hermann-Langbein-Symposium „Ideologie und Wirklichkeit des Nationalsozialismus", Arbeiterkammer Oberösterreich: Vorträge von Gerhard Baumgartner, *Na-*

tionalsozialismus und das Burgenland, Brigitte Bailer, *Widerstand und Verfolgung in und aus der Wiener Leopoldstadt*.

- 8. Mai. Gruppe A.D.M.I.N.S., Tagung „Soziale Arbeit und Rechtsextremismus“: Online-Vortrag von Bernhard Weidinger (gemeinsam mit Florian Zeller), V*on Rechtsextremen, Neonazis und Schwurbler*innen: Begriffe und Konzepte anhand der Corona-Proteste*.
- 13. Mai. UC Berkeley, Conference on Right-Wing Studies and Research on Male Supremacism: Online-Vortrag von Bernhard Weidinger, *Ethno-Nationalism, Elitism, Masculinity. Pan-German Student Fraternities as Hotbeds of Right-Wing Extremism in Germany and Austria*.
- 19. Mai. IHRA (International Holocaust Remembrance Alliance), Educational Webinar „Practical implementation of the three Non-legally binding IHRA working definitions in multicultural societies: lessons learned, best practices, steps forward“: Teilnahme von Gerhard Baumgartner am Panel „The Non-legally binding IHRA working definition on antigypsyism/anti-Roma discrimination“.
- 20. Mai. Institute of Jewish Studies, University of Antwerp, „Contact Day Jewish Studies in the Low Countries“: Online-Vortrag von Wolfgang Schellenbacher, *Mapping Transnational Data on Austrian Refugees in Antwerp prior to Deportation*.
- 9. Juni. Institut für Zeitgeschichte Wien und Karl-Renner-Institut, „Antisemitische und politische Netzwerke in der Zwischenkriegszeit. Zur Bedeutung informeller Machtstrukturen für die Radikalisierung in Österreich“: Stephan Roth nahm für das DÖW teil. Das Buch dazu erscheint 2022.
- 24. Juni. Akademie der bildenden Künste Wien: Vortrag von Wolfgang Schellenbacher zur Vertreibung von Juden und Jüd*innen aus dem öffentlichen Raum während der NS-Zeit im Rahmen eines Kunstprojektes zur NS-Vergangenheit der Universität und des öffentlichen Raumes am Schillerplatz.
- 25. August. „Rudersdorf und Umgebung im Spannungsfeld der Diktaturen. Das Schicksal der Roma im Lafnitztal“. Ausstellungseröffnung mit Hannah Lessing (Nationalfonds), Barbara Glück (KZ-Gedenkstätte Mauthausen), Philipp Pirker (Luftbilddatenbank Dr. Carls HmbH) und für das DÖW: Gerhard Baumgartner und Michael Achenbach.
- 21. September. Falter-Verlag, DÖW und Fachgruppe Strafrecht der Vereinigung der österreichischen Richterinnen und Richter, Landesgericht für Strafsachen, 1080 Wien, Buchpräsentation „Ein Engel in der Hölle von Auschwitz. Das Leben der Krankenschwester Maria Stromberger“.

Gespräch des Autors Harald Walser mit Bundespräsident a. D. Heinz Fischer.

- 22. September. Universität Graz, Internationale Tagung „Digital Memory – Digital History – Digital Mapping Transformationen von Erinnerungskulturen und Holocaust-Education“: Online-Vortrag von Wolfgang Schellenbacher, *Mapping Geo-Referenced Data on the Holocaust in Prague and Vienna – From Remembrance Online Tools to New Research Questions*.
- 27./28. September. Tagung „Sieger und Besiegte: Ruhe und Unruhe im Osten Europas nach dem Ersten Weltkrieg“, Wien: Vortrag von Gerhard Baumgartner, *Land der Burgen, Land der Völker*.
- 27. bis 29. September. Universität Klagenfurt, „The Holocaust as a Starting Point. Seminar for Croatian, Slovenian and Austrian teachers“: Vortrag von Gerhard Baumgartner, *The Roma Genocide in Europe*.
- 30. September. Roma-Dokumentations- und Informationszentrum und DÖW, Buchpräsentation von Sabine Schweitzer, *„Anständig beschäftigt“. Dezentrale nationalsozialistische „Zigeunerlager“ 1938–1945 auf dem Gebiet des heutigen Österreich*. Mit Christian Weninger (Bürgermeister der Gemeinde Lackenbach), NR-Abgeordneten Christian Drobits, Christian Klippl (Obmann des Kulturvereins österreichischer Roma) und Gerhard Baumgartner vom DÖW.
- Ab Oktober. Stadtkino Filmverleih, Film „Marko Feingold. Ein jüdisches Leben“.
- 6. Oktober. Bezirksmuseum Neubau, Vortrag von Wolfgang Schellenbacher, *Die Schicksale eines Bezirkes 1938–45* (anhand von Memento Wien – Neubau).
- 9. Oktober. Sondervorführung des Films „The Mover“ im Metro-Kino Wien: Vortrag von Brigitte Bailer, *Österreicher und Österreicherinnen im Ghetto Riga*.
- 9. Oktober. Hianzenverein, Symposium „‚Wissens, i bin va dou!‘ Zur Identitätsfindung des jüngsten Bundeslandes“, Haus der Volkskultur Oberschützen: Vortrag von Gerhard Baumgartner, *„Idevalósi vagyok! – Einer, der hierher gehört“. Lokalidentität und Volksgruppenidentität bei den burgenländischen Ungarn und Roma*.
- 11. bis 30. November. Kooperation mit dem Jüdischen Institut für Erwachsenenbildung, Online-Vortragsreihe „2021 – Kontroversen um und mit Antisemitismus“: Vorträge von Brigitte Bailer, *Antisemitismus – was ist das eigentlich?*, Florian Zeller, *Antisemitismus in Zeiten von Pandemie und Corona-Protest*, Andreas Peham, *Einführung in*

die Kritik des Antisemitismus. Der vierte Termin mit Gabu Heindl wird 2022 nachgeholt.

- 18. Oktober. Enzyklopädie des NS-Völkermords an den Sinti und Roma in Europa, Treffen der Kooperationspartner*innen im Dokumentations- und Kulturzentrum Deutscher Sinti und Roma, Heidelberg. Teilnahme von Gerhard Baumgartner für den Kooperationspartner DÖW.
- 20. Oktober. Stadt Wien (Psychosozialer Dienst, Frauenabteilung der Stadt Wien, Wiener Kinder- und Jugendarbeit). Online-Vortrag von Bianca Kämpf mit anschließender Diskussion zum Thema *Incels. Rechtsextremismus & Antifeminismus online*.
- 21. Oktober. Workshop des Instituts für Strafrechtswissenschaften der JKU Linz im Rahmen des in Kooperation mit der Forschungsstelle Nachkriegsjustiz durchgeführten Projekts „Strafrechtliche Verfahren zur Aufklärung von NS-Euthanasie-Programmen im Rahmen der österreichischen Volksgerichtsbarkeit", gemeinsam mit Claudia Kuretsidis-Haider.
- 28. Oktober. AK NÖ und Urban Future anlässlich des 100. Geburtstags von Karl Flanner (pandemiebedingt 1 Jahr verspätet), Wiener Neustadt: Festrede von Brigitte Bailer.
- 29. Oktober. Stadt Wien / MA 17: Vortrag von Bernhard Weidinger, *Extremismen und Nationalismen*.
- 30. Oktober. Donauuniversität Krems, Online-Vortrag von Bernhard Weidinger, *Rechtsextremismus in Österreich*.
- 2./3. November. Directorate General of Democracy / Directorate of Anti-Discrimination / Roma and Travellers Team, 12th Meeting of the Council of Europe Dialogue with Roma and Traveller civil society „Teaching the history of Roma and Travellers", Council of Europe Strasbourg: Teilnahme von Gerhard Baumgartner an der Session „Council of Europe instruments and tools supporting teaching and learning of Roma and Traveller history".
- 7. November. LICRA, Kolloquium „Marmor. Bronze. Verantwortung": Teilnahme von Bernhard Weidinger an der Podiumsdiskussion zum Thema „Wer war Lueger?".
- 8. November. Kooperation von DÖW, Misrachi, VWI, Symposium und Gedenkveranstaltung „Erzwungener Freitod. Selbstmorde von Wiener Jüdinnen und Juden während der Shoah", Wien: Vorträge von Wolfgang Schellenbacher, *„… ich bin verurteilt, so aus der Welt zu gehen …" – Zahlen hinter den Menschen zu den DÖW-Daten zum Suizid der verfolgten Jüdinnen und Juden während des NS-Regimes*; Winfried

R. Garscha, *Menschen hinter den Namen. Eine Spurensuche.* Gerhard Baumgartner eröffnete gemeinsam mit Vertreter*innen von Misrachi und VWI die Veranstaltung.

- 11. November. Workshop mit Bianca Kämpf im GRG 23 Draschestraße zum Thema Rechtsextremismus.
- 13. November. erinnern.at, Zentrales Seminar „‚Über Jüdinnen und Juden sprechen'. Bildungsarbeit gegen Antisemitismus", Jüdisches Museum und Löwensaal Hohenems, Vorarlberg: Teilnahme von Florian Zeller am Gespräch mit Axel Schacht, Peter Larndorfer und Constanze Jeitler zu: *Antisemitische Verschwörungserzählungen als Gefahr und Herausforderung im Schulalltag.*
- 17. November. Hermagoras / Mohorjeva, „Volksgruppen – Fenster zur Welt / Manjšine- okno v svet": Vortrag von Gerhard Baumgartner, *Die größte Sprachminderheit Österreichs? Največja jezikovna manjšina Avstrije?*
- 18. November. Institut für Zeitgeschichte Wien, Seminar von Andreas Kranebitter zur Analyse von Gerichtsakten: Online-Vortrag von Claudia Kuretsidis-Haider über die *Tätigkeit des Linzer Volksgerichtes.*
- 18., 19. November. PAN – Polska Akademia Nauk, Online-Konferenz „Assasins of Memory. Political and legal problems of uncovering whitewashing and rewriting history": Vorträge von Claudia Kuretsidis-Haider, *The development of postwar justice and memory as tools of Transitional Justice in Austria from 1945 to the present time*, Winfried R. Garscha, *Commemorate the dead between delittlement of crimes and „damnatio memoriae": World War II and Austrian politics of memory.*
- 1. Dezember. 53. ASEEES Annual Convention (Association for Slavic, East European, and Eurasian Studies), Panel mit Unlikely Refuge? „From Borderland to No Man's Land: Jewish Refugees and Statelessness on the Demarcation Line of German-Occupied Poland", Online-Vortrag von Wolfgang Schellenbacher, *„We Can't Go Back or Forward...": Austrian Jews in the Nisko Border Region, 1939–1940.*
- 16. Dezember. Kinder- und Jugendanwaltschaft / Wiener Netzwerk Demokratiekultur und Prävention (WNED): Vortrag von Bernhard Weidinger, *Rechtsextremismus: Reiz und Reaktionen.*
- 20. Dezember. BRG Hollabrunn, Online-Vortrag von Bianca Kämpf zum Thema Rechtsextremismus mit anschließender Diskussion.

Am DÖW ist die **Aktion gegen den Antisemitismus in Österreich** angesiedelt. Präsident ist Cornelius Obonya. Die Geschäfte führen Generalsekretär Andreas Peham und Generalsekretärin Christine Schindler. Im Vorstand ist der ehemalige Leiter des DÖW Wolfgang Neugebauer aktiv. Es wurde eine Facebookseite der Aktion erstellt, mit der der Verein aktiver kommunizieren kann. Die Aktion wurde 1955 als unabhängige, überparteiliche Vereinigung gegründet. Sie hat es sich zur Aufgabe gemacht, durch Veranstaltungen, Presseaussendungen und Publikationen auf antisemitische Äußerungen und Ereignisse zu reagieren. Mittels breiter Aufklärungsarbeit soll das kritische Bewusstsein gegenüber allen Formen des Judenhasses – von rechts, von links und von islamischer Seite – geschärft werden.

Gedenken

Von großer Bedeutung auch für Überlebende und Angehörige von NS-Opfern sind Gedenkveranstaltungen. Sie erreichen aber auch gerade junge Menschen. Die Arbeitsgemeinschaft der NS-Opfer-Verbände, erinnern.at und das DÖW laden jährlich zum traditionellen **Gedenken anlässlich der Annexion Österreichs durch Hitlerdeutschland im März 1938** ein. An den Veranstaltungen wirken traditionellerweise Schüler*innen aus Wien mit. 2021 fand das Gedenken coronabedingt nur im kleinsten Kreis statt:

- 9.00 Uhr, Floridsdorf, Am Spitz: Bezirksvorsteher Georg Papai, Bezirksvorsteher-Stellvertreterin Astrid Pany, Gerhard Kastelic (ÖVP-Kameradschaft der politisch Verfolgten), Gerald Netzl (Bund Sozialdemokratischer FreiheitskämpferInnen), Winfried Garscha (KZ-Verband, DÖW).
- 10.30 Uhr, ehemaliger Hinrichtungsraum im Straflandesgericht: Landesgerichtspräsident Friedrich Forsthuber, Gerhard Kastelic, Gerald Netzl, Winfried Garscha.
- 12.00 Uhr, Kranzniederlegung beim Denkmal auf dem Morzinplatz: Gerhard Kastelic, Gerald Netzl und Winfried Garscha.

Auch die Gedenkkundgebungen am 22. Oktober 2021 wurden aus Sicherheitsgründen im kleinsten Rahmen durchgeführt. Das **Gedenken an die Opfer der NS-Herrschaft** am Floridsdorfer Spitz, in der Weihestätte (ehemaliger Hinrichtungsraum) im LG Wien, in der Gedenkstätte für die Opfer der Gestapo Wien und beim Mahnmal am Morzinplatz wurde von der Arbeitsgemeinschaft der NS-Opfer-Verbände, dem Bund Sozialdemokratischer FreiheitskämpferInnen, der ÖVP-Kameradschaft der politisch Verfolgten und Bekenner für Österreich, dem KZ-Verband gemeinsam mit dem DÖW durchgeführt.

Mahnmal am Wiener Morzinplatz für die Opfer der Gestapo. Das DÖW betreut die Gedenkstätte für die Opfer der Gestapo im angrenzenden Wohnbau, wo das frühere Gestapo-Hauptquartier gestanden war. An beiden Orten finden regelmäßig Gedenkveranstaltungen statt.

Foto: Yana Bondar

An weiteren Gedenkveranstaltungen und -initiativen haben Mitarbeiter*innen des DÖW teilgenommen – als Vortragende, Diskutierende und Organisierende und unter Einhaltung der jeweiligen Corona-Bestimmungen:

- Seit dem Jahr 2000 führt die DÖW-Mitarbeiterin und Ko-Leiterin der Zentralen österreichischen Forschungsstelle Nachkriegsjustiz Claudia Kuretsidis-Haider eine Gedenkfahrt nach Petržalka/Engerau durch. Im heute 5. Bezirk der slowakischen Hauptstadt Bratislava hatten die Nationalsozialisten von Dezember 1944 bis März 1945 ein Lager für ungarisch-jüdische Zwangsarbeiter eingerichtet. Viele der 2.000 Gefangenen wurden vor Ort ermordet oder gingen auf dem Todesmarsch nach Mauthausen zugrunde. Die *Gedenkfahrten nach Engerau* 2020 und 2021 fanden coronabedingt in kleinem, privatem Rahmen statt.

- Das DÖW darf jedes Jahr als Mitveranstalter beim *Fest der Freude* am 8. Mai im Gedenken an die Opfer und die Freude über die Befreiung der NS-Terrorherrschaft fungieren. Die Veranstaltung wird vom Mauthausen Komitee mit Unterstützung durch die Stadt Wien auf dem Wiener Heldenplatz organisiert. 2021 musste das Fest – mit dem Schwerpunkt „Vernichtete Vielfalt" – wieder virtuell stattfinden. MKÖ-Vorsitzender und DÖW-Vorstandsmitglied Willi Mernyi eröffnete die Veranstaltung. Es sprachen die Zeitzeugin und Kärntner Slowenin Katja Sturm-Schnabl und Bundespräsident Alexander Van der Bellen. Wie jedes Jahr begleiteten die Wiener Symphoniker die Veranstaltung, die als Livestream und auf ORF III zu sehen war.
- Anlässlich des Jahrestages des Novemberpogroms 1938 leuchteten am 9. und 10. November die Namen von Holocaustopfern auf der LED-Fassade des UNIQA-Towers am Wiener Donaukanal auf. Die Kooperation von DÖW, UNIQA und Raiffeisen-Holding gedenkt seit 2018 mit dieser weithin sichtbaren Installation der Holocaustopfer. 2021 leuchteten die Namen auch am 27. Januar, dem Internationalen Holocaust-Gedenktag.
- Viele Aktivitäten des Gedenkens an die *Verfolgung der österreichischen Rom*nja* erfolgen in Kooperation mit dem Kulturverein österreichischer Roma. Deren Vertreter Andreas Sarközi und Christian Klippl sowie DÖW-Leiter Gerhard Baumgartner haben dabei auch stets die aktuellen Herausforderungen in ganz Europa im Blick. Unter den zahlreichen Gedenkveranstaltungen ist der jährliche Roma-Gedenktag am 4. Februar, an dem an die Attentatsopfer von Oberwart 1995 erinnert wird.

Mindestens 110.000 Österreicher und Österreicherinnen kamen durch die Nationalsozialisten ums Leben. Die öffentlich zugänglichen Datenbanken des DÖW listen mittlerweile mehr als 78.000 dieser Opfer namentlich auf. Sie werden laufend ergänzt und überprüft und bieten die wissenschaftlich fundierte, seriöse Grundlage für Gedenkprojekte, die Opfer aus Österreich betreffen: Opfer rassistischer und politischer Verfolgung, der NS-Medizinverbrechen, WiderstandskämpferInnen aller politischen Lager, Frauen, Männer und Kinder, Alte und Junge, Hingerichtete, in den Lagern Umgekommene, durch Giftgas Ermordete, Verschollene, Geflohene – sie alle finden ihren Platz in der Erinnerung des DÖW.

Aufgrund der jahrzehntelangen Erfahrungen wird das DÖW häufig bei der Errichtung von Gedenktafeln oder Straßenbenennungen für Opfer der NS-Verfolgung und Widerstandskämpfer und Widerstandskämpferinnen zugezogen. Seit Jahren arbeitet das DÖW mit den Vereinen „Steine der Erinnerung“ und „Steine des Gedenkens“ zusammen. Gemeinden, aber auch Einzelpersonen hinterfragen Kriegerdenkmäler und allfällige NS-Bezüge von vorhandenen Verkehrsflächenbenennungen. Anfragen erreichen das DÖW aus ganz Österreich, 2021 aus: Villach, Groß Gerungs, Salzburg, Wals-Siezenheim, Peuerbach, Altlichtenwarth, Hollabrunn, Laa an der Thaya, Tulln, Hinterbrühl, Braunau.

Das DÖW wirkte an der Gedenktafel am ehemaligen Wehrmachtsuntersuchungsgefängnis, Zweigstelle Döbling (Gatterburggasse) ebenso mit wie beim Denkmal vor dem Nicoladoni-Haus in Baden, das an die Opfer des dortigen sowjetischen Gefängnisses erinnert.

Im Rahmen des EU-Projektes „border(hi)stories. Erinnern – Gedenken – der Grenze entlang“ recherchierten Schüler*innen aktiv die Geschichte ihrer Orte und Regionen.

Viele Schulen forschen in den letzten Jahren nach ihren vertriebenen und ermordeten Schülern und Schülerinnen sowie Lehrerinnen und Lehrern. Sie suchen ihre Namen, spüren ihren Schicksalen nach, errichten Gedenktafeln, führen Projekte dazu durch. Das DÖW ist gerne Kooperationspartner bei diesen

Projekten: Ein Schülerprojekt in Konstanz recherchierte 2021 zu deportierten Schüler*innen und ihren Familien, die Schule in der Karajangasse (1200 Wien) arbeitete ihre Geschichte als Anhaltelager vor der Deportation auf.

Verluste

Ehemalige Widerstandskämpferinnen und Widerstandskämpfer, Überlebende der NS-Verfolgung und Wissenschafter und Wissenschafterinnen haben 1963 das DÖW gegründet und über Jahrzehnte begleitet. Unermesslich ist der Wert ihres Beitrages für das freie Österreich und für die Geschichte des Instituts.

2021 mussten wir uns wieder von langjährigen Weggefährt*innen verabschieden:

Bundesminister a. D. *Rudolf Edlinger* starb am 21. August 2021. Seit 2008 wirkte er unermüdlich als Präsident für das DÖW. In seiner Funktion als Rapid-Präsident führte er beide Vereine zu einer fruchtbaren Kooperation zusammen, die 2011 in die Publikation von Jakob Rosenberg und Georg Spitaler „Grün-weiß unterm Hakenkreuz. Der Sportklub Rapid im Nationalsozialismus", herausgegeben vom SK Rapid und DÖW, mündete. Ein besonderes Anliegen war ihm in den letzten Jahren, das ultranationalistisch-faschistische Bleiburger Ustascha-Treffen ein für allemal zu verhindern. Er hat in diesem Bemühen noch wesentliche Fortschritte erlebt.

Der langjährige DÖW-Mitarbeiter *Gerhard Ungar* starb am 18. Mai 2021. Sein Name ist untrennbar mit der namentlichen Erfassung der österreichischen Holocaustopfer und der Opfer politischer Verfolgung verbunden. Ungar kooperierte bei der Erfassung umfangreicher Datenmengen mit den großen Gedenkstätten und Forschungseinrichtungen in ganz Europa, den USA und Israel. Er war einer der Pioniere der digitalen Datenverwaltung. Der Historiker wirkte ab Ende der 1980er Jahre und auch noch nach seiner Pensionierung 2019 im DÖW.

Arik Brauer verstarb am 24. Januar 2021 in Wien. Brauer überlebte versteckt in Wien, nach dem Krieg wurde er einer der erfolgreichsten Künstler Österreichs, dessen Wirken und Charisma Jahrzehnte ausstrahlte. Bis zuletzt war er politisch aktiv.

Am 9. Februar starb der Germanist *Horst Jarka* in Missoula, Montana, im 95. Lebensjahr. Jarka trug wesentlich zur Wiederentdeckung der Werke des ermordeten Literaten Jury Soyfer bei und war viele Jahre Mitglied der Theodor Kramer-Gesellschaft.

Der Journalist *Hugo Portisch* arbeitete bei seinen bekannten zeitgeschichtlichen Dokumentationen mit dem DÖW zusammen. Er prägte das Geschichtsbild von Generationen Österreicher*innen. Er starb am 1. April in Wien.

Manfred Wieninger verschied am 13. Juli unerwartet kurz nach seinem 58. Geburtstag. Der Autor verarbeitete in seinen Romanen – beispielsweise „Die Banalität des Guten. Feldwebel Anton Schmid" oder „Aasplatz. Eine Unschuldsvermutung" – wahre Begebnisse aus der NS-Zeit und stellte seine Bücher auch im Rahmen des DÖW vor.

Elisabeth Pozzi-Thanner starb am 19. Juli wenige Tage nach ihrem 70. Geburtstag nach langer Krankheit in Wien. Pozzi-Thanner war dem DÖW über ihre vielfältigen Recherchen verbunden. Das Mauthausen Survivors' Documentation Project hatte die Oral-history-Forscherin und das DÖW Anfang der 2000er Jahre in einer internationalen Kooperation zusammengeführt. Ihr Vater war als legitimistischer Widerstandskämpfer vom Volksgerichtshof wegen Vorbereitung zum Hochverrat zu 15 Jahren Zuchthaus verurteilt worden.

Aus der Kunstsammlung des DÖW: Unbekannter jüdischer Künstler

Foto: Christoph Fuchs, © DÖW

Ernst Fettner beging im Mai noch seinen 100. Geburtstag und starb am 15. Dezember in Wien. Das DÖW hat ihm und seiner Familie zuletzt 2019 einen Artikel im Jahrbuch gewidmet. Fettner konnte nach Großbritannien entkommen, während der zurückgebliebene Teil seiner Familie im Holocaust ermordet wurde. Ernst Fettner kehrte als Einziger der geflohenen Familienmitglieder nach der Befreiung nach Österreich zurück.

Ehrungen

2021 erfolgten auch wieder ehrenvolle Würdigungen, darunter – posthume – Benennungen von Verkehrsflächen und Gebäuden:

- Gegenüber ihrer letzten Wiener Wohnadresse wurde ein Park nach Ruth Maier benannt, die nach Norwegen flüchtete und in Auschwitz ermordet wurde. Am 10. September erfolgte die offizielle Benennung durch Bezirksvorsteher Alexander Nikolai, Botschafterin des Königreichs Norwegen Kjersti Ertresvaag Andersen, den norwegischen Schriftsteller Jan Erik Vold, Marion Gebhart (Bezirksarbeitsgruppe für Benennungen) und Winfried R. Garscha (DÖW).
- Am 30. Mai wurde im 2. Wiener Gemeindebezirk ein Park nach der 2015 verstorbenen Widerstandskämpferin Irma Schwager benannt.
- Die Sozialbau AG hat in der Leopoldine-Padaurek-Straße und in der Selma-Steinmetz-Gasse eine größere Wohnanlage errichtet. Die Architekten von ss | plus architektur ZT GmbH initiierten eine Würdigung der beiden Widerstandskämpferinnen im Foyer der neu errichteten Wohnanlage.
- Am 29. September erhielt DÖW-Vizepräsident Albert Dlabaja die Rosa-Jochmann-Plakette des Bundes Sozialistischer FreiheitskämpferInnen, Opfer des Faschismus und aktiver AntifaschistInnen.
- 2021 wurde der Gemeindebau in der Turnergasse 23, 1150 Wien, nach Maria Jonas benannt, die dort über 40 Jahre gelebt hatte. Bis zu ihrem Tod 2018 wirkte Jonas als ehrenamtliche Mitarbeiterin im DÖW. Sie war viele Jahre Generalsekretärin der Sozialistischen Frauen-Internationale (SFI) gewesen, ebenso Vorstandsmitglied des UNO-Frauenforschungs- und Trainingsinstituts INSTRAW, Mitinitiatorin des ersten österreichischen Frauenhauses in Wien sowie des ersten Frauenvolksbegehrens im Jahr 1997. Die Zeremonie der Benennung am 6. Oktober wurde von Vizebürgermeisterin und Frauen- und Wohnbaustadträtin

Kathrin Gaál und der Vorsitzenden des Gemeinderatsausschusses für Wohnen, Wohnbau, Stadterneuerung und Frauen Waltraud Karner-Kremser durchgeführt.

- 2021 fand das erste Rudolf-Gelbard-Symposium im Wiener Rathaus statt, an dem das DÖW mitwirken durfte. Gelbard (1920–2018) hatte Theresienstadt überlebt und war dem DÖW und dem Kampf gegen Antisemitismus und Extremismus zeitlebens eng verbunden.

Förderpreise

Das DÖW verleiht verschiedene Preise, wobei die finanziellen Grundlagen dazu stets von Privatpersonen oder Fördergebern stammen.

Herbert-Steiner-Preis
Der Preis – benannt nach dem Mitbegründer und langjährigen Leiter des DÖW und der International Conference of Labour and Social History (ITH), dem 2001 verstorbenen Herbert Steiner – wird vergeben für wissenschaftliche Arbeiten in deutscher oder englischer Sprache, die noch nicht veröffentlicht (gedruckt) sind, zu den Themen Widerstand/Verfolgung/Exil in der Zeit des Faschismus und Nationalsozialismus sowie der Umgang mit dieser Vergangenheit nach 1945 und Geschichte der Arbeiterbewegung.

Herbert-Steiner-Preis 2020 (à Euro 4000,–):

- Lisbeth Matzer, *Herrschaftssicherung im „Grenzland". Nationalsozialistische Jugendmobilisierung im besetzten Slowenien (1941–1945).*

Herbert-Steiner-Anerkennungspreise 2020 (à Euro 2.000,–):

- Ella Falldorf, *Ambivalent Continuities. Forced Labor in Artworks of Political Prisoners in the Buchenwald Concentration Camp.*
- Matthias Fuchs, *„... ein asoziales Element nach wie vor." Opferfürsorge in Österreich für vom NS-Regime als „asozial" verfolgte Menschen.*

Herbert-Steiner-Preise 2021 (à Euro 4000,–):

- Elisabeth Luif, *„... dass die Arbeiterschaft unmittelbar als erster Waggon hinter der Lokomotive rangiert." Integrationsstrategien im Austrofaschismus am Beispiel der „Sozialen Arbeitsgemeinschaft".*
- Douglas Carlton McKnight, *Persecution and Resistance: The Carinthian Slovenes and Memories of the Second World War.*

Aufgrund der Corona-Pandemie wurden 2020 die Würdigungen schriftlich auf www.doew.at veröffentlicht, die Verleihung der Preise 2021 fand virtuell Anfang 2022 statt.

Einreichungen für den Herbert Steiner-Preis sind jedes Jahr bis 31. Mai möglich. 1 Ausdruck der eingereichten Arbeit muss postalisch, die Arbeit selbst, ein Abstract und der Lebenslauf zeitgerecht elektronisch im DÖW einlangen. Der Jury gehören derzeit Brigitte Bailer (DÖW), die Historikerin Ingrid Bauer, die an der Universität Salzburg lehrte, der Journalist Peter Huemer, Helmut Konrad, langjähriger Rektor und Dekan an der Universität Graz, und Peter Steinbach von der Gedenkstätte Deutscher Widerstand an. Die Geschicke des Vereins, der für die Abwicklung des Preises verantwortlich ist, leiten Winfried Garscha als Präsident und Christine Schindler als Schriftführerin.

Radomír-Luža-Preis

Der von der Vereinigung der *American Friends of the Documentation Center of Austrian Resistance* gemeinsam mit der University of New Orleans ausgelobte Preis ist nach dem tschechisch-amerikanischen Historiker Radomír Luža (1922–2009) benannt, Autor der ersten wissenschaftlichen Studie über den Widerstand in Österreich. Der Preis wird für herausragende amerikanische Dissertationen zur österreichischen und tschechoslowakischen Geschichte im 20. Jahrhundert, insbesondere in der NS-Zeit, oder ein im vorangegangenen Jahr publiziertes Buch verliehen. Eine Anschubfinanzierung wurde der Vereinigung der American Friends 2016 vom Zukunftsfonds der Republik Österreich gewährt. Die Preisverleihung findet jeweils im Rahmen der Jahrestagung der German Studies Association (GSA) statt – eine jährlich in einer anderen Stadt der USA stattfindende Konferenz der Forschenden und Lehrenden von Literatur, Geschichte und Politik der deutschsprachigen Länder. 2020 und 2021 wurden die GSA-Konferenzen virtuell abgehalten, 2021 kein Preis verliehen. Winfried R. Garscha fungiert als Verbindungsglied zum DÖW. Transatlantische Beziehungen waren von den pandemiebedingten Reisebeschränkungen besonders betroffen. Über die Vereinigung informiert die Website www.austrian-resistance.org.

Ferdinand-Berger-Preis

DÖW-Vorstandsmitglied Ernst Berger und sein Sohn René Berger stifteten aus Anlass des 100. Geburtstages des Vaters und Großvaters 2017 den Ferdinand Berger-Preis. Ferdinand Berger, Februarkämpfer in Gösting bei Graz, Interbrigadist auf Seiten der Republik im Spanischen Bürgerkrieg, überlebte die

KZ Dachau und Flossenbürg. Nach der Befreiung trat er in Wien in den Polizeidienst ein, um sich am Aufbau einer demokratischen Polizei zu beteiligen. Nach seiner Pensionierung engagierte er sich als ehrenamtlicher Mitarbeiter des DÖW und als Zeitzeuge in Schulen und fungierte als Obmann der Lagergemeinschaft Dachau. Der Ferdinand Berger-Preis ist mit jährlich Euro 3.000,– dotiert und wird für wissenschaftliches, publizistisches, öffentliches Wirken gegen Neofaschismus, Rechtsextremismus, Rassismus und demokratiegefährdendes Verhalten vergeben. Der Preis ist beim DÖW angesiedelt und wurde von einer unabhängigen Jury, in der die Stifter Ernst Berger und René Berger sowie Corinna Milborn, Paulus Hochgatterer, Alexander Mitteräcker, Ruth Wodak sowie für das DÖW Gerhard Baumgartner und Christine Schindler Mitglieder sind, 2021 an den Journalistin Hans Rauscher verliehen. Bundespräsident a. D. Heinz Fischer würdigte die Verdienste des Preisträgers.

Die **Helga-und-Willy-Verkauf-Verlon-Preise** ehren Verdienste um die antifaschistische Publizistik und sind mit 2.000 Euro dotiert, sie werden unregelmäßig verliehen.

Publikationen

Periodika

Mitteilungen (Chefredaktion: Christa Mehany). Kostenlose elektronische oder postalische aktuelle Informationen zum DÖW.

Jahrbuch (Herausgeberin: Christine Schindler). *Verfolgung und Ahndung. Jahrbuch des DÖW 2021*, hrsg. v. Christine Schindler im Auftrag des DÖW, Wien 2021. Das Jahrbuch 2021 beschäftigte sich mit den österreichischen Ermittlungen und Verfahren gegen NS-Täter, dem „Zigeunerlager" Lackenbach, der Flucht österreichischer Juden und Jüdinnen nach Albanien und Belgien sowie mit aktuellem Antisemitismus, Rassismus und Rechtsextremismus. 2020 kam das Manuskript von Walter Winterberg an das DÖW, in dem er von seiner Kindheit im Wien der Zwischenkriegszeit, von Alltag, Widerstand und Verfolgung im Gemeindebau berichtet. Ebenso schildert er seine Internierung im Gestapo-Lager Reichenau in Innsbruck und im KZ Buchenwald. Über seine Familie übermittelte er auch zahlreiche Fotos, die sein Leben dokumentieren. Walter Winterberg erlebte noch die Publikation aus seinen Erinnerungen im Jahrbuch 2021.

Monografien

In Bearbeitung sind Bücher zu den österreichischen Judenretterinnen und Judenrettern, zum Widerstand im 15. Wiener Gemeindebezirk und ein umfassender Band zur Nachkriegsjustiz. Diese Arbeiten werden 2022/23 erscheinen.

Die im Eigenverlag erscheinenden Bücher werden seit vielen Jahren in der Druckerei Plöchl im oberösterreichischen Freistadt hergestellt.

www.doew.at

Zu all diesen hier berichteten und vielen weiteren Aktivitäten und Vorhaben finden sich Informationen auf der Website des DÖW. Sie wird seit vielen Jahren von Christa Mehany-Mitterrutzner betreut und präsentiert die Sammlungen, Forschungsergebnisse, Publikationen und Ausstellungen, aber auch Neuigkeiten zu Veranstaltungen, Pressemeldungen u. v. a. niederschwellig und kostenfrei.

Zentral platziert ist der Zugang zu den Personendatenbanken des DÖW mit aktuell 78.128 Einträgen. In vernetzter Form bietet diese Opfersuche Informationen zu den österreichischen Shoah-Opfern und Todesopfern politischer Verfolgung 1938–1945, zu den von der Gestapo Wien erkennungsdienstlich erfassten Männern und Frauen (in dieser Datenbank sind auch Überlebende erfasst) sowie zu den Opfern der Wiener Euthanasie-Klinik Am Spiegelgrund. In vielen Fällen sind die Personeneinträge mit weiteren Beiträgen, Bildern und Dokumenten verknüpft, die Datenbanken entwickeln sich damit immer mehr zu einem virtuellen Gedenkort für die Opfer des NS-Regimes.

Eine virtuelle Presseschau – *Media-Watchlist* – verweist auf Hintergrundberichte zu den thematischen Schwerpunkten des DÖW.

Auszüge aus Interviews mit Zeitzeugen und Zeitzeuginnen (*Erzählte Geschichte*), das *Spanienarchiv online*, Kurzbiografien von Opfern der stalinistischen Verfolgung (bis 1945) und biografische Skizzen rücken das Schicksal von Widerständigen und Verfolgten in den Mittelpunkt. Zusätzliche Informationen bieten thematische Schwerpunkte mit Materialien aus Archiv und Fotoarchiv.

Die Website www.doew.at, auf der auch eine Infoseite der Lagergemeinschaft Dachau eingerichtet wurde, ist ein wesentliches Vermittlungsinstrument des Instituts. 2021 verzeichnete sie knapp 190.000 Einzelbesucher*innen. Durchschnittlich haben knapp 16.000 Einzelbesucher*innen monatlich auf die Seite zugegriffen.

Neu auf www.doew.at:

- *Momentaufnahme: Frieda Nossig. Ältere Menschen im Ghetto Theresienstadt* (Wolfgang Schellenbacher).
- *Nisko 1939. Die Schicksale der Juden aus Wien*, Jahrbuch des DÖW 2020.
- *Widerstand und Verfolgung in den österreichischen Bundesländern: Oberösterreich*, Bd. 1 und 2, 1982; *Burgenland*, ²1983.
- *Das Lachout-„Dokument". Anatomie einer Fälschung*, 1989.
- *Die Sammlung Bruno Frei (1887–1988)* [= Aktenbestände des DÖW, Bd. 2], 1996.
- *Rudolf Häuser, Dachau 1945. Letzte Tage im KZ, Evakuierung, Flucht*, 1995.

Frieda (Friederike) Nossig, geb. 1874 in Prag, 1935 in Wien.
Sie wurde im Sommer 1942 in das Ghetto Theresienstadt deportiert, wo sie noch im November verstarb. Ihre Tochter überlebte in einer „Mischehe" in Wien.

Ausblick und Dank

Im Fokus von 2022 und der Folgejahre stehen die weitere Digitalisierung der DÖW-Bestände und die grundlegende Verbesserung der Infrastruktur. Ebenso ist die Neuaufstellung der Datenbanken des DÖW geplant. Aufgrund stetig steigender Anforderungen ist eine räumliche und personelle Verbesserung des Instituts dringend geboten. Der Speicherplatz für Akten und Bücher stößt schon lange an seine Grenzen. Adäquate Veranstaltungsräume sind ebenso dringlich wie die Neugestaltung vor allem der Dauerausstellung und der Websites des DÖW und die Einrichtung einer pädagogischen Stelle. Die Gedenkstätte Steinhof wiederum wird im Zuge der Umgestaltung und Umwidmung des gesamten Areals der Klinik Penzing zu einer Bildungs- und Kulturstätte an anderer Stelle des Geländes neu errichtet. Diese und andere Notwendigkeiten sind aus dem laufenden Budget nicht zu stemmen, sind aber letztlich alternativlos.

Wir danken den Stiftern des DÖW Stadt Wien und Bund (Bundesministerium für Bildung, Wissenschaft und Forschung) sowie dem Land Niederösterreich für ihre grundlegenden Finanzierungen. Für Unterstützungen 2021 danken wir weiters: Bundesministerium für Soziales, Gesundheit, Pflege und Konsumentenschutz – Bundesministerium für Finanzen – Bundesministerium für Inneres – Bundesministerium für Justiz – Bundesministerium für Landwirtschaft, Regionen und Tourismus – Bundeskanzleramt – Kulturabteilung der Stadt Wien (MA 7) – Nationalfonds der Republik Österreich für Opfer des Nationalsozialismus – Zukunftsfonds der Republik Österreich – Europäische Union – Kammer für Arbeiter und Angestellte Wien – Wiener Gesundheitsverbund – Kulturkommission Rudolfsheim-Fünfhaus – und den vielen privaten Spenderinnen und Spendern.

Das DÖW erhält auch immer wieder Zuwendungen aus Verfahren wegen Vergehen gegen das Verbotsgesetz, Verleumdung u. ä. Delikte, 2021 vom Gemeindeverband des Bezirkskrankenhauses Lienz, Tirol, und der Kammer für Arbeiter und Angestellte. Das DÖW dankt auch für Sach- und Geldzuwendungen aus Testamenten und Nachlässen.

RA Dr. Heinrich Keller, Hon.-Prof. Dr. Wolfgang Neugebauer, Dr. Christoph Ramoser, Mag. Marcus Schober
Kontrollausschuss: Mag.a Helga Steinböck, MA, weiters: KR Dr. Gerhard Kastelic, Mag. Daniel Löcker, MA, Bezirksvorsteher i. R. Dr. Richard Schmitz, MRin Mag.a Sigrid Steininger, MBA, Peter Weidner

Stiftungsvorstand 2021
Mag. Dr. Gerhard Baumgartner, Dr. Winfried R. Garscha, Mag. Stephan Roth, Christine Schindler, BA MBA

Vereinsvorstand 2021
Präsident: BM a. D. Rudolf Edlinger († 2021)
Vizepräsidenten: DDr. Werner Anzenberger, Albert Dlabaja, KR Dr. Gerhard Kastelic, Dkfm. Dr. Claus J. Raidl
Kassierin: Univ.-Doz.in Dr.in Brigitte Bailer; Kassier-Stv.: PD Dr. Helmut Wohnout
Weiters: Sr. Dr.in Ruth Beinhauer, Univ.-Prof. Dr. Ernst Berger, Präs. d. IKG Oskar Deutsch, Univ.-Prof. Dr. Hubert Christian Ehalt, MMag. Markus Figl, DDr.in Barbara Glück, Univ.-Prof.in Dr.in Gabriella Hauch, Univ.-Prof. Dr. Dr. h. c. Clemens Jabloner, RA Dr. Heinrich Keller, Mag. Markus Kroiher, MA MA, Mag.a Hannah Lessing, Willi Mernyi, Dr. Ariel Muzicant, Hon.-Prof. Dr. Wolfgang Neugebauer, Assoz.-Prof. Dr. Bertrand Perz, Dipl.-Ing. Rudolf Schicker, Dr. Gerhard Schmid, Dr. Kurt Scholz, Mag.a Terezija Stoisits, Mag. Manfred Wirtitsch
Wissenschaftlicher Leiter: Dr. Gerhard Baumgartner
Kontrolle: Mag.a Eva Blimlinger, Harald Ludwig, Dr. Richard Schmitz

Sämtliche Finanzen und Aktivitäten dienen der Erforschung der Geschichte, der Erinnerung an die Verfolgten und Widerständigen und der Wachsamkeit gegenüber aktuellen demokratie- und menschenfeindlichen Entwicklungen.

Wir danken allen Institutionen, Projektpartner*innen, Förderstellen, Mitgliedern in Vorstand, Stiftungsrat, Kuratorium und Verein, Freund*innen und Kolleg*innen im In- und Ausland – allen, die an der Seite des DÖW für dieselben Anliegen einstehen.

office@doew.at
DÖW, Wipplinger Str. 6–8, 1010 Wien
Tel. 0043 1 2289 469 / 319

Autor*innen

Thomas Buchner, Dr., Historiker, Linz.

Dina Feldman, Dr.^{in}, klinische Psychologin und Historikerin, Jerusalem. Forschungsschwerpunkt: Geschichte der Juden und Jüdinnen in Piotrków Trybunalski, Polen. Seit 2015 Herausgeberin des jährlichen Bulletins (hebräisch-englisch) Hedim/Voice von Überlebenden aus Piotrków Trybunalski und deren Nachfahren.

Benjamin Frommer, Assoc.-Prof. an der Northwestern University, USA. Direktor der Geschichteabteilung für Post-Graduate-Studien (2005–2008), Direktor der European Studies Major (2006–2009), Direktor der Holocaust Educational Foundation (2013–2016). Aktuelles Buchprojekt: „The Ghetto without Walls: The Identification, Isolation, and Elimination of Bohemian and Moravian Jewry, 1938–1945".

Christoph Lind, Dr., studierte Geschichte und Politikwissenschaft an der Universität Wien. Seit 1999 wissenschaftlicher Mitarbeiter am Institut für jüdische Geschichte Österreichs (Injoest), St. Pölten. Forschungsschwerpunkt: österreichisch-jüdische Geschichte des 19. und 20 Jahrhunderts. Aktuelle Projekte: Neugestaltung des alten jüdischen Friedhofs St. Pölten; „Koscher in Wien 1848–1918: Produktion und Konsum"; NS-Lager und „Volksgemeinschaft" im niederösterreichischen Zentralraum.

Maria Luft, studierte Slavistik, Anglistik und Theologie an den Universitäten Würzburg, Wien, Lublin und Mainz. Seit 2009 wissenschaftliche Mitarbeiterin am Bundesinstitut für Kultur und Geschichte der Deutschen im östlichen Europa (BKGE), Oldenburg. Projekte: „Wir sind Juden aus Breslau" (Film), „Topographie der Shoah in Breslau/Wrocław 1933–1949".

Philipp Mettauer, Dr. phil., Historiker, wissenschaftlicher Mitarbeiter des Instituts für jüdische Geschichte Österreichs (Injoest), St. Pölten. Forschungsprojekte über die österreichisch-jüdische Emigration nach Argentinien, Shoah und Nationalsozialismus im Familiengedächtnis, NS-Euthanasie und Medizinverbrechen, NS-Lager und „Volksgemeinschaft" im niederösterreichischen Zentralraum.

Andreas Peham, wissenschaftlicher Mitarbeiter des DÖW.

Michaela Raggam-Blesch, Dr.^{in}, Mitarbeiterin am Institut für Zeitgeschichte der Universität Wien mit einem Forschungsprojekt zu „Mischehefamilien“ im NS-Regime in Wien. Gastlektorin an den Universitäten Wien, Klagenfurt und Graz. Forschungsschwerpunkte: Jüdische Geschichte des 19. und 20. Jahrhunderts, (Auto-)Biographieforschung, Oral History, NS-Geschichte und Holocaust Studies.

Stephan Roth, Mag., Bibliothekar und wissenschaftlicher Mitarbeiter des DÖW.

Wolfgang Schellenbacher, Mag., wissenschaftlicher Mitarbeiter des DÖW.

Christine Schindler, BA MBA, Projektmanagerin und Redakteurin des DÖW.

Thomas Schmidinger, Dr., Politikwissenschafter und Sozial- und Kulturanthropologe. Unterrichtet an der Universität Wien, der Fachhochschule Oberösterreich und der Kurdistan University Hawler in der Region Kurdistan des Irak. Er forscht und publiziert u. a. zu Syrien, Irak, Sudan, Jihadismus, religiösen Minderheiten.

Maximilian Strnad, Dr., seit 2017 Historiker am Stadtarchiv München. Wissenschaftlicher Mitarbeiter am NS-Dokumentationszentrum München (2010–2012), wissenschaftlicher Mitarbeiter am Historischen Seminar der LMU München im Projekt „Juden in der Bundesrepublik nach 1945“ (2007–2010). Dissertation 2016: „Privileg Mischehe? Handlungsräume sogenannter ‚jüdisch-versippter‘ Familien 1933–1949“.

Dorien Styven, Master in Geschichte und Master in Management. Archivarin und wissenschaftliche Mitarbeiterin der Gedenkstätte Kazerne Dossin: Memorial, Museum and Research Centre on Holocaust and Human Rights. Forschungsschwerpunkte: Opferbiographien, Digitale Geisteswissenschaften, versteckte Kinder, Widerstand und Verfolgung von Jüdinnen und Juden, Gerechte unter den Völkern.

Veerle Vanden Daelen, Dr.^{in}, Stellvertretende Direktorin und Kuratorin der Gedenkstätte Kazerne Dossin: Memorial, Museum and Research Centre on Holocaust and Human Rights. Mitglied des Project Management Board der European Holocaust Research Infrastructure (EHRI) und Mitglied der belgischen Delegation zur International Holocaust Remembrance Alliance (IHRA). Sie forscht an der Universität Antwerpen.

Renée Wagener, Dr.in, Historikerin, Luxemburg. Dissertation: „Die jüdische Minderheit in Luxemburg und das Gleichheitsprinzip: Staatsbürgerliche Emanzipation vs. staatliche und gesellschaftliche Praxis vom 19. bis zum Beginn des 21. Jahrhunderts“. Forschungen an der Universität Luxemburg zur luxemburgischen Geschichte im 19. und 20. Jahrhundert, Geschlechter-Geschichte und Emanzipationsbewegungen (Frauen, ArbeiterInnen, Jüdinnen und Juden), Oral history.

Wir halten
Österreich
am Laufen.
So viel Einsatz von Österreichs Arbeitnehmerinnen
und Arbeitnehmern verdient gerechte Bedingungen
und volle Anerkennung. Gerechtigkeit muss sein.
AK
ARBEIT
VERDIENT
MEHR
RESPEKT.